JN436498

民法研究

第1卷

梁 彰 洙 著

博 英 社

序　　文

이 「民法硏究」 제 1 권은 필자가 그 동안 쓴 글을 모아 책으로 만들기로 하여서 그 첫번째로 펴 내는 것이다. 이어 발간될 제 2 권이 주로 判例評釋으로 쓴 것을 모은 것임에 대하여, 제 1 권은 論文 또는 그에 가까운 것들을 담았다. 그 외에도 몇 편이 있으나, 이것들은 不當利得法이나 넓은 의미의 債務不履行法(原始的 不能 등)에 대한 것이어서, 후에 다른 글들을 보충하여 각기 별도로 정리하여 보고자 한다.

필자는 그야말로 민법학의 初心者에 지나지 않는다. 멀리 바라보며 나아갈 목표도 바로 눈 앞의 길도 뚜렷하지 아니한 채, 안개 속을 헤매는 暗中摸索의 단계를 벗어나지 못하였다. 그 과정에서 뼈저리게 느끼는 것은 우리에게 아직 「學問의 傳統」이 없다는 것이다. 넓은 범위에서 양식 있는 분들의 同意를 얻고 있어 後學들이 일단 의지할 수 있는 方法이 수립되어 있는지 의문이고, 또한 學問的 訓練을 습득하여 가는 과정도 제도화되어 있지 않는 것으로 느껴진다. 그러므로 당연히 수많은 試行錯誤 그리고 불필요한 시간과 노력의 浪費가 행하여지고 있고, 더욱 중요한 것으로, 우리 나라에서의 민법학의 존재이유와 가치에 대한 懷疑가 은연중에 팽배해 있어서 학문의 수행에 필수적인 人的 資源이 제대로 충원되지 못하고 있다. 법학을 일생을 걸 만한 大業으로 여기는 유능한 젊은이들이 많이 있다는 것이 하나의 단위로서의 민법학계가 필수적으로 갖추어야 할 조건이 아니겠는가. 그리고 그러한 「傳統의 不在」는 당연히 학문작업(그 성과는 일단 論文의 형태로 나타날 것이다)에 대한 자율적인 評價體系가 기능하지 아니하고 있다는 것으로 통한다.

이러한 狀態에서 언필칭 「논문집」을 펴 낸다는 것이 어떠한 의미가 있는지 스스로 疑心이 들기도 한다. 다만 여기저기서 「準據」의 獲得을 위하여 苦鬪를 계속하고 있는 同僚들에게 이러한 글들이 조금이라도 同病相憐의 위안이 되지 않을까 기대하여 보는 것이다.

그 동안 우리 나라에서의 민법학 연구는 주로 敎科書의 著述이라는 형식을 빌어 행하여져 온 느낌이 없지 않다. 그것은, 교과서에 學說로 인용되어 있는 것들이 거의 모두 다른 교과서에 나타난 의견이고 論文의 형태로 제시된 견해는 철저히 무시되고 있는 사실로부터 反證된다. 오히려 교과서의 저술만이 민법학을 영위하는 사람이 할 일이고, 그에 의하지 아니하고는 學界의 다른 구성원과의 학문적 교류조차 허용되지 않고 있는 것이 아닌갸 하는 錯覺마저 일으킬 정도이다.

물론 우리 民法典이 공포·시행된 직후라면, 法學敎育이라는 중대한 일을 그 職務의 하나로 하고 있는 대학의 교수들이 그 임무를 다하기 위하여 우선 교과서의 집필에 전념하여, 교육상 불가결한 바의 민법에 대한 體系的인 理解를 제시하려고 전심 노력하는 것도 이해할 수 있는 일이라고 할 것이다. 그러나 교과서의 내용이라고 하는 것이 결국 民法硏究의 풍부한 성과를 기반으로 하여야만 內實 있는 것이 된다는 常識을 들먹이지 않더라도, 교과서만이 주목되고 있는 우리의 實情에는 쉽사리 납득하기 어려운 점이 있다.

그렇다고 이 책이 발간된다고 하여 갑자기 사정이 달라지지는 않을 것이다. 그리고 여기서 수록된 글들이 '교과서가 아니라도' 熱誠을 기울인 것이라고 스스로 자랑할 만한 것이라는 말은 더욱 아니다. 오히려 다시 읽어 보면, 낯이 뜨거워지는 점이 한두 가지가 아니나, 단지 論文을 쓰고 나아가 論文集을 발간한다는 형식을 통하여서 學界와 교감하고픈 희망을 피력하고 또 그것을 실제의 모습으로 제시하고자 하여 이 책을 내어 보기로 마음먹은 것이다.

여기에 모은 글들은 주로 1987년부터 1990년까지 사이에 쓰여진 것이다. 이 중에는, 한편으로 민법학 전체에 걸치는 말하자면 超越的인 것이 있는가 하면, 다른 한편으로 개별적인 實定制度의 세부에 관한 것까지 있다. 그러고 보면, 그 중간적인 것, 말하자면 민법의 重要制度에 대한 基礎的인 硏究가 부족하지 않았는가 하는 생각이 든다. 앞날을 기약하고자 한다.

이 중의 상당한 부분은 소위 「注文生産」에 의한 것이었다. 물론 그러한 注文에 응하는 것 자체가 그 主題에 대하여 평소 관심이 없지 않았기 때문이지만, 그 작업에는 아무래도 여러 가지 制約을 받기 마련이다. 이 점도 새삼 반성해 보는 계기가 되었다.

모든 人間의 所爲가 그러하듯이 민법을 연구함에 있어서도 어떠한 指向이 없을 수 없다. 그리고 그에는 「民法學」이란 어떠한 성질의 學問인가, 무엇을 궁극적인 目標로 하는 것인가, 거기에 도달하기 위하여는 어떠한 對象을 어떠한 方法으로 다루어야 하는가 등의 문제에 대한 투철한 意識이 필요하다고 생각된다. 이제 여기 모아 놓은 글들을 다시 읽어보면, 이러한 '意識'이 지나치게 前面에 드러나 있어서 또는 그것에 압박을 받고 있어서, 오히려 「民法」 그 자체에의 沒入을 방해받지 않았는가 하는 느낌이 든다. 이것은 그 '意識'이 아직 충분히 성숙되지 않았음을 말하여 주는 것이기도 할 것이다. 그러한 것의 내용은 미숙한 것이나마 여기에 실린 글들 자체로부터 간취될 수 있다고 하면 다행이겠다.

이 책을 내는 기회에 원래 발표되었을 것에 현재의 입장에서 필요한 最小限의 수정을 가한 곳도 있다. 그리고 경우에 따라서는 [後記]를 붙여서 그 발표 후의 새로운 事情들에 대하여 註記하기도 하였다. 그러나 어느 것이나 완벽을 보장하는 것은 아니다.

이 책을 내는 데는 많은 분들의 도움을 얻었다. 그 모든 분들에게 이 자리를 빌어 感謝의 뜻을 말씀드리고자 한다. 특히, 필자를 학문의 길로 이끄셨고 항상 따뜻한 가르침을 주시는 郭潤直, 李好珽 두 분 선생님께는 이 보잘것 없는 글모음이 조금이라도 그 恩功에 대한 보답이 될 수 있었으면 한다. 그리고 박영사의 李明載 상무, 宋逸根 차장께는 책의 제작, 교정 등의 과정에서 변덕스럽고 미숙한 필자의 요구를 두말 없이 받아 주신 데에 감사하고 싶다.

1991년 7월 13일

서울대학교 법과대학 연구실에서

梁 彰 洙

차 례

1. 韓國社會의 變化와 民法學의 課題

2. 에른스트 폰 케머러 素描

—우리 民法學에 대한 若干의 示唆를 덧붙여—

3. 民法案의 成立過程에 관한 小考

4. 法人 理事의 代表權 制限에 관한 若干의 問題

5. 無權代理人의 責任
―民法 제135조의 沿革에 遡及하여―

6. 民法 제176조에 의한 時效中斷

7. 不動產物權變動에 관한 判例의 動向

8. 留置權의 發生要件으로서의 「債權과 物件 간의 牽連關係」

9. 動産質權에 관한 약간의 問題
—民法學方法에 대한 疑問 提起를 겸하여—

10. 「假登記擔保 등에 관한 法律」의 現況과 問題點

11. 民法 제401조와 제461조의 境界劃定

12. 指名債權의 讓渡와 對抗要件

13. 契約締結上의 過失

14. 割賦賣買法의 制定方向

15. 西獨 消費者信用法制의 槪觀

16. 好意同乘者에 대한 自動車保有者의 賠償責任—外國의 例

17. 情報化社會와 프라이버시의 保護
—私法的 側面을 중심으로—

1. 韓國社會의 變化와 民法學의 課題

I. 序　　論

1. 民法學의 課題[1]는 民法을 전공하는 자에게는 최초의 문제인 동시에 최후의 문제라고 하겠다. 최초의 문제라고 함은 民法學이라는 의식적인 활동에 동기와 목적을 부여하는 것이기 때문이고, 최후의 문제라고 함은 그것이 처음부터 완전한 형태로 주어지는 것이 아니라 상당한 실제의 작업을 거친 후에야 그 성과의 하나로서 제시될 수 있는 것이라고 생각되기 때문이다. 그리고 그러한 것을 개인적인 所信의 차원에서가 아니라 다른 사람들에게도 납득이 갈 수 있는 객관적인 모습으로 논하려면, 우선 우리 民法과 民法學의 位置를 歷史的으로,[2] 또 우리 文化 전반과의 연관 아래서 정확하게 파악하는 작업이 先行되어야 할 것으로 생각된다.

---

1) 이에 관하여는 이미 郭潤直, 韓國民法學의 現代的 課題, 「法과 社會 연구」 3집 (1984), 57면 이하; 金曾漢, 韓國民法學의 進路, 서울대학교 「法學」 26권 2·3호 (1985), 1면 이하(이 글은 "우선 韓國에 民法學이 있는가가 의문이다."라는 —적어도 報告者에게는— 충격적인 문장으로 시작된다. 그리고 "그렇지만 民法擔當敎授들이 하는 일을 일단 民法學이라고 부르기로 한다."고 이어지고 있다); 金亨培, 民法學의 現代的 課題와 爭點, 「分野別 現代的 爭點과 課題」(考試界 1986년 6월호 별책부록), 3면 이하 등이 논하고 있다.

2) 우리 民法學의 歷史에 대하여는 지금까지 이를 본격적으로 다룬 글을 발견하지 못하였다. 다만 郭潤直(주 1), 58면 이하; 金曾漢(주 1), 4면 이하가 간략하게 언급하고 있다. 民法學이 장차 해결하여야 할 課題를 다룸에 있어서는 과거에 대한 적절한 평가가 필요불가결하다고 생각된다. 그러나 報告者에게는 그러한 평가를 내릴 능력이 없다. 따라서 본 報告는 그만큼 부족한 것이 될 수밖에 없다.

특히 우리 사회가 최근 겪고 있는 현저한 변화에의 대응이라는 관점에서 우리 民法學을 평가한다는 것은, 우리 社會의 變化 그 자체의 事實的 把握—이에는 양적으로 측정할 수 있는 여러 지표뿐만 아니라, 사회구성원의 意識의 변화와 같은 心理的 事實의 把握도[4]포함되어야 할 것이다—과 아울러,[3] 그 변화를 어떠한 좌표 아래서 이해할 것인가 하는, 價値評價를 필연적으로 수반하는 作業을 또한 전제로서 요구한다.

그러나 이러한 여러 가지의 전제적 작업은 報告者의 能力으로써는 쉽사리 할 수 있는 일이 아니다.

2. 우리 民法의 여러 制度는, 대체적으로 말하면, 우리 사회에서 일어나는 具體的 法律紛爭에 대하여 타당한 해결을 모색하는 과정에서 점차 형성되어 간 것이 아니라, 유럽大陸法으로부터 完製品으로서 輸入된 것이다. 말하자면 그러한 法制度를 만들어 내는 社會經濟的 背景이 없는 상태에서 미리 규범의 틀을 그나마 强制的으로 도입하여 놓고, 그 法制度가 예정하고 있는 社會[5]—조잡하나마 '近代的 市民社會'라고 부를 수 있겠다—는 나중에 노력하여 만들어 나가기로 하였다고도 할 수 있다.

그러한 法制度를 아직 '近代的 市民社會'가 미처 되지 못한 또는 이미 될 수 없게 되어 버린 우리의 現實에서 일어나는 분쟁을 해결하는 데 적용하는 과정에서 많은 문제점이 발생하였음은 쉽사리 상상할 수 있다. 그것은 대개 法에 대한 불신으로 응집되어 反法化(anti-legalization)라고 부를 수 있는 경향으로 나타났다.[6]

3) 우리 사회의 변화에 관한 무수히 많은 문헌 중에서 우선, 韓國社會科學硏究協議會 編, 「韓國社會의 變化와 問題」, 1986; 서울大學校 社會科學硏究所 編, 「韓國社會의 變動과 發展」, 1985; 金璟東 외, 「韓國社會 한 世代——變化의 動力」, 1984 참조.

4) 이에 관한 많은 문헌 중에서 우선, 서울大學校 社會科學硏究所 編, 「解放 40年——價値意識의 變化와 展望」, 1986; 林禧燮, 「社會變動과 價値觀」, 1986 참조.

5) 이에 관하여는, F. Wieacker, Das Sozialmodell der klassischen Privatrechtsgesetzbücher und die Entwicklung der modernen Gesellschaft, in: *Industriegesellschaft und Privatrechtsordnung*, 1974, S. 9ff. 참조.

6) 이에 관하여는 많은 文獻이 있다. 우선 「韓國社會의 規範文化」, 韓國精神文化硏究院

다른 한편으로, 우리 사회는 1960년대 이후 소위 工業化 推進의 결과, 이미 전통적인 民法의 여러 制度로써는 타당한 해결이 보장되지 않는 '現代的' 문제를 적지 않게 안게 되었다.

3. 報告者는 論議를 이러한 '現代的' 문제에 한정하고자 한다. 물론 民法이 移植法 내지 繼受法이라는 데서 오는 여러 가지 문제도 現代的 문제에 못지 않게 중차대한 것이고, 또 문제를 어떻게 해결해 갈 것이냐 하는 '民法學의 課題'의 차원에서는 兩者를 분리하여 논할 수는 없으리라고 생각된다. 그러나 본 세미나 주최의 의도는 後者에 초점이 있는 것으로 추측되므로, 그에 따르고자 한다.

또 報告者는 論議를 주로 財産法에 한정하고자 한다. 民法은 財産과 아울러 家族에 대하여도 一般法으로서 기능하도록 예정되어 있는 것으로 이해되고 있고, '韓國社會의 變化'는 家族法理論에의 반성도 역시 요구하고 있는 것이 아닌가 추측된다. 그러나 報告者의 專攻 등의 관계상 家族法은 예외적인 경우에만 언급하기로 한다.

Ⅱ. 産業化의 進展과 民法問題

1. 大量生産과 大量消費를 특징으로 하는 産業化의 진전과 科學技術의 진보와 더불어 우리 民法이 정하고 있는 법기술장치로는 적절한 해결을 도모할 수 없는 많은 문제들이 발생하였다. 이러한 문제들을 어떠한 관점에서 어떠한 기준에 의하여 파악할 것이냐 하는 것 자체가 하나의 문제이다. 보고자는 이 중에서 (i) 위험의 현저한 증가에 대한 대처, (ii) 消費者問題의 둘을 들어 이에 대한 民法學의 대응이 요구되는 측면을

研究論叢 83-7, 1983 所收의 여러 論文; 朴秉濠, 傳統的 法·法意識과 現代法의 課題, 「歷史的 脈絡에서 본 現代韓國文化의 方向」, 1978, 178면 이하 참조.

살펴 보고자 한다.

2. 危險의 증가에 대한 대처

(1) 環境問題

重工業이나 化學工業의 현저한 발전에 따라 유해물질의 배출로 인한 물이나 空氣 기타 환경의 汚染이 일어나는 경우가 늘어났다. 뿐만 아니라 大規模의 建設工事 등이 빈번히 행하여지면서 인근 住民에게 여러 가지의 생활상의 불편을 주는 일도 많아졌다.

환경문제[7]는 일단 파괴된 自然은 회복불가능하다는 점과 아울러 人間의 身體나 生命 또는 財產에 대규모적이고 치명적인 피해를 줄 수도 있다는 점에서 그 심각성이 점차 社會構成員에게 인식되고 있는 環境保全法[8]이나 海洋汚染防止法 등 환경관계법의 제정은 그러한 인식을 반영한 것이라고 할 수 있겠다. 그러나 다른 한편으로는 效率 위주의 經濟運用은 공해방지시설에 막대한 재원이 필요하다는 등의 이유로 이러한 인식에 제동을 걸고 있다는 측면도 있다.

공해문제는 法律的으로는 우선 구제수단이라는 측면에서, 소위 不作爲請求權(actio negatoria), 즉 公害企業의 조업 중단을 청구하는 권리를 인정할 것이냐, 인정한다면 어떠한 법적 구성에 의하여 어떠한 範圍에서 인정할 것이냐 하는 問題를 제기한다. 傳統的으로는 부작위청구권은 방해배제 내지 방해예방청구권이라는 형식으로 물권을 가진 자에

7) 이에 관하여는 우선 韓國法學教授會 編, 「法과 公害」, 1974; 동 교수회 편, 「法과 環境」, 1977 참조. 그 외에 韓國環境法學會가 1979년에 「環境法研究」라는 회지 창간호를 발간하여 1986년까지 제 7 권에 이르고 있다. 한편 1986년 베를린에서 개최된 제56회 독일법률가대회(Deutscher Juristentag)의 제 2 분과(環境法)는 "民法과 公法의 과제로서의 환경오염에 대한 個人法益保護(Individualschutz)의 수립"이라는 테마를 다루었다. 이에 대하여는 *NJW* 1986, S. 3063ff.; D. Medicus, Zivilrecht und Umweltschutz, *JZ* 1986, S. 778ff. 참조.

8) 同法은 1977년 12월 31일 종전의 公害防止法(1963년 11월 5일 공포)을 폐지하면서 새로이 제정된 것이다.

게 상대방의 歸責事由 有無에 불구하고 인정되고, 不法行爲의 경우에는 損害賠償請求權만이 발생하는 것으로 이해되었었다. 이러한 이해가 공해문제의 처리에 적절하지 못함은 명백하다.[9]

한편 우리 민법 제217조는 煤煙 등에 의한 이웃 토지에 대한 妨害, 소위 임미시온의 금지에 관하여 정하고 있다. 同條 제1항은 "토지소유자"에게 "이웃 토지의 사용을 방해하거나 이웃 거주자의 생활에 고통을 주지 아니하도록 적당한 조처를 할 의무"를 부과하고, 제2항은 "이웃 토지의 통상의 용도에 적당한 것"이면 방해를 忍容할 의무가 있다고 한다. 그러나 이 규정의 해석과 관련하여서는 많은 疑問이 있고,[10] 또 규정내용 자체에 여러 가지의 결점이 있다는 것이 일반적인 意見이므로,[11] 이 규정만으로 앞서와 같은 문제를 해결할 수 있는지 의문이다.

나아가 공해로 인한 損害賠償請求權[12]에 관해서도 여러 가지 문제

9) 최근 日本에서 이에 관한 논문이 발표되고 있다. 大塚直, 生活妨害の差止に關する基礎的考察(1)—(3·未完), 「法學協會雜誌」 103권(1986) 4호 1면 이하, 6호 116면 이하, 8호 60면 이하 참조.

10) 우선, 同條는 "土地所有者"만을 규율의 대상으로 하고 있다. 그러므로 가령 土地를 賃借하거나 그 土地 위에 地上權을 취득한 다음 그 土地 위에서 공장을 운영하는 자와 같이 土地所有者가 아닌 자의 환경침해에 대하여도 同條의 適用 또는 類推適用을 인정할 것인가 하는 의문이 있다. 同條의 입법과정을 보면, 同條는 "土地所有者의 相隣權"에 관한 것이라는 이해가 보인다(「民法案審議錄」, 상권, 137면). 그리고 그러한 이유로 이웃건물의 所有者를 그 規律의 대상으로부터 배제하고 있다. 다음, "적당한 조처를 할 義務"의 성질이 무엇인가 하는 것도 문제될 수 있다. 학설은 이를 所有權 또는 占有權에 기한 妨害排除請求權의 성질을 가지는 것으로 이해한다. 그렇다면, "적당한 조처"를 할 것을 請求할 수 있는 權利와, 그와 선택적으로 또는 "그것이 不可能한 경우"에 인정된다고 하는 妨害 자체의 除去를 請求할 權利—이에 대하여는 가령 郭潤直, 「物權法」, 再全訂版, 1985, 288면; 金容漢, 「物權法」, 全訂版, 1986, 253면 참조— 사이에는 어떠한 관계가 있는지 의문이다. 또 과연 "이웃거주자"가 아무런 物權을 가지지 않음에도 그러한 請求를 할 수 있도록 하는 것이 과연 어떠한 근거에 의한 것인지도 의문이 없지 않다. 나아가, 同條 제2항의 "이웃토지"가 請求者의 土地를 말하는가, 아니면 妨害者의 土地를 말하는가에 대하여는 주지하는 대로 견해가 나뉜다.

11) 우선, 소위 忍容義務의 기준으로서 단지 "이웃토지의 통상의 用途에 적당"한 것인지 여부만을 드는 태도는 "너무나 단순"하지 않은가 하는 것이다. 이는 獨逸의 民法 제906조(개정 後)나 연방임미시온보호법 제14조(이들에 관하여는, 鄭在吉, 獨逸法上의 Immission법리와 민법 제217조, 1980년 서울대학교 석사학위 논문, 8면 이하 참조)와 비교해 보지 않더라도, 그 규율대상의 중대성에 비추어 명백하다. 또 피해자의 배상에 관하여 아무런 언급이 없음을 지적하는 견해도 있다. 郭潤直(註 10), 289면 참조.

12) 生命이나 身體에 대한 침해에 관한 한 공해로 인한 損害賠償請求權은 환경보전법 제60조에 의하여 무과실책임으로 구성된다.

가 있다. 가령 有害物質의 排出과 損害와의 因果關係의 立證을 완화할 것인가, 완화의 기준은 무엇인가 등이 그것인데, 이 점에 대하여는 學者와 實務家의 상당한 연구가 있고 실무는 이미 입장을 굳힌 것으로 생각된다.[13] 그러나 이러한 立證緩和論이 입증책임에 관한 전체적인 理論體系 내에 조화롭게 수용되고 있는가 하는 점에서 의문이 있다. 입증완화의 필요는 뒤에서 보는 대로 醫療過失이나 製造物責任과 관련해서도 제기된다. 입증문제는 전통적으로 訴訟法에서 다루어 온 것이나 이제 실체법 쪽에서도 주의를 기울이는 것이 필요하지 않는가 생각된다.[14]

기타 被害者團體에 訴訟 기타 분쟁해결과정에서 적절한 지위를 부여하는 것도 연구되어야 할 점이다.

(2) 醫療過失 기타 전문가의 과실문제

의료서비스가 급격히 확대되고 醫術의 發達이 현저해지면서 여러 가지 法律問題가 등장하였다.[15] 代表的인 것은 人工受精,[16] 臟器移

13) 가령 大法院 1984. 6. 12. 판결 81다558사건(集 32-3. 53)은, 폐수의 배출로 인한 양식김의 병해를 이유로 하는 損害賠償請求事件에 있어서, (i) 피고의 공장에서 김의 생육에 악영향을 줄 수 있는 원인물질(폐수)이 배출되고, (ii) 그 폐수 중의 일부가 해류를 통하여 김양식어장에 도달하였으며, (iii) 그 후 김에 피해가 있었다는 사실이 원고에 의하여 증명되는 이상, "一應" 인과관계의 증명이 있다고 보아야 할 것이고, 피고는 원인물질의 비율이 안전농도의 범위 내에 속함을 반증하지 못하는 한 손해배상책임을 면할 수 없다고 판시하였다. 이 판결 및 공해에 있어서의 인과관계에 관한 그 이전의 판결에 대하여는 우선, 吳容鎬, 公害訴訟의 因果關係에 대한 立證, 「民事判例硏究」 7집(1985), 158면 이하 참조.

14) 종래 立證責任이나 要件事實 등의 문제는 주로 訴訟法學쪽에서 다루어졌다. 그러나 民法이 行爲規範으로서의 성질과 아울러 裁判規範으로서의 성질을 가지는 이상, 당연히 법원이 민사에 관한 법적 분쟁을 해결함에 있어서 일차적인 과제로 삼는 事實認定에 대하여도 實體法學의 차원에서 일정한 대응을 게을리하여서는 안 될 것이라고 생각한다. 要件事實이라는 관점에서 民法을 재구성할 필요에 관하여는 伊藤滋夫, 要件事實と實體法, 「ジュリスト」 869호 14면 이하 참조.

15) 이에 관하여는 우선, 法院行政處 發行, 醫療事故에 관한 諸問題, 「裁判資料」 27집(1985)에 실린 여러 실무자의 논고 참조.

16) 이에 관하여는 高貞明, 人工受精子에 관한 연구, 「法政論叢」(국민대학) 6집(1984), 85면 이하; 鄭然彧, 人工受精과 그 法律問題, 「法曹」 35권 5호(1986), 49면 이하; 千宗淑, 非配偶者 간의 人工受精과 夫姓推定(1)——(3·未完), 「법률신문」 1672호 13면, 1673호 13면, 1674호 13면 참조. 위의 註 7에서 본 獨逸의 법률가대회의 민법분과는 "人工受精—許否와 民法問題"라는 테마를 다루었다. 이에 관한 간략한 보고는 U. Hamman, *JZ* 1986, S. 1095f. 참조. 한편 A. Laufs, Die künstliche Befruchtung beim Menschen—

植,[17] 腦死[18] 등의 문제이다. 이들 문제는 人間存在의 근본에 關係되는 것으로서 그 해결을 위하여는 人間이란 무엇인가 하는 哲學的·形而上學的인 문제에 대한 태도결정이 필요하다고 생각된다.[19]

다른 한편, 의료사고도 환자와 의사와의 관계가 삭막해지는 현상과도 관련되어 서서히 문제로 등장하고 있다. 의료사고는 특히 고도로 전문적인 지식 내지 技術을 實行하는 과정에서 발생하는 것이고 또 그 지식이나 기술 자체가 급격히 향상하는 과정에 있고 또 극히 세분화되어 있는 것이므로 일차적으로는 過失 有無의 판단에 있어서 어려운 문제를 제기한다.

전통적으로 과실은 注意義務 내지 結果回避措置義務의 위반으로 이해되고 있고 당해 職業에 평균적인 사람을 기준으로 한다고 한다. 그러나 具體的 事故를 앞에 놓고 세부에 들어가면 이러한 설명은 극히 거친 것임을 알 수 있다.[20] 그러므로 의료서비스의 全段階에 걸쳐 醫師에게 요구되는 주의의무의 內容과 정도를 보다 구체화하는 작업이 필요하다. 이에는 의료사고를 유형별로 파악하는 것이 전제되어야 할 것이다. 한

Zulässigkeit und zivilrechtliche Folgen, *JZ* 1986, S. 769ff.는 거기서 발표된 Ch. Starck와 Coester-Waltjen의 主報告論文에 대한 논평과 아려울 문제를 개관하고 있다.

17) 이에 관하여는 김수태, 臟器移植, 「大韓醫學會誌」 1976년 12월호, 75면 이하; 金然泰, 醫療의 進步와 이에 따른 법률문제, 「裁判資料」 27집 (註 15), 426면 이하 참조.

18) 이에 대하여는 李尙龍, 사람의 終期에 관한 연구——특히 腦死說에 대하여, 1984년도 서울대학교 석사학위 논문 참조.

19) 가령 腦死의 문제는 臟器移植을 許容할 것인가 내지 그 條件을 어떻게 부과할 것인가 하는 문제와도 연결된다. 그런데 그 대답에 관하여는 일차적으로는 사람의 生命이 소멸하여 가는 過程에 대한 科學的 解明이 선행지식으로 요구된다. 그러나 이러한 生物學的 過程으로서의 죽음은 각 臟器, 각 組織, 각 細胞의 부분적 죽음의 연속적 발생과정 (소위 "線으로서의 죽음")이라고 할 것임에 반하여, 법률학에서는 오히려 삶으로부터 죽음으로의 즉각적 轉換點(소위 "點으로서의 죽음")이 문제의 초점을 이룬다. 이때 죽음이란 그 자체로서 존재하는 것이라기 보다는 삶의 개념의 陰畵에 불과하다고 할 것이다. 결국 문제는 삶의 개념을 어떻게 파악할까 하는 것이다.

20) 손해배상청구를 인용한 原審判決을 "過失" 유무의 문제로 파기한 대법원의 최근 판결들이 이러한 어려움을 단적으로 말하여 준다. 大法院 1985. 8. 13. 판결 85다카372사건 (「법원공보」 761. 13); 同 1986. 10. 28. 판결 84다카1881사건(「법원공보」 790. 28); 同 1987. 1. 20. 판결 86다카1469사건(「법률신문」 1671. 9)(그 원심판결인 서울고등법원 1986. 5. 26. 판결 85나3269사건은 「법률신문」 1641호 10면 所收) 참조.

편 지나치게 높은 기준의 설정으로 오히려 의료서비스의 위축을 가져오지 않도록 하는 고려도 있어야 할 것이다. 이 분야는 의학계와 법학계의 協同作業이 긴요한 것이다.[21]

한편 醫療事故에서는 情報의 偏在現象이 두드러지게 나타난다. 통상의 소송경과에 따른다면 이것은 의료사고의 피해자에게 결정적으로 불리한 것이다.[22] 따라서, 訴訟法에서 논의되는 설명의무[23] 등과 같이, 그 情報의 공개를 요구할 수 있는 실체법적인 法律裝置의 연구가 필요하다. 가령 委任에 관한 民法 제683조(受任人의 報告義務) 등에 대한 재조명도 생각해 볼 수 있는 것이다. 또 공해의 경우와 마찬가지로 因果關係 등의 입증책임 완화는 여기서도 문제된다.

이러한 의료과실에 관한 논의는 기타의 전문직, 가령 辯護士·公認仲介士·辨理士 등의 職務遂行上의 과실[24]에 대하여도 마찬가지로 적용될 수 있으리라고 생각된다.

(3) 危險한 物件 또는 事業으로 인한 損害

工業化의 진전은 일상생활에 있어서 危險한 물건이나 시설 또는 위험사업에 자신을 노출하는 기회를 현저히 증가시킨다. 이러한 위험이 現實化하는 경우 그로 인한 손해를 어떻게 분담시킬 것인가 하는 문제는 民法學—그 중에서도 不法行爲理論—, 나아가서는 法學의 입장에서만 論議·解決될 수 있는 성질의 것은 아니다. 각도를 바꾸어 말하자면

21) 대한변호사협회는 대한의사협회와 공동으로 이 문제에 관한 세미나를 여러 차례 개최한 일이 있다.

22) 醫療事故로 인한 손해배상청구권을 契約責任으로 구성하면, 歸責事由의 입증은 —확고한 판례에 따르면— 醫師側에서 하여야 하므로 피해자가 유리할 것이라는 인상을 준다. 그러나 의료와 같은 行爲債務에 있어서는 —引渡債務와는 달리— "채무의 내용에 좇은 이행"이 어떠한 것인가를 주장·입장하는 것이 곤란하고, 특히 現實의 行爲가 그것을 어떠한 점에서 충족하지 못하였는가를 주장·입증하는 것은 더욱 곤란하므로, 그러한 "印象"은 반드시 옳다고 할 수 없다.

23) 이에 관하여는 R. Stürner, *Die Aufklärungspflicht der Parteien des Zivilprozesses*, 1976; Rosenberg/Schwab, *Zivilprozeßrecht*, 13. Aufl., 1981, S. 692 m. w. N. 참조.

24) 특히 美國의 不法行爲法에서 활발하게 논의되고 있는 문제이다.

不法行爲法은 損害分擔의 문제를 다루는 제1차적 법으로서 다양한 觀點, 가령 損害賠償金 등 사고처리에 필요한 비용의 經濟的 評價, 社會保障的 고려, 保險制度에 의한 손해전보의 가능성 등을 고려하여 새로운 출발을 하지 않으면 안 되게 되었다고도 할 수 있다.[25] 이에는 최근에 주목을 끄는 法에 대한 새로운 접근방식, 가령 法經濟學이나 法政策學[26]의 기여가 기대된다.

그러한 의미에서 우선 우리 不法行爲法의 원칙인 過失責任主義에 대한 근본적 硏究가 필요하다고 생각된다.[27] 그 원칙의 의미와 타당범위[28]를 새로운 觀點에서 음미하고 현대 사회에서의 규율원리로서의 適合性 여부를 검증하여야 할 것이다. 여기에는 우리 民法이 전제로 하는 인간상 및 사회상에 대한 再評價도 불가결의 작업일 것이다.

나아가, 가령 危險責任(Gefährdungshaftung)과 같이 새로운 책임원리에 대하여도 활발한 논의가 바람직하다.[29] 獨逸에서는 危險責任에 대한 일반규정을 두자는 견해가 유력하게 주장되고 있다.[30] 그 견해의 당부

---

25) 金星泰, 自動車事故로 인한 인적 損害補償制度 硏究, 1987년 서울대학교 박사학위논문은 주제의 한정에도 불구하고, 이러한 관점에서 不法行爲法에 대하여 새로운 접근을 시도하고 있다.

26) 이에 관하여는 우선, 朴世逸, 美國에서의 法經濟學의 硏究動向, 서울대학교 「法學」 25권 2·3호(1984), 153면 이하; 同, 코스 정리(Coase Theorem)의 法政策學的 意義, 서울대학교 「法學」 27권 2·3호(1986), 76면 이하 참조.

27) 가령 鄭淇雄, 不法行爲法上 「過失」槪念에 대한 歷史的 考察(上)(下), 「法曹」 35권(1985) 2호 57면 이하, 3호 60면 이하 참조.

28) K. Larenz, *Richtiges Recht*, 1979, S. 106(梁彰洙 譯, 「正當한 法의 原理」, 1986, 104면 이하)은 過失責任主義에 대하여 음미한다. 이때 過失이 행위자 개개인의 능력을 기준으로 하지 않고, 客觀的인 基準에 따라 판단되는 것에 대하여, "民法에 있어서는 刑法에 있어서처럼 有責한 행위에 대한 응징이 문제되는 것이 아니라 公平한 損害의 分擔(Schadensverteilung)이 문제이기 때문에 이러한 客觀的인 基準의 채택이 정당화된다"고 한다. 이는 이미 라렌츠 자신의 표현대로 過責原理의 制限을 의미하는 것이다.

29) 가령 延基榮, 過失責任과 危險責任의 構造的 關係, 「財產法硏究」 3권 1호(1986), 27면 이하 참조.

30) 가령 H. Kötz, Haftung für besondere Gefahr: Generalklausel für die Gefährdungshaftung, *AcP* 170(1970) S. 1ff.; E. Deutsch, *Haftungsrecht*, Bd. 1, 1976, S. 382ff. 참조. 최근에 H. Kötz, Gefährdungshaftung, in: Bundesminister der Justiz(Hrsg.), *Gutachten und Vorschläge zur Überarbeitung des Schuldrechts*, Bd. 2, 1981, S. 1779ff.는 獨逸債權法 개정을 위한 예비작업과 관련하여 獨逸民法 제835조 a를 신설하여, 그 제2항에 "어떠한 施設이나 物件으로부터 제1항에서 열거한 것 이외의 이유로

를 여기서 상세히 논할 수는 없겠으나[31] 적어도 그 당부에 관한 論議로부터 많은 것을 배울 수 있으리라고 생각된다.

3. 消費者 保護의 必要

(1) 消費者問題로서 통상 擧示되는 것은 商品이나 서비스의 安全性, 契約關係의 적정, 제반 商品表示의 정확성 확보, 公正競爭의 維持促進 등이다. 여기서 消費者問題라고 함은 事業者와 消費者 사이의 거래(消費者去來)를 전제로 하는 것이다.

消費者問題는 비단 民法만에 한정되는 것은 아니고 특히 企業活動에 대한 통제(가령 獨占禁止 및 公正去來에 관한 法律, 不正競爭防止法이나 그의 安全基準의 설정, 表示規制 등을 통하여)와 밀접한 관계가 있다.

(2) 約款 등 消費者가 체결하는 契約에 關聯된 문제

民法의 기본원칙의 하나로 일컬어지는 私的 自治의 원칙은 自律的 人格의 合理的인(숙고된) 의사결정을 존중하는 것이고 그 구체적 발현의 하나인 契約自由의 원칙은 그 당사자의 지위의 상호교환성·대등성을 전제로 하는데 消費者去來의 현실은 반드시 그 전제를 충족한다고 할 수 없다.

가령 一般去來約款을 使用하는 거래는 대개 企業側이 일방적으로 미리 정한 내용이 그대로 契約의 內容이 되는 것을 요구한다. 약관은 大量去來에 대처하여 마련된 것으로서 營業의 合理的 處理나 法律內容의

特別한 危險(eine besondere Gefahr)이 발생한 경우, 그 施設의 運營者나 物件의 占有者는 그 위험의 實現으로 발생한 損害를 마찬가지로 賠償하여야 한다."고 규정할 것을 제안하고 있다.

31) 필자의 아직까지의 생각으로는, 민법 제758조의 工作物責任을 危過責任의 원리에 기한 無過失責任을 정한 것으로 이해하는 통설에 따르는 한 危險責任에 관한 一般規定을 새로이 도입할 실익은 없는 것으로 보인다. 同條가 依用民法 제717조가 "토지의 공작물"로 인한 손해에 대하여만 규정하던 것을 일반적으로 "工作物"로 인한 손해 전반에 책임을 확장한 것에도 주의를 요한다.

상세화 등의 이점도 있고 또 거래유형에 따라서는 약관에 의한다는 것이 거의 상식화된 것도 있어서, 획일적으로 效力 有無를 정하는 것은 타당하지 아니한 점도 있다. 약관에 대한 規制는 특별법에 의하는 것이 세계적인 추세인데, 우리 나라에서도 최근 「約款의 規制에 관한 法律」이 제정되었다.[32] 이 法律은 주로 독일의 법률을 모델로 한 것으로서, 그 해석에 독일의 實務經驗과 解釋理論이 참고가 될 것이다.

그러나 消費者가 체결하는 契約에 관련하여서는 약관뿐만 아니라 가령 할부판매의 조건을 적정하게 규율하는 문제,[33] 또한 '원치 않는' 또는 '현혹된' 購買의 경우[34] 契約의 구속으로부터 消費者를 해방하는 문제 등도 제기된다.

이러한 消費者去來에 관련된 문제들은 새로운 法律裝置의 등장을 요구한다. 가령 美國法에서 인정되는 소위 熟慮期間(cooling-off period) 제도 등이 그것이다. 결국 이 분야에서는 특히 立法論的·比較法的 作業이 요구된다.[35]

(3) 製造物責任

결함상품으로 인하여 消費者(그 範圍 자체가 문제될 수 있다)가 損害를 입은 경우 製造者와 最終消費者 사이에는 직접적인 契約關係가 없기 때문에 契約法을 적용하는 데는 여러 가지 무리가 따른다. 다른 한편 最終消費者와 직접 去來關係를 가진 자(가령 小賣商人)에 그 損害賠償責任을

32) 1986년 12월 31일 공포 법률 제3922호. 이 법률은 "소비자문제를 연구하는 市民의 모임"이라는 민간단체가 經濟企劃院으로부터 그 起草를 위촉받아 그 바탕을 마련하였다는 점에서 특이하다. 이에 관하여는 同 모임 刊, 「約款規制의 立法」, 1986 참조.

33) 이에 대하여는 우선, 嚴英鎭, 「割賦販賣의 法律關係」, 1985 참조.

34) 소위 訪問販賣에 있어서 專門知識이 부족한 소비자가 세일즈맨의 甘言利說에 말려들어 불필요한 물건을 구입한 경우를 상기하라.

35) 外國의 立法例에 대하여는 우선, 法制處 刊, 「各國의 特殊販賣關係法(訪問販賣, 割賦販賣 등)」, 法制資料 133輯, 1984 참조. 또 서독의 債權法改正豫備作業과 관련하여 D. Medicus, Verschulden bei Vertragsverhandlungen, in: Bundesminister der Justiz (Hrsg.), *Gutachten und Vorschläge zur Überarbeitung des Schuldrechts*, Bd. 1, 1981, S. 515ff.는, 締約上의 過失 法理를 소위 奇襲的 契約締結(Überrumpelung)의 경우에 적용하여 撤回權 등을 인정할 필요가 있다고 한다.

한정하게 된다면 그의 재정능력이 충분하지 못한 경우가 많아서 消費者의 보호에 만전을 기하지 못하게 될 수 있다. 따라서 피해자는 결함상품제조자를 상대로 하여 불법행위를 이유로 損害賠償을 청구할 길을 찾게 된다.[36]

우리 民法의 不法行爲에 관한 원칙적 규정(제 750 조)은 매우 개괄적인 一般規定으로 되어 있어서 위와 같은 경우를 不法行爲의 한 유형으로 파악하는 길을 열고 있다고 할 수 있다. 그러나 製造物責任을 不法行爲的으로 구성한다고 하더라도, 商品의 生產과 販賣가 각각 고도로 분업화되어 組織的으로 이루어지고 또 매우 전문적인 科學技術에 의하여 商品이 생산되는 오늘날에 있어서는, 製造者의 過失 자체나 그 과실과 損害와의 인과관계 등을 입증하기 위하여는 그에 상응하는 전문지식과 자료가 필요할 것인데, 消費者는 이러한 지식과 자료를 갖추지 못하는 경우가 대부분이다. 製造物責任을 契約法的으로 처리하려는 노력은 消費者에게 이러한 곤란을 주지 않으려는 고려에 기한 것이라고 할 수 있다.

不法行爲的 構成을 취하는 입장에서도 과실이나 인과관계의 입증 등에 관하여 피해자측의 과중한 부담을 덜어주기 위하여 많은 이론적인 노력을 하고 있다.[37] 이 점에 관하여는 앞서 공해나 醫療過失과 관련하여서 보았듯이 立證責任의 法理 全體 등의 새로운 조감이 요구된다.

(4) 消費者信用

商品의 생산은 그 購買를 전제로 하는 것이고, 따라서 활발한 생산활동은 消費者가 왕성한 購買力을 가질 때 가능하게 된다. 이러한 구매

36) 이에 대하여는 洪天龍, 「消費者被害救濟論」, 1980 참조.

37) 이와 관련하여 延基榮, 生產物責任法理의 새로운 경향——특히 立法論的 基本問題를 중심으로 (上) (下), 「법률신문」 1631호 15면, 1632호 15면; Kee-Young Yeun, Vorschläge einer gesetzlichen Regelung der Gefährdungshaftung für fehlerhafte Produkte, *Korean Journal of Comparative Law*, Vol. 14 (1986), p. 51ff.는 瑕疵 있는 生產物로 인한 責任을 危險責任으로 파악하고 民法에 이에 관한 새로운 규정을 삽입할 것을 주장한다.

력의 創出을 하나의 기능으로 하는, 個人에 대한 소액융자가 빈번히 이루어지고 있다. 위에서 본 割賦販賣도 賣渡人의 買受人에 대한 少額金融으로 파악할 수도 있다. 그 밖에 크레디트 카드 거래에 의한 金融,[38] 그 중에서도 銀行信用카드에 기한 소위 現金서비스, 나아가 家計手票를 담보로 하는 少額金融 등을 들 수 있다.[39]

나아가서 商品의 賣買와 결합된 새로운 金融方式도 등장하였다. 팩터링 (Factoring)은 商品의 판매채권을 擔保로 하는 金融의 기능도 가지는 것으로 이해되고 있다.[40] 또 金融리스 (Finance Lease)[41]는 利用者가 특정의 設備를 필요로 하는 경우, 리스회사가 利用者에게 物件購入資金을 대여하는 대신 물건의 販賣者로부터 이를 購入하여 이용자에게 사용하도록 하면서 그 代金 및 利用期間 동안의 利子를 분할상환하는 방식으로 이루어지고 있다.[42]

이러한 金融方式은 대개 約款을 사용하여 이루어지고 있으므로, 위에서 본 약관의 規制의 문제는 여기에도 해당한다고 하겠다.[43] 이러한

38) 크레디트 카드에 관하여는 李銀榮, 크레디트 카드에 관한 법적 고찰, 서울대학교 「法學」 23권 1호(1982), 217면 이하; 金文煥, 크레디트 카드의 실태와 문제점, 「徐廷甲 敎授 古稀記念論文集」, 1985, 23면 이하; 同, 크레디트 카드의 盜難 保證責任──下級判例를 中心으로, 「法政論叢」(국민대학) 8집(1986), 233면 이하; 鄭東潤, 信用카드에 관련된 법률문제, 「法學論集」(고려대학교) 23집(1985), 213면 이하 참조.

39) 최근 政府는 신용카드業法의 立法을 추진중이라고 한다. 「韓國經濟新聞」 1987년 2월 6일字 1면 참조.

40) 이에 관하여는 우선, 徐敏, 「債權讓渡에 관한 연구」, 1985, 149면 이하; 許構, 팩터링의 법률관계──국내팩터링계약을 중심으로, 1986년 서울대학교 석사학위 논문 참조.

41) 이에 관하여는 우선, 鄭熙喆, 리스계약에 관한 연구, 서울대학교 「法學」 20권 2호(1980), 68면 이하; 鄭東潤, 새로운 유형의 商行爲(其一)──리스(Lease)에 관하여, 「徐燉珏 敎授 停年紀念論文集」, 1986, 79면 이하 참조.

42) 최근의 대법원 1986.8.19. 판결 84다503등사건(「법원공보」 785. 46)에서 리스契約의 법률적 성질이 다루어진 것을 계기로, 리스계약에 대한 關心이 높아진 것으로 생각된다. 가령 閔丙國, 리스(施設貸與)契約의 法律的 性質(上)(下), 「법률신문」 1651호 6면, 1652호 6면; 李哲松, 리스契約의 法的 性質, 「判例月報」 1986년 11월호, 30면 이하; 朴一煥, 리스去來의 法律關係, 「大韓辯護士協會誌」 1987년 2월호 43면 이하 참조. 또한 1986년 10월에 열린 日本私法學會의 심포지움의 테마는 "리스去來와 私法理論"이었다고 한다. 이에 대하여는 高翔龍, 日本私法學의 最近動向(上)(下), 「법률신문」 1664호 15면, 1665호 16면 참조.

43) 前註의 대법원 판결도 리스契約約款의 효력을 직접적인 쟁점으로 하는 것이고, 크레

새로운 金融方式은 또한 대부분의 경우 신용수수의 當事者 이외에 가령 商品販賣者와 같은 제 3 자가 관여한다는 점에서도 특색이 있다. 그리고 바로 이 점으로 말미암아, 傳統的인 民法理論으로는 다루기 어려운 많은 문제들을 제기하고 있다. 이러한 새로운 金融方式에 대하여는 연구가 전혀 없는 것은 아니나, 아직까지는 대개가 단편적인 것에 그치는 것이 아닌가 생각된다. 이 문제는 거시적으로 보면, 金融法 내지 銀行去來法의 체계 안에서 다루어져야 할 것이다.[44]

Ⅲ. 우리 民法學의 課題

1. 이상과 같이 부족하나마 產業化의 진전에 따라 새로이 등장한 民法問題들을 들어 보면, 다음과 같은 몇 가지 점에 주목하게 된다.

(1) 우선, 이러한 새로운 문제들은 이제 더 이상 민법만의 문제가 아니라는 것이다. 가령 公害의 문제만 보아도 우선 공해의 발생을 방지하는 措置가 필요하고, 그것은 行政法的 規制를 요구한다. 또 醫療過失로 인한 損害賠償請求에 관하여 보더라도, 醫師가 그 손해배상을 제대로 이행하기 위하여는 그만한 財源이 있어야 하고, 그 財源의 마련은 결국 責任保險 기타의 保險이나 각종 基金의 확보에 의할 수밖에 없다. 이것을 의사 개인의 능력에 맡긴다는 것은 의료서비스의 원활한 供給이

디트 카드에 관한 최근의 많은 判決, 가령 大法院 1986. 3. 11. 판결 85다카1490사건(「법원공보」 775. 39); 同 1986. 10. 28. 판결 85다카739사건(「법원공보」 790. 30); 同 1986. 12. 23. 판결 85다카551사건(「법원공보」 794. 33) 등도 카드거래약관상의 카드분실 등에 관한 조항의 효력 범위에 관한 것이다.

44) 미국의 이에 관한 법제가 참고된다. 미국은 消費者信用에 관한 모델법인 Uniform Consumer Credit Code(UCCC) 외에, 연방법으로 消費者信用保護法(Consumer Credit Protection Act: CCPA)을 두고 있다. 후자에 대하여는 金文煥, 美國聯邦消費者信用保護法, 「郭潤直 教授 華甲記念論文集」, 1985, 875면 이하 참조. 또한 영국의 1974년의 消費者信用法(Consumer Credit Act) 참조. 기타 外國의 立法例 및 立法作業에 관하여는 李銀榮, 信用카드去來의 立法意見, 「법률신문」 1677호 12면 참조.

라는 측면에서도 바람직하지 않다. 또한 消費者問題도 消費者團體의 육성이나 公正한 경쟁이 확보되도록 하는 獨占禁止制度 등의 活性化와 무관하지 않다. 나아가서 立證責任의 分配나 立證 緩和 또는 訴訟 當事者의 '解明義務'와 관련하여서는 소송법과 손을 잡지 않으면 안 된다. 뿐만 아니라 消費者金融 등의 문제에서 보듯이 民法上의 規律과 商法上의 그것과의 한계도 불분명하다. 이러한 다른 법역, 특히 공법과의 교차는 민법의 입장에서 보면 이미 民法의 活動領域 내지 機能이 그만큼 좁아드는 것을 의미한다. 民法은 적어도 이념적으로는 ──私的 自治! ── 國家와 대립되는 의미에서의 市民社會의 평등한 구성원 사이의 관계는 自律的으로 규율되어야 한다는 이데올로기를 存立根據(raison d'être)로 하는 것인데,[45] 國家高權의 발동에 관한 공법과의 위와 같은 混和·交叉는 이러한 存立根據를 무색하게 할 여지를 가지는 것이기 때문이다.[46] 따라서 현대에 있어서의 民法의 存立根據를 재조명할 필요가 있으며, 이것은 결국 民法의 基本原理에 대한 새롭고도 근본적인 성찰을 요구한다.[47]

---

45) 이에 관하여는 D. Grimm, Zur politischen Funktion der Trennung von öffentlichem und privatem Recht in Deutschland, in: *Studien zur europäischen Rechtsgeschichte*, 1972, S. 224ff.; M. Riedel, Herrschaft und Gesellschaft. Zum Legitimationsproblem in der Philosophie, in: M. Riedel (Hrsg.), *Rehabilitierung der praktischen Philosophie*, Bd. 2, 1974, S. 235ff. (=Z. Batscha (Hrsg.), *Materialien zu Kants Rechtsphilsophie*, 1976, S. 125ff.); 또한 프리츠 리트너(權五乘 譯), 私法과 私的 自治, 「慶熙法學」 21권 1호(1986), 61면 이하 참조.

46) 최근의 현저한 현상으로서, 원래는 行政目的을 달성하기 위하여 마련된 법률에 私法的인 損害賠償責任에 관한 규정을 두는 예가 많아졌다. 가령 鑑定評價에 관한 法律(1973년 12월 31일 공포) 제20조, 環境保全法(1977년 12월 31일 공포) 제60조, 獨占規制 및 公正去來에 관한 法律(1980년 12월 31일 공포) 제45조, 不動產仲介業法(1983년 12월 30일 공포) 제19조 등. 그리고 아울러 公法的 規制의 不遵守는 不法行爲의 要件으로서의 過責事由의 존재를 推定시키는 효과를 사실상 가진다는 방식으로 私法上의 責任領域에 침투한다. 그러나 무엇보다도 公法과의 混和·交叉는 私的 自治와 거의 동의어로 사용되기도 하던 '契約自由의 原則'에서 현저하다. 특히 契約의 拘束力의 근거에 관하여 치열한 사고를 보이던 커먼 로 국가에서는 심지어 "계약의 죽음"이라는 자극적인 표현까지 등장하였다. G. Gilmore, *The Death of Contract*, 1974 참조. 權五乘, 私的自治의 基礎理論, 「安二濬 博士 回甲記念論文集」, 1986, 1면 이하는 독일에서의 이에 관한 논의를 간략히 묘사하고 있다.

47) 이러한 작업에 대하여는 民法解釋學의 입장에서 보면 다음과 같은 위치를 부여할 수

종래 通說的인 입장은, 近代民法의 3大基本原理를 수정하여 信義誠實·權利濫用禁止·去來安全 등을 實踐原理로 하는 公共福利를 最高의 原理로 들고 있다. 그러나 이 최고의 원리나 그 실천원리들은 위와 같은 새로운 문제들을 해결하는 법명제를 획득하는 작업에 있어서 방향을 지시해 주지 못하는 것으로 생각된다.[48] 오히려 近代 民法의 3大原理라고 하는 所有權 尊重의 原則, 契約自由의 原則, 過失責任의 原則 등을 철저히 음미하고 그 歷史的 意義와 아울러 限界 등을 인식하는 것이 위와 같은 문제의 해결에 도움을 줄 수 있을 것으로 여겨진다.[49]

(2) 나아가서 위와 같은 여러 가지 문제는 이러한 문제에 대한 다른 나라의 경험을 음미할 필요를 느끼게 한다. 왜냐하면 위와 같은 문제들은 우리보다 일찍 또는 같은 시기에 특히 先進工業國에서도 제기된 것들이기 때문이다. 이와 같은 다른 나라의 經驗에 대한 탐색과 평가——그와 같은 작업은 궁극적으로는 立法論으로서 의미를 획득할 것이다——에 대한 필요는 당연한 것이라 할 것이다.[50]

있다. 법률의 해석에 있어서 —그 전에 文理解釋, 立法者意思의 探究, 論理解釋(體系解釋) 등을 거친다고 하더라도— 최종적으로 기준이 되는 것은, 현재 어떠한 해석을 하는 것이 사회적으로 타당한가 하는 판단이라고 할 수 있다(目的論的 解釋). 그런데 이러한 판단은 결국 일정한 가치를 실현하는 또는 그와 관련된 판단, 즉 評價(Wertung)를 내용으로 하는 價値判斷이다. 그리고 그것은 그러한 가치의 타당범위 또는 상충하는 가치간의 —그 구체적인 이익충돌의 장면에 있어서의— 우열관계 등의 位相을 제시하지 않는다면, 반증이 불가능한 獨斷論에 불과하여서 대화적 행위를 통한 합의에의 도달은 애초 불가능하거나 아니면 단순히 不可知論에 빠지게 될 것이다. 그리고 이와 같이 價値判斷의 基準을 제시하는 작업, 評價基準設定作業은 보다 근본적인 가치와의 연관을 통하여서 가능할 것인데, 이러한 "보다 근본적인 가치"의 탐구가 바로 —民法解釋學에 있어서는— 民法의 基本原理에 대한 반성이라는 것이다.

48) 왜냐하면 民法의 基本原理를 캐는 의미를 前註에서 본 바와 같이 이해하는 한, "公共福利"는 마치 "正義"나 "平和"와 마찬가지로 너무 막연하여서 어떠한 가치라도 그에 속하는 것이 될 수 있기 때문이다.

49) 이러한 일은 우리 사회 전반의 미래상을 어떻게 그리느냐와 관련되는 일이고, 결국 —우리 민법학의 약점 중의 하나인— 사회철학적 태도 결정을 요구한다.

50) 원래 모습으로서의 比較法("比較法의 一次的인 機能은 [評價가 아니라] 認識이다." Zweigert/Kötz, *Einführung in die Rechtsvergleichung*, Bd. 1, 2. Aufl., 1984, S. 16)을 수립하는 것도 民法學의 큰 과제 중의 하나라고 생각된다. 이미 解釋論의 관심에 의하여 다른 나라의 法概念이나 法理論을 우리 民法의 '解釋'으로서 읽는 태도는 比較

그런데 이것은 또한 그 나름대로 독특한 문제를 提起한다. 즉 그와 같은 外國法에의 주목, 그리고 그와 필연적으로 연결될 '導入' 주장은 우리 민법전 자체의 規範 구조에는 들어맞지 않는, 또는 그 구조에 비추어서는 불필요한 새로운 법제도를 輸入하게 될 危險과 연결되어 있다. 그것은 비단 외국의 法制度를 새로운 법률에 의하여 채택하는 국면에 있어서뿐만 아니라, ―보고자의 관심에서 보면― 특히 민법 자체를 解釋하는 국면에 있어서 그러하다. 이러한 위험이 현실화된다면, 이미 우리 민법학계에서 훌륭한 세력을 얻고 있는 民法典外的 民法理論, 다시 말하자면 實定法上의 근거가 없는 또는 民法典의 構造를 왜곡함으로써만 가능한 민법이론에 더하여, 새로운 형태의 異質物(aliud)이 접합될 것이다. 이러한 바람직스럽지 않은 사태를 피하기 위하여는 무엇보다도 "현재 행해지고 있는 법"을 정확하게 인식하는 것이 요구되며, 그러한 認識의 기반 위에서야만로 우리가 노력을 쏟아 해결하여야 문제의 확인과, 나아가서는 그 문제의 解決方法의 올바른 선택이 가능할 것이다.

2. 무릇 장차 수행하려고 하는 작업의 내용을 이루는 '課題'를 말하려면, 먼저 현재까지 이루어진 작업결과에 의하여서는 만족스럽게 해결을 보지 못한 문제가 어떠한 것인지를 확인하는 일이 앞서야 할 것이다. 무어는 倫理學에 관하여서, "倫理學의 歷史를 채우고 있는 수많은 難題와 意見差異는, 주로 다음과 같은 간단한 원인으로부터 발생하는 것으로 생각된다. 즉, 먼저 답하고자 하는 것이 어떠한 문제인가를 정확하게 발견하지 아니한 채로, 문제에 답하려고 하는 것이 그것이다"[51]고 했다. 報告者는 우리의 지금까지의 民法學에 대하여도 마찬가지의 진술이 가능하지 않은가 생각한다.

法에 있어서는 가장 큰 위험일 것이다.

51) G. E. Moore, *Principia Ethica*, 1903, Preface, p. vii.

그러한 문제의 발견이 바로 '현재 행하여지고 있는 법'의 정확한 인식——그것은 동시에 그 問題解決能力의 限界를 認識하는 일이기도 하고, 반면에 그 可能性의 認識에로 연결되는 것이다——을 통하여만 가능하다고 함은 異論의 여지가 없을 것이다. 그리고 이때 "현재 행하여지고 있는 법"은 대개 民法典과 判例法 외에는 있을 수 없다. 그런데 이 兩者에 관하여 어느만큼의 애정을 가지고 있는지, 또 어느만큼 정확하게 인식하고 있는지 묻고 싶다.

(1) 우선, 최근에야, 그것도 일본어로, 우리 민법의 制定過程과 그 배경을 이루는 여러 사실에 대한 본격적인 연구가 발표되었다.[52] 아직도 그에 관한 연구는 충분하게 이루어졌다고는 할 수 없다고 생각된다. 특히 우리 민법전의 個別制度, 個別規定의 沿革 또는 立法理由에 관하여는 거의 알려진 것이 없다.[53] 물론 立法理由書가 없으므로 그 전모를 밝히기는 어려울지도 모르나,[54] 그러므로 더욱 이미 알려져 있는 자료, 가령 公刊의 「民法案審議錄」, 「民法案審議資料集」이나 民法案을 審議한 國會의 速記錄 또는 民事法硏究會의 「民法案意見書」의 가치는 높다고 할 것이다.[55]

52) 鄭鍾休, 韓國民法典の比較法的系譜, 「民商法雜誌」 91卷(1986) 5號 1面 이하; 同, 韓國民法典の比較法制的分析(1)(2·完), 同 3號 113面 이하, 4號 140面 이하; 同, 韓國民法典の制定過程についての一考察(1)(2·完), 同 90卷(1985) 4號 31面 이하, 5號 31面 이하; 同, 韓國における日本民法の變容(1)——(3·完), 同 89卷(1984) 2號 1面 이하, 3號 17面 이하, 4號 27面 이하 참조.

53) 立法者 起草者의 意思探究가 "우리 民法"의 해석에 있어서 필요하다고 하는 주장은 高翔龍, 法解釋學의 硏究動向, 「成均館大學校 論文集」 인문사회계 25집(1979), 90면에 의하여 처음으로 제기되었다. 다만 거기에서는 "우리 한국민법의 중요한 立法資料(理由書)가 없다는 것은 불행한 일이라 생각되나, 어떤 제도·개념의 沿革的 比較法學的 硏究로 보충하고 그것을 명백히 하는 것은 가능하다."고 하여 우리 민법의 제정과정 자체는 별로 주목받지 못하고 있다. 그러나 그 후의 同, 物權行爲의 獨自性과 無因性論의 再檢討 小考, 「玄勝鍾 博士 回甲記念論文集」, 1979, 252면 이하는 민법 제186조의 입법 과정을 살피고 있다.

54) 우리 민법의 기초에 주도적인 역할을 한 金炳魯 先生도 이 점에 대하여 유감을 표시하고 있다. 1957년 「제26회 國會定期會議速記錄」 제30호, 5면 참조.

55) 저자는 이들 자료를 이용하여 몇 편의 소묘를 시도한 바 있다. 梁彰洙, 민법 제401조와 제461조의 境界劃定, 「考試界」 1986년 5월호, 202면 이하(本書 355면 이하); 同, 法人 理事의 代表權 制限에 관한 입법자 의사, 「考試界」 1986년 11월호, 196면 이하; 同,

한편, 우리 민법학은 그 동안 일본법학의 '굴레'를 벗어난다는 명분 아래 많은 시간과 노력을 外國法理論, 특히 獨逸法理論의 연구에 쏟았다. 그리고 그에 있어서는 우리 민법에 대한 解釋的 作業으로서인가, 아니면 比較法的 資料를 획득하는 단계의 작업으로서인가를 의심스럽게 하는 발상 또는 표현도 없지 않았다고 생각된다. 그리고 그 중의 많은 부분은 獨逸民法典의 특수한 규정체계 내지 규범구조 아래서만 가능한 特殊獨逸的인 (spezifisch-deutsch) 概念 내지 規範 또는 그 특수한 구조—결점이라고 할 수도 있을 것이다—로 말미암아 발생한 문제를 해결하기 위하여 독일의 민법학과 실무가 각고노력한 결과 얻어진 성과를 그대로 우리 민법의 해석으로 導入하려는 것이다. 예를 들면 無因的 物權行爲概念,[56] 積極的 契約侵害論,[57] 제 3 의 責任類型으로서의 契約

動產質權에 기한 物權的 請求權, 「月刊考試」 1987년 5월호, 73면 이하 등. 다른 한편, 우리 민법의바탕을 이루는 일본민법 및 일본민법의 바탕을 이루는 일본 구민법의 제정과정에 관한 자료를 이용한 논문도 나왔다. 金亨培, 우리 민법의 債務不履行體系, 「郭潤直 敎授 華甲記念論文集」, 1985, 303면 이하; 同, 債權者代位權制度에 있어서 無資力要件의 재검토, 「法學論集」(고려대학교) 23집 (1985), 406면 이하 참조.

56) 無因的 物權行爲 概念이 독일법에 특유한 것임은 Zweigert/Kötz, *Einführung in die Rechtsvergleichung*, Bd. 1, 1. Aufl., 1971, § 15 (S. 213ff.)가 이를 獨逸法圈의 양식의 전형적 표지로서 들고 있는 것으로부터도 알 수 있다. 이에 대한 독일법학 내부의 비판에 대하여는 무엇보다도 Ph. Heck, *Das abstrakte dingliche Rechtsgeschäft*, 1937; Krause, Einigungsprinzip und die Neugestaltung des Sachenrechts, *AcP* 145 (1939) S. 312ff. 참조. 또한 최근의 K. Larenz, *Lehrbuch des Schuldrechts*, Bd. 2, 12. Aufl., 1981, S. 17ff. 참조. 라렌츠는 賣買契約과 所有權移轉과의 분리에 관하여 독일 등 각국의 입법주의를 설명한 뒤, "立法政策的 評價"라는 항에서 결론적으로 "그러므로 立法政策的으로는, 事實的 履行行爲(引渡 또는 登記)를 요건으로 유지하기는 하나 法律行爲를 債權的 契約과 특수한 物權的 契約으로 분해하지는 않는 태도에 優位를 인정할 것"이라고 한다 (S. 20). 그리고 그러한 태도가 바로 스위스민법의 태도이고, 우리 민법도 그에 좇아 —아래 註 63 참조— 그러한 태도를 취하는 것이라고 생각된다. 이러한 입법태도는 우리 민법제정 이전에 일본에서도 입법론으로 지지를 얻고 있었다. 가령 山田晟, 登記主義と有因主義との結合について, 「杉山 敎授 還曆記念論文集」, 1942, 813면 이하 참조.

57) 積極的 債權侵害論은 독일민법전의 債務不履行 규정의 결함, 즉 不履行類型으로 履行遲滯와 不能만을 정하는 규정체제의 결함을 보충하기 위하여 학설과 실무에 의하여 전개된 것임은 周知하는 대로이다. 이러한 독일민법의 債務不履行 규정과 전혀 다른 규정을 가지는 우리 민법에 있어서 積極的 債權侵害에 관한 규율의 흠결이 있다고 하는 多數說의 입장은 —報告者에게는— 우리 민법전 자체에 대한 성찰 없이 남의 것에 따르는 태도의 전형으로 생각된다. 최근의 이에 대한 값진 반성에 관하여는, 曺圭昌, 민법 제390조와 積極的 契約侵害, 「郭潤直 敎授 華甲記念論文集」, 1985, 344면 이하; 鄭煥

締結上의 過失論,[58] 事實的 契約關係論[59] 등이 그것이다.[60]

그런데, 이러한 法槪念 내지 法理論이 과연 우리 民法典의 規範構造에 적합한 것인지에 대하여는 보다 엄밀한 검토를 요한다고 생각한다. 우리 民法典은 ──獨逸民法典과는 달리── 債務不履行[61]과 不法行爲에 대하여 극히 포괄적인 규정을 두고 있다(제390조 : "債務의 내용에 좇은 履行을 하지 아니한 때. "제750조 : "故意 또는 過失로 인한 違法行爲로 他人에게 損

浹·徐達周, 독일민법상의 積極的 債權侵害論, 「全南大學校 論文集」 30집 法·行政學編(1985), 109면 이하 참조.

58) 독일에서의 '契約締結上의 過失'論에는 대개 2개의 基本動機가 있다고 생각된다. 그것은 (i) 독일 不法行爲法에 있어서 使用者責任에 관한 제831조를 過失責任으로 이해하고, 그 결과 동조 제1항 단서에 의하여 免責되는 일이 많아서 被害者의 救濟에 부족한 면이 생겼다는 것이다. 따라서 이를 보완하기 위하여는 履行補助者의 過失에 관한 독일민법 제278조(우리 민법 제391조에 해당한다)—이 경우는 使用者의 免責이 불가능하다—이 적용되는 責任構成, 즉 契約責任構成이 필요하다는 것이다. 이에 관하여는 E. von Caemmerer, Wandlungen des Deliktsrechts, in: *Gesammelte Schriften*, Bd. 1, 1968, S. 460ff. 참조. 그리고 또 하나는 (ii) 契約責任의 내용을 소위 "給付義務"에 한정함으로 말미암아(독일민법 제241조 참조) 소위 附隨義務(Nebenpflichten)를 契約責任안에 끌어들일 필요가 있다는 것이다. 따라서 契約과 不法行爲 이외의 제3의 責任類型으로서의 '契約締結上의 過失'을 우리 민법 아래서도 인정하려는 통설의 태도에는 다음과 같은 의문이 제기된다. (i)에 관하여는, 우리 민법상 使用者責任에 관한 제756조는 소위 報償責任的으로 이해되고 있으며, 실무는 거의 免責을 인정하지 않는다. 따라서 우리 민법 제391조를 끌어들일구 성을 택할 필요는 없다. 또 (ii)에 관하여는, 契約責任에 관한 우리 민법 제390조는 매우 포괄적인 내용이어서 —이에 대하여는 아래 註 61 및 그 본문 부분 참조— '附隨義務'도 信義則에 기한 契約의 補充解釋에 의하여 그 아래 포용될 수 있으므로 굳이 '附隨義務' 違反을 제3의 責任類型으로 삼을 필요는 없다는 것이다. 이에 관한 疎略한 拙見에 대하여는 梁彰洙, 契約締結上의 過失, 「考試界」 1986년 1월호, 47면 이하(本書 381면 이하)참조.

59) 이에 관하여는 李好珽, 독일의 社會定型的 行爲論의 연구, 「經濟論集」(서울대학교 경제연구소) 13권(1974) 1호, 114면 이하, 2호 58면 이하가 극명하게 밝혀 놓았다. 이 논문은 다음과 같이 끝맺고 있다 : "우리는 社會定型的 行爲論에 반대하는 독일의 다수의 학자들의 주장 속에서 종래의 法體系와 法理論을 새로운 社會現象에 직면하여 가볍게 버리지 아니하고 그 계속적인 보완과 발전을 통하여 이에 대처하는 溫故知新의 건전한 태도와 지혜를 발견할 수 있으며, 이러한 점은 우리가 크게 본받아야 하리라고 생각된다."

60) 기타 物權的 期待權論은 적어도 그 중요한 적용예인 所有權留保附 賣買에 관한 한 우리 민법 제149조("條件의 成就가 未定한 權利義務는 일반규정에 의하여 處分, 相續, 保存 또는 擔保로 할 수 있다." 독일민법에는 이러한 규정이 없다)에 대한 고려가 부족하지 않은가 하는 의문이 있다. 또 소위 "第3者保護效를 가지는 契約"에 관한 논의—가령 宋德洙, 第3者保護效力 있는 契約, 「郭潤直 敎授 華甲記念論文集」, 1985, 454면 이하는 이 이론의 "導入"을 주장한다—에 대하여도 신중한 검토가 필요하다고 생각된다.

61) 이에 관하여는 金亨培(註 55), 303면 이하; 曺圭昌(註 57), 368면 이하 참조.

害를 가한 者"). 따라서 그만큼 그 적용에 있어서도 유연한 대처가 가능한 것이다(그 실제운용에 관하여는 오히려 우리와 유사한 규범 구조를 가지는 스위스나 프랑스로부터 배울 것이 많지 않을까 생각한다). 이것은, 債務不履行에 관하여는 遲滯와 不能만을 정하고 있고,[62] 不法行爲는 絕對權 침해, 保護法規 위반, 故意의 善良한 風俗 위반만을 정하고 특히 使用者責任에 관한 규정을 過失責任으로 이해하는 독일과는 근본적으로 다른 것이다. 또 物權變動에 있어서도, 物權에 관한 法律行爲에 관하여 용어 자체를 달리하고, 또 부동산에 관하여 아우프라쑹(Auflassung)이라는 특수한 제도를 설정하고 있는 독일과 같이 논할 수는 없지 않은가 생각한다.[63]

물론 우리 민법전이 완미완벽한 것이라고 주장하는 것은 아니다. 그러나 비록 비난할 점이 없지 않더라도 민법학의 중심작업이 민법의 解釋이라고 한다면, 우리는 라드브루흐의 표현대로 "이미 생각된 것을 끝까지 생각해 보는(Zuendedenken eines Gedachten)" 자세를 가져야 할 것이고,[64] 다른 나라의 특수한 사정을 배경으로 하는 법이론의 導入을 쉽사리 주장하여서는 안 되지 않는가 생각한다. 그리고 이러한 擬似問

62) 최근의 독일채권법 개정 예비작업에 있어서도 채무불이행에 관하여 一般的 規定("채무자가 그 채무를 이행하지 아니한 경우, 특히 채무자가 정하여진 시기에 급부하지 아니하거나, 채무관계의 내용에 좇아 책임있는 방식으로 급부하지 아니하거나 부작위의무를 위반한 경우에는(불이행 : Nichterfüllung), 채권자는 이행과 그에게 발생한 손해의 배상을 청구할 수 있다")을 두자는 제안이 있었다. U. Huber, Leistungsstörungen, in: Bundesminister der Justiz (Hrsg.), *Gutachten und Vorschläge zur Überarbeitung des Schuldrechts*, Bd. 1, 1981, S. 671 참조.

63) 우리 民法上의 이에 관한 규정들은 滿洲國民法 제177조, 제178조를 통하여 스위스민법(제656조·제 1 항 : "土地所有權을 取得하려면 土地登記簿에 登記하여야 한다." 제 2 항 : "先占, 相續, 公用, 收用, 强制執行 또는 判決에 의한 경우에는 取得者는 登記전에도 所有權을 取得한다. 그러나 登記한 때 비로소 土地登記簿上 土地에 관한 處分을 할 수 있다." 번역은 주로 법제처 간, 「스위스민법」, 법제자료 제64집에 따랐다)로부터 온 것으로 추측된다. 滿洲國民法의 제정에 穗積重遠와 함께 "審核"으로 참여하여 그 형성에 큰 영향을 미친 —이에 관하여는 鄭鍾休, 韓國民法典の比較法的系譜, 「民商法雜誌」 91卷 5號(1986), 24面 이하 참조— 我妻榮은 스위스민법에 관하여 다음과 같이 말한다. "穗積重遠 선생은 스위스민법을 애호하였다. 선생이 프랑스어 정문을 참작하여 엄밀히 교열한 번역도 있다.… 스위스민법의 간결한 표현과 좋은 의미에서 상식적인 내용은 선생의 사람됨을 생각하게 하는 바가 있다고 생각한다. 나도 스위스민법을 좋아한다." 我妻榮, スイス民法五十年, 「法律隨想」, 1963, 73면.

64) Radbruch, *Rechtsphilosophie*, 5. Aufl., 1956, S. 211.

題(Scheinproblem)의 排除라고 부를 수 있는 작업이야말로 '問題'의 解決을 위하여 필요한 제 1 차적 과제라고 하겠다.[65]

또한 外國法理論의 硏究가 일본법학의 '굴레'를 벗자는 명분 아래 이루어진다고 하더라도[66] 그것이 獨逸法理論에 치중하고 있는 것은 결국 日本民法學의 영향이 아닌가 생각된다. 근래 일본의 법학자들 사이에서 공통의 인식이 되고 있는 바에 의하면, 원래의 독일민법 또는 그 第1草案보다는 프랑스민법에 系譜的으로 연결되어 있는 일본민법[67]을 '學問化'하는 과정에서, 주로 독일민법전 내지 이를 전제로 하는 독일민법학의 체계에 좇아 理解·解釋·體系化하려는 노력이 행하여졌다는 것이다.[68] 거기서, 일본민법은 독일민법적이라는 '傳承'이 발생하였다고 한다.[69] 물론 우리 민법은 일본민법보다는 독일의 영향을 더 많이 받았다고 하는 것은 周知의 事實이다. 그러나 앞서 본 대로 각 制度, 각 規定의 沿革이나 系譜에 관한 구체적인 연구 없이 독일민법이 우리 민법의 母法이라고 단정하는 것은 바로 일본민법학의 위와 같은 ―어느 시점에서의― '傳承'의 영향이 아닌가 생각된다.

우리 민법전은 일본민법, 그리고 특히 독일민법과 다르며, 기타 어떠한 다른 나라의 민법전과도 다르다. 그리고 민법전에서 규정하는 여러 제도는 서로 밀접하게 결합하여 서로가 서로를 제약, 규정하는 관계에 있다. 그러므로 어느 하나의 제도나 규정이 다른 어느 나라에서 淵源하는 것이라고 하여도, 그 意味 내지 規律內容에 관하여 ―물론 크게,

65) 이는 그나마 부족한 民法學界의 人的·物的 資源의 효율적인 배치를 위하여도 필요한 일이다.

66) 金曾漢(註 1), 11면은, "요컨대 일본법학의 굴레에서 벗어나서 우리 자신의 獨自的理論을 개척해 나가야 한다."고 하고, 이어서 "그것을 하는 데 있어서는 역시 독일법학이 가장 손쉬운 依據處가 되지 않을 수 없다."고 하신다. 보고자는 이와 같은 두 주장은 서로 모순하는 것이 아닌가 생각한다.

67) 이에 대하여는 星野英一, 日本民法典に與えたフランス民法の影響, 「民法論集」 1卷, 1970, 69面 이하 참조.

68) 이에 대하여는 北川善太郎, 「日本民法の歷史と理論」, 1968, 25面 이하; 星野英一, 日本の民法解釋學, 「早稻田法學」 58卷 3號(1982), 312面 이하 참조.

69) 星野英一(註 67), 71面의 표현.

때로는 결정적으로 참고가 된다고는 할지라도— 그 母國의 것을 그대로 導入할 수는 없다고 하겠다. 그리고 그 '母國의 것'이라고 하는 것도 언제까지나 고정불변의 것은 아니고,[70] 또 우리는 우리 나름대로 그 적용예를 쌓아감으로써 '母國의 것'과는 결별하지 않을 수 없게 된다. 결국 모든 오해와 단점, 그리고 불철저한 이해에도 불구하고 우리는 '우리의 것'을 구축하고 그 위에서 우리 사회에서 일어나는 民事紛爭을 —아마도 많은 시행착오를 거듭하면서— 自主的·創造的으로 해결해 나가지 않으면 안 되는 것이다.[71]

(2) 다음, 판례법에 관하여 보더라도, 근래에 법원의 실무에서 적용되는 民事紛爭處理의 準據에 대한 관심이 높아지고 있다고는 하지만, 판결—특히 대법원—의 抽象的 法律論에만 주목하고, 정작 판례를 논하는 의미에 대한 省察이 부족하지 않은가 생각된다.

예를 들어 민법교과서에는, 부동산이 2중매도된 경우 "제2買受人이 賣渡人의 背任行爲에 積極 加擔한 경우"에는 제2의 賣買契約이 反社會的 法律行爲로서 無效라고 하는 것이 "判例"라고 하는 것이 일반이다.[72] 그러나 不動産의 2重處分에 관한 判決例를 모아 읽어 보면, 위와 같은 공식이 과연 적절한가를 의심하게 하는 경우를 적지 않게 발견한다.[73] 이는 대법원이 그 판결에서 위와 같이 第2買受人의 背任行爲

70) 가령 독일의 事實的 契約關係論은 한때 勢를 얻었고 또 最上級法院의 판결에도 채택되었으나 —이에 관하여는 李好珽(註 59), 「경제논집」13권 2호, 64면 이하— 현재에는 오히려 少數說에 불과하다.

71) 그렇다고 報告者가 西歐의 法學을 연구할 필요가 없다고 주장하는 것은 결코 아니다 西歐의 法學은 2천년 이상의 역사를 배경으로 오늘날도 여전히 새로운 活力을 가지고 있다. 따라서 그것으로부터 끊임없이 배우는 것은 우리의 "問題"의 파악이나 해결을 위하여서 有用하고, 또 필요하다. 다만 어떠한 思考의 축을 가지고 이에 접근할 것이냐가 문제인 것이다.

72) 가령 郭潤直, 「債權總論」, 再全訂版, 1983, 116면; 金亨培, 「債權總論(上)」, 1984, 360면 참조.

73) 가령 대법원 1975.11.25. 판결 75다1311사건(集 23-3. 99); 同 1976.4.27. 판결 75다1783사건(「판례총람」 1-2(A). 190-68); 同 1978.1.24. 판결 77다766사건(「판례총람」 1-2(A). 190-83); 同 1979.6.12. 판결 79다476사건(「판례월보」 114. 17) 등 참조.

에의 積極 加擔을 第2賣買의 反社會性 充足의 條件으로 하는 것이 "본원의 태도"라고 선언하는 것에 이끌려, 사실관계와의 對比에까지 이르지 못한 데 이유가 있는 것이 아닌가 추측한다.

이와 같이 大法院 자신에 의하여 자신의 태도라고 선언된 것에 대하여 거리를 두는 태도가 정당화될 수 있는가 하는 문제는, 다른 한편 判決例를 민법학의 관점에서 어떻게 보아야 하는가 하는 方法論의 문제와도 연결되고, 나아가서는 결국 민법학의 기능 내지는 임무를 어떻게 인식하는가 하는 基本態度의 문제로 통한다. 가령 判例硏究의 方法論의 문제로서, 어떤 하나의 大法院判決을 앞에 놓고 거기에 쓰여 있는 抽象的 法律論에 중점을 두어야 할 것인가, 아니면 事實關係와 事件解決의 결론을 우선 重視할 것인가, 말하자면 法院 자신이 선언하는, 法典上의 法命題보다 具體化된 命題 또는 法典에 근거가 없는 命題는 어떠한 조건 아래 '判例'로서 다루어야 할 것인가?

민법학에서 判決例를 중시하는 이유는, "大法院에서 판시한 憲法·法律·命令 또는 規則의 解釋適用에 관한 意見"이 무엇인가를 확정하여, 大法院이 후에 이를 변경하고자 할 때 大法院判事 3분의 2 이상의 合議體에서 이를 행하여야 하느냐 아니면 그럴 필요가 없느냐를 알려는 것이 아니다(法院組織法 제7조 제1항 제3호 참조). 또 그것은 소위 權利上告의 요건으로 어떠한 경우에 "法律·命令·規則에 대한 解釋이 大法院判例와 상반된 때"인가를 알기 위하여서도 아니다 (訴訟促進 등에 관한 特別法 제11조 제1항 제3호 참조). 그것은 무엇보다도 일정한 유형의 民事紛爭이 이를 公權的으로 해결할 최종적인 권한을 가지는 法院에 의하여 어떻게 판단——그 판단에 있어 "法律"에 따라야 한다는 것이 憲法의 命令이다(憲法 제104조 참조)——될 것인가를 미리 예측할 수 있도록 함으로써 市民의 民法生浩을 계획가능한 것으로 만들고 그에 따라 그것에 안정을 주기 위하여서라고 생각된다. 그리고 이것이 民法解釋學의 가장 중요한 實踐的 任務의 하나가 아닐까?

그러므로 판결은 당사자나 법원의 입장에서 보면 개개 사건의 해결을 목적으로 하는 것이나, 民法解釋學의 입장에서 보면 민법의 '法源'에 관하여 어떠한 입장을 취하든 判決例의 중요성은 아무리 강조하여도 지나침이 없으리라고 생각된다. 그리고 또 그러한 이유 때문에 어느 하나의 판결을 봄에 있어서는, 우선 事實關係와 事件解決의 결론과의 對應關係를 1차적으로 주목하게 된다. 그리고 위와 같은 판결연구의 목적에 비추어 보면, 그 판결의 중요성은 그 사실관계가 얼마나 典型的인 생활관계를 반영하고 있는가에 따라 결정된다. 왜냐하면 그 典型性이 높을수록 다른 사건에도 같은 해결이 주어질 蓋然性이 높기 때문이다. 그런데 이러한 典型性의 정도는 당해판결 하나의 事實關係만을 기초로 하여서는 불충분하게밖에 파악될 수 없기 때문에, 결국 다른 유사한 事實關係에 대한 판결과 대비해 보아야 하는 것이다. 이렇게 보면 民法解釋學의 입장에서 볼 때에는 어떠한 判決의 가치는 그 抽象的인 法律論에 의하여서가 아니라 위와 같은 典型性을 통하여 나타나는 先例性에 의하여 정하여진다고 할 것이다. 그러므로 어떠한 판결에서 자신의 '종래의 태도'에 관하여 보이는 자기인식의 내용은 民法解釋學의 입장에서 볼 때 반드시 결정적인 의미를 가지는 것이 아니다.

물론 民法解釋學은 위와 같은 法院의 裁判을 예측하는 것만을 임무로 하는 것이 아니고, 그 재판이 "法律"—民法典, 그리고 건전한 方法論에 의하여 '法律의 欠缺'이 확인된 경우에는 "慣習法", 그리고 마지막으로 "條理"(民法 제1조)—에 따라 이루어지는가를 감시하고 나아가서는 이에 대하여 비판하며 때로는 방향제시를 하는 것도 그 실천적 임무의 중요부분을 차지함은 물론이다(그것이 民法解釋學의 任務의 전부가 아닌 것이다). 따라서 어떠한 판결이 사건 해결의 결론을 끌어내는 과정에서 적용한 "法律"의 내용을 음미하지 않을 수 없다. 그리고 法院에 의한 "法律"의 그러한 적용은 역시 "法律"을 "解釋"한 결과로서의 일정한 命題—보다 具體化된 大前提(speziellere Obersätze)—의 형태로 나타나는 것이 보통이다.[74] 그러므로 그러한 명제 자체의 正當性 與否를 대상으로 하는 '判決硏究'가 우리 나라의 判決(또는 判例)硏究(또는 評釋)의 주류를 이루고 있는 것도 이해되지 않는 바도 아니다. 그러나 判決——大法院의 判決을 포함한——이라는 法院의 활동은 앞서 말한 대로 個別事件의 해결을 1차적인 목적으로 하는 것이고, 法律解釋의 결과를 논리적이고 명확하게 또 빠짐없이 진술하기 위하여 이루어지는 것은 아니다. 그 '解釋'은 1차적으로 판결에 기재하도록 강제된, 당해사건의 결론에 이른 理由(民事訴訟法 제193조 제1항 제4호 참조)를 제시하는 데 1차적인 의미가 있는 것이고, 특히 그 이유가 '法律'에 따라 이루어졌음을 보이기 위한 것이라고 할 수 있다.[75] 그러므로 어떠한 具體的 判決에서 제시된 抽象的 法命題에 지나친 의미를 부여하는 일은 피하여야 한다고 생각된다.

3. 우리 민법학이 이와 같이 우선, '현재 행하여지고 있는 법'에 대한 정확한 인식을 얻고, 나아가서 이를 바탕으로 하여 그것이 적절한 해결을 주지 못하고 있는 또는 주지 못할 問題를 발견한다면, 그 문제들의 해결은 오히려 보다 용이할 것이라고 믿는다.[76] 무어는 앞서 인용한 문장에 이어서 말한다. "철학자들이 문제에 답하기 전에 그들이 제

74) 법적 판단의 3段論法에 있어서의 "보다 구체화된 大前提"의 기능에 관하여는 우선, K. Engisch, *Einführung in das juristiche Denken*, 5. Aufl., 1971, S. 68ff. 참조.

75) 이러한 의미에서, 보고자는 大法院이 필요 이상으로 抽象的 法律論을 펼치는 것은 바람직하지 않다고 생각한다. 가령 大法院 1983. 6. 13. 판결 80다3231사건(集 31-3. 31)은 墳墓移葬請求의 상대방이 戶主(亡人의 남편)이어야 하는가, 아니면 망인의 맏아들이어야 하는 문제를 다루고 있다. 그에 있어서 大法院은, 민법 제1조의 "慣習法"과 민법 제106조의 "事實인 慣習"과의 관계에 대하여 —그에 관하여는 이론적으로 매우 어려운 문제가 개재되어 있음은 周知하는 대로이다— 1천 자 이상의 "이론"을 펼치고 있다. 그런 다음, (i) —놀랍게도— 家庭儀禮에 관한 법률이 민법 제1조의 "민사에 관한 법률" 임을 전제로 하여, 그에 기하여 마련된 가정의례준칙의 제13조 제2항에 반하는 "慣習法"은 인정되지 않는다고 하고, (ii) —더욱 놀랍게도— 事實關係에 사건 해결에 有意味한 法律行爲가 전혀 존재하지 않음에도 불구하고 "事實의 慣習"을 적용하기 위한 前提條件들을 설명하고 있다.

76) 이에 관하여는 梁彰洙, 에른스트 폰 케머러 素描——우리 民法學에 대한 若干의 示唆를 덧붙여, 「저스티스」 19권(1986), 85면 이하(本書 29면 이하)도 참조.

기하고 있는 문제를 발견하려고 노력한다면 이러한 오류의 원인이 어느 만큼 시정될 것인지 나는 알지 못한다. 왜냐하면 分析이나 區別의 작업은 때로 매우 어려운 것이기 때문이다. 그렇기 때문에 우리는 필요한 발견을 하려고 시도해 보나, 그것을 얻지 못하는 일이 종종 있는 것이다. 그러나 나는 많은 경우에 한 번의 결연한 시도가 성공을 보장하기에 충분할 것이라는 생각에 기울어진다. 즉, 만일 그러한 시도가 이루어지기만 한다면, 철학의 가장 끈질긴 難問과 意見差異는 사라질 것으로 생각하게 된다."[77]

(서울대학교 「法學」 28권 1호(1987), 4면 이하 所載)

[後　　記]

이 글은 서울대 법대와 서울대 법학연구소가 서울대 開校 40주년을 기념하여 1986년 12월 5일부터 6일까지 개최한 「韓國社會의 變化와 現代法學의 課題」라는 주제의 學術세미나에서 主題論文으로 발표한 것에 수정・가필한 것이다. 본문에서 "보고자", "본 세미나 주최" 등의 말이 쓰이고 있는 것은 이러한 사정에 기한 것이다.

77) G.E. Moore(註 51), Preface, p. vii.

2. 에른스트 폰 케머러 素描
—우리 民法學에 대한 若干의 示唆를 덧붙여—

지난 6월 23일은 서독의 민법학자 에른스트 폰 케머러(Ernst von Caemmerer)가 逝去한 지 1주기가 되는 날이다. 지구의 다른 半球 저쪽에 묻힌 그를 追慕하는 것은 그의 민법학에 경의를 표하고, 그것에 비추어 새로운 자세를 가다듬기 위하여서이다.

우선 그의 대표적인 논문 2편을 요약하여 소개하기로 한다(I, II). 비록 "교과서"는 쓰지 않았으나, 그가 쓴 논문은 어느 것이나 名篇이라고 할 수 있다.[1] 그 중에서도 특히 1954년의 「不當利得과 不法行爲」, 그리고 1960년의 「不法行爲法의 變遷」은 그의 민법학의 精髓를 보여 준다는 점에서도, 그 후의 영향력에 있어서도, 또 분량에 있어서도 그의 대표작이라고 할 수 있다. 이어서 그의 법과 법학에 대한 태도를, 그와 같은 시대를 통하여 활약하여 온 다른 학자, 가령 코잉의 입을 빌어 살펴 보기로 한다(III). 위의 두 논문의 요약은 이 부분에 대한 구체적인 例證으로서의 의미도 가진다. 나아가 그의 생애를 간단히 소개한다(IV). 그리고 케머러는 우리에게 무엇을 의미하는가 또는 의미할 수 있는가에 대한 필자의 극히 단편적인 所見을 덧붙이기로 한다(V).

1) 그의 주요한 논문은 그의 제자 한스 게오르크 레저가 편찬한 Ernst von Caemmerer, *Gesammelte Schriften*(이하 *GS*로 인용한다), 3 Bde.에 수록되어 있다. 제 1 권("比較法과 債權法"이라는 제목을 달고 있다)과 제 2 권("會社法, 貨幣, 金融")은 1968년에, 제 3 권은 1983년에 각 출간되었다.

I.「不當利得과 不法行爲」

「부당이득과 불법행위」는 케머러가 그의 스승 에른스트 라벨의 80회 생신을 축하하는 기념논문집을 위하여 집필한 것이다.[2] 그가 이 논문에서 제창한 소위 부당이득제도의 類型論(Typologie)은 그 후 독일 학계의 通說을 이루었고,[3] 실무도 이를 받아들였다.

그 내용은 다음과 같다.

1. 不當利得制度에서의 類型論의 必要

케머러는 먼저 "부당이득반환청구권의 類型論"이라는 제목 아래 부당이득에 있어서의 유형론의 필요성을 강조하고, 나아가 구체적인 유형론을 전개하고 있다.

그의 출발점은 다음과 같다. 근대의 여러 민법에서 나타나는 부당이득에 대한 일반규정(스위스채무법 제62조, 이태리민법 제2041조, 독일민법 제812조, 미국의 원상회복법리스테이트먼트 제 1 조)[4]는 모두 "누구도 타인의 손해로써 이득을 취하여서는 안 된다"는 平均的 正義의 일반명제를 再現한 것에 불과하고, 이는 위법·유책한 가해행위에 배상책임을 발생시킨다는 불법행위법의 일반조항(프랑스민법 제1382조, 스위스채무법 제41조 등)[5]과 차원을 같이하는 것이다. 그러한 일반적인 규정방식은, 가해행위가 어떠한 경우에 위법한 것이 되는가 또한 이득이 어떠한 경우에 부당한 것이 되는가라는 문제에 대한 답을 얻고 나서야 비로소 規範內容을

2) Bereicherung und unerlaubte Handlung, in: *Festschrift für Ernst Rabel*, Bd. 1, 1954, S. 333-401 (*GS* I, S. 209-278).

3) 이에 관하여는 우선 梁彰洙, 獨逸不當利得理論의 歷史的 展開, 「郭潤直 教授 華甲紀念論文集」, 1985, 582면 이하 참조.

4) 우리 민법 제741조도 마찬가지의 규정을 둔다.

5) 우리 민법 제750조 참조.

얻을 수 있는 것이다. 따라서, 법률이 그러한 일반적인 규정을 마련한 경우에라도 이를 적용하려면 개개의 유형이 摘出되어야만 하며, 그러한 유형론만이 법의 適用 및 事理에 맞는 限界設定(sachgerechte Begrenzung)을 가능하게 한다. 케머러는 불법행위법의 영역을 간단히 살핀 후 부당이득법의 영역에서도 마찬가지로 부당성 요건의 "구체화"로부터 부당이득의 여러 유형이 생겨나는 것인데, 일반기준의 정립에 의하여서가 아니라 그러한 유형론에 의하여 비로소 부당이득제도에 "구체적인 內容과 限界"를 부여할 수 있다고 한다.

이러한 관점에 설 때 지금까지 부당이득법에 "統一的 公式"(einheitliche Formel)을 부여하려고 한 모든 試圖는 어떻게 평가될 것인다. 케머러는 이러한 노력의 성과를 인정하기를 거부한다. (i) 예를 들면 "기초에 존재하는 경계적 관계에 의한다면 귀속되어서는 안 될 자에게 돌아간 재산가치는, 귀속되어 마땅한 자에게 회복되어야 한다"(獨逸帝國法院)든가 기타 이와 유사한 공식은 단지 평균적 정의의 일반원리를 다른 말로 바꾸어 놓은 것으로서 이는 단지 부당이득제도의 목적을 표현한 것에 불과하다. (ii) 급부부당이득 이외의 영역의 부당이득도 債權的 基礎의 缺如로 설명하려는 융의 견해도 오류이다. (iii) 나아가, 부당이득이, 형식적 법에는 어긋나지 않으나, 실질적 정의에는 모순하는 재산이전을 矯正하는 제도라고 하는 사고방식도, 법적 구제수단의 부여에 形式要件의 역할을 重視하고 그 엄격성으로 인한 폐해를 "衡平"으로 구제하려고 하였던 법발전의 초기단계에 대한 설명으로서는 적합할지 모르나, 법의 구체적인 규정에 의하여서 형평 기타의 이념을 表出하려고 하는 근대법에 대한 설명으로서는 적합하지 않다. 부당이득법은 다른 법분야보다 차원이 높은 법이 아닌 것이다.

요컨대, 부당이득의 일반원리는 불법행위의 일반규정이 구체화를 필요로 하는 것과 마찬가지로 그에 기한 여러 가지의 "유형"이 적출되어야 한다는 것이 케머러의 출발점이다. 이와 같이 이득의 不當性의 근거를 구체적 유형적으로 파악한다는 점에서 그는 "급부이득반환청구"와 "타인의 재화의 이용이득"을 서로 기초를 달리하는 독자적인 유형으로 설명한 빌부르크의 見解[6]를 높게 평가한다. 그러나 케머러는 부당이득의 유형으로 위의 두 개뿐만 아니라 求償, 費用償還의 경우, 프랑스법 등에서 인정되고 있는 轉用物訴權의 경우, 나아가 채권자취소권 등을 든다. 이러한 부당이득의 유형을 구성함에 있어서 그는 뒤에서 보는 바와 같이 法史와, 특히 비교법적인 자료를 종횡으로 구사한다. 이하에서는 이들 여러 유형의 特質을 간단히 살펴 보기로 하자.

2. 具體的 類型들

(1) 給付利得返還請求 (Leistungskondiktion)

(a) 케머러는 우선 이 유형이 근대의 여러 입법에서 부당이득의 다른 경우에 대하여 특별한 취급을 받고 있음을 지적한다.[7] 이 유형을 독자적인 것으로 취급함은 역사적인 이유에서뿐만 아니라 內的으로도 肯認된다. 이 유형은 채무 등의 이행을 위하여 이루어진 급부에 대하여 그 급부의 causa가 없을 때 이를 回復함을 내용으로 하는 급부반환청구로서의 성질을 가진다. 이는 근대법에 있어서는 주로 계약 등을 통하여 이루어지는 재화의 이전을 교정하고 보충하는 것으로서, 소위 "財貨運動

6) Wilburg, *Die Lehre von der ungerechtfertigten Bereicherung nach österreichischem und deutschem Recht. Kritik und Aufbau*, 1934. 빌부르크도, 뒤에서 보는 대로 케머러가 몸 담았던 카이저 빌헬름 외국사법 및 국제사법 연구소의 연구원이었고, 또 에른스트 라벨의 가르침을 받았다.

7) 가령, 프로이센일반란트법(ALR)은 제 1 장 제16절 제166조 이하에서 이를 다루고, 다른 부당이득유형은 제 1 장 제13절 제266조 이하에 규정하고 있는 "유익한 이용"(nützliche Verwendungen)의 예로서 취급된다. 오스트리아민법(ABGB)도 급부이득에 관하여는 제1431조 이하의 비채변제에 대한 규정 및 제1174조의 불법원인급여에 대한 규정에서 다루고, 다른 부당이득유형은 제1041조의 "타인의 이득이 된 물건의 이용"에 대한 규정의 적용을 받는다고 한다. 프랑스민법은 제1377조 이하에서 비채변제에 관한 규정만을 두고 있다. 독일民法도 부당이득에 관한 일반규정을 제812조 제 1 항 제 1 문에 두면서 "타인의 급부에 의하여 또는 기타의 방법으로…"이라고 하여 부당이득 발생의 과정에 있어서 급부의 역할을 별도 취급하고 있다.

法(Recht der Güterbewegung)"에 속한다. 따라서 그 기능은 소비대차, 임치 또는 계약해제에 있어서의 반환청구권과 차원을 같이하는 것이다. 후자의 경우에 대하여 만일 특별한 규정이 마련되어 있지 않다면 이에 대하여도 condictio causa finita(소멸한 원인으로 인한 반환청구)가 부여될 것이다. 따라서, 재화운동에 있어서 급부이득반환청구권이 부여될 것인가 아니면 계약상 청구권이 부여될 것인가는 청구의 기초에 차이가 있는 것이 아니라 단지 責任의 範圍의 문제에 불과하다.

(b) 급부이득반환청구권을 이와 같이 파악하는 것을 전제로 하여 부당이득법과 계약법의 관계가 문제된다. 미국법 특히 리스테이트먼트가 대륙법에서는 계약법에 속하는 착오, 계약침해, 행위기초의 상실 등의 문제를 原狀回復法(law of restitution)의 문제로 함에 대하여, 독일법은 兩者를 분리하여 고유의 부당이득은 계약의 무효 또는 취소의 경우만을 다룬다. 채권적 합의 자체의 "이행"만이 급부의 causa이고 그 배후의 목적이나 전제는 부당이득법의 적용을 받지 않는다. 따라서, 가령 雙務契約에 있어서 반대급부가 이행되지 않더라도 이것만을 이유로 자기가 한 급부의 반환을 청구하지 못한다. 다시 말하면, 계약이 소멸하는 경우에만 이행된 급부의 반환청구가 해제법의 규정과 함께 부당이득법의 적용을 받아 이루어지게 되는 것이다(케머러는 미국의 도슨이 부당이득법 비교연구에서 독일부당이득법에 있어서의 이러한 기술적 제한이 보다 우수하다고 한 것을 인용한다).

(c) 급부이득반환청구의 對象은 당사자의 합의에 의하여 급부의 대상이 된 것 그 자체이다. 또, 반환의 당사자는 법적인 의미에 있어서의 給付者 또는 給付受領者인바, 누가 이러한 의미에서의 반환당사자가 될 것인가는 개별적으로 판단하여야 한다.

(2) 他人의 財貨로부터의 利得[8]

(a) 제 2 의 유형(급부 이외의 이득의 가장 중요한 경우)은 타인의 재화

8) 그 후 현재에 이르기까지 侵害利得返還請求權(Eingriffskondiktion)으로 불리우는 유

를 권한없이 利用(사용·수익·처분을 포함하는 가장 넓은 의미)이다.

有責한 침해자는 불법행위에 기한 손해배상책임을 부담하고(독일민법 제823조 제 2 항),[9] 악의자는 準事務管理의 법리에 의하여 취득재산의 인도의무를 진다(제687조 제 1 항). 그런데, 무과실의 경우라도 부당이득을 이유로 "이용"의 가치를 반환하여야 한다. 이 유형에 있어서의 이득의 부당성을, 케머러는 빌부르크에 좇아 권리(절대권 및 일정한 경우의 채권)의 "財貨歸屬的 機能"(güterzuordnende Funktion)에 의하여 설명한다. 즉, 이 경우 이득은 絕對權에 내재하고 있는 財貨割當에 矛盾하기 때문에 부당하다. 급부이득반환청구권이 재화운동법에 속함에 대하여, 이 유형의 부당이득은 물권적 청구권, 절대권 침해에 기한 손해배상청구권 등과 마찬가지로 財貨保護(Güterschutz)에 봉사하는 기능을 가진다.

따라서, 재화할당적 기능을 가지지 않는 권리는 이를 침해하여도 부당이득반환청구권이 발생하지 않는다.

(b) 이 경우 반환의 대상은 침해로 인하여 얻은 收益(Gewinn)[10]이 아니라 "이용" 자체의 가액(Wert)이다. 침해자가 취득한 收益의 반환은 적어도 有責의 경우에 한정된다. 이 점에 있어서 케머러는, 빌부르크가 취득한 收益을 그에 寄與한 比率에 따라 분배하려고 한 것에 반대하고, 이는 유책한 침해이득에만 타당하다고 한다. 그는 스위스·오스트리아·미국의 법을 비교 검토하여, 가액반환은 객관적인 利益調整에 봉사하는 것이고 取得收益의 반환은 타인의 절대권에 대한 불법행위적 침해에 대한 특수한 제재라는 결론을 도출한다.

(3) 위에서 살핀 주된 유형 외에도 케머러는 구상, 비용상환, 법규에 의한 이득, 채권자취소권, 전용물소권 등의 유형을 다루고 있다.[11] 여기

형이다.

9) 이하 法의 이름을 특히 附記함이 없이 인용하는 法의 條項은 독일民法의 그것이다.

10) 이 때 收益(Gewinn)이란 침해자가 침해의 결과 얻은 收入을 말한다. 가령, 特許權을 무단으로 사용하여 막대한 수입을 거둔 경우에 있어서와 같이. 따라서, 침해자의 寄與分의 문제가 항상 발생한다고 할 수 있다.

11) 케머러는 1966년 발표된 Grundprobleme des Bereicherungsrechts, *GS* I, S. 370ff. 에

서는 그 전부의 소개는 생략하고 중요한 문제점만을 지적하기로 한다.

(a) 타인의 채무의 변제, 연대채무관계에 있어서의 求償 등에 있어서 이득의 부당성의 근거는 채무의 면책이 "적법한 負擔分配"에 모순하는 점에 있다고 한다.

(b) 法規에 기한 권리변동을 부당이득의 범주로서 파악하는 데 케머러는 반대한다. 그에 의하면, 소멸시효, 취득시효 등의 법규에 의한 권리변동은 이미 13세기 註釋學派의 학자들에 의해서도 일반부당이득원리의 예외로 인정되었으며, 프랑스법에 있어서도 그러한 권리변동의 정당성을 옹호하는 것이 부당이득청구권의 "補助性 (caractère subsidiaire)"의 주된 기능이라고 설명되고, 또한 독일민법 起草者들도 법규에 의한 권리변동은 부당이득이 아니라는 입장을 분명히 하였다. 이러한 범주에 속한다고 통상 想定되는 예인 附合·混和·加工에 의한 이득 또는 타인의 재화의 처분에 의한 이득(양수인이 선의취득하는 경우)은 타인의 재화의 "이용"의 일예로서 위의 제 2의 유형에 속하는 것이다.

(c) 부당이득의 返還範圍에 관하여.[12] 반환청구는 일차적으로 "이득 (Bereicherung)", 즉 이익취득의 과정에서 이득자의 전체재산에 발생한 差額이 아니라 이득자가 그 과정에서 구체적으로 "취득한 것 (das Erlangte)" 또는 그 가치를 목적으로 한다(독일민법 제812조 제 1 항 제 1 문의 규정 참조). 따라서 이득자가 이득을 반환할 때의 그 재산상 차액, 즉 現存利益을 반환하면 족하다고 하는 것(제818조 제 3 항)은 善意의 수익자에 대한 예외적인 特惠에 불과한 것이고 현존이익에의 반환제한이 부당이익제도의 목적 그 자체로부터 필연적으로 도출되는 것은 아니다.

(d) 轉用物訴權에 대하여. 전용물소권이란 계약 상대방이 계약에 기하여 얻은 급부를 제 3 자를 위하여 "利用"한 경우 반대급부를 이행받지

서는 급부이득, 타인의 재화에 대한 침해, 비용상환(Impensen), 타인의 채무의 변제로 인한 구상 및 타인 간의 계약에 기한 이득(Bereicherung ex alieno contractu: 전용물소권을 의미한다)의 다섯으로 이를 정리하고 있다.

12) 이와 관련하여 아울러 梁彰洙, 獨逸民法上 利得槪念의 形成과 그 具體的 適用, 「法曹」 34권 3호(1985), 39면 이하 참조.

못한 당사자가 직접 제3자를 상대로 하여 그가 얻은 이득의 반환을 구할 수 있는 權利로서, 로마법 이래 긴 역사를 가진 것이다. 케머러는 이러한 권리가 프로이센법·프랑스법 등에서 승인되고 있음을 확인하고, 이것을 부당이득의 一類型으로 볼 가능성은 긍정한다. 그러나 독일민법은 이를 부정하고 있고[13] 또, 그러한 입장은 健全하다고 한다. 무릇 계약자는 반대급부를 계약상대방에게서 구하여야 할 것이고 상대방의 信用(Kreditwürdigkeit)에 관한 위험은 스스로 부담하여야 한다. 따라서, 그 계약에 의하여 이득한 제3자에의 追及을 인정하여서는 안 될 것이다. 이와 같이 케머러는 전용물소권을 부당이득법에 受容하는 데 입법론적으로 반대한다.

이 문제와 관련하여 그는 판례·통설에 의하여 요구되고 있는 損失과 利得 간의 直接性의 요건, 즉 하나의 財產移動過程이 일방에는 손실을, 타방에는 이득을 야기하여야 한다는 요건에 대하여, 이 요건 자체는 적당하지 않다고 하나 그것이 달성하려는 目的은 적극적으로 평가한다. 직접성의 요건은 결국 다음과 같은 의미를 가진다. 급부자는 급부수령자에 대하여만(물론, 누가 급부자이고 급부수령자인가 하는 것도 문제이나), 타인의 채무 내지 연대채무의 변제자는 면책자에 대해서만, 권리자는 "이용자"에 대해서만 이득반환 청구를 할 수 있다는 것이다. 즉, 개개의 청구의 유형을 이득의 부당성에 따라 분류한다면 동시에 청구의 상대방도 규정된다는 것이다.

(e) 주의할 것은 케머러가 위와 같은 여러 가지의 유형이 부당이득의 全領域을 모두 包括하는 것은 아니라고 하고 있다는 것이다.[14] 예를 들면 사무관리제도가 없는 英美法에서는 이 영역도 부당이득의 문제로

13) 독일민법 제1초안을 마련함에 있어서 그 기초자들은 전용물소권을 독일민법에서 인정할 것이냐에 관하여 논의하였고, 이의 채택을 정면에서 拒否하였다. 이에 관하여는 Mugdan, *Materialien zum BGB*, Bd. 2, S. 487f. 참조.

14) 1981년 발표된 쾨니히 교수의 부당이득규정의 개정에 관한 鑑定意見에서도, 유형론에 따른 상세한 규정을 제안하면서도 마지막으로 "보충적 일반규정"을 두고 있는 것은 그의 스승인 케머러의 입장을 좇은 것이라고 하겠다. 그 감정의견에 관하여는 梁彰洙, 西獨 不當利得法의 立法論的 展開, 서울대학교 「法學」 26권 4호(1985), 166면 이하 참조.

다룬다. 독일법에 있어서는, 위에서 본 유형은 현재 실제 긍정되고 있는 여러 경우를 다 망라하고 있는 것이기는 하나, 제812조와 같은 일반조항이 있는 한 새로운 사태를 수용할 길은 열려 있다. 따라서 케머러의 유형론은 일반적인 부당이득법을 배제하는 것이 아니라 오히려 一般不當利得原理가 기능하는 여러 경우를 類型化하고 각 유형의 特殊性을 명확히 하려는 것이다.

3. 類型論의 實益 등

다음에 케머러는 제 2 절에서 "부당이득의 각 유형을 달리 취급할 必要性"을, 제 3 절에서 "타인의 재산의 처분과 waiver of tort"를 다루고 있다. 그러나, 이는 독일부당이득법의 細部에 해당하는 것이기 때문에 극히 다루고자 한다.

(1) 각 유형을 달리 취급할 것이 필요한 점에 대하여.

(a) 반환의 대상을 달리하는 것에 대하여는 이미 언급하였다. 즉, 급부이득반환청구에 있어서는 원칙으로 급부된 것 그 자체를 반환하고, 침해이득의 경우에는"利用"의 "價額"를 반환하여야 한다.[15]

(b) 소위 費用節約이 부당이득이 되는지 여부도 유형별로 고찰하여야 한다.[16]

(c) 부당이득의 排除原因으로서 수익자측의 causa 만으로 충분하다는 견해(가령, 티쎄)도 유형에 따라 검토되어야 한다. 예를 들면, "제 3 자와의 계약"은 침해이득의 경우에는 손실자에 대하여 利得正當化의 원인으로 대항할 수 없으나 전용물소권의 경우에는 수익자는 중간자에 대

15) 그러므로 침해이득반환청구의 경우에는 原物返還이란 있을 수 없고 항상 價額返還(독일민법 제818조 제 2 항 참조)만이 가능하다는 것이다.

16) 케머러에 의하면, 소위 비용절약의 관점은 구상 또는 비용상환의 경우나, 이득의 소멸 또는 감축을 주장하는 善意受益者에 대하여 그 주장을 받아들이지 않으려는 경우에는 유용하나, 기타의 경우에는 문제되지 않는다고 한다.

한 權原이 있음을 반환청구자에게 유효하게 주장할 수 있다.

(d) 이득과정과 관련하는 모든 이익·손실이 고려되어야 한다는 소위 差額說(Saldotheorie)도 급부이득의 경우에는 일정한 요건 아래 소위 雙務性의 관철에 기여하는 바가 있어 有益한 점이 있다고 할 것이나,[17] 가령 "타인의 재화로부터의 이득"의 경우에는 적용될 여지가 없다.

(2) "타인의 재산의 처분"에 관련하여 종래 독일민법의 해석론상 논의된 문제, 가령 소유자는 善意取得으로 인하여 자신의 권리를 상실한 경우에만 처분자에 대하여 代償請求(가령, 처분자가 제 3 자로부터 취득한 매매대금 등)을 할 수 있는가, 그 처분이 無效라도 소유물반환청구권을 사실상 행사할 수 없으면 대상청구를 할 수 있는가 아니면 일반적으로 모든 경우에 소유물반환청구 대신 처분자에게 대상청구를 할 수 있는가 하는 문제를 다루고, 英美法에서의 waiver of tort 법리[18] 등을 살핀 뒤 소유자의 追認(제185조 참조)을 요건으로 대상청구를 할 수 있다고 하여야 한다고 한다.

4. 不法行爲에 의한 利得

마지막으로, 케머러는 "불법행위에 의한 이득"을 다룬다. 이 문제는 不用利得法의 限界의 문제임과 동시에 제 2 의 "타인의 재화로부터의 이득"의 유형의 구조를 명확히 함에 있어서 매우 중요하다고 생각된다.

케머러에 의하면 미국의 원상회복법 리스테이트먼트와 마찬가지로 독일법에서도 "불법행위로 취득된 것은 부당이득"이라는 主張이 보인다(도슨은 이 점에서 미국 부당이득법의 결정적인 擴張을 인정한다고 한다). 만일

17) 이에 관하여는 金龍潭, 雙務契約의 無效·取消와 不當利得(상)(중)(하), 「司法行政」 1983년 2월호 4면 이하, 3월호 20면 이하, 4월호 23면 이하 참조.

18) 英美法에 있어서 불법행위의 피해자가 불법행위에 기한 소권을 포기하고, 가해행위를 피해자를 위하여 계약을 한 것으로 보아 가해자의 불법행위로 인한 이득에 대하여 준계약에 기한 반환청구를 할 수 있다는 법리를 말한다.

이 명제가 옳다면, 위에서 본 부당이득의 여러 유형은 "불법행위에 의한 이득"이라는, 중요한 발전가능성을 가진 유형에 의하여 補完되게 된다. 왜냐하면, 侵害利得뿐만 아니라 가해자에게 이익을 가져오는 모든 불법행위, 특히 不正競爭이 이득반환청구권을 발생시키게 될 것이기 때문이다.

케머러는 비교법적인 고찰을 한 후 다음과 같은 귀결에 도달한다. "불법행위로 인한 이득"은 일반적으로 부당이득이라고 할 수 없다. 그것이 절대권 내지 이에 준하는 권리에 대한 침해의 형태를 취하는 경우에만 價額返還(무과실의 경우) 또는 그로 인하여 얻은 收益(Gewinn)의 반환(악의 또는 적어도 과실이 있을 때)의 결과를 낳을 뿐이다. 다시 말하면 절대권의 보유자에게는 財貨의 獨占的 "利用"이 割當되어 있으므로 이것을 타인이 이용하면 부당이득이 된다. 그러나 제823조 제 2 항에서 그 침해가 불법행위를 이룬다고 정하고 있는 바의, 保護法規에 의하여 保障된 地位(Schutzposition)는 부당이득의 기초가 되는 그와 같은 "할당"(Zuweisung)을 결여하고 있다. 그러므로 다른 영업자의 손실로 부정경쟁업자가 얻은 이익은 부당이득이 되지 않는다. 케머러에 의하면 부당이득적 보호를 받지 못하는 절대권도 생각할 수는 있고 또 "보장적 지위"도 "재화할당"을 운위할 수 있을 만큼 강화될 수도 있을 것이다. 이는 모두 實定法의 政策的 問題이다. 다만 부당이득이 승인되기 위하여는 그 재화의 특정인에의 "독점적 할당"이 있다는 것이 결정적이라는 것이다.

Ⅲ.「不法行爲法의 變遷」

「부당이득과 불법행위」가 일반규정을 구체화하는 類型論的 思考의 전개라면, 즉 一般에서 特殊로의 사고과정을 보여 주는 것이라면, 이제 소개하려는 「불법행위법의 변천」은 불법행위의 구성요건에 관하여 列擧主義를 취하고 있는 독일민법의 欠缺(Lücke)을 보충하기 위하여 판결 등을 통하여 一般的 不法行爲要件이 형성되어 가는 과정, 즉 특수에서 일반으로의 사고과정을 보여 준다. 여기서 케머러는 단순히 판결 등의 내용을 개관하는 데 그치는 것이 아니라, 그 배후에 존재하는 法發展의 방향을 다른 나라의 법과의 비교 아래 정확하게 파악하고, 이를 보다 큰 흐름 아래 자리잡게 함으로써 장차의 불법행위법의 형성에 일정한 指針을 주고 있다. 이 논문은 독일법률가대회(Deutscher Juristentag) 성립 100주년을 축하하기 위한 기념논문집에 발표된 것이다.[19]

1. 法典과 判決

케머러는 먼저, 1900년에 독일민법이 시행되기 시작한 이후 不法行爲法이 매우 신속하게 발전하고 변화하였음을 지적한다. 그리고 이러한 發展은 시간이 감에 따라 法典에 대한 태도가 보다 자유로워진다는 "자연스럽고 필연적인" 과정의 결과이다. 이러한 과정을 통하여, 최고법원의 판결은 그 비중을 더하여 가며, 또 그의 임무는 더욱 막중한 것으로 의식된다.

케머러는 불법행위법의 분야에서 "특히 눈에 띄는" 약간의 發展傾向을 지적하고 검토한다.

2. 약간의 發展傾向들

그 발전경향이란, 첫째, 豫防的 不作爲訴訟(妨害豫防請求)의 인정을 통한 구제수단의 확장, 둘째, 전형적인 불법행위유형을 계약책임에 편입하는 것, 셋째, 위험책임의 기본사상의 명확화, 그리고 가장 중요한 것으로 불법행위요건의 시스템의 근본적 변화를 말한다.

---

19) Wandlungen des Deliktsrechts, in: *Festschrift zum hundertjährigen Bestehen des Deutschen Juristentages 1860-1960*, Bd. 2, 1960, S. 49-136 (*GS* I, S. 452-553).

(1) 예방적 부작위소송(vorbeugende Unterlassungsklage)의 일반적 인정

실정법의 규정(가령, 소유권 기타의 절대권에 관한 독일민법 제1004조)[20]에 기하여 위법한 침해에 대한 부작위소송(방해배제청구 등)이 인정되는 경우 이외에, 판례는 객관적으로 위법한 침해에 대하여[21] 일반적으로 不作爲請求 ―妨害排除 및 妨害豫防― 를 인정하고 있다. 케머러에 의하면, 그 소송의 주요한 적용영역은 名譽의 民事的 保護와 不正競爭의 경우이다. 이러한 청구의 기초에 제241조의 의미에서의 실체적인 청구권이 존재하는가가 학설상 다투어지고 있다.[22] 그러나 케머러는 급부소송, 확인소송, 형성소송과 나란히 독립한 소송유형으로서 禁止訴訟(prohibitorische Klage)의 성립이 가능하다면, 더 나아가 부작위청구권이 실체법상의 것인가 여부는 用語의 문제에 불과하다고 한다.

(2) 典型的 不法行爲類型(Deliktstatbestände)의 계약책임에의 편입

이것은 독일민법상의 사용자책임규정(제831조)이 불만족스럽게 되어 있어서[23] 履行補助者의 고의·과실에 관한 제278조를 적용하기 위한 것이다. 이것은, 가령 광범한 附隨義務의 인정이나 적극적 계약침해 등으로도 나타나나, 특히 계약체결상의 과실과 제 3 자에게 보호효가 미치는 계약이 문제된다.

(a) 契約締結上의 過失　　독일제국법원의 리놀륨융단 판결 이후 일반적인 주의의무 위반이 있는 경우의 상당수에 대하여 계약 체결상의 과실이 긍정되고, 따라서 제278조가 적용되었다. 이러한 경우는 대개 종

---

20) 기타 姓名權에 관한 제12조, 占有保護請求權에 관한 제862조, 그리고 많은 특별법, 특히 無體財產權에 관한 법과 不正競爭防止法의 규정들이 있다.

21) 不作爲請求는 歸責事由의 존재를 요구하지 않고, 단지 불법행위의 객관적 요건을 충족하는 행위가 반복될 憂慮가 있으면 허용된다.

22) 하인리히 레만과 니퍼다이는 이를 肯定하고, 지버, 라벨, 에써, 라렌츠, 니키쉬는 이에 반대한다.

23) 독일의 통설·판례는 使用者責任을 ―우리의 통설·판례가 이를 報償責任的으로 구성하는 것과는 달리― 사용자 자신의 피용자 선임 감독에 대한 과실책임으로 이해하고, 그 면책(제831조 제 1 항 제 2 문 참조)을 광범위하게 인정하고 있다.

래 불법행위법의 규율을 받아 오던 것이었고, 외국에서는 지금도 그러하다. 그러나, 계약체결상의 과실책임은 가령 백화점에서 물건을 사려 하였거나 산 사람만을 보호하고, 그가 동반한 다른 사람은 보호하지 못한다는 점에서 만족스럽지 못한 것이다. "악의 근원은 사용자책임을 일반적인 주의의무 안에 정당하게 위치시키지 못한 데 있다."

(b) 제 3 자에게 保護效를 미치는 계약　　이는 계약상의 의무를 계약당사자 이외의 사람에게도 미치게 하려는 법적 구성이다.[24] 가령, 임대인과 임차인의 가족, 수급인과 도급인의 가족이나 피용자 사이, 식료품 매수인의 가족이 그것을 먹고 병에 걸린 경우 등에 있어서는 임대인 등은 자신의 계약 상대방 이외의 사람에 대하여도 임대주택을 사용가능한 상태로 유지할 의무(제537조) 등을 각기 부담하고, 그러한 의무를 다하지 않음으로써 손해를 입은 자에게 계약상 손해배상의무를 부담한다는 것이다.

이에 대하여도, 몇 가지 난점, 즉 계약의 보호효(Schutzwirkung)가 미치는 제 3 자의 범위는 어떠한가, 계약조항상의 抗辯에 기하여 피고는 제 3 자에게 대항할 수 있는가 등의 문제가 있다.

(3) 危險責任(Gefährdungshaftung)의 문제

事故法의 분야에서는, 기술의 진보에 수반되는 위험의 高度化에 대응하여야 한다는 문제가 생긴다. 전통적인 과실책임의 원칙은 여전히

24) 이에 관하여는 宋德洙, 제 3 자 보호효력 있는 계약, 「郭潤直 敎授 華甲紀念論文集」, 1985, 454면 이하 참조. 동 論文은 결론적으로 이 이론을 "우리 나라에 導入할 필요"가 있다고 한다(480면). 그러나 사용자책임에 관한 通說의 理解나 實務의 運用이 독일과 같지 아니한 우리에 있어서, 독일에서조차 비판되고 있는 이 理論(*GS* I, S. 467 참조)의 도입을 주장하는 것은 우리 민법전과 판례법이라는 "있는 법"에의 考慮가 不足한 것으로서, 뒤의 V.에서 간단히 보듯이 方法論的으로 問題가 있다고 생각된다. 케머러도, "실상 여기서 문제되는 것은 가스공급장치 설치와 건축공사에서의 일반적인 주의의무가 문제되고 있는 것이고, 이 주의의무는 그 작업에 의하여 위험하게 될 수 있는 모든 사람에게 성립한다. 그리고 [계약의 第3者 保護效를 인정하는] 판례는 단지, 피용자의 과실에 대하여 사용자에게 타당한 책임을 적어도 부분적으로 인정하려는 手段에 불과하다"고 한다(同所). 문제는 "우리의" 使用者責任法이 바람직한가 하는 점에 달려 있는 것인데, 이는 否定的으로는 답할 수 없는 것이 아닐까?

유지되고 있으나, 일정한 범위 내에서는 전혀 과책사유가 없더라도 危險을 引受하여야 할 경우가 있다. 즉, 그러한 위험을 수반하는 활동으로부터 이익을 얻는 기업은 이러한 위험의 인수로부터 오는 부담을 責任保險에 의하여 분산하고 또 그로 인한 비용을 영업비용으로 계상할 수 있는 것이다. 케머러에 의하면, 이러한 위험책임은 독일법에서는 법률로써만 가능하다. 또한, 이 책임분야에서는 보험의 역할이 상당한 비중을 차지한다.

3. 不法行爲의 一般要件

그러나, 본 논문에서 케머러가 가장 주의를 기울이고 있는 것은 一般的 不法行爲要件의 문제이다.

각국의 불법행위법은 그것이 일반적인 불법행위요건을 두고 있느냐, 아니면 개별적인 요건을 열거하고 있느냐에 따라 나누어질 수 있다. 近代의 대부분의 民法, 즉 프랑스,[25] 오스트리아, 스위스, 이태리 및 그리스의 각 민법은 전자, 즉 법률은 일반적으로, 위법하고 유책하게 타인에게 손해를 가한 사람은 이를 배상하여야 한다는 원칙만을 정하고, 구체적으로 어떠한 경우에 어떤 사람의 행위가 위법하고 유책한가 하는 판단은 법관에게 맡기는 태도를 취하고 있다. 이에 비하여 로마법이나 영국법과 같은 "보다 오래 된 법"은 후자의 태도를 취한다.

독일민법은 근대의 법으로서는 특이하게, (i) 고의 또는 과실에 의한 絕對權의 侵害(제823조 제 1 항), (ii) 保護法規 違反(제823조 제 2 항), (iii) 故意의 선량한 풍속 위반(제826조)의 셋을 불법행위 요건으로 열거하고 있다. 문제는 이와 같은 태도가, 어떠한 경우에 위법한 가해행위가 있는가 하는 물음에 대하여 만족한 대답을 가능하게 하는가, 아니면 흠결을 인

25) 케머러는 프랑스의 實務가 프랑스민법전 제정 이후 급변하는 사회의 필요를, 5개에 불과한 그 법의 不法行爲 規定, 특히 제1382조의 過責(faute) 概念의 탄력 있는 운용으로써 대처해 온 것을 肯定的으로 敍述한다(*GS* I, S. 453f.).

정하여야 할 것인가 하는 것이다. 케머러는 實務의 展開過程은 후자가 옳다는 것을 증명하며, 또 실무는 독일민법전상의 불법행위법 체계를 "폭파"하였다고 한다. 그것은 세 가지의 방향으로 나타난다. 첫째, 去來 安全義務(Verkehrssicherungspflicht)의 일반적 승인, 둘째, 營業活動에 대한 불법행위법상의 보호, 셋째, 一般的 人格權(allgemeines Persönlichkeitsrecht)의 승인이 그것이다.

(1) 英美法에서의 negligence 또는 프랑스법에서의 faute와 같이, 건전한 사람이 共同生活의 여러 가지 관계에서 다른 사람에 대하여 부담하는 注意義務를 위반한 경우에 인정되어 그로 인하여 발생한 손해의 배상의무에로 이끄는 요건은 독일민법에서는 적어도 일반적으로는 인정되지 않았다. 이러한 "큰 흠결"은 판례에 의하여 去來安全義務(Verkehrspflichten)가 인정됨으로써 메꾸어졌다.[26]

이 義務는 원래 토지, 도로, 공공의 장소, 항만, 교량 등을 일반의 교통에 안전한 상태로 유지하여야 할 관리자의 주의의무로서, 또 상점이나 백화점의 소유자, 주택의 점유자들이 일반의 출입이 허용되는 장소를 위험하지 않은 상태로 유지할 주의의무로서 인정되었다. 그러나 判例는 그 範圍를 擴張하여 모든 종류의 주의의무를 그 아래 包攝하고 있다. 예를 들면, 건설공사나 도로공사를 하거나 영업을 개시하거나 기타의 許容된 活動을 하는 경우에 그것이 타인에 대하여 위험을 야기하거나 야기할 우려가 있으면 그 활동을 하는 사람은 손해의 발생을 피하기 위하여 하여야 할 보호 및 안전조치를 강구하여야 한다. 상품의 製造者나 供給者는 공중에 대하여 마찬가지의 주의의무를 부담한다. 醫師나 藥劑師 또는 建築技士 등도 그 직업적 지위로부터 일정한 의무가 발생하여, 그 계약 상대방뿐만 아니라 그 의무의 해태로 인하여 건강이나 소

26) 이에 관하여는 尹庸碩, 西獨 不法行爲法上의 소위 Verkehrspflicht에 관하여, 「財產法硏究」 2권 1호(1985), 67면 이하; 李銀榮, 不法行爲法에 있어서의 注意義務(상), 「판례월보」 190호(1986. 7), 19면 이하 참조.

유권 등에 손해를 입을 가능성이 있는 제 3 자에 대하여도 마찬가지의 의무를 진다. 이러한 주의의무의 인정은 한정이 없다.

여기서는 去來(Verkehr)의 관점에서 보아 일반적으로 침해의 발생에 대하여 예방조치를 강구할 주의의무가 있는가 여부 및 그 의무가 위반되었는가가 문제된다. 그리고, 그러한 주의의무 위반에 의하여 제823조 제 1 항에 규정된 法益(생명, 신체, 건강, 자유, 소유권 및 기타의 절대권)이 침해되면, 정당방위·긴급피난 등의 正當化事由가 없는 한 그 침해행위는 제823조 제 1 항의 의미에 있어서의 "위법한" 침해라고 할 수 있다.

케머러는 다음과 같이 要約하고 있다. "독일민법 제823조 제 1 항은… 하나의 開放된 要件을 정하고 있다. 타인의 생명, 건강 또는 권리가… 누군가의 행위에 의하여 위협을 받고, 이로써 이러한 법익이 침해되거나 손해가 발생한 경우에는, 法秩序가 개개인에게 요구하는 不文의 주의의무가 위반되었으면 독일민법 제823조 제 1 항의 의미에서의 '위법한' 침해가 존재하는 것이다. … 독일법에도 다음과 같은 一般規定이 있다고 할 수 있다. 즉, 누구나 타인에의 가해를 피하기 위하여 이성적으로 기대되는 주의를 하여야 한다는 것이다. 그리고 實務는 이 일반규정을 구체화함에 있어서 프랑스나 영미의 法院이 faute 나 negligence 의 요건에 관하여 하는 것과 같은 고려를 베풀고 있는 것이다."[27]

(2) 일반적 거래의무 위반을 이유로 하는 손해배상책임은, 그러나 제823조 제 1 항에 규정된 법익이 침해된 경우에만 인정되는 것이고, 그것에 의하여 過失行爲에 대한 一般的 責任이 인정되는 것은 아니다. 다른 財產的 利益은 제823조 제 2 항의 보호법규 위반의 경우에만 보호되고, 또 제823조 제 1 항에 규정되지 않은 人格的 利益, 가령 프라이버시의 권리 등은 보호받지 못하는 결과가 된다. 이러한 法의 欠缺은 주로 營業權에 대한 보호와 일반적 인격권의 인정에 의하여 보충되어 간다.

27) *GS* I, S. 488f.

(a) 營業權(Recht am eingerichteten und ausgeübten Gewerbebetrieb)의 보호 營業活動에 대한 保護는 독일민법 시행 직후에는 매우 斷片的으로 행하여졌다. 즉, 자유로운 영업에 대한 인격권은 부인되었고, 또 제823조 제 1 항의 적용도 거부되었다. 단지, 제823조 제 2 항에 따라 상대방이 名譽毁損이나 信用沮喪에 관한 형법상 범죄를 행하였을 때 등에만 그에 대한 손해배상책임이 인정되었던 것이다. 그러나 특허권 기타 영업적인 배타적 권리를 무단히 침해한 경우의 예는 이러한 法狀態가 충분하지 않음을 확인하여 주었다.

그리하여 1904년의 判決[28]은 영업활동에 대한 **直接的** 侵害의 경우에는 제823조 제 1 항의 적용이 인정됨을 인정하였고, 이로써 단지 過失만이 존재하는 때에도 손해배상책임이 성립할 수 있다는 것이 인정되었다. 그 후 이러한 방향의 판결이 누적되고, 1909년 不正競爭防止法(Gesetz gegen den unlauteren Wettbewerb. UWG)이 시행됨에 따라, 보호가 애초에는 營業의 存立(Bestand)에 대한 직접 침해의 경우에 한정되었던 것도 점점 확장되고 있다. 현재의 실무는 營業活動領域에 대한 모든 違法한 侵害에 대하여 救濟를 부여하고 있으며, 다만 직접적 침해를 요구할 뿐이다.

그러나 케머러는, 판례에 의하여 위와 같은 보호가 부여되는 영업권을 絕對權이라고 파악하는 견해에는 반대한다. 왜냐하면, 지배권의 징표인 여러 특징, 가령 양도나 담보설정의 가능성이 없고, 지배권의 핵심을 이루는 財貨의 할당내용(Güterzuweisung)을 흠결하고 있기 때문이다. 결론적으로 영업권은 새로운 절대권이 아니며, 문제는 영업활동에 대한 위법한 침해는 不作爲請求權을 발생시키고 단순히 過失이 있는 경우에도 損

28) *RGZ* 58, 24 (29f). 이 판결은, 피고가 實用新案權을 가지고 있다고 주장하고 그 競爭業者인 원고의 工場에서 제조하는 제품이 이를 침해하는 것이라고 하여 그 제품의 생산 중단을 요구한 사안에 대한 것이다. 그 실용신안권은 비록 피고 이름으로 등록된 것이기는 하나, 실제로는 보호를 받을 수 없는 것이었다. 帝國法院은 이와 같이 원고의 영업에 대하여 직접적 피해가 발생한 경우에는 고의가 없더라도 과실이 존재하면 손해배상을 청구할 수 있다고 판시하였다.

害賠償義務를 발생시킨다는 "일반조항"이 인정되었다는 것이라고 한다.

(b) 一般的 人格權의 承認 제823조 제 1 항에 의하여 보호되는 人格權에는 名譽가 포함되어 있지 않다. 따라서 명예의 보호를 위하여는 독일민법의 다른 규정, 즉 姓名權에 관한 제12조나 기타 제823조 제 2 항, 제824조(信用의 危殆化에 대한 손해배상책임), 제826조에 의하여야 했다. 통설·판례는 상당 기간 동안 그러한 法狀態를 肯定하여 왔다. 그러나 인간의 존엄을 최고의 가치로 내건 1949년의 西獨基本法 제정 이후로 일반적 인격권의 개념은 점차 支持를 획득하여, 현재는 인격적인 여러 가지 이익, 즉 명예·프라이버시·肖像·저작권의 적용을 받지 않는 書信이나 日記 등에 대하여도, 그것을 고의 또는 과실로 위법하게 침해하면 손해배상의무가 발생한다는 것이 인정되고 있다. 즉, 제823조 제 1 항에 의한 보호가 일반적으로 부여되는 것이다.

한편, 인격권의 침해로 인한 非財産的 損害에 대하여는 慰藉料의 청구가 인정되고 있다. 케머러는, 비재산적 손해에 대하여는 법률의 규정이 있는 경우에만 金錢賠償을 인정하는 제253조, 또 신체·건강·자유 및 貞操의 침해에 대하여만 위자료의 청구를 인정하는 제847조가 새로이 승인된 법익의 보호를 위하여도 類推適用되어야 한다고 하여, 위와 같은 방향을 긍정적으로 평가한다.

또한, 인격적 법익에 대한 침해가 있는 경우에는 損害賠償뿐만 아니라, 不作爲請求 및 撤回(Widerruf) 내지는 訂正(Richtigstellung)을 구하는 소송도 許容된다. 이와 같이 하여 인격적 법익에 관하여는 그 위법한 침해에 대한 일반적인 구제가 부여되는 것이다.

(3) 이렇게 보면 현재의 독일 불법행위법은, 實定法의 규정은 어떻든지 간에 實質的 內容, 즉 그 보호가 주어지는 法益의 範圍와 救濟手段의 종류에 있어서는 일반적 구성요건을 가진 다른 나라의 법과 거의 다를 바 없다고 할 수 있다.

4. 違法性과 責任

이어서, 케머러는 違法性(Rechtswidrigkeit)과 有責性(Schuld)의 구분의 문제에 관하여 논하고 있다. 이는 特殊獨逸的인 문제라고도 할 수 있으므로, 극히 간단히 요약하기로 한다.

케머러는, 比較法的으로는 논란이 있으나, 적어도 독일법에서는 그 구분은 實益이 있음이 증명되었다고 한다. 그에 의하면, 불법행위법은 위법한 行爲 ―행위결과가 아니라―, 즉 법질서에 의하여 요구되거나 금지된 것에 위반하는 인간의 작위 또는 부작위만을 문제삼는다. 違法한 行態에 대하여 그 행위자를 비난할 수 있는 경우에 그는 유책한 것이 된다. 객관적으로 위법한 행위도, 특히 행위자에게 責任能力이 없거나, 禁止에 관하여 錯誤를 일으키거나, 실제의 상황을 오해하거나, 기타 구체적인 경우 그에게 適法한 行態를 요구하는 것이 특수한 이유로 期待할 수 없는(unzumutbar) 때에는 유책하지 않은 것이 된다.

이러한 구별은 특히 不作爲訴訟의 경우에 의미가 있다. 그 경우에는 단순히 객관적인 위법행위만으로 족한 것이다.

Ⅲ. 케머러의 民法學에 대한 評價

케머러의 법과 법학에 대한 태도에 관하여는 케머러의 70회 생일을 맞아 출판된 기념논문집[29]의 맨처음에 실린 헬무트 코잉의 "에른스트 폰케머러와 私法學"이라는 글이 이를 선명하게 서술하고 있다고 생각되므로, 이를 이하에서 간추려 옮기고 다른 학자들의 평가를 곁들이기로 한다.[30]

---

29) *Festschrift für Ernst von Caemmerer zum 70. Geburtstag*, 1978, XII+1139 S.

30) Coing, Ernst v. Caemmerer und die Wissenschaft vom Privatrecht.

케머러가 학문적인 활동을 시작한 즈음의 독일 私法學의 상태에 대하여는 그 스스로가 다음과 같이 뚜렷이 묘사한 바 있다. 즉, "1920년대가 종료함으로써 독일민법전을 敎義學的으로 파악하고 체계잡는 작업은 기본적으로 완성되었다. 이제, 주석학파(die exegetische Schule)의 시대[31]는 끝이 난 것으로 간주되었다." 같은 글에서 케머러는 당시 추구되어야 했던 目標를 다음과 같이 회고하였다. "이제 학문의 任務는, 법이 변천하는 시대와 실무의 다양한 요구에 따라갈 수 있도록 법을 발전시키는 것, 무엇보다도 세상(Umwelt)과의 연결을 획득하는 것이다. 법전을 편찬하는 것은 어느 경우에나 법의 발전을 얼어붙게 하고, 일정한 시대 상황을 배경으로 하여서만 설명될 수 있는 우연적인 규범, 불완전한 규범을 永久化하며, 그러한 것에 계속 붙잡혀 있게 됨으로 말미암아 隣近의 法文化에 공통적으로 일어난 法發展에 대한 고려를 하지 못하게 될 위험을 내포하고 있다."[32] 그는 일생의 연구를 통하여 이러한 위험에 反作用을 가할 것을 추구하였다.

그의 方法은 다음과 같이 요약될 수 있다. 그의 연구는 항상, 범위가 넓은 一般的 原理의 설명에서 시작하여(부당이득에 관한 논문에서뿐만 아니라 기타 가령 因果關係에 관한 論文[33]에서도 보듯이, 그러한 원리는 法律問題 解決에 대하여 큰 의미를 가지지 않는다고 하는 것이 그의 일반적인 결론이다), 현실로 문제되는 事案들을 면밀히 분석하고 이를 전형적인 事案類型(Fallgruppen)을 구성하는 것에로 나아간다. 그의 思考過程을 지탱하는 것은, 일반적인 원리와 그의 적용을 받는다고 하는 구체적인 사실관계와의 사이의 긴장이다. 그의 首弟子라고 할 수 있는 마르부르크 대학의 한스

31) 케머러는 大法典이 제정된 이후에는 대개 그 법전에 기하여 체계를 수립하려는 "註釋學派"가 등장한다고 한다. Das deutsche Schuldrecht und die Rechtsvergleichung, *GS* I, S. 3 참조.

32) 前註의 글, S. 5.

33) Das Problem des Kausalzusammenhangs im Privatrecht, *GS* I, S. 395ff. 이 논문에서 케머러는 損害賠償範圍에 관하여 종래의 통설인 相當因果關係說을 비판하고 그의 스승 라벨에 촉발되어 "손해배상책임을 발생시키는 규범의 보호목적과 보호범위"(S. 402)를 그 基準으로 제창하였다. 이에 관하여는 Lange, *Schadenersatz*, Handbuch des Schuldrechts I, 1979, S. 76ff. 참조.

게오르크 레저는 그에 대한 追悼文에서, "實質問題(Sachfragen)와 그 解決을…근원에까지 究明하고, 또 그에 있어서 현실에 미치는 영향에 대한 배려를 잃지 않는 연구방식…그에게는 구체적인 법적 문제(Rechtsfall)와 그 해결이 일차적인 것이었고, 體系와 概念은 이에 봉사하는 기능을 가지는 것에 불과하다. 케머러는 이와 같이 하여 자기대로의 독특한 방식으로 概念實證主義를 극복하였다."고 케머러의 사법학의 특징을 요약하고 있다.[34]

이와 같은 태도로 연구를 수행함에 있어서 케머러는 언제나 比較法的 成果를 도입한다. 그의 연구가 비교법적 인식 위에 기초하지 않은 것은 없다.[35] 이는 위의 부당이득 논문에서도 알 수 있는 것이고, 독일 불법행위법의 변천에 관한 논문에서도 그는 導入部分에서 독일의 관계규정을 프랑스·스위스·오스트리아의 관계규정과 비교함으로써 독일 규정의 缺陷을 확인하고, 이어서 그러면 독일의 실무는 이러한 결함을 어떻게 보완하고 있는가 하는 물음을 제기하고, 이러한 물음을 그 후의 논술을 끌어내는 단서로 삼고 있다. 그런데, 그가 수행하는 비교법적 작업은 단지 여러 나라의 法律規定만을 비교하는 것이 아니다. 그는 특히 판결 등에 드러나는 외국의 '살아 있는 법'에 주목한다.[36] 이러한 광범위한 자료로써 마련한 튼튼한 기초 위에 그는 자신이 추구하는 事案類型의 構成作業을 수행하는 것이다.

이렇게 볼 때 케머러의 方法에는 다음과 같은 특징을 看取할 수 있다. 케머러는 법적 문제에 대한 타당한 해결을 일반적 법원리만으로부터는 얻어질 수 없다는 確信을 가지고 있다. 법률에 표현된 그러한 원리와 법해석학의 고정된 결론을 그는 별로 신뢰하지 않는다. 그렇다고 그의 연구방법을 가령 事案資料(Fallmaterial)의 나열이라는 의미에서의

34) Hans G. Leser, Nachruf auf Ernst von Caemmerer, *JZ* 1985, S. 735.
35) 그의 比較法學에 대한 태도에 대하여는 註 31의 글 참조.
36) 이와 같이 비교법적 연구에 있어서도 살아 있는 태도에 주목하는 태도가, 1930년의 통일어음법에 관한 그 후의 각국의 판결을 편찬하도록 하였을 것이다.

단순한 決疑論(Kasuistik)으로 보는 것은 잘못이다. 그는 事實關係를 항상 '일정한' 規範的 原理라는 관점에서 음미한다. 그의 분석은 일정한 사안유형 각각에 대하여, 일정한 法原理에 비추어 적합한 고유의 법적인 考察方式(觀點)을 마련하는 것을 指向하고 있다.

그 배경에는, 일정한 사안유형에 대하여는 그에 고유한 法的 觀點에서 볼 때에만 적합한 타당한(때로는 여러 개의) 解決方法을 발견할 수 있다는 확신이 자리하고 있다. 그의 태도는 法官的(richterlich)이라고 표현할 수 있다. 즉, 그는 구체적인 사건을 재판하는 법관의 태도와 마찬가지로, 기본적으로 法律에 충실하면서 동시에 事案에 적합하고 타당한 결론을 얻으려고 하는 것이다. 그러나 이 때, 케머러는 私法의 법원리가 일반적인 그러나 역시 역사적인 體系觀點(Ordnungsgesichtspunkt)과 관련되어 있음도 충분히 인식하고 있다.

이러한 입장은 實定法律에 대한 그의 태도에서도 잘 드러난다. 그는 법관이 주관적인 法的 確信에 기하여 자유롭게 법창조를 할 수 있다고 하는 自由法論者가 아니다. 그러나 그는 법률을 超實定的인 問題設定의 기초 위에서 자유롭게 다루려 한다. 그러한 문제설정은 한편으로는 比較法이, 또 한편으로는 구체적 사안에 대한 洞察이 이것을 가능하게 한다. 법률과 법명제는 社會相當한(sozialadäquat) 해결방법으로 이끄는 안내자이다. 그러나 그것이 특히 그 시대의 도그마에 사로잡혀 그러한 해결방법의 발견에 방해가 되는 경우에는 그것을 극복하고 발전적으로 형성하지 않으면 안 된다. "法典의 내용이 시대적 흐름과 점점 떨어짐에 따라 법전에 대한 태도도 변화한다. …법전은 그것이 만들어진 시대의 法的 確信의 표현이며, 이를 현재에 적용하기 위하여는 보다 자유로운 태도를 취하여야 한다. …그러나 이러한 자유로운 태도는 우리 법문화의 繼續性과 그 法的 信念의 共通性에 대한 確信에 의하여 지지를 받는 경우에만 가능한 것이다."[37)]

37) *GS* I, S. 455.

코잉은 케머러의 방법을 "私法의 古典的인 方法"이라고 하고, 이를 사비니와 예링의 方法에 비견하고 있다. 그들에 있어서도 우선 實質的問題가 實定法源이 미리 지시됨이 없이 잔잔하게 서술된다. 이러한 서술에 기하여 문제가 識別되고 이어서 기본적인 해결방안에 관한 여러 견해가 吟味되고 난 다음에야, 비로소 實定法, 즉 당시는 유스티니아누스帝法이 등장한다는 것이다. "이와 같이 實質問題(Sachproblem)를 자유롭게 음미한다는 것, 그리고 실정법은 우리 법문화가 가지는 가능한 해결방법의 전체 중의 일부로(그 전부가 아니라) 편입시킨다는 것이 결정적으로 중요한 것이다."(코잉)

마지막으로 지적되어야 할 것은 그의 文體이다. 그의 논문을 읽어보면 그의 문장이 독일어로 쓰인 다른 법률문헌이 통상 가지고 있는 난삽함과는 거리가 멀다는 것을 알게 된다. "그는 자신의 생각을 조용하고 實直하게 表明하며, 읽는 사람을 자극하거나 기습하려 하지 않고 자신이 제안하는 해결방법의 正當性을 차분하게 論證함으로써 설득하려 한다."(코잉) 그는 高度의 認識成果를 간결하고 평이한 표현 속에 담는 드문 才能을 가진 것으로 생각된다.[38] 그러나 이것은 단순히 그가 가지는 남다른 재능의 문제만은 아닐 것이다. 언제나 형식은 그 내용의 구조와 상응한다. 영미의 법률문헌을 독일어로 읽는 듯한 느낌을 주는 그의 서술방식은 바로 그의 학문의 특징, 즉 卽事性(Sachlichkeit)과 통하는 것이다.

Ⅳ. 케머러의 生涯

위와 같은 법과 법학에 대한 태도를 가지고 매우 결실 많은 삶을

38) 이와 같이 설득력 있는 문체는 단순히 재능만이 아니라 각고의 노력 끝에 얻어졌다고 할 것이다. 1963년부터 프라이부르크로 유학 갔던 沈憲燮 선생님이 케머러 부인에게서 들은 바에 의하면, 그는 처음에 상당히 긴 草稿를 작성하는 데 이것이 갈고 다듬어져서 나중에는 애초보다 훨씬 짧은 글이 되곤 한다는 것이다.

살아 간 "독일 私法學의 위대한 대표자"이고(코잉), "독일민법의 발전에 결정적인 영향을 준 독일 법학의 탁월한 대표자인"(쉴레히트림) 에른스트 폰 케머러는 1908년 1월 17일 베를린에서 태어났다.[39] 그의 집안은 위그노파의 新敎를 믿는 엄격한 가풍이었는데, 역사학자이던 그의 아버지는 그가 아직 幼年이던 1914년 1차대전의 와중에서 사망하였다. 그는 1926년부터 1930년까지 처음에는 뮌헨, 이어서는 베를린의 각 대학에서 法學을 공부하였다. 재학시절에 그는 특히 民法의 마르틴 볼프, 民事訴訟法의 골드슈미트로부터 가르침을 받았고, 무엇보다도 에른스트 라벨을 베를린 대학에서 만난 것이 그의 법학에 결정적인 영향을 주었다. 司法官試補(Referendar)의 신분으로 그는 1931년 볼프 밑에서 상속법에 관한 비교법 논문으로 박사학위를 취득하고, 한편 라벨이 소장으로 있던 카이저 빌헬름 外國私法 및 國際私法硏究所에서 처음에는 助敎로, 1937년부터는 硏究員(Referent)으로 활동하였다. 여기서 그는 라벨을 도와 주로 商品賣買法의 비교법적 서술에 종사하였다. 그 성과로서 1936년 출간된 "상품매매법"[40] 제1권의 서문에 의하면 케머러는 특히 프랑스법에 관한 同書의 서술에 많은 기여를 하였다.[41] 보다 중요한 것은 케머러가 여기서 라벨(유태인인 그는 1937년 소장직을 박탈당했다)과의 공동작업 등을 통하여 그 이후의 학문활동의 기초를 닦았다는 것이다. 즉, 그는 비교법의 중요성과 아울러, 抽象的 法理論의 體系的 敍述이 아니라 具體的 法律問題에 대한 妥當한 解決方法의 提示가 법학의 중심을 이루어야 한다는 것을 배웠던 것이다.

다른 한편, 1934년 제2차국가시험(Assessorexamen)에 합격함으로써 法曹人資格을 획득한 케머러는 베를린의 지방법원에서 잠시 補助判事

39) 이하는 코잉(註 30), 레저(註 34) 및 쉴레히트림의 追悼文(*NJW* 1985, S. 2517f.)에 의거하였다.

40) Ernst Rabel, *Das Recht des Warenkaufs*, Bd. 1, 1936. 이 책의 제2권은 라벨이 1955년 사망한 후, 2차대전 전의 카이저 빌헬름 外國私法 및 國際私法 硏究所를 계승한 막스 플랑크 외국사법 및 국제사법 연구원들의 助力을 얻어 1958년 간행되었다.

41) 前註의 책, S. VI 참조.

(Hilfsrichter)로 있은 후 1937년부터 은행의 법률부서에서 고문변호사로 일하였다. 여기서 얻은 銀行實務에 관한 지식도 그의 장차의 학문활동을 살찌게 하는 밑거름이 되었다.[42] 2차대전이 터지자 그는 參戰하여 해군에서 복무하였고 掃海艇의 함장으로 있다가 포로가 되었다. 대전이 끝난 후 그는 대학으로 돌아와 1946년 프랑크푸르트 대학에서 역시 베를린學派의 비교법학자인 발터 할슈타인 아래서 교수자격을 획득하였다.

케머러는 1947년 프라이부르크 대학의 교수가 되었다. 그는 1976년 은퇴하여 명예교수가 될 때까지 이 대학을 떠나지 않으면서 민법·상법·경제법 및 민사소송법의 강좌를 담당하였다. 그의 제자의 표현에 의하면 "높은 윤리적 확신에 뒷받침된 卽事性과 誠實性이 그의 기본적인 情調였다."[43] 그는 그 동안 법과대학장과 대학 총장을 지냈고 또 이 대학에 외국사법 및 국제사법연구소를 만드는 데 결정적인 역할을 하여 오랫동안 그 소장직을 맡았다. 그는 그 동안 본, 뮌헨 그리고 쾰른의 각 대학으로부터 초빙을 받았으나 이를 거절하였다. 1961년 뮌헨 대학으로의 초빙을 거절하였을 때에는 프라이부르크 대학의 학생들이 감사의 뜻을 표시하기 위하여 횃불행진을 하였다고 한다.

그 사이 그는 金融과 決濟에 관한 법, 회사법, 국제사법 그리고 무엇보다도 債權法의 분야에서 매우 풍족한 학문적인 성과를 거둠과 아울러, 많은 학술단체, 가령 국제사법을 위한 독일評議會(채권법분과위원회 위원장), 독일비교법학회(회장), 독일법률가대회(의장단의 일원) 등에서 지도적인 역할을 맡았다. 뿐만 아니라, 그는 실천적인 업무에도 많은 관심을 쏟았다. 가령, 그는 서독연방정부가 조직한 損害賠償法改正豫備委員會, 人格權보호를 위한 法律의 제정준비위원회(이 위원회가 마련한 법률초안은 그러나 制定단계에까지는 이르지 못하였다고 한다)의 위원을 지냈으며 기타 주식법과 협동조합법의 개정에도 관여하였다. 또, 그는 1964년

42) 그는 銀行去來에 관련한 法律問題에 대하여 많은 論文을 썼다. 이 論文들이 *GS* II의 대부분을 차지한다.

43) Leser(註 34), S. 735.

4월의 헤이그회의에 독일 대표단의 일원으로 참가하였다. 이 회의에서 私法의 국제적 통일에 대한 里程表的 成果라고 할 수 있는 국제동산매매통일법 및 국제매매계약의 체결에 관한 통일법에 관한 각 조약이 체결되었던 것이다. 이러한 활동의 공로로 그는 독일연방 십자공로훈장, 바덴·뷔르템베르크주의 공로메달 등을 받았고, 또 코펜하겐 대학, 룬트 대학, 소르본느 대학으로부터 명예박사학위를 받았다. 영국과학아카데미는 그를 "在外會員(Corresponding Fellow of the Britisch Academy)"으로 추대하였다.

그는 1976년 여름 우리 나라를 방문하여 서울대학교 법과대학에서 "普通去來約款과 定型契約書에 의한 契約"이라는 제목으로,[44] 중앙대학교 법과대학과 한국법학원에서 각기 "법전편찬과 법관법"이라는 제목으로[45] 강연을 하였다. 그가 최후로 발표한 것은 1983년 독일국제사법의 개정작업의 일환으로 내놓은 契約外 責任에 관한 鑑定意見과 私案이었다.

그는 1985년 6월 23일 프라이부르크에서 77세의 나이로 사망하였다. 그는 같은 달 27일 프라이부르크-체링겐의 묘지에 묻혔다.

V. 약간의 示唆

1. 케머러는 무엇보다도 우리에게 소위 "있는 법"[46]에 대하여 愛護

44) 李好珽 역, 서울대학교 「法學」 17권 1호(1976), 163면 이하.

45) 孫珠瓚 역, 「韓獨法學」 창간호(1979), 61면 이하.

46) 가령 郭潤直, 韓國民法學의 現代的 課題, 「法과 社會 硏究」 3집(1984), 59면은 "현재의 법"이라는 표현을 "있어야 할 법"과의 대비 아래 사용하고 있다. 이러한 표현들은 벤덤에 유래하나(*An Introduction to the Principles of Morals and Legislation*, ed. by Burns and Hart, 1970, p. 293f. 참조), 민법학 방법론과 관련하여서는 가령 末弘의 「物權法」 上卷, 1921의 自序가 논의하고 있다. 이 글은 일본의 民法學史에서 一期를 획하는 중대한 의미가 있는 것으로 평가되고 있다. 가령, 星野英一, 日本の民法解釋學, 「早稻田法學」 58권 3호(1983), 307면 이하 참조. "독일 민법학 전성시대"(北川善太郎의 표현에 의하면 "學說繼受"의 시대. 「日本法學の歷史と理論」, 1968 참조)를 청산한 이 글은

心을 가질 것을 가르쳐 준다. 케머러는 항상 실제로 행하여지고 있는 법에 관심을 기울이고, 이것을 정리하고 비판하고 장래 나아갈 방향을 제시하였다. 브린츠는 이미 130여년 전에, "根本問題를 解決하려면, 조금의 지연도 허락하지 않는 그날그날의 訴訟事件이나 判決에 초점을 맞추어야 하며, 한가로운 대학의 벤취에 초점을 맞추고 있어서는 시간이 한정 없이 흘러가도 해결이 날 리가 없다. …진정으로 障碍가 되는 것은 현실로 행하여지고 있는 법에 대한 愛護心의 缺如이고, 法의 理論(Theorie des Rechts)에 의하여 바로 實務(Praxis)를 정리할 수 있다고 하는 착각이다"라고 말한 바 있다.[47] 우리에게 "있는 법"이란 무엇인가? 완벽을 보장하지 않고 말한다면, 그것은 일단 우리 民法典과 判例法이라고 할 것이다.[48] 우리는 이 둘에 대하여 어느 만큼 애정을 가지고 있

우리에게도 극히 유익하다고 생각되므로, 인용하여 둔다. "法律學에는 '있어야 할 법률'을 말하는 부분과 '있는 법률'을 말하는 부분이 있다. 그 중 後者는 현재 이 日本의 社會에서 행하여지고 있는 법률이 무엇인가를 말하는 것을 目的으로 한다. 따라서, 그러한 '법률'을 탐구하기 위하여 오직 '法典'과 '外國法律書'만을 뒤지는 것은 마치 땅 위에 그물을 던져 고기를 잡으려는 것과 마찬가지이다, …우선 우리들 가까이에 있는 材料에 의거하여 이를 구하려고 한다면, 그것은 '判例'와 '新聞雜誌'의 기사밖에 없다.… 세상 사람들은 어떻게든 해서 현재 실제로 행하여지고 있는 唯一의 '있는 법률'을 알려주기를 희망한다. …다음에 '있어야 할 법률'을 말함에 있어서도, '있는 법률'을 충실하게 硏究하여, 그곳에서 데이타를 얻은 다음, 이에 기하여 在來의 '概念'을 심사하는 것이 아니라, 혹은 外來—내지는 在來—의 概念을 그대로 무비판하게 받아들이고, 혹은 자신의 상상력만에 기하여 독단적으로 잔손질로써 '개념'에 小變更을 가하거나 또는 교묘한 짜맞추기를 시도한다고 해도 학문상 아무런 權威도 얻을 수 있을 리가 없다. '事實'에 의하여 '概念'을 씻고, 그리하여 그 씻긴 살아 있는 새로운 '개념' 위에 '있어야 할 법률'을 구축하지 않으면 안 된다. … 따라서 '있는 法律'을 아는 것은 또 '있어야 할 法律'을 말하는 것의 前提이어야 한다." 이미 60여 년 전에 이러한 發言이 이루어졌고, 그리고 —보다 중요한 것인데— 이러한 입장에 선 具體的인 成果가 있었다는 것을 생각하면, 우리는 부끄러워지지 않을 수 없다. 문제는 독일을 배울 것이냐, 일본을 배울 것이냐가 아니라, 무엇 때문에 外國法을 硏究하여야 하느냐에 관한 분명한 目的意識, 우리의 입장에 서서 우리의 문제, 우리의 법을 다룬다는 확고한 主體意識이 있느냐 하는 것이고, 그러한 意識은 '있는 법'에 대한 정확한 認識이 기초가 되는 것이다.

47) Brinz, Rechtswissenschaft-Zivilrecht-Einleitung, *Schletters Jahrb.*, Bd. 1, 1855, S. 8ff.

48) 다른 한편 현재의 民事實務에 대하여는 비록 민사소송법에 국한된 것이기는 하나, 다음과 같은 陳述이 있음을 지적하여 두고 싶다. 宋相現, 「判例敎材 民事訴訟法」, 1976, 서문 2면 : "大法院判決…들이 日本의 그것을 제록스 복사한 듯한 것을 發見하였고, 成文法의 解釋運用에 대한 主流的 發想과 觀點이 오늘날까지도 日本 法學의 것을 一方通行으로 免稅輸入한 것임을 자꾸만 느끼게 되어 優越한 隣邦法律文化의 精神的 外販員으

는가?

2. 위의 Ⅳ.에서 지적되었듯이, 케머러는 구체적으로 발생하는 법률문제, 소위 實質問題(Sachproblem)의 해결을 지향하였다. 그는 독일 사람으로서 獨逸民法典의 弱點과 獨逸的 法學方法論의 限界에서 오는 여러 문제와 씨름을 하였고, 특히 法理論의 實用性(Praktikabilität)에 대하여 透徹한 意識을 가지고 있었다. 즉, 그는 실질문제의 타당한 해결을 위하여서만 법이론을 연구하였다고 할 수 있다. "法學은 實用의 學問(praktische Wissenschaft)이다. 이 사실은 명예로운 것이다. 實際的 目的을 추구하는 것이 법학의 진정한 학문성을 해친다는 견해가 있다. 그러나 우리는 이러한 견해에 현혹되어서는 안 되며, 우리의 임무를 확실하게 인식하여야 한다. …순수한 인식의 에테르 속에 사는 것은 아름다운 일이다. 그러나 인간의 행복을 위하여 일하는 것은 더욱 아름답다."[49]

우리 민법학에서 그 解決을 도모하고 있는 "문제"는 어디서부터 오는 것일까? ("그 해결에 노력하여야 할 문제는 어떠한 것이어야 할까?"를 묻는 것이 아니다) 그것이 우리 社會의 民事的 紛爭에서 생기는 문제일까? 物權行爲의 獨自性·無因性 주장은, 物權的 期待權論은, 積極的 契約侵害論은, 事實的 契約關係論은, 契約締結上의 過失論은 우리 사회의 어떠한 분쟁을 해결하기 위하여, 우리 민법전이 규정하는 法的 裝置[50]로써는 해결될 수 없는 어떠한 분쟁을 해결하기 위하여, "수입"되어야

로 轉落하지 않기 위한 각성을 강요당하게 되었다."

49) Windscheid, Die Aufgaben der Rechtswissenschaft, in: *Gesammelte Reden und Abhandlungen*, 1904, S. 106.

50) 여기서 우리는 우리 민법이 정하는 주요한 法的 裝置, 특히 債務不履行에 관한 제390조와 不法行爲에 관한 제750조가 극히 柔軟한 構造를 가지고 있음에 注目하지 않으면 안 된다. 무엇이 "채무의 내용에 좇은 이행"이 되며, 무엇이 "고의 또는 과실로 인한 위법행위"가 되는가 하는 문제는 그야말로 學說과 判例에 맡겨져 있으며, 그러한 一般規定을, 우리 사회의 民事紛爭의 타당한 解決을 위하여 어떻게 具體化하여 갈 것인가 하는 데 많은 노력이 기울여져야 할 것이다. 이러한 우리 민법전이 정하는 법적 장치의 현재 또는 장래의 모습을 철저히 吟味함이 없이, 外國의 理論—그 나라의 특유한 土壤에서 자라난—의 "도입"을 주장하는 것은, 비유하자면 患者의 症狀과 관계 없는 投藥을 함으로써 새로운 병을 얻어 걸리는 것과 같다.

만 할 것인가?

필자의 생각으로는, 이와 같은 "문제"의 存在의 確認 없이, 그나마 부족한 學界의 人力과 時間을 "법의 이론"의 探究에 기울인다는 것은 浪費도 치명적인 낭비이다. 이것을 케머러는 우리에게 가르쳐 준다.

3. 케머러는 어떠한 法命題를 論理的인 推論에 의하여 도출하지 않는다. 가령, 그가 말하는 營業權은 제823조 제 1 항에서 요구되는 絕對權이 아니라고 하면서도, 제823조 제 1 항의 적용을 긍정한다. 절대권이냐 아니냐는 판단을 가름할 기준이 되지 못한다. 또, 가령 不作爲訴訟이 허용되려면 실체적인 부작위청구권이 전제로서 긍정되어야 한다고 주장하지 않는다. 실체법과 소송법 ―구체적인 구제절차― 와의 관계에 관한 어려운 이론은 오히려 접어두고 있다. 그렇다고 그가 일정한 부정적 의미에서의 자유법론자라고 하는 것은 아니다.[51]

그의 판단을 이끄는 것은 말하자면 "事物의 論理(Sachlogik)"인 것으로 생각된다. 코잉이 그의 태도를 "法官的"이라고 부른 것도 이러한 의미에서일 것이다. 그것은 우선, 事實關係의 特殊性에 대한 깊은 洞察을 전제로 한다. "類를 생각하는 것은 쉬운 理이나, 個를 보는 것은 어려운 術이다. 歷史의 意味나 價値는, 일어난 일의 特殊性에, 살아 있는 人間의 個性에, 즉 역사가 제시하는 '바탕무늬'와 굳게 결합되어 있어서, 우리가 품는 價値感性의 母體는 그것 이외에는 있을 수 없다."[52] 우리는 이와 같이 사실관계 그 자체의 論理를 追及하여, 거기에 관여하고 있는 당사자들의 이익을 솔직하게 考量하고 이를 평가하는 작업에 그 동안 눈을 돌리지 못한 것이 아닌가 생각된다.

그러나, 이러한 사실관계에 대한 관찰이 그 자체로서 法命題를 낳

51) Coing(註 30), S. 4는 케머러의 업적은 槪念法學, 利益法學 그리고 評價法學을 둘러싼 독일의 학파 간의 다툼에서 평가기준으로 제기된 어떠한 범주로도 이를 파악 할수 없다고 한다.

52) 小林秀雄, 物, 「無私の精神」, 1967, 522面.

을 수는 없을 것이다. 그것은 항상, 일정한 法原則 —이것은 대부분 複數일 것이다— 내지 코잉의 말을 빌면 "體系觀點"과 拮抗한다. 그 과정에서 그 법원칙의 내용은 보다 명확하게 드러난다. 즉, 그 限界를 의식하거나 優先順位를 매기게 되거나, 새로운 意味를 부여하거나 하게 될 것이다. 이러한 과정을 거쳐 보다 "사물의 논리"에 맞는 法命題가 얻어지는 것이다.

케머러는 「부당이득과 불법행위」를 통하여 이러한 作業方法이 얼마나 풍부한 成果를 가져다 주는가를 보여 준다. 코잉이 이를 "私法의 古典的인 方法"이라고 부른 것도 결코 무리는 아닌 것이다.

(「저스티스」 19권(1986. 11), 85면 이하 所載)

[後　記]

에른스트 폰 케머러의 弟子들은 1989년 초에 「에른스트 폰 케머러 追慕財團(Ernst von Caemmerer-Gedächtnisstiftung)」을 설립하였다. 이들은 1989년 3월 6일 독일의 프라이부르크에서 이 재단을 소개하는 모임을 가졌다. 그 모임에서는 우선 프라이부르크 대학의 쉴레히트림 교수가 財團의 設立趣旨를 간략하게 소개하였다. 그리고 마부르크 대학의 레저 교수가 "에른스트 폰 케머러의 삶과 學問"을 다시 상기시키는 강연을 하였다. 그 외에 타쉬너(Taschner) 교수가 "유럽의 法統一을 위한 준비로서의 比較法"에 대하여 강연하였다.

이러한 「追慕財團」의 설립은 독일에서도 매우 드문 것이라고 생각된다. 케머러의 重量을 느끼게 해 주는 하나의 에피소드라고 하겠다.

3. 民法案의 成立過程에 관한 小考

I. 序　　論

(1) 民法이 施行된 것은 周知하는 대로 1960년 1월 1일부터이다. 來年이면 어느덧 30년이 된다. 이제 民法의 한 세대를 마감하면서, 그 동안의 民法理論과 民事實務를 총정리하여 民法의 現住所를 확인하고, 나아가 앞으로 나아갈 방향을 숙고하여 보는 것은 뜻 깊은 일이라고 생각된다. 그러나 그와 아울러 다시 출발점으로 돌아가서 民法의 制定過程을 면밀히 검토할 필요는 없을까? 그러한 작업을 통하여 우리는 民法을 보다 넓은 배경에서 바라볼 수 있게 됨으로써 이제 民法의 새로운 세대가 시작됨에 있어서 보다 튼튼한 기초를 얻을 수 있을는지도 모른다.

民法의 制定過程을 직접 겪은 사람들에게는 그 과정은 그 세부에 이르기까지 증명할 필요가 없는 自明한 사실일 것이다. 그러나 民法이 시행된 지 30년이 지나고 보면, 그것은 이미 역사에 속하는 일이 되었고 그 '자명한' 사실은 이제 傳說이 되어 가고 있다. 그러므로 이 시점에서 민법의 제정과정을, 직접 겪은 回顧談으로서가 아니라 객관적인 過去의 事實로서 정리하여 보는 것도 또한 전혀 의미가 없는 일은 아니라고 생각된다.

(2) 民法의 制定過程의 구체적인 경과에 대하여는 겨우 최근에 이

르러서야 연구가 나타나기 시작하였다.[1] 그러나 그 연구도 대개는 制定過程의 외면적인 경과를 서술하는 데 그치고 民法의 個別條文에 들어가서 그 구체적인 심의의 내용을 ——實踐法學의 입장에서 民法의 解釋作業의 직접적인 전제로서—— 탐색하는 데까지는 미치지 못하고 있다. 그 이유는 주로 민법의 제정과정에 대한 자료가 극히 不實하다는 데 있다고 추측된다.[2] 그러나 그 입법자료가 전혀 없는 것은 아니다. 중요한 것은 우선 法典編纂委員會의 民法典編纂要綱(이에 관하여는 後述)과 民議院[3] 法制司法委員會 民法案審議小委員會(이하 "民議院 民法案小委"라고 줄여 부르기로 한다)에서 편찬한 「民法案審議錄」, 上·下卷(1957)이다. 또 위 小委員會에서 편찬한 「民法案審議資料集」(1957)과 民議院 本會議에서의 民法審議經過를 보여 주는 國會速記錄이 있다. 그 외에 民事法硏究會의 「民法案意見書」(1957)도 大學敎授들의 民法草案에 대한 의견을 담고 있으며 民法典의 내용 형성에 적지 않은 영향을 미친 바 있다. 이 자료들은 그것이 드문 만큼 더 값있는 것으로서 그 중요성은 아무리 강조하여도 지나치지 않을 것이다. 또 실제로 이들 자료는 民法規定의 立法趣旨를 아는 데 통상 생각되는 것보다 훨씬 많은 도움을 준다. 필자는 종전에 民法規定의 立法趣旨라는 관점에서 解釋論을 전개하는 작업을 몇 번 시도한 일이 있다.[4]

本稿는 이들과는 관점을 달리하여, 한편으로 民法 制定過程 중에서

1) 鄭鍾休, 韓國民法典의 制定過程, 「郭潤直 敎授 華甲記念論文集」, 1985, 1면 이하.
2) 가령 郭潤直, 新訂版 「民法總則」, 1989, 56면은 "우리 民法典의 制定에 있어서 한 가지 유감스러운 점은 理由書 한 장도 없다는 점이다."라고 한탄하고 있다.
3) 당시의 憲法(1952.7.4. 改正) 제31조 제2항에 의하면 國會는 民議院과 參議院의 兩院으로 구성하도록 되어 있었으나, 한편 同 附則 제1항 단서, 제3항에 의하면 參議院에 관한 憲法規定은 參議院이 구성된 날로부터 施行하고 그때까지는 民議院의 議決로써 國會의 議決로 한다고 정하여져 있었다. 그런데 民法이 심의되던 당시에는 아직 참의원이 구성되지 않았으므로, 결국 民議院만으로써 立法이 행하여졌다.
4) 梁彰洙, 民法 제401조와 제461조의 境界劃定, 「考試界」 1986년 5월호, 202면 이하(本書 355면 이하); 同, 法人理事의 代表權 制限에 관의 若干의 問題, 「金斗熙 博士 回甲記念論文集」, 1987, 3면 이하(本書 111면 이하); 同, 動產質權에 관한 若干의 問題—民法學方法에 대한 疑問提起를 겸하여, 「저스티스」 20호(1987), 64면 이하(本書 255면 이하); 同, 民法 제733조에 관한 斷片, 「考試界」 1988년 9월호, 85면 이하 등.

民法案이 성립하여 국회에 제출되기까지의 外的인 經過를 더듬어 가면서[5] 지금까지 알려지지 아니하였던 약간의 立法資料를 소개하고,[6] 다른 한편으로 그 民法案을 규정하였다고 생각되는 요소들을 抽出하여 보았다. 前者가 歷史敍述에 해당하는 것이라면, 後者는 일종의 評價作業이라고 할 수 있을는지도 모른다. 아마도 그러한 작업에는 평가하는 사람의 개인적인 추측과 주관적인 價値判斷이 필연적으로 개입될 것이므로, 그 점에 관하여 正當性의 獨占을 주장할 생각은 전혀 없다. 다만 현재의 단계에서 가능한 하나의 視角을 제시하려는 것 뿐이다.

또한 本稿는 민법의 제정과정의 全段階를 고찰의 대상으로 하는 것이 아니라 民法案이 성립되어 國會에 제출되기까지만을 다룬다. 따라서 그 후에 民議院의 法制司法委員會와 本會議를 거치면서 修正를 받아 최종적인 모습으로 國會를 통과하고, 나아가 公布되기까지의 과정은 원칙적으로 다루지 않는다. 이에 대하여는 후일을 기약하기로 한다. 아울러 本稿는 논의를 民法 중의 제1편 내지 제3편에 한정하고자 한다. 그 이유는 우선 필자의 능력과 시간이 그에 미치지 못한다는 것이 가장 큰 것이나, 그와 아울러 財産編 이외의 民法規定, 즉 제4편 親族과 제5편 相續에 대하여는 이미 그 立法過程에 관한 자료의 정리와 연구가 이루어져 있다는 것을 들 수 있을 것이다.[7]

---

5) 이 점에 관한 敍述은 대개 위 註 1의 鄭鍾休 論文과의 連繫 아래서 이루어진다.

6) 그 외에 美軍政廳의 立法調査局 常任顧問이었던 로빙기어(Charles S. Lobingier) 敎授(그에 관해서는 崔鍾庫, 로빙기어博士, 「法律新聞」 1817호〔1989. 2. 2〕 11면 참조)의 「韓國民法典私案(Proposed Civil Code for Korea. 1946~1949)」을 포함시켜야 할는지도 모른다. 著者는 1986년 11월 미국 와싱턴의 議會圖書館(Library of Congress)을 방문하였을 때 이 자료를 발견하였다(同 圖書館 장서번호 : LAW Korea 7 Lobi 1949). 이 자료는 複寫紙를 대고 打字한 것에다 直接 修正加筆한 흔적이 있는 것으로서, 14面의 "序文(Introduction)"과 全 4編 1,305個條의 本文으로 구성되어 있다. 그 중 序文 부분(단 第12面은 脫漏되어 있다)은 鄭鍾休(註 1), 3면 이하에도 紹介되어 있는 C.S. Lobingier, "日本民法改正私案", 「法政」 2권 2호(1947. 2) 4면 이하와 大同小異하다. 이 자료는 그 자체로서 흥미 있는 점이 있고 따라서 다른 脈絡—가령 美軍政廳 소속 美國法律家들의 활동 등—에서는 그런대로 의미가 있을지 모르나, 우리 民法과는 間接的인 聯關性조차 없다고 할 것이어서 여기서는 다루지 않기로 한다.

7) 특히 鄭光鉉, 「韓國家族法硏究」, 1967의 제3편 "親族相續編 立法經過와 그 批判"(325면 내지 452면) 및 同書 부록 "親族相續法 立法資料"(1면 내지 582면)을 보라.

Ⅱ. 法典編纂委員會의 成立과 民法典編纂要綱

(1) 1948년 8월 15일 大韓民國政府樹立宣布式이 거행되고, 새로운 나라가 그 첫걸음을 내딛었다. 그러나 모든 새 출발이 그러하듯이 이제 갓 출범한 우리 나라는 여러 가지의 어려운 과제를 처리하여 가지 않으면 안 되었다. 그러한 과제 중의 하나가 法律體系를 정비하는 일이었다. 우리 정부가 수립될 당시 우리는 어떠한 法令의 적용을 받고 있었던가?

1948년 7월 17일에 공포된 憲法은 그 제100조에서 "現行 法令은 이 憲法에 저촉되지 아니하는 한 效力을 가진다"라고 정하고 있었다. 여기서 말하는 "現行 法令"이란 대개 다음과 같은 것이었다.

(i) 우선 1945년 9월 7일 이래 북위 38度 이남의 한반도에서 軍政(military control)을 실시하고 있던[8] 美國은 당시 太平洋美國陸軍總司令官의 布告(제1호)를 통하여 그 또는 그의 권한 아래서 발포되는 "布告(proclamations), 法令(ordinances), 規約(regulations), 告示(notices), 指示(directives) 및 條例(enactments)"는 북위 38度 이남의 주민에 대하여 法令으로서의 效力을 가진다고 선언하였다(同 제6조. 번역은 당시 발표된 國文本布告에 의하였다).[9] 美國은 북위 38度 이남의 한반도에 대한 군정을 위하여 在朝鮮美國陸軍軍政廳(United States Army Military Government in Korea. 이하 美軍政廳이라고 한다)을 두고 이를 통하여 군정을 시행하고 있었기 때문에 실제로는 위와 같은 布告 등은 美軍政廳의 이름으로 발포된 것이 대부분이었다.[10] 이와 같이 하여 美軍政 당국은 그 후 우리 나

8) 本文에서 後述하는 太平洋美陸軍總司令官 布告 第1號의 前文 참조. 戰爭이 一方의 降伏에 의하여 종료되고 勝戰國을 占領(occupation)한 경우의 國際法上의 여러 가지 문제에 대하여는 우선 李漢基, 「國際法講義」, 修訂版, 1983, 400면 이하 참조.

9) 原文에 의하면 그러한 방식의 행위는 "주민이 이행하여야 할 사항을 명시한다(specify what is required of you)"는 것이다. 이와 같이 그 政治社會에 속하는 구성원에 대하여 구속력을 가지는 규범이 "法令"에 해당함에는 의문의 여지가 없다. 다른 한편 同 布告 제3조는, 住民은 同 司令官 및 그 權限 下에서 發布한 命令에 即時 복종하여야 한다고 정하고 있다.

10) 軍政法令 제43호까지는 在朝鮮美國陸軍(United States Army Forces in Korea)의 軍

라 정부가 수립될 때까지 약 3년에 걸쳐 法令의 효력을 가지는 각종의 布告 등을 발포하였다.[11] 이러한 미군정 당국의 布告 등이 "現行 法令"에 속함은 물론이다.[12] 그러나 이러한 軍政法令의 數는 그다지 많지 않았다.[13]

(ii) 나아가 美軍政 당국은 1945년 11월 2일 法令 제21호를 발포하여, 8.15 해방 당시 시행 중이던 法律的 效力을 가지는 規則, 命令, 告示 기타 文書(documents)는 美軍政廳에서 特別命令으로 이를 폐지할 때까지 완전히 효력이 있다는 것과 또 지방의 諸般 法規와 慣例도 당해 관청에서 이를 폐지할 때까지는 그 효력이 있다는 것을 정하였다.[14] 이것은 곧 일제 치하에서 한반도에서 효력을 가지던 法令[15]의 대부분이 그대로 美軍政 아래서도 效力을 유지함을 의미하는 것이다. 그리고 이렇게 하여 효력을 유지한 日帝下의 法令이 "現行 法令"의 거의 전부를 차지하고 있었다.

이와 같은 現行 法令은 그것이 憲法에 저촉되지 아니하는 한 憲法 제100조에 의하여 여전히 효력을 유지하게 되었던 것이다. 물론 어떠한 "現行 法令"이 憲法에 저촉되는가를 판별하는 것은, 憲法의 기초과정에서 결정적인 역할을 한 兪鎭午의 말대로, "실제는 결코 용이한 일이 아니며, 이 문제는 앞으로 法院의 判例와 政府의 有權的 解釋에 의

政長官(Military Governor)이 太平洋美國陸軍總司令官의 指示에 의하여 발포하는 형식을 취하였으나, 그 후로는 美軍政廳의 軍政長官이 직접 발포하였다. 이러한 形式의 變化가 어떠한 經緯에 의한 것이며 어떠한 法的 意味가 있는 것인지 未詳이나, 그야말로 形式上의 변화에 불과한 것이 아닌가 추측된다.

11) 美軍政과 그에 의하여 公布된 法令의 法的 性格에 관하여 논한 文獻은 드물다. 가령 金甲洙, 軍政과 日本法 適用의 限界, 「法政」 2권 2호(1947. 2), 19면 이하 참조.

12) 同旨: 金曾漢, 「法學通論」, 1951, 46면 이하; 張厚永, 「現行民法總論」, 1950, 16면; 金炳華, 「韓國司法史」(現世編), 1979, 258면.

13) 民事에 관하여 중요한 것으로는, 創氏改名에 관한 日帝의 法令을 폐지한 軍政法令 제122호 "朝鮮姓名復舊令"이 있다.

14) 물론 그 이전의 1945년 10월 9일의 法令 제11호에 의하여 민족적 차별과 압박을 가하려는 정책 내지 주의를 가진 法令, 즉 治安維持法, 政治犯處罰法, 政治犯保護觀察令, 出版法 등의 "特別命令"과 기타 같은 종류의 "普通法令"은 폐지된 바 있다.

15) 어떠한 法令이 이에 해당하는가에 대하여는 金曾漢(註 12), 51면 이하 참조.

하여 逐次 해결해 나갈 수밖에 없다."[16] 그러나 憲法에 저촉된다고 하여 효력을 상실한 法令 또는 法規定은 실제에 있어서는 극소수에 불과하였으며,[17] 당시의 "現行 法令"은 거의 전부 그대로 효력을 유지하였던 것이다. 그리고 위에서 본 대로 "現行 法令"의 절대 다수는 日帝下의 法令이었기 때문에, 가령 1951년에 간행된 法學通論 교과서는 "法學工夫를 하려며는 日政時代의 六法全書가 절대로 필요하다."고 말하고 있다.[18]

外國의 法令이 그대로 自國의 法令으로서 효력을 가진다는 것은 獨立國家로서의 체면을 현저히 손상하는 것이 아닐 수 없다. 그 法令들은 외국어로 쓰여진 것일 뿐만 아니라,[19] 우리 국민의 意思에 기하여 만들어진 것이 아니었다. 이러한 사정으로 政府는 法律體系를 새롭게 수리·정비하여야 하는 과제를 처리하지 않을 수 없었다.[20] 특히 국민의 일상생활과 밀접한 관계가 있고 빈번하게 裁判에서 적용되는 基本法律, 가령 民法·商法·刑法·民事 및 刑事의 각 訴訟法 등은 하루빨리 우리의 것으로 대체되지 않으면 안 되었다.

(2) 정부는 수립 직후인 1948년 9월 15일 大統領令 제4호로 「法典編纂委員會職制」를 공포하여[21] 法律體系의 정비작업에 들어갔다. 그 규정에 따르면 法典編纂委員會(이하 法典編纂委라고 줄여 부른다)는 "民事·

16) 俞鎭午, 「憲法解義」, 1949, 207면.
17) 가령 婿養子, 즉 데릴사위제도의 무효를 선언한 大法院 1949년 3월 26일 판결에 의하여 朝鮮民事令 제11조 중의 일부와 동 제11조의2, 기타 婿養子制度에 관한 규정은 폐지 내지 수정되었다. 한편 妻의 행위무능력을 정한 依用民法 제14조 내지 제18조는 이미 미 군정 아래서 大法院 1947년 9월 2일의 판결에 의하여 폐지된 바 있다. 이는 憲法 시행 후에도 변함이 없을 것이다.
18) 金曾漢(註 12), 56면.
19) 일제하의 法令은 물론이고, 미 군정 당국의 法令도 비록 영문과 국문의 두 언어로 공포되기는 하였으나 준거가 되는 언어는 英語이었다. 太平洋美國陸軍司令官 布告 제1호 제5조 참조.
20) 가령 俞鎭午(註 16), 207면은 "現在의 日本法系, 大陸法系, 英美法系의 諸法令이 錯雜해 있는 우리 나라의 現法律體系를 淸算하고 우리 나라 자신의 새 法律體系를 建設함이 切實히 要望된다"고 한다.
21) 이는 「法曹協會雜誌」 1권 2호(1949.5), 88면에 수록되어 있다.

商事 및 刑事의 基礎法典과 기타 訴訟, 刑行 등 司法法規의 자료를 수집 조사하며 그 草案을 起草, 審議"하는 것을 목적으로 설치된(同 제2조) 大統領 직속기관이다(同 제1조). 따라서 法典編纂委는 政治關係法을 포함한 모든 法律에 관한 자료조사나 그 기초 등을 담당하는 기관이 아니며 그러한 작업의 대상은 民法·商法·刑法·民事訴訟法·刑事訴訟法 등의 소위 司法法規만에 한정되는 것이었다.

이 法典編纂委의 업무처리방식은 法典編纂委職制와 더불어 공포된 「法典編纂委員會 處務規定」에 정하여져 있었다. 이에 따르면 起草委員은 法典의 起草에 앞서서 要綱을 작성하여 그 要綱에 따라 法案을 기초하여야 한다(위 規定 제8조, 제9조 참조).

(3) 이에 따라 民法에 관한 編纂要綱이 작성되었다는 사실은 알려져 있었으나[22] 그 동안 그 내용은 債權編의 일부를 제외하고는[23] 알려지지 않은 상태에 있었다. 그러나 필자는 1987년 말에 「朝鮮臨時民法典編纂要綱」이라고 표제를 단 자료와 「民法典編纂要綱」을 발견하였다. 이하에서 이 兩者에 대하여 살펴보기로 한다.

(a) 前者는 해방 이후 주요한 法律關係 定期刊行物의 하나였던 「法政」의 제3권 8호(1948. 8), 41면에 수록되어 있다. 이 자료는 「朝鮮法制編纂委員會起草要綱(3)」이라는 제목 아래 「商法 중 會社編改正要綱」과 함께 수록되어 있다. 그 내용을 그대로 옮기면 다음과 같다(맞춤법과 띄

22) 가령 民議院 民法案小委, 公聽會記錄, 同 小委 編, 「民法案審議資料集」, 1957, 75면 상단 소재의 法制處長 보고에 의하면 6.25사변 전에 이미 "起草要綱"이 마련되었음을 알 수 있다. 또한 法典編纂委員長 金炳魯 당시 대법원장은 1957년 11월 6일 民法案을 심의 중이던 민의원 본회의에 출석하여 6.25 사변이 일어나기 전까지 法典編纂委員會가 民法編纂과 관련하여 수행한 일에 대하여 다음과 같이 발언하고 있다: "民法이나 기타 法律에 있어서는 그저 나중에 변경할 수 있고 또는 다시 몇 차례라도 회의를 거듭해서 검토를 [할] 여유를 둔 要綱이라는 몇 가지만이 논의되었고 그 외에는 사실상으로는 조문이라든지 무슨 編纂의 순서에 있어서도 착수가 되지 못 했었습니다." 「제26회 國會定期會議速記錄」 제30호(1957. 11. 6)(이하 "速記錄 제30호"라고 줄여 부르기로 한다) 4면 하단.

23) 鄭鍾休(註 1), 7면 이하는 이 자료를 백방의 노력에도 불구하고 발견할 수 없었다고 하면서, 단지 鄭義和, 「債權總論」, 再版, 1953, 224면 이하에 의거하여 "債權法編序에 관한 方針"과 "債權의 效力"에 관한 編纂要綱을 소개하고 있을 뿐이다.

어쓰기는 現在의 文法에 따랐다. 또한 꺾음괄호 안은 引用者가 添記한 것이다. 이하 같다).

朝鮮臨時民法典編纂要綱

(總則)

朝鮮臨時民法을 制定함에 있어서는 大陸法系의 시스템을 取하며, 主로 獨逸民法에 근거한 現行民法 總則篇의 規定을 基礎로 하되 現下 世界文明各國의 立法 及 學說과 우리 나라의 實情에 鑑하여 爲先 必要한 限度에 있어서 左와 如히 規定을 改正 又는 新設함을 要함.

(1) 民法全體를 通한 大原則(通則)으로서

(一) 慣習法 及 條理의 補充的 效力을 規定하고(法例 第二條 參照)

(二) 權利의 行使에 관하여 權利濫用의 法理를 成文化하며, 同時에 義務의 履行에 관하여 信義誠實의 原則을 一般的으로 宣明하는 規定을 세울 것

(2) 行爲無能力者로서는, 未成年者, 禁治産者, 準禁治産者의 三者만을 認定하고, 妻는 無能力者에 관한 總則의 規定에서 分離하여 그에 대한 適切한 能力制限은 婚姻의 效果로서 親族篇에 適當히 規定할 것

(3) 準禁治産者의 行爲能力의 範圍를 適當히 考慮하며, 그 保佐機關을 法定代理人으로 할 것

(4) 無能力者의 契約은 그 追認이 있을 때까지는 相對方이 이를 撤回할 수 있도록 할 것

(5) 共同의 危難에 遭遇하여 死亡한 境遇에 있어서 同時死亡의 推定의 規定을 둘 것

(6) 社團法人을 非營利法人, 非營利私人[營利法人, 非營利法人]으로 分類하여 營利도 公益도 目的으로 하지 않는 團體를 民法上 法人으로서 成立할 수 있게 할 것

(7) 法人의 設立登記를 對抗要件으로 하지 않고 成立要件으로 할 것

(8) 理事의 法人에 대한 連帶責任을 規定할 것

(9) 財團法人의 寄附行爲의 變更方法을 規定할 것

(10) 他人의 窮迫 輕率 無能力을 利用한 暴利行爲는 無效로 할 것

(11) 法律行爲의 總則的 規定으로서, 法律行爲의 解釋은 信義誠實의 原則에 의하여 할 것을 規定 宣明할 것

(12) 意思表示에 있어서는, 表示主義에 置重하여 相對方의 利益을 保護하기 爲하여 錯誤에 의한 意思表示를 取消할 수 있도록 할 것

⒀ 數人의 代理人이 있을 때의 各者代理의 原則을 宣明할 것
⒁ 消滅時效 完成의 效果는 權利를 消滅시킬 수 있는 一種의 抗辯權을 發生하도록 할 것
⒂ 取得時效의 規定은 總則篇에서 除外하고 物權篇 所有權取得에 規定할 것
(物權法要綱)
第 1 章　總則
第 1　物權法[定]主義
物權은 本法 기타의 法律에 規定한 것 以外에 이를 創設할 수 없음
第 2　物權行爲
(一) 不動産에 관하여
(1) 不動産에 관한 物權의 法律行爲에 인한 得喪變更은 登記를 함으로써 其效力을 發生함
(2) 判決, 競賣, 公用徵收, 相續 其他 法律의 規定에 因한 不動産에 關한 物權의 取得은 登記를 하지 아니하여도 그 效力을 發生함. 但 그를 登記한 後가 아니면 第三者에 對抗할 수 없음
(3) 不動産에 관한 物權의 得喪變更을 目的으로 하는 法律行爲는 書面으로 함을 要함. 但 遺言에 의할 時는 此限에 있지 아니함.
(二) 動産에 관하여
(1) 動産에 관한 物權의 讓渡는 그 動産을 引渡함으로써 그 效力을 發生함. 但 讓受人이 이미 그 動産을 占有하고 있을 때에는 讓渡의 意思表示만으로써 그 效力을 發生함
(2) 動産에 관한 物權을 讓渡하는 경우에 있어서 讓渡人이 그 動産의 占有를 繼續할 때에는 讓受人이 間接占有權을 取得할 契約을 締結함으로써 動産의 引渡에 갈음할 수 있음
(3) 第三者가 占有하는 動産에 關한 物權을 讓渡하는 경우에 있어서는 讓渡人이 그 第三者에 대하여 가진 返還請求權을 讓受人에게 讓渡함으로써 動産의 引渡에 갈음할 수 있음
第 3　混同
同一한 物件에 對한 所有權과 其他의 物權이 同一한 主體에 歸屬하였을 때는 其他의 物權은 消滅함. 但 그 物權의 存續에 關하여 所有者 또는 第三者가 法律上의 利益을 가질 때는 消滅치 아니함
前項의 規定은 所有權 以外의 物權과 그를 目的으로 하는 다른 權利가 同一한 主體에 歸屬한 경우에 이를 準用함
保留

> 登記簿에 記載된 權利關係는 其 權利에 관하여 法律行爲를 한 者의 利益을 爲하여 眞正한 것으로 看做함
>
> 但 其 眞正함에 異議 있다는 登記가 있을 때 또는 眞正치 않음을 알거나 또는 알 수 있었을 때에는 此限에 있지 아니함

위 要綱[24]은 위에서 본 대로 「朝鮮法制編纂委員會」[25](이하 法典起草委라고 줄여 부른다)에서 마련한 것이다. 이 機關은 1947년 6월 30일의 南朝鮮過渡政府 行政命令 제3호에 의하여 설치된 것으로 同 命令에 의하면 同 委員會는 "民權, 財產權, 親族關係, 商業關係, 犯罪의 處罰, 法律의 施行 及 司法行政의 諸手續에 관한 現行法에 대체하여 채용될 基礎法典의 완전한 草案을 작성할 사명"을 가지는 것이었다. 이 위원회는 위 行政命令에 의하여 委員長이 당시 大法院長인 金用茂이고, 그 위원으로 南朝鮮過渡政府 司法部長인 金炳魯, 大檢察廳長인 李仁이 임명되었다는 것 이외에, 그 활동에 대하여는 지금까지 알려진 것이 별로 없었다. 그러나 저자가 조사한 바에 의하면 다음과 같은 활동사실을 확인할 수 있다.

(i) 1947년 10월 20일 있었던 위 委員會의 제2차 회합에서 分科委員이 결정되고 그 處務規定이 마련되었다.[26] 그 분과위원은 다음과 같다.

---

24) 이상이 당시 정하여진 要綱의 全部인가 하는 점에는 의문이 있을 수 있다. 특히 崔大鎔, 새 法典編纂에의 움직임, 「法政」 3권 6호(1948. 6) (그 후 「石峰論說集」, 제1집, 1951, 23면 이하에 收錄. 후자에 의하여 인용한다)에 의하면 "法典起草委員會에서는…지난 4월 20일 그 要綱이 一應 決定되었다고 한다"라고 말하고 있다(점선 부분은 引用者가 생략한 것이다. 이하 같다). 따라서 이미 1948년 4월 20일에 民法典의 起草에 관한 要綱이 전부 결정되어 있었던 것이 아닌가 하는 추측도 해 보나, 이상의 것 이외에는 그 存在 및 內容을 確認할 수 있는 資料가 현재까지는 없다.

25) 이 機關의 正式 名稱은 위 行政命令 제3호의 우리말 文言에 의한다면 "法典起草委員會"이다. 가령 法院行政處 刊, 「主要 舊法令集(下)」, 裁判資料 42집, 1988, 347면 참조. 또한 金炳華(註 12), 41면; 鄭鍾休(註 1), 3면도 참조. 그러나 당시에는 "法制編纂委員會"라는 名稱도 慣用되었던 듯하다. 뒤의 註 30의 張厚永의 글 및 香積山人 對談 각 참조. 이러한 用語上의 혼란은 당시의 公用語가 英語이었기 때문에(위의 註 19 참조), 그 우리말 飜譯에 따라 달라진 것이 아닌가 추측되기도 하나, 단정할 수는 없다. 이하에서는 통일하여 "法典起草委員會"라고 부르기로 한다.

26) 法政뉴스, 「法政」 2권 11호(1947. 11), 36면; 曉堂學人(本名은 不明이다), 法典編纂에 대하여, 「法政」 3권 6호(1948. 6), 10면. 한편 後者의 문헌에 의하면, 日字不明인 제1회 회합에서는 "별무 소득"이었다.

분 과 \ 위 원		사법부 급 법원	검 찰 청	변호사 기타
民法 1	總 則 財 產 法	張暻根*(總則) 姜柄順*(物權) 權承烈*(債權) 梁大卿 柳 瑛	玉 璿 珍	崔 丙 柱
民法 2	身 分 法	張暻根*(親族) 金瓚永 朴彛淳	金 永 烈	高秉國*(相續)

*은 起草委員, 連絡委員 및 組織小委員에 해당한 자.

이 위원의 명단을 뒤에 조직된 法典編纂委員會의 위원명단[27]과 대조하여 보는 것은 흥미로운 일이다. 그리고 그들의 대부분이 實務家인 것도 주목을 요한다. 한편 위 위원 명단을 보면 起草委員이 별도로 지정되어 있고, 기초위원은 동시에 연락위원 겸 조직소위원을 맡고 있음을 알 수 있다. 그리고 民法을 總則·物權·債權·親族·相續의 5편으로 나누어 각 편마다 1인의 기초위원을 두고 있다. 따라서 위 「朝鮮臨時民法典編纂要綱」은 이 起草委員들의 손으로 만들어진 것이 아닌가 추측하게 된다.[28]

(ii) 위에서 본 제2차 회합이 있고나서 한참 있다가("多眠狀態") 1948년 4월 20일에 제3차 회합이 있었고, 이 회합에서는 "司法當局으로부터 法典編纂事業의 急速 進展을[이] 力說"되었다고 한다.[29]

그리고 그 후의 활동에 대하여는 알려진 것이 없다.[30] 그러나 이 委

27) 鄭鍾休(註 1), 7면 소재. 다만 同所의 總則 責任委員 "高秉山"은 "高秉國"의 잘못이다. 鄭光鉉, 賀序, 「法學의 諸問題」(高秉國 博士 還曆紀念論文集), 1969, 16면 참조.

28) 위 要綱을 살펴보면, 總則編에 대한 叙述形式이 物權編에 대한 그것과 현저한 차이가 있음이 눈에 띈다. 즉 前者에 있어서는 項目을 내용에 따라 나누지 않고 그대로 一聯番號를 매겨 나열하고 있는 데 비하여, 後者에 있어서는 項目을 내용별로 나누어 整理하고 있는 것이다. 이러한 叙述方式上의 차이는 그 各編의 要綱이 別個의 사람에 의하여 작성되었음을 추측하게 한다. 이 점은 뒤에서 보는 「民法典編纂要綱」의 경우도 마찬가지이다.

29) 曉堂學人(註 26), 10면.

30) 張厚永, 國會構成에 關聯하여, 「法政」 3권 6호(1948.6), 30면은 "현재 소위 法制

員會의 위 요강은 뒤에서 보는 대로 정부 수립 후 구성된 法典編纂委員會의 民法典編纂要綱의 原案이라고 할 수 있는 것으로서 그 중요성이 간과되어서는 안 될 것이다. 특히 政府 樹立前에 美軍政 아래서 民法의 制定을 위한 기초작업이 여러 가지 어려움 아래서도 꾸준히 수행되었다는 것은 特記할 만한 일이다.

(b) 한편 뒤의 「民法典編纂要綱」은 張厚永, 「現行民法總論」, 1950의 부록으로서 그 307면부터 327면까지에 수록되어 있다.[31] (그 내용은 이 글 末尾의 [附錄]을 보라) 이 자료의 眞正性은 그 著者, 즉 張厚永이 法典編纂委 民法分委의 구성원(소위 一般委員)이었던 사실,[32] 지금까지 알려져 있던 編纂要綱의 斷片[33]과 완전히 일치한다는 사실에 의하여 확인할 수 있다. 다만 民法 중 財産編에 대한 編纂要綱의 항목이 모두 101개라는 보고가 있으나[34] 이 要綱은 모두 112개 항목에 이르고 있다(物權에 관한 項目을 12개의 大項目에서 세분하여 小項目으로 구분하면 모두 36개 항목이 되므로, 이에 의하면 모두 136개 항목이라고 할 수도 있다).

주목할 것은 위 張厚永의 저서가 출판된 것은, 그 刊記에 의하면, 1950년 5월 15일이므로 적어도 그 시점까지는 「民法典編纂要綱」은 확정되어 있었다는 사실이다. 앞서 본 法典起草委의 起草要綱이 民法 중 總則編 전부와 物權編의 극히 일부만에 대한 것을 담고 있는 데 비하여

編纂委員會라는 것이 행정명령 제3호에 의하여 조직되어 있으나 그 실질에 있어서는 이렇다 할 아무런 진척도 보고 있지 않다"고 하고 있다. 또한 香積山人(本名은 不明이다), 金大法院長對談話, 「法政」 같은 호 31면에 의하면 당시의 대법원장 金用茂(그는 本文에서 본 바와 같이 法典起草委의 위원장이었다)는 "法制編纂委員會는 六法을 일제히 제정 편찬하기 위하여 착수 진행하고 있으나 그러나 예산이 없으므로 용지도 사지 못하는 형편이며 현 司法部分에 있는 사람들이 이것을 맡아 보고 있는 형편이지요. … 그것[법률편찬사업이 지지부진한 것]은 예산이 없는 관계로 用紙도 못 사고 따로이 이에 따른 사남도 없는 탓…"이라고 말하고 있다.

31) 그 후 6.25事變이 끝난 후 1954년에 張厚永은 同名의 著書를 종전의 同硏社에서 正音社로 옮겨 출판하고 있는데(그 내용은 전혀 동일하다), 여기서는 「民法典編纂要綱」이 "附錄 一"로서 同書 291면부터 302면까지에 수록되어 있다.

32) 이에 대하여는 鄭鍾休(註 1), 7면의 위원 명단 참조.

33) 위 註 23 참조. 鄭鍾休(註 1), 8면 인용의 內容과 대조하여 보라. 단지 각 項目 말미의 參考外國法條項은 「民法典編纂要綱」에는 없는 것이다.

34) 鄭鍾休(註 1), 7면. 그러나 그와 같은 記述의 근거는 밝히지 않았다.

보면[35] 그 사이에 法典編纂委는 民法典의 起草에 관하여 나름대로 꾸준한 작업을 수행하여 왔음을 알 수 있다. 또한 위 자료에 의하면 同要綱은 "法典編纂委員會의 會議錄에서 轉載한 것"이라고 한다.[36] 따라서 同 會議錄이 존재하였음을 알 수 있는데, 이는 유감스럽게도 現在까지 찾을 수 없다(뒤의 註 39도 참조).

(c) 이 두 가지의 要綱을 대비하여 보면 흥미있는 사실을 발견하게 된다. 첫째, 法典起草委의 起草要綱(이하 "起草要綱"이라고 줄여 부른다)은 法典編纂委의 編纂要綱(이하 "編纂要綱"이라고 줄여 부른다)의 原案을 이루고 있다는 것이다. 물론 起草要綱은 總則 全部와 物權法의 一部에 대하여만 정하고 있으나, 그 한도 내에서 보면 編纂要綱은 起草要綱과 그 內容에 있어서뿐만 아니라, 表現 내지 字句에 있어서 완전히 —다음에서 지적하는 예외를 제외하고는— 일치한다. 다만 (i) 冒頭에서 起草要綱이 "朝鮮臨時民法"이라고 하는 데 대하여 編纂要綱은 그냥 "民法典"이라고만 하고, (ii) 準禁治產者(依用民法 제11조 이하 참조)에 관한 總則 제3항의 후단에서 起草要綱은 "그 保佐機關을 法定代理人으로 할 것"이라고 한 데 대하여 編纂要綱은 "그 保佐人에 대하여 取消權을 인정할 것"이라고 하고, (iii) 起草要綱 제10항의 暴利行爲를 無效라고 하는 데 反하여 編纂要綱은 이를 取消할 수 있는 것으로 정하고 있고, (iv) 起草要綱의 總則 제11항은 "法律行爲의 總則的 規定으로서 法律行爲의 解釋은 信義誠實의 原則에 의하여 할 것을 規定 宣明할 것"이라고 정하고 있는데 대하여 纂編要綱에는 이 항목이 삭제되어 있으며(따라서 起草要綱 總則은 모두 15항목으로 되어 있으나, 編纂要綱 總則은 모두 14항목으로 되어 있다), (v) 起草要綱의 物權 제2(一)(3)은 不動產에 관한 物權의 得失變更을 목적으로 하는 法律行爲를 書面으로 하여야 한다고 정하고 있으나 編纂要綱에서는 이 항목이 삭제되었다. 그러나 이러한 두 要綱 사이의 차이조

35) 다른 한편 위 註 24 참조.
36) 張厚永(註 12), 307면.

차 오히려 두 要綱이 연장선 위에 놓여 있는 것임을 확인하여 준다. 둘째, 民法을 어떠한 내용으로 編纂할 것인가에 관한 지침, 즉 「要綱」은 그 작업의 성질로부터도 당연한 것처럼 형성 중에 있었던 것이고, 완성되어 고정된 것은 아니었다.[37] 이것을 더욱 분명히 확인하여 주는 것은 起草要綱 말미에 기재된 "保留"라고 하는 항목이다. 이 부분은 民法 審議過程에서뿐만 아니라 民法 시행 이후에도 적어도 입법론으로 주장되고 있는 登記簿의 公信力에 관한 것이다("登記簿에 기재된 權利關係는 其權利에 관하여 法律行爲를 한 者의 利益을 위하여 진정한 것으로 간주함"). 이 부분이 "保留"로 되어 있다는 사실은 登記簿에 公信力을 인정하고 不動産의 善意取得을 인정할 것인지 여부에 대한 논의가 이미 法典起草委에서의 民法起草準備段階에서 이루어졌음을 웅변으로 말하여 주는 것이다.

그렇다면 우리는 여기서 우리의 民法을 마련하기 위한 구체적인 작업이 아직 美軍政이 실시중이던 ―法典起草委가 설치된 날인― 1947년 6월 30일 직후부터 이미 진행되었으며, 그 작업은 現行民法의 形成과 직접 연결됨을 확인할 수 있다. 따라서 民法의 制定作業이 政府樹立 후에 개시되었다는 뜻의 종래의 叙述[38]은 수정되어야 할 것이다.

Ⅲ. 民法案의 起草

(1) 이상과 같이 民法典編纂要綱이 마련되었으나, 法典의 編序와 個別條文을 구체적으로 확정하는 작업은 좀처럼 진전되지 않았다. 그 이유는 다음과 같은 사정을 들 수 있을 것이다. 첫째로, 6.25사변으로 인하여 많은 法典編纂委 委員들이 납북되거나 사망하여 실제로 그 작업을

37) 위 註 22의 金炳魯 발언 참조: "그저 나중에 변경할 수 있고 또는 다시 몇 차례라도 會議를 거듭해서 검토할 여유를 둔 要綱…"

38) 가령 郭潤直(註 2), 58면.

수행할 인력을 확보하기 어려웠다. 특히 起草를 실제로 담당할 책임위원 중에서 物權編의 姜柄順이 납북되었다. 둘째, 전쟁으로 인하여 그 간의 자료가 모두 散逸되었을 뿐만 아니라,[39] 戰時인 관계로 그 작업을 다시 개시하고 보조할 人的·物的 設備를 갖추기 어려웠다.

그리하여 결국 法典編纂委의 委員長을 맡고 있던 金炳魯는 그 작업을 거의 혼자의 손으로 수행해 나갔다. 그 사이의 사정을 그는 다음과 같이 말하고 있다.

> "그러다가 6.25動亂에 釜山을 내려 갔읍니다. 그 때에 行政府에서나 立法府로서나 在野法曹界로서나 뭐 그뿐만이 아니라 大韓民國 國民된 者의 良心上에 있어서의 拙速, 좀 拙劣하더라도 迅速한 主義를 取해서 남의 나라 것을 大略 飜譯이라도 하더라도 日本法이라는 그것은 一掃하고 大韓民國 法律로서 우리가 制定을 아니하면 안 되겠다는 이러한 輿論이 높았읍니다. 그러나 그 때에 다 알으시는 바와 같이 法曹界의 사람도 많이 저 共産逆徒의 손에 殺傷 또는 拉致를 當하고 司法部 自體의 運營에 있어서도 人員의 不足이라고 말하는 것보다는 가위 事務를 執行하기에 可能치 못한 地境에까지 이르렀읍니다. 그래서 事實은 本人으로서는 거기에 法典編纂委員會의 責任者의 한 사람입니다. 또는 或은 多幸일는지도 몰라요, 이 다리가 不具가 되어서 어디 出入이라는 것은 전연히 없읍니다. 그저 法院에 나갔다 오는 그 外의 時間 日曜日이나 밤이나 아침이나 무슨 다른 데는 한 時間도 걸릴 새 없이 그 時間을 利用해서 불식한 不息之工으로 참 起案을 始作했읍니다."[40]

金炳魯는 民法의 일부에 대하여는 그 起草를 法典編纂委의 다른 委員이나 기타 人士에게 위촉하기도 하였으나,[41] 그 被囑人士들이 그 작업을 수행하지 아니하거나[42] 또는 그 起草作業의 결과가 만족스럽지 못

39) 民議院 民法案小委, 公聽會記錄(註 22), 75면 상단의 法制處長 발언: "그 동안 모두 준비했던 起草要綱이며 參考資料가 전부 없어지게 되었습니다."
40) 「速記錄」 제30호 4면 하단.
41) 「速記錄」 제30호 5면 상단의 金炳魯 발언 참조.
42) 鄭光鉉(註 7), 334면에 의하면, 金炳魯는 당시의 서울大學校 法科大學 教授 鄭光鉉에게 親族相續篇의 起草를 口頭로 위촉하였으나, "당시에는 입법참고자료도 불충분할 뿐더러 필자의 견해가 要綱 자체와 상이한 점이 불소한 관계로 要綱에 입각한 逐條起草를 하여야 하는 것은 본의가 아니므로 委員長[즉 金炳魯]의 부단한 催促을 받으면서도 草案起草를 차일피일 연기하여 起草를 하지 못하였으므로", 金炳魯는 鄭光鉉에 대한 起草委囑을 단념하였다고 한다.

하였다.[43] 그리하여 民法草案은 金炳魯 단독으로 마련된 것이라고 하여도 과언이 아니다. 이 점에 대하여는 무엇보다도 金炳魯 자신의 발언이 있고[44] 그 외에 많은 방증이 있다. 가령 당시의 法律專門紙를 보면 "民刑事의 基本法을 거의 독자적으로 起草한 바 있는 金 大法院長",[45] "民法案 起草에는 法編[法典編纂委]委員들의 功이 不小하나 그 대부분은 金炳魯 大法院長의 장구한 세월에 걸치는 苦心努力한 結晶으로서 이루어진 것"[46]이라는 말을 발견할 수 있다.[47]

그러나 民法草案이 전혀 다른 사람들의 도움이나 관여 없이 金炳魯 1인의 혼자 힘으로 작성된 것은 아니라고 생각된다. 가령 당시 大法官을 지낸 高在鎬의 회고에 의하면, 그가 대법관이 된 후에 法典編纂委의 위원이 되어 그 전부터 준비해 온 民法 등의 草案을 완성하는 작업에 가담하였다고 하고, 그 작업의 일면을 다음과 같이 소개하고 있다.

> "그 후 박차를 가해 매주 한 번씩 대법관들이 대법원장실에 모여 마지막으로 축조심의를 했는데, 李仁 선생은 법무부장관을 그만둔 지 오래었지만, 그대로 副委員長으로 열심히 그 자리에 나오곤 했다. 法典編纂過程에서 특히 내 기억에 남는 것은 民法 親族編의 同姓同本의 禁婚問題이다. 나는 기본적으로 同姓同本 婚姻 문제는 현대 사회의 구조로 보아 너그럽게 보아야 한다는 생각을 갖고 있었고, 大法院長도 마찬가지였다. 그래서 街人과 나는 '親族은 8寸까지만 禁婚토록 하고, 外戚은 6寸까지만 禁婚하도록 한다'는 의견을 내놓았다. 그러나 이 문제는 우리 두 사람을 제외한 다른 委員 모두가 한결같이 반대하여 장시간 토론을 벌여야 했고, 결국은 다수 의견대로 '同

43) 鄭光鉉(註 7), 334면에 의하면 金炳魯는 광주지방법원의 某判事에게 親族法草案의 作成을 위촉하였고 그는 1952년 10월 이를 작성·제출하였으나, "原要綱과는 매우 상이한 것"이어서 결국 묵살되었다고 한다.

44) 위 註 40의 本文 소재의 발언 참조. 그리고 「速記錄」 제30호 4면 중단 이하를 읽어보면, 직접 起草한 者만이 알 수 있는 사정을 여실히 토로하고 있다.

45) 「法律新聞」 252호(1957년 6월 10일자) 1면.

46) 「法律新聞」 273호(1957년 11월 1일자) 1면.

47) 기타 金甲洙, 「法窓三十年」, 1970, 169면("우리가 쓰고 있는 6法은 街人 先生의 손에서 이루어지게 되었다."); 高在鎬, 「法曹半百年」, 1985, 24면("위 5法[民法, 刑法, 商法, 民事訴訟法, 刑事訴訟法]의 草案이 거의 위원장인 대법원장의 손에서 정리되었음을 알고 감탄했던 것이다. 조문마다 위원장의 손끝이 안 닿은 데가 없다 해도 과언이 아니다. 참으로 그 분의 큰 공적이었다.") 등 참조.

姓同本 禁婚'으로 확정되었다."[48)]

이 생생하고, 따라서 직접 경험한 사실을 옮기는 것으로 보아야 할 그의 證言은[49)] 金炳魯가 民法草案을 혼자 밀실에서 독단적으로 작성한 것이 아니고 다른 法律家들과 토의를 거치는 등의 나름대로 신중한 절차를 거쳤음을 웅변으로 말하여 주고 있다. 그 과정에서 토의상대가 된 것은 주로 대법관 등의 法律實務家들이 아니었나 생각된다.[50)]

(2) 그러면 草案은 어떠한 원칙과 순서에 좇아서 어떠한 자료를 참고로 하여 작성되었는가.

(a) 우선 지적할 수 있는 것은 草案이 民法典編纂要綱(이하 단지 「要綱」이라고 더욱 줄여 부르기로 한다)에 대체적으로 ── 뒤의 (b)에서 보는 예외를 제외하고는 ── 충실히 따랐다는 것이다. 가령 要綱은 民法總則編에 관하여 14항목을 두고 있는데, 이 중 후일 草案에서 전혀 무시된 것은 消滅時效 完成의 효과에 관한 제13항 하나에 불과하고, 나머지 13개 항목은 모두 草案[51)]에 실현되어 있다.[52)]

---

48) 高在鎬(註 47), 24면 이하.

49) 다음과 같은 사정은 이 증언의 신빙성을 의심케 한다. 이 때까지 民法案이 法典編纂委에서 완료된 것은 1952년 7월 4일이고 그것이 정부에 이송된 것은 1953년 9월 30일이라고 인정되어 왔다. 가령 民議院 民法案小委, 公聽會記錄(註 22), 75면 상단 이하; 鄭鍾休(註 1), 11면; 法制室 法制月報編輯室 편, 「韓國民法典」, 1958, 2면 등 참조. 그런데 高在鎬가 대법관이 된 것은 그 자신의 말에 의하면 1954년 9월 20일이다. 高在鎬(註 47), 2면. 그렇다면 民法草案은 이미 高在鎬가 대법관 ─ 따라서 法典編纂委의 委員 ─ 이 된 때에는 法典編纂委에서 완성되어 政府에 이송된 후이므로 그는 "草案의 完成作業"의 단계에라도 가담할 여지는 없는 것이 아닐까 하는 것이다.

50) 가령 李仁, 「半世紀의 證言」, 1974, 206면은 "나는 피난 보따리보다는 먼저 법전 관계 서류를 들고 남하하도록 지시했고 피난지에서도 매일처럼 초안을 검토하는 작업을 계속했다. …나는 官에서 물러난 뒤에도 法典編纂에는 계속 관여하니 위원회에 간여하기 전후 13년이요, 街人이 정년으로 물러난 뒤 4년간은 그의 뒤를 이어 위원장직을 맡았다. 이렇게 하여 5법과 그 부속법전을 차례로 완성하여 국회에 넘기니 민법 중 친족법 일부의 약간 수정이 있었을 뿐 거의 모두가 원안대로 통과가 됐다. 법학도로서 다소간 자위하는 바이고 당시에 대법관들의 노고가 적지 않았던 것이다."라고 말하고 있다(머리점은 인용자). 위 註 48의 본문 소재의 高在鎬의 회고와도 거의 일치하는 내용이다.

51) 물론 法典編纂委에서 政府에 移送한 草案은 그 내용을 직접 알 수는 없다. 그러나 國會에 제출한 民法案과 별로 다를 바가 없다고 할 것이므로, 여기서는 民法案의 條文을 인용하기로 한다.

52) 다만 要綱 總則 제2항, 제10항에 관하여는 뒤 (b)의 a), b) 각 참조.

그 실제의 例로서 總則에 한정하여 要綱과 草案을 대비하여 보기로 하자.

民法典編纂要綱	草案
一. 民法全體를 通한 大原則(通則)으로서 1. 慣習法 及 條理의 補充的 效力을 規定하고(法例 第二條 參照) 2. 權利의 行使에 關하여 權利濫用의 法理를 成文化하며, 同時에 義務의 履行에 關하여 信義誠實의 原則을 一般的으로 宣明하는 規定을 세울 것	제 1 조 : "民事에 關하여 法律에 規定이 없으면 慣習法에 의하고, 慣習法이 없으면 條理에 의한다." 제 2 조 : "權利의 行使와 義務의 履行은 信義에 좇아 성실히 하여야 한다. 權利는 濫用하지 못한다."
二. 行爲無能力者로서는, 未成年者, 禁治產者, 準禁治產者의 三者만을 認定하고, 妻는 無能力者에 關한 總則의 規定에서 分離하여, 그에 對한 適切한 能力制限은 婚姻의 效果로서 親族篇에 適當히 規定할 것	妻의 能力制限에 관한 規定 두지 않음. *"準禁治產者"라는 호칭을 "限定治產者"로 변경.
三. 準禁治產者의 行爲能力의 範圍를 適當히 考慮하며, 그 保佐人에 對하여 取消權을 認定할 것	제 9 조에 의한 제15조 準用으로 法定代理人의 取消權 認定
四. 無能力者의 契約은 그 追認이 있을 때까지는 相對方이 이를 撤回할 수 있도록 할 것	제15조 본문 : "無能力者의 契約은 追認 있을 때까지 相對方이 그 意思表示를 撤回할 수 있다."
五. 共同의 危難에 遭遇하여, 死亡한 境遇에 있어서는 同時死亡의 推定의 規定을 둘 것	제29조 : "二人 以上의 同一한 危難으로 死亡한 경우에는 同時에 死亡한 것으로 推定한다."
六. 社團法人을 營利法人, 非營利法人으로 분류하여 營利도 公益도 目的으로 하지 않는 團體를 民法上法人으로서 成立할 수 있게 할 것	제31조 : "… 營利 아닌 事業을 目的으로 하는 社團 또는 財團은 … 法人으로 할 수 있다."

七. 法人의 設立登記를 對抗要件으로 하지 않고 成立要件으로 할 것	제32조 : "法人은 그 主된 事務所의 所在地에서 設立登記를 함으로써 成立된다."
八. 理事의 法人에 대한 連帶責任을 규정할 것	제61조 : "理事가 任務를 懈怠한 때에는 그 理事는 法人에 대하여 連帶하여 損害賠償의 책임이 있다."
九. 財團法人의 寄附行爲의 變更方法을 규정할 것	제42조 제 1 항 : "財團法人의 定款은 그 變更方法을 定款에 定한 때에 한하여 變更할 수 있다." 제43조 제 1 항 : "財團法人의 目的을 達하기 不能한 때에는 設立者나 理事는 主務官廳의 許可를 얻어 設立의 趣旨를 참작하여 그 目的을 類似한 것으로 변경할 수 있다."
十. 他人의 窮迫, 輕率, 無經驗을 利用한 暴利行爲는 취소할 수 있도록 할 것	제99조 : "當事者의 窮迫, 輕率 또는 無經驗으로 인하여 顯著하게 公正을 잃은 法律行爲는 無效로 한다."
十一. 意思表示에 있어서는 表示主義에 置重하여 相對方의 利益을 保護하기 위하여 錯誤에 의한 意思表示를 취소할 수 있도록 할 것	제104조 제 1 항 本文 : "意思表示는 法律行爲에 重大한 錯誤가 있는 때에는 取消할 수 있다."
十二. 數人의 代理人이 있을 때의 各者代理의 原則을 宣明할 것	제114조 本文 : "代理人이 數人인 때에는 各者가 本人을 代理한다."
十三. 消滅時效完成의 효과는 權利를 소멸시킬 수 있는 일종의 抗辯權을 발생하도록 할 것	*뒤 (b)의 c) 참조
十四. 取得時效의 規定은 總則篇에서 제외하고, 物權篇 所有權取得에 규정할 것	物權編 제 3 장 제 2 절 "所有權의 取得"에서 규정 (제235조 내지 제238조)

(b) 그러나 전적으로 要綱에 따라서만 작성된 것은 아니다. 경우에 따라서는 草案은 要綱의 내용을 무시하거나 또는 要綱에서 정함이 없는 사항을 새로이 정한 것도 있다.

草案이 要綱의 내용과 다른 규정을 두거나, 要綱에서 일정한 사항을 정하도록 하고 있는 것을 전혀 따르지 아니한 것으로는 다음과 같은 것이 있다.

a) 要綱 總則 제2항 그 후단은 "妻는 無能力者에 관한 總則의 規定에서 분리하여, 그에 대한 적절한 능력제한은 婚姻의 效果로서 親族篇에서 적당히 規定할 것"이라고 한다. 妻의 能力에 관한 규정은 "모든 國民의 法 앞의 平等"이라는 大原則에 반하는 것으로서 草案에서는 비단 그 總則編으로부터 배제되었을 뿐만 아니라, 親族編에서도 이에 관한 규정을 두지 않았다.

b) 要綱 總則 제10항 要綱은 暴利行爲를 取消할 수 있는 것으로 정하고 있으나, 草案 제99조(現行民法 제104조)는 暴利行爲는 無效라고 한다. 依用民法에는 暴利行爲에 관한 규정이 존재하지 아니하였고, 學說과 判例는 暴利行爲는 依用民法 제90조에서 정하는 公序良俗에 반하는 法律行爲에 해당하는 것으로서 無效라고 해석하고 있었다. 草案이 暴利行爲에 관한 明文의 규정을 둔 것 자체는 要綱을 따른 것이라고 할 것이나, 그 효과로서 取消가 아니라 無效라고 한 것은 종전의 學說과 判例에 좇은 것이다.

c) 要綱 總則 제13항 要綱은 消滅時效完成의 효과를 權利를 소멸시킬 수 있는 일종의 抗辯權을 발생하는 것으로 정하고 있다(소위 "相對的 消滅說"). 그러나 草案은 이 점에 관한 明文의 규정을 두지 아니하였다. 뿐만 아니라, 草案은 相對的 消滅說을 택하는 근거의 하나로 인용되어 왔던 時效의 援用에 관한 規定(依用民法 제145조)을 채택하지 아니하였다. 따라서 가령 民法案이 國會에 제출한 후에 民法案을 審議한 民議院 民法案小委는 草案의 태도를 "時效에 관하여서는 금후 絶對消滅說이 확정"된 것이라고 이해하고 있다.[53]

d) 要綱 物權 제5항 4(ㅁ) 그 중 共有에 관하여 "공유물의 분

53) 民議院 民法案小委, 「民法案審議錄」 上卷, 1958, 103면.

할에 있어서 국가 중요산업이나 기타 公有使用에 害가 있을 때에는 적당한 제한을 가할 것"이라는 要綱의 태도는 草案에서 채택되지 아니하였다.

e) **要綱 物權 제10항** 要綱은 先取特權制度는 "그 종류와 내용을 시대의 수용과 실정에 적응토록 시정할 것"이라고 하였으나, 草案은 이를 아예 폐지하였다.

f) **要綱 物權 제12항 1** 抵當權의 효력은 從物에도 미치는 것으로 하여야 한다는 要綱의 태도는 草案에는 채택되지 않았다. 그러나 民議院 民法案小委는 要綱의 태도를 부활시켰고[54] 결국 法司委 修正案 제86항으로서 채택되어 現行民法 제335조는 抵當權의 효력은 從物에도 미치는 것으로 정하고 있다.

g) **要綱 債權總則 제 1 항** 金錢債權의 辨濟方法에 관한 依用民法 제402조 제 1 항, 제 2 항을 삭제한다는 要綱에 대하여 草案은 단지 그 제 1 항을 삭제할 뿐이고, 제 2 항은 草案 제367조(現行民法 제376조)에서 채택되었다.

h) **要綱 債權總則 제 4 항** 約定利率이 일정한 率을 초과할 때는 債務者에게 期限前 辨濟權을 인정한다는 항목은 草案에 채택되지 않았다.

i) **要綱 債權總則 제 8 항** 債權者에게 選擇權이 있는 選擇債權에 있어서 그의 過失로 給付가 불능이 된 경우에 관한 규정(滿州國民法 제372조 제 2 항 후단 참조)을 두자는 이 항목은 草案에서는 채택되지 않았다. 따라서 그 경우도 原則規定인 現行民法 제385조 제 1 항에 따르게 되었다.

j) **要綱 債權總則 제 9 항** 選擇債權에 있어서 선택이 가지는 遡及效가 제 3 자의 權利를 害하지 못한다는 依用民法 제411조 단서를 삭제하자는 항목은 草案에 반영되지 않았다.

---

54) 「民法案審議錄」(註 53), 214면 참조.

k) 要綱 債權總則 제10항 債權의 强制履行에 관한 依用民法 제414조 제 2 항, 제 3 항을 삭제하자는 이 주목할 만한 항목은 草案에 반영되지 않고, 그 규정은 現行民法 제389조 제 2 항, 제 3 항으로 남아 있다.

l) 要綱 債權總則 제11항 金錢債務 이외의 債務에 관하여 履行不能 이외의 債務不履行에 대하여도 債務者의 故意·過失이 있는 경우에 한하여 損害賠償義務가 있다는 규정을 두자는 이 항목도 草案에 채택되지 아니하였다. 그러나 依用民法 제415조(現行民法 제390조)의 해석으로도 그와 같이 해석되고 있었고, 지금도 그러하다.

m) 要綱 債權總則 제15항 履行不能의 경우의 損害賠償額 算定時期에 관한 규정을 두자고 要綱은 정하고 있으나, 草案에는 이에 관한 규정이 없다.

n) 要綱 債權總則 제16항 전단 이에 의하면 債權者遲滯 중에는 債務者는 故意 또는 重過失이 있는 경우에 한하여 책임을 진다. 그러나 草案 제392조는 "債權者遲滯 중에는 그 責任 있는 事由가 없으면 不履行으로 인한 責任이 없다."고 한다. 이에 대하여 民事法硏究會의 「民法案意見書」[55]는 要綱과 같은 태도를 취하여야 한다고 주장하였고(同書 146면 이하), 이 주장은 玄錫虎 議員 등의 修正案 제26항으로 성안되었다. 그리고 本會議의 審議過程에서 이 수정안이 채택됨으로써 現行民法 제401조는 위 要綱과 같은 태도를 취하고 있다.[56]

o) 要綱 債權總則 제18항 소위 契約締結上의 過失責任에 관한 규정을 두자는 이 항목은 草案에는 반영되지 않았다. 그러나 앞서 본 民法案意見書는 原始的 不能給付를 목적으로 하는 契約에 관하여 契約締結上의 過失責任을 인정하는 규정을 둘 것을 주장하였다(同書 160면 이하). 그리고 이를 받아 성립된 玄錫虎 議員 등의 修正案 제29항이 本會

---

55) 이 資料에 관하여는 앞의 Ⅰ.(2) 참조.
56) 이에 관하여는 梁彰洙(註 4, 1986) 참조.

議에서 채택됨으로써 現行民法 제535조는 부분적으로나마 契約締結上의 過失責任을 인정하고 있다.

p) 要綱 債權總則 제24항 이에 의하면 連帶債務者의 1人을 위하여 消滅時效가 완성한 경우에 다른 債務者의 免責은 債務者의 抗辯을 기다려 발생하도록 한다는 것이다. 이는 위의 c)에서 본 消滅時效 完成의 효과에 관한 소위 相對的 消滅說의 채택과 궤를 같이하는 것이다. 그러나 위에서 c)와 마찬가지로 草案은 이러한 要綱의 태도를 채택하지 않았다.

q) 要綱 債權法各論 제7항 履行不能 이외의 債務不履行으로 인한 解除權 발생에는 그 債務不履行에 債務者의 過責不由가 있음을 요한다는 것을 분명히 하자는 것이다. 이는 위의 l)과 같은 생각에 기한 것이다. 그러나 草案은 이를 채택하지 않고, 任用民法과 같은 규정을 둘 뿐이다. 물론 解釋上 要綱과 같은 결과가 인정되고 있다.

r) 要綱 債權法各論 제11항 이에 의하면 利子 있는 消費貸借로서 目的物의 引渡가 없는 경우에는 借主는 언제든지 契約을 해제할 수 있도록 한다는 것이다. 그러나 草案 중 이에 상응하는 규정인 제573조 본문(現行民法 제601조 본문)은 "利子 없는 消費貸借의 當事者는 目的物의 引渡 전에는 언제든지 契約을 해제할 수 있다."고 한다. 草案은 우선 규율대상을 要綱과 같이 "利子 있는 消費貸借"라고 하지 않고 "利子 없는 消費貸借"로 하며, 나아가 解除할 수 있는 者도 要綱과 같이 단지 消費借主에 한정하지 아니하고 당사자 쌍방이라고 한다.[57)]

s) 要綱 債權法各論 제17항 이에 의하면 賃借物이 失火로 인하여 滅失毁損되어 債務不履行이 된 경우에 있어서도 賃借人은 重過失에 대하여는 책임을 지도록 한다. 이는 "失火責任에 관한 法律"의 法理를 賃借人의 債務不履行에 대하여도 적용하려는 취지이다. 그러나 그 내용의 當否는 별론으로 하고, 그러한 규정을 民法에 둔다는 것 자체가 과연 法

57) 이에 관하여는 梁彰洙, 民法 第601條에 관한 小考, 「考試界」 1989년 8월호, 148면 이하 참조.

律體系에 맞는 것인지 의문이다. 草案은 위와 같은 要綱의 요구에 좇지 않았다.

t) 要綱 債權法各論 제30항 이는 組合員의 持分을 押留한 債權者에게 그 組合員을 組合에서 탈퇴시키는 權利를 부여하자는 것이다. 그러나 草案은 그러한 規定을 두지 않았다.

u) 要綱 債權法各論 제33항 이득 당시에는 法律上 原因이 있었다고 하더라도 그 후 이것이 소멸한 경우에는 不當利得의 성립을 인정하자는 것이다(소위 condictio ob causam finitam). 그러나 草案은 이러한 규정을 두지 않았다. 물론 그러한 규정이 없더라도 학설은 그러한 결과를 해석상 인정하고 있다.

v) 要綱 債權法各論 제40항 依用民法 제717조 제 1 항에서 정하고 있는 소위 工作物責任을 1 차적으로 부담하는 者를 所有者로 하자는 것이다. 그러나 草案 제752조 제 1 항은 이에 따르지 아니하고, 依用民法과 마찬가지로 占有者를 1 차적 責任者로 정하였다.

w) 要綱 債權總則 제27항, 債權法各論 제20항, 제25항, 제38항, 제44항 이 항목들은 民法에 身元保證, 傳貰, 公衆接客業者의 保管責任, 官吏의 不法行爲, 信託에 관하여 각기 규정을 두자고 하는 내용이다. 그러한 내용의 규정은 民法草案에 포함되지 아니하였다. 그러나 身元保證에 관하여는 身元保證法이 1957년 10월 5일 공포되었고, 公衆接客業者의 責任에 관하여는 1962년 1월 20일 공포된 商法의 제152조 내지 제154조에 규정되었으며, 官吏의 不法行爲는 1967년 3월 3일 공포된 國家賠償法에 의하여, 信託은 1961년 12월 30일 공포된 信託法에 의하여 각기 규율되기에 이르렀다. 한편 傳貰에 대하여는 民法의 物權編 제 6 장에 物權으로 강화된 傳貰權을 규정하고 있다.[58)]

(3) 法典編纂委의 公式草案은 1953년 9 월 30일 政府에 이송되었다.

---

58) 기타 要綱 중의 항목으로 흥미가 있는 것은, 境界侵犯建築에 관한 것(物權 제 5 항 3 "例"), "總有"에 관한 것(物權 제 5 항 4 (ㅁ)), 重利禁止에 관한 것(債權總則 제 3 항),

草案의 내용은 政府의 法制室에서 "用語의 統一 기타 條文 整理" 정도의 수정을 거쳐, 1954년 9월 30일 國務會議를 통과하였다. 그리고 같은해 10월 13일 大統領의 裁可를 얻어 동월 26일에 國會에 제출되었다.[59] 이 政府提出의 民法案은 本文 1118조, 附則 32조로 되어 있었다. 이 草案에 대한 提案理由書나 起草理由書 등의 참고자료는 전혀 공표된 바 없었다. 그리하여 이제 國會의 審議를 받기에 이른 것이다.

Ⅳ. 民法草案을 규정하는 要素들

(1) 위 Ⅱ. (1)에서 본 대로 우리 나라가 日帝의 손아귀에서 벗어나 새로운 첫걸음을 디뎠다고 하더라도 거기에 적용되는 法令은 대개 日本의 그것이었다. 물론 그러한 수치스러운 상태를 하루빨리 청산하지 않으면 안 되었다. 그러나 문제는 무엇을 가지고 日本의 法令을 대신할 것인가 하는 점이다. 日本의 法令을 고스란히 폐기하는 것만으로는 단지 無法狀態를 가져올 뿐이므로,[60] 그것을 대체할 "우리의 法令"을 마련하

責任無能力者 등이 損害賠償責任을 면하는 경우에도 衡平上 賠償을 命할 수 있다고 한 것(債權法各論 제39항) 등이 있다. 이들 項目은 각기 民法草案 제205조, 제262조 이하(단지 "總有"가 아니라 "合有"라고 名稱이 바뀌었다), 제750조에 反映되었다(重利禁止에 관하여는 法定重利에 관한 依用民法 제405조를 삭제하는 형태로). 그러나 이들 規定은 國會審議過程에서 削除되거나(위 제205조, 제750조), 그 내용이 현저히 變改되었다(위 제262조 이하).

59) 이상에 대하여는 民議院 民法案小委, 公聽會記錄(註 22), 75면 중단 참조.

60) 여기서 흥미 있는 것은 해방 직후 京城地方法院長을 맡고 있던 張暻根의 談話이다. 이는 「自由新聞」 1945년 10월 16일자에 수록되어 있다고 한다. 이에 의하면 "軍政實施에 伴하여 從來 朝鮮에 實施되고 있던 日本法令이 失效하고 現在 無法狀態 또는 法의 實體가 不明確한 不文法狀態로 있는 듯이 一般이 誤認하고 있는 傾向이 있는 듯한데… 日本의 統治權이 排除되었음에 不拘하고 從來의 日本法令이 依然히 朝鮮에 施行되고 있나는 것은 一見 矛盾되고 解得키 어려운 것 같으나 冷靜히 생각하면 當然한 일인 것을 알겠고 또 이것이 國際公法上 異論이 없는 結論일 것이다. 왜 그러냐 하면 軍政實施에 伴하여 當然히 從來의 法令이 失效한다고 하면 無法狀態 또는 法의 實體가 不明確한 不文法狀態를 現出하여 秩序攪亂行爲를 處罰할 法令을 찾을 수 없고 權利義務를 裁定할 基準을 明確히 할 수 없게 되어 不必要한 混亂과 苦痛을 占領地域人民에게 주는 까닭이다."라고 한다. 金炳華(註 12), 6면에서 再引用.

지 않으면 안 되는 것이다. 이 새로이 마련될 法令은 그 동안의 法狀態, 즉 日本 法令에 의한 法律關係의 規律이라는 부정할 수 없는 事實을 깡그리 무시하고 완전한 白地狀態에서 출발하여야 할 것인가? 그러한 白地狀態로부터의 출발은 과연 가능한 것일까?

앞서 본 要綱을 보아도 알 수 있듯이[61] 民法草案은 그러한 태도를 취하지 아니하고 당시 施行되고 있던 民法 ―實質的 意味의― 을 출발점 내지 기초로 하여 마련되었다. 따라서 우리 民法草案을 규정하는 제1의, 그리고 가장 중요한 요소는 依用民法이다.[62]

民法 編纂作業 당시 日本民法은 그에 관계한 사람들 또는 학자들에 의하여 그 어떠한 점이 어떻게 평가되고 있었을까? 만일 그들이 日本民法을 부정적으로 평가하고 있었다면 그것은 우리 民法의 起草作業에 있어서 "基礎" 내지 "出發點"은 될 수 없었을 것이다.

이에 관하여 金炳魯는 다음과 같이 말하고 있다.

> "이 民法에 있어서는 혹은 草案을 읽어 보신 이가 이러한 생각을 하실는지 모르겠습니다. 어째 日本法에 공통되는 똑같은 條文이 많다, 혹은 이러한 생각을 하실는지 모릅니다마는 그것은 결단코 처음 起案할 때에 日本法이라는 것은 덮어 놓고 사실은 그것도 한 다른 나라 法과 같이 참고로밖에는 보지 않았습니다. 그러나 日本法이라는 法 자체가 民法의 佛蘭西法, 獨逸法 그것을 殆半히 갖다가 그대로 飜譯한 것이란 말이에요. 또 近來에 참고로 하는, 제일 가참게 制定되었다는 中國法 또는 滿洲國法 이것도 전부 日本 사람이 가서 다 起案하고 日本 사람이 한 것이라 그 말이예요. 그럼 인제 여기서 獨逸 것이나 佛蘭西 것이나 설혹 中國 것이나 滿洲國法이나 어느 것을 가서 參考하고서 우리 나라에 이와 같은 條文이 適當하다고 생각할 수 있는 그것이 自然的으로 日本 것하고 普通에 있어서는 合致되는 條文이 많습니다."[63]

61) 要綱 總則의 冒頭는 "주로 獨逸民法에 의거한 現行民法總則篇의 規定을 基礎로 하되…"라고 밝히고 있다. 뿐만 아니라 그 要綱의 각 항목은 적어도 재산편에 한정하여 보는 한 依用民法을 전제로 하여 이에 수정·보충할 사항만을 정하고 있는 것이다.

62) 가령 郭潤直(註 2), 60면은 우리 民法에 대하여 "그 내용을 살펴볼 때에 근본적으로는 舊民法, 즉 現行 日本民法을 기초로 하고 있음을 숨길 수 없는 사실이다."라고 토로하고 있다.

63) 「速記錄」 제30호, 5면 하단 이하.

즉, 日本民法은 그 자체로서 훌륭한 것이 아니고, 獨逸民法이나 프랑스民法 등을 모방 계수한 것으로서 우리 社會에 적당한 法規定을 마련하다 보면 자연히 日本法과 같은 내용이 된다는 것이다. 이러한 日本民法에 대한 평가 ──이것을 "부정적인 평가"라고는 도저히 말할 수 없을 것이다── 는 당시에 일반적이었던 것으로 생각된다. 가령 서울大學校의 民法 전공교수인 金基善은 1955년에 이르러 "民法典制定 時期尙早論"을 펼치는 자리에서 "우리가 지칭하는 日本民法이란 것은 결코 자기네가 독창적으로 제정한 고유의 法律이 아니고 獨逸民法 제 1 草案에 의거한 것"이며, "日本이 制定한 法律 중에서 私法은 公法과 달라서 個人의 自由平等을 기본으로 하였기 때문에 대체적으로 民主主義的 制度에도 적합하다고 할 수 있다."고 하고, 따라서 "日本民法이기 때문에 단연코 이것을 폐지하여야 한다는 政治的 見解는 부당하다."고 주장하였다.[64] 또한 뒤에 國會에서의 民法審議過程에서 중요한 역할을 한 張暻根도 ──비록 公的 職務에 基한 談話에서이기는 하나── 日本法 一般에 대하여 "여기에 한 가지 주의를 환기할 것은 종래의 日本法令이 固有의 日本法令이 아니고 獨逸, 佛蘭西 등 歐美大陸의 文明諸國의 法令을 模倣 繼受한 法令인 것은[法令이라는] 事實이다. 그런고로 다못 日本을 증오하는 태도로써 從來의 法令(民族的 差別 등 색채가 있는 것은 물론 제외된다)을 憎惡 또는 無視한다고 하며는 이는 생각이 부족하다고 않을 수 없다."라고 말하고 있다.[65]

그리하여 아직 政府가 수립되기 이전인 1948년 6월에 "民法 중 總

64) 金基善, 民法改正에 관하여, 「大學新聞」 116호(1955. 6. 30) 2면. 그의 시기상조론은 여러 모로 흥미를 끄는데, 그 이유로서 그는 위 本文의 주장 외에 다음과 같은 점을 든다. 첫째, 民法은 6法 중 가장 방대하고 또 附屬法令도 적지 아니한데 "시간과 마음의 준비"를 갖추지 못하고·조급히 서두르다 보면 체계가 서지 않고 또 현실과 유리되게 된다. 따라서 입법을 하기 전에 우선 慣行부터 조사하여야 한다. 둘째, 현재는 戰時이므로 "시간 제약으로" 국회가 심의에 소홀하기 쉽다는 것이다. 이러한 주장에 대하여 당시 民議院 民法案小委에 전문위원으로 참여하고 있던 張庚鶴은 民法編纂의 現代的 意義(上)(下)──金基善 敎授의 改正時期尙早論을 읽고, 「大學新聞」 118호(1955. 6. 27) 2면, 119호(1955. 7. 4) 2면에서 이를 반박하고 있다.

65) 張暻根의 談話(註 60).

則의 大部, 債權, 物權의 각 편은 별로 고칠 것이 없고 종래의 學說上 條文이 불명확하다고 하던 것만 추출하여서 補修하면 될 것"이라는 주장이 대두하였다.[66] 그리고 저자의 추측으로는 이러한 주장은 당시 法律家들의 일반적인 의견을 반영하는 것이었다고 할 것이다.[67]

(2) 그러나 이와 같이 日本民法을 民法編纂의 기초로 삼게 된 데는 더욱 실질적이고 중요한 이유가 있다고 생각된다. 그것은 당시 우리의 民法學이 日本民法이나 그에 기한 解釋論 또는 立法論을 전개하는 日本民法學을 떠나 새로운 民法典을 독자적으로 편찬할 수 있을 만큼 충분한 실력을 갖추지 못하고 있었다는 것이다. 무릇 法典編纂(Kodifikation)의 事業은 단순히 政治社會의 요구만에 의하여 이루어질 수는 없는것이다. 그것을 위하여는 규율대상인 생활관계를 명료하게 파악할 수 있는 法的 概念과 그 法的 概念을 관계지어 규율내용을 정하는 法命題가 체계적으로 마련되어 있어야 한다. 그와 같이 논리적이고 체계적인 法的 概念과 法命題 없이 法典을 편찬할 경우에 그 결과는 단순히 素材의 무질서한 集合이 되거나 모순되고 중첩되는 命題의 반복이 되기 쉬운 것이다. 그리고 그와 같이 논리적이고 체계적인 法的 概念과 法命題는 학문적인 작업의 성과로서만 얻어질 수 있다는 것, 다시 말하면 大學의 象牙塔으로

66) 曉堂學人(註 26), 11면. 法制編纂委(이 名稱에 관하여는 위 註 25 참조)의 委員이라는 직함을 가진 同人은, "종래부터 우리 고유의 法을 가지고 있으면서 일층 완전을 기하기 위하여 새로운 法典編纂을 시작한 것이 아니"고, "法典編纂이 하루 늦으면 그 늦어질 동안 倭語의 法典으로부터 解放되지 못한 딱한 처지"에 놓여 있는 만큼 法典編纂은 그 중점을 "倭色의 一掃"에만 두어야 한다고 주장하고, "'民商法統一論'이니 '英美式 裁判制度의 채택'이니 하는 등의 理想論에만 붙잡혀 있"어서는 안 된다고 주장하고 있다. 여기서 '民商法統一論' 云云 하는 것은 金甲洙, 民法典의 編別과 朝鮮의 立法, 「法政」 2권 9호(1947. 9), 17면 이하에서 주장되고 있는 民商法統一의 主張을 말하는 것이라고 추측된다.

67) 崔大鎔(註 24), 23면 이하는 "듣건대 行政命令 第三號에 淵源하는 法典起草委員會에서는 最近 그 起草行動에 猛烈한 前進을 하고 있다 한다. 朝鮮말로 된 「法典」이란 것을 口號로 하고 日本法典의 飜譯法典일지라도 우리 政府가 서는 날부터는 우리 法典을 갖자, 이렇게 [하기] 爲하여는 日本法典을 土臺로 하고 그 中에서 (가) 民主主義理念에 나타나게 어지러지는 諸制度의 應急的 改革과 (나) 現代法學說로써 뚜렷이 立法의 失手로 指目되어 있는 諸制度의 部分的 改正이란 두 理念 아래 基本諸法典의 改正을 急速度로 꾀하고 있다 한다."고 쓰고 있다.

부터만 얻어진다는 것은 근대 유럽대륙의 法典編纂의 역사가 이를 웅변으로 증명하여 주고 있다.[68] 물론 그곳에서도 法典編纂의 실제 작업에는 實務家들이 참여하고 때로는 결정적인 역할을 하기도 하였으나 그들이 쓰는 作業道具와 理論的 武器는 학문으로부터 얻어왔던 것이다.[69]

해방 이후 1950년대 전반의 우리 나라 民法學界는 어떠한 상태이었는가? 그것은 한마디로 거의 不毛의 상태에 있었다고 하지 않을 수 없다. 이에 대하여는 兪鎭午가 다음과 같이 증언하고 있다.[70] 해방 당시의 법학계는 "人員이 적었을 뿐 아니라 그들의 學問的 業績에 이르러서는 한층 더 보잘 것 없었다."[71] 그나마 "學者間에 橫的 연락이 없었던 것은 물론이고 그들의 論文은 대부분 日本文으로 쓰여진 것이어서 도저히 독립한 단위를 가진 學界라고는 볼 수 없는 형편이었다." 해방 이후에도 사정은 별로 변하지 않았다. "이 시기의 韓國 法學界의 특징적 현상은 그것이 法學을 학문으로서 專業하는 法學敎授들에 의하여 떠메어지지 않고 法律을 실천하는 판사·검사·변호사 등 法曹界의 人士들에 의하여 지탱되었다는 사실이다. 그것은 日政時代부터 法學敎育에 종사해 온 사람들은 數도 적었을 뿐 아니라 두드러진 업적도 별로 없었음에 반하여 法曹界에는 우수한 인재가 비교적 많았으며, 한편 새로이 法學敎授로 등장한 신인들은 아직 그 眞價를 발휘할 시간적 여유를 얻지 못하였던 탓이다."[72]

---

68) 이에 대하여는 우선 F. Wieacker, *Privatrechtsgeschichte der Neuzeit*, 2. Aufl., 1967, S. 322ff., 468ff. 참조.

69) 가령 프랑스民法에 대한 도마(Domat)와 뽀띠에(Pothier)의, 獨逸民法에 대한 빈트샤이트(Windscheid)의, 그리고 스위스民法에 대한 후버(Eugen Huber)의 결정적인 영향을 생각하여 보라. 그들은 모두 法學敎授이었다.

70) 兪鎭午, 韓國法學界의 回顧와 展望, 「高大新聞」 60호(1954. 11. 24) 3면.

71) 그에 의하면 全法學分野를 통틀어 普成專門學校에 兪鎭午, 崔泰永, 玉璿珍, 崔容達, 陳承錄, 徐載元이, 延禧專門學校에 鄭光鉉이, 惠化專門學校에 李東華가, 明倫專門學校에 高秉國이 있을 뿐이었다. 그리고 普成專門學校에 강사로 金炳魯, 金用茂, 李升雨, 姜柄順, 李愚昌, 陳憲植이 나오고 있었다고 한다.

72) 이와 같이 해방 직후 "새로이 法學敎授로 등장한 新人들"이 그 동안 성장하여 당시 발표된 民法案에 대한 그들의 不滿을 토로한 것을 集成한 것이 앞의 Ⅰ.(2)에서 본 「民法案意見書」라고 할 수도 있을 것이다. 그들의 民法案 또는 民法案審議過程에 대한 불만은

그리고 다른 한편으로 해방 후부터 民法이 공포되기까지의 우리 民法學界의 모습은 다음과 같이 요약되기도 한다. "解放 후 3년간 계속된 美軍政期間 동안은 극심한 思想的 對立과 社會的 混亂으로, 그리고 政府樹立 후에는 곧이은 北韓의 남침으로 벌어진 전쟁으로 학문을 발전시키기에는 너무나 어려운 여건이었습니다. 3년여의 전쟁이 끝나고 서서히 사회가 안정을 찾아 가면서 연구활동도 제 궤도를 찾게 되나, 1957년까지는 日本民法學을 理解, 흡수하고 소화하는 데 보냈다고 하여도 좋을 것입니다."[73]

따라서 民法起草作業을 실제로 수행한 사람이 대표적 法律實務家인 金炳魯였을 뿐만 아니라 그를 돕고 조언한 人士들도 위에서 본 바와 같이[74] 대개 實務家들이었던 것이다. 그리고 그들은 日帝 아래서 日本法을 공부하고 운용에 직접 참여하였던 사람들이었다. 그러므로 그들의 學問的 또는 理論的 視野는 日本民法 또는 日本民法學에서 벗어날 수 없었고, 그들이 새로운 民法을 편찬함에 있어서 사용한 理論的 作業道具는 바로 日本民法學의 그것이였다. 1948년에 나타난 다음과 같은 실로 대담한 발언은 무례하기까지 한 것이나, 정곡의 찌른 점이 있다고 하지 않을 수 없다.

> "대관절 委員 諸公은 언제 얼마만한 法學硏鑽이 있다고 하여서 종래 우리가 사용하고 있는 法體制에 對하여 根本的 改革을 가하려고 하는가. 編纂委員의 대부분은 法律實務家이고 순전한 학자도 없다. 학자가 있다고 하여도 倭帝의 억압 때문에 마음 놓고 연구할 기회를 가지지 못하였던 것을 긍정 아니할 수 없다. 우리의 法學水準으로서 무모한 개혁을 主眼한다는 것은 知識답지 못한 輕擧이거나 外勢追從의 誹議를 면치 못할 것이다."[75]

여러 가지 형태로 表出되었다. 예를 들어 金曾漢, 民法案의 本會議上程을 앞두고——法司委의 獨善과 無誠意를 駁한다, 「大學新聞」 195호(1957. 9. 23) 2면 참조. 그러나 이러한 論難은 주로 國會 審議過程에서 제기되었으므로, 民法案의 성립을 다루는 本稿에서는 언급을 회피하기로 한다.

73) 郭潤直, 韓國民法學의 現代的 課題, 「法과 社會 硏究」 3집(1984), 58면.

74) 위 註 27 및 註 50 각 본문 참조.

75) 曉堂學人(註 26), 10면.

(3) 여기에서 우리는 1940년대까지의 日本民法學의 展開過程이나 특성을 살펴볼 필요에 봉착하게 된다. 새로이 만들어지는 民法이 日本民法 그 자체를 그대로 번역하는 것이 아니라고 한다면,[76] 그러나 民法編纂에 관여한 사람들의 이론적 도구는 日本民法學에서 온 것이라고 한다면, 결국 우리 民法을 규정한 중요한 요소로서 우리는 民法 起草作業이 시작된 1940년대 말까지의 日本民法學을 想定하지 않을 수 없기 때문이다. 물론 金炳魯는 다음과 같이 말하고 있기는 하다.

> "어느 나라 法이 되었던 우리 나라에는 적당하지 못하다. 우리 나라 現事態에 있어서 현실에 있어서 우리 나라 歷史的 發展에 있어서 여러 가지로 文化的 傳統에 있어서 이것은 우리가 이걸 隨從할 수 없다고 한 것은 하나도 隨從하지 안했다.·또 설혹 가차운 나라가 아니고 저 먼 데 나라라도 어느 나라 것이든지 말이지 그 條文 條文이 우리 나라 지금의 立法에 현실에 적당하다고 보는 條文은 어디서든지 끌어 왔습니다. 그래서 결국은 이걸 어느 점으로는 독자적 입장에서 編纂되었다고 하는 것이 지금 여기서 말씀드리는 나의 根本法이예요."[77]

金炳魯의 人品에 비추어 보아서도 이 발언이 자신의 신념에서 나온 것임을 의심할 수는 없다. 그러나 여기서 묻고 싶은 것은 한 걸음 나아가 金炳魯가 어떠한 法規定이나 法制度가 우리의 현실이나 역사적 전통에 적합한지 여부를 판단하는 기준을 어디에서 획득하였을까, 또 그 판단의 대상이 되는 法規定이나 法制度는 어떠한 자료에 의하여 그 존재나 내용을 파악하였을 것인가 하는 점이다. 다른 점에서는 탁월한 法律家인 金炳魯라고 하더라도 ―특히 이론적 작업도구라는 면에서는― 歷史의 制約이라고 하는 것을 피할 수는 없었을 것이 아닌가 하는 것이다.[78] 그러한 관점에서 보면, 역시 金炳魯 개인의 主觀的인 의식의 차

76) 金炳魯는 앞서 본 國會에서의 發言에서, "아무리 졸속주의를 쓴다 하더라도 日本法 그것을 번역해다가 하기 … 어렵다, 또는 혹은 節次法 같으면 혹 여간 文字를 修正해서 내놓을 수도 있지만 이 實體法에 있어서는 결단코 그와 같이 해서는 안 된다는 것이 本人의 생각입니다."라고 한다. 「速記錄」 제30호, 5면 상단.

77) 「速記錄」 제30호, 6면 상단

78) 여기서 부기할 필요조차 없는 것이거니와, 이러한 지적이 金炳魯에 대한 責任非難과는 아무런 상관이 없다는 것이다. 필자는 오히려 金炳魯의 法律家로서의 良識과, 규율

원에서는 民法草案이 “獨自的 立場에서의 編纂”이라고 할 수 있을 것이나, 客觀的인 歷史叙述의 관점에서 보면 그것은 日本民法學의 강한 영향을 받은 것이라고 하지 않을 수 없다.[79]

그러나 日本民法이 제정된 1897년부터 1940년대까지의 日本民法學의 전개와 그 특성을 살펴보는 것은 적어도 현재의 저자의 능력을 벗어나는 일이다. 그러나 한 가지만 지적하여 둘 것은 다음과 같은 점이다. 日本民法典 자체는 매우 프랑스民法의 색채가 강한 法이다. 그것은 1890년에 공포되었으나 시행에는 이르지 못하였던 소위 日本舊民法을 “修正”하여 만든 것인데, 이 日本舊民法은 프랑스의 民法學者인 보아소나드를 日本政府가 초빙하여 작성하도록 한 民法草案을 번역한 것이다. 보아소나드는 1804년에 만들어진 프랑스民法典을 기초로 하고, 거기다가 그 후 프랑스의 學說과 判例에 의하여 발전된 法理를 ―물론 약간의 자신의 독창적인 것과 함께― 가미하여 民法草案을 작성하였던 것이다. 이러한 日本舊民法을 당시 막 발표된 바 있는 獨逸民法 第1草案 등을 참고로 하면서 수정한 것이 日本民法이다. 따라서 日本民法典이 “獨逸民法 第1草案을 모범으로 하여” 만들어졌다는 견해[80]는 전적으로 옳다고 할 수는 없다.[81] 그런데 日本民法典이 시행된 후 日本民法學이 그것을 “學問化(Verwissenschaftlichung)”하는 과정에서 주로 그 理解 내지 解釋 또는 體系化의 典據로 삼은 것은 獨逸民法典의 규정 또는 이를 전제로 하는 獨逸民法學의 概念 또는 解釋論이었다.[82] 이로 인하여 日本

대상인 生活關係의 法的 處理에 있어서도 때로 나타나는 예리한 直觀에 만강의 경의를 표하고자 한다.

79) 郭潤直(註 73), 58면은 “起草에 있어서는 獨逸民法을 비롯하여 여러 외국의 立法例를 참고로 하였다고 하지만, 外國法에 대한 깊은 연구 없이 皮相的인 知識에 의지하였음은 의심의 여지가 없습니다. 그것도 거의가 日本學者들의 업적을 이용하였을 것으로 추측됩니다.”라고 한다.

80) 가령 郭潤直(註 2), 57면 참조.

81) 이에 대하여는 星野英一, 日本民法典へ與えたフランス民法の影響, 「民法論集」 1卷, 1970, 69면 이하 참조. 이 점에 관한 日本民法 起草者 자신의 견해로서 梅謙次郎, 開會ノ辭及ヒ佛國民法編纂ノ沿革, 「佛蘭西民法百年紀念論集」, 1905, 3면 참조 : 프랑스民法은 독일法과 “적어도 같은 程度”로 참고가 되었다.

82) 이에 대하여는 北川善太郎, 「日本民法の歷史と理論」, 1968, 25면 이하; 同, 「民法の

民法典에 관한 解釋論이나 民法理論은 "獨逸民法型으로 전환되고 만 것이다."[83]

이와 같이 하여 우리 民法의 編纂作業이 이루어질 당시 日本民法學은 獨逸民法典 내지 獨逸民法學의 槪念이나 論理들을 가지고 日本民法을 해석하였을 뿐 아니라, 그러한 관점에서 日本民法의 결함이나 단점을 지적하고 보완하여 왔던 것이다. 그러므로 우리 民法을 制定함에 있어서 위에서 본 바와 같이 "종래의 學說上 條文이 불명확하다고 하던 것만 추출하여서 補修하면 된다"는 입장을 취하는 경우에는, 당연히 獨逸民法典 내지 獨逸民法學의 개념이나 사고들이 "日本民法의 결함 내지 단점을 보완"하는 것으로서 도입되지 않을 수 없었다. 따라서 우리 民法草案, 나아가서는 우리 民法이 "佛蘭西民法에 유래하는 제도를 많이 없애고 그에 갈음하여 獨逸民法 또는 같은 계열의 瑞西民法, 債務法에서 여러 제도를 따오"게 된 것은[84] 어쩌면 필연적인 것인지도 모른다.[85]

(4) 그러나 民法이 日本民法과 1940년대까지의 日本民法學에 의하여만 규정된다고 하는 것은 우리 스스로에 대한 卑下일 뿐이다. 경우에 따라서 우리 民法草案은 "獨創的"이라고밖에 표현할 수 없는 일련의 제도 내지 조항을 마련하고 있다.

우선 들 수 있는 것은 物權으로서의 傳貰權制度이다(草案 제290조 내지 제300조). 물론 이에 대하여는 中國民法 또는 滿洲國民法上의 典權制度[86]의 영향을 간취할 수 없는 것은 아니고, 또 金炳魯 스스로도 그 영

理論と體系」, 1987, 3면 이하; 星野英一, 日本の民法解釋學, 「早稻田法學」 58권 3호(1982), 312면 이하 참조.

83) 北川(註 82, 1987), 3면.

84) 郭潤直(註 73), 58면.

85) 이러한 一般的인 發言을 하기보다 오히려 더욱 노력을 기울여야 할 것은 民法草案의 각 규정마다 이러한 系譜를 日本民法學의 當時의 學說과의 對比에서 微視的으로 탐색하는 일일 것이다. 이 점에 대한 先驅的인 작업으로서는 日本語로 쓰여진 것이기는 하나, 鄭鍾休, 韓國民法典の比較法制的分析(一), 「民商法雜誌」 91권 3호(1984), 113면 이하 참조.

86) 이에 관하여는 李銀榮, 中華民國民法의 典權에 관한 硏究—우리의 傳貰權과 比較하여, 「金曾漢 博士 華甲紀念論文集」, 1981, 382면 이하 참조.

향을 긍정하는 발언을 하고 있다.[87] 그러나 傳貰라는 目的物 利用關係 자체가 극히 특색 있는 우리 나라 고유의 建物賃貸借形態로서,[88] 우리 民法草案의 이에 관한 규정은 中國民法 등에서 정하고 있는 典權 규정과는 그 내용을 달리하고 있다.[89] 金炳魯는 그 제도를 인정하게 된 이유에 대하여 다음과 같이 말하고 있다. "우리 나라의 傳貰라는 것을 과거에 보면 어떻게 취급해 왔느냐 하면 傳貰하는 게 무슨 한 개의 物權이 아니니까 한 쪽으로는 賃貸借契約을 형성이라고 하고 해가지고 한 쪽으로는 抵當權이라는 物權을 갖다가 거기다가 혼동해서 傳貰라는 效果를 버젓이 유지해 내려왔단 말이에요. 그런 것보다 앞으로도 많이 이용되는 그런 것이라고 인정된 이상에는 완전히 傳貰權이라는 한 物權的 완전한 효과를 주는 것이 좋겠다. 이래서 傳貰權이라는 것을 한 特定의 物權으로 立案하게 된 것입니다."[90]

둘째로, 草案 제596조, 제597조(現行民法 제607조, 제608조)를 들 수 있을 것이다. 前者의 규정은 "借用物의 返還에 관하여 借主가 借用物에 갈음하여 다른 財産權을 移轉할 것을 예약한 경우에는 그 財産의 예약 당시의 價格이 借用額 및 이에 附加한 利子의 合算額을 넘지 못한다." 고 정하고, 後者는 이를 받아 "前 2조의 규정에 반한 當事者의 約定으로 借主의 불리한 것은 讓渡擔保, 還買 기타 여하한 名義라도 그 效力이 없다."라고 정하고 있다. 이러한 규정은 다른 어느 나라에서도 그 예를 찾아볼 수 없는 것이다. 종래 소위 "代物辨濟의 豫約"이라고 불리우던 거래형태는 주로 債權擔保의 목적으로 이용되었는데, 그에 있어서는 그 目的物의 가격이 債權額에 비하여 현저히 높은 경우가 많았다. 이

87) 「速記錄」 제30호, 6면 후단 이하 참조.

88) 이에 관하여는 무엇보다도 尹大成, 「韓國傳貰權法硏究」, 1988, 55면 이하, 104면 이하 참조.

89) 尹大成(註 88), 172면은 傳貰權에 관한 規定에 대하여 "中華民國法典은 제 2차적으로 참고하고 滿洲國民法典이 거의 全面的으로 직접적인 참고가 된 것으로 생각된다"고 하나, 반드시 그렇게 평가할 수 있는지 의문이다.

90) 「速記錄」 제30호, 7면 상단. 이 발언이 傳貰에 관한 종전의 法的取扱을 정확히 전하고 있는가는 더 검토해 보아야 할 문제이다.

경우 債務者가 債務不履行을 하면 債權者는 豫約完結의 意思表示를 별도로 하거나 아니면 그 의사표시를 할 필요 없이 자동적으로 그 債務履行에 갈음하여 목적물을 취득하는 것이 허용되었다. 이러한 債權者의 이유 없는 利得을 저지하는 法律手段은 그 約定이 暴利行爲라는 주장이었다. 그러나 周知하는 대로 暴利行爲가 인정되기 위하여는 비단 給付와 反對給付간의 불균형뿐만 아니라 相對方의 窮迫, 無經驗 등을 이용하였다는 主觀的 要件도 요구되었으므로, 경우에 따라서는 채무자에게 극히 불리한 결과를 인정하지 않을 수 없었다.[91] 草案은 이 문제를 債務元利金과 目的物의 時價의 비교라는 극히 단순한 객관적인 기준에 의하여 해결하려고 한 것이라고 추측된다.

셋째, 草案의 不動產物權變動制度에도 특색이 있는 점이 있다. 그것은 草案이 法律行爲로 인한 物權變動의 要件에 관하여 소위 登記主義를 취하면서 登記에 公信力을 인정하지 아니하는 데서 나타난다. 소위 登記主義를 취하면서 登記의 公信力을 인정하지 않는 法制는 적어도 民法起草作業 당시 참고로 하였던 外國法制 중에는 존재하지 않는 것이다. 위에서 본 대로 法典起草委의 起草要綱에는 이러한 규정을 둘 것인가를 검토한 흔적이 있으나, 草案은 登記의 公信力을 인정하지 않는 태도를 취하고 있다. 물론 民法 제정 후에 立法論으로 이를 인정하여야 한다는 견해가 강하게 대두되었다.[92] 그러나 民法編纂 당시의 사정을 보면 이를 부인한 것이 반드시 수긍되지 않는 것도 아니다. 登記의 公信力은 登記가 **일반적으로** 實體關係에 부합하는 경우에만 인정될 수 있는 것이고, 그렇지 않으면 그것은 수많은 진정한 所有者의 所有權을 박탈하는 결과를 가져 오게 된다. 당시는 6.25사변이 끝난 직후로서 상당수의 登

91) 依用民法 時代의 소위 "代物辨濟의 豫約"에 관하여는 郭潤直, 代物辨濟豫約의 硏究, 서울대학교 「法學」 19권 2호(1978), 5면 이하 참조. 위 兩 條文의 해석에 관하여는 別稿를 준비중이다.

92) 무엇보다도 최근의 郭潤直, 現行 不動產登記法의 問題點, 서울大學校 「法學」 29권 1호(1988. 4) 104면 이하. 民法制定 당시에도 부동산물권변동에 관하여 登記主義를 취하면서 登記에 公信力을 인정하지 않는 것을 파행적인 조치라는 비난이 있었다. 民事法硏究會, 「民法案意見書」, 1957, 72면 이하.

記簿가 滅失되었고 그 회복으로 이루어진 登記가 반드시 실체관계에 부합하는지 의심되는 경우가 많았다. 또한 해방 전 日本人이 소유하던 不動産은 ──特別한 要件을 충족하지 않는 한── 소위 歸屬財産으로 國家所有가 되었는데 그것이 그대로 登記되지 않은 경우가 많았고, 그러한 사정은 특히 農地分配로 인하여 일어난 農地所有權上의 大變化의 경우에도 마찬가지였다. 그 이외에도 日帝로부터의 解放과 南北分斷, 그리고 사변이라는 일련의 대사건은 필연적으로 사회의 혼란을 야기하고 이러한 혼란은 당연히 不動産權利關係에도 반영되어 登記簿의 記載는 상당히 많은 경우에 實體的 權利와 괴리되어 있었다. 뿐만 아니라 당시에는 정상적인 不動産 賣買의 경우에도 買受人이 登記를 이전하지 않고 그대로 두는 경우가 없지 않았던 것이다.

기타 細部에 들어가면 반드시 日本民法學(또는 그 結晶으로서의 中華民國民法 및 滿洲國民法)의 영향으로써는 설명되지 않는 많은 條項이 草案에 규정되어 있었다.[93]

V. 結　　語

民法案이 마련되기까지의 過程을 살펴볼 때, 우선 지적될 수 있는 것은 그것이 獨立國家로서의 면모를 하루빨리 갖추어야 한다는 ──그 자

93) 오히려 더욱 중요한 것은 다음과 같은 점인지도 모른다. 민법에서 어떠한 制度를 규율할 것인가, 그 여러 제도들의 내용을 어떻게 정할 것인가에 관하여, 제약된 범위 내에서 몇 개의 가능한 選擇肢가 주어져 있었다. 가령 依用民法, 그리고 日本民法學의 심중한 영향을 받은 滿洲國民法과 中華民國民法, 그리고 독일과 스위스 등 몇몇 外國의 民法典이 취하는 각각의 태도가 그것이다. 起草者의 작업의 創造的 意味는 바로 그와 같이 제약된 범위 내에서나마 서로 다른 내용의 選擇肢 중에서 하나를 선택하여 가는 과정 안에 있다는 것이다. 어떤 個別制度에 대하여 어느 나라의 民法과 같은 태도를 취하였다고 해서 다른 제도에 대하여도 그 나라와 같은 태도를 취한 것은 아니다. 그와 같은 하나하나의 제도에 관한 선택은 비록 역사의 강한 제약은 있었다고 하더라도, "獨自的 立場"에서 이루어졌다고 하여야 할 경우가 많은 것이다. 그러한 관점에서, 앞서 본 起草에 혁신적인 역할을 한 사람의 發言(위 註 63 및 77 각 本文 참조)은 다시 음미해 볼 필요가 있다.

체로서 수긍할 수 있는── 시대적인 요청 내지 압력에 답하여 만들어졌다는 것이다. 따라서 그때까지의 民法生活을 우리의 입장에서 면밀하게 음미하고 반성한 결과의 기초 위에서 "새로운" 출발을 할 시간적인 여유가 없었다. 뿐만 아니라, 더욱 중요한 것은 그러한 음미와 반성을 학문적으로 수행할 法學者層이 적어도 民法 起草作業이 수행된 1940년대 말과 1950년대 초에는 형성되어 있지 않았다는 것이다.

한편으로 火急한 時代的 要請이 있으나 다른 한편으로 이에 자주적으로 대응할 주체적인 力量이 형성되어 있지 않다는 빈 공간을 채우고 들어 온 것이 바로 日本民法 그리고 특히 日本民法學이었다고 할 수 있다. 그것들은 당시의 法律家들에게 낯익은 것이었고 또 그들이 가지고 있던 거의 唯一의 理論的 準據이었다. "獨立"은 드디어 왔으나 과거는 여전히 사람들을 지배하고 있었다.

(서울대학교「法學」30권 3·4호(1989.12), 186면 이하 所載)

[後 記]

그 후 필자는「法典編纂委員會」의 활동의 一面을 보여 주는 同委員會의 "議事錄(抄)"를 발견하였다. 이 資料는 6.25전쟁 전에 발간되고 있던 법률전문 정기간행물의 하나인「法律評論」의 제1권 제1호(1949년 4월), 33면 이하; 제2호(1949년 6월), 37면 이하; 제3호(1949년 10월호), 36면 이하에 수록되어 있다. 이「法律評論」이라고 하는 雜誌는「大韓法理硏究會」가 "責任編纂"하는 것으로 되어 있는데, 그 住所가 "서울市 忠正路 中央廳 法制處 法制調査局 내"라고 한다. 이로 미루어 보아, 혹시 그 硏究會라는 것이 公的인 성격을 가진 機關이 아닌가 하는 생각도 든다. 그러나, 公機關이 명백히 상업적 성격을 띠고 있는 위와 같은 잡지를 編輯하였으리라고는 생각되지 않아서 오히려 단지 住所만을 거기에 둔 것이 아닐까 추측하여 본다. 이 잡지는 故 鄭光鉉 박사가 서울대학교 도서관에 기증한 각종 자료를 모은 「雪松文庫」에 포함되어 있다.

이 資料는, 제목을 「法典編纂委員總會 議事錄(抄)」라고 하고 있다. 그 제 1 호에는 "1월 8일"에 열렸던 제 5 회, 1 월 22일의 제 6 회, 2 월 19일의 제 7 회, 3 월 12일의 제 8 회의 각 議事錄을, 제 2 호에는 4 월 16일의 제 9 회의 議事錄을, 제 3 호에는 5 월 14일의 제10회, 6 월 11일의 제11회, 7 월 9 일의 제12회의 각 議事錄을 수록하고 있다(그 場所는 모두 "大法官會議室"이다). 이 각 會議가 있었던 年度는 그 資料上으로는 명백하지 않으나 분명 1949년이라고 추측된다. 그것은 위 논문에서 말한 대로 總則編과 物權編 일부에 대한 「起草要綱」이 1948년 8 월에 발표되었고, 한편 財產編에 대한 「編纂要綱」이 1950년 5 월 이전에 완성되어 있었는데, 이 「議事錄」에 의하면 「起草要綱」을 심의하여 「編纂要綱」을 확정하고 있어서 그 가능한 날짜를 따져 보면 1949년 이외에는 想定할 수 없기 때문이다.

이 資料에 의하면, 제 7 회의 會議에서부터 民法에 관한 審議가 시작되고 있다. 우선 高秉國 "起草委員"이 위 글 본문에서 본 바 있는 「起草要綱」 중의 「總則編 要綱」을 낭독하면, 각 委員들이 의견을 말하고 이어서 그 採擇 여부를 정하고 있다. 그리고 제 8 회부터 제10회의 각 會議에서는 姜柄順 "起草委員"이 「物權編 要綱」을 낭독하고 이에 대한 심의가 이루어지고 있다. 그 내용을 보면, 앞서의 「起草要綱」은 말하자면 物權編의 「總則」까지만을 담고 있는데, 여기서는 그 다음의 「제 4 占有權」에서부터 「제12 抵當權」까지의 전부가 다루어지고 있다. 그러므로 이를 통하여 姜柄順이 작성한 物權編에 대한 「起草要綱」의 全貌를 알 수 있다.

흥미로운 사실은, 위 논문에서 본 바 있는 「編纂要綱」이 「起草要綱」을 바탕으로 하여 이를 심의함으로써 확정되었고, 따라서 그것이 「起草

要綱」과 차이나는 점(本書 73면 이하)도 이 過程에서 생기게 되었다는 것이다. 그런데 이 「起草要綱」이 작성된 것은 아직 우리 정부가 수립되기 전이므로(本書 42면 참조), 우리 민법의 制定作業이 이미 美軍政時代부터 이루어졌다는 점은 다시 한번 확증되는 셈이다. 또한 「起草要綱」이 민법의 各編마다 다른 起草委員에 의하여 작성되었다는 사실도 확인되게 되었다(위 논문 註 28 참조).

이 資料의 상세한 내용 및 이에 대한 상세한 평가에 대하여는 별도의 글을 발표할 예정인바, 여기서는 本文을 보충하는 한도에서 우선 필요한 것만을 적기로 하는 것이다.

〔附　　錄〕

民法典編纂要綱(이 要綱은 法典編纂委員會의 會議錄에서 轉載한 것임)

總　　則

民法典을 制定함에 있어서는 大陸法系의 씨스템을 取하며, 主로 獨逸民法에 依據한 現行民法 總則篇의 規定을 基礎로 하되, 現下 世界文明各國의 立法 及 學說과 우리 나라의 實情에 鑑하여 爲先 必要한 限度에 있어서 左와 如히 規定을 改正 又는 新設함을 要함.

一. 民法全體를 通한 大原則(通則)으로서

1. 慣習法 及 條理의 補充的 效力을 規定하고(法例 第二條 參照)
2. 權利의 行使에 關하여 權利濫用의 法理를 成文化하며, 同時에 義務의 履行에 關하여 信義誠實의 原則을 一般的으로 宣明하는 規定을 세울 것

二. 行爲無能力者로서는, 未成年者, 禁治産者, 準禁治産者의 三者만을 認定하고, 妻는 無能力者에 關한 總則의 規定에서 分離하여, 그에 對한 適切한 能制力限은 婚姻의 效果로서 親族篇에 適當히 規定할 것

三. 準禁治産者의 行爲能力의 範圍를 適當히 考慮하며, 그 保佐人에 對하여 取消權을 認定할 것

四. 無能力者의 契約은 그 追認이 있을 때까지는 相對方이 이를 撤回할 수 있도록 할 것

五. 共同의 危難에 遭遇하여 死亡한 境遇에 있어서 同時死亡의 推定의 規定을 둘 것

六. 社團法人을 營利法人, 非營利法人으로 分類하여 營利도 公益도 目的으로 하지 않는 團體를 民法上法人으로서 成立할 수 있게 할 것

七. 法人의 設立登記를 對抗要件으로 하지 않고 成立要件으로 할 것

八. 理事의 法人에 對한 連帶責任을 規定할 것

九. 財團法人의 寄附行爲의 變更方法을 規定할 것

一〇. 他人의 窮迫, 輕率, 無經驗을 利用한 暴利行爲는 取消할 수 있도록 할 것

十一. 意思表示에 있어서는 表示主義에 置重하여 相對方의 利益을 保護하기 爲하여 錯誤에 依한 意思表示를 取消할 수 있도록 할 것

十二. 數人의 代理人이 있을 때의 各自代理의 原則을 宣明할 것

十三. 消滅時效 完成의 效果는 權利를 消滅시킬 수 있는 一種의 抗辯權을 發生하도록 할 것

十四. 取得時效의 規定은 總則篇에서 除外하고 物權篇 所有權取得에 規定할 것

物權法要綱

一. 物權法定主義

物權은 本法 其他의 法律에 規定한 것 以外에 이를 創設할 수 없음

二. 物權行爲

1. 不動產에 關하여

ㄱ. 不動產에 關한 物權의 法律行爲에 因한 得喪變更은 登記를 함으로써 그 效力을 發生함

ㄴ. 相續 其他 法律의 規定에 因한 不動產에 關한 物權의 取得은 登記를 하지 아니하여도 그 效力을 發生함. 但 그를 登記한 後가 아니면 條三者에 對抗할 수가 없음

2. 動產에 關하여

ㄱ. 動產에 關한 物權의 讓渡는 그 動產을 引渡함으로써 그 效力을 發生함. 但 讓受人이 이미 그 動產을 占有하고 있을 때에는 讓渡의 意思表示만으로써 그 效力을 發生함

ㄴ. 動產에 關한 物權을 讓渡하는 境遇에 있어서 讓渡人이 그 動產의 占有를 繼續할 때에는 讓受人이 間接占有權을 取得할 契約을 締結함으로써 動產의 引渡에 갈음할 수 있음

ㄷ. 第三者가 占有하는 動產에 關한 物權을 讓渡하는 境遇에 있어서는 讓受人이 그 第三者에 對하여 가진 返還請求權을 讓受人에게 讓渡함으로써 動產의 引渡에 갈음할 수 있음

三. 混 同

同一한 物件에 對한 所有權과 其他의 物權이 同一한 主體에 歸屬하였을 때는 其他의 物權은 消滅함. 但 그 物權의 存續에 關하여 所有者 또는 第三者가 法律上의 利益을 가진 때는 消滅치 아니함

前項의 規定은 所有權 以外의 物權과 그를 目的으로 하는 다른 權利가 同一한 主體에 歸屬한 境遇에 이를 準用함

四. 占有權

原則으로 有體物에 對하여 事實上의 支配力을 가진 者는 占有者이다. 그러나 地上權, 質權, 賃貸借, 寄託 其他의 關係로 他人으로 하여금 有

體物을 占有케 한 境遇에도 占有者이다.

五. 所有權

1. 所有權의 限界를 左와 如히 規定할 것

所有者는 法令의 範圍內에서 그 所有物을 使用, 收益, 處分할 權利를 가진다.

所有權의 行使는 公共의 福利에 適合하도록 하여야 하며, 所有權의 主張은 正當한 利益이 있는 範圍 內에서 行하여야 한다.

2. 所有權에 依한 物上請求權에 關하여 左와 如히 規定할 것

ㄱ. 所有物返還請求權

ㄴ. 所有物妨害除去請求權

ㄷ. 所有物妨害豫防請求權

3. 相隣權에 關한 現行法을 國民共同生活의 圓滑을 期하기에 一層 適切하도록 修正할 것

相隣者는 國民共同生活의 圓滑한 經營을 爲하여 以下 數條의 權利를 享有하며 負擔과 義務를 다하여야 한다.

例──「土地의 所有者가 故意 또는 重大한 過失없이 疆界를 넘어 工作物을 築造한 境遇에 있어서 隣地의 所有者가 이를 認識하였음에도 不拘하고 直時로 異議를 하지 않았을 때에는 그 工作物의 除外 또는 變更을 請求하지 못하고 土地의 買上請求 또는 損害賠償의 請求만을 할 수 있다.」

4. 所有權의 取得에 있어서 時效에 依한 所有權의 取得에 關한 規定을 左와 如히 세울 것

ㄱ. 二十年間 所有의 意思로써 平穩하고 公然하게 他人의 不動產을 占有한 者가 公示催告節次에 依하여 法院의 除權判決을 얻어 登記를 한 때에는 時效로 因하여 그 不動產의 所有權을 取得한다.

ㄴ. 正當한 權利 없이 所有者로서 登記된 者가 十年間 所有의 意思로써 平穩하고 公然하게 그 不動產을 占有하고 그 占有가 惡意 없고 過失이 없이 始作한 때에는 時效로 因하여 그 不動產의 所有權을 取得한다.

ㄷ. 十年間 所有의 意思로써 平穩하고 公然하게 他人의 動產을 占有한 者는 時效로 因하여 그 動產의 所有權을 取得한다.

ㄹ. 五年間 所有의 意思로써 平穩하고 公然하게 他人의 動產을 占有한 者가 그 占有의 始初에 있어서 惡意 없고 過失이 없었을 때에는 時效로 因하여 그 動產의 所有權을 取得한다.

ㅁ. 共有의 規定에 있어서 共有에 關한 規定을 左와 如히 세울 것
「地方의 住民, 親族團體(宗中) 其他 慣習上 總合體를 이루고 있는 數人이 그 關係에 있어서 物權을 所有할 때에 이를 總有라 한다.」
「共有物의 分割에 있어서 國家重要產業이나 其他 公有使用에 害가 있을 때에는 適當한 制限을 加할 것

六. 地上權

1. 地上權의 存續期間을 建築物 其他 工作物의 利用에 適當한 期間을 保障하도록 修正할 것(强行規定)
2. 地上權者에게 契約更新請求權, 工作物買收[受]請求權을 認定하는 規定을 세울 것
3. 地上權의 當事者 雙方에 地代增減請求權을 認定할 것

七. 永小作權

土地改革의 精神에 비추어 永小作權에 關한 規定은 全部 이를 削除할 것

八. 地役權

總有의 性質을 띠지 아니한 收益權(入會權)에 關하여 左와 如히 規定할 것

「地方住民이 總合的으로 他人의 土地에서 草木 野生物 또는 土砂의 採取, 放牧 其他의 收益을 하는 權利를 가진 境遇에는 慣習에 依하는 外에 本章의 規定을 準用한다.」

九. 留置權

1. 有價證券에 對하여도 有體物에 있어서와 같이 留置權의 成立을 認定할 것
2. 留置權者에게 留置權의 果實에 對한 競賣請求權을 認定할 것

十. 先取特權

先取特權의 種類와 內容을 時代의 需用과 實情에 適應토록 是正할 것
例——雇人의 給料, 公吏의 職務上의 過失

十一. 質 權

1. 質權에 關한 總則의 節 가운데 動產質權에만 該當하는 條項은 이를 動產質權의 節에 옮길 것
2. 轉質의 對抗要件에 對하여 規定을 세울 것

「轉質을 한 境遇에는 債務者에 對하여 轉質의 事實을 通知하거나 또는 그 債務者가 이를 承認하지 아니하면 그 債務者, 保證人, 質權設定者 및 그 承繼人에 對하여 轉質의 事實을 對抗할 수 없다.
民法 第四百六十八第의 規定은 前項의 境遇에 이를 準用한다.

債務者가 第一次의 通知를 받았거나 또는 承認을 한 때에 轉質權者의 同意 없이 債權者에게 辨濟하더라도 이를 轉質權者에게 對抗하지 못한다.」

3. 權利質權에 있어서 아래와 같은 規定을 세울 것
   ㄱ. 指名債權에 對하여 質權을 設定한 境遇에 그 債權에 抵當權이 附隨된 때에는 質權者가 抵當權의 登記에 質權設定의 附記登記를 하여야만 質權의 效力이 抵當權에도 미친다.
   ㄴ. 指圖式의 證券債權을 質權의 目的으로 하는 境遇에 있어서 質權의 設定은 그 證券에 裏書를 한 後 이를 質權者에게 交付함으로써 그 效力을 發生한다.
   ㄷ. 無記名式의 證券債權을 質權의 目的으로 하는 境遇에 있어서 質權의 設定은 質者權에게 그 證券을 交附함으로써 그 效力을 發生한다.
   ㄹ. 其他의 財產權을 質權의 目的으로 하는 境遇에 있어서는 다른 法令에 別段의 規定이 없는 限 그 權利의 讓渡에 關한 規定에 依하여 質權을 設定함으로써 그 效力을 發生한다.
   ㅁ. 質權 設定 後는 質權者의 同意 없이는 質權의 目的이 된 權利를 消滅 또는 變更할 수 없다.
4. 株式에 對한 質權에 關한 規定은 改正商法에 取扱되어 있으므로 民法에서 이를 削除할 것

十二. 抵當權

1. 抵當權의 效力은 抵當物에 附加하여 一體된 物件에 미칠 뿐 아니라 그 從物에도 미친다는 規定을 세울 것
2. 法定地上權의 適用되는 範圍를 擴張할 것

例——「同一所有者에 屬한 土地 及 建築物에 對하여 抵當權을 設定한 境遇에 있어서 競賣의 結果 그 土地 建築物이 各各 競落人을 달리하게 된 때에도 建物의 競落人은 地上權을 取得한다.」

3. 根抵當에 關한 規定을 세울 것

「抵當權은 그 擔保할 最高金額만을 定하고 債權의 確立은 將來에 留保하여 이를 設定할 수 있다.」

「債權의 確立에 이르기까지의 期間에 있어서의 債權의 消滅 또는 移轉은 抵當權의 效力에 影響을 미치지 아니한다.」

「債權이 利息附인 때에는 그 利息은 第一項의 最高金額中에 算入한다.」

4. 滌除의 制度는 이를 消[削]除한다.

債權總則

債權法編序에 關한 方針

一. 原則的으로 現行民法의 編序에 依準할 것

二. 債務의 引受에 關한 規定을 모아 第五節로 하고 이것을 第四節 債權讓渡의 다음에 둘 것

三. 第五節 債權의 消滅을 第六節로 하고 從來 同節 第一款에 屬하던 供託에 關한 規定을 抽出하여 따로 一款을 두어 이것을 第二款으로 하고 相殺 以下의 款을 順次 一款式[씩] 드리도록 할 것

第一章　總　則

第一節　債權의 目的

一. 第四〇二條 一項 二項은 削除할 것

二. 民法 第四〇三條의 爲替時勢에 關하여 履行地 以外에 履行期도 標準으로 하는 것을 原則으로 하되 債務者가 遲滯한 境遇에는 債權者의 選擇에 依하여 支拂하는 날의 時勢에 依한 請求도 認定하도록 할 것

三. 重利는 禁止할 것

四. 約定利率이 一定한 率을 超過할 時는 債務者에게 期限前 辨濟權을 認定할 것

五. 選擇權의 移轉은 選擇權의 行使에 關하여 期間의 作定이 있는 境遇나 그렇지 않은 境遇를 區別하여 따로 規定할 것

六. 選擇權을 가진 第三者의 選擇의 意思表示는 債權者 及 債務者의 同意없이는 撤回할 수 없도록 定할 것

七. 第三者가 選擇을 하지 않는 境遇에 關한 規定을 둘 것

八. 債權者에게 選擇權이 있는 境遇에 그 過失로 因하여 給付가 不能이 된 境遇에 關한 規定을 둘 것

九. 四一一條 但書를 削除할 것

第二節　債權의 效力

一〇. 四一四條 二項 三項을 削除하고 民事訴訟法에 此를 規定할 것

一一. 金錢債務 以外의 債務에 關하여 履行遲滯 또는 不完全履行이 있는 때에는 債務者의 故意過失이 있는 境遇에 限하여 損害賠償義務를 認定하도록 할 것

一二. 履行補助者의 過失에 對하여 債務者는 自己의 故意過失과 同一한 責任을 지도록 할 것

一三. 債務者遲滯中에 生한 損害에 關하여는 不可抗力에 對하여도 責任을 지도록 할 것

一四. 塡補賠償은 遲滯 後의 給付가 債務者에게 利益이 없는 때에 限定하는 規定을 둘 것
一五. 履行不能의 境遇에 있어서의 損害賠償額 算定時期에 關한 規定을 둘 것
一六. 債權者遲滯 中에는 債務者는 故意 또는 重大한 過失이 있는 境遇에 限하여 責任을 지도록 하고 利息을 生한 債權인 境遇에는 利息을 支拂할 義務가 없도록 할 것
一七. 債權者遲滯의 境遇에 債權者로 하여금 給付物의 提供保管에 關한 必要費用을 賠償하도록 할 것
一八. 所謂 契約締結上의 過失의 責任에 關한 規定을 둘 것
一九. 民法 四二〇條 一項 後段을 削除하고 損害賠償豫定額이 顯著히 不當하다고 認定하는 때에는 裁判所는 適當한 範圍에서 減少할 수 있도록 할 것
二〇. 債權者가 債權者代位權의 行使에 着手한 때에는 債務者에게 이를 通知하도록 하고 前項의 通知를 받은 以後의 債務者의 權利處分은 債務者가 債權者에게 對抗할 수 없도록 할 것
二一. 詐害行爲取消權의 內容을 法律行爲의 取消 以外에 原狀回復을 包含하는 것으로 할 것
二二. 債務者取消權의 時效期間을 短縮할 것

第三節 多數當事者의 債權

第二款 不可分債權 及 不可分債務

二三. 不可分債權이 可分債權이 된 境遇에 關한 規定을 둘 것

第三款 連帶債務

二四. 連帶債務者의 一人을 爲하여 消滅時效가 完成한 境遇에 民 第四三九條의 效力은 債務者의 抗辯을 기다려 發生하도록 하고 時效의 抗辯을 할 수 있는 債務者가 그 抗辯을 하지 아니하는 동안은 다른 債務者도 그 抗辯을 할 수 있도록 할 것
二五. 連帶債務者의 一人에 對한 債務者의 遲滯는 他債務者에 對하여도 그 效力을 生하도록 할 것

第四款 保證債務

二六. 主債務者의 抗辯權의 拋棄는 保證人에 對하여는 效力이 없는 것으로 할 것
二七. 身元保證에 關한 規定을 民法 中에 둘 것

第四節 債權의 讓渡

二八. 讓渡人이 債務者에 對하여 債權의 讓渡를 通知한 때에는 設使 아직 讓渡치 않았거나 또는 讓渡가 無效인 境遇일찌라도 債務者는 그 讓受人

에 對抗할 수 있는 事由를 가지고 讓渡人에게 對抗할 수 있도록 規定할 것

第五節　債務의 引受

二九. 債務引受에 關한 詳細한 規定을 둘 것

第六節　債權의 消滅

第一款　辨　濟

三〇. 辨濟의 場所가 去來의 性質上 作定될 수 있는 것인 境遇에는 民法 第四八四條에 依하지 않고 이에 依할 것

三一. 民法 第四八四條의 境遇에 營業에 關한 債權의 辨濟는 債權者의 現時의 營業所에서 하도록 할 것

三二. 受取證書의 持參人에 對한 辨濟에 對하여 債權의 準占有者에 對한 辨濟와 同一한 效力을 認定할 것

三三. 債權證書의 返還請求權을 辨濟 以外의 事由에 依하여 債權이 消滅한 境遇에도 認定할 것

三四. 民法 四九九條의 境遇에 同 四六七條 以外에 同 四六八條도 準用하도록 할 것

三五. 第三者가 供託 其他 自己의 出捐으로써 債權者에게 그 債務를 免케 한 境遇에도 代位辨濟에 關한 規定을 準用하도록 할 것

第二款　供　託

三六. 給付의 目的物이 供託에 適當치 않거나 毁損 또는 滅失의 念慮가 있거나 또는 供託을 하는 데 過分한 費用을 要할 境遇에 裁判所의 許可를 얻어 債務者 自身이 이를 賣却하여 代價를 供託하는 便法을 認定할 것

第三款　更　改

三七. 民法 五一三條 二項을 削除할 것

債權法各論

編序에 關한 方針

一. 大體로 現行民法의 編序方針에 依할 것

二. 第九節 請負의 다음에 第十節로서 懸賞廣告를 두고 以下 一節式[씩] 드릴 것

第二章　契　約

第一節　總　則

第一款　契約의 成立

一. 契約의 申込은 承諾期間의 作定의 有無에 不拘하고 撤回할 수 없도록

하고, 承諾의 期間을 定하지 않고 한 契約의 申込에 對하여도 第五二一條 二項에 準하여 相當한 期間 內에 承諾의 通知를 發하지 않는 때에는 申込의 效力은 喪失하는 것으로 할 것

二. 五二七條를 削除할 것

三. 五二五條를 削除할 것

第二款 契約의 效力

四. 當事者의 一方이 相對方에 對하여 먼저 給付를 하여야 할 境遇에 있어서 相對方의 財產이 契約締結 後 顯著히 減少하여 反對給付를 하기 어려운 念慮가 있는 境遇에 給付拒絕權을 認定할 것

五. 五三四條, 五三五條를 削除하고 雙務契約 當事者의 一方의 責任으로 돌릴 수 없는 事由로 因하여 履行不能이 된 때에는 債務者가 危險을 負擔하는 것을 原則으로 하고, 다만 債權者의 責任으로 돌릴 수 있는 事由로 因하여 履行不能이 된 때 및 債權者가 受領遲滯 中에 있는 동안에 當事者 雙方의 責任으로 돌릴 수 없는 事由로 因하여 履行不能이 된 때에 限하여 債權者로 하여금 危險을 負擔케 하도록 할 것

六. 第五三七條의 境遇에 債權者가 第三者에 對하여 그 契約利益의 享受與否를 確答하도록 催告할 수 있는 權利를 認定하고 所定期間 內에 그 確答이 없는 境遇에는 이를 拒絕한 것으로 看做하는 規定을 두도록 할 것

第三款 契約의 解除

七. 五四一條, 五四二條의 解除權은 債務不履行이 債務者의 故意 또는 過失에 基因하는 境遇에 限하여 行使할 수 있는 것으로 할 것

第二節 贈 與

八. 贈與契約에 關하여 特別取消原因을 認定할 것

第三節 賣 買

九. 抵當權의 目的이 되는 地上權을 賣買의 目的으로 한 境遇에도 그 抵當權의 行使로 因하여 그 地上權 또는 永小作權을 取得하지 못하거나 이를 喪失한 境遇에 五六七條를 準用하는 規定을 두도록 할 것

一〇. 不特定物賣買의 境遇에도 五七〇條를 準用하도록 할 것

第五節 消費貸借

一一. 利息 있는 消費貸借로서 目的物의 引渡가 없는 境遇에는 借主는 언제든지 契約을 解除할 수 있도록 할 것

一二. 消費貸借를 諾成契約으로 할 것

第六節 使用貸借

一三. 使用貸借를 諾成契約으로 할 것

一四. 數人이 共同하여 使用貸借契約을 締結한 境遇의 借用人의 義務는 連帶로 할 것

一五. 五九條의 境遇에 解約申込權만을 認定하도록 할 것

第七節 賃貸借

一六. 不動產賃借權은 第三者에 對하여 對抗할 수 있는 權利로 할 것

一七. 賃借物이 失火로 因하여 毁損滅失되어 債務不履行이 될 境遇에 있어서도 賃借人은 重過失에 對하여는 責任을 지도록 할 것

一八. 賃借人〔賃貸借〕契約當事者에 對하여 賃料增減請求權을 認定할 것

一九. 前三項 以外에 賃貸借制度를 社會政策的 考慮로써 現在의 社會實情에 符合하도록 全面的인 改編整理를 할 것

二○. 傳貰에 關한 規定을 둘 것

第九節 請 負

二一. 不動產工事의 請負人은 그 報酬에 關하여 該不動產上에 抵當權을 가지도록 할 것

第十節 委 任

二二. 委任, 準委任의 區別을 廢하고 法律行爲가 아닌 事務處理를 委託하는 것도 委任으로 할 것

二三. 特別한 事由가 있는 境遇에 受任者는 自己 대신 第三者로 하여금 委任事務를 處理케 할 수 있도록 規定할 것

第十一節 寄 託

二四. 寄託을 諾成契約으로 할 것

二五. 旅店, 飮食店, 浴場 其他 客의 來集을 目的으로 하는 場屋의 主人이 客으로부터 寄託을 받은 境遇에 關하여 詳細한 特別規定을 둘 것

第十二節 組 合

二六. 組合의 業務를 執行하는 組合員은 그 業務의 執行에 關하여 代理權이 있는 것으로 推定하는 規定을 둘 것

二七. 組合員 中에 辨濟할 資力이 없는 者가 있을 때에는 그 辨濟할 수 없는 部分은 다른 組合員이 連帶하여 辨濟의 責任을 지도록 할 것

二八. 組合員이 組合財產에 關하여 가지는 持分은 全員同意 없이는 處分하지 못하도록 規定할 것

二九. 組合員의 持分의 差押은 組合員이 將來利益配當 및 持分의 拂戾를 請求하는 權利에 對하여도 效力을 가지도록 規定할 것

三〇. 組合員의 持分을 差押한 債權者에 對하여 그 組合員을 組合에서 脫退시키는 權利를 認定할 것

第三章 事務管理

三一. 本人의 意思에 反하는 事務管理에 依하여 生한 損害에 對하여는 無過失責任을 認定할 것

三二. 事務管理者의 權利로서 費用償還請求 以外에 損害賠償請求權을 認定할 것

第四章 不當利得

三三. 利得 當時에 있어서 法律上 原因이 있었다 하드라도 追後로 이것이 消滅한 境遇에는 不當利得의 成立을 認定할 것

三四. 給付가 道德上의 義務를 履行한 것이거나 또는 善良한 風俗에 適應한 것인 때는 不當利得返還請求權이 없는 것으로 定할 것

三五. 利得의 目的을 無償으로 讓受한 第三者에 對하여 그 返還義務를 認定할 것

三六. 受益者가 受益 後 法律上 原因이 없는 것을 안 때에는 爾後 惡意의 受益者로서 返還義務를 지도록 할 것

第五章 不法行爲

三七. 權利侵害의 境遇뿐 아니라, 利益侵害의 境遇에도 不法行爲의 成立을 認定할 것

三八. 官吏의 不法行爲에 關하여 特別規定을 둘 것

三九. 民 七一二條, 七一三條, 七一四條, 七一五條의 適用에 있어서 未成年者, 法定代理人, 心神喪失者 또는 使用者의 責任이 否定되는 境遇일찌라도 衡平의 見地에서 必要한 境遇에는 行爲者 또는 使用者로 하여금 그 損害의 全部 또는 一部를 賠償케 할 것

四〇. 民 七一七條의 第一項의 賠償責任者를 所有者로 할 것

四一. 七一〇條, 七一一條의 損害賠償은 定期金으로 支拂할 수 있도록 하고 그 履行의 確保를 爲하여 擔保를 提供하도록 할 것

四二. 不法行爲로 因한 損害賠償請求權의 時效期間을 短縮할 것

四三. 損害가 故意 또는 重大한 過失에 依하여 生한 것이 아닌 境遇에 있어서 그 賠償이 債務者의 生計에 重大한 影響을 미치는 境遇에는 裁判所에 그 賠償額을 輕減할 수 있는 權利를 規定할 것

四四. 信託에 關한 規定을 둘 것

4. 法人 理事의 代表權 制限에 관한 若干의 問題

I. 문제의 제기

1. 최근에 法人 理事의 代表權의 制限에 관한 우리 民法의 여러 規定들 사이에 非整合性이 존재한다는 의견이 제기되었다.[1] 즉 한편으로, 民法 제59조 제 1 항[2]은 依用民法 제53조를 답습하여, "理事는 法人의 事務에 관하여 각자 法人을 代表한다. 그러나 定款에 규정한 취지에 위반할 수 없고 특히 社團法人은 總會의 議決에 의하여야 한다"고 정하였고, 통설도 이사의 대표권은 定款이나 社員總會의 議決에 의하여 제한될 수 있다고 설명한다.[3] 그러나 다른 한편으로, 民法에 새로이 마련된 제41조는 "理事의 代表權에 대한 제한은 이를 정관에 기재하지 아니하면 그 효력이 없다"고 규정한다. 그러면 이사의 대표권을 제한하는 사원총회의 의결만 있고 아직 이 제한이 定款에 기재되지 아니한 경우, 즉 그것이 아직 定款의 내용이 되지 아니한 경우에, 과연 이사의 代表權이 적법하게 제한된 것으로 볼 것이냐 하는 문제가 발생하게 되었다는 것이다.[4] 그리고 이러한 문제는 "現行 民法의 新設된 規定들 중 많은 것이

1) 李好珽, 社員總會의 決議에 의한 理事의 代表權의 制限, 「考試界」 1986년 8월호, 103면 이하.

2) 이하 인용하는 條項은 다른 지시가 없는 한 원칙적으로 民法의 그것이다.

3) 가령 郭潤直, 「民法總則」, 再全訂版, 1985, 254면 이하; 金容漢, 「民法總則論」, 全訂版, 1986, 184면 이하; 金曾漢, 「新稿 民法總則」, 1983, 154면 이하 등 참조.

4) 가령 註 3의 文獻 중 앞의 둘은 代表權의 制限은 定款에 의하는 경우와 社員總會의

다른 規定들과의 制度的·論理的 聯關性을 충분히 고려하지 않았기" 때문에 발생하는 "規定의 衝突의 문제"라고 한다.[7)]

2. 우리 民法의 制定過程에 관한 資料는 빈약하고, 특히 民法案의 기초에 중요한 역할을 한 金炳魯 선생이 스스로 인정하는 대로, "방대한 理由書, 起草理由書 같은 것, 한 著述과 같은 그런 것"이 없기 때문에[5)] 우리 民法의 條文이 어떠한 이유, 어떠한 立法目的에 기하여 현재의 모습으로 형성되었는가를 아는 것은 쉽지 않은 일이다.[6)]

그렇다고 해서 우리 民法에 대한 立法資料가 전혀 없는 것은 아니다. 가장 중요한 것은 우선 法制編纂委員會의 民法典編纂要綱과 民議院法制司法委員會 民法案審議小委員會에서 편찬한 「民法案審議錄」, 上·下卷이다. 또 위 小委員會에서 편찬한 「民法案審議資料集」과 民議院本會議에서의 民法 審議經過를 보여 주는 國會速記錄이 있다. 그 외에 民事法硏究會의 「民法案意見書」도 民法 내용의 형성에 적지 않은 영향을 미친 바 있는, 大學敎授들의 民法草案에 대한 意見을 담고 있다. 이 자료들은 그것이 드문 만큼 더욱 값있는 것으로서 그 중요성은 아무리 강조하여도 지나치지 않을 것이다. 또 실제로 이들 자료는 우리 民法規定

議決에 의하는 경우가 있다고 하면서, 代表權 制限이 定款에 記載될 것을 요구하는 제41조와 代表者 制限의 第3者에 대한 효력에 관한 제60조는 前者의 경우, 즉 定款에 의하여 理事의 代表權이 制限되는 경우에 대하여서만 적용되는 것으로 설명하고 있다. 그리고 社員總會의 議決에 의하는 경우에 관하여는 이 경우와 제41조 및 제60조와의 관계에 대하여 아무런 설명이 없다. 다만, 金曾漢(註 3), 154면은 제41조와 제60조가 두 경우 모두에 대하여 적용이 있는 것으로 설명한다.

5) 1957년 「第26回 國會定期會議速記錄」 제30호, 5면의 金炳魯 國會發言 참조: "憲法을 제외한 四大法典을 전반적으로 일시에 이것을 起案하는 이 마당에 있어서는 特殊한 機構와 特殊한 참 專業的 機構가 아니고 사람이 아니고는 뭘 그것을 理由를 진술한다고 큰 방대한 저술과 같은 것을 쓰고 앉을 수는 絶對 不可能한 事實을 諒解해 주시기 바랍니다."

6) 우리 民法이 서둘러서 제정된 점에 대하여는 鄭鍾休, 韓國民法典의 制定過程, 「郭潤直 敎授 華甲紀念論文集」, 1985, 32면 이하 참조.

7) 그 외에 李好珽(註 1), 103면은 "문제는 民法 제60조에는 '善意의'라는 요건이 포함되어 있지 아니한데, 이것은 立法者의 실수에 의한 것이냐 그렇지 않으면 입법자가 意圖的으로 '善意의'를 빼 버렸느냐이다"라는 것도 묻고 있다.

의 立法趣旨를 아는 데 통상 생각되는 것보다 훨씬 많은 도움을 준다. 이러한 資料들을 기타의 外的 傍證, 가령 滿洲國民法 등 外國民法典과의 聯關, 당시의 日本의 學說과 判例의 狀況, 依用民法 規定의 立法者意思 등과 종합하면, 우리 民法規定의 立法者意思를 재구성할 수 있지 않을까 기대해 본다.

本稿는 앞에서 본 문제 제기를 받아서, 法人 理事의 代表權 制限에 관한 民法 規定에 관한 立法者意思를 위의 資料들을 통하여 포착하고,[8] 나아가 그 결과를 위 규정 중의 하나인 제60조에서 말하는 "제 3 자"의 범위라는 구체적 해석론의 문제 기타에 적용하고자 하는 것이다.

Ⅱ. 民法 제41조 등의 立法經過

1. 1954년 10월 政府提出法案으로 국회(당시는 民議院으로 불리우고 있었다)에 제출된 民法案은 法人에 있어서의 理事의 代表權의 제한에 관하여 대개 依用民法과 동일한 내용을 담고 있었다. 즉 제55조 제 1 항은 依用民法 제53조를 거의 그대로 답습하고 있다. 다만 "…各自 法人을 대표한다"고 하여 각 理事가 法人의 포괄적 대표권을 가짐을 보다 분명히 밝힐 뿐이다. 그러나 民法案은 제55조 제 2 항에서, "法人의 代表에 관하여는 代理에 관한 규정을 준용한다"는 依用民法에는 없는 새로운 내용을 제안하고 있다.[9] 또 제56조는 依用民法 제54조와 마찬가지로 "理事의 대표권에 대한 制限은 善意의 第三者에게 대항하지 못한다"고 정하고 있었다. 그리고 보다 중요한 것은 民法案에는 위의 제55조, 제56조 이외에는 理事의 代表權에 관하여 직접[10] 규정하는 條項이 따로 없었다

8) 法律解釋에 있어서 立法者意思의 重要性에 대하여는 K. Larenz, *Methodenlehre der Rechtswissenschaft*, 4. Aufl., 1978, S. 303ff. 참조.

9) 이에 대하여 「民法案審議錄」, 上卷, 48면은 제 2 항 新設에 관하여는 "종래 解釋上 그렇게 되어 있었으므로 제 2 항 新設에 異議 없다"고만 할 뿐, 同條 제 1 항에 관하여는 아무런 言及이 없이 "原案에 合意"하고 있다.

는 것이다.

2. 그러나 민법안을 심의한 民議院의 法制司法委員會 民法案審議小委員會는 여러 가지 방면에서 理事의 代表權 制限에 관한 民法案의 규정에 관하여 많은 修正案을 제출하였다.

우선 法人의 設立登記와 그 등기할 事項에 관한 民法案 제46조(현행 民法 제49조에 해당한다)를 심의한 결과로, 民法案 제38조(현행 民法 제40조에 해당한다) 다음에 "理事의 대표권에 대한 제한은 이를 정관에 기재하지 않으면 그 효력이 없다"는 條文을 신설하기로 하고(이하 제 1 修正이라고 부르기로 한다), 또 民法案 제46조 제 2 항 제 9 호로 "理事의 대표권을 제한한 때에는 그 제한"을 신설하여 法人의 設立登記 時 그 사항을 등기할 것을 요구하기로 하였다(이하 제 2 修正이라고 부르기로 한다). 그 이유에 대하여 民法案審議錄은 다음과 같이 설명하고 있다. 이 설명은 現行 民法 제41조를 이해하는 데 핵심적인 자료라고 생각되므로, 장황하더라도 인용해 두기로 한다.

> "① 理事의 代表權 제한을 [設立登記의] 필요적 기재사항과 정관의 기재사항으로 하는 문제——
>
> 代表權의 제한에 對하여는 獨民 제26조,[11] 제64조[12]는 定款의 기재사항으로 하는 동시에 등기사항으로 하고 있다.
>
> 草案 제56조나 現行法[13]은 대리권[14] 제한은 善意의 第 3 者에 대하여 對抗할 수 없게 규정하고 있으나, 이것은 第 3 者에 대하여 不測의 不利益을 초래할 것을 방지하는 데 그치고 多數의 理事를 옹호하는 등의 이유로 그 代

10) 간접적으로 理事의 代表權에 관하여 정하는 것으로는 草案 제54조 제 2 항(현행 民法 제58조 제 2 항), 제68조(현행 民法 제68조) 등과 같이 法人의 內部的 意思決定에 관한 규정이 있다.

11) 獨逸民法 제26조 제 2 항 제 2 문은 "理事會(Vorstand)의 代表權의 범위에 대하여는 定款으로써 제 3 자에 대항할 수 있는 제한을 가할 수 있다"고 정한다.

12) 獨逸民法 제64조 제 2 문 前段은, 理事會의 代表權의 범위를 제한하는 정함은 등기하여야 할 것을 정한다.

13) 依用民法을 말한다.

14) 原文대로. 이하 같다.

表權의 制限을 필요로 하는 法人의 便益을 충족시키지는 못함으로 法人運營에 지장이 많다. 中民[15] 제48조, 제61조도 또한 이사의 대표권에 대한 제한을 등기사항으로 하고 있다. 그러므로 代表權 制限은 定款上으로는 任意的 記載事項으로 하고 登記에 있어서는 必要的 記載事項으로 하는 것이 좋은 것이다.

② 이 점에 관하여는 第3者 保護와 去來의 敏速과 安全을 기하기 위하여 代表權 제한을 광범위로 허용함은 不可하다고 주장하는 견해도 성립이 되나, 登記는 新時代의 발달된 제도이고 이 제도를 활용함으로써(草案 제51조[16] 참조) 第3者의 不測의 不利益을 예방하는 동시에 法人의 利益을 충족하여 운영의 妙를 기할 수 있다면 그 제도를 신설함이 적절한 것이다. 뿐만 아니라 이렇게 하는 것이 現行商法[17] 제188조 제2항 제9호[18]에서 株式會社 取締役의 대표권에 대한 제한을 등기사항으로 한 것과도 보조가 맞는 것이다.

③ 以上과 같은 취지를 本條 제9호로 신설한다면, 당연히 理事의 代表權에 대한 制限은 定款의 任意的 記載事項으로 되어야 하는 것이다."[19] (註 및 [ ] 안은 引用者)

그리고 民法案 제56조에 관한 심의에서는 이를 받아, "本小委員會는 草案 제38조 다음의 新設條文과 제46조의 修正案에서 理事의 代表權에 대한 제한을 任意的 定款記載事項으로 하는 동시에 이를 必要的 登記事項으로 하였기 때문에 本條도 이에 따라 당연히 수정되어야 하는 것"이라고 하여,[20] 民法案 제56조(위에서 본 대로 이는 依用民法 제54조와 동일한 내용이었다)의 "善意의"를 "登記하지 아니하면"으로 修正하였다(이하 제3修正이라고 부르기로 한다).

15) 中華民國 民法을 말한다. 同 民法 第1編 總則은 1929년 5월 公布되어 同年 10월 10일부터 施行되었다. 그 외 債編, 物權編은 1929년 11월 公布, 1930년 5월 施行, 親屬編, 繼承編은 1931년 1월 公布, 同月 施行. 현재에는 臺灣에서만 시행되고 있다. 中華民國民法이 우리 民法에 미친 영향에 관하여는 鄭鍾休, 韓國民法典の比較法的系譜, 「民商法雜誌」 91권 5호(1985), 682면 이하 참조.

16) 현행 民法 제54조.

17) 依用商法을 말한다.

18) 현행 商法 제317조 제2항 제10호에 해당한다.

19) 「民法案審議錄」, 上卷, 42면.

20) 同 48면.

3. 위 3개의 修正은 法制司法委員會의 修正案 제9항, 제13항 및 제16항으로[21] 각 民議院 本會議의 심의를 거치게 되었다. 그리고 이 修正案은 모두 無修正으로 통과되었다.[22] 그리하여 제1修正은 民法 제41조, 제2修正은 제49조 제2항 제9호, 제3修正은 제60조로 효력을 발휘하게 되었다.

Ⅲ. 立法者意思의 吟味

1. 위와 같은 立法經過를 볼 때 우리는 위 3개의 修正에 관하여 다음의 몇 가지 점에 注目하게 된다.

우선, 위 3개의 修正은 法人의 代表者와 거래한 第3者의 信賴를 保護한다는 측면을 후퇴시키고, "다수의 이사를 옹호하는[두는] 등의 사유로 그 대표권의 제한을 필요로 하는 法人의 便益"을 도모할 필요에 의하여 도입되었다는 것이다. 이는 民法案을 심의하는 民議院 本會議에서 法制司法委員長 代理(張暻根)가 한 다음과 같은 발언에서도 드러난다.

> "理事 중에 한 사람만을 대표권이 있도록 하자든지 또는 이 理事 全部가 공동하여야 비로소 대표권이 있는 共同代表라든지 이런 제한을 규정할 때에는 … 그러한 便宜를 이 法人에게도 도모해야 됩니다."[23] (點線은 인용자가 생략한 부분이다. 이하 같다)

이러한 法人의 便宜의 도모는 理事의 代表權 制限을 필요적 등기사항으로 하는 것과 결합된 그 제한의 絕對的 效力 내지 對世的 效力의 인정으로 표현되고 있는 것이다. 이에는 登記制度에의 신앙 내지 기대가 배경을 이루고 있다고 생각된다. 앞서 民法案審議錄에서 보는 대로

21) 1957년「第26回國會定期會議速記錄」제42호, 附錄 85면 참조.
22) 同「速記錄」제44호, 12, 14, 15면 각 참조.
23) 同「速記錄」제44호, 12면.

등기를 "新時代의 발달된 제도"라고 한 것도 그러하거니와,

> "이 등기제도가 있는 이상에는 …이것을 열람을 하니까 第3者가 거기에 대해서 意外의 損害를… 받지 않습니다. …登記制度라고 하는 것이 그렇기 때문에 만든 것이니까 이 등기제도가 있는 이상에는 이대로 하는 것이 좋다는 것입니다."[24] (머릿점은 引用者)

라는 張暻根의 발언에서도 이를 느낄 수 있다.

이와 같이 登記에 대하여 보다 많은 기능을 담당하도록 하려는 취지에 비추어 보면, 立法者는 理事의 代表權의 제한으로 인하여 발생하는 여러 가지 문제는 오로지 그 등기의 여부에 의하여 해결하려고 한 것이 아닌가 생각된다. 이러한 立法理由의 歸結로 우선 분명한 것은, 理事의 代表權의 制限을 등기한 이상 그 이사와 거래한 第3者는 비록 그의 대표권이 제한된 사실을 몰랐다고 하더라도, 즉 善意라도 그 거래의 法律效果를 그대로 法人에 대하여 수장할 수 없다는 점이다. 이것이 立法者가 "法人의 便益"을 논하는 의미이고, 또 동시에 民法이 이사의 代表權의 制限에 관한 規律에 있어서 依用民法과 구별되는 중요한 점의 하나이다.

2. 그러나 아울러 위의 立法經過와 관련하여 지적하지 않을 수 없는 것은 제41조의 신설을 둘러싼 思考上의 혼란이다. 그것을 단적으로 보여 주는 것은 理事의 代表權의 제한은 한편으로 "必要的" 登記事項이라고 하면서 다른 한편으로 "任意的" 定款記載事項이라고 하여 그 제한을 定款에 기재하도록 하는 것이 가지는 의미를 登記에 비하여 낮게 이해하면서도, 이러한 이해를 法文上으로 표현함에 있어서는 그 제한의 定款에의 記載는 그 제한의 效力要件으로 규정하고(제41조), 登記는 제3자에의 對抗要件으로 규정하는(제61조) 점이다.

일반적으로 定款의 "任意的" 記載事項이란 무엇을 의미하는가? 이

24) 위와 같은 곳.

는 필경 "必要的" 記載事項과 對比되는 개념으로서, 後者의 理解가 前者의 이해에 바로 연결될 것으로 생각된다. 定款에는 반드시 일정사항을 기재하도록 民法이 규정하고 있고(제40조, 제43조 참조), 이러한 사항이 기재되지 아니한 定款은 무효이다.[25] 그러나 定款에는 法이 정하는 必要的 記載事項 이외에도 法人의 다른 근본규칙을 정할 수 있다. 이러한 것을 任意的 記載事項이라고 하는데, 이러한 事項은 定款에 기재되지 않아도 定款 자체의 효력에는 아무런 영향도 미치지 못한다. 立法者가 理事의 代表權의 制限을 "任意的" 記載事項이라고 하는 것은, 적어도 그 뜻을 法學에 있어서의 통상적인 의미로 이해하는 한 바로 이러한 내용을 가짐에 그치는 것이다.

이렇게 볼 때, 理事의 代表權의 제한을 任意的 定款記載事項이라고 하려고 하였다면, 민법 제41조와 같이 "이를 定款에 기재하지 아니하면 그 [제한의] 효력이 없다"고 정할 것은 아니었다. 다시 말하면 定款에 그에 관한 정함이 포함되지 않았다고 하더라도 定款의 效力에 아무런 영향을 미치지 않는다는 것, 즉 任意的 定款記載事項이라는 것은, 그러한 理事의 代表權의 제한은 이를 定款에 기재하여야만 그 制限의 效力이 발생한다는 것과는 아무런 논리필연적인 관계가 없는 것이다.

다른 한편으로 理事의 代表權의 제한이 必要的 登記事項이 되고(제49조 제2항 제9호)[26] 또 나아가서 이를 등기하지 않으면 第3者에게 대항하지 못한다고(제61조)[27] 해서, 그 제한을 定款에 기재하여야만 그 효

25) 그러나 가령 제40조 제7호가 정하는 "存立時期나 解散事由를 정하는 때에는 그 時期 또는 事由" 등과 같이 그에 관하여 정하는 것이 강제적이 아닌 사항은 특히 이를 정한 때에만 定款에 기재하면 되므로, 기타의 必要的 記載事項과 구별하여 相對的·必要的 記載事項이라고 부를 수 있을 것이다. 이 相對的·必要的 記載事項을 정하기는 하였으나 定款에 기재하지 않을 경우에 그 定款이 모두 무효가 되는가는 별도의 검토를 필요로 할 것이다.

26) 이것도 前註에서 말한 바에 따라 相對的·必要的 登記事項, 즉 그러한 정함이 있을 때 비로소 登記할 義務가 발생하는 事項이라고 하겠다. 그러나 法人의 登記에 있어서 必要的 登記事項의 등기를 누락하였다고 하여 그 登記가 無效라고 할 것인가는 별도의 검토를 필요로 하는 것이고, 따라서 定款의 경우와 같은 의미에서 必要的/任意的 登記事項을 논할 수는 없다고 생각된다.

27) 이 條文의 이해를 위하여는 우리 商法 제37조를 참조하는 것이 유익하다.

력이 발생한다고 할 이유도 없는 것이다. 法人이 이사의 대표권을 유효하게, 즉 對內的으로뿐만 아니라 對外的으로도 효력을 가지는 것으로 제한하기 위하여 그 제한의 登記 또는 定款에의 記載만을 요구할 것이냐 아니면 兩者를 모두 요구할 것이냐는 입법정책상의 판단에 따를 문제이지, 登記를 하여야 한다고 해서, 定款에의 記載도 요구되는 것은 아니기 때문이다. 가령 「出資의 方法을 정한 때에는 그 方法」은 登記事項으로 정하여져 있으나(제49조 제2항 제7호) 必要的으로 定款에 기재되어야 하는 사항(제40조 참조)은 아닌 것이다.

그러면 立法者가 代表權 制限을 定款에 기재하는 것에 큰 의미를 부여하지 않았으면서도, 理事의 代表權의 제한을 定款에 기재하지 않으면 효력이 없다고 규정한 이유는 무엇일까? 그것은 독일민법의 그에 관한 규정 특히 제26조 제2항 제2문(註 11 참조)을 모방한 데서 연유한 것으로 생각된다.[28] 이는 앞에서 본 立法者의 설명에서도 독일민법 제26조와 제64조를 지시하는 것을 보아도 추측할 수 있다.

Ⅳ. 民法 제60조의 第3者의 範圍

1. 民法 제60조는 "理事의 代表權에 대한 제한은 登記하지 아니하면 제3자에게 대항하지 못한다"고 정한다. 가령, 甲 法人의 定款[29]에 의하면 그 法人에는 3인의 理事를 두도록 되어 있고 또한 "法人을 대

28) 滿洲國民法은 法人 理事의 代表權 制限에 관하여 依用民法과 동일한 태도를 취하고 있다.

29) 이하에서는 다른 언급이 없는 한 편의상 논의를 原始定款에 理事의 代表權 制限에 관한 정함이 있는 경우에 한정하기로 한다. 그러나 原始定款에는 그러한 정함이 없었으나 후에 定款의 變更으로 그러한 정함이 생긴 경우에 대하여도 문제는 발생한다. 즉 제54조 제1항은 "設立登記 이외의 本節의 등기사항은 그 登記 후가 아니면 제3자에게 대항하지 못한다"고 정하고 있는데 이 때 "등기사항"에는 제52조의 규정에 의하여 제49조 제2항 제9호의 "理事의 代表權 制限"이 포함된다. 따라서 그러한 제한을 登記하지 않은 경우에 위의 제54조 제1항에 따라 그것을 대항할 수 없는 "제3자"에 惡意의 제3자가 포함되는가 하는 문제는 여기서도 발생할 수 있는 것이다.

표하는 행위는 理事 전원이 공동으로 하여야 한다"고 정하여져 있다고 하자(제41조 참조).[30]

그런데 甲法人의 理事 중의 한 사람인 A가 단독으로 乙로부터 法人을 대표하여 3천만원을 借用하였다면, 甲法人은 乙에 대하여 3천만원의 借用金債務를 부담하는가? 제60조는 이러한 경우에 대하여 해결의 준칙을 제공하는 것이다.[31] 즉, 위와 같은 共同代表에 관한 定款의 정함이 위 代表行爲 당시에 法人登記簿에 등기되어 있지 않으면, 甲法人은 乙에 대하여 A理事의 행위의 효력이 자신에게 미치지 않는다고 주장할 수 없다는[32] 내용이다. 말하자면 乙이 그러한 경우 甲法人을 상대로 3천만원의 貸與金債權을 취득하는지 여부는 法人登記簿에 "理事의 代表權을 制限"한 취지가 登記(제49조 제2항 제9호 참조)되어 있는지 여부에 따라 달라지게 된다.

우선 확실한 것은 위에서 본 바와 같이, 그러한 登記가 되어 있는 이상 乙은 善意라도, 즉 A의 法人代表權이 제한되어 있는 것을 알지 못하였더라도 A의 借用行爲의 효력이 甲法人에게 미친다고 주장할 수 없다는 것이다.

그런데 그러한 登記가 되어 있지 않는 경우는 어떠한가? 제60조의 文言만에 의한다면, 그러한 경우 乙은 위와 같은 共同代表에 관한 事項을 알고 있다고 하더라도 甲法人에 대하여 A의 행위의 효력이 甲法人에게 귀속한다고 適法하게 주장할 수 있다고 해석된다. 왜냐하면 제60조는 단지 "제3자"라고만 정하고 있고 그가 善意인지 惡意인지를 묻지

30) 이러한 共同代表에 관한 定款의 정함이 "理事의 代表權 制限"에 해당함은 의문의 여지가 없다. 立法者意思가 그러할 뿐만 아니라(1957년 「제26회국회정기회의속기록」 제44호, 12면 참조), 學說도 이에 異論이 없다. 가령 郭潤直(註 3), 254면 참조.

31) 이러한 경우 A의 借用이 개인적인 용도에 사용할 목적으로 이루어진 것이고 또 乙이 이를 알았거나 알 수 있었다면 眞意 아닌 意思表示에 관한 제107조 제1항 단서를 類推適用하여 甲法人에의 效果 歸屬을 차단할 수 있는가 하는 것도 문제될 수 있으나 여기서는 論하지 않기로 한다.

32) 그러나 乙로서는 甲法人에 대하여 A가 甲法人을 대표할 權限이 없었음을 주장할 수 있다고 함이 "대항할 수 없다"는 규정에 대한 통상의 해석이다.

않기 때문이다. 그러나 이러한 해석에 대하여는 반대하는 견해가 있다.

2. 學說과 判例

(1) 제60조에서 정하는 「제 3 자」를 善意의 제 3 자에 한정할 것인가(制限說), 아니면 그러한 한정을 두지 않고 善意·惡意를 불문하고 理事의 代表權의 제한을 대항하지 못한다고 할 것인가(無制限說)에 대하여는 學說의 대립이 있다.

制限說은 "惡意의 제 3 자를 보호할 이유는 없다"는 이유를 내세운다.[33]

無制限說은 첫째, 理事의 代表權의 制限을 登記事項으로 규정하고 있는 이상 그 登記를 强制하는 의미에서, 둘째, 法人에 관한 다른 登記事項을 善意·惡意를 불문한 제 3 자에 대한 對抗要件으로 하고 있는 경우(제54조 제 1 항 참조)와의 균형을 위하여, 셋째, 法律關係를 간명하게 할 필요에서, 善意·惡意를 구별하지 않는 것이 타당하다고 한다.[34]

(2) 判例는 無制限說을 취한다. 즉, 大法院 1975. 4. 22. 판결 74다410사건(集 23-1. 224)은, 被告 社團法人의 定款에 그 所有의 財産의 처분에는 社員總會의 決議를 요한다고 정하여져 있었음에도 불구하고, 그 理事가 그 決議를 거침이 없이 被告 社團法人의 대표 자격으로 原告에게 이를 처분한 사실관계에 대한 것이다. 위와 같은 사항은 被告 社團法人에 대한 法人登記簿에는 기재가 되어 있지 않았다. 原告가 所有權確認請求를 한 데 대하여, 被告 社團法人은, 原告는 被告 法人의 發起人으로서 위와 같은 定款內容을 잘 알고 있었으므로 비록 그 登記가 되

33) 郭潤直(註 3), 254면. 기타 方順元, 「新民法總則」, 1959, 116면; 金顯泰, 「民法總則」, 1973, 189면도 그러하다.

34) 이러한 이유를 내세우는 것은 金容漢(註 3), 184면에 의하였다. 그 외에 李好珽(註 1), 108면 이하는 依用民法의 條文과의 對比라는 관점에서 依用民法에 "善意의"라는 요건을 삭제한 立法者의 의도를 존중하는 것이 "건전한 해석"이라는 점을 들고 있다. 그 외에 金曾漢(註 3), 209면; 李英燮, 「新民法總則講義」, 1959, 206면도 그러하다.

어 있지 않더라도 이것을 들어 위 處分의 效力이 被告 法人에게 미친다고 주장할 수 없다고 다투었다. 大法院은 다음과 같은 취지의 이유를 들어 被告 法人의 주장을 받아들이지 않았다. 즉, "法人의 定款에 法人財產의 처분에 社員總會의 결의를 요한다는 취지의 기재가 있어도 이는 내부관계에서 효력을 가짐에 불과하며, 대외적 관계에 있어 定款에 정한 절차를 밟지 아니하였다고 하여 그 효력에 소장이 있는 것은 아니다. 이를 대외적으로 주장하려면 그러한 취지의 代表權 制限을 登記함으로써만 가능할 것이다"라고 나아가서 "그러한 登記가 없는 이상 總會決議를 필요로 하는 定款規定 있음을 알았거나 알 수 있었다고 하여도 그 효력에 다를 바 없다"는 것이다.[35)]

이 判決이 적어도 制限說을 택하는 취지가 아님에는 의문의 여지가 없다. 그런데 위에서 든 制限說은 判例가 자신의 견해와 동일한 태도를 취하고 있다고 하면서, 大法院 1962. 1. 11. 판결 4294민상473사건(集 10-1. 22)을 인용하고 있다. 그러나 이 判決은 명백히 依用民法이 적용되는 사실관계에 대한 것으로서 現行民法의 해석에 즈음하여 인용할 수 없다고 생각된다. 즉, 依用民法 제54조는 위에서 본 대로 理事의 代表權에 대한 제한은 "善意의 제 3 자에게 대항할 수 없다"고 명문으로 정하고 있었으므로, 同條의 적용에 관한 판결은 現行民法 제60조의 "제 3 자"의 범위에 관한 實務의 태도를 아는 데 참고가 될 수 없는 것이다.[36)]

3. "第 3 者"의 範圍

(1) 위에서 본 바와 같이, 제60조는 依用民法 제54조가 "理事의 代表權에 대한 제한은 善意의 제 3 자에게 對抗할 수 없다"라고 하던 것을 그냥 "…登記하지 아니하면 제 3 자에게 對抗할 수 없다"라고 바꾸어 정

35) 이 판시는 필자가 뒤에서 말하려는 바와도 관련이 있는 것으로서 주의 깊게 음미할 필요가 있다고 생각된다.

36) 이 점을 지적하는 것으로서 金曾漢(註 3), 209면 註 52 참조.

한 것이다. 그 이유는 궁극적으로는, 다수의 이사를 두는 法人의 경우에 발생할 수 있는 대표권 제한의 필요를 충족시켜야 한다, 즉 그러한 法人의 편의를 보호하여야 한다는 데 있다. 그리고 그러한 理事의 代表權 制限으로 발생할 수도 있는 제 3 자 관계에서의 문제는 그러한 制限을 등기하도록 함으로써 대처한다는 것이다. 따라서 現行民法에 있어서 理事의 代表權 制限에 대한 규율은 그 登記와 불가분의 관계에 있다.

登記制度의 가장 큰 장점 중의 하나는 法律關係의 획일적 처리이다. 그것은 不動産의 2重處分의 경우를 생각하면 쉽게 이해될 것이다.[37] 이러한 登記制度의 장점은 비단 登記가 적극적으로 이루어진 경우뿐만 아니라(이 경우에는 새로운 등기명의취득자의 선의·악의에 불문하고 일단 登記대로의 權利變動이 유효하게 발생한 것으로 취급된다), 登記가 이루어지지 않은 경우에도 관철되어야 한다(이 경우에는 아무런 권리변동이 없는 것으로 일단 취급된다). 이러한 이치는 理事의 代表權 制限에 대하여도 어려움 없이 적용된다고 생각된다. 따라서 그 制限이 登記되지 않은 이상 제 3 자의 善意·惡意를 가릴 것 없이 원칙으로 돌아가 理事는 각자 法人을 대표할 권한을 가지는 것으로 취급하는 것이 앞에서 본 立法의 취지를 살리는 길일 것이다.

또 그렇게 해석하는 것이 균형에도 맞는 것으로 생각된다. 말하자면 登記를 하면 ―依用民法과는 달리― 「善意의 제 3 자」에게도 理事의 代表權 制限을 주장할 수 있는 반면, 登記를 하지 않으면 ―역시 依用民法과는 달리― 「惡意의 제 3 자」에게도 그 제한을 대항할 수 없다고 해석하는 것이 상당한 것이다. 이렇게 보면 無制限說이 드는 또 다른 근거, 즉 登記의 履行을 강제하려는 취지도 登記制度가 이 국면에서 차지하는 중요한 역할에 비추어 수긍될 수 있는 것이다.

---

37) 물론 不動産登記에 관하여는 物權의 排他性이라는 특수한 계기가 있으므로 그러한 계기가 없는 法人登記와는 동일한 차원에서 論할 수 없는 것이 아닌가 하는 견해도 있을 수 있다. 그러나 적어도 法律關係의 명확이라는 利益의 추구가 不動産登記나 法人登記나를 막론하고 그 제도의 중요한 목적임에는 의문의 여지가 없다.

(2) 그러나 이와 같이 無制限說을 취하는 적극적 근거를 들기 이전에 制限說을 취할 적극적 이유를 음미하는 것이 오히려 순서일 것이다. 제60조는 단순히 "제 3 자"라고만 하고 있으므로 이는 당연히 惡意의 제 3 자를 포함하는 것이 文理에 맞는다. 그렇다면 法律解釋의 원칙상 그러한 文理를 제한적으로 해석하려는 쪽에서 그렇게 해야 할 합리적인 근거를 제시해야 할 것이다.

制限說은 단지 "惡意의 제 3 자는 보호할 필요가 없다"고만 한다. 그러나 이러한 이유는 특히 登記制度와 관련된 경우에는 별로 설득적이지 못한 것으로 생각된다. 왜냐하면 위에서 본 대로 登記制度의 취지 자체가 關係人의 善意·惡意라는 구별 등의 상세한 利益衡量의 노고를 절약하고 法律關係를 획일적으로 정하려는 데 있는 것이 보통이기 때문이다.

물론 商法의 商業登記에 관한 규정은 일반적으로 "登記할 사항은 登記와 公告 후가 아니면 善意의 제 3 자에게 대항하지 못한다"고 한다 (商法 제37조 제 1 항. 이를 가령 民法 제54조 제 1 항과 비교해 보라). 그리고 그 反釋對解으로 惡意의 제 3 자에 대하여는 登記와 公告가 이루어지기 전이라도 대항할 수 있다고 해석되고 있다.[38] 물론 위 규정의 존재는 우리의 私法體系 내에 평가모순 (Wertungswiderspruch)이 존재하는 것이 아닌가 하는 의구심을 불러 일으킨다.[39] 그러나 위 규정이 있다고 하여 이것이 民法 제60조의 "제 3 자"를 「善意의 제 3 자」에 한정할 근거는 되지 못한다고 생각된다. 오히려 이러한 현저한 法文上의 대비는 제60조의 "제 3 자"를 文理대로 해석하도록 하는 측면도 있기 때문이다.

(3) 理事의 代表權 制限에 관한 우리 民法의 위와 같은 규정은 獨逸民法의 이에 관한 규정의 영향을 받은 것임은 위에서 본 대로이다. 그러면 獨逸民法上 理事의 代表權 制限과 登記와의 관계는 어떠한가?

38) 임홍근, 「商法總則」, 1986, 411면; 崔基元, 「商法學新論(上)」, 全訂增補版, 1986, 124면 참조.

39) 특히 商法은 일반적으로 法律關係의 획일적 처리가 강조되는 法域임을 생각하면 더욱 그러하다.

獨逸民法上 法人의 代表權(Vertretungsmacht)은 理事 개개인이 아니라 理事會(Vorstand)에게 속한다(同法 제26조 제2항 제1문 참조). 理事會의 代表權에 대하여는 위에서 본 대로 定款에 의하여 제3자에 대한 效力을 가지는 제한을 가할 수 있다(同項 제2문). 이러한 代表權의 制限은 그것이 法人登記簿에 登記되거나 제3자가 惡意인 경우에만 그 제3자에게 대항할 수 있다(同法 제70조, 제68조 제1문). 즉 惡意의 제3자에 대하여는 代表權 制限이 登記되기 전이라도 대항할 수 있으나, 다만 그 惡意에 대한 立證責任은 法人에게 있다는 것이 通說이다.[40]

이러한 獨逸民法의 태도는 우리 民法의 입장에서 보면 위의 制限說을 택하는 것이라고 할 수 있다. 그러나 이러한 獨逸民法의 태도를 우리 民法의 해석에 끌어들이는 데는 주저를 느낀다. 왜냐하면 理事의 代表權 制限과 登記와의 관계 전반에 대하여 獨逸民法은 우리 民法과는 다른 방식으로 균형을 취하고 있기 때문이다. 즉, 앞에서 우리는 우리 民法의 해석상 理事의 代表權 制限이 등기된 이상 善意의 제3자에 대해서도 이를 대항할 수 있다고 함에는 이론이 없다고 하였다. 그리고 이것이 登記가 되지 않은 경우에는 「惡意의 제3자」에 대하여도 대항할 수 없다고 해석하는 데 대한 평형추(Gegengewicht)로 생각되었다. 獨逸民法의 경우에는 어떠한가? 理事會의 代表權 制限에 대한 登記가 이루어지면 제3자가 善意이더라도 그 제한을 대항할 수 있는가? 獨逸民法 제70조, 제68조 제2문은 그 경우에 대하여 비록 登記가 되었더라도 제3자가 善意이고 無過失이면 代表權의 制限을 그에게 대항할 수 없다고 한다.[41] 이와 같이 獨逸民法에 있어서는 그 규정 자체가 代表權 制限과 登記와의 관계를 보다 유연하게 파악하고 있으며 登記의 유무에 따라 획일적으로 문제를 처리하는 태도를 취하지 않는다.

그렇다면 이러한 立法的 결단을 결여하고 있는 우리 民法의 해석에

40) Dieter Reuter, in: *Münchener Kommentar zum BGB*, Bd. 1, 1. Aufl., 1978, §68 Rdnr. 1 (S. 427) m. w. N. 참조.

41) 이 경우에는 善意無過失에 대한 立證責任은 제3자 자신이 부담한다고 한다.

있어서 獨逸民法의 태도는 立法論으로밖에 참고할 수 없는 것이 아닐까 생각된다.

(4) 위와 같이 제60조가 정하는 "제 3 자"의 범위를 善意의 제 3 자에 국한하지 않고 惡意의 제 3 자도 포함하는 것으로 해석한다면 사정 여하에 따라서는 현저히 正義觀念에 반하는 것으로 느껴지는 경우도 예외적으로 없지는 않을 것이다. 이러한 경우에야말로 法의 엄격함을 완화하는 信義則의 등장이 기대된다.[42]

V. 「理事의 代表權 制限」의 인정

1. 論議의 순서는 뒤바뀐 느낌이 없지 않지만, 현행 民法規定의 올바른 해석을 위하여서는 무엇보다도 먼저 「理事의 代表權 制限」 그 자체를 어느 경우에 인정할 것인가 하는 문제가 제기되어야 하리라고 생각한다.

그러한 문제는 理事의 代表權 制限에 관한 依用民法上의 규정과 現行民法上의 규정이 어떻게 다른가를 음미해 보는 과정에서 떠오른다. 依用民法上 理事의 代表權 制限에 관한 규정이라고는 依用民法 제53조 단서와 제54조밖에 없었다. 그리고 그 규정의 체계 등으로 보아서 理事의 代表權 制限은 위 제53조 단서에 좇아 定款이나 ―社團法人의 경우에는― 社員總會의 決議에 의하여 할 수 있다고 해석될 수밖에 없고, 또 그렇게 해석되고 있었다. 그런데 現行民法은 위에서 본 대로 理事의 代表權 制限에 관하여 제41조와 제49조 제 2 항 제 9 호를 새로 규정하는 한편으로, 依用民法 제53조 단서는 現行民法 제59조 제 1 항 단서로서 그대로 이어받고 있다. 그런데 依用民法 제54조의 규정은 위 두 條文 新設의 취지에 맞게 현행 민법에서 이를 변용시키고 있음은 위에서 본 바

42) 李好珽(註 1), 109면 참조.

와 같다. 그렇다면 依用民法 제53조 단서를 이어받은 現行民法 제59조 제1항 단서도 理事의 代表權 制限에 관한 民法 규정 체계의 변화에 따라 새로운 위치를 부여할 필요가 발생하였다고 하겠다.

이러한 필요를 의식하도록 하는 것이 바로 이 글의 冒頭에서 본 의견이 말하는 "民法 규정간의 不整合性"인 것이다. 즉 현재 通說은 依用民法(보다 정확하게는 日本民法)의 해석대로 理事의 代表權 制限은 社團法人의 경우에는 定款이나 社員總會의 결의에 의하여 할 수 있다고 하는데, 現行法民 제41조는 "理事의 代表權에 대한 제한은 이를 定款에 기재하지 아니하면 그 효력이 없다"고 정하고 있다. 그렇다면 社團法人의 경우에 社員總會의 決議는 있으나 아직 定款에 기재되지 아니한 경우는 과연 「理事의 代表權 制限」이 유효하게 이루어진 것인가 아닌가 하는 문제가 발생한다. 通說은 한편으로는 社員總會의 決議만에 의하여서도 「理事의 代表權 制限」이 이루어진다고 하는데, 이는 위 제41조의 명문에 반하는 것이 아닌가?

문제의 제시라는 관점에서 한 가지를 덧붙인다면 社員總會의 일반적인 決議의 定足數와 定款變更決議의 定足數와의 차이를 지적할 수 있겠다. 즉 社員總會의 決議만으로 새로이 「理事의 代表權 制限」을 할 수 있다면 이는 다른 정함이 없는 한 社員過半數의 출석과 出席社員의 決議權의 過半數로써 가능하다(제75조 제1항 참조). 그러나 제41조에 의하면 그러한 「理事의 代表權 制限」은 定款에의 기재를 요구하므로 그 社員總會의 결의는 필연적으로 定款變更決議를 동반하게 된다. 그런데 定款變更에는 특단의 사정이 없는 한 總社員 3분의 2의 동의를 요하고(제42조 제1항),[43] 또 主務官廳의 허가를 얻어야 한다(제42조 제2항). 이렇게 보면

43) 따라서 現行民法의 해석으로 이사의 대표권 제한을 사원총회의 통상적인 의결에 의하여 할 수 있다고 하는 것은 불가능하다. 그것은 반드시 보다 많은 사원들의 동의를 얻는 定款變更節次를 거쳐야 하는 것이다. 물론 이러한 논의는 原始定款에 理事의 代表權 制限에 관한 규정이 있는 경우에는 해당되지 않는다. 그러나 애초 社員總會의 決議에 의하여 理事의 代表權 制限이 가능하다고 하는 것은 原始定款에 그러한 내용의 代表權 制限이 존재하지 않는 것을 전제로 새로이 그러한 제한을 설정하는 경우를 말하는 것이다.

社員總會의 決議만으로 「理事의 代表權 制限」을 할 수 있다는 해석은 제41조와의 관계에서 많은 문제점을 안고 있음을 알 수 있다.

위와 같은 문제가 발생하는 것은 지금까지의 通說이 「理事의 代表權 制限」에 관한 現行民法의 규정 체계가 依用民法과는 달라졌음에도 불구하고 이를 전혀 고려하지 아니하고 依用民法의 해석을 그대로 現行民法의 해석에 끌고 들어온 데 그 원인이 있다고 생각된다.

2. 그러면 이러한 문제는 어떻게 해결할 것인가?

이에 관하여는 理事의 代表權의 「대내적 제한」과 「대외적 제한」이라는 새로운 개념들을 도입하여야 한다는 제안이 있다. 그리고 社員總會의 決議만이 있는 단계에서는 아직 「대내적 제한」이 있을 뿐으로서 각 理事는 法人에 대하여 그 決議에 좇아 대외적으로 法人을 대표할 의무를 부담하는 데 그친다.[44] 그리고 그 의무에 위반하여 代表行爲를 함으로써 法人에 손해가 발생하면 損害賠償責任을 진다(제65조 참조). 그러나 그 단계에서는 아직 「대외적 제한」은 존재하지 않으므로 各自代表의 원칙은 하등 제한되지 않았다. 따라서 각 理事의 代表行爲는 전적으로 유효하다는 것이다.

그러나 이러한 구별은 社團法人에 있어서 社員總會의 결의만 있고 아직 定款에의 기재가 이루어지지 않은 경우에만 한정하여 적용될 것인가? 오히려 보다 일반적으로 定款에 法人의 業務執行에 관한 절차·방식 또는 내용상의 제한 등이 정하여져 있다고 하더라도 그 전부를 고유한 의미의 「理事의 代表權 制限」이라고 보는 것은 무리이고 일정한 경우에는 이를 단지 내부적인 업무집행에 있어서 따라야 할 지침에 불과

44) 李好珽(註 1), 107면은 이러한 취지를 제59조 제 1 항 단서의 "총회의 결의에 의하여야 한다"라는 규정의 해석론의 틀 안에서 실시하고 있다. 이것은 위 규정이 없어도 이사가 대외, 대내를 포함하여 모든 업무집행에 있어서 定款의 規定과 社員總會의 決議에 좇아야 할 義務를 法人에 대하여 부담함에 비추어 오히려 당연한 것이다. 다만 종래의 학설은 위 법문을 이사의 대표권 제한에 관한 것으로 해석하여 왔으므로 그러한 해석에 대한 대안을 제시한 데 의미가 있다.

하다고 보아야 할 것이 아닌가 생각된다.[45)]

대개 法人 理事의 權限에 대하여는 대외적인 法人代表와 대내적인 事務執行으로 나누어 설명되고 있다. 그리고 이러한 구별은 民法 자체 내에 그 표현을 얻고 있다. 즉 제58조와 제59조를 대비하여 읽으면 이는 명확하다. 특히 제58조 제 2 항은 "理事가 數人인 경우에는 定款에 다른 규정이 없으면 法人의 事務執行은 理事의 過半數로써 결정한다"라고 정하고 있으므로 各自代表를 규정한 제59조 제 1 항 本文과는 확연히 대조가 된다.

위 제58조 제 2 항의 규정 자체로부터도 알 수 있듯이 定款의 정함에는 대내적인 事務執行에만 관련된 것이 있을 수 있다.[46)] 가령 "債務負擔行爲를 함에는 理事 3분의 2 이상의 同意를 요한다"는 定款 규정은 대내적인 事務執行에 관한 것인 동시에 「理事의 代表權 制限」에 관한 것인가? 필자의 생각으로는 위 제58조 제 2 항의 취지로 보아 이것을 원칙적으로 단지 대내적인 事務執行上의 결정요건을 강화하는 취지에 그치는 것이고 理事의 代表權 制限과는 관계가 없는 것이라고 생각된다. 그렇다면 가령 "法人의 財産을 처분함에는 社員總會의 決議를 요한다"는 규정이 定款에 있다면 이는 어떠한가? 현재의 學說은 일치하여 이를 「理事의 代表權 制限」이라고 본다.[47)] 그러나 위의 다른 예에 비추어 볼 때 그러한 이해가 의문의 여지 없이 타당한 것이라고는 보이지 않으며, 보다 정밀한 음미를 요한다고 생각된다. 특히 위에서 본 大法院

---

45) Reuter(註 40), §26 Rdnr. 14(S. 325f.)는, 독일의 실무가 理事會의 代表權 制限을 광범위하게 인정하는 것을 비판하고, 대표권 제한이 인정되는 것은 定款이 內部關係를 넘어서 外部關係에 대하여도 이를 제한하려는 意圖를 가지고 있다는 附加的인 표지(Hinweise)를 가지는 경우에 한정하여야 한다고 주장한다. 이것은 특히 定款上의 제한이 일정한 업무처리를 法人의 內部機關(社員總會 등)의 결의를 요하도록 하는 경우에 해당한다는 것이다. 이러한 주장은 우리에게도 크게 참고할 만한 것이라고 생각된다.

46) 그리고 通說은 대내적인 業務執行의 경우에도 "法에 明文의 規定은 없으나 定款의 規定 및 社員總會의 의결에 의하여야 한다"고 설명한다. 郭潤直(註 3), 255면; 金容漢(註 3), 185면 참조. 따라서 代表權의 "대내적 제한"이란 실은 이러한 업무집행상의 제한을 의미하는 것이라고 하겠다.

47) 郭潤直(註 3), 254면; 金容漢(註 3), 184면 참조.

의 1975년 판결은 그러한 定款 規定을 "內部關係에서 효력을 가지는 데 불과"하다고 한다. 그 취지는 결국 그러한 定款 규정이 있어도 이를 고유한 의미의 「理事의 代表權 制限」이라고는 할 수 없다는 것이 아닐까?

그러면 어떠한 경우에 「理事의 代表權 制限」이 있다고 할 것이냐? 분명한 것은 定款의 規定 자체가 明文으로 法人 代表權을 가지는 理事를 한정하거나 共同代表를 요구하고 있는 등으로 法人代表의 방식에 관하여 정하고 있는 경우이다(한편 商法 제317조 제2항 제9호, 제10호도 참조). 그리고 이러한 경우가 立法者가 理事의 代表權 制限에 관한 규정을 마련하면서 염두에 두고 있었던 예이다.[48]

한편 앞서 본 바와 같이 法人 내부의 의사결정절차에 관한 定款의 규정, 가령 일정한 사항에 대하여는 社員總會의 同意를 요한다고 하는 규정은 원칙적으로는 단순히 대내적인 業務執行上의 지침에 불과하고, 대외적으로 理事의 代表權을 제한하는 것이라고는 볼 수 없지 않을까? 물론 이러한 定款의 규정도 경우에 따라서는 대외적으로 理事의 代表權을 제한하는 것으로 해석되어야 할 경우도 있을 것이다. 그리고 그러한 예외를 어떠한 사정 아래서 인정할 것인가 하는 것이 장차의 연구과제이다.

3. 다른 한편 제59조 제1항 단서는 아예 理事가 法人을 대표함에 있어서 法人에 대하여, 즉 대내적인 관계에 있어서 부담하는 義務에 관한 규정이고, 理事의 대외적인 法人代表權의 制限에 관한 규정이 아니라고 볼 것이다. 우선 위 단서 규정 중 社員總會의 決議에 관한 부분만을 따로 떼어 「대내적 제한」으로 보는 것은 어색하고 그 규정 모두를 동일한 성질의 것이라고 보는 것이 자연스럽다. 또한 제41조는 理事의 代表權 制限은 定款의 규정에 의하여 할 것을 정면에서 밝히고 있으므로, 위 단서 전단("정관에 규정한 취지에 위반할 수 없고…")을 理事의 代表權 制限

48) 앞의 註 23 해당 본문의 장경근 의원 발언 참조.

에 관한 것으로 보게 되면 이는 동일한 사항을 이중으로 규정하였다는 말이 된다. 그러나 이러한 해석은 가급적 피하여야 할 것이다. 그리고 위 단서 전단의 文言 자체도 제41조와는 달리 반드시 理事의 代表權 制限에 관한 것이라고는 해석되지 않고, 오히려 理事가 法人을 代表하는 행위를 함에 있어서 따라야 할 法人 內部의 指針에 관한 것이라고 읽힌다.

물론 제59조 제1항 자체는 本文, 但書 모두 依用民法 제53조를 이어받은 것이고 依用民法時代에는 위 제53조 단서가 理事의 代表權 制限에 관한 것이라고 해석되고 있었으므로 現行民法 제59조 제1항 단서의 해석도 「母法」에 좇는 것이 타당하다는 의견도 있을지 모르겠다. 그러나 이미 여러 차례 말한 대로 우리 民法은 理事의 代表權 制限에 관한 한 전체적인 規定體系를 依用民法과 달리하고 있다. 따라서 依用民法時代의 해석은 더 이상 우리 民法의 해석에 원용될 수 없다고 생각된다.

(「金斗熙 博士 華甲記念論文集」, 1987, 3면 이하 所載)

[後　記]

1. 그 후에 나온 敎科書들을 살펴 보면, 민법 제60조에서 정하는 "제3자"의 범위에 대한 견해(本書 121면 참조)는 여전히 백중하게 나뉘어지고 있다. 制限說에 가담하는 것으로는, 金疇洙, 「民法總則」, 제3판, 1991, 201면; 李英俊, 「民法總則」, 1987, 877면; 張庚鶴, 「民法總則」, 1986, 333면이 있다. 그런데 유감스러운 것은, 이들이 모두 依用民法이 적용되었던 대법원 1962년 1월 11일 판결을 들어 "判例도 제한설을 취하고 있다"고 서술하고 있는 점이다. 그러나 위 대법원판결이 현행 민법 제60조에 대한 「판례」가 될 수 없음은 본문에서 지적한 대로이고, 오히려 대법원 1975년 4월 22일 판결을 중시하여야 할 것이다.

「판례가 어떠한 태도를 취하는가」를 정확하게 認識하는 작업이 결코 용이한 것이 아님을 말하여 주는 하나의 예가 될 수 있을 것이다.

그리고 無制限說에 가담하는 것으로는, 高翔龍, 「民法總則」, 1990, 225면이 있다. 이는 필자가 주장한 바와 같이 立法者의 意思를 중시하고 있다. 아울러 "거래의 상대방이 背信的 惡意者라고 판단될 때에는 그러한 악의자의 권리행사에 대하여 信義則에 반하는 權利濫用의 문제로 다룰 수 있음은 가능한 일이지만, 이는 別個의 문제"라고 하여, 필자와 같은 뜻(本書 126면 참조)을 덧붙이고 있다.

2. 다른 한편, 과연 어떠한 경우에 「理事의 대외적인 代表權의 制限」을 인정할 것이냐에 대하여, 高翔龍, 앞의 책, 226면은 "실제로 社員總會의 議決에 의해서 理事의 代表權을 제한한다는 대부분의 경우는… 이사의 직무집행권한의 범위를 한정하는 경우를 의미한다. …理事가 이에 위반한 경우에는 그 의결에 위반한 데 지나지 않기 때문에 理事와 法人 간의 문제가 생길 뿐, 對外的으로 등기하지 않은 이상 理事의 行爲는 그대로 유효하게 된다"고 한다. 이는 대체로 필자와 같은 취지(本書 128면 이하 참조)라고 생각된다.

나아가, 필자의 위 글에서는 지적되지 않았으나, 관점을 바꾸어서 法人登記實務上 어떠한 것이 「理事의 代表權의 制限」으로서 그 登記適格이 인정되고 있는가 또는 인정될 수 있는가도 살펴 볼 필요가 있다고 생각된다. 探問한 바에 의하면, 법인 이사의 共同代表에 관한 정함과 特定理事(가령 소위 理事長)에만 대표권을 부여하는 정함 이외에는 등기된 예가 없다고 한다. 그러나, 이는 물론 그 이외의 정함은 「代表權의 制限」으로서 登記할 適格이 없는가 하는 문제와는 별개이다.

5. 無權代理人의 責任

—民法 제135조의 沿革에 遡及하여—

I. 序　說

1. 民法 제135조는 다음과 같이 규정하고 있다.

"① 他人의 代理人으로 契約을 한 자가 그 代理權을 증명하지 못하고 또 本人의 追認을 얻지 못한 때에는 相對方의 選擇에 좇아 契約의 履行 또는 損害賠償의 責任이 있다.

② 相對方이 代理權 없음을 알았거나 알 수 있었을 때 또는 代理人으로 契約한 자가 行爲能力이 없는 때에는 前項의 規定을 적용하지 아니한다."

이 규정이 대리권 없이(대리권의 범위를 넘는 경우를 포함한다) 타인의 대리인으로 계약을 체결한 사람, 즉 無權代理人이 계약 상대방에 대하여 어떠한 요건 아래 어떠한 책임을 지느냐를 정한 것임은 물론이다.[1)]

1) 한편 民法 제136조는 無權代理人이 본인을 대리하여 상대방이 있는 單獨行爲(가령 債務免除·相計·同意·追認·取消·解除 등)를 한 경우에는 相對方이 그 無權代理行爲에 동의하거나 그 代理權을 다투지 아니한 때에 한하여 민법 제135조를 포함한 無權代理에 관한 규정이 준용된다고 정하고 있다. 그러나 민법 제136조에 의하여 無權代理人의 책임이 인정되는 경우는 많지 않으라라고 생각된다. 왜냐하면 相對方이 無權代理行爲에 동의한 경우에는 민법 제135조 제2항 전단("대리권 없음을 알았"을 때)에 의하여 無權代理人의 책임이 배제되기 때문이다. 민법 제136조에 해당하는 獨逸民法 제180조의 해석으로서 Staudinger/Coing(11. Aufl., 1957), §180 Rdnr. 6(S. 1045) 참조. 따라서 민법 제135조의 準用은 상대방이 대리권의 欠缺을 過失 없이 모르는 채 그 대리권을 다투지 아니한 경우에만 인정된다. 나아가 그 경우 責任의 內容에 관하여서도 의문이 있다. 적법한 代理權에 기하여 상대방 있는 單獨行爲를 하였다고 가정할 경우에도 본인이 그 행위

무릇 대리인이 그러한 계약을 체결할 대리권을 가지지 않는 경우에는, 表見代理가 성립하여 상대방이 이를 주장하는 경우를 제외하고는, 그 계약의 효과가 本人에게 미치지 않는다. 그렇다고 해서 그 계약의 효과가 代理人에게 당연히 미치는 것도 아니다. 왜냐하면 대리인은 「본인을 위하여」 대리행위를 한 것이어서 그 행위의 효과를 本人에게 귀속시키고자 의욕하였고, 자신이 그 계약에 구속될 의사는 없었기 때문이다.[2] 이와 같이 無權代理人이 한 계약의 법률행위적인 효과는 어느 누구에게도 귀속되지 않는데, 이에 대하여 계약 상대방에게 어떠한 경우에도 아무런 救濟手段이 주어지지 않는다고 하면, 계약이 유효하게 체결되었다고 믿은 계약 상대방은 현저하게 불리한 지위에 놓이게 될 것이다. 그러므로 일정한 요건 아래 계약 상대방에게 일정한 救濟手段을 부여할 필요가 있고, 민법 제135조는 바로 이 점에 대하여 규정하고 있는 것이라고 이해된다.

이와 같이 무권대리인과의 사이에 계약을 체결한 상대방에게 일정한 구제수단을 부여할 필요가 있음은 일단 수긍된다고 하더라도, 구체적으로 민법 제135조가 정하고 있는 內容에 대하여는, 그 규정을 文言 그대로 이해하는 경우에는, 다음과 같은 몇 가지의 의문이 제기된다.

첫째, 위 규정에 의하면 代理人에게 대리권의 흠결에 관하여 아무런 歸責事由가 없는 경우에도, 가령 本人의 授權行爲가 本人側의 事由

자체에 의하여 履行責任을 부담하는 경우란 거의 없다. 가령 取消에 의하여 본인이 부담하는 給付返還義務는 그 取消 자체의 法律行爲的 效力에 기하여 발생하는 것이 아니라, 주지하는 대로 不當利得에 관한 法律의 規定에 기하여 발생한다. 따라서 무권대리인이 상대방 있는 單獨行爲를 하였다고 하여 새삼 그가 무슨 이행책임을 져야 한다고는 생각되지 않는다. 그렇다면 "損害賠償의 責任"에 관하여서도, 그 내용은 일정한 履行責任이 있음을 전제로 하여서만 관념되는 履行利益의 賠償은 아니라고 할 것이다. 오히려 相對方이 그 단독행위가 유효하게 이루어진 것으로 믿었기 때문에 입은 손해만이 그 내용이 된다고 보여진다. 가령 取消가 유효하게 이루어졌다고 믿고 返還義務의 이행을 위하여 지출한 費用 등에 한정된다.

2) 무권대리인의 책임을 순전히 법률에 기한 것으로 이해하지 아니하고 일정한 범위에서 法律行爲的 性質도 가지는 것으로 보려는 일부 獨逸民法學者들의 견해에 대하여는 Michael Litterer, *Vertragsfolgen ohne Vertrag*, 1979, S. 27ff. 참조.

(예를 들면 意思無能力)로 무효인데 대리인이 이를 알 수 없었던 경우에도, 대리인은, 자신이 행위무능력자였던 경우를 제외하고는(同條 제 2 항 후단 참조), "계약의 이행 또는 손해배상의 책임"을 진다고 한다. 계약의 이행책임은 물론이고, 통설과 같이 그 경우의 "손해배상"이 履行利益의 배상을 의미한다고 하면,[3] 아무런 歸責事由가 없는 대리인에게 그와 같이 무거운 책임을 지게 하는 것은 너무 가혹하지 않은가? 민법이 그러한 책임을 인정하는 根據는 무엇이며, 또 그 근거와 위와 같이 인정되는 책임내용 사이에는 균형이 잡혀 있다고 할 수 있는가?

둘째, 契約相對方은 그가 대리인에게 대리권이 없음을 알았던 경우뿐만 아니라 그것을 "알 수 있었을 때"에도 무권대리인의 책임을 물을 수 없다고 한다. 그렇다면 위의 첫째의 경우와는 반대로 계약 상대방에게 지나치게 불리한 경우도 생길 수 있지 않을까? 가령 대리인은 자신에게 대리권이 없음을 충분히 알면서도, 거의 詐欺行爲에 가까운 害意를 가지고 또는 경솔하게 본인의 추인을 얻을 수 있으리라고 단정하고, 감히 대리행위를 하였는데, 상대방은 단지 사소한 過失로 그것을 알지 못하였던 경우가 그러할 것이다. 이러한 疑問과 관련하여서는 우선 위 규정의 "알 수 있었을 때"라는 요건을 보다 합리적으로 해석하여야 할 필요는 없는가 하는 문제가 제기되고, 나아가 일반적인 不法行爲責任과 민법 제135조에서 정하는 책임과의 관계는 어떠한가도 논의되어야 할 것이다.[4]

---

3) 高翔龍, 「民法總則」, 1990, 612면; 郭潤直, 「民法總則」, 新訂版, 1990, 500면; 金容漢, 「民法總則論」, 新訂版, 1986, 370면; 李英俊, 「民法總則」, 1987, 641면; 金疇洙, 제 2 판 「民法總則」, 1988, 382면; 張庚鶴, 「民法總則」, 1985), 608면.

4) 이러한 의문들과는 별도로, 민법 제135조와 관련하여서는 同條의 책임과 表見代理와의 관계에 관하여 주지하는 대로 학설의 대립이 있다. 종래의 通說은 表見代理가 성립하는 경우에는 계약 상대방은 무권대리인에 대하여 민법 제135조의 책임을 물을 수 없다고 한다("選擇不可說"). 최근의 문헌으로서 郭潤直(주 3), 483면 이하; 李英俊(주 3), 575면 이하; 張庚鶴(주 3), 598면 이하. 그러나 이 점에 대하여는 특히 근자에, 表見代理가 성립하는 경우에라도 무권대리인은 이를 이유로 상대방이 민법 제135조의 책임을 묻는 것을 막지 못한다고 하는 견해가 유력하게 되었다("選擇可能說"). 高翔龍(주 3), 593면 이하(그러나 同書 610면에서는 "무권대리라 하여도 表見代理가 성립하면 상대방이

2. 本稿는 이상의 문제들에 관하여 생각해 보기 위한 전제로서, 우리 民法 제135조의 典範이라고 생각되는 獨逸民法 제179조에 관하여 그 제정과정에서의 논의와 그 이후의 學說·判例를 살펴 보고, 이로부터 위 문제에 관한 약간의 示唆를 얻으려는 것이다.

최근 表見代理, 無權代理를 포함한 대리법 전반에 관하여 實務家가 유익한 작업결과를 정력적으로 발표한 바 있다.[5] 특히 「司法論集」 17집(1986), 1면 이하에 발표된 "無權代理人의 相對方에 대한 責任"은 민법 제135조에 대하여 제기되는 다양한 문제들을 다루고 있는 것으로서, 흥미로운 점이 많았다. 同 論文은 그 내용의 대부분을 독일민법 제179조에 관한 독일 민법학자들의 설명에서부터 얻고 있는데, 그 論旨 중의 약간에 대하여는 疑問이 없지 않다. 그러한 의문을 감히 토로함에 있어서는 다시 서독 민법학자들의 설명을 원용하려고 한다.

의욕한 대로 효력이 발생하기 때문에 무권대리인의 책임을 물을 필요가 없다"고 한다. 同書 594면에서의 입장, 즉 "表見代理의 요건을 갖춘 경우에도 상대방은 제135조에 의한 무권대리인의 책임을 선택할 권리가 있다"는 것과는 모순된다고 생각된다); 金容漢(주 3), 385면 이하; 金疇洙(주 3), 403면 이하. 독일에서도 우리의 表見代理에 해당하는 「默認代理」나 「外觀代理」(Duldungs- oder Anscheinsvollmacht)의 요건이 갖추어져 있는 경우에 관하여 견해가 대립되어 있다. 西獨의 判例, 가령 BGH *NJW* 1983, S. 1308은 選擇不能說을 취한다. 이에 대하여는 우선 MünchKomm/Thiele(2. Aufl., 1984), §167 Rdnr. 62(S. 1313f.) 참조. 한편 日本에서도 우리와 같은 견해의 대립이 있다. 그러나 판례는 우선 어음행위의 의무권대리에 관하여 最高裁 1958년 6월 17일 판결(「民集」 12권 10호 1532면)이 선택가능설을 취하였고, 일반적으로는 최근의 最高裁 1987년 7월 7일 판결(「民集」 41권 5호 1133면)이 選擇可能說을 취하였다. 이 문제는 李英俊 (주 3), 578면이 말하는 것처럼 대리제도의 「본질」에 관한 정당한 이해에 그 해결의 열쇠가 있는 것이라고는 생각되지 않는다. 이러한 거창한 「本質論」보다는, 각 당사자의 구체적인 이익을 비교형량해 보는 것이 더욱 유효한 방법이라고 할 것이다. 이에 관하여는 여기서 詳論하지 않으나, 결론적으로 필자는 選擇可能說을 택하고자 한다.

5) 李英俊 판사의 여러 論稿, 즉 代理에 관한 基礎概念的 硏究, 「法曹」 34권 9호(1985), 1면 이하; 代理權論, 「司法行政」 1986년 3월호 15면 이하, 4월호 8면 이하, 5월호 50면 이하, 6월호 38면 이하; 代理行爲論, 「月刊考試」 1986년 4월호 98면 이하, 5월호 67면 이하; 表見代理論——表見代理를 有權代理의 亞種으로 파악하려는 시론, 「安二濬 博士 華甲紀念論文集」, 1986, 105면 이하; 無權代理人의 責任, 「司法論集」 17집(1986), 1면 이하 등 참조.

Ⅱ. 民法 제135조의 沿革 및 다른 立法例

1. 민법 제135조는 依用民法 제117조에 직접적으로 연결된다. 민법안을 심의한 民議院 法制司法委員會의 民法案審議小委員會에서도 "現行法[依用民法을 말한다] 제117조와 同一한 趣旨"임을 전제로 하고 있고 (꺾음괄호 안은 인용자가 附記한 것임. 이하 같다)[6] 기타의 審議過程에서 이 점에 관하여 별다른 논의의 흔적을 찾을 수 없다. 다만 依用民法 제117조 제 2 항이 "相對方이 … 過失로 인하여 이를 알지 못한 때"라고 정하고 있던 것을, 民法案 제130조 제 2 항이 "相對方이 代理權 없음을 … 알 수 있었을 때"라고 한 것에 대하여 이를 "進步的"이라고 하여 환영하고 있을 뿐이다(머리점은 인용자가 적은 것임. 이하 같다).[7]

日本民法 제117조에 대하여는 그 制定過程에서 나음과 같은 설명이 이루어지고 있다. "本條는 대리권 없는 자가 타인의 대리인으로서 계약을 한 경우에 그 상대방에 대한 책임을 정한 것이다. 그 경우에 만일 본인이 … 추인하지 아니한 때는 代理權이 있다고 믿게 한 過失의 責任을 지지 않으면 안 된다. 本條 제 1 항은 즉 그 책임의 내용을 정한 것으로서, 대리인이 상대방에 대하여 손해배상의 책임을 부담함에 대하여는 諸國의 법률 규정이 일치하나, 나아가 상대방의 선택에 좇아 이행의 책임을 지우느냐 여부에 대하여는 立法例가 일정하지 않다. …[단지 손해배상의 책임을 정하는 입법례 열거 및 日本舊商法 검토] … 독일민법 초안에 있어서는 대리의 通則으로서 本條 제 1 항의 경우에 이행 또는 배상의 책임 있음을 규정한다. 이것이 거래의 안전을 유지하기에 적당한 규정이라고 인정되므로 이를 채용한다."(점선부분은 인용자가 생략한 것임. 이하 같다)[8]

---

6) 「民法案審議錄」, 上卷, 1957, 88면 상단.

7) 위 같은 곳 하단. 또한 依用民法 제117조 제 2 항 후단이 단지 "대리인으로서 계약을 한 자가 그 능력을 가지지 아니한 때"라고 정하였던 것을, 민법안 제130조 제 2 항 후단은 "… 행위능력이 없는 때"라고 명확하게 하였다.

8) 「未定稿本 民法修正案理由書」 自第一編 至第三編, 107면 이하. 여기서 無權代理人의

우리는 이러한 일본민법 제정과정에 있어서의 言明을 빌려 오지 않더라도, 그 규정의 내용 및 문언으로부터 우리 민법 제135조가 의용민법 제117조를 거쳐 獨逸民法의 이에 관한 규정, 즉 同法 제179조와 연결됨을 알 수 있다.[9] 따라서 이하에서는 獨逸民法 제179조가 성립하기까지의 과정을 살펴 봄으로써, 거기서 논의된 것들을 통하여 위에서 본 문제점들의 해결을 위한 端緖를 찾아 보려고 한다.

2. 로마法에서 대리인이 체결한 채권계약의 효력이 직접 본인에게 귀속된다고 하는 代理制度가 일반적으로 인정되지 않았음("누구도 타인을 위하여 약속할 수 없다"[Alteri stipulari nemo potest. D. 45. 1. 38. 17]는 法理는 비단 제 3 자를 위한 계약에만 적용되는 것이 아니다)은 주지하는 대로이다.[10] 代理的 關係에 대한 需要는 계약의 효과는 행위자 자신에게 귀속하되, 경우에 따라 제 3 자(本人)가 그와 아울러 그 책임을 지는 것을 인정함으로써 근근히 충족되고 있었다.[11] 따라서 무권대리인의 책임의 문제는 애초 제기될 여지가 거의 없었다. 왜냐하면 그 경우 설사 「본인」에게 계약의 효과가 귀속되는 일이 없다고 하더라도 실제의 행위자는 여전히 그 행위상의 채무를 부담하기 때문이다.[12]

普通法學에 있어서는[13] 17세기 이래 代理制度가 관습법상의 제도로

責任을 "대리권이 있다고 믿게 한 과실의 책임"이라고 한 것은 흥미를 끈다. 이 설명은 한편으로 그렇다면 "過失", 즉 귀책사유 없는 무권대리인에게도 책임을 인정하는 근거는 무엇인가 하는 의문을 들게 하는 側面이 있다. 그러나 다른 한편으로 여기서 "대리권이 있다고 믿게 한 過失"이라고 하는 것은 대리권 없는 자가 상대방으로 하여금 그에게 대리권이 있다고 믿게 한 것 자체가 過失이라고 하는 취지라고 읽히기도 한다. 그렇다면 여기서 "過失" 운운하는 것은 虛辭에 불과하고 별다른 意味가 없다고 볼 수도 있을 것이다.

9) 뒤에서 보듯이 독일민법을 제외한 주요한 다른 나라들의 民法은 실제로 無權代理人의 責任에 관하여 우리 민법 제135조와는 현저히 다른 태도를 취하고 있다.

10) Kunkel/Honsell, *Römisches Recht*, 4. Aufl., §49 I (S. 111f.); Max Kaser, *Das Römische Privatrecht* I, 2. Aufl., 1971, §62 I (S. 260f.).

11) 특히 法務官法에서 인정된 일정한 附加訴權(普通法學에서는 이를 "附加的 性質의 訴權[actiones adiecticiae qualitatis]"이라고 불렀다고 한다)에 기하여, 그러한 예외적인 경우에 대하여는 Kunkel/Honsell(주 10), §49 III (S. 114); Kaser(주 10), §62 IV 2 (S. 264).

12) Gerhard Frotz, *Verkehrsschutz im Vertretungsrecht*, 1972, S. 51 Fn. 107.

서 확고한 지위를 차지하게 됨에 따라, 무권대리인의 책임 문제가 성립할 기초가 생겼다. 그러나 초기에는 대리제도 자체가 로마法上의 行爲者本人責任原則을 다소 수정하는 데 그치는 것이었다. 즉 상대방의 본인에 대한 訴權이, 파피니아누스에 의하여 이미 인정된 바 있던 支配人訴權을 모범으로 한 準訴權(actio utilis ad exemplum institoriae actionis)[14]의 확장적용으로서 일반적으로 인정되는 한편, 대리인에 대한(또는 대리인의) 直接訴權은 惡意의 抗辯(exceptio doli)에 의하여 저지된다는 구성에 의하여 상대방과 본인 사이의 법률관계가 형성되었던 것이다. 따라서 無權代理의 경우에는 대리인에 대한 直接訴權에 대하여 惡意의 抗辯을 할 수 없다고 함으로써 無權代理人의 責任은 의문 없이 인정될 수 있었다.[15]

그러나 뒤에 ―부흐카(Buchka)의 획기적인 견해[16]에 좇아― 대리행위의 효과는 그 행위의 효력 자체에 기하여 애초부터 본인에게 직접 미치고 대리인에게는 미치지 않는다는 입장이 일반적으로 받아들여지고, 이로써 대리제도가 獨自性을 획득하게 되었다. 그러자, 원래 법률효과를 자신에게 귀속시키기를 의욕하지 않았고 따라서 더 이상 그 계약의 효력을 귀속시킬 수는 없게 된 無權代理人에 대하여 어떠한 책임을 지워야 할 것인가 또는 지울 수 있을 것인가 하는 문제가 본격적으로

13) 普通法學에 있어서의 무권대리인의 책임문제에 관한 이하의 서술은 Josef Hupka, *Die Haftung des Vertreters ohne Vertretungsmacht*, 1903, S. 20ff. ; Ludwig Mitteis, *Die Lehre von der Stellvertretung*, 1882, S. 164ff. 에 의거하는 바 크다.

14) 원래 支配人訴權(actio institoria)이란 소위 "附加的 性質의 訴權"의 일종으로서, 被用者(支配人 institor)가 점포의 또는 기타 영업(negotiatio)의 책임자로서 그 권한범위 내에서 영업상 채무를 부담하는 경우에 그 상대방이 雇傭主에 대하여 그 全額에 관하여 소구할 수 있는 訴權을 말한다. 이 訴權은 파피니아누스에 의하여 단지 지배인의 영업상 채무에 한정되지 아니하고, 보다 일반적으로 委任事務管理人(procurator)이 그 활동범위 안에서 그 事務本人을 위하여 채무를 부담한 경우에 확장되었다(Pap. D. 14. 3. 19 pr. ; Ulp. D. 19. 1. 13. 25 등). 이와 같이 하여 일정한 자의 행위에 기하여 제3자(본인)로 하여금 의무를 부담하게 하는 범위가 넓어짐으로써, 代理制度에 한 발자국 접근하게 되었다. 이에 관하여는 Kunkel/Honsell(주 10), § 136 Ⅴ 2(S. 381) ; Kaser(주 10), § 141 Ⅱ 5(S. 608f.) 참조.

15) Hupka(주 13), S. 20f. : Mitteis(주 13), S. 84ff. 참조. 이에 의하면 뮐렌브루크(Mühlenbruch), 푸흐타(Puchta), 방게로브(Vangerow), 그리고 후에 베르(Bähr) 등이 이러한 견해를 취하였다고 한다.

16) Buchka, *Die Lehre von der Stellvertretung*, 1852.

제기되었다. 그리고 이것이 19세기 후반의 보통법학에서 대리법과 관련하여 가장 의견이 분분한 論點의 하나가 되었다.[17]

일부의 普通法學說은 무권대리인은 원칙적으로 —즉, 保證約束이 인정되는 특수한 경우를 제외하고— 不法行爲로 인한 책임을 질 뿐이라고 주장하였다. 그에 따르면 무권대리인은 실제로는 故意의 경우, 즉 대리권의 흠결을 알면서 默秘한 경우에만 책임을 지게 된다. 왜냐하면 過失責任을 인정하는 아퀼리우스法에 의하여서는 단지 일정한 내용의 物損만이 배상되기 때문이다.[19] 그리고 그 경우 책임의 내용은 그 묵비로 인하여 발생한 손해, 즉 소위 消極的 利益에 한정되게 된다.[20]

한편 유력한 學說은 예링에 의하여 새로운 각광을 받은 「契約締結上의 過失」 法理를 무권대리인에게 적용할 수 있다고 주장하였다.[21] 그렇다면 그가 악의인 경우뿐만 아니라 단지 過失이 있는 경우에도 일반적으로 그의 책임을 물을 수 있게 되는 것이다. 물론 이 경우 책임의 범위는 체약상의 과실 법리에 따라 信賴利益에 한정된다.[22]

다른 한편 위에서 본 대로 무권대리인이 본인의 追認을 받을 것 또는 대리권이 존재하는 것에 대하여 保證約束을 한 경우에는 그 약속에 기한 책임, 즉 이행 또는 이행이익의 배상에 관하여 책임을 진다는 점

---

17) Werner Flume, *Das Rechtsgeschäft*, 3. Aufl., 1979, §47, 3 a (S. 801). 플루메는 Mitteis(주 13), S. 169를 인용하고 있다: "法學的 理性이 熱情과 두려움에 사로잡히는 극히 疑問에 찬 문제."

18) Max Kaser, *Römisches Privatrecht. Ein Studienbuch*, 10. Aufl., 1977, §50 I 1 a (S. 200) 참조.

19) 崔秉祚, 로마不法行爲硏究: Lex Aquilia, 서울대학교 「法學」 29권 1호(1988), 117면 이하.

20) 이상에 대하여 Hupka(주 13), S. 23; Mitteis(주 13), S. 164f. 참조. 브린츠(Brinz), 조이페르트(Seuffert), 헬만(Hellmann) 등이 이러한 견해를 취하였다고 한다.

21) 이미 예링은 그의 유명한 契約締結上의 과실에 관한 論文에서 "만일 대리인 스스로가 계약을 체결한다는 견해를 취한다면, 그에 대하여는 계약상의 과실(contractliche culpa)에 관한 원칙이 적용된다"고 말한 바 있다. Rudolf von Jhering, Culpa in contrahendo oder Schadensersatz bei nichtigen oder nicht zur Perfection gelangten Verträgen, in: *JherJb* 4(1961), S. 54.

22) Hupka(주 13), S. 25f.; Mitteis(주 13), S. 169ff. 참조. 라반트(Laband), 데른부르크(Dernburg), 그리고 위의 미타이스가 이 견해를 취하였다.

에 대하여는 異見이 없었다. 그런데 점차 無權代理人의 代理行爲 자체에 일반적으로 이와 같은 保證約束이 묵시적으로 포함되어 있다고 하는 견해가 유력하게 되었다. 가령 빈트샤이트는 "이러한 默示的 保證引受(Garantieübernahme)는 무권대리인이 타인의 이름으로 하는 어떠한 계약에도 존재한다. …당사자들이 代理權이 존재한다는 생각을 가지고 계약을 체결하는 경우에 어떻게 그와 같은 보증약속을 인정하지 않을 수 있겠는가?"라고 한다.[23] 이에 의하면, 무권대리인은 그 귀책사유의 유무를 불문하고 항상 이행이익에 관한 책임을 부담하게 되는 것이다.[24] 그리고 獨逸帝國法院의 판결도 이러한 태도를 취하였다.[25]

한 걸음 더 나아가 일부의 학설은 단순히 무권대리인이 손해를 야기하였기 때문에 책임을 져야 한다는 태도를 취하기도 하였다.[26]

3. 한편 近代의 여러 民法典은 無權代理人의 책임에 대하여 어떠한 태도를 취하고 있었는가. 이는 그 法典이 고유한 의미의 代理制度를 규정하고 있었는가 여부에 따라 그 모습을 크게 달리하게 된다.

---

23) Bernhard Windscheid, *Lehrbuch des Pandektenrechts* I, 9. Aufl., 1906, §74 Anm. 7a(S. 369).

24) 한편 Hupka(주 13), S. 32; Mitteis(주 13), S. 167ff.에 의하면, 침머만(Zimmermann)은 흥미로운 다른 이유에 기하여 무권대리인이 그 귀책사유 유무에 불구하고 履行責任을 져야 한다는 —빈트샤이트와 같은— 결론에 도달하였다. 침머만에 의하면, 本人은 무권대리인이 체결한 계약을 추인함으로써 상대방을 계약에 구속할 수 있으나, 相對方은 본인을 계약에 구속시킬 법적 가능성을 가지지 못한다. 그렇다면 상대방에게도 누구인가를 계약에 구속시킬 수 있어야 한다. 그 "누구"가 바로 무권대리인이라는 것이다.

25) 가령 獨逸帝國法院 1895년 5월 7일 판결(RGZ 35, 145): "그 책임은 授權行爲에 의한 대리인이 그 흠결을 알았는지 여부, 그에 있어서 무슨 害意나 過失이 있었는지 여부와는 상관없이 발생한다. … 또한 그 대리권이 구체적인 경우에 있어서 어떠한 이유로 흠결되었는지에 달려 있는 것도 아니다. …대리인은 항상, 대리권이 있음을 나타내고 그 대리권에 기하여 대리인으로 행위하여 계약을 체결하였으며 그로써 —그 행위양태로부터 인정되는 대로— 자신의 대리인으로서의 행위가 권한 있는 것이라는 점에 대한 묵시적인 보증을 표시하고 인수한 자이다. 양 당사자, 즉 대리인과 상대방이 대리권의 하자 없는 존재와 정당성을 믿고 또 전제한 경우에도 이러한 약정상의 관계가 다른 것이 되어야만 한다고 볼 이유가 없다. 왜냐하면 그러한 경우에도 대리인측에는 타인의 이름으로 계약을 체결한 모든 경우에 인정되는 바의 그 묵시적인 보증인수(stillschweigende Garantieübernahme)가 존재하기 때문이다."

26) Hupka(주 13), S. 34f. 참조. 기이르케(Gierke)나 레겔스베르거(Regelsberger)가 이

(1) 프로이센一般란트法, 프랑스民法 및 오스트리아民法은 고유한 의미의 대리제도를 알지 못하고 있었기 때문에, 무권대리인의 책임이라는 문제 자체를 정면에서 의식하지 못하였다. 이들 법전은 不法行爲와 같은 통상의 구제수단을 통하여 또는 개별적인 대리적 사안에 대한 特別規定을 통하여 무권대리인의 책임을 인정하였다.

(a) 프로이센一般란트法은 무권대리인이 책임을 지는 경우를 개별적으로 명백하게 정하고 있다. 가령 他人의 事務를 미리 委任(Auftrag)을 받음이 없이 처리하는 자는 本人에 대하여 뿐만 아니라 그 事務의 相對方에 대하여도 "책임을 지고(verantwortlich)"(I, 13 §229), 受任人이 委任人의 지시에 위반한 경우에 委任의 內容을 확인하지 아니하고 그와 행위한 相對方은 "受任人만을 상대로 하여야 하며(nur an den Bevollmächtigten halten)"(I, 13 §96), 受任人이 委任의 撤回를 默秘하고 행위한 경우에도 相對方은 역시 "受任人만을 상대로 하여야" 한다(I, 13 §171). 그러나 그 경우 책임의 내용에 대하여는 따로 정하지 아니하며,[27] 학설은 이 경우에 「契約締結上의 過失」責任에 관한 一般的 法理(I, 5 §§284ff.)의 적용이 있다고 한다. 따라서 輕過失의 경우에는 단지 소극적 손해만이 배상되는 것이다.[28]

(b) 프랑스民法에 있어서는 애초 무권대리인의 책임은 不法行爲에 기하여 인정된다. 주지하는 대로 프랑스民法은 대리제도를 알지 못하고 委任에 관한 규정이 있을 뿐인데, 同法 제1997조는 "受任人이 그 자격에서 체결하는 계약의 상대방에 대하여 자신의 權限에 관하여 충분하게 告知한 경우에는 [그 권한을] 넘어 행한 것에 대하여 아무런 保證을 引受하지 아니한다. 단 受任人이 個人的으로 그 보증을 한 경우에는 그러하지 아니하다."고 정한다. 이는 단지 대리인이 계약의 상대방에게 자신의

러한 태도를 취하였다고 한다.

27) 그 책임의 내용에 대하여 "손해전보(Schadloshaltung)" 또는 "행위의 무효로부터 발생한" 손해를 청구할 수 있다고 정할 뿐이다.

28) Hupka(주 13), S. 38ff. 참조.

권한의 내용을 알리고 따라서 상대방이 이를 알았을 경우에는, 대리인이 본인의 추인을 보증하지 아니한 한 책임을 지지 않는다는 소극적인 내용을 정한 것일 뿐이다. 그 이외에 무권대리인이 어떠한 경우에 어떠한 내용의 책임을 지는가에 대하여 적극적으로 정하는 규정은 없다. 學說은 그 책임은 일반 불법행위에 기하여 발생한다고 이해한다.[29] 따라서 무권대리인에게 過責(faute)이 없는 경우에는 책임이 발생하지 않는다.[30] 또한 위 제1997조에서도 알 수 있듯이 상대방이 代理權의 欠缺을 알고 있는 경우에는 무권대리인의 책임은 발생하지 않는다.[31] 그리고 이 무권대리인이 책임을 지는 경우에도 그 배상의 범위는 信賴利益에 한정되고, 履行利益에는 미치지 않는다고 한다.[32]

(c) 오스트리아民法은 代理와 위임 등의 그 內部關係를 명확하게 구별하지 않는 태도를 취하고 있다. 가령 同法 제1002조는 "자신에게 위임된 사무를 타인의 이름으로 처리하기 위하여 인수하는 계약을 委任契約(Bevollmächtigungsvertrag)이라고 한다."고 규정하고 있다. 그러나 학설은, 일치하여 兩者의 槪念的 區分의 필요성을 인정하고 있다. 그때 무권대리인은 어떠한 책임을 지는가? 오스트리아민법은 이 점에 대하여 아무런 규정을 두지 않고 있다.[33] 유력한 학설은, 무권대리인은 契約締結上의 過失을 이유로 하는 책임을 진다고 한다.[34] 즉, 모든 代理人은 상대방에 대하여, 자신에게 대리권이 존재하는지 여부에 관하여 주의하고 만일 이것이 흠결되어 있는 경우에는 이를 알릴 의무를 부담한다는 것이다. 그리고 자신에게 대리권이 없거나 또는 존재하는 대리권의 범위

29) "Mandat", in: *Répertoire de Droit Civil*, t. Ⅲ, 1953, no. 333(p. 341): Mazeaud/Juglart, *Leçons de Droit Civil*, t. Ⅲ v. 2, 2e partie, 5me éd., 1980, no. 1415(p. 872).

30) Murad Ferid, *Das französische Zivilrecht* Ⅰ, 1971, 1 E 367(S. 369).

31) 물론 無權代理人이 본인에 의한 追認(ratification)을 引受한 경우에는 그는 프랑스民法 제1120조에 기한 保證責任(obligation de porte-fort)을 진다. 그 책임은 契約上의 責任으로서, 相對方이 代理權의 欠缺을 알았던 경우에도 발생한다. 이에 대하여는 "Mandat"(주 29), no. 332(p. 341); Ferid(주 30), 1 E 368(S. 370) 참조.

32) Ferid(주 30), 1 E 367(S. 369); Hupka(주 13), S. 41ff.

33) Koziol/Welser, *Grundriß des bürgerlichen Rechts* Ⅰ, 6. Aufl., 1983, S. 140; Rummel/Strasser, *Kommentar zum ABGB*, Bd. 1, 1983, §§ 1016, 1017 Anm. 18(S. 1283).

34) 위 주 33의 곳.

를 넘어 행위하고 있음에도 불구하고 고의 또는 과실로 이러한 의무를 다하지 아니한 자는 상대방에 대하여 상대방이 계약의 유효한 성립을 믿었음으로 인하여 받은 손해, 즉 信賴利益을 배상하여야 한다는 것이다.[35] 물론 상대방이 대리권의 위와 같은 흠결을 알고 있는 경우에는 무권대리인은 책임을 지지 않는다. 그리고 相對方이 이를 過失로 인하여 알지 못하는 경우에는 책임이 전적으로 발생하지 않는다는 견해와 다만 輕減될 뿐이라는 견해가 있다.[36]

한편 商行爲에 관하여는 獨逸民法 제179조와 완전히 일치하는 내용의 規定이 있다.[37]

(2) 20세기에 들어와서 直接代理의 제도를 명문으로 인정하고 있는 여러 나라의 民法에서 無權代理人은 어떠한 책임을 지는가?

(a) 스위스債務法에서 무권대리인의 책임을 정하는 것은 同法 제39조이다. 그에 앞서 同法 제38조는 무권대리인이 체결한 계약이 본인에게 그 효력을 미치는지 여부는 본인의 追認(Genehmigung) 여부에 달려 있음을 정하고 있다. 이어서 제39조 제1항은 "追認이 明示的 또는 默示的으로 거절된 경우"에는, 무권대리인은 그가 "상대방이 대리권의 흠결을 알았어야 했음을 증명하지 아니하는 이상", "契約의 失效로 인하여 발생한 損害의 배상(Ersatz des aus Dahinfallen des Vertrages erwachsenen Schadens)"의 책임이 있다고 정한다. 여기서 "계약의 실효로 인하여 발생한 손해"란, 통설과 판례에 의하면, 信賴利益의 賠償을 의미한다.[38]

35) Rummel/Strasser(주 33), 同所는 이는 履行利益의 範圍를 넘지 못한다고 한다. 또한 Gschnitzer나 Klang/Stanzl은 이행이나 이행이익의 배상에 대한 책임도 가능하다는 의견이라고 한다. Koziol/Welser(주 33), S. 140 Anm. 37 참조.

36) Koziol/Welser(주 33), S. 141 u. Anm. 38 참조.

37) 1938년의 EVHGB(Verordnung zur Einführung handelsreclithcher Vorschriften im Lande Österreich) 제8조 제11호(4). 그 원문은 Rummel/Strasser(주 33), §§ 1016, 1017 Anm. 20(S. 1284)에 수록되어 있다.

38) Becker, in: *Berner Kommentar zum OR*, Bd. I, 1941, Art. 39 Anm. 6(S. 191); von Tuhr/Peter, *Allgemeiner Teil des Schweizerischen Obligationenrechts* I, 3. Aufl., 1979, S. 403; Theo Guhl, *Das Schweizerische Obligationenrecht*, 7. Aufl., 1980, S. 152.

그리고 同條 제 2 항은 대리인에게 歸責事由가 있는 경우에는, "그것이 형평에 맞는 때에는" 법관이 "기타의 손해", 즉 履行利益의 배상을 명할 수 있다고 정한다.[39]

위와 같은 무권대리인의 책임의 法的 性質에 관하여는 이를 契約締結上의 過失의 관점에서 설명하는 견해가 있다.[40] 그러나 이를 不法行爲의 성질을 가지는 것이라고 이해하는 견해도 있다.[41]

(b) 이태리民法 제1398조는 "권한이 없이 또는 부여된 권능의 제한을 넘어서 대리인으로서 계약을 체결한 자는 제 3 자인 계약자가 그 과실 없이 계약의 유효를 믿었음으로 인하여 (per avere confidato senza sua colpa nella validità del contratto) 입은 손해에 대하여 책임이 있다."고 정한다. 이는 명백히 善意無過失의 상대방이 입은 信賴利益의 배상을 정한 것이다.

Ⅲ. 獨逸民法 제179조의 制定過程에서의 論議

1. 독일민법 제177조 내지 제179조는 無權代理에 관하여 규정하고

39) 스위스債務法이 1911년 대폭 개정되어 위와 같은 규정이 마련되기 전에는, 무권대리인의 책임에 관한 同法 제48조는 무권대리인에게 귀책사유가 있는지 여부에 따른 구분을 함이 없이 단지 "손해배상(Schadensersatz)"의 책임이 있다고 정하였을 뿐이었다. 그리고 통설이나 판례는 이 때 "損害賠償"이란 信賴利益의 배상을 의미한다고 이해하였다. Ernst Rabel, Der sogenannte Vertrauensschaden im schweizerischen Recht, in: *Gesammelte Aufsätze*, Bd. 1, 1965, S. 164f. m. w. N. (원래는 *Zeitschrift für schweizerisches Recht*, Bd. 27(1908), S. 312f.) 참조. 따라서 그에 따르면, 履行利益의 배상은 비록 무권대리인에게 귀책사유가 있는 경우에도 —新法에 있어서와는 달리— 인정되지 않았던 셈이다. 그러나 이에 대하여는 反對의 입장이 없지 않다. 가령 Hupka(주 13), S. 77f.; *Protokolle* Ⅰ, S. 158=*Mugdan* Ⅰ, S. 750는 여기서 "損害賠償"을 이행이익의 배상을 내용으로 하는 것으로 이해하고 있다. 한편 舊스위스債務法 제821조는 무권대리인이 어음행위를 한 경우에는 "만일 대리권이 수여되었었다면 본인이 책임을 졌을 것과 같이" 무권대리인이 개인적으로(persönlich) 책임을 진다고 정하고 있었다.

40) 가령 von Tuhr/Peter(주 38), S. 404는 무권대리인이 契約交涉狀態에 들어옴으로써 발생하는 準契約的인 의무를 —비록 귀책사유가 없더라도— 위반한 것으로 봄이 옳다고 한다. 또한 Becker(주. 38), Art. 39 Anm. 5(S. 191)도 이 청구권은 불완전한 계약관계에 기한 것이기 때문에, 契約 類似의 성질을 가지는 것이고, 不法行爲의 성질을 가지는 것은 아니라고 한다.

41) 가령 Oser/Schönenberger, *Zürcher Kommentar*, Bd. 5, 1. Teil, 2. Aufl., 1929, N. 7 zu Art. 39 OR 참조.

있다. 우선 제177조 제1항은 어떤 사람이 대리권 없이 대리인으로 "계약을 체결한 경우"에는 본인에 대한 그 계약의 효력 유무는 本人의 追認 여부에 의함을 정한다. 同條 제2항은 追認의 方式에 관하여 정하고 있는데, 그 내용은 (i) 계약상대방이 본인에 대하여 追認 여부를 催告한 경우에 추인의 의사표시는 그 계약 상대방에 대하여 하여야 하며, 그 최고 이전에 본인이 대리인에 대하여 한 추인 또는 추인의 거부는 효력이 없게 된다는 것(제1문), (ii) 追認은 최고를 수령한 후 2주일 내에 하여야 하며 그 기간을 도과한 경우에는 追認은 거절된 것으로 본다는 것(제2문)이다. 제178조는 상대방의 撤回權에 관하여 정한다. 즉, 계약의 추인이 있기까지 계약 상대방은 계약을 철회할 수 있으나, 다만 계약체결시 대리권의 흠결을 알고 있었을 경우에는 그렇지 않다(그러므로 과실로 인하여 알지 못하였더라도 여전히 계약을 철회할 수 있다).[42] 그리고 撤回는 대리인을 상대로 하여서 하여야 한다고 한다. 제179조는 무권대리인의 책임에 관한 것이다.

> "① 대리인으로서 계약을 체결한 자는, 그 대리권을 증명하지 못하는 한, 본인이 추인을 거부한 경우에는, 상대방에 대하여 그 상대방의 선택에 좇아 이행 또는 손해의 배상을 할 의무를 부담한다.
> ② 대리인이 대리인의 흠결을 알지 못하였던 경우에는, 그는 상대방이 대리권의 존재를 신뢰함으로 인하여 받은 손해만을 배상할 의무를 부담한다. 그러나 그 액은 계약이 유효함으로 인한 이익을 넘지 못한다.
> ③ 대리인은 상대방이 대리권의 흠결을 알았거나 알았어야 했을 경우에는 책임을 지지 아니한다. 또한 대리인이 행위능력이 제한된 자인 경우에는, 그가 법정대리인의 동의 아래 행위한 것이 아닌 한, 책임을 지지 아니한다."

이 규정을 우리 民法 제135조와 비교할 때, 무엇보다도 우리 민법에는 대리인이 대리권의 흠결에 관하여 善意인 경우에 그의 책임 내용을 信賴利益의 배상으로 하는 獨逸民法 제179조 제2항과 같은 규정이 없

42) 서독의 通說이다.

음이 주목된다. 여하간 이와 같은 독일민법(이하 BGB라고 한다) 제179조의 規定內容에 따라서 다음의 3가지 사항으로 나누어 그 성립과정을 더듬어 보기로 한다.[43]

첫째, 무권대리인의 책임 발생을 위한 代理人側의 要件(A).

둘째, 무권대리인의 책임 발생을 위한 相對方側의 요건(B), 즉 상대방에게 일정한 사유가 있는 경우에는 무권대리인의 책임이 발생하지 아니하는데, 그 "일정한 事由"의 내용은 어떠한가 하는 점이다.

셋째, 무권대리인의 責任의 內容(C). 이에 관련하여서는 위 A, B의 문제에 대한 해결내용에 따른 책임내용의 차이에 대하여도 살펴 보기로 한다.

2. 獨逸民法 제1草案 제125조는 다음과 같이 정하였다.

> "① 계약의 체결에 있어서 자신에게 대리권이 없음을 고지하지 아니한 대리인은, 그 계약의 추인이 거부된 경우에는, 상대방에 대하여 스스로 책임을 진다(persönlich verhaftet). 상대방은 그 선택에 따라 이행이나 계약불이행으로 인한 손해배상을 청구할 수 있다.
>
> ② 대리인의 책임은 상대방이 그 대리권의 흠결을 알고 있었던 경우에는 발생하지 아니한다."

(1) 우선 A에 관하여. BGB 제179조가 단지 客觀的인 代理權의 欠缺만을 요구하고 있는 데 반하여 위 草案 規定은 그 이외에도 그 흠결을 고지하지 아니하였을 것(nicht kundgegeben hat)을 요구하고 있다. 뒤집어서 말하면 대리인이 비록 대리권이 없더라도 계약을 체결함에 있어서 그와 같은 대리권의 欠缺을 告知하였다면 무권대리인의 책임은 발생하지 아니한다는 것이다. 이에 대하여 理由書는 다음과 같이 설명한다. "어떤 사람이 자기에게 대리권이 없음을 공연히 밝혔는데도 제3자가 그를 대리인으로 하여 계약을 체결하였다면 그로써 그 제3자는 本人이

43) 이 과정은 동시에 19세기 후반 독일의 錯綜한 普通法學說이 여과되어 獨逸民法 안에 實定化되어 가는 과정을 잘 보여 주는 하나의 예로서도 흥미를 자아낸다.

추인을 실제로 하거나 또는 추인을 거부할 때까지 계약에 구속되겠음을 표시하였다고 인정할 수 있다."[44] 따라서 본인이 추인을 거부하더라도 그것은 그 제 3자가 애초에 인수한 危險이 實現된 것에 불과하므로, 그는 대리인에 대하여 책임을 물을 수는 없다는 취지인 것으로 해석된다. 그러나 그러한 취지는 이해되는 바가 있다고 하더라도, 위와 같은 告知 여부를 무권대리인 책임 발생의 요건으로서 내걸어야 할 것이냐에 관하여는 疑問이 있다. 위에서 보는 위 초안 규정의 제 2항은 無權代理人의 責任은 상대방이 그 대리권의 흠결을 알고 있는 때에는 발생하지 않는다고 정하고 있다. 대리인의 위와 같은 告知가 있으면 상대방은 그 대리권의 흠결을 알게 될 것이므로, 위와 같이 고지 여부를 문제 삼지 않더라도 어차피 위 제 2항의 규정에 의하여 무권대리인이 책임을 부담하지 않는 결과에 있어서는 마찬가지이기 때문이다.

그런데 이와 같이 一見 不必要하다고 생각되는 요건을 내건 것과 관련하여서는 약간의 우여곡절이 있다. 소위 제 1위원회가 게프하르트(Albert Gebhard)의 總則編 部分草案을 놓고 초안 작성을 위한 심의를 하는 과정에서,[45] 무권대리에 관하여는 審議의 "便宜와 短縮을 위하여", (i) 대리인이 대리권 없음을 표시한 경우와, (ii) 자신에게 대리권이 있다고 적극적으로 표시하였으나 실제로는 대리권이 없었던 경우를 나누어, 그 각각에 대하여 심의가 진행되었다.[46] 그리고 우선 前者의 경우에 대하여 追認의 許容, 그 方式 등에 관하여 심의를 하고,[47] 이어서 後者의 경우에 대한 심의에 들어갔다. 우선 追認에 관한 前者의 경우에 관한 審議結果를 後者에 대하여도 원용하고, 또 상대방의 撤回權에 관한 심

44) *Mugdan* I, S. 487.

45) 독일민법 제정작업의 일반적인 外的 經過와 그 方式에 관하여는 Werner Schubert, *Materialien zur Entstehungsgeschichte des BGB*, 1978, S. 27-68을 보라. 게프하르트에 관하여는 同書, S. 73f. 참조.

46) 이하의 審議過程에 대하여는 별다른 지시가 없는 한 Jakobs/Schubert(Hrsg.), *Die Beratung des BGB*, Allgemeiner Teil, 2. Teilband, 1985, S. 889ff.에 의하였다.

47) 한편 이 경우에는 상대방의 撤回는 허용되지 않는다는 태도를 정하였다.

의를 하였다. 그리고 이어서 대리인의 책임에 관한 심의를 하는 과정에서 제3의 경우, 즉 무권대리인이 계약 체결시에 대리권의 존재에 관하여 아무런 言明도 하지 아니한 경우는 어떻게 할 것이냐가 논의되어, 이 경우는 위 (ii)의 경우와 마찬가지의 책임을 인정하기로 결정되었다.[48] 그러나 이에 대하여 별도의 규정을 두지는 아니하기로 하여, 이 제3의 경우와 위 (ii)의 경우를 포함하여 대리인의 책임을 정하는 규정을 마련한 것이 바로 위 초안 제125조 제1항의 "대리권이 없음을 고지하지 아니한 대리인" 운운인 것이다. 이와 같은 經過에 비추어 여기서 특히 대리인이 그 대리인 흠결을 「고지」하지 아니하였음을 그 책임 발생의 요건으로 요구하는 것이라고 일견 이해되는 위 초안의 문구는 실제로는 위와 같은 條文整理상의 필요에 의하여 삽입된 것이라고 하겠다.[49]

이와 같이 無權代理人의 責任이 인정되기 위한 代理人측의 요건으로서 따로 代理權의 欠缺에 대한 歸責事由의 존재를 요구하지 않는 草案의 태도에 대하여 보다 심도 있는 정당화논거는, 뒤에서 보는 대로 대리인의 "默示의 保證約束"을 인정하는 것과 아울러, 제1위원회의 議事錄에서 발견할 수 있다. 게프하르트의 原案에 대하여는[50] 위 위원회의 심의과정에서 상당한 수의 修正案이 제기되었는데, 그 중 여기서 중요하다고 생각되는 것은 요호브(Johow)의 것이다. 그것은 "상대방이 대리권의 흠결을 알 수 있었을 때"[51]와 아울러 그리고 "무권대리인이

48) "去來觀念에 의하면 제3자의 이름으로 행위하는 것 자체에 제3자가 상응하는 代理權을 [자신에게] 수여하였다는 主張이 포함된다." Jakobs/Schubert(주 46), S. 894.

49) 후에 제2초안을 마련하는 과정에서, 이 文句는 마치 대리권의 흠결을 알면서 이를 "告知"하지 아니한 경우만을 포함하고 대리인이 대리권의 흠결을 몰랐기 때문에 이를 고지하지 아니한 경우에는 그 책임이 발생하지 않는다는 오해를 불러 일으킬 소지가 있다고 하여 削除되었다. Jakobs/Schubert(주 46), S. 921. 애초 게프하르트의 總則編 部分草案 제122조 제1항도 "대리권 없이 타인의 이름으로 법률행위를 한 자는 本인이 거부된 경우에는…"이라고 하여 고지 여부를 문제삼지 않았었다. 게프하르트의 초안규정은 同書, S. 888을 보라. 애초의 초안규정은 무권대리인의 책임이 발생하기 위한 상대방측의 요건에 대하여는 아무런 언급이 없었다. 이 점에 관하여는 뒤의 註 53을 보라.

50) 한편 게프하르트는 심의과정에서 위 註 49에서 본 부분초안 제122조 제1항 다음에 "상대방이 대리권의 흠결을 알았거나 알았어야 했을 경우에는 책임은 발생하지 아니한다"는 규정을 삽입할 것을 제안하였다. Jakobs/Schubert(주 46), S. 893 참조.

51) Jakobs/Schubert(주 46), S. 893.

그 대리권의 흠결을 모른 데 대하여 책임사유 없는 錯誤에 빠져 있던 (in entschuldbarem Irrtum) 때"에는 무권대리인의 책임은 발생하지 않는다는 反對提案이었다.[52] 이에 대하여,

> "多數는 주요한 점에 있어서 현행법에 부합하는 草案의 원칙에 찬동하였다. 多數意見은, 대리권을 가진다고 표시한 자는 누구나 전적으로 그리고 어떠한 과실을 고려함이 없이, 그 주장한 대리권이 존재하고 또는 요구되는 추인이 事後的으로 얻어진다는 데 대하여 책임을 져야 함(einstehen müssen)을 去來利益(Verkehrsinteresse)이 요구한다는 것을 그 출발점으로 한다. 대리인이라고 주장한 자는 가령 타인 소유의 물건을 매도하거나 주관적으로 불능한 행위를 할 의무를 부담한 자보다 더 유리한 지위에 놓여져서는 안 될 것이다."[53]

이 立論은 주목할 만한 여러 가지 논점을 제시하고 있다. 첫째, 去來利益을 전면에 세우고 있다는 점, 둘째, 그가 대리인의 책임을 설정함에 있어서 그 對比로 타인의 물건의 賣渡人의 擔保責任과 原始的 主觀的 不能(Unvermögen)의 급부를 약속한 자의 責任을 들고 있다는 점(이들은 모두 그 責任發生要件으로서 義務者의 귀책사유가 요구되지 않는 경우이다) 등이다.

(2) 다음 B에 관하여 보면, 상대방이 대리권의 흠결을 알고 있는 경우에 무권대리인이 책임을 지지 않음에 대하여는 별다른 설명을 가하고 있지 않다. 단지 "제 3 자가 대리권의 흠결을 알았을 경우에 대리인의 책임은 필연적으로(notwendig) 불발생한다."고만 할 뿐이다.[54] 위에서 인용한 理由書의 언명(위 註 44 본문 참조)이 바로 이에 관한 근거가 된다고 생각했기 때문이 아닐까? 오히려 문제는 상대방이 "알았어야

52) 이 反對提案은, 대리인이 고의적으로 欺罔하려 한 경우에는 상대방이 대리권의 흠결을 알 수 있었을 경우에도 무권대리인에게 책임이 부과되어야 한다는 내용의 —예외에 대한— 예외를 포함하고 있다.

53) Jakobs/Schubert(주 46), S. 893. 그리고 게프하르트의 案 및 요호브修正案의 "알았음과 알았어야 함을 동일하게 취급하자는 제안은 승인되지 아니하였다." 그 이유는 뒤의 註 55의 本文에서 인용한 이유서의 설명과 같다.

54) *Mugdan* I, S. 488.

했을(hätte kennen sollen)" 경우에 대하여 어떻게 정할까 하는 점이다(위 註 50, 51 참조). 이에 대하여 理由書는 다음과 같이 草案의 태도를 설명하고 있다.

> "스위스債務法 제48조[1911년 大改正 전의 조항. 現行 스위스채무법 제39조 해당]와 같이 상대방이 그 흠결을 모르기는 하였으나 알았어야만 했을 경우에도 책임을 배제하는 것은 의문이다. 책임이 대리인의 책임사유(Schuld)에 기하여 발생하는 것이 아니라, 위에서 본 대로 默示의 保證約束(ein stillschweigendes Garantieversprechen)에 기하여 인정되는 것이라면, 상대방이 대리권의 존재에 대하여 주의를 기울여야 할 특수한 義務는 상정될 수 없는 것이다."[55]

이러한 이유서의 설명은 앞의 Ⅱ.2. 말미에서 본 바 있는 보통법학상의 유력한 學說, 즉 빈트샤이트의 견해에 의거하고 있는 것이다.[56]

(3) 마지막으로 C에 관하여. 이 점이 가장 논의가 많았던 부분이 아닌가 추측된다. 무권대리인의 責任의 內容을 어떻게 정할 것인가 하는 문제는, 다른 제도에서의 법률효과의 내용 결정에 있어서와 마찬가지로, 무권대리인에게 責任을 과하는 根據가 무엇이냐 하는 문제와 밀접한 관련을 가지고 논의되었다. 理由書는 그 간의 사정을 다음과 같이 전하고 있다.

> "이론적으로는 많은 사람들이 다음과 같이 주장할런지도 모른다. 이 경우에, 詐欺가 성립하지 않는 한, 契約締結上의 過失이라는 관점에 기초할 것이며 따라서 대리인의 책임은 소위 信賴利益에 한정되어야 한다고. 그러나 그것으로써는 去來利益이 충분히 고려되지 않는다. 적법한 대리인이라고 행위한 모든 사람이, 過失의 有無를 불문하고, 대리권이 존재한다는 것 또는 본인의 추인이 사후적으로 있으리라는 것에 대하여 전적으로 책임져야 한다는 것이 去來의 要求이다. …마찬가지로 代理人의 책임은 積極的 利益, 履行利益에까지 미쳐야 한다."[57]

---

55) *Mugdan* Ⅰ, S. 488.

56) 한편 理由書가 "거래관념에 의하면 타인의 이름으로 행위하는 것 자체에 이미 대리권이 있다는 주장을 포함한다"라고 하는 것(*Mugdan* Ⅰ, S. 487. 또한 위 註 48도 보라)은 위 註 23에서 인용한 바 있는 빈트샤이트의 주장을 이어받은 것이다.

57) *Mugdan* Ⅰ, S. 487.

여기서도 去來利益이나 去來의 要求가 理論的 主張을 양도하고 있음은 주목되어 마땅하다. 그리고 1848년의 獨逸一般어음令 제95조 제 1 항,[58] 1861년의 獨逸一般商法典 제55조,[59] 제298조 제 2 항이 마찬가지의 태도를 취하고 있음을 지적한다(그 외에 작센民法 제798조[60]와 드레스덴草案 제89조도 인용되고 있다).

그리하여 우선 信賴利益이 아니라 履行利益이 상대방에게 보장되어야 한다는 태도가 채택되었다. 나아가 이러한 이행이익은 어떠한 법률장치에 의하여 계약 상대방에게 보장될 것인가? 理由書에 의하면 "이행청구권은 이행이익에 대한 권리를 내포하는 것이기는 하나, 사정에 따라서는 不履行으로 인한 損害賠償이 이행보다 더 큰 것일 수도 있으므로", 이행청구권만을 상대방에게 부여하는 것은 적합하지 않다.[61] 그리하여 履行請求와 아울러 不履行으로 인한 損害賠償이 相對方에게 인정되게 되었다.

3. 獨逸民法 第 2 草案 제146조는 앞서 본 독일민법 제179조와 동일한 내용을 정하고 있다. 제 1 초안 제125조와 크게 달라진 것은, 첫째, 代理人이 자신의 대리권 흠결을 몰랐을 경우에 그는 信賴利益의 賠償責任만을 ―그것도 이행이익의 한도에서― 부담한다는 규정을 신설한 점(同 제 2 항), 둘째, 상대방이 대리인의 대리권 흠결을 알았을 때뿐

58) 獨逸一般어음令(Allgemeine Deutsche Wechselordnung) 제95조 제 1 항 : "代理權이 없으면서 他人의 任意代理人으로서 어음행위를 한 자는, 대리권이 수여되었었다면 本人이 졌을 責任과 마찬가지의 책임을 개인적으로 진다."

59) 獨逸一般商法典(ADHGB) 제55조 : "(1) 支配人이 아니면서 또는 商事代理權(Handlungsvollmacht)이 없으면서 대리인 또는 상사대리인으로서 商行爲를 하거나, 그 행위에 있어서 대리권을 넘은 자는, 제 3 자에 대하여 商法에 따라 個人的으로 責任을 진다. 제 3 자는 그 選擇에 따라 損害賠償 또는 履行을 청구할 수 있다. (2) 그 자가 지배인이 아니라거나 대리권이 없거나 대리권을 넘은 사실을 상대방이 알면서 그와 행위한 경우에는 책임은 발생하지 아니한다."

60) 작센民法 제789조 : "代理人으로 계약을 체결한 자가 事前에 代理人으로서의 資格을 가지지 못하거나 또는 그 權能을 넘은 경우에는, 그 계약이 후에 本人에 의하여 追認되지 아니한 한, 그 代理人은 契約相對方에 대하여 그 相對方의 選擇에 따라 그 스스로가 契約을 체결한 것과 같은 責任을 지거나 損害賠償의 책임을 진다."

61) *Mugdan* I, S. 488.

만 아니라, 알았어야 했을 경우에도 대리인은 책임을 지지 않는다고 규정한 점이다. 이 兩者의 態度轉換은 서로 연관되어 있다.

(1) 대리인이 대리권의 흠결에 관하여 善意였던 경우의 책임에 관한 規定의 新設은, 無權代理人의 責任 一般에 관하여 이를 신뢰이익의 배상에 한정하여야 한다는 提案에 대한 論議過程[62]에서 제 1 초안의 태도와 위와 같은 제안을 절충함으로써 이루어졌다.

이 提案은, 이 문제에 대한 당시의 법률이나 실무의 태도가 한편으로 이행책임 또는 이행이익의 배상책임을 인정하는 입장과, 다른 한편으로 신뢰이익의 배상책임을 인정하는 입장 사이에서 우열 없이 분열되어 있다는 주장에서부터 출발한다. 獨逸帝國法院은 대리권이 애초부터 전혀 수여되지 아니한 경우에 대하여 前者의 입장을 취하나, 이와는 달리 프로이센一般란트法이 적용되는 지역에서는 後者의 입장이 지지되고 있다. 제 1 초안은 특히 獨逸一般商法典 제55조, 제298조를 인용하는데, 이 규정들은 애초 授權行爲가 없거나 수여된 대리권이 踰越된 경우에 관한 것이고, 수권행위가 無效인 경우에 대하여도 적용되느냐는 의문의 여지가 있다는 것이다. 그런데 理論的으로 보면, 履行利益에 대한 책임을 인정할 根據는 薄弱하다. 첫째, 대부분의 경우에 保證約束을 인정하는 것은 하나의 擬制에 불과하다. 대리인이 악의로 무권대리행위를 하였다면 보증약속이 있다고 할 수 있을런지도 모르나, 대리권이 있다고 믿고 행위한 경우에는 그것을 인정할 수는 없다는 것이다. 둘째, 베르(Bähr)나 퇼(Thöl)이 주장하는 바와 같은, 계약을 체결하는 것은 원래 대리인 자신이나 단지 일정한 요건 아래 그 계약의 효과가 본인에게 미칠 뿐이라는 견해도, 直接代理制度의 원칙과 조화되지 않으며, 또 草案의 다른 規定도 그러한 견해에 입각하고 있지 않다. 결국 理論的으로 수긍할 만한 것은, 대리인으로서 행위하는 자는 自己危險負擔 아래(auf seine Gefahr) 행위한다는 설명뿐이다. 그렇다면 無權代理人의 責任은 제 1 초안 제98조,

62) *Mugdan* Ⅰ, S. 750f.

제99조, 제97조 제 3 항(錯誤로 인하여 意思表示가 無效인 경우에 과실 있는 錯誤者는 相對方에 대하여 信賴利益을 배상하여야 한다고 정한다)을 유추하여 信賴利益의 賠償에 한정되어야 한다. 이러한 이론적 근거는 실제적인 利益衡量("平均的 正義")에 의하여도 뒷받침된다. 만일 제 1 초안과 같은 태도를 취한다면, 대리인에게 대리권의 흠결에 관하여 전혀 歸責事由가 없는 경우, 예를 들면 본인이 授權行爲 시에 精神異常이었다거나 授權行爲가 取消할 수 있는 것이었다거나 授權證書가 僞造되었음을 대리인이 몰랐던 경우에도 相對方은 대리인으로부터 이행이익을 추구할 수 있다는 가혹한 결과가 된다는 것이다.[63)]

제 2 위원회는 이와 같은 제안을 한정된 범위에서 수용하였다. 즉, 代理人이 대리권의 흠결을 알았던 경우와 이를 알지 못하였던 경우로 나누어, 前者의 경우에는 제 1 초안에서와 같이 상대방이 대리인에 대하여 이행이익의 배상을 구할 수 있도록 하고, 後者의 경우에는 신뢰이익의 배상에 한정하도록 하였다. 議事錄은 다음과 같이 말한다.

> "代理人이 代理權의 欠缺을 알고 있었다면, 그는 惡意로(dolos), 즉 추인을 기대할 수 없음을 알면서 행위한 것이거나, 추인이 얻어질 수 있다고 확신하여 自己危險負擔 아래서(auf seine Gefahr) 행위한 것이다. 그 어느 경우에도 대리인이 스스로 이행 또는 적극적 이행이익에 대하여 책임을 지도록 하였다고 해서 무슨 不法이 행하여지는 것은 아니다. …그에 반하여 대리인이 그 대리권의 欠缺을 錯誤의 結果로 알지 못한 경우는 이미 法感情上으로도 그 법상태가 전혀 달라야 한다. 이 경우에는 제안 2의 견해가 타당하다. 왜냐하면 신뢰이익의 배상만으로도 거래의 필요(Verkehrsbedürfnisse)에 충분히 대처하는 것일 뿐 아니라, 평균적 정의의 요구를 고려하는 것이 되기 때문이다."[64)]

한편 이와 같이 代理權의 흠결을 알지 못한 代理人의 責任은 그 알

63) 그리하여 다른 한편으로 이러한 苛酷한 結果를 피하기 위하여, 대리인이 책임사유 없이 대리권의 흠결을 알지 못하였을 경우에는 전혀 책임을 인정하지 않아야 한다는 提案이 소위 제 2 위원회에서도 이루어졌다. *Mugdan* I, S. 731. 위 註 52의 본문에서 언급한 소위 제 1 위원회에서의 反對提案과 비교하라.

64) *Mugdan* I, S. 751.

지 못한 데 대하여 귀책사유가 없는 경우에도 인정되어야 하는가? 議事錄은 이를 긍정하면서 두 가지 이유를 든다. 첫째, 錯誤者의 責任에 관한 제 1 초안 제98조, 제99조에 대하여 제 2 위원회는 이미 제 1 초안에 있어서와는 달리 착오자의 過失 유무를 묻지 않고 그 책임을 긍정하기로 정한 바 있으므로(제 1 초안 제97조 제 3 항은 제 2 초안에서는 削除되었다), 이를 유추하여 무권대리인의 책임을 정한다면 무권대리인에게 귀책사유가 없는 경우에라도 책임을 져야 한다는 것이다. 둘째, 그 구분을 인정하여 대리인에게 귀책사유 없는 경우에 무권대리인의 책임을 부인하게 되면, 다시 상대방의 보호를 위하여 예외에 대한 예외(Unterausnahmen)를 인정하지 않을 수 없게 되어[65] "부적절한 決疑論(unangebrachte Kasuistik)"에 빠지게 된다는 것이다.

(2) 위와 같이 무권대리인의 책임이 그가 대리권의 흠결을 알았는가 여부에 따라 달라지게 되면, 이는 無權代理人의 책임을 배제하는 相對方側의 사정에 대하여도 영향을 미치지 않을 수 없다. 제 2 위원회는 상대방이 대리권의 흠결을 알았을 때뿐만 아니라, 알았어야 했을 때에도 무권대리인의 책임은 발생하지 않는다고 정하였다. 그 이유는, 그것이 "제 1 항에 관한 決議의 歸結"이고, 또 제 1 초안 "제98조, 제99조의 규정에 相應"하는 것이라는 데 있다.[66]

(3) 독일민법 제179조의 立法過程을 통하여 우리는 몇 가지 점에 주목하게 된다.

첫째, 無權代理人이 履行利益의 賠償責任을 지는 근거로서 그가 默示的 保證約束을 하였다는 1원적 구성이 애초 제창되었으나, 후에 그것은 "하나의 擬制"에 불과하다고 하여 배척되었다.[67]

65) 실제로 그 경우에 대리권이 본인의 착오 등에 기하여 수여됨으로써 결국 대리권이 흠결되게 되었다면 대리인이 아니라 本人이 신뢰이익의 배상책임을 져야 한다는 提案이 있었다. *Mugdan* Ⅰ, S. 749.

66) *Mugdan* Ⅰ, S. 752.

67) 따라서 李英俊(주 5.「무권대리인의 책임」), 9면이 "독일민법이 담보설에 입각하고

둘째, 독일민법 제179조의 입법근거는 2원적으로 설명된다.[68] 즉, 대리인이 대리권의 흠결을 알고 대리행위를 한 경우와 그것을 모르고 행위한 경우는 각기 그 책임 발생의 근거가 다르고, 이에 따라 그 責任의 內容도 달라진다. 前者의 경우에 그럼에도 불구하고 어떤 사람이 대리인으로서 계약을 체결하는 것은 특히 본인이 추인하리라는 것에 관하여 「自己危險負擔 아래」 행위함을 의미한다는 것이다. 그러므로 그 危險이 現實化되어 추인이 거부되었을 때에는 그는 그로 인한 모든 책임, 즉 履行利益에 관한 책임을 지지 않으면 안 된다. 그러나 後者의 경우 무권대리인은 일종의 强化된 契約締結上의 過失責任을 부담한다. 여기서 「강화된」이라는 형용사를 가하는 것은, 그는 비록 그에게 그 대리권의 흠결에 관하여 귀책사유가 없다고 하더라도 "去來의 必要" 또는 "去來利益" 또는 平易한 法的 規律의 이익, 즉 "부적절한 決疑論"의 회피를 위하여 책임을 져야 하기 때문이다.

Ⅳ. 獨逸의 判例와 學說에 있어서의 無權代理人의 責任의 根據

1. 독일의 判例 중에서는 獨逸帝國法院의 1922년 12월 16일의 判決(RGZ 106, 68)의 판시가 위 점과 관련하여 빈번하게 인용된다. 이 판결은 2차대전 후 西獨聯邦大法院의 판결(BGHZ 39, 45, 51)에서 인용되었을 뿐 아니라 상당수의 學說도 이를 인용하고 있다. 그 주요한 부분을 보면 다음과 같다.

> "法律行爲上의 去來에서 상대방에 대하여 他人의 代理人으로 등장하여, 본인과의 사이에 일정한 關係——그 관계로 말미암아 相對方은 대리인과의

있다"라고 하는 것은 잘못된 것으로 생각된다.

68) Litterer(주 2), S. 48f.는 이 점을 지적하여 종래의 1원적 논의를 공박한다.

계약체결에 의하여 그 행위의 效果가 本人에게 有效하게 歸屬된다는 信賴를 가지게 된다——가 있음을 알린 자는, 그 신뢰가 배신당한 때에는, 비록 그에게 무슨 主觀的인 歸責事由가 없었다고 하더라도, 그가 대리인으로 등장함으로 말미암아 생긴 相對方의 危險(Gefährdung)을 이유로 책임을 ——履行利得이든 또는 적어도 消極的 契約利得이든—— 져야 한다(소위 契約締結上의 過失 culpa in contrahendo). 타인의 이름으로 法律行爲를 한 자에 대한 이러한 去來利益上 요구되는 信賴保護의 思想(Gedanke des im Verkehrsinteresse erforderlichen Vertrauensschutzes)은… 독일민법에서 인정되고 있다."[69]

이 판시는 여러 모로 흥미롭다. 우선 이미 전의 獨逸帝國法院 판결(RGZ 35, 145) (위 註 25 참조)에서 거부된 바 있는 계약체결상의 과실의 법리가 다시 등장하고 있다. 그러나 무엇보다도 중요한 것은, "去來利益上 요구되는 信賴保護"라는 利益이 제179조 제1항·제2항을 불문하고 단일한 責任根據로서 제시되고 있다는 것이다.

2. 무권대리인이 제179조에 기하여 부담하는 責任의 根據 내지 理由는 무엇인가에 대하여 학설은 그 설명에 腐心하고 있다. 이 점에 관한 學說은 대개 그 근거를 1원적으로 파악하는 견해와 2원적으로 파악하는 견해로 나누어 살펴 보는 것이 적당하리라고 생각된다.

(1) 우선 前者에 대하여 보기로 한다.

(a) 플루메는 독일민법 제179조의 책임이, 제1항·제2항을 불문하고, 保證人責任(Garantenhaftung)이라고 한다.[70] 그는 독일민법 제1초안에서처럼 대리인으로 행위하는 것 자체가 하나의 保證約束(Garantieversprechen)을 내포한다고 이해하는 것은 하나의 擬制에 불과하다고 한다. 그러나 플루메에 의하면, 대리인은 그러한 행위를 함으로써 그가 대리

69) RGZ 106, 68, 73.

70) Flume(주 17), §47, 3 a(S. 801f.). 또한 Dieter Medicus, *Allgemeiner Teil des BGB*, 1982, Rz. 985(S. 341)도 同條 제1항의 책임에 관하여 "보증인책임"이라고 한다(그러나 同條 제2항의 책임에 대하여는 이 점에 관한 아무런 언급이 없다).

권을 가짐을 주장하는 것이다. 그에게 대리권이 없음을 미리 밝히지 아니하였던 한, 그것은 타인의 대리인으로 행위하는 것의 "自明한 意味"라고 한다. 이 주장(Behauptung)에 관해서는 대리인이 "말한 대로 받아들여"지며(beim Wort genommen werden), 따라서 "保證人으로서" 책임을 져야 한다(als Garant einstehen müssen)는 것이다.[71]

(b) 코잉은 독일민법의 法律行爲 規定에 관한 註解에서 다음과 같이 말한다. "제179조의 법적 기초가 법적 거래에 있어서의 信賴保護의 思想임은 의심할 여지가 없다. 無權代理人(falsus procurator)은 그에게 대리권이 존재하는 것과 같은 신뢰를 불러 일으켰기 때문에 책임을 지는 것이다. 제2위원회가 책임의 내용을 구분한 바 있으나, 그 사실은 이러한 출발점에 아무런 변경도 발생시키지 않는다."[72]

한편 에써도 일반적으로 歸責의 範疇와 責任發生要件을 논하면서, "言表(Erklärung)의 상대방은 당사자의 언표가 法的으로 근거가 있으며 또 그가 스스로 한 말에 責任을 질 것이라는 것을 信賴할 수 있어야 한다"는 것이 독일민법 제179조의 責任根據라고 한다.[73]

(2) 나아가 獨逸民法 제179조의 責任構造를 2원적으로 파악하는 견해를 살펴보기로 한다.

(a) 라렌츠[74]는 無權代理人이 그 대리권의 흠결을 알지 못한 경우에 부담하는 책임(同條 제2항)을 "純粹한 信賴責任(reine Vertrauenshaftung)"이라고 파악한다. 그 경우에 無權代理人의 責任은 信賴發生의 基礎事實(Vertrauenstatbestand)을 誘發하였다는 것에 기하여 발생하며, 歸責事由의 存在를 요구하지 않는다.

---

71) Flume(주 17), §21,7(S. 423)은 착오자 등의 손해배상책임에 관한 독일민법 제122조의 근거(ratio)는 "錯誤者가 자신의 言表에 의하여 상대방에게 자신의 말을 믿도록 하였다"는 데 있다고 한다.

72) Staudinger/Coing(주 1), §179 Rdnr. 2(S. 1036f.).

73) J. Esser, *Schuldrecht*, Bd. 1, 4. Aufl., 1970, §8 I 2(S. 52).

74) K. Larenz, *Allgemeiner Teil des deutschen Bürgerlichen Rechts*, 6. Aufl., 1983, §32 II (S. 617f.).

그러나 무권대리인이 그 흠결을 알았을 경우에는, 그가 인수한 위험을 인식할 수 있었고 상대방의 신뢰를 의식적으로 저버렸으므로 단지 신뢰이익이 아니라 履行利益에 대한 책임을 진다. 여기서는 "危險의 引受(Eingehung des Risikos)"가 책임의 근거를 이루는 것이다.

(b) 獨逸私法 전반에 걸쳐서 信賴責任(Vertrauenshaftung)이라는 제 3의 責任類型의 基礎的 構築을 시도한 카나리스는 독일민법 제179조에서 정하는 무권대리인의 책임을 독일민법 제122조에서 정하는 착오자 등의 책임이나 일부의 계약체결상의 과실 책임과 함께 「言表責任」(Erklärungshaftung)의 한 예로 위치를 부여한다.[75] 「言表責任」은 가령 外觀責任이나 「信任責任」(Anvertrauenshaftung) 등과 같이 신뢰책임의 유형 중의 하나인데,[76] 그 책임의 기초는 "누구나 자신이 한 진실에 부합하지 않는 언표에 대하여 책임을 져야 한다"는 데 있다. 그리고 무권대리인의 책임에 대하여는 보다 구체적으로 다음과 같이 설명하고 있다.[77]

독일민법 제179조는 言表責任이 歸責原理로서 過責原理(Verschuldensprinzip)가 아니라 危險原理(Risikogedanken)와 결합한 것이라고 설명될 수 있다. 즉, 代理人이 法律行爲에 개입한다는 것은 그로써 부가적인 危險源(Risikoquelle)이 創出되었음을 의미하는데, 이 위험에 대하여는 무권대리인이 책임을 지는 것이 타당하다는 것이다. 왜냐하면 同條 제 1항의 경우에는 대리인이 대리권의 흠결을 알면서 이를 상대방에게 알리지 아니함으로써 "自己危險負擔 아래" 행위한 것이기 때문이고, 同條 제 2항의 경우에는 통상 대리인이 善意의 相對方보다 그 자격, 즉 代理權의 欠缺을 인식할 可能性이 더 많고, 따라서 항상 相對方에 비하여 손해를 부담하기에 "보다 近接해 있기(näher dran)" 때문이다.

75) C-W. Canaris, *Die Vertrauenshaftng im deutschen Privatrecht*, 1971, § 43 Ⅲ (S. 532ff.).

76) Canaris(주 75), § 43(S. 526ff.).

77) Canaris(주 75), § 43 Ⅲ 2(S. 534f.).

3. 代理人은 그 대리권의 흠결에 관하여 자신에게 아무런 귀책사유가 없는 경우에도 언제나 同條의 責任을 부담하여야 하는가? 가령 본인이 수권행위 시에 겉으로는 드러나지 않는 精神病을 앓고 있었던 경우가 그러하다. 이 문제를 위와 같이 對立되는 견해들의 구체적인 試金石으로서 살펴 보기로 하자. 이에 대하여는 제한설과 무제한설의 대립이 있다.

(1) 플루메는 독일민법 제179조 제 2 항의 立法政策的 問題點에서 논의를 시작한다.

> "민법의 起草者들은 제179조 제 2 항의 책임을 錯誤取消의 모델에 따라 형성하였다. …그러나 제179조 제 2 항에 의한 無權代理人의 保證人責任(Garantenhaftung)은 그 기초에 있어서 법률행위를 錯誤를 이유로 取消한 자의 責任과는 전적으로 다른 것이다. 만일 代理人이 자신의 代理權에 관하여 착오에 빠진 경우만이 문제라면, 제122조에 상응하여 제179조 제 2 항의 무권대리인의 책임을 인정하는 데 반대할 것이 전혀 없다. 그러나 가령 授權行爲가 강박을 이유로 취소되었다고 할 때 代理人이 그 强迫에 대하여 아무것도 모르는 경우에도 제179조 제 2 항의 책임을 져야 한다면, 그것은 실제로는 자신의 錯誤에 대하여 책임을 지는 것이 아니라, 자신과는 아무런 관계가 없는 제 3 자의 强迫에 대하여 책임을 지는 셈이 된다.[78] 민법의 기초자들은 無權代理人의 책임에 관한 이와 같은 귀결을 알면서도 묵인하였다. 그러나 그러한 제 3 자의 强迫에 대한 代理人의 責任이 우리 法秩序의 一般原則에 부합하는가를 질문하여야 할 것이고, 이는 부정할 수밖에 없다."(부기된 註는 인용자의 것임)[79]

그리하여 플루메는 "代理權의 欠缺이 代理人의 認識可能性 또는 判斷可能性의 영역 밖에" 있는 경우에는 "法律의 文言과 起草者들의 意圖에 반하여" 無權代理人의 責任은 ――신뢰이익의 배상을 하지 않을 뿐만

78) 우리 民法에서는 이러한 법리는 인정되지 않는다. 獨逸民法 제123조 제 2 항과는 달리 우리 민법 제110조 제 2 항은 제 3 자의 詐欺의 경우(독일민법의 위 규정은 이 경우에 한정하여 정하고 있다)뿐만 아니라 제 3 자의 强迫의 경우에도 "상대방이 그 사실을 알았거나 알 수 있었을 경우에 한하여" 그 意思表示를 취소할 수 있다고 규정하고 있는 것이다. 李英俊(주 5. 「무권대리인의 책임」), 35면은 獨逸民法과의 이러한 차이를 고려하지 아니하고 우리 民法上의 論議로서 플루메의 주장을 援用하고 있다.

79) Flume(주 17), §47, 3 c(S. 807).

아니라— 아예 부인되어야 한다고 주장한다.[80] 그러므로 가령 授權行爲가 意思欠缺(그러나 행위무능력의 경우는 그러하지 아니하다)로 인하여 취소된 경우 등에는 무권대리인의 책임을 지지 아니한다는 것이다.

(2) 라렌츠는 플루메에 反對하여 위와 같은 경우에도 無權代理人의 責任을 긍정한다.[81] 라렌츠도 그 결론이 "代理人에게 현저히 가혹한 것"임은 인정한다. 그러나 "타인의 대리인으로 거래에 등장한 자는, 대리권이 흠결되거나 충분하지 아니할 때에는 상대방에 대하여 스스로 그의 信賴損害에 대하여 책임을 져야 한다는 위험을 인수한다는 것이 法律의 태도이다." 그러나 플루메는 法律의 태도에 반하여 위와 같은 태도를 취하고 있으므로, 그에 대한 反論으로 위와 같은 說明은 충분하지 않다고 볼 수도 있다. 그리하여 라렌츠는 덧붙인다. "대리인으로서 行爲하는 자는, 자신에게 대리권이 있다고 한 —비록 그것이 최선의 믿음에 기한 것이더라도— 그의 言明을 信賴한 자[즉 相對方]보다 그와 같은 손해를 부담하기에 보다 근접한(näher daran) 지위에 있다고 할 것이다."

(3) 카나리스의 의견은 약간 특색이 있다. 이 문제와 관련하여 위의 두 입장과는 다른 입장을 취한다. 그는 특히 제3자에 대한 표시에 의하여 수여되는 대리권(Aussenvollmacht)의 경우[82]에 그 授權行爲가 무효이거나 취소된 때에는 그 대리행위의 상대방도 진정한 法狀態, 즉 대리권의 흠결을 인식할 가능성을 대리인과 같은 정도로 가지고 있다고 한다. 따라서 그 「흠결」이 대리인의 「支配領域」에 연원하고 있다고는 할

80) Flume(주 17), §47,3 c(S. 808). Soergel/Leptien(11. Aufl., 1978), §179 Rz. 18(S. 1019)도 이 의견에 거의 찬성한다.

81) Larenz(주 74), §32 Ⅱ(S. 617). 그 외에 MünchKomm/Thiele(주 4), §179 Rdnr. 3 (S. 1364)도 "대리권의 흠결이 대리인과 상대방의 쌍방에 인식불가능한 경우에도 법률의 위험분배에 의하면 상대방보다는 대리인이 손해를 부담하여야 한다는 것이다"라고 하여 무권대리인의 책임을 긍정한다.

82) 독일민법에 있어서 代理權의 授與는, 반드시 본인의 대리인에 대한 의사표시로써 하여야 하는 것은 아니고, 제3자에 대하여 누구를 대리인으로 함을 표시함으로써도 할 수 있다(제167조 제1항). 後者의 方法에 의하여 수여된 代理權을 Aussenvollmacht라고 한다.

수 없는 것이다. 나아가 대리권의 존재에 대한 상대방의 신뢰는 대리인이 한 대리권 존재의 주장—설사 그러한 주장을 하였다고 인정할 수 있다고 하더라도—에 기한 것이 아니라, 本人의 代理權 授與의 意思表示에 기하고 있다는 것이다. 그리하여 카나리스는 위와 같이 제3자에 대한 표시에 의한 대리권 수여의 경우에 대하여 "目的的 適用制限(teleologische Reduktion)"에 기하여 제179조 제2항은 적용되지 않는다고 주장한다.[83]

V. 民法 제135조의 責任의 根據에 관한 說明의 한 試圖

1. 통설은, 민법 제135조를 "相對方의 保護와 去來의 安全을 꾀하고 나아가서는 대리제도의 신용을 유지하기 위하여" 무권대리인의 歸責事由를 요건으로 하지 않는 특히 무거운 책임을 무권대리인에게 부과하는 것이라고 이해하고 있다.[84] 이러한 說明에 대하여는 다음과 같은 비판이 있다.

> "이처럼 이 責任의 根據를 代理人 자신의 有責한 행위로부터 찾지 않고 相對方의 保護와 代理制度의 信用維持의 시각에서만 찾으려고 하는 견해는 필경 法律行爲의 根本原則인 私的 自治(Privatautonomie), 즉 自己決定(Selbstbestimmung)과 自己責任(Selbstverantwortung)에 일치하지 않는다. 代理人이 過失이 없는 경우에도 相對方에 대하여 履行利益(즉 債務의 履行 또는 履行利益의 賠償)을 부여할 것으로 法律이 규정한 것은 代理人 자신이 그럴 만한 「行爲」를 한 때문임이 분명할 터인데도, 責任의 근거가 될 代理人 자신의 「行爲的 要素」를 전혀 捨象하고 단지 相對方의 保護와 代理制度의 信

83) Canaris(주 75), §43 Ⅲ 2 Anm. 53(S. 535).

84) 高翔龍(주 3), 609면; 郭潤直(주 3), 498면; 金容漢(주 3), 368면; 金疇洙(주 3), 380면; 張庚鶴(주 3), 605면. 金容漢, 同所는 이는 不法行爲法에 대한 特則으로서 民法 제750조의 적용이 배제된다고 한다.

用維持만을 강조하는 것은 우선 方法論에 있어서 부당한 것이다. 뿐만 아니라 代理人의 相對方에 대한 責任의 근거를 相對方의 保護와 代理制度의 信用維持로부터 도출하려고 하면 그 責任의 범위는 相對方의 信頼保護에 그쳐야 할 것이므로, 그 責任의 내용은 信賴利益을 넘을 수 없을 것이다. 이것은 民法 제123조가 代理人의 責任을「履行 또는 損害賠償」으로 규정하는 것과 맞지 않는다. 우리 나라의 學說이 모두 本條의 代理人의 責任의 본질을 相對方의 保護와 代理制度의 信用維持를 위한 法定의 無過失責任으로 보면서도 本條가 말하는 損害賠償이 履行利益의 賠償이라고 예외 없이 설명하는 것은 앞뒤가 모순되는 것이다. 그러므로 獨逸學者들이 과거로부터 현재에 이르기까지 本條의 책임을 代理人의 행위로부터 끌어내려고 노력하고 있는 것은 이 점에서 타당한 방법으로 생각되는 것이다."[85]

"代理人의 責任은 대리권의 不存在로 어떤 損害가 발생하는 경우 無權代理人이「損害源」(Quelle des Schadens) 내지 危險源에 보다 근접하였다고 하는 점에서 무권대리인에게 부과되는 일종의「危險引受의 責任」(Risiko-übernahmehaftung)이다. 물론 本條에 의한 책임은 기능면에서 去來相對方의 보호나 代理制度의 信用維持에 공헌한다. 그러나 無權代理人의 相對方에 대한 책임은 無權代理人의 行爲 自體, 즉 代理人이 代理權이 있다고 주장한 행위에 대한 책임이다. 따라서 이 責任은 意思表示에 대한 책임이므로 私的自治 즉 自己決定·自己責任의 원칙으로부터 도출되는 책임이다. 代理權이 있다고 表示한 데 대한 책임이므로 代理權이 있었더라면 相對方이 얻을 履行利益의 附與가 責任의 內容으로 되는 것이다."[86]

그러나 무권대리인의 책임을 "意思表示에 대한 責任"이라고 할 수는 없다. 왜냐하면 대리인이 타인을 위하여 대리행위를 하는 경우에 그 효과의사는 그 타인에게 법률효과를 귀속시킨다는 것이고, 자신에게 그 법률효과를 귀속시킬 의사는 전혀 없는 것이다. 위 견해가 말하는 대로 민법 제135조의 책임은 "法定의 無過失責任"이지[87] 대리인이 한「의사표시」를 근거로 하는 책임이 아니다. 독일에서 독일민법 제179조의 책임을「言表責任」이라고 할 경우의「言表(Erklärung)」는 의사표시를 의미하는 것이 아니며, 그 책임이 代理權을 가지고 있다는 "自明한" 주장이 "말

85) 李英俊(주 5.「무권대리인의 책임」), 8면.
86) 李英俊(주 5.「무권대리인의 책임」), 11면.
87) 同所.

한 대로 받아들여져야" 한다는 일종의 信賴誘發의 責任임은 위에서 본 바와 같다.

위 견해는 한편으로 무권대리인의 책임이 "私的 自治, 즉 自己決定·自己責任의 原則으로부터 도출되는 責任"이라고 하면서도, "무권대리인의 책임은 대리권의 부존재로 인하여 상대방에게 발생하는 손해를 부담하여야 할 「위치에 더 가까이 있는 것」(näher daran)"이기 때문에 부담하는 "일종의 「위험인수의 책임」"이라고 한다. 그러나 앞에서 말하는 사적 자치의 원칙과 뒤에서 말하는 "위험근접"으로 인한 위험분배의 사상이 위 설명과 같이 평면적으로 連接될 수 있는 것인지 매우 의심스럽다. 위 견해는 한편으로 "私的 自治의 原則은 자기 일을 自己決定에 의하여 自己責任으로 自己支配한다는 當爲를 말하는 것으로서, 이로부터 법률행위 자유의 原則(契約自由의 原則), 所有權 自由의 原則(所有權絶對의 原則) 및 自己行爲 責任의 原則(過失責任의 原則)이 도출되는 것"이라고 하고, 한편 自己行爲 責任의 原則이란 "··· 自己의 行爲에 대하여도 故意·過失이 있는 때에 한하여 책임을 진다는 원칙"이라고 설명하고 있는 것이다.[88] 그렇다면 대리인에게 대리권의 흠결에 대하여 귀책사유가 없는데도 책임을 과하는 것이 "私的 自治, 즉 自己決定·自己責任의 原則으로부터 導出"될 수는 없을 것이다.

물론 「危險源에 보다 近接」해 있다는 것이 自己責任의 내용이 된다고 하면 그만일 것이나, 이는 「自己責任」의 의미를 극도로 희석시켜 無內容하게 하는 것으로서 결국 自己責任을 책임발생의 근거로 끌어들일 필요가 없게 한다. 오히려 무권대리인이, 그의 自己決定, 즉 자신이 아니라 본인에게 法律效果를 歸屬시킨다는 의사결정에도 불구하고, 그가 責任을 져야 한다면, 이는 私的 自治(Privatautonomie)와는 별개의 또는 그것을 보충하는 別個의 責任原理에 기한 것이라고 보는 것이 타당할 것이다.[89] 왜냐하면 無權代理人은 無權代理行爲를 함에 있어서 결코 自

88) 李英俊(주 3), 13면 이하.

己拘束(Selbstbindung)의 意思를 표시한 것이 아니기 때문이다.

또한 위 견해는 무권대리인의 책임은 "危險源에 보다 近接"해 있다는 점에서 부담하는 "일종의 「危險引受의 責任」"이라고 하나, "위험원에의 근접"과 "위험인수"는 설명의 차원이 다르다고 할 것이다. 앞서 본 라렌츠나 카나리스의 설명에서도 알 수 있듯이 "위험인수(Eingehung des Risiko 또는 Risikoübernahme)"는 대리인이 자신에게 대리권이 없음을 **알고 있는 경우**에는 인정될 수 있을는지도 모르나, 그것에 관하여 선의인 경우에까지 그러한 위험인수, 또는 소위 "自己危險 負擔 하의 行爲"를 인정할 수는 없다. 바로 그와 같은 경우에 귀책근거로서 인용되는 것이 危險原理, 즉 "危險源에의 近接" 내지는 危險領域(Gefahrenbereich)의 思考인 것이다.

결국 위의 견해는 독일민법의 규정과 우리 민법의 규정의 차이를 무시하고, 또 그 학설들이 말하고 있는 對象의 區別을 捨象한 바탕 위에서 독일의 서로 다른 내용의 各 學說들을 無批判的으로 평면적으로 羅列하고 있는 것이 아닌가 하는 疑心을 품게 한다. 그리고 獨逸學說 중에서도 信賴保護의 必要에 기하여 설명하는 有力한 觀點은 전혀 다루어지지 않고 있다.

2. 민법 제135조에서 정하는 無權代理人의 責任은 궁극적으로는 一種의 危險歸屬(Risikozurechnung)에 기한 責任이고, 가령 代理權의 存否에 관하여 계약 상대방에게 고지하여야 할 義務를 有責하게 違反함으로 인한 責任이 아니다.

(1) 無權代理人에게 "履行 또는 損害賠償"의 책임을 인정하게 되면, 相對方이 無權代理人과 계약을 체결함으로 말미암아 損害를 입을 위험

89) Canaris(주 75), §33(S. 412ff.)는 그러한 관점에서 信賴責任論에 대한 法律行爲論의 "이론적 독자성(dogmatische Selbständigkeit)"을 논한다.

은 매우 줄어든다.[90] 즉, 相對方은 無權代理人이 契約을 원래의 내용대로 이행할 能力이 없고 또한 그의 責任財産이 부족한 경우에만 불이익을 입게 되는 것이다. 물론 법률이 무권대리인에게 책임을 묻지 못한다는 태도를 취하였다고 하더라도, 相對方에게 그 위험에 대한 對備策이 전혀 없지는 않다. 그는 그와 계약을 실제로 체결하려고 하는 자가 누구의 代理人으로서 행위하는 것이라고 하는 경우에는 그 자가 실제로 代理權을 가지고 있는가를 미리 調査하여 보든가, 또는 그러한 조사를 하지 않은 경우에는 그 契約의 締結을 거부함으로써 자신의 利益을 지킬 수 있는 것이다. 그러나 이것은 현대 사회의 필수불가결한 法制度인 代理制度의 聲價를 현저히 떨어뜨린다. 조사를 위한 비용의 지출과 시간의 소모가 부담스러운은 물론이고, 그로 인한 계약 체결의 지연은 경쟁사회에서 기회의 포착을 늦춤으로써 치명적인 결과를 가져오게 할런지도 모른다. 또 경우에 따라서는 실제로 代理權이 존재함에도 대리인과의 계약 체결을 거부하게 될 수도 있다. 그러므로 相對方으로서는 가능하면 위험 없이 대리인과 거래할 수 있어야 한다. 다시 말하면 그는 대리권이 있다는 대리인의 주장을 신뢰하여도 좋다고(vertrauen dürfen) 할 수 있어야 하는 것이다.

이러한 制度의 利益, 나아가서는 相對方의 信賴利益은 無權代理人의 責任의 根據로서 어떠한 경우에도 重視되어야 할 것이다.

(2) 그러나 이러한 설명만으로는 아직 충분하다고 할 수 없다고 생각된다. 즉, 그것은 相對方의 保護 또는 代理라는 객관적 法制度의 聲價(통설이 말하는 "代理制度의 信用")만을 고려하는 데 그치는 것이다. 無權代理人이 책임을 지는 것이 정당화되기 위하여는, 하필 그가 타인 또는 소위 "社會"의 그러한 이익을 위하여 희생되어야 하는 이유, 그러한 책임을 져야 할 이유, 즉 歸責根據(Zurechnungsgrund)를 대지 않으면 안 된

90) 이하 J. Prölss, Haftung bei der Vertretung ohne Vertretungsmacht, in: *JuS* 1986, S. 169.

다. 通說이 一方的으로 信賴保護만을 강조하고 無權代理人측에 어떠한 歸責根據가 있는가를 제시하지 아니한 것은 문제가 있다고 할 것이다. 일반적으로 소위 信賴保護라고 하는 것은 相對方이 어떠한 法律關係 또는 言表의 내용이 진실한 것이라는 信賴를 가지고 있고 또 그러한 신뢰를 가질 만하다고 하여서 막바로 인정되는 것은 아니며, 그 信賴의 保護로 말미암아 不利益을 받는 자에게 그 不利益을 받을 만한 사유가 있어야 한다는 것이 우리 民法의 態度이다. 우리 民法이 단편적으로만 信賴保護에 관한 규정을 두고 있는 것은 바로 그러한 歸責根據를 단지 個別的인 制度와의 관련에서만 具體的인 모습으로 類型化할 수 있고, 그 歸責根據가 나아가 法律行爲責任에 있어서와 같은 體系規定的 一般性(systemprägende Allgemeinheit)을 아직 획득하지 못하였기 때문이라고 할 수 있을 것이다.[91] 그러므로 方法論으로서는 이와 같은 개별적 귀책근거를 구체적인 사안유형마다 적출하여 그 정당성의 내용을 음미하여 봄으로써 비로소 私的 自治의 原則과 소위 "信賴原則"과의 效力範圍를 적절하게 경계지을 수 있을 것이다.[92]

(a) 그러면 우리는 無權代理人의 歸責根據를 무엇이라고 할 것인가.[93] 먼저 代理人이 대리권의 欠缺을 모른 경우부터 살펴보기로 하자.

91) 따라서 일반적으로 信賴保護에 관한 民法上의 여러 制度들을 「信賴責任」(Vertrauenshaftung)의 이름 아래 통괄하는 데에는 의문이 있다. 거기서 責任의 인정 여부는 그 信賴 또는 그 「正當性」 有無에만 달려 있는 것이 아니고, 相對方의 行態 및 「正當한」 신뢰의 보호로 말미암은 相對方의 典型的인 法的 不利益 기타 사정 등을 아울러 고려하여 법이 그 보호의 필요성을 어떻게 평가하느냐에도 달려 있기 때문이다. 가령 우리 民法 제249조와 제250조에서 정하는 善意取得制度 내에서의 區別, 나아가 不動産善意取得의 不認定 등의 이유를 음미하여 보라. 이와 같이 逆說的으로 말하자면 信賴가 責任을 正當化하는 것이 아니라, 責任의 認定이 信賴를 정당화하는 것이다. 소위 信賴責任論에 대하여 비판적인 견해로서는 우선 E. Picker, Positive Forderungsverletzung und culpa in contrahendo —Zur Problematik der Haftung 'zwischen' Vertrag und Delikt, in: *AcP* 183(1983), S. 418ff. 참조.

92) 그러한 의미에서 代理人側에 —代理權의 흠결에 관한 歸責事由가 없음에도 불구하고— 책임을 지울 만한 어떠한 사유가 있는가를 탐구하여 보아야 한다는 李英俊(주 5. 「무권대리인의 책임」), 1면 이하의 주장에는 귀기울일 점이 있다고 하겠다.

93) 여기서는 論議를 任意代理의 경우에 한정하기로 한다.

우선, 事情에 따라서는 대리인으로 행위한 자는 자신에게 유효한 代理權이 있는가, 그 權限의 범위 내에서 행위하고 있는가 등을 조사·확인할 注意義務를 인정하고 그 의무위반에 대한 過失을 인정하여야 할 경우도 있을런지 모른다. 우리 민법의 대리제도에 있어서 代理權은 본인으로부터의 대리인에의 授權行爲에 의하여 발생하고, 本人이 제 3 자에게 대리권 수여의 사실을 통지하는 것으로는 민법 제125조의 表見代理는 성립할지언정 代理權은 발생하지 않는다(따라서 독일민법에서와 같은 소위 Aussenvollmacht 라고 하는 것은 존재할 수 없다). 이처럼 본인으로부터 授權의 意思表示를 수령한 代理人이 "그 意思表示의 유효성 또는 그 범위에 관하여 의심할 特別한 事情이 있음에도 불구하고" 이를 調査·確認하지 아니함으로 말미암아 代理權의 흠결을 알지 못한 경우에, 그는 그럼에도 불구하고 代理人이라고 칭하고 상대방과 행위한 데 대하여 責任을 져야 할 것이다. 또 우리 民法에서와 같이 授權行爲의 原因關係의 유·무효가 대리권의 존부에 직접 영향을 미치는 法制에 있어서(민법 제128조 등 참조), 代理人側에 존재하는 原因關係上의 瑕疵로 말미암아 그 授權行爲가 무효가 된 경우(따라서 나아가 代理權이 존재하지 않게 된 경우)에는, 그 瑕疵에 관하여 그 자신의 "過失"을 인정할 수 있다면, 이 역시 無權代理人의 責任을 인정할 근거가 된다고 하겠다.[94)]

問題는 대리인에게 그러한 "過失"을 인정할 수 없는 경우이다. 가령 本人의 授權行爲가 그의 事情으로 말미암아 효력이 없게 되었으나 대리인으로서는 자신의 代理權을 "의심할 特別한 事情"이 없었던 때(겉으로는 알 수 없는 本人의 意思無能力 또는 絕對的 被强迫 등) 또는 대리인측의 事情으로 대리권이 없게 되었더라도 그에 대한 대리인의 "過失"을 인정할 수 없는 때 또는 누구에게도 책임을 돌릴 수 없는 事由가 있었던 때 등이 그것이다. 그리고 결국, 無權代理人의 責任에 관한 한, 앞

94) 이 경우에 한정하여 보면 그것은 一種의 締約上의 過失責任이라고 할 수도 있다. 위 註 22 및 40의 각 本文 참조.

서 본 "過失"이 있는 경우의 그것보다 이 경우의 歸責根據에 대한 설명이 더 근본적인 것이라고 하지 않으면 안 된다. 왜냐하면 後者는 前者는 포괄할 수 있으나, 그 반대는 허용되지 않기 때문이다.

그 歸責根據는 다음과 같이 설명되어야 할 것이다. 어떤 사람이 他人의 代理人으로서 契約을 체결하는 行爲는 ―설사 그에게 아무런 歸責事由를 인정할 수 없다고 하더라도― 그 자체 당연히 그에게 代理權이 있다거나 혹은 本人이 자신의 무권대리행위를 追認할 것이라는 적어도 묵시적인 主張을 내포하는 것이다. 이 주장은 물론 그러한 事實의 存在를 保證하는 意思表示는 原則的으로 아니라고 할 것이다(따라서 默示的 保證은 특수한 사정이 있는 경우를 제외하고는 인정되지 않는다). 그러므로 후에 그가 代理人이 아님이 밝혀졌다고 해서 또는 본인이 追認을 거절하였다고 해서 그로부터 바로 無權代理人의 責任이 인정되는 것은 아니다. 그러나 相對方이 그 주장을 믿고 그에 기하여 財產的 處分을 행한 때에는, 이로 말미암아 相對方에게 손해가 발생할 危險이 생긴다. 상대방에게 그 信賴에 관하여 歸責事由가 없는 경우에는 그 위험은 正當하게 區劃된 危險領域의 原則에 따라 분배될 수밖에 없다. 그렇다면 그 위험은 대리인이 부담하여야 한다. 대리인은 자신에게 대리권이 없음으로 말미암은 損害發生의 危險을 상대방보다 더 잘 방지할 수 있고, 또는 적어도 그 可能性을 상대방보다 더 잘 考慮할 수 있었던 것이다. 즉 대리인은 상대방보다 더욱 그 危險源에 近接해 있는 것이다. 또한 타인의 代理人으로 행위하려고 하는 자는 항상 그 타인에 대하여 일정한 關係를 가지고 있으며("代理權 授與行爲의 原因關係"), 이 內部關係에 기하여 자신의 대리권에 관한 情報를 본인에 대하여 제3자의 지위에 있는 상대방보다 쉽게 획득할 수 있다(情報의 優位 Informationsvosrprung!). 그는 대리권이 없음으로 말미암아 생길지도 모르는 손해의 위험에 대한 抽象的 支配可能性(abstrakte Beherrschbarkeit)을 가지고 있는 것이다.

그러나 이 경우에도 "代理人의 責任"이라는 것의 내용이 왜 "履行

또는 履行利益의 賠償"이어야 하는가? 契約(無權代理에 있어서는 본인과 상대방 사이의 계약)이 유효하게 성립하지 아니한 경우에 相對方은 그 계약의 有效를 믿었음으로 인한 損害를 배상받음으로써 족하지 않은가? 이 점에 대한 說明은 아마도 역시 信賴保護의 관점을 끌어들이지 않고서는 불가능하리라고 생각된다. 즉, 相對方이 가지는 계약의 유효한 성립에 대한 신뢰를 보호하기 위하여 그 신뢰에 상응한 경제적 이익, 즉 履行利益을 추구할 수 있는 법적 수단을 상대방에게 부여하는 것이다. 앞서 본 少數說은 代理人의 相對方에 대한 책임의 근거를 상대방의 보호와 대리제도의 신용 유지로부터 도출하려고 하면 그 책임의 범위는 相對方의 信賴保護에 그쳐야 할 것이므로 그 책임의 내용은 信賴利益을 넘을 수 없을 것"이라고 하나, 이와 같은 信賴保護=信賴利益의 賠償의 等式은 성립되지 않는다고 생각된다. 상대방의 신뢰를 보호하는 방법에는 가령 表見代理나 善意取得과 같이 그 신뢰에 상응하는 法律效果를 적극적으로 인정하는 방법(카나리스의 積極的 信賴保護 positiver Vertrauensschutz)과 그 신뢰에 상응하는 法律效果를 인정하지는 아니하되 損害賠償으로 한편으로 그 신뢰를 일으킨 자에 대한 信賴利益의 배상청구를 인정하는 방법(소위 消極的 信賴保護 negativer Vertrauensschutz)이 있는 것이다.[95] 과연 신뢰보호의 법적 수단을 인정할 것이냐, 인정한다면 어떠한 수단을 인정할 것이냐는 그야말로 立法者의 政策的 判斷에 달려 있는 것이다.[96] 우리 민법 제135조의 경우에는 오히려 積極的 信賴保護를 인정하여 그 신뢰대로의 법률효과를 인정하되, 단지 그 法律效果의 歸屬點을 表見代理에 있어서와 같이 본인으로 하지 아니하고 위와 같은 歸責根據가 있는 無權代理人으로 한 데 특징이 있다고 하여야 할 것이다.[97] 그렇게 이해함으로써 독일민법과 같이 대리인이 대리권의 欠缺

95) Canaris(주 75), S. 5ff. 참조.

96) 高翔龍(주 3), 609면은 민법 제135조를 "私的 自治의 原則에 기인한 規定이 아니고… 政策的 次元에 기인한 규정이라고 이해한다.

97) 이러한 立法的 決斷이 立法政策上 바람직한 것인가에 대하여는 의문이 있다. 우리 民

에 관하여 善意였는지 여부에 따라 法律效果에 차이를 두지 않는 우리 民法의 태도를 統一的으로 설명할 수 있으리라고 생각된다.

(b) 또한 無權代理人이 스스로 대리권이 없음을 알고 있었던 경우에는 그 歸責根據는 보다 강화된다. 그 경우에 無權代理人은 ―詐欺의 의사가 없다고 하더라도― 적어도 本人의 追認을 얻을 수 있다는 점에 관하여 「自己危險負擔 아래서」 행위한 것이다. 그리고 그러한 대리권의 不存在事實을 상대방에 대하여 默秘함으로써 상대방이 대리권과 계약을 체결할 것인가를 결정하기에 이르는 狀況에 意圖的인 操作을 가하였다.[98] 즉, 만일 상대방이 대리권의 欠缺을 알고 따라서 대리행위의 有效 여부가 본인의 追認 여부에 달렸음을 알았다면 상대방은 계약을 체결하지 않았을지도 모르는데, 대리인은 의도적으로 이러한 선택의 가능성을 차단하였던 것이다. 따라서 상대방이 그러한 代理人에 의하여 의도적으로 조작된 상황 아래서 한 결정이 그가 원하였던 대로의 결과를 가져올 責任을 代理人에게 지울 수 있는 것이다.

(서울대학교 「法學」 31권 3·4호(1990), 182면 이하 所載)

[제 3쇄 후기]

重刷의 기회에 136면 註 4의 말미에서 "결론적으로 필자는 選擇可能說을 취하고자 한다"는 부분을 삭제한다. 이 문제에 대하여는 信賴保護에 관한 民法上의 다른 規定(가령 제249조 이하의 善意取得, 제470조 등의 無權利者에 대한 辨濟 등)도 포함하여 다른 기회에 보다 상세한 의견을 밝히고자 한다.

法의 態度에 대한 說明에는 앞에서 본 대로 필연적으로 아직 一般化하기는 어려운 責任理原를 끌어들여야 하는 難點이 있다. 立法論的으로는 스위스債務法과 같은 態度가 가장 바람직하다고 생각된다.

98) Prölss(주 90), S. 171.

[제5쇄 후기]

민법 제135조에 대한 재판례는 본문에서 별로 다루지 않았는데, 기회에 여기서 주요한 것을 들어둔다.

(1) 우선 大判 62.4.12, 4294민상1021(집 10-2, 87)이 있다. 이 판결은 민법 제135조에 대한 전통적인 견해(본문의 주 84 등 참조)를 그대로 표명하고 있다는 점에 흥미롭다.

> "대리권의 유무는 대리인과 본인과의 내부적 관계에 불과하고 제3자로서는 그 대리권의 존부에 대하여 용이하게 알 수 없으므로 대리권이 있다고 믿었던 상대방을 보호함으로써 거래의 동적 안전을 기하기 위하여 민법은 여러 가지의 규정을 두었으나 그중의 하나로서 민법 제135조(구민법 제117조)에서 규정하는 무권대리인의 무과실 책임에 관한 규정이라 할 것이다. 즉 다른 사람의 대리인이라고 칭하여 계약을 체결한 자가 그 대리권이 있음을 증명하지 못하거나 또는 본인의 추인을 얻지 못하였을 때에는 그 무권대리인에 있어서의 과실 유무를 불구하고 상대방의 선택에 따라 계약의 이행 또는 손해를 배상하지 아니하면 아니되는 것이다. 그러나 위와 같은 원칙에 의하여 무권대리인에게 무과실 책임이 있다고 하더라도 이와 같은 규정은 선의의 상대방을 보호하자는데 있으므로 상대방이 대리권이 없음을 알았다거나 알 수 있었음에도 불구하고 알지 못하였던 상대방까지를 보호할 필요는 없는 것이다."

그리하여 "[원심이] 원고인 [무권대리행위의] 상대방에게 피고인 무권대리인의 대리권 유무를 조사할 책임이 있는 것 같이 판단함으로써 원고의 입증책임을 인정하였음은 무권대리에 대한 법리를 오해한 위법이 있다"고 설시하여 원심판결을 파기하고 있다.

(2) 또한 최근에 나온 大判 2014.2.27, 2013다213038(공 상, 700)은 "민법 제135조에 따른 무권대리인의 상대방에 대한 책임은 무과실책임으로서 대리권의 흠결에 관하여 대리인에게 과실 등의 귀책사유가 있어야만 인정되는 것이 아니고, 무권대리행위가 제3자의 기망이나 문서 위조 등 위법행위로 야기되었다고 하더라도 그 책임은 부정되지 아니한다"고 정면으로 판시한다(본문의 134면 말미 이하 참조).

이 사건은 피고가 대리권 없이 부동산소유자를 대리하여 원고에게 근저당권을 설정하여 주었는데 후에 원고가 그 소유자에게 위 근저당권의 설정등기를 말소하여 주어야 한다는 확정판결을 받자 원고가 피고에 대하여 민법 제135조의 책임을 물은 것이다. 원심은 "원고 명의의 근저당권설정등기가 원인무효로 된 것은 피고의 대리행위 없이 소외인을 자칭한 사람이 본인으로 나서 직접 원고와 근저당권설정계약을 체결하였더라도 그 결과가 마찬가지라는 점에서 소외인을 자칭하는 사람의 위법행위 때문이지 피고의 무권대리행위에서 비롯된 것이 아니"라는 이유로 피고에게 민법 제135조의 책임이 없다고 판단하였다. 대법원은 위와 같이 판시하고 원심판결을 파기하였다.

6. 民法 제176조에 의한 時效中斷

Ⅰ. 序　　說

民法의 규정들을 읽어 가다 보면, 평소에는 별로 注意를 하지 못하였던 規定들이 음미할 점을 안고 있음을 종종 발견하게 된다. 그 중의 하나가 제176조("押留, 假押留 및 假處分은 時效의 利益을 받은 자에 대하여 하지 아니한 때에는 이를 그에게 通知한 後가 아니면 時效中斷의 效力이 없다.")이다. 이 규정의 用語와 意味에는 몇 가지 분명히 하여 두어야 할 점이 있다. 먼저 거기서 사용되고 있는 用語에 관하여 살펴 보는 것으로써 導入으로 삼고, 나아가 그 適用例로 인정되고 있는 "物上保證人이 제공한 抵當不動產의 任意競賣"의 경우를 내세워서, 위 규정의 解釋과 관련한 몇 가지 문제를 살펴 보기로 한다. 이를 검토하여 나가는 과정에서 위 규정의 입법이유 등을 음미해 볼 기회가 있을 것이다.

Ⅱ. 時效의 利益을 '받은' 者에 대한 時效中斷?

(1) 우선 이 規定에서 "時效의 利益을 받은 자"라는 부분은 왜 過去型으로 되어 있을까. 이미 時效의 利益을 받은 자라면 그의 財產에 押留 등이 행하여졌다고 하여서 애초에 時效中斷事由가 발생하였다고 할

수 없다. 왜냐하면 이미 時效가 완성된 후에야 비로소 "時效의 利益을 받았다"고 할 수 있는 것이고, 따라서 이제 와서 새삼스럽게 押留 등을 행하여 본들, 이미 완성된 바인 時效의 진행이 中斷된다고는 도저히 말할 수 없기 때문이다. 오히려 押留 등이 이미 時效가 완성된 債權 등에 기하여 행하여져서 잘못된 것이므로, 異議 등에 의하여 是正되어야 하지 않을까.

(2) 이 규정에 관련하여 民法의 制定過程을 살펴 보면, 조금 놀라운 事實이 발견된다. 국회에 정부안으로 제출된 民法案의 제167조는 "…時效의 利益을 받을 자에 대하여…"라고 하여 未來型으로 되어 있다. 이는 民法案에 대한 審議를 진행한 第3代國會의 「제26회 國會定期會議速記錄」 제42호에 附錄으로 수록되어 있는 民法案을 보아도 그렇게 되어 있고,[1] 民議院 法制司法委員會 民法案審議小委員會의 審議結果를 수록한 「民法案審議錄」에도 마찬가지이다.[2] 이러한 官刊의 文書에서뿐만 아니라, 刊記에 의하면 1954년에 발행된 것으로 되어 있는 張厚永의 「現行民法總論」에 附錄 2로 수록되어 있는 "民法總則草案"에서도 역시 그러하다.[3]

그리고 그 후의 民法 審議過程에서 위와 같은 原案의 內容에 대하여 수정을 가한 흔적은 전혀 보이지 않는다. 단지 原案에서 "執留, 假執留…"라고 하는 것을 "押留, 假押留…"로 字句修正하는 法司委의 修正案이 채택되고 있을 뿐, 여기서 문제되고 있는 "時效의 利益을 받을 자"에 대하여는 一言半句의 말이 없다. 그런데 어찌하여 1953년 2월 22일 공포된 民法에는 그 제176조가 "…時效의 利益을 받은 자…"라고 되어 있을까.[4] 이 점 어떻게 설명할 수 있는지 알지 못하겠다.

---

1) 同 附錄 15면 상단.

2) 同 審議錄, 上卷, 112면 상단.

3) 同書, 319면 하단. 또한 民法案을 수록하고 있는 民事法硏究會의 「民法案意見書」를 보아도 마찬가지이다. 同書, 附錄("民法草案과 修正案과의 대조") 25면.

4) 동일자 「官報」, 8면 제3단 참조.

혹 다음과 같이 볼 수 있을는지도 모른다. 당시 法律案의 議決은 讀會를 3회 거치는 것이 原則이나 국회의 결의로 讀會의 절차를 생략할 수 있었다(당시 國會法 제38조 제1항). 그런데 民法의 本會議審議過程에서 第3讀會는 생략하기로 결의하면서 字句修正, 각 條文의 題目 부치는 것, 또 條文의 配列 整理 등은 法司委에 일임하기로 정하였다.[5] 그리하여 法司委가 이 委任에 따라 字句修正을 하는 단계에서 이를 의도적으로 고친 것인지도 모른다. 그러나 이러한 추측은 이를 뒷받침할 만한 자료가 전혀 없다. 오히려 法司委가 국회에서 통과된 民法案을 정리하는 과정에서부터 政府가 國會로부터 移送되어 온 民法을 公布하는 과정까지 사이에서 어떠한 過誤가 介在하였을 가능성이 더 높다고 추측되기도 하는데, 어쨌거나 단정할 수는 없다. 또는 단지 官報 인쇄상의 잘못일런지도 모른다.

물론 解釋上으로는 당연히 위와 같은 時效中斷事由가 시효의 완성 전에 발생한 경우에 한하여 민법 제176조의 適用이 있다고 할 것이다. 그러나 뒷맛이 쓴 것은 어쩔 수 없는 일이다.

Ⅲ. 物上保證人이 제공한 抵當不動産의 任意競賣節次에 있어서의 押留와 民法 제176조의 適用

(1) 學說이 일치하여 민법 제176조의 적용예로 드는 것으로서 다음과 같은 것이 있다. 즉 物上保證人이 제공한 抵當不動産에 대하여 抵當債權者가 압류를 한 경우에 이 사실을 그 피담보채권의 債務者에게 通知한 때에는 被擔保債權에 관하여 시효중단의 효력이 있다는 것이다.[6]

---

5) 위 「速記錄」 제62호, 11면 中段 참조.

6) 가령 郭潤直, 「民法總則」, 新訂版, 1990, 575면; 高翔龍, 「民法總則」, 1990, 752면 金容漢, 「民法總則」, 全訂版, 1986, 472면 등.

그리고 판례도 이 점을 확고하게 긍정하고 있다.[7]

민법 제176조는 일반적으로 민법 제169조에서 정하고 있는 시효중단의 인적 범위에 관한 相對的 效力의 原則("時效의 中斷은 當事者 및 그 承繼人 間에만 效力이 있다.")[8]에 대한 例外를 정하는 규정이라고 설명된다.[9] 그런데 이러한 취지를 정하는 다른 立法例는 별로 보이지 않는다.[10] 그리고 돌이켜 생각해 보면, 왜 하필 押留 등에 관하여만 이와 같은 예외를 인정하고, 다른 시효중단사유, 즉 請求(특히 裁判上 請求)나 承認에는 이를 인정하지 않는가 하는 의문이 제기된다. 가령 채권자가 保證人에 대하여 재판상 청구를 하고 이 사실을 主債務者에게 통지하였어도 主債務에 관하여는 시효중단의 효력이 발생하지 않는다. 민법 제440조는 "主債務者에 대한 時效의 中斷은 保證人에 대하여 效力이 있다"고 정하는데, 그 逆은 그렇지 아니함은 물론이다.[11] 그런데 채권자가 物上保證人이 제공한 물건을 경매에 붙이고 이 사실이 채무자에게 통지되면 이는 위에서 본 대로 被擔保債權에 관하여 시효중단의 효력을 가지게 되는 것이다. 兩者를 달리 취급하여야 할 理由는 무엇인가. 민법 제176조

7) 가령 大法院 1987.12.8. 판결 87다카1605사건 등(「판례총람」 1-2(B). 167); 大法院 1990.1.12. 판결 89다카4946사건(「법원공보」 867. 32); 大法院 1990.6.26. 판결 89다카32606사건(「법원공보」 878. 52; 「법률신문」 1955. 7) 등이 그러하다. 日本 最高裁 1975년 11월 21일 판결(「民集」 29권 10호 1537면)도 그러하다.

8) 日本舊民法의 제정과정에서 이 규정(證據編 제110조)을 입안한 보아소나드는 "어떠한 사람들 사이에서 행하여진 것은 그 이외의 사람을 해하지도 이롭게 하지도 못한다(Res inter alios acta, aliius neque nocere neque prodesse potest)"는 法諺을 인용하고 있다고 한다. Boissonade, *Projet de Code civtl pour l'Empire du Japan*, T.IV, Livre V, no. 294. 星野英一, 「法學協會雜誌」 94권 3호(1977), 421면(위 註 7의 日本 最高裁 1975년 판결에 대한 判例硏究)에서 재인용. 우리 민법 제169조에 해당하는 일본민법 제148조에 관하여, 여기서 "어떠한 사람들 사이에서 행하여진 것"이란 訴訟行爲만을 의미하고, 同條는 判決에 의한 時效中斷의 효력은 그 旣判力의 人的 範圍에 한정함을 정한 것이라는 意見이 있다. 가령 川島武宜, 「民法總則」, 1965, 474면; 「注釋民法(5)」, 1967, 69면(岡本坦 집필) 참조. 그러나 일본의 多數說은 그러한 제한을 인정하지 않는다. 이는 우리 나라의 通說도 마찬가지이다.

9) 金容漢(주 6), 472면. 민법 제176조에 대응하는 일본민법 제155조의 說明으로서 我妻榮, 「新訂 民法總則」, 1965, 469면; 幾代通, 「民法總則」, 第2版, 1984, 575면 참조.

10) 川島武宜(주 8) 496면에 의하면, 이 규정은 보아소나드가 發案한 것이라고 한다.

11) 大法院 1977.9.13. 판결 77다418사건(「要旨集」 민법 169조 3번)도 同旨.

의 立法趣旨는 어디에 있는가.

민법의 制定過程으로부터는 同條가 의용민법 제155조를 이어받은 것이라는 점 이외에는 다른 示唆를 얻을 수 없다.[12] 다른 한편 일본민법 제155조는 日本舊民法 證據編 제117조 제 3 항을 이어받은 것이라고 하는데,[13] 이 규정의 發案者인 보아소나드는 그 適用例로서 (i) 채무자의 債權이 채권자에 의하여 압류된 경우(채무자로서는 채권자가 자신의 제 3 채무자에 대한 債權을 압류하였는지 모를 수도 있으므로, 압류채권에 관한 시효의 진행이 중단되었음을 주장하기 위하여는 押留事實이 채무자에게 통지되어야 한다는 것이다)[14]와 (ii) 제 3 자가 점유하는 채무자의 물건이 압류된 경우만을 들고 있고, 物上保證人이 제공한 抵當不動產이 압류된 경우는 들고 있지 않다고 한다.[15]

(2) 그러나 우리 나라나 일본의 通說이 物上保證人이 제공한 抵當不動產[16]이 그 경매절차에서 押留된 경우에 대하여 被擔保債權에 관한 시효의 중단을 인정하고 민법 제176조의 적용을 긍정하는 데는 수긍할 만한 이유가 있다고 생각된다.

비록 채무자 자신이 제공한 담보목적물이 아니라고 하더라도, 그에 대한 任意競賣는 그로부터 당해 被擔保債權의 直接的인 滿足을 얻는 절차이다. 이것은 가령 보증인에 대한 保證債務履行의 請求訴訟과 같이 단지 채권의 존재를 확정하는 것을 1 차적인 내용으로 하는 절차와는 그

12) 「民法案審議錄」, 上卷, 112면 상단. 그 외에 滿洲國民法 제166조를 同旨의 규정으로 인용하고 있을 뿐이다.

13) 「未定稿本 民法修正案理由書」 自第一編 至第三編, 140면.

14) 이에 대하여는 아래 註 23 참조.

15) 이 점 및 일본민법 제155조의 유래에 대하여는 星野英一(주 8), 421면 이하 참조. 그러나 일본민법의 이 부분 起草者(梅謙次郞)는 物上保證人이 제공한 抵當不動產의 競賣의 경우도 들고 있다고 한다.

16) 뿐만 아니라 일단 債務者가 담보를 제공하여 抵當權이 설정되었으나 후에 그 不動產이 제 3 자에게 양도되어 押留 당시 그 第 3 取得者의 소유로 있었던 경우에도, 애초 物上保證人이 제공한 부동산에 저당권이 설정된 경우와 다를 바 없다. 위 註 7의 大法院 1990. 6. 26. 判決도 "실질적으로 저당부동산의 제 3 취득자의 지위에 있는 자"에 대하여 任意競賣가 진행된 경우도 마찬가지라고 한다.

성질이 다른 것이다. 또 보증인에 대하여 채권자가 勝訴判決을 얻고 이에 기하여 보증인의 재산에 강제집행을 하였다고 하더라도, 保證債務와 主債務는 독립별개의 것이므로, 그 집행으로써는 어디까지나 保證人에 대한 채권이 만족을 얻을 뿐이고, 다만 이로 말미암아 主債務者에 대한 채권은 그 목적이 달성되어 소멸할 뿐이다. 그러나 物上保證人이 제공한 저당부동산을 경매하는 경우에는 物上保證人에 대한 債權(物上保證人은 物的 責任을 질 뿐이고, 그의 "債務"라는 것은 아예 존재하지도 않는다)의 만족을 얻으려는 것이 아니라, 애초부터 당해 被擔保債權의 만족을 얻으려고 하는 것이다. 債權者가 이와 같이 자기 채권의 만족을 直接的으로 얻는 절차에 착수하였음에도 불구하고 그 채권에 대한 消滅時效의 진행이 中斷되지 아니하고 시효소멸할 수도 있다는 것은 아무래도 債權者에게 지나치게 가혹하다고 생각된다. 大法院 1990. 1. 12. 판결 89다카4946 사건(「법원공보」 867. 32)이 "다른 사람의 채무를 담보하기 위하여 자기 소유의 부동산에 저당권을 설정한 물상보증인에 대한 임의경매의 신청은 피담보채권의 만족을 위한 강력한 권리실행수단으로서 채무자 본인에 대한 압류와 대비하여 차이를 인정할 만한 실질적인 이유가 없다"고 설시하는 것은 이와 같은 뜻에서 적절하다고 하겠다.[17)]

다른 각도에서 보면, 위와 같은 경우에 抵當不動産에 대한 경매의 신청에 의하여도 被擔保債權의 소멸시효진행을 중단시킬 여지가 없다고 하면, 抵當債權者는 그러한 競賣를 신청하는 것과는 별도로 債務者를 상대로 하여 그 채무의 이행을 구하는 訴를 제기하지 않으면 안 될 것이다. 그러나 그 소송에서 승소한다고 하더라도 그 債權의 滿足은 경매절차로부터 얻게 되는 것이 보통이다. 그렇다면 그 소송은 단지 競賣節次에서 채무자가 利害關係人으로서 저당채권의 시효소멸을 이유로 하는 여

17) 위 註 7의 日本 最高裁 1975년 판결도 같은 취지를 설시한다. 또한 舟橋諄一, 「判例民事法」 大正 13年度, 534면(日本 大審院 1924년 12월 25일 판결에 대한 評釋)도 이러한 의미에서, "抵當權의 實行은 동시에 債權行使의 내용을 이루기 때문에 債權의 行使 그 자체로 보여진다"고 하고, 다만 債務者의 보호를 위하여 일본민법 제155조의 규정을 적용할 뿐이라고 한다.

러 가지의 不服手段(가령 競賣開始決定에 대한 異議, 競落許可決定에 대한 抗告 등)을 행사하여 경매절차의 進行을 저지하는 것을 미리 봉쇄한다는 정도의 의미밖에는 없다고 할 것이다. 그러나 자신의 채권을 직접적으로 만족받기 위하여 이미 競賣申請을 한 債權者에게 단지 그러한 防禦만을 위하여서 별도로 채무이행청구의 소송을 제기할 것을 요구하는 것은 目的과 手段 사이에 均衡이 맞지 않고, 또 번거롭게 2중의 절차를 진행하도록 요구하는 것으로서 부당하다고 할 것이다.

(3) 이렇게 보면 物上保證人이 제공한 抵當不動産이 그 경매절차에서 압류되면 그 被擔保債權에 대하여도 시효중단의 효력을 인정하는 것이 타당하다. 다만 채무자가 그러한 사실을 전혀 모르고 있는 동안에 시효가 중단될 수 있다고 하면 채무자의 이익이 무시될 수도 있다. 가령 債務者가 시효가 완성되었다고 믿고 그 채무의 변제에 관한 領受證을 파기해 버리는 경우 등이 그러하다.[18] 그러한 경우에는 債務者는 경매절차의 利害關係人으로서 경매절차에서 저당채권의 소멸을 주장하는 것이 사실상 어렵게 될 수도 있다. 그렇기 때문에 일본민법 제155조에 관하여 그 立法者는, 그렇게 하지 않으면 "權利者가 그 권리를 행사한 것을 모르고 있는 동안에 시효의 중단에 처할 것이기 때문에 時效中斷의 원리에도 반하고 또 실제로도 지나치게 가혹한 흠을 면하기 어렵다"고 설명하고 있는 것이다.[19] 결국 민법 제176조가 압류 등의 사실이 채무자에게 통지될 것을 요구하고 있는 것은 이러한 趣旨라고 할 것이다.[20]

이에 관하여 日本의 일부 學說 중에는 物上保證人이 제공한 抵當不

18) 이 점을 지적하는 것으로서 星野英一(주 8), 422면; 舟橋諄一, 「判例民事法」 大正 13年度, 176면(日本 大審院 1924년 5월 20일 판결에 대한 評釋) 참조.

19) 梅謙次郎, 「民法要義」 卷之一(總則編), 1915, 390면.

20) 한편 민법 제176조는 제247조 제2항에 의하여 取得時效의 중단에 관하여도 준용된다. 참고로, 日本 最高裁 1968년 12월 24일 판결(「民集」 22권 13호 3366면)은 저당권의 실행을 위한 경매개시결정이 있었으나 그 사실이 저당부동산의 점유자에게 "通知"되지 아니한 경우에 占有者를 위한 取得時效의 중단을 인정하지 않았다.

動產이 그 競賣節次에서 압류된 경우는 일본민법 제155조에 해당하지 않으며, 그 경우 被擔保債權은 채무자가 그 押留를 通知받지 아니한 경우에도 그 消滅時效의 진행이 중단된다고 해석하여야 한다는 견해가 있다.[21] 이 견해는 일본민법 제155조는 채무자에 대한 强制執行이 채무자 소유의 動產을 점유 또는 소지하고 있는 제3자에 대하여 행하여진 경우, 즉 時效利益의 享受者에 대한 强制執行이 사실상 제3자에 대하여 이루어진 경우에 한하여 적용된다고 한다.[22]

그러나 앞서 본 민법 제176조의 立法趣旨는 물상보증인이 제공한 저당부동산이 압류된 경우에도 마찬가지로 적용되어야 할 것이므로, 이 경우를 例外로 할 이유는 없다고 생각된다. 이 견해가 민법 제176조의 적용을 긍정하고 있는 위의 例, 즉 第3者가 점유하고 있는 債務者의 物件이 압류된 경우에 대해서도, 원래는 그 압류로 인한 時效中斷의 효력은 당연히 채무자에게 미쳐야 할 것이 지마는, 단지 이러한 경우에는 압류의 사실을 債務者가 모를 수도 있는 것이므로 이를 통지하는 것에 그 效力의 發生이 결리도록 하였다고 이 해한다면, 이러한 취지는 抵當不動產이 압류된 경우에도 당연히 적용되어야 할 것이다.[23]

21) 藥師寺志光, 「改訂 日本民法總論新講」 下卷, 1954, 1082면. 이러한 태도에 이해를 보이는 것으로는 幾代通(주 9), 576면; 片山克行, 「法學硏究」 49권 12호(1976), 108면(위 註 7의 日本 最高裁 1975년 판결에 대한 判例硏究) 참조. 片山은 "본래 債務와 責任은 一體라고 생각하는 것이 자연스러우므로, 時效의 相對效를 부정하여, 物上保證人에의 압류에는 민법 제155조의 적용이 없고 時效中斷의 효력이 채무자에게 미친다고 해할 여지도 있다. 그리고 그 경우의 競賣節次는 節次라고 하는 성질상 요구되는 簡明性 및 迅速性에 기하여 경매에 붙여진 物件의 所有者만을 참가시키는 것일 뿐이라고 해하여도" 무방하다고 한다.

22) 藥師寺, 同所.

23) 문제되는 또 하나의 예(위 註 14의 본문 참조), 즉 債權者가 채무자의 채권을 압류한 경우에 대하여는, 어차피 債權押留命令이 제3채무자에게뿐만이 아니라 債務者에게도 송달되도록 民事訴訟法 제561조 제2항에서 규정하고 있으므로, 채무자가 모르는 사이에 債權押留로 말미암아 시효의 진행이 중단된다는 일은 원칙적으로 없다. 이 점을 지적하는 것으로는 川島武宜(주 8), 496면.

Ⅳ. 民法 제176조의 "押留"

이상과 같이 物上保證人이 제공한 抵當不動產에 대한 任意競賣節次에서 押留가 일어난 경우에 時效中斷을 인정하는 것이 타당하다고 하더라도 그 "押留" 및 "通知"와 관련하여서는 음미되어야 할 점이 적지 않게 있다. 우선 "압류"와 관련하여 본다.

(1) 저당부동산에 대한 저당권의 실행을 위한 절차, 즉 任意競賣節次(이에 관하여 정하던 종전의 競賣法은 1990년 9월 1일 시행된 민사소송법 개정법률에 의하여 폐지되고, 그 후로는 민사소송법 제724조 이하에 이에 관한 약간의 特則이 있는 외에는 모두 민사소송법 제600조 내지 제666조의 부동산에 대한 강제집행에 관한 규정에 의하게 되었다. 동법 제728조 참조)의 최초의 단계는 저당권자가 그 경매를 신청하고 법원이 競賣開始決定을 하는 것이나.

그 경매개시결정에는 동시에 押留命令이 포함된다(同法 제603조 제1항). 이 점은 종전의 競賣法 제26조 제2항도 "競賣節次의 開始決定에는… 그 不動產의 押留를 명하는 文句를 기재하고…"라고 하여, 이를 분명히 밝히고 있다. 이는 일본의 경우와 약간 다른 바가 있다. 일본에서 民事執行法이 시행됨에 의하여 폐기된 競賣法에는 이러한 명문의 규정이 없었다. 그러나 학설과 판례는 이를 일치하여 긍정하였었다.[24] 그 후의 民事執行法은 그 제183조, 제45조 제1항에서 强制競賣·任意競賣를 구분함이 없이 競賣開始決定에 押留의 효력이 있음을 명문으로 정하고 있다.

그런데 우리 나라에서 민사소송법 개정 전의 서술로서, 任意競賣의 開始決定에 압류의 효력이 있는가에 관하여 "明文의 規定이 없다"고 하는 것은[25] 사소한 것이기는 하나, 잘못이라고 할 것이다.

24) 그에 관하여 상세한 것은 무엇보다도 增田幸次郞, 競賣開始決定と差押の效力, 小野木·齋藤 還曆紀念論文集 「抵當權の實行(下)」, 1972, 126면 이하.
25) 金曾漢 등 編輯代表, 「註釋 民法總則(下)」, 1979, 714면(韓大鉉 집필).

(2) 이와 같이 競賣開始決定에 포함된 압류명령은 언제 그 효력을 발생하는가? 종전의 競賣法은 이에 관하여 "競賣할 不動産의 所有者에게 競賣節次의 開始決定이 送達된 때 또는 제27조의 규정에 의하여 競賣申請의 登記가 된 때에는 그 不動産에 대한 押留의 效力이 생긴다"고 정하고 있었다. 그런데 개정 후의 민사소송법은 이 점에 대하여 부동산에 대한 强制競賣와 관련하여 "押留는 債務者에게 그 결정이 송달된 때 또는 제611조의 규정에 의한 登記가 된 때" 그 효력이 생긴다고 정할 뿐이고(同法 제603조 제4항), 任意競賣와 관련하여서 별다른 규정을 두고 있지 않다.

그러면 임의경매의 개시결정에 의한 押留의 效力(여기서는 競賣申請의 登記가 됨으로써 압류의 효력이 발생하는 경우에 대하여는 논하지 않는다)은 민사소송법 제603조 제4항에 그대로 좇아서 그 개시결정이 債務者에게 송달된 때 발생하고, 不動産의 所有者에의 送達과는 관계가 없다고 할 것인가? 결론적으로 말하면 그 압류의 효력은 종전과 마찬가지로 여전히 不動産의 所有者에게 송달된 때에 발생한다고 해석할 것이고, 이 점은 거의 異論이 없으리라고 생각된다(여기서는 債務者가 동시에 抵當不動産의 所有者가 아닌 경우를 전제로 하여 논한다).

첫째로, 押留는 기본적으로 執行目的物에 대한 處分을 금하는 것을 그 내용으로 하는 것이다. 그런데 抵當不動産에 관하여 처분을 할 수 있는 자는 일반적으로 그 所有者이고, 債務者가 아니다.[26] 그러므로 채무자가 押留命令을 포함하는 競賣開始決定을 송달받았다고 하여(과연 그에게 그 결정을 송달하여야 하는지부터 의문이다. 이에 대하여는 後述한다) 그때로부터 압류의 효력이 발생한다는 것은, 소유자로서는 알지도 못하는 事由로 인하여 그 처분이 금지되는 결과가 된다.

둘째로, 개정 후의 민사소송법도 任意競賣의 경우에도 채무자에의

26) 다른 한편으로, 채무자가 아니라 押留 당시의 所有者가 任意競賣의 "當事者"라고 보아야 하는 점도 지적할 수 있을는지도 모른다.

송달로써 압류의 효력이 생긴다는 취지는 아니라고 생각된다. 强制競賣는 채무자의 責任財產에 대하여 행하여지는 것이므로, 당연히 債務者, 즉 競賣目的物의 소유자에 대하여 그 경매목적물의 처분을 금하지 않으면 안 되기 때문에, 위 제603조 제 4 항과 같은 규정을 두었다. 그러나 任意競賣에 있어서는 채무자의 소유가 아닌 목적물에 대하여도 경매가 행하여질 수 있으므로, 이에 상응하여 그 準用(同法 제728조)의 내용을 해석하여야 한다. 민법 제578조에서 정하는 경매에 있어서의 擔保責任과 관련하여, 物上保證人이 제공한 담보물의 경매의 경우에는 同條 제 1 항의 債務者를 피담보채권의 채무자가 아니라 물상보증인이라고 해석하는 것[27]도 같은 맥락을 이룬다고 할 것이다.

셋째로, 개정 후 민사소송법 제724조 제 3 항은 "不動產所有者에게 競賣開始決定을 송달할 때에는…"이라고 하여, 競賣開始決定이 부동산 소유자에게 송달되어야 함을 간접적으로 정하고 있다. 이에 반하여 任意競賣에서 채무자에게 그 결정을 송달할 것을 정하는 규정은 없다. 종전부터 判例는 임의경매에 있어서 경매개시결정이 압류의 효력을 발생시키기 위하여는 "그 소유자에 대한 송달 이외에는 채무자(저당권설정자가 아닌 단순한 채무자) 또는 그 외의 이해관계인에게 송달할 필요는 없다"는 태도를 취하여 왔다.[28] 따라서 민사소송법을 개정하는 立法過程에서 이 점에 관한 태도를 변경시키고자 하는 특별한 논의가 없었던 이상, 從前의 態度대로 해석하여도 무리는 없을 것이다.

V. 民法 제176조의 "通知"

(1) 임의경매의 개시결정은 앞서 본 바와 같이 원칙으로 競賣할 不

27) 大法院 1988.4.12. 판결 87다카2641사건(集 36-1. 민 153: 「법원공보」 824. 105). 이에 대한 判例評釋으로 梁彰洙, 他人所有物件의 競賣와 物上保證人의 擔保責任, 「判例月報」 216호(1988.9), 38면 이하 참조.

28) 가령 大法院 1967.5.16. 결정 67마116사건(카드 8876) 등 多數.

動產의 所有者에게는 송달되어야 하나, 被擔保債權의 債務者에게 송달할 필요는 없는 것이라고 생각된다. 그러나 채무자도 임의경매의 개시여부에 중대한 利害關係를 가지는 자이므로, 비록 그 節次의 未畢을 이유로 그 절차에서 불복이나 이의수단을 취할 수는 없다고 하여도, 역시 채무자에게도 민사소송법 제207조 제 1 항에 의하여 "相當한 方法에 의한 告知"를 하여야 할 것이다.[29] 우리 나라에서 실무의 관행은 競賣開始決定을 채무자에게도 송달하고 있다고 한다.[30] 또 개정 후 민사소송법은, 경매법원은 "競賣期日과 競落期日을 利害關係人에게 通知하여야 한다"고 정하고 있다(제617조 제 2 항). 그런데 거기서 말하는 利害關係人에는 債務者가 포함된다(제607조 제 2 호 전단).

그런데 이와 같이 경매개시결정 또는 경매기일을 법원이 債務者에게 告知(송달) 내지 通知하는 것도 민법 제176조에서 정하는 通知에 해당한다고 할 것인가? 학설은 이와 관련하여 同條의 通知는 반드시 債權者가 하여야 하는 것은 아니며, "法院으로부터의 通知라도 좋다"고 할 뿐이다.[31] 판례는 競賣開始決定에 관하여는 이를 긍정하는 태도를 취하고 있다고 말할 수 있다. 가령 大法院 1990. 6. 26. 판결 89다카32606사건(「법원공보」 878. 52 : 「법률신문」 1955. 7)은 "경매법원이 경매개시결정을 하고 경매절차의 이해관계인인 채무자에게 그 결정이 송달된 경우"에는 민법 제176조에 의한 시효중단이 인정된다고 한다. 또 뒤에서 보는 大法院 1990. 1. 12 판결 89다카4946사건(「법원공보」 867. 32)도 그 송달의 방법을

29) 金鼎鉉, 「競賣實務要論(上)」, 1980, 178면은, 競賣法院은 위 결정을 "소유자에게 송달하고, 채권자 및 채무자에게 告知하여야 한다"고 한다. 일본법의 해석으로도 경매개시결정은 일본 민사소송법 제204조에 의하여 채무자에게 상당한 방법으로 고지되어야 한다고 한다. 友納治夫, 物上保證人に對する抵當權の實行による競賣開始決定が債務者に告知された場合と被擔保債權の消滅時效の中斷(위 註 7의 日本 最高裁 1975년 판결에 대한 判例解說), 「法曹時報」 29권 11호(1977), 130면 및 133면 註 13 引用의 文獻 참조.

30) 金鼎鉉, 同所 참조. 위 註 7의 日本 最高裁 1975년 판결은 "경매법원이 경매절차의 이해관계인인 채무자에 대한 고지방법으로 경매개시결정 정본을 당해 채무자에게 송달한 경우"에 그 피담보채권에 관하여 시효중단의 효력이 있다고 하는데, 이에 미루어 보면 일본에서도 우리와 유사한 실무관행이 있는지도 모르겠다.

31) 高翔龍(주 6), 752면.

문제 삼을 뿐이지, 법원이 채무자에게 일정한 방법으로 경매개시결정을 송달한 경우에는 민법 제176조에 의한 시효중단이 인정됨을 전제로 하고 있다. 나아가 판례는 競賣期日의 통지에 관하여도 이를 긍정하는 듯이 보인다. 즉 앞서 본 大法院 1990. 1. 12. 判決은 비록 傍論이나(결론적으로 위 사건에서는 시효중단을 부인하고 있다), "경매개시결정이나 경매기일통지서가 교부송달의 방법으로 채무자에게 송달되어야지만 압류사실이 통지된 것으로 볼 수 있는 것"이라고 하고 있다.

이 문제에 대하여 어떠한 태도를 취할 것인가는 결국 민법 제176조의 입법취지를 어떻게 이해할 것인가에 달려 있다. 위에서 본 대로 요컨대 민법 제176조가 押留 등의 事實이 채무자에게 通知되어야만 시효중단의 효력을 인정하는 것은, 채무자가 그러한 사실을 전혀 알지 못하고 있는 동안에 시효가 중단될 수 있다고 하면 채무자의 이익이 무시될 우려가 생기는 경우가 있기 때문이다. 이러한 立法趣旨에 비추어 보면 시효의 이익을 받을 자가 압류 등의 사실을 알면 족하다고 할 것이나, "法律關係의 明確을 기하기 위하여" 적극적으로 그 사실의 통지가 요구되고 있을 뿐이다. 따라서 당연히 押留 등을 전제로 하여 진행되는 競賣節次의 存在를 알 수 있게 하는 법원의 어떠한 적극적 通知가 있으면 족한 것이고, 그것이 競賣開始決定의 송달 또는 고지냐, 競賣期日이나 競落期日의 통지냐에 따라 차이를 둘 필요는 전혀 없다고 할 것이다.

(2) 이러한 法院으로부터의 通知는 어떠한 방법으로 이루어져야 하는가? 이에 관련하여서는 두 개의 大法院判決을 음미하여 볼 필요가 있다.

우선 大法院 1987. 12. 8. 판결 87다카1605사건 등(「판례총람」 1-2[B]. 167)을 보자. 이 사건의 사안은 다음과 같다. 原告(金融機關인 듯하다)는 被告 A에게 금전을 대여하면서 被告 B로부터 담보로 저당권을 설정받았다. 被告 A는 그에 있어서, 자신의 주소가 변경된 경우에는 이를 서면으로 바로 原告에게 申告하고, 이를 申告하지 아니함으로써 그에게 通

知 또는 送付된 書類 등이 到達되지 아니한 경우에는 "보통 到達하여야 할 때에 도달된 것으로 간주"하기로 약정하였다. 그 후 위 抵當權에 기한 任意競賣節次가 진행되었는데, 競賣法院은 원고가 피고 A의 住所라고 신고한 주소(아마도 애초의 금전대여 당시의 주소)로 競賣開始決定의 正本을 發送하였다는 것이다. 그러나 피고 A는 이를 수령하지 못하였다(그 이유는 아마도 그의 住所變更에 있는 것으로 추측된다). 그러나 위 大法院判決은, 위와 같은 약정은 "민법 제176조의 시효중단사유의 통지를 제외하는 것으로 해석되지 않는다"고 하고, 따라서 시효중단사유인 위 競賣(보다 정확하게는 그 節次에서의 押留)는 위 正本의 發送日 무렵에 적법하게 통지되었다고 하여 민법 제176조에 따라 債務者인 피고 A에 대하여 時效中斷을 인정하였다.

나아가 大法院 1990. 1. 12. 판결 89다카4946사건(「법원공보」 867. 32)을 보자. 原告銀行은 소외인에게 금전을 대여하고, 그 담보로 被告들의 피상속인 그리고 그 외 몇 사람으로부터 그들 소유의 부동산에 抵當權을 설정받았고, 또 그들은 그 채무를 連帶保證하였다. 그 사이에 원고는 그 抵當權의 실행으로 위 부동산에 任意競賣節次를 진행시키고 그로부터 채권의 일부를 회수하였다. 그리고 이 사건에서 피고들을 상대로 나머지 貸與金의 반환을 청구하였다. 이에 피고들은 위 貸與金債權은 商事消滅時效期間의 도과로 소멸하였다고 항변하였고, 원고는 위 任意競賣節次의 開始決定이 主債務者에게 송달됨으로써 시효중단이 되었다고 재항변하였다. 대법원은 우선 "채권자가 저당권을 실행하기 위한 임의경매를 신청하여 경매법원이 경매개시결정을 하고 경매기일을 정하여 경매절차의 이해관계인인 채무자에게 경매개시결정을 송달하고 경매기일을 통지한 경우에는 [당시의] 경매법 제26조 제3항에 따라 압류의 효력이 생긴 사실이 채무자에게 통지되어, 민법 제176조에 의하여 그 피담보채권에 관한 소멸시효중단의 효력이 채무자에게 미친다고 보아야 할 것"임은 이를 긍정하였다. 문제는 위 競賣節次에서 그 개시결정이 실제로 主債務者에게 통지되었는가 하는 점이다. 그런데 그 경매기록이 이미 폐기되었기 때문에 이를 확인한 길은 없었다. 단지 통상 主債務者에게 경매개시결정 등이 송달 또는 통지되는 實務慣行에 비추어 사실상 이를 추정할 수는 없을까가 爭點이 되었다. 그런데 위 대법원판결은 이를 부정하였다. 이에 의하면, "압류사실을 채무자가 알 수 있도록 경매개시결정이나 경매기일통지서가 교부송달의 방법으로 채무자에게 송달되어야지만 압류사실이 통지된 것으로 볼 수 있는 것이지, 경매개시결정이나 경매기일통지서가 우편송달(발송송달)이나 공시송달의 방법에 의하여 채무자에게 송달됨으로써 채무자가 알 수 없었던 경우까지도 압류사실이 통지되었다고 볼 것은 아니다"라고 한다. 그런데 「金融機關의 延滯貸出金에 관한 特別措置法」 제3조는 金融機關의 신청에 의한 임의경매절차에서의 통지나 송달에 관하여 特例를 정하여, 경매절차 당시 당해 不動産登記簿上에 기재되어 있는 住所에 發送함으로써 송달된 것으로 보며, 그 등기부상에 주소의 기재가 없거나 주소를 법원에 신고하지 아니한 때에는 公示送達의 방법에 의하여야 한다고 되어 있으므로, 금융기관의 신청에 의하여 개시된 이 사건 임의경매절차에서 위와 같은 交付送達의 방법[32]이 취하여졌다고 추정할 수는 없다는 것이다.

이 두 大法院判決은 적어도 그 前提的인 觀點이라는 점에서는 서로 조화될 수 없는 것으로 생각된다. 兩者의 판결의 사안은 모두 채무자가 송달을 받지 못하였다는 점에서는 공통된다. 그런데 前者의 판결은 당사자 간의 約定을 들어 민법 제176조의 통지가 있는 것으로 보고, 後者의 판결은 법률의 힘에 의한 擬制로써도 통지를 인정하지 않는 것이다. 그러나 拙見으로는 前者의 판결의 태도에는 심히 의문을 느낀다. 우선 그 約定의 효력범위가 민법 제176조에서의 通知의 有無에 대하여도 미치는 것인지 의문이다. 당사자들은 그들 간의 契約關係의 처리를 위하

32) 送達의 여러 가지 방법에 대하여는 우선 李時潤, 「民事訴訟法」, 新版, 1990, 524면 이하 참조.

여 그와 같은 약정을 한 것이므로, 그 약정은 그 契約關係에만 미치는 것이지 法院이 ―비록 抵當權者의 신청에 의하여서 개시하기는 하나― 주도하는 競賣節次에 관하여서 그들 사이의 約定으로 문제를 처리할 수는 없을 것이다. 물론 당사자들은 抵當權者가 임의경매를 신청한 경우의 時效中斷事由에 관하여 약정을 할 수는 있을 것이나, 위와 같은 약정은 민법 제184조 제2항에 반하여 무효라고 할 것이다. 즉 同規定은 消滅時效의 完成을 당사자 간의 約定으로 쉽게 할 수는 있어도, 어렵게 할 수는 없다는 취지를 정하고 있다. 따라서 時效中斷事由를 쉽게 인정할 수 있도록 약정하는 것은 결국 消滅時效의 完成을 어렵게 하는 것으로 허용되지 않는 것이다. 또한 ―이 점은 後者의 판결이 적절하게 지적하고 있는 대로이다― 민법 제176조의 趣旨로 보아도, 債務者가 現實的으로 時效中斷事由의 발생을 알 수 있는 가능성이 부여되어야 하지, 그러한 가능성이 없이 단지 어떠한 형태로든 송달이 있었다고 하여 시효중단을 인정할 수는 없을 것이다. 물론 이렇게 해석하면 抵當權者 겸 債權者로서는 債務者의 주소를 알 수 없는 등의 사유로 交付送達이 불가능한 경우에는 抵當權의 實行만으로는 그 채권에 대한 소멸시효의 진행을 중단시킬 수 없고, 가령 債務者에 대한 訴의 提起 등 채무자를 直接의 相對方으로 하는 별도의 時效中斷措置를 취하여야 한다는 결과가 된다. 그러나 민법 제176조가 時效中斷의 相對效原則에 대한 예외를 정한다는 점에서도 쉽사리 그 취지를 넘는 擴張解釋을 인정할 수는 없다고 생각된다.

(3) 위와 같은 通知를 갖춤으로써 채무자에 대하여 시효중단의 효력이 발생한다고 했을 때, 그 時效中斷의 效力發生時期는 언제인가.

이와 관련하여서는 압류 등으로 인한 시효중단의 효력발생시기 일반에 대한 어려운 문제가 있으나, 이하에서 이를 간략하게 살펴보는 데 그치기로 한다. 우리 나라의 通說은 執行機關이 집행행위에 착수하였을 때가 아니라 채권자가 그 행위를 신청 또는 위임한 때에 그 효력이 발생한다고 한다.[33] 또 앞서 본 大法院 1987년 判決도 "경매목적물의 소유자인 피고 B에 대하여는 위 경매절차상의 경매신청등기에 의한 압류의 효력으로 경매신청 시에 시효중단효력이 발생되었다고 할 것"이라고 하여, 적어도 원래의 압류 등의 當事者(민법 제169조의 의미에서의)에 관한 한 競賣申請 시에 시효중단의 효력이 있다는 취지로 판시하고 있다. 이 점 不動産任意競賣에 관한 한 日本 大審院 1938년 6월 27일 판결(「民集」 17권 1324면)도 마찬가지이다.[34] 獨逸民法은 시효중단사유와 중단의 효력발생시기와를 분리하는 태도[35]를 알지 못하나, 訴의 提起와 동일시되는 時效中斷事由로서 執行行爲의 實行(Vornahme einer Vollstreckungshandlung)을 규정하면서, 다만 强制執行이 法院이나 기타의 官署에 의하여 행하여지는 때에는 强制執行의 申請에 의하여 시효의 진행이 중단된다고 한다(同法 제209조 제2항 제5호).[36] 그러나 그 申請이 棄却되거나 집행행위의 실행 전에 取下되거나, 또는 그 집행조치가 권리자의 신청 또는 요건의 흠결로 말미암아 取消된 때에는, 시효중단이 이루어지지 않은 것으로 간주된다(同法 제216조 제2항).

그러면 민법 제176조의 경우는 어떠한가. 이 점에 대하여 언급하고 있는 文獻은 아직 발견하지 못하였다. 그런데 위에서 본 대로 通說이 시

33) 高翔龍(주 6), 751면; 郭潤直(주 6), 575면; 金容漢(주 6), 472면.

34) 그러나 動産의 押留에 관하여 日本 大審院 1924년 5월 20일 판결(「民集」 3권 5호 203면)은 집달리에 위임한 때가 아니라 집달리가 집행에 착수한 때에 時效中斷의 효력이 발생한다고 판시하였다.

35) 위 註 34의 본문에서 본 日本 大審院 1938년 판결은 압류의 효력이 발생하는 시기와 시효중단의 효력발생시기와는 명료하게 구분되어야 한다고 설시하고, 이 점 學說의 지지를 얻고 있다. 가령 川島武宜(주 8), 497면 이하 참조. 물론 압류의 효력이 발생하는 시기와 시효중단의 효력발생시기는 思考上 구분될 수 있다고 하여도, 시효중단사유를 押留 그 자체라고 하면서 아직 押留의 效力이 발생하지도 않았는데 시효중단의 효력이 발생한다는 것은 앞뒤가 맞지 않는다고 생각된다. 따라서 오히려 시효중단사유 자체를 押留의 申請 등이라고 함이 보다 적합한 설명이 된다고 보여지기도 한다. 이 점에 관하여는 뒤의 註 38을 참조하라.

36) 그 이유는, 우리 나라에서 주장하고 있는 대로, "관할 법원 또는 관서의 업무처리 지연으로 인한 不利益을 권리자에게 부담시켜서는 안 된다"는 것이다. *Motive* I, S. 329= *Mugdan* I, S. 533 참조.

효중단의 효력을 執行行爲의 착수 시가 아니라 이보다 앞서 집행의 申請 또는 委任 시에 발생한다고 하는 이유는, 執行機關의 절차지연으로 말미암아 권리가 전적으로 소멸하는 부당함을 피하고, 재판상 청구의 경우 등에 ―소송이 계속되는 때, 즉 소장을 피고에게 송달한 때가 아니라― 訴狀 등이 제출되는 때에 시효중단의 효력이 발생하는 것과의 균형을 도모하여 "兩當事者의 利益衡量 및 時效中斷制度의 精神에 비추어"[37] 그러한 해석이 타당하다는 데 있다. 그렇다면 민법 제176조에 의하여 집행행위의 "당사자"가 아닌 채무자에게 시효중단의 효력을 미치는 경우에도 역시 그 집행의 신청 시에 그 효력이 발생한다고 해석하여야 할런지도 모른다. 즉, 역시 이 경우에도 物上保證人이 제공한 抵當不動産에 대하여 경매를 신청하는 때에 被擔保債權에 대한 시효의 진행은 중단되고, 다만 그에 기한 競賣法院의 執行行爲가 있음이 채무자에게 通知되지 않으면 시효는 중단되지 않는 것으로 하면 충분하지 않을까 하는 것이다.[38]

그러나 민법 제176조의 경우에도 이러한 解釋을 밀고 나가는 데는 躊躇를 느낀다. 同條의 입법취지는 집행행위의 당사자가 아닌 債務者가 시효중단사유의 발생을 모르고 있는 동안에 時效가 中斷될 수 있다고 하여서는 안 된다는 데 있다. 그렇다면 단순히 執行을 申請하였다는 것만으로 채무자가 알지 못하는 사이에 그 時效中斷의 效力을 그에게 미치게 하는 것은 허용되어서는 안 된다고 생각된다. 아무리 그 후에 競賣法院의 押留가 있음이 채무자에게 통지된다고 하여도, 그 때는

37) 舟橋諄一(주 18), 176면 이하.

38) 郭潤直(주 6), 575면이 押留 등으로 인한 時效中斷의 效力發生時期 일반에 관하여 위에서 본 바와 같이 집행의 신청 또는 위임 時라는 태도를 취하면서 바로 이어서 "즉, 執行行爲가 있으면 그 신청 시에 遡及하여"라고 덧붙이고 있는 태도를, 이 경우에 代入하여 보면 이렇게 될 것이다. 그러나 법률에 규정되지 아니한 遡及效를 인정할 것이 아니라, 이는 오히려 獨逸民法의 위 규정과 같이, 押留 등의 申請 자체를 時效中斷事由로 하되, 그 申請이 却下·棄却 또는 取下되거나 집행행위가 取消되면 시효중단 자체가 없는 것으로 간주된다고 하여야 할런지도 모른다. 裁判上 請求에 관한 우리 民法 제170조 제1항 참조. 다만 명문의 규정이 없는데도 이와 같이 해석할 수 있을는지 檢討를 요한다.

이미 債務者가 시효가 완성되었다고 생각하고 스스로에게 不利한 행위(가령 領受證의 破棄 등)를 해 버렸을 수도 있다. 따라서 민법 제176조에 의하여 예외적으로 집행행위의 當事者가 아닌 債務者에 대하여 시효의 진행이 중단되는 시기는 그 통지가 있는 때라고 할 것이다. 앞서 본 大法院 1978년 판결은 "피고 A에 대한 시효중단사유인 위 경매는 위 경매개시결정 정본의 발송일 무렵에 피고 A에게 적법히 통지된 것으로 보아야 할 것이어서, 피고 A도 그 때부터 민법 제176조에 따라 위 경매에 의하여 발생된 시효중단의 효력을 받게 된다고 보는 것이 옳다 할 것"이라고 하여 통지가 채무자에게 도달한 날을 기준으로 삼고 있다. 또한 이는 민법 제176조의 文言("…通知한 후가 아니면 時效中斷의 效力이 없다.")에 충실한 태도라고 평가할 수 있을런지도 모른다.

(4) 민법 제176조에서 정하는 통지가 있었다는 사실에 대하여는, 時效中斷에 의하여 利益을 받는 자, 즉 押留 등을 한 자에게 立證責任이 있다고 할 것이다.[39)]

(「裵慶淑 敎授 華甲紀念論文集」, 1991, 321면 이하 所載)

39) 同旨 : 遠藤浩 等 編, 「民法注解 財産法」, 第1卷 : 民法總則, 1989, 734면(松久三四彥 집필).

7. 不動產物權變動에 관한 判例의 動向

Ⅰ. 序說——논의의 한정

1. 不動產物權變動에 관한 判例는 방대한 양에 이른다. 일반적으로 物權變動에 관한 法理는 財產法의 근간을 이루는 것으로서 財貨의 운동은 궁극적으로 이 法理와 관련을 가지게 되기 때문에 이에 대한 判例가 거의 조감할 수 없을 만큼 많은 것도 당연한 일이라고 할 수 있다. 예를 들면 契約에 관한 法理도 계약이 재화의 移轉의 원인이 된다는 관점에서 보면 물권변동과 전혀 무관한 것은 아니다. 이것은 가령 계약이 解除된 경우에 그것이 이미 그 계약에 기하여 이루어진 물권변동에 어떠한 영향을 미치는가 하는 점이 논의되고 있는 것을 보면 쉽게 알 수 있을 것이다.

그리고 우리 나라에 있어서 物權變動에 관한 法理는 실제적으로는 주로 不動產物權을 중심으로 하여 전개되어 왔다. 아마도 그것은 그 동안 우리 나라에서 土地나 建物이 사회·경제적으로 動產에 비하여 압도적으로 중요한 지위를 차지하여 왔다는 점에서 설명될 수도 있을 것이다. 아울러 부동산물권변동에 관한 법리와 불가분의 관계를 맺고 있는 登記制度에 不備한 점이 적지 않다는 것, 따라서 이러한 불비로 인한 분쟁이 빈발하게 됨으로써 그 해결의 필요성이 늘어가게 된 것과도 관련이 있지 않을까 하는 추측도 하여 본다.

이와 같이 방대한 양에 이르는 不動產物權變動에 관한 判例를 정리하여 그 「動向」을 탐색하는 일은 쉬운 일이 아니다. 우선 民法 제186조에서 정하는 「法律行爲로 인한 物權變動」에 한정하여 보더라도, ① 法律行爲의 取消·解除와 登記, ② 取得時效와 登記, ③ 등기의 瑕疵를 治癒하는 요건으로서의 「실체적 권리관계」, ④ 無效登記의 轉用, ⑤ 中間省略登記, ⑥ 名義信託, ⑦ 실제 건물과 등기상 표시와의 同一性(更正登記가 허용되는 범위) 등 그 자체로서 어려운 문제를 많이 안고 있는 테마를 각각 다루지 않으면 안 될 것이다. 이에다가 「法律의 規定에 의한 物權變動」에 관한 판례까지 더하면 일은 더욱 어려워질 것이다.

이러한 과제는 관련된 判決들을 宣告順으로 상세히 읽고 각 판결마다 거기에 나타난 사실관계와의 대비에서 大法院이 결정한 사건해결의 결론과 특히 그 理由를 ―평가하는 것이 아니라― 記述(descrive)한 다음, 그것이 通時的으로 어떻게 변화 또는 유지되어 왔는가를 하나의 사실로서 확정하는 작업을 수행함으로써 달성될 것이다. 그러한 작업은 그 자체로서 매우 가치 있는 일일 것이나, 유감스럽게도 현재 필자에게 주어진 능력과 시간의 한계를 벗어난 것이고, 또 그 일부에 대하여는 이미 정리된 바가 없지 않다. 이에 필자는 관점을 바꾸어서 다음과 같은 시각에서 「不動産物權變動에 관한 判例의 動向」을 다루어 보고자 한다. 그것은 우리 民法의 制定過程에서 부동산물권변동에 관하여 依用民法上의 소위 「意思主義」를 버리고 소위 「登記主義」(또는 「形式主義」)로 전환함에 있어서 고려되었던 評價要素를 알아보고, 그러한 요소들 또는 보다 일반적으로 그러한 「登記主義」로의 轉換이 새로이 제정된 民法을 적용한 判決들에 어떻게 반영되었는가를 확인한다는 것이다. 그런데 周知하는 대로 「의사주의」와 「등기주의」와의 대립은 「法律行爲로 인한 物權變動」에 있어서만 존재하는 것이므로, 이하의 논의도 자연히 그에 한정되고, 소위 "法律의 規定에 의한 物權變動"에 관하여는 다루지 않는다.[1]

1) "法律의 規定에 의한 不動産物權變動"에 관하여는 우선 李容勳, 法律의 規定에 의한 不動産物權變動, 「司法論集」 8輯(1977), 5면 이하 참조.

이러한 관점에서 判例에 접근하는 것이 본 심포지움을 기획한 분들의 의도에 부합하는가 하는 점에는 의문이 없지 않다. 그러나 그 의도가 요컨대 大法院實務가 「登記主義」를 어떻게 이해·파악하고 있는가를 확인하는 데 있다고 하므로, 그 「登記主義」를 依用民法上의 「意思主義」와의 대비 아래서 부각시킨다는 점에서 위와 같은 접근도 그 의도에 전혀 반하는 것은 아니지 않을까 스스로 위안하여 본다. 그것은 지금까지 부동산물권변동에 관한 접근이 주로 不動産物權變動의 要件, 특히 「物權行爲」이론에 집중되어 있었으나, 나아가 물권변동의 效果라는 면에서 「登記主義」가 어떠한 구체적 의미를 가지는가를 大法院判決을 통하여 확인하여 본다는 의미도 다른 한편으로는 가지는 것이라고 생각된다.

2. 이하에는 그러한 「등기주의」로의 전환에 따르는 判例의 變化를 記述하는 데 중점을 두고, 이를 評價하는 작업은 다른 기회에 미루기로 한다. 이것이 아직 뒤의 Ⅳ.에서 보는 대로 「등기주의」로의 전환이 가지는 또는 가져야 할 구체적인 法的 意味에 대한 천착이 부족하여 그것을 평가할 視角이 확정되지 않았다는 데 그 이유가 있다.

또한 같은 이유와도 관련되어 주로 「登記主義」로의 전환에 따라 大法院이 종전의 태도를 바꾼 점을 논의하기로 하고, 종전의 태도와 연속선상에 있는 많은 判決들에 대하여는 후일을 기약하기로 한다.

Ⅱ. 「登記主義」로의 轉換에 있어서의 立法者意思

1. 日帝 아래서 民事에 관하여 1차적인 法源은 주지하는 대로 朝鮮民事令이었다. 朝鮮民事令 제1조는 "本令 기타의 法令에 특별한 규정이 있는 경우를 제외"하고는 日本民法 등에 의하여 민사에 관한 사항을 규율할 것을 정하고 있다(소위 法律의 「依用」). 따라서 부동산물권변동에

관하여서도 원칙적으로 일본민법의 그에 관한 규정을 적용하는 것으로 되어 있었다. 일본민법에서 動產·不動產을 막론하고 물권변동에 관한 一般原則을 정하는 것은 동법 제176조이다. 동조는 "物權의 設定 및 移轉은 당사자의 意思表示만에 의하여 그 효력을 발생한다"고 규정하고 있다(머리점은 引用者에 의한 것이다. 이하 같다). 그리고 이에 이어서 동법 제177조는 특히 부동산물권에 한정하여 "不動產에 관한 物權의 得喪 및 變更은 등기법이 정하는 바에 따라 그 등기를 하지 아니하면 이를 제3자에게 대항할 수 없다"라고 한다. 이 두 개의 규정이 부동산물권변동에 관한 기본적인 규정이라고 할 것이다.

그런데 일본민법 제177조가 이 땅에 依用되었는가에 대하여는 의문이 있다. 왜냐하면 朝鮮民事令에 이에 해당하는 별도의 규정이 마련되어 있기 때문이다. 해방 당시 시행되던 朝鮮民事令의 제13조(동조는 그 이전의 1929년에 개정된 바 있다)는 "不動產에 관한 物權의 得喪 및 變更에 대하여 朝鮮不動產登記令에서 등기의 규정을 둔 것은 그 登記를 하지 아니하면 이를 제3자에게 대항할 수 없다"고 정하고 있는 것이다. 따라서 일본민법 제177조는 동조에 의하여 그 적용이 배척되었다고 볼 것이다.[2] 그러나 위 두 규정의 구성에서도 보듯이 양자는 동일한 내용을 정하고 있다. 다만 登記에 관한 節次法이 일본에서는 「不動產登記法」(1899년 2월 24일 공포), 이 땅에서는 「朝鮮不動產登記令」으로 각기 다르므로 그 각각의 법령에 따른 등기에 소위 第3者對抗力을 부여한다는 것뿐이다. 뿐만 아니라 「조선부동산등기령」 자체가 "본령 기타의 법령에 특별한 규정이 있는 경우를 제외"하고는 日本의 不動產登記法에 의하여 부동산등기에 관한 사항을 규율하도록 하고 있다(동령 제1조 제1항 참조). 따라서 부동산물권변동에 관한 법리의 이해에 있어서는 일본민법의 그것과 달리 볼 여지가 없었다고 할 수 있다.

---

2) 이 점에 관하여는 郭潤直, 「物權法」, 再全訂版, 1985, 69면 이하 참조.

2. 民法案 제177조는 "不動產에 관한 法律行爲로 인한 物權의 得失變更은 登記하여야 그 效力이 생긴다"고 하여, 현행민법 제186조와 동일한 내용을 정하고 있다.

민법안의 작성을 주도한 金炳魯[3]는 민법을 심의하는 국회(당시는 민의원이라고 불리고 있었다)에 나아가 이 점에 관하여 다음과 같이 발언하고 있다. 이 발언은 起草者의 意思를 알 수 있게 하는 유일한 자료로서 중요하다고 생각되므로 장황하더라도 인용하여 두기로 한다.

> "그것이 본래에 독일의[독일은] 形式主義를 취했고 불란서는 意思主義를 취해서 日本法은 불란서주의를 가져온 것입니다. 그런데 지금 나로서 보기엔 둘 다가 폐해가 있다고 봤어요. 이것은 오늘날 내가 법을 立法起案할 때의 생각이 아니라 자초지종 내가 法律을 硏究할 때에 너무나 절대적으로 形式만 가지고 物權的 效力을 준다는 것은 안 될 말이다. 또 當事者의 意思表示로만 물권적 계약을 物權的 成立을 인정한다고 하면 말이야… 하면 債權契約과 혼동이 되요. 그러기 때문에 채권계약과 물권계약이라는 그 分界가 분명치 못해. 그래서 따라서 거기에 대한 효과론에 있어서도 그 法律效果論에 있어서도 까딱 잘못하면 혼동하고 또 여러 사람들이 거기에 미혹하기가 쉽다. 그러나 이 물권적 관계에 있어서는 될 수 있으면 一般取引界를 안정시키고 확신을 주게 하기 위해서는 形式主義가 장점이었다[장점이 있다]. 그래서 우리의 民法에[민법이] 취한 것은 형식주의를 취하는 동시에 그렇다고 해서 그 原因이 無效 아주 효력 없는 당사자에 대해서 전연 효력 없는 이런 경우에는 아무리 형식주의라도 신빙력을 주지 아니한다. 이런, 즉 절충적 의미가 이 속에 되어 있습니다. 그래서 사실상으로 이 우리 民法에[민법이] 취한 주의가 佛蘭西主義, 즉 일본의 민법이나 또 독일의 絕對的 形式主義나 그보다 오히려 우수하다고 나는 혼자 믿기 때문에 이 法案이[법안을] 이와 같이 편찬을 하게 된 것입니다."[4] (꺾음괄호 안은 引用者. 이하 같다. 현재의 맞춤법에 따랐다. 역시 이하 같다)

위의 발언은 중언부언하고 있는 점도 없지 않으나, 起草者가 依用

3) 우리 民法 草案의 작성을 주도한 사람이 당시 法典編纂委員會의 長을 맡고 있던 大法院長 金炳魯라는 것에 대하여는 무엇보다도 本人의 國會에서의 發言(1957년의 「第26回國會定期會議速記錄」 30號, 4면 下段 이하)을 보라.

4) 前註의 「國會速記錄」 30號, 6면 中段 이하.

民法의 태도를 버리고 소위「形式主義」를 취하기에 이른 이유를 ——그리고 아울러 민법 제186조에 대한 기초자의 이해를—— 보여 주고 있다. 물론 위 발언은 그 형식 자체로부터도 알 수 있듯이 草案의 規定 각각에 대하여 그 이유를 남김 없이, 철저하게 또 논리적으로 설명하는 과정에서 이루어진 것은 아니다. 따라서 위 발언이 草案의 태도에 대한 理由의 전부라고 볼 수는 없다. 그러나 적어도 그 일부를 전달하고 있다고 하는 점은 부인할 수 없을 것이다.

위 발언의 취지는, 요컨대 依用民法과 같은 태도를 취하게 되면 物權變動의 存否 여부와 그 시기가 명확하지 않다는 것으로 요약될 수 있으리라고 생각된다. 이와 관련하여 기초자는 債權契約과 物權契約과의 區分이 용이하지 않음을 지적하고, 그러한 난점으로 인하여 法律效果, 즉 不動産物權의 變動 자체에 관하여도 "미혹"하기가 쉽다고 하는 것이다.

이러한 지적은 의용민법상의 부동산물권변동의 法理의 理解에 관하여 일정한 입장을 전제로 하는 것이 아닌가 하는 생각도 든다. 즉, 일본민법 제176조에서 말하는「意思表示」란 物權行爲(또는 物權契約)를 말하는 것이라고 이해하는 입장이 그것이다. 그리고 기초자는, 만일 의용민법과 동일한 규정을 두게 되면, 당시의 일본에 있어서와 같은 理論上의 對立[5]이 미해결인 채로 반복될 것을 우려하고 이를 피하려고 한 것이 아닐까?

起草者가 위의 태도를 취하게 된 데에는 이와 같이 일본민법 제176조에 대한 일정한 理解와 그 評價가 전제가 되었다고 보아야 할것이다. 그리고 그러한 이해와 평가를 정확하게 파악하려면 당시 일본민법 제176

5) 이 점에 대한 日本의 文獻은 무수히 많으나 우선 滝澤聿代, 物權變動における意思主義・對抗要件主義の繼受——不動産法を中心に(一)-(五・完),「法學協會雜誌」93卷 9,11,12號(1976), 94卷 4,7號(1977), 특히 同 (四), 120면 이하, 同 (五), 106면 이하(이상 同,「物權變動の理論」, 1987 所載); 同, 物權變動の時期,「民法講座 2 : 物權(1)」, 1984, 31면 이하가 日本民法 제176조, 제177조의 成立過程과 그 후의 學說・判例의 動向을 극명하게 추적하고 있다.

조의 解釋이나 立法論的 評價에 관한 學說과 實務의 입장을 파악하는 것이 필요할 것이다. 그러나 이 점에 대한 상세한 논의는 더 이상 하지 않기로 한다. 다만 당시 일본민법 제176조에서 말하는 「意思表示」가 債權行爲를 말하는 것인가, 아니면 소위 「物權行爲」를 말하는 것인가를 둘러싸고 분분한 논의가 있었다는 점만을 지적하여 두기로 한다.

3. 한편 民法案을 심의한 民議院의 法制司法委員會 民法案審議小委員會는 초안 제177조를 審議한 결과, 그에 아무런 수정을 가하지 아니하고 그에 찬성하는 의견을 채택하였다. 그 경과에 대하여 民法案審議錄은 다음과 같이 전하고 있다.[6)]

"6. 審議經過

——◇ 意思主義와 形式主義의 長點을 要約하면 아래와 같다 ◇——

① 意思主義의 長點

1. 當事者의 便宜에 따른 것
2. 個人意思自由의 原則에 符合
3. 動産에 關한 物權變動에 있어서는 簡易引渡·占有改定·指示에 依한 占有權讓渡 等 抽象的 觀念인 引渡方式을 取하고 있기 때문에 形式主義를 採擇하여도 依然히 物權變動時期가 外部에 明瞭히 認識되기 어렵다.

② 意思主義의 短點

1. 物權變動으로 發生하는 意思表示의 存否가 不明瞭하다.
2. 法律關係가 錯雜하다.

③ 形式主義의 長點

1. 意思主義에 依하면 物權變動의 存否와 그 時期가 不明瞭하나 形式主義에 있어서는 明瞭하다. 따라서 去來의 安全을 期하기에 便利하다.
2. 意思主義에 依하면 物權變動에 있어서 當事者間과 第三者와의 關係를 다르게 하게 되므로 法律關係가 錯雜해진다. 特히 意思主義에 隨伴하여 對抗要件主義를 쓰면 所謂 第三者의 範圍를 立法上 明確히 劃定하기 困難하고 또 第三者의 範圍를 學說上 確定하기도 어렵다.

④ 形式主義 採擇의 難點

1. 現行制度에 依한 登記의 節次와 이에 要하는 費用·時間 等을 考慮할

6) 民議院 法制司法委員會 民法案審議小委員會 編, 「民法案審議錄」, 上卷, 1957, 118면.

때 當事者에게 不便하다.

2. 動產에 있어서는 對第三者關係가 意思主義와 同一하다.

3. 動產에 있어서 當事者間에서의 物權變動의 時期가 明瞭하지 못하다.

⑤ 以上의 各 意見에 立脚하여 本條에 對한 贊否가 對立하였으나 物權變動의 存否와 時期를 明瞭히 함으로써 去來의 安全을 期하고 當事者間의 關係와 對第三者와의 關係를 다르게 取扱함으로써 法律關係가 錯雜化함을 避하기 爲하여도 形式主義가 可하다. 意思主義를 取한다 하더라도 적어도 對抗要件主義는 採擇하지 아니할 수 없는바 그렇다면 結局에 있어서 物權을 取得한 者는 登記를 하지 않으면 안 된다. 따라서 形式主義의 登記의 費用 等의 短點은 意思主義 下에서도 같다."

이러한 「意思主義」와 「登記主義」의 장·단점 비교에 관하여는 이미 日本의 學界에서는 공통의 인식이 성립한 상태이었음을 부기하여 둔다.[7]

4. 國會 本會議에서의 심의과정에서도 ―財產法 분야에서는 드문 일인데― 「登記主義」의 채택 여부에 관하여는 논의가 활발하게 이루어졌다.

玄錫虎 의원 등은 민사법연구회의 「民法案意見書」[8]에 기하여[9] 부동산물권변동에 관하여 依用民法의 태도를 유지하도록 하자는 내용의 修正案을 제출하였다.[10] 그 이유를 요약하면, ① 「등기주의」의 장점으로

---

7) 가령 山田晟, 登記主義と有因主義との結合について, 「杉山 教授 還曆祝賀論文集」, 1942, 813면 참조. 第2次大戰 前 日本의 學界는 나치스독일에 있어서의 「無因主義」批判에 영향을 받아 不動產物權變動의 法理에 대하여 활발한 論議를 전개하였다. 가령 헤크(Philip Heck)의 *Das abstrakte dingliche Rechtsgeschäft*, 1937을 소개한 我妻榮, ヘック『無因的物權行爲論』(紹介), 「法學協會雜誌」 56卷 3號(1938); 於保不二雄, ヘック「抽象的物權行爲」(紹介), 「法學論叢」 38卷 3號(1938) 등이나 吾妻光俊, ナチスに於ける物權契約概念の否認, 「ナチス民法學の精神」, 1942, 237면 이하. 기타 舟橋諄一 編集, 「注釋民法(6)」, 1967, 107면 이하 所載의 日本民法 제176조에 관한 여러 文獻 참조.

8) 民事法硏究會, 「民法案意見書」, 1957. 同會에 대하여는 同書, 序文; 鄭鍾休, 韓國民法典의 制定過程, 「郭潤直 教授 華甲紀念論文集」, 1986, 18면 이하 참조.

9) 玄錫虎 議員 外 19人이 제출한 「民法案에 대한 修正案」이 民事法硏究會의 「民法案意見書」에 기한 것임에 대하여는, 「國會速記錄」(註 3) 32號, 14면 上段의 玄錫虎 發言; 金曾漢, 韓國民法의 發展―民法典의 制定과 그 後의 發展, 서울대학교 「法學」 24권 2·3호(1983), 3면 참조.

10) 「國會速記錄」(註 3) 42號 附錄, 103면 上段의 同 修正案 제8항, 제9항 참조.

法律關係의 劃一化를 내세우나, 그것은 그 자체로서 절대적인 가치를 가진 것은 아니며, 오히려 「법률관계의 關係的 分裂은 法의 세계에 있어서 보편적 현상」이라는 점, ② 「등기주의」 채용의 가부는 현재 등기가 얼마나 실행되고 있느냐에 달려 있는 것인데, 현재 登記는 별로 잘 實行되고 있지 않으며 그러한 상태에서 「등기주의」를 채용하면 그 폐해는 더 크게 될 것이라는 점, ③ 「登記主義」를 채택하면서 登記에 公信力을 인정하지 않는 것은 파행적 조치라는 점에 집약된다.[11]

이러한 修正理由는 본회의의 審議過程에서도 반복되어 주장되었고, 특히 위의 ② 주장은 강하게 제기되었다.[12] 이에 대하여 民法案의 태도를 지지하는 입장, 특히 법제사법위원회 민법안심의소위원회의 委員長을 역임한 張暻根 의원은 위에서 본 「登記主義」의 장점을 들어 이를 강력하게 옹호하였다. 그러한 옹호의 발언 가운데서 몇 가지를 인용하여 보기로 한다.[13]

> "法制司法委員會로서도 요전에 大體討論에서 말씀한 것과 마찬가지로 權利關係를 明確히 하고 또 權利의 移轉이라든지 設定이라든지 物權의 … 이것이 그 어느 때 設定이 되고 移轉이 되었는가 그 時期를 명확히 하는 것이 去來의 安全을 圖謀하는 意味로도 進步된 法制라고 생각했기 때문에 이 草案이 形式主義를 取한 것을 贊同해서 修正案을 내지 않았습니다."[14]

> "意思主義대로 하면 當事者間에는 賣買契約에 의해서 산 사람에게 간다, 그러나 登記를 하지 않으면 第三者에 對抗하지 못한다 이렇게 되어 있습니

---

11) 民事法硏究會(註 8), 67면 이하. 이 부분은 金曾漢 교수에 의하여 집필되었다.

12) 그 외에 大韓辯護士協會도 소위 「登記主義」의 채택에 반대하였다. 그 이유는 요컨대 「등기주의」를 채택하기 위한 여러 가지의 前提가 갖추어지지 않았다는 것이다. 가령 ① 독일民法에서 정하는 公正證書의 作成과 같이 "其 如何한 경우에 있어서 當事者의 合意가 成立된 것이라고 인정할 것인가 하는 點에 關하여 其 무엇이 要求됨을 考慮"하여야 한다든가, ② 등기에 公信力이 부여되어야 한다든가, ③ "登記官吏의 實質的 審査主義가 採擇"되어야 한다든가 하는 점이다. 그리고 "此等 諸點에 관한 規定을 制定치 못하는 限 姑息的이나마 現行民法의 意思主義를 採擇함이 反히 好便일가 思料"한다고 끝맺는다. 同 協會, 民法總則·物權法·債權法의 草案에 대한 意見書, 民議院 法制司法委員會 民法案審議小委員會 編, 「民法案審議資料集」, 1957, 39면 所載 참조.

13) 이러한 취지의 발언은 여러 차례 반복되었다.

14) 「國會速記錄」(註 3) 45號, 19면 上段.

다. 그런데 이 第三者가 누구냐 이 第三者에 대해서는 대단히 範圍가 複雜합니다. 當事者 판 사람 산 사람 以外의 모든 사람을 第三者로 하면 여러 가지 形便上 困難하게 됩니다. 그렇기 때문에 玄錫虎 議員도 다 잘 아시다시피 第三者의 範圍에 대해서는 굉장히 制限說 無制限說 學說에 대단히 錯雜한 理論을 일으킵니다. 그런데 왜 이렇게 混亂을 일으켜서 내가 第三者에 該當하느냐 않느냐 하는 것은 아직도 未確定한 狀態에 놓여 있는데 이것이야말로 去來의 安全을 害하는 것이지 去來의 安全을 圖謀하는 것은 絕對로 아니라고 생각합니다."15)

"賣買契約 같은 것을 볼 적에 판 사람이 산 사람에게 대개 賣買契約할 적에 十分之一 程度의 契約金을 받고 賣買契約을 합니다. 十分之一의 契約金을 받기 때문에 登記도 하지 않아요. 登記해 주지를 않습니다. 그런데 불구하고 所有權은 산 사람에게 갔다 나중에 十分之九를 다 받아야 登記를 우리가 합니다. 그 登記한다는 것이 完全히 所有權이 된다는 뜻입니다. 그것이 왜 그 때 所有權 認定한다는 것이 本趣旨에 맞지 않느냐. 더구나 十分之一의 契約金을 받아 가지고 所有權은 산 사람에게 갔다 했다가 나중에 契約不履行에 의해서 이것이 解除가 되는 境遇 한 번 一旦 산 사람에게 所有權이 갔다 했다가 또 돌아온다 이런 錯雜한 關係를 하게 됩니다. 나는 이러한 錯雜한 關係를 하는 것보다 우리가 돈을 다 받아야 登記를 해 준다 하는 그 趣旨만 보더라도 完全히 所有權을 認定하는 것은 登記를 하는 데 排他權까지 주는 데 비로소 그 所有權을 認定하는 意味가 있지 않은가, 이러한 意味로서 이 獨逸이나 瑞西民法에서 採擇한 이 發達된 形式主義를 採擇하는 것이 대단히 좋다고 생각합니다."16)

"物權이라는 것은 排他性이 있는 것이 本質인데 債權과 다른 것 … 即 第三者에도 내가 所有權이 있다, 내가 財產權이 있다 이렇게 主張하는 排他性 … 第三者에 대해서도 主張할 수 있는 것이 本質的인데 이 物權에 대해서는 이 登記를 안 한 것은 排他性이 없는 것입니다. 第三者에 對抗을 못 하니까 … 그러면 排他性이 없는 所有權을 認定해서 무엇하느냐 그거예요. 나는 意味가 없다고 생각합니다."17)

이와 같은 討論 후 결국 현석호 의원 등의 修正案과 原案을 놓고 表決에 들어갔다. 그 결과 수정안(「意思主義」)은 재석 104인에 가 40표 부

15) 「國會速記錄」(註 3) 46號, 11면 中段.
16) 「國會速記錄」(註 3) 45號, 19면 下段.
17) 「國會速記錄」(註 3) 45號, 19면 中段.

0표로 부결되고, 원안(「登記主義」)은 재석 109인에 가 56표 부 0표로 가까스로 원안이 채택되기에 이르렀다.[18]

5. 이상의 경과를 정리하여 보면, 不動產物權變動에 있어서 의용민법의 「意思主義」를 택하지 아니하고 새로이 「登記主義」를 취한 것은, 다음과 같은 이유에 의한 것이라고 할 수 있다.

첫째, 물권변동의 存否와 時期를 명확하게 한다. 依用民法 아래서는 그 제176조에서 말하는 「의사표시」가 物權行爲를 말하는 것인가, 아니면 단순히 물권의 변동을 내용으로 하는 債權行爲로써 족한가, 또는 그러한 행위는 언제 있다고 볼 것인가를 둘러싸고 논의가 분분하였던 것이다. 문제는 이러한 논의가 그 결론 여하에 따라서 物權變動의 存否 내지 時期가 달리 판단되게 하는 「現實性」을 가진 것이었다는 데 있다. 부동산물권변동을 登記에 걸리도록 하면 이러한 논의의 결과에 상관 없이 물권변동의 존부와 시기가 명확하게 된다.

둘째, 물권의 귀속을 법률행위 당사자간의 관계와 제3자에 대한 관계에 따라 분열되는 사태를 막는다. 그러한 분열을 인정하게 되면, 登記 없이는 物權變動을 그 자에 대하여 주장할 수 없는 소위 「第3者」의 範圍를 정하여야 한다는 극히 어려운 문제에 봉착하게 된다.

셋째, 둘째의 이유와도 관련되는 것인데, 債權과 物權을 개념적·추상적으로 준별하고 그러한 「理念型」으로서의 古典的 物權槪念(그 원형은 로마법적 所有權이다. 註 21 참조)을 될 수 있으면 관철하려고 한다. 이러한 지향은 民法制定過程에 있어서는 物權의 排他性과 관련하여 확연하게 보여진다.

18) 「國會速記錄」(註 3) 46號, 13면 中段.

Ⅲ. 「登記主義」로의 轉換에 대한 判例의 對應

1. 賣渡人의 物權的 請求權 行使

不動產을 賣渡한 자는 비록 그 登記를 買受人에게 이전하였더라도 이것으로써 그 賣渡人으로서의 義務를 다한 것은 아니며, 그와 아울러 그 부동산에 대한 占有를 買受人에게 移轉하여 주어야 한다. 그런데 현재 제3자가 목적물을 權原 없이 점유하고 있는 경우에는 어떠한 방법에 의하여 그 占有移轉義務를 履行할 수 있을까? 이미 등기를 매수인에게 이전하여 준 매도인이 物權的 請求權에 기하여 점유자에 대하여 그 目的物의 返還을 請求하여 그 점유를 취득한 다음, 目的物을 매수인에게 인도함으로써 그 의무를 이행할 수 있을까?

依用民法이 시행되던 시대에 判例는 위와 같은 경우에 매도인이 물권적 청구권에 기하여 占有者를 상대로 하여 目的物의 返還을 청구할 수 있다고 판단하였다. 가령 大法院 1955. 8. 11. 판결 4287민상316사건(「판례총람」 2-2(A). 481)은

> "아무 權利 없이 他人의 所有物을 占有한 第三者에 대한 占有物의 返還請求權(所謂 物上請求權)은 當該 所有權侵害에 基因하여 法律上 當然히 發生되고 또 그것이 所有權 內容의 實現을 위한 것이기 때문에 同 請求權의 行使者는 現時의 所有者와 同一人임이 通常이며 같은 理由로 그 所有權이 移轉되는 경우에는 特別한 事由가 없는 限 同 請求權도 所有權에 따라 新所有者에게 移轉된다고 볼 것이나 그 所有權의 移轉이 賣買 등 雙務契約을 原因으로 한 것으로서 同 契約에 있어 賣渡人이 買受人에게 當該目的物을 引渡할 義務를 負擔하고 그를 履行하기 위하여서는 賣渡人이 從前에 가지고 있던 第三者에 대한 返還請求權의 行使를 必要로 하는 경우에는 當事者가 그 契約에 의하여 賣渡人에게 同 返還請求權을 留保한 것으로 봄이 妥當하다. 왜냐하면 物上請求權은 所有權侵害의 事實에 의하여 時時刻刻으로 發生하는 權利이므로 賣渡人에게 同 權利의 行使를 許容하여도 新所有者인 買受人에게 何等 不利益을 줄 念慮가 없을 뿐 아니라 도리어 賣渡人으로 하여금 그

義務를 履行케 하는 利益이 있고 그 반면 賣渡人은 그 義務履行을 위하여 必要할 뿐만 아니라 雙務契約에 있어서는 買受人에 대한 反對給付請求權 行使를 위하여서도 返還請求權의 行使가 絕對로 必要하기 때문에 賣渡人은 所有權移轉 後에도 同 返還에 관한 正當한 利益이 있고 正當한 利益이 있는 곳에는 반드시 이를 保護하기 위한 權利를 認定하는 것이기 때문이다."

고 한다. 이 判決의 事實關係는 알 수 없다. 따라서 買受人에게 登記가 이미 이전되었는지 여부도 알 수 없다. 그러나 이 판결에서 賣渡人의 物權的 請求權을 긍정하는 결론을 이끌어내는 논리는 흥미 있는 점이 많다. 이 판결의 논리를 요약하면 대개 다음과 같다. Ⓐ 어떠한 사람에게 일정한 권리를 인정하여야 할 것인가 여부는 그에게 보호받을 만한 正當한 利益이 있는지 여부에 의하여 결정된다. Ⓑ 賣買 등 雙務契約을 원인으로 부동산의 소유권이 이전된 경우에는 前所有者는 물권적 청구권을 부여받을 만한 正當한 利益을 가진다. 이 때 「正當한 利益」은 다음과 같은 고려에 의하여 긍정된다. ① 매도인은 目的物을 제 3 자로부터 반환받아야 매수인에 대한 契約의 義務를 이행할 수 있다. ② 또 매도인이 매수인에게 代金請求權을 장애 없이, 즉 同時履行의 抗辯을 받음이 없이 행사할 수 있으려면 目的物의 占有를 取得하여야만 한다. ③ 매수인으로서도 매도인이 物權的 請求權을 행사함으로써 不利益을 받는 일은 없다. Ⓒ 物權的 請求權은 원래 물권을 가진 자에게만 성립하는 것이나, 위와 같은 경우에는 契約當事者는 그 계약에 의하여 매도인에게 물권적 청구권을 留保한 것으로 보아야 한다.

이 중에서 매도인의 물권적 청구권을 긍정하는 실질적인 이유는 賣買當事者간의 利益衡量을 행하는 Ⓑ부분이라고 생각된다. 그리고 이러한 이익형량은 Ⓒ부분에 의하여 법적으로 구성된다. 그러나 Ⓒ의 法律構成은 결국 당사자 사이의 「契約의 解釋」에 근거하는 것으로서 이미 物權과 物權的 請求權의 각 귀속이 경우에 따라서는 분리될 수 있음을 含意하고 있으며, 그것을 전제로 그와 같은 분리가 當事者 사이의 約定에 의하여 이루어질 수 있다고 주장하고 있다. 그리고 Ⓐ부분은 그러한 분리의 인정이 그 자체로서 타당한 것인지에 대한 —있을 수 있는— 의구를 떨쳐 버리기 위하여 부연된 것으로 추측된다. 그러나 Ⓑ부분의 利益衡量과 Ⓒ부분의 法律構成이 整合的인가 하는 문제, 말하자면 Ⓑ의 이익형량에 의하여 매도인에게 일정한 利益保護의 필요가 긍정된다고 할지라도 과연 그러한 필요가 반드시 Ⓒ의 구성에 의하여서만 달성할 수 있는가, 오히려 Ⓒ의 법률구성에 의하면 가령 일반적으로 所有權者가 그 物權的 請求權만을 契約에 의하여 제3자에게 양도하는 것을 허용하는 것이 되고 그렇게 되면 物權侵害의 事實에 의하여 「시시각각으로 발생」하는 물권적 청구권의 성질에 비추어 當事者들 사이의 法律關係가 극히 착잡하게 되지 않을까 하는 등의 문제는 여전히 검토의 여지가 있는 것으로 생각된다.

어쨌거나 大法院은 위 판결 이후에도 위와 같은 법리를 반복하여 판시하였다. 가령 大法院 1956.7.19. 판결 4289민상140사건(「판례총람」 2-2(A). 482)은 매수인 명의로 登記가 移轉된 경우에 대하여 위의 Ⓑ, Ⓒ의 논리를 반복하고, 그와 같은 경우 "賣渡人이 행사할 수 있는 同返還請求權은 賣渡人이 종전에 가지고 있었던 返還請求權과 동일한 것으로서 新所有者에게 매도한 결과 발생한 특별한 권리가 아니다"라고 그 權利의 성격을 명백하게 하고 있다.[19] 만일 依用民法 시대의 通說처럼 物權的 請求權이 물권의 성질상 당연히 「流出」하는 것이라는 이해를 전제로 한다면,[20] 賣渡人에게 허용된 물권적 청구권을 위와 같은 성격으로 이해하는 것은 바로 그 한도에서 동일한 物權이 —共同所有關係를 형성함이 없이— 여러 사람에게 分屬됨을 허용하는 것이라고밖에 할 수 없다. 즉, 매도인은 물권적 청구권을 행사할 수 있는 한도에서는 여전

19) 그 외에 大法院 1959.5.21. 판결 4291민상20사건(「판례총람」 2-2(A). 482)도 동일한 취지를 말하고 있다.

20) 이에 대한 日本 民法學에서의 그간의 論議에 관하여는, 佐賀徹战, 物權的請求權, 「民法講座 2 : 物權(1)」, 1984, 15면 이하 참조.

히 物權 또는 그에 유사한 法的 地位를 가지고 있는 것이다.

우리 민법이 登記主義를 취한 이유 중의 하나가 될 수 있으면 고전적인 물권개념[21]을 관철하는 데 있다고 하면, 위와 같은 「物權의 分屬狀態」는 역시 배척되기 쉬울 것이다. 民法施行 후 얼마되지 아니하여, 大法院은 위와 같은 문제에 대하여 의용민법 시대와는 다른 태도를 취하였다. 즉, 大法院 1961. 10. 19. 판결 4293민상437사건(集 9. 58)이 그것이다. 이 사건의 원고는 피고가 權原 없이 그 위에 건물을 소유하고 있는 토지의 소유자이었다. 그런데 1959년 2월 10일 그 토지를 제3자에게 賣渡하고 1960년 3월 12일 그에 관한 등기를 매수인 앞으로 이전하였다. 원고는 피고를 상대로 건물의 철거와 대지의 인도를 구하였다. 원심은 위의 大法院判決과 같은 논리로 原告의 請求를 認容하였다. 그러나 대법원은 다음과 같이 판시하여 原審判決을 파기하였다.

> "不動產에 관한 法律行爲에 인한 物權의 得失은 登記를 效力要件으로 하여 이루어짐이 民法上의 規定이고 어느 不動產에 관하여 賣買로 인한 登記를 함으로써 所有權을 取得한 者는 同 不動產에 대한 全面的인 所有權을 取得하고 賣主는 이와 동시에 所有權을 완전히 喪失한다고 解釋함이 妥當하고 當事者間의 意思에 의하여 所有權의 內容인 物上請求權의 一部를 賣主에게 留保하거나 留保할 수 있다는 解釋은 物權法定主義나 物權의 得失變動의 劃一性을 해치는 것으로서 不當하다 할 것이다."

이 판결에 있어서는 앞서의 대법원판결을 이끌었던 實質的인 利益衡量, 즉 Ⓑ부분에 대하여는 전혀 언급이 없다. 그것은 단지 "物權法定主義나 物權의 得失變更의 劃一性"을 이유로 하여 「當事者 사이의 意思에 의하여 物權的 請求權의 일부를 매도인에게 留保할 수 있다」는 앞서의

21) 「古典的」 또는 「傳統的」 物權槪念에 관하여는 무엇보다도, L. Raiser, Eigentum, in: *Rechtsvergleichendes Handwörterbuch für das Zivil- und Handelsrecht des In- und Auslandes*, 2. Bd., 1929, S. 772ff.; ders., Eigentum, in: *Handwörterbuch der Sozialwissenschaften*, 3. Bd., 1961, S. 39ff.; W. Wiegand, Zur theoretischen Begründung der Bodenmobilisierung in der Rechtswissenschaft: Der abstrakte Eigentumsbegriff, in: Coing/Wilhelm (Hrsg.), *Wissenschaft und Kodifikation des Privatrechts im 19. Jahrhundert*, Bd. 3, 1976, S. 118ff. 참조.

법률구성, 즉 ©부분을 부인하고 있는 것이다. 그리고 이러한 방향전환이 새로 시행된 민법상의 物權變動法理를 고려한 것임은 判決文 자체로부터 명백하다.

그러나 이 판결이 정작 중요한 위의 Ⓑ부분의 이익형량에 대한 대응을 정면에서 ―물론 위 판결을, 「물권법정주의나 물권변동의 획일성」이라는 利益에 의하여 Ⓑ의 利益衡量에 나타나는 賣渡人保護의 必要는 그 가치의 서열에 있어서 후위로 밀려났다고 판단한 것으로 해석될 수도 있으나, 그러한 판단이 명시적으로 이루어진 것은 아니다― 하고 있지 않기 때문에 이 점은 문제의 소지를 남겨 두었다고 할 수 있다.

그리고 그러한 문제는 이 판결에 반하는 다음의 판결에 의하여 현실화되었다. 즉, 大法院 1968. 6. 25. 판결 68다758사건(「판례총람」 2-2(A). 484-21)에서, 被告는 依用民法 시대부터 원고 소유의 토지를 점유하여 왔다. 1966년 6월 제기된 이 사건 訴訟에서 원고는 피고에 대하여 土地의 引渡를 청구하였다. 그런데 이 사건이 1심에 係屬 중에 원고는 위 토지를 그의 딸인 甲에게 贈與하고 移轉登記를 經了하여 주었다. 대법원은 다음과 같이 판단하고 원고의 청구를 인용하였다.

> "그[원고를 말한다]가 受贈者 甲에 대하여 贈與目的物에 대한 完全한 權利를 移轉할 義務를 지닌 증여자이었던만큼 그 증여 전부터 당해 토지를 不法히 占有하고 있는 피고로부터 그 점유를 회복하여 이를 甲에게 인도하여 주어야 할 것이였고 그 引渡義務의 履行을 위하여서는 이미 계속 중인 피고에 대한 본소를 유지할 이익이 있었던 것이라고 할 것이다."

이 판결은 「訴訟을 유지할 利益」이라고 하여 마치 訴訟要件으로서의 權利保護利益을 논하는 것처럼 보인다. 그러나 소송요건이 갖추어졌는지 여부와 원고에게 實體法上의 物權的 請求權이 있다고 하여 그 청구를 인용할 것인지 여부와는 별개의 문제이다. 그러므로 만일 이 판결이 訴訟要件의 具備 여부를 판단하고 있는 것이라고 하면, 이는 전혀 위 사건에 있어서의 핵심을 벗어난 논의라고 할 것이다. 오히려 위 판결은 위 1955년 판결의 Ⓑ부분 중 특히 ①을 들어 ―그 외에 ②의 이익은 고려될 여지가 없다. 왜냐하면 원고는 증여자로서 수증자인 갑에 대하여 反對請求權을 가지지 않기 때문이다― 원고의 實體的 權利 자체를 긍정하는 판결이라고 이해하여야 할 것이다. 그러나 이와 같은 「訴訟을 유지할 利益」이라는 論理構成은 전혀 무의미한 것은 아니고, 그것은 위에서 본 「當事者 사이의 約定에 의하여 物權的 請求權을 賣渡人에게 留保할 수 있다」는 ―그 자체로서는 적용범위가 넓은― 법률구성을 사용하지 아니하고(또는 회피하고), 위 判決의 事案에 한정하여 원고의 청구를 긍정하는 이유로서의 역할을 하는 것이다. 그러나 이러한 「理由」가 문제를 안고 있음은 위에서 본 바와 같다.

그렇다면 위 1968년 판결은 이미 所有權을 喪失한 賣渡人에게 보호받을 「正當한 利益」이 있음을 들어 그에게 물권적 청구권을 부여하는 것으로서 위 1955년 판결의 연장선상에 있는 것이다. 따라서 이 판결은 위 1955년 판결과 불연속면을 이루고 있는 위 1961년 판결의 그것과 조화될 수 없는 성질의 것이었다.

이러한 판례 사이의 모순은 大法院(全員合議體) 1969. 5. 27. 판결 68다725사건(集 17-2. 103)에 의하여 해결되지 않으면 안 되었다. 이 사건의 원고는 이 사건 土地의 所有者이었고, 피고는 그 위에 權限 없이 건물을 소유하고 있었다. 원고는 이 사건에서 建物의 撤去와 垈地의 引渡를 청구하여 제 1 심에서 승소하였다. 피고가 이에 항소하여 재판이 진행되고 있던 중 원고는 위 토지를 제 3 자에게 賣渡하여 所有權移轉登記까지 經了하여 주었다. 원심은 원고의 청구를 기각하였고, 大法院도 다음과 같이 판시하여 원고의 상고를 기각하였다.

> "물상청구권 없는 지배권으로서의 물권이란 의미가 없다 할 것이어서 물상청구권이 특정인과의 구체적 관계에 있어 제한될 수 있음을 부정할 수 없다 하여도 소유권을 양도함에 있어 소유권에 의하여 발생되는 물상청구권을 소유권과 분리, 소유권 없는 전소유자에게 유보하여 제 3 자에게 대하여 이를

행사케 한다는 것은 소유권의[이] 절대적 권리인 점에 비추어 허용될 수 없는 것이라 할 것으로서 이는 양도인인 전소유자가 그 목적물을 양수인에게 인도할 의무이고[가 있고] 그 의무 이행이 매매대금 잔액의 지급과 동시이행 관계에 있다거나(원 판결이 확정한 바에 의하면 원고는 본건 부동산의 매매대금 전액을 영수하였다) 그 소유권의 양도가 소송(방해배제 등) 계속 중에 있었다고 하여 다를 리 없고 일단 소유권을 상실한 전소유자가 제 3자인 불법점유자에게 대하여 물권적 청구에 의한 방해배제를 청구할 수 없으며 본건에서 원고는 본소 제기 후에 소유권을 양도한 것이라 하여도 피고에게 대하여 방해배제를 계속 청구할 아무런 권리도 인정될 수 없는 법리라 할 것"이다.

위 판결은 주로 物權 또는 所有權의 法的 性質을 근거로 하여 論旨를 전개하고 있음이 주목된다. 이에 대하여 소수의견은, 물권적 청구권이 비단 物權을 가진 자에게만 인정되는 것이 아니라 어떠한 權利 또는 法的 利益에 대한 법적 保護의 强度, 침해행위의 태양 및 정도, 妨害排除로 인한 당사자들의 利益·損害 등을 교량하여 그 "침해의 배제를 위한 법적 조치의 필요성이 인정된다면 채권 기타 권리도 아닌 단순한 법률적인 보호의 가치가 있는 이익인 경우라 할지라도 배제 등의 청구권을 인정하여야 한다"고 주장하고, 原審이 이러한 사정을 심리하지 아니하였음을 비난하고 있다. 이러한 소수의견은 위 1955년 판결의 Ⓐ부분의 판단을 상기시킨다. 그리고 여기서 또 하나 주목할 것은 이 소수의견이 「당사자 사이의 합의에 의하여 물권적 청구권을 물권 없는 자에게 유보시킬 수 있다」는 具體的 法律構成을 동원하지 아니하고, 오로지 「보호의 필요성이 있다면 권리를 부여하여야 한다」는 보다 원리적인 이론에 입각하여 原審判決의 破棄를 주장하고 있다는 것이다.

이와 같이 하여 정리된 대법원의 입장은 그 후에도 가령 大法院 1979. 9. 25. 판결 79다1028사건(「법원공보」 621. 20)에서 계속 유지되고 있다.

2. 未登記買受人의 物權的 請求權 行使

의용민법 시대의 多數說과 判例에 의하면 부동산에 관하여 賣買契約이 체결되면 당사자 사이에 특별한 약정이 없는 한 목적부동산의 所有權은 그 매매계약의 체결과 동시에 買受人에게 이전된다. 가령 大法院 1956. 3. 10. 판결 4288민상293사건(集 4-1. 12)은 "특정한 부동산에 관한 매매계약에 있어서 대금의 지급 및 소유권이전등기절차를 즉시 履踐하는 경우는 물론 이를 장래에 이행할 것을 약정하는 경우라도 당사자간 합의로 소유권의 이전을 유보하거나 즉시 買主에게 이전할 수 없는 사유가 있지 아니하면 소유권은 매매계약 체결과 동시에 매주에게 이전되는 것이다"라고 하여 아직 殘金을 받지 못한 부동산매도인이 그 부동산을 매수인으로부터 임차한 자를 상대로하여 소유권에 기하여 그 반환을 청구한 것을 기각하고 있다.

그러나 매수인 명의로 등기를 하지 않으면 그 所有權移轉을 "제 3자에게 대항할 수 없다"(朝鮮民事令 제13조). 그런데 目的不動產을 제 3자가 占有하고 있거나 기타 그 소유권의 실현을 妨害하고 있다면, 새로이 소유권을 취득하였으나 아직 등기를 이전받지 못한 매수인은 그 자를 상대로 物件의 返還이나 妨害의 排除를 청구할 수 있는가? 이러한 문제는, 등기를 하지 아니하면 所有權取得을 對抗할 수 없는 바의 "제 3자"의 범위를 어떻게 정할 것이냐의 문제로 환원된다고 의식되었다. 즉, 만일 위와 같은 妨害者 등이 그와 같은 "제 3자"에 속한다면 매수인은 그 자에 대하여 物權的 請求權을 행사할 수 없게 되는 것이다.

依用民法 시대의 대법원은 일관하여 不法占有者나 無效의 登記名義人은 그와 같은 「제 3자」에 속하지 않는다고 판시하여 왔다. 가령 大法院 1955. 3. 12. 판결 4287민상326사건(「판례총람」 2-1(A). 386)은 "이에 소위 第3者라 함은 登記의 欠缺을 主張함에 正當한 利益을 가진 第3者를 운위함이요, 正當한 原因 없이 登記를 받은 제 3자 또는 不法行爲關

係에 있는 제 3 자는 포함되지 않는다고 봄이 타당하다"고 한다. 그리하여 아직 등기를 이전받지 아니한 買受人이 불법점유자를 상대로 하는 返還請求(大法院 1955. 2. 3. 판결 4287민상286사건[「要旨集」 민법 제186조 4번])나 원인 없는 등기명의인을 상대로 한 登記抹消請求(大法院 1956. 7. 26. 판결 4289민상218사건[판례카드 5428호])는 모두 認容되었던 것이다.

그러나 민법 시행 이후에 선고된 大法院 1969. 10. 14. 판결 69다1485사건(集 17-3. 202)은 이를 허용하지 않는다. 이 사건에서 원고는 이 사건 건물을 신축하여 原始取得한 甲으로부터 그것을 매수하였으나, 아직 등기를 이전받지는 못하였다. 그런데 피고는 權原 없이 이 건물에 관하여 자기 명의로 所有權保存登記를 하였다. 원고는 피고를 상대로 그 登記의 抹消를 구하였다. 원심은 이 청구를 認容하였으나, 대법원은 原審判決을 破棄하였다.

> "민법 제186조의 규정상 부동산의 매매로 인한 권리변동은 등기를 하여야만 그 효력을 발생하는 것이라고 할 것인바, 원판결은…원고와 같이 아직 등기되지 않은 건물의 실질적인 소유자로부터 그의 소유권을 전득한 자는 그 건물권을 권원 없이 보존등기하여 둔 자에 대하여는 구태여 등기부상에 나타나 있지 않은 전소유자를 대위하지 않는다 할지라도 직접 그 보존등기의 말소를 구할 수 있을 것이라는 판단 하에(그 판단은 채권적인 매매의 효력만으로서도 그 매매목적물에 대한 제 3 자의 침해행위에 대하여 직접 그 배제를 구할 수 있다는 취지가 된다) 피고에 대한 그 청구를 인용하였던 것인즉, 그 판단은 법리를 오해한 위법이 있는 것이다."

이 판결은 특히 괄호 안에서 판단하고 있는 부분이 주목을 끈다. 그 부분은 賣買의 「債權的인 效力」과 그에 기한 物權變動을 엄격히 구별하는 태도를 보여 주고 있다. 뿐만 아니라 뒤에서 보는 대로 원고는 "직접"(이것은 「자기의 권리로서」라는 뜻일 것이다) 등기의 말소를 구하지 않고 賣渡人의 物權的 請求權을 代位行使함에 의하여 목적을 달성할 수 있음을 시사하고 있는 점도 흥미를 자아낸다. 그러나 더욱 주의를 요하는 것은 원심판결이 원고의 청구를 認容한 실질적인 이유에 대한 대법원의 평가이다. 즉, 원심은 이 사건 건물이 아직 등기되지 아니한 상태이므로 이에 관한 所有權登記를 이전받는 것이 사실상 어려운 상태에 있다는 것, 또한 어차피 抹消되어야 한다는 것 등을 내세워 원고의 「직접」 登記抹消請求를 한 것을 認容한 것이라고 추측된다. 이러한 미등기 건물의 경우에 대한 특별한 고려는 뒤에서 살필 건물철거청구의 被告適格과 관련하여서도 베풀어지고 있으므로, 原審의 論理가 전혀 근거없는 것이라고는 할 수 없다. 그러나 대법원은 위 判決의 事案에서와 같은 등기말소청구에 있어서는 이 점을 크게 평가하지 않는다. 그러한 판단을 함에 있어서는 분명 미등기건물의 매수인인 원고가 債權者代位權의 行使에 의하여 실질적으로 동일한 결과를 얻을 수 있다는 점을 염두에 두었을 것이다.

그 후의 大法院 1980. 7. 8. 판결 79다57사건(集 28-2. 101)은 不法占有者에 대한 返還請求에 관하여, 大法院 1983. 4. 26. 판결 83다카57사건(集 31-2. 121)은 登記抹消請求에 관하여, 아직 등기를 이전받지 못한 매수인이 매도인이 가지는 物權的 請求權을 대위하여 행사하는 것은 각기 긍정하고 있다.

3. 假登記의 效力

假登記制度는 의용민법 시대에도 朝鮮不動產登記令에 의하여 의용되는 일본의 부동산등기법에 기하여 인정되고 있었다. 그런데 假登記의 效力에 관하여는 주로 가등기가 이루어진 후에 그와 양립할 수 없는 제3자의 本登記가 행하여진 경우에 假登記權利者는 어떠한 방법에 의하여 그 本登記의 抹消를 請求할 수 있는가를 중심으로 논의되어 왔다.[22]

22) 이 문제는 同時에, 假處分 후 가등기의무자로부터 제3자 앞으로 所有灌移轉登記가 이전되었을 경우에 假登記權利者는 누구를 상대로 本登記를 청구할 수 있는가 하는 문제와 그 本登記請求와 「中間處分」의 登記의 抹消請求와의 관계를 어떻게 볼 것인가 하는 문제와 관련되어 있다.

이 점에 관한 다른 나라, 특히 독일과 일본의 立法例와 學說에 대하여는 상세히 살핀 논문이 이미 발표되어 있으므로[23] 이에 미루기로 한다.

이에 대하여 의용민법 시대의 대법원은 반드시 일관한 태도를 취해 왔다고는 할 수 없다. 가령 大法院 1949. 4. 2. 판결 4281민상314, 315 사건(集 1-1. 17)은, 「不動産所有權移轉假登記」를 한 원고가 그 가등기 후에 假登記義務者로부터 소유권이전등기를 이전받은 피고를 상대로 아직 그 假登記에 기한 本登記를 하지 아니한 상태에서 그 소유권이전등기의 말소를 청구한 사건에 대한 것이다. 원심은 "가등기권자는 가등기의무자에게 대하여 본등기를 받은 후가 아니면 가등기 후 본등기를 받은 권리자에게 그 등기의 말소를 청구할 수 없다"고 하여 원고의 청구를 기각하였다. 이에 대하여 위 대법원판결은, 그와 같은 경우에 假登記名義者는 그 가등기에 기한 본등기를 이전받지 아니하였더라도 「가등기의 효력으로서」 제 3 자에 대하여 그 移轉登記의 抹消를 청구할 수 있다고 하고, 그러나 이와 같은 효력은 "가등기권리자가 본등기청구에 필요한 일체요건을 구비한 때에 한하여 발생한다 해석할 것이다"라고 판단하여 원심판결을 파기하였다. 위 판결에서 말하는 「본등기청구에 필요한 일체요건」이 무엇인가는 별로 명료하지 아니한 것으로 생각된다.

그 후에 大法院 1961. 12. 14. 판결 4294민상253사건(「판례총람」 2-1(A). 410)은 "가등기사항이 소유권이전을 목적으로 한 것이면 가등기권리자가 권리보전의 목적을 달성하기 위하여 본등기를 함에 있어서 장애가 되는 이후의 등기가 존재하는 경우에 가등기만으로써 소유권의 취득을 대항하여 장애가 되는 등기의 말소를 청구할 수 있다"고 판단하였다. 이 사건의 事實關係는 알 수 없으나 적어도 法律論에 한정하여 보면 이 판결은 위 1949년의 대법원판결에서 요구하는 것과 같은 「본등기

23) 郭潤直, 假登記制度, 서울대학교 「法學」 22권 1호(1981), 1면 이하.

를 청구할 수 있는 일체의 요건이 구비된 경우에 한하여」라는 限定은 붙어 있지 않다.

그러나 위의 두 대법원판결은 어느 것이나 가등기가 있다는 것만으로는 그 후의 소위 「中間處分」에 기한 등기를 말소할 수 있다는 점에서는 동일하다. 이것을 依用民法에서 취하고 있는 소위 「對抗要件主義」라는 시각에서 재구성하면 다음과 같은 논리에 기한 것이라고 이해할 수 있을 것이다. 즉, 비록 본등기는 이루어지지 않았더라도 假登記權利者는 이미 「當事者의 意思表示만에 의하여」, 즉 가령 賣買契約 자체에 의하여 所有權을 취득하였고, 이 所有權을 제 2 의 買受人(비록 그가 소유권등기를 이전받았더라도)을 포함한 제 3 자에게 주장—소위 「對抗」—함에 있어서도 반드시 자기 앞으로 본등기를 받아야 할 필요는 없으며, 단지 假登記를 한 것 그 자체에 의하여 족하다는 것이다. 이러한 논리는 특히 위 1961년 판결의 「가능기만으로써 소유권의 취득을 대항하여」라는 설시에 확연하게 드러난다. 그러나 이러한 입장에 대하여는 근본적인 의문이 제기되고 있음은 주지하는 대로이다.[24]

그런데 대법원은 민법이 시행된 후에 이에 관한 입장을 바꾸었다. 大法院全員合議體 1962. 12. 24. 결정 4294민재항675사건(「대법원전원합의체판결집」 민사편(1978), 13면)은 다음과 같이 판시하였다.

> "우리 민법은 제186조에 부동산에 관한 법률행위로 인한 물권의 득실변경은 등기하여야 그 효력이 생긴다라고 규정하여 법률행위로 인한 부동산물권변동에 있어 등기를 효력요건으로 하는 형식주의를 채택하였다. 그리하여 위 법조에서 말하는 등기라 함은 부동산등기법에서 말하는 본등기를 가리킨 것이며 부동산등기법 제 3 조에서 말하는 같은 법 제 2 조에 게기한 권리의 설정 · 이전 · 변경 또는 소멸의 청구권을 보전하기 위한 가등기를 지칭한 것

24) 이러한 입장은 즉각 다음과 같은 反論에 부딪힌다. 즉 依用民法 제177조에서 말하는 「登記」란 本證記를 말하는 것이고, 假登記는 거기에 포함되지 않음에는 異論이 없다. 그렇다면 假登記가 되었다는 것만에 의하여, 本登記가 된 경우와 동일하게 제 3 자에게 「對抗」할 수 있게 되는 것과 같은 結果를 인정할 수 있을 것인가 하는 점이다. 其他의 難點에 대하여는 郭潤直(註 23), 13면 이하 참조.

이 아님은 물론이다. 그러면 가등기 후에 제3자에게 소유권이전의 본등기가 된 경우에 가등기권자는 가등기만으로써는 자기의 물권취득의 효력을 주장할 길 없음이 명백하므로 가등기 후의 본등기 명의인에게 그 등기의 말소를 청구할 수 없을 것이고 가등기권자가 위 본등기의 말소를 청구하려면 가등기권자가 먼저 본등기를 경유하여야 할 것이다. 만일 가등기권리자가 가등기만을 주장하여 가등기 후에 한 본등기의 말소를 청구할 수 있다고 해석한다면 부동산물권변동에 관한 형식주의를 채택한 민법의 대원칙에 위배되는 결과가 될 것이다. 구민법 하에서는 부동산등기를 물권변동의 제3자 대항요건으로 하고 물권변동은 당사자의 의사표시만에 의하여 그 효과를 발생하는 것이기 때문에 가등기권자는 가등기만으로 가등기 후의 본등기 취득자에게 가등기에 의하여 보전된 물권을 주장하여 제3자의 본등기의 말소를 청구할 수 있다는 견해가 설 수 있었으나 본등기 전에는 물권변동이 전혀 발생할 수 없는 현행 민법의 해석으로는 가등기만으로 제3자의 본등기의 말소를 주장할 수 없음을 명백히 알 수 있을 것이다."

이 결정은[25] 不動產物權變動에 관한 法理의 轉換을 확연하게 의식하고, 이를 판결의 기초로 삼았다는 점에서 흥미를 끈다. 그 후에도 이와 같이 가등기만에 의해서는 가등기 이후 이루어진 제3자 명의의 등기의 말소를 청구할 수 없다는 태도는 가령 大法院 1963. 7. 25. 판결 63다53사건(「판례총람」 2-1(A). 406) 등에서 유지되고 있다. 특히 大法院 1970. 3. 10. 판결 69다1669사건(集 18-1. 196)은, 피고 명의의 假登記가 아무런 원인 없이 不法抹消된 후 所有權登記를 이전받은 원고가 피고를 상대로 目的物의 引渡를 청구한 사안에 대한 것이다. 피고는 피고 명의의 가등기는 그 말소에도 불구하고 여전히 효력을 가지는 것이고 오히려 원고는 그 假登記의 回復登記節次에 관하여 承諾義務를 지고 있으므로 원고가 所有權에 기하여 引渡請求를 하는 것은 부당하다고 주장하였다. 이에 대하여 대법원은 "가등기권리자는 가등기만으로써는 자기의 물권취

---

25) 同 決定은 그 외에, ① 假登記權利者는 가등기의무자인 前所有者를 상대로 本登記請求權을 행사할 것이고, 가등기 후 소유권이전의 본등기를 얻은 제3자를 상대로 할 것이 아니다, ② 가등기권리자가 가등기에 기한 소유권이전의 本證記를 한 경우에는 登記公務員은 제3자의 本登記를 직권말소할 수 있다고 판단하고 있다.

득의 효력을 주장할 수 없음이 명백하므로 가등기 후의 소유권 취득의 본등기명의인인 원고의 소유권을 부정할 수 없음이 법리상 당연한 바" 라고 하여 피고의 주장을 물리치고 원고의 청구를 인용하였다. 이 판결은 그 사건 해결의 결론에 있어서는 의문이다. 만일 원고가 假登記의 回復登記節次에 관하여 承諾義務를 부담하고 있고, 나아가 피고 앞으로 가등기에 기한 본등기가 이루어졌다면 원고 명의의 등기는 위 1962년의 대법원 전원합의체 결정의 태도와 같이 職權抹消될 처지에 있다면, 원고가 피고를 상대로 소유권에 기한 권리를 행사하는 것은 信義則에 반한다고 하여야 하지 않을까? 가령 慣習上의 法定地上權이 설정된 건물을 그 지상권에 대한 등기를 이전받음이 없이 讓受한자에 대하여 토지의 소유자가 건물철거를 청구하는 것은 "지상권의 부담을 용인하고 그 설정등기절차를 이행할 의무 있는 자가 그 권리자를 상대로 한 청구이어서 신의성실의 원칙상 허용되지 않는다"고 한다면(大法院全員合議體 1985. 4. 9. 판결 84다카1131, 1132[集 33-1. 190]) 이러한 취지는 위와 같은 경우에도 적용되어야 할 것으로 생각되는 것이다. 그러나 이와 같은 사건 해결의 結論의 當否는 별론으로 하고 위 판결이 假登記의 效力에 관하여 의용민법 시대와 분명하게 절연하고 있음은 주목되어도 좋다고 생각된다.

4. 建物撤去請求의 相對方

타인 소유의 土地 위에 土地利用의 權原 없이 건물이 건립되어 있는 경우에는 그 건물의 소유자는 그 건물의 존재에 의하여 토지를 不法으로 占有하고 토지의 소유권을 침해하고 있는 것이 된다. 따라서 土地所有者는 건물의 소유자에 대하여 物權的 請求權에 기하여 建物撤去와 土地의 引渡를 청구할 수 있고, 또 과거의 不法占有에 대하여는 不法行爲를 이유로 하는 損害賠償請求 또는 不當利得의 返還請求를 할 수 있다. 그런데 그 건물이 타인에게 賣渡된 경우에는 누구를 상대로 하여 그와 같은 청구를 할 수 있는가가 문제가 된다. 이 문제는 특히 그 建物買受人이 아직 등기를 이전받지 않고 있는 경우에 예리하게 제기된다. 이하에서는 논의를 建物撤去請求에 한정하여 살펴보기로 한다.

이 문제를 생각함에 있어서 출발점을 이루는 것은 건물의 철거는 그 존재를 소멸시키는 종국적인 사실적 처분이므로 원칙적으로 그와 같은 處分의 權限을 가진 자, 즉 所有者만이 할 수 있다는 생각이다. 그러나 가령 아직 등기되어 있지 않은 건물이 여러 차례 매매되고 그에 따라 점유자가 빈번히 교체된 경우를 생각하여 보자. 그 경우 애초의 原始取得者가 여전히 그 건물의 소유자로 남아 있게 된다(民法 제187조). 토지소유자가 그를 상대로 하여서만 건물철거를 청구할 수 있다고 하면 여러 가지 부당한 일이 발생한다. 가령 실제로 그 건물의 계속 존립에 利害關係를 가지고 있는 자, 예를 들면 最終買受人은 소송에서 방어할 기회를 잃기 쉽고, 또 토지 소유자로서도 建物所有者의 住所를 알지 못하면 소송을 遂行하는 데도 어려움이 따른다.

이러한 문제에 대하여 의용민법을 적용한 경우의 대법원의 태도를 분명하게 알 수 있게 하는 판결은 찾지 못하였다. 가령 大法院 1962. 5. 3. 판결 4294민상1500사건(集 10-2. 279)은 건물을 소유하던 피고가 이를 1958년 4월 7일 갑에게 매도하고, 이어 인도까지 하였으나 아직 所有權登記가 피고 명의로 남아 있는 경우에 원고가 피고를 상대로 建物撤去 및 土地引渡를 청구한 사건에 대한 것이다. 원심은 피고가 그 대지를 점유하지 않고 있다고 하여 그 請求를 棄却하였다. 그러나 대법원은, "건물을 타인에게 양도하고 그 인도도 완료한 경우라 할지라도 법률상의 이유로 그 양도를 대항할 수 없는 때에는 그 양도인은 법률상 건물의 소유자로서 그 부지인 대지를 점유하고 있는 것"이라고 전제하고, 원고가 1959년 5월 27일 피고에 대하여 건물에 대한 處分禁止의 假處分을 하였으므로 피고는 원고에 대하여 건물의 양도를 대항할 수 없으며 원고에 대한 관계에서는 여전히 피고가 건물의 소유자라고 하여 원심판결을 파기한 바 있다. 그러나 이 판결은 의용민법 아래서 부동산을 賣渡하였으나 아직 登記를 이전하지 아니한 자를 상대로 하여 얻은 處分禁止假處分의 效力에 관한 것이라고 이해하여야 할 것이다.

한편 일본 판례의 주류는 이 점에 관하여 소위 所有者責任說을 취하여 지상건물을 제 3 자에게 양도하였으나 아직 登記名義가 남아 있는 자를 상대로 한 토지소유자의 건물철거청구를 배척하고 있다.[26] 그 이유는 토지소유자는 건물양도에 관하여 그 登記의 欠缺을 주장할 수 있는 正當한 利益을 가지는 소위 「제 3 자」에 속하지 않으므로 등기명의자는 건물의 소유권이 이미 양도된 것을 등기 없이도 土地所有者에게 對抗할 수 있다는 것이거나, 또는 "토지소유권에 기한 물권적 청구권의 소송에 있어서는 현실로 가옥을 소유함으로써 그 토지를 점거하고 토지소유권을 침해하고 있는 자를 상대방으로 할 것이고, 지상가옥이 양도되었음에도 불구하고 소유권이전등기를 경유하지 아니하고 등기부상 양도인 소유명의인 채로 남아 있다고 하더라도, 지상가옥의 양도인은 현실로 그 부지를 점거하여 토지소유권을 침해하고 있다고는 할 수 없다"는 것이다.

대법원은 그 1965. 6. 15. 판결 65다685사건(集 13-1. 196)에서 적어도 위에서 본 日本判例와 같은 태도를 채택하지 않음을 분명히 하였다. 그 사건에서 원고는 피고를 상대로 건물철거 등을 청구하였는데, 그 건물에 대하여는 제 3 자 명의로 所有權保存登記가 되어 있다는 것이다.

> "건물과 같이 토지와 독립하여 소유권의 대상이 되는 물건의 철거를 구하는 소송에 있어서는 그 현재의 소유자를 상대로 하여야 할 것이고 그 현재의 소유자라 함은 부동산 물권변동에 관하여 형식주의를 채택하고 있는 신민법 아래서는 등기가 통모에 의한 가장 등 무효한 것이 아닌 이상 일응 현

---

26) 이에 관한 日本의 判例와 學說에 대하여는 幾代通, 土地不法占據の責任と建物登記, 「法曹時報」 29卷 11號(1977. 11), 1749면 이하(同, 「不動產物權變動と登記」, 1986, 70면 이하 所載) 참조.

재의 등기상의 소유권자를 말한다 할 것이고 등기상의 소유권자에 대하여 내부적으로 소유권을 주장할 수 있는 것에 불과한 사실상의 소유자를 말한다 할 수 없는 것"이다.

그러나 이와 같은 태도는 大法院 1966. 10. 18. 판결 66다1538사건(「판례총람」 2-2(A). 485-3)에서는 약간의 예외를 인정하게 되었다.

"元來 建物의 撤去는 그 所有權의 終局的인 處分에 該當되는 事實行爲인만큼 原則的으로는 所有者(現行 民法下에서는 原則的으로 登記名義者)에게만 그 收去處分權이 있다고 할 것이나 入住使用中인 未登記建物의 所有權을 前主로부터의 買受에 의하여 債權的으로 取得하였고 前主의 引渡에 의하여 이를 占據하게 되었다면 그 取得한 權利의 範圍內에서 그 占據中인 建物에 대하여 法律上 또는 事實上 이를 處分할 수 있는 地位에 있다고 할 것이므로 所有權을 不當하게 侵害받고 있는 所有者로서는 위와 같은 者에게 그 占據中인 未登記建物의 撤去를 求할 수 있다고 할 것이다."

그리고 이와 같은 취지는 大法院 1967. 2. 28. 판결 66다2228사건(集 15-1. 179)에서도 반복되고 있다. 이 두 판결은 모두 ① 원고가 철거를 구하는 건물이 아직 등기되지 아니한 것이고, 또 ② 피고가 前主로부터 買受하고 인도받아 현재 占有하고 있는 事案에 대한 것이다. 위 두 판결, 특히 위의 1967년의 판결은 피고가 「법률상 또는 사실상 처분할 수 있는 지위」에 있음을 직접적인 이유로 내세우고 있어 얼핏 보면 피고의 法律上 地位와 관련된 사정이 중시되고 건물과 관련된 사정, 즉 위 ①의 사정은 결론에 영향을 미치지 않는 것같은 인상을 준다. 그러나 만일 위의 1965년 판결에서와 같이 건물이 등기된 것으로서 그 所有權登記가 제 3 자 앞으로 이루어진 경우라면, 피고에게 위 ②의 사정이 있다고 해서 그를 상대로 建物의 撤去를 請求할 수 있다는 결론을 내렸을 것이라고는 단정할 수 없을 것이라고 생각된다. 특히 위의 1965년 판결이 「등기부상의 소유권자에 대하여 내부적으로 소유권을 주장할 수 있는 것에 불과한 사실상의 소유자」에 대하여는 建物撤去를 청구할 수 없다고 설시하고 있는 점은 주목을 요한다고 하겠다. 이 점은 장차의 大法院의 태도가 주목된다.

5. 物權關係의 「關係的 分裂」의 새로운 適用

위 Ⅱ.에서 본 대로 민법이 不動產物權變動에 관하여 소위 登記主義를 취한 이유 중의 하나는 당사자 사이와 제 3 자에 대한 관계에 있어서 物權의 歸屬을 달리 취급하는 데서 오는 「法律關係의 錯雜化」를 피하려는 데 있었다. 그러나 이와 같은 취지는 민법 시행 이후 대법원에 의하여 제대로 살려지지 못한 것으로 생각된다. 대법원은 가령 名義信託이나 讓渡擔保의 法理를 적어도 그 추상적인 法律論의 차원에서는 「對內關係」, 즉 당사자 사이의 법률관계와 「對外關係」, 즉 제 3 자에 대한 법률관계를 분리하는 것에 기초하여 세우고 있다. 이 문제는 결국 債權과 物權의 개념적·추상적 구별을 구체적 法制度의 理解에 실제로 얼마만큼 관철할 것이냐 하는 관점에서 해결되어야 할 것으로 생각되나, 위와 같은 대법원의 태도에 대하여는 특히 名義信託의 法理와 관련하여 본 심포지움에서 별도로 다루어지므로 여기서는 논하지 않기로 한다.[27)]

앞서 본 명의신탁이나 양도담보에 있어서의 「對內關係」와 「對外關係」의 분리라는 사고틀은 의용민법 시대로부터 존재하여 왔던 것이고,[28)] 따라서 대법원은 그러한 사고틀을 민법 시행 이후에도 지속하였다고 ── 또는 「청산」하지 못하였다고── 할 수 있다. 그렇게 보면 그러한 태도는 依用民法 시대의 判例와의 연속 위에서 파악될 것이므로 본고에서는 직접 다룰 대상이 아니라고 할 것이다.

그러나 대법원은 위와 같은 사고틀을 다른 문제의 해결에도 새로이

27) 최근 康鳳洙, 名義信託에 있어서 內部的 所有權의 意味(Ⅰ)-(Ⅲ), 「司法行政」, 1987년 12월호 40면 이하, 1988년 1월호 74면 이하, 同 2월호 36면 이하는 이 사고틀을 신랄하게 비난하고 있다.

28) 이 사고틀은 특히 假押留나 假處分의 效力을 논함에 있어서 나타나는 相對的 無效論과 일정한 연관이 있는 것이 아닌가 하는 추측도 하게 된다.

적용하고 있다. 그것을 단적으로 보여 주는 것은 財團法人의 設立에 있어서 出捐된 不動產이 언제 그 法人에 歸屬되는가 하는 점에 대한 大法院(全員合議體) 1979. 12. 11. 판결 78다481, 482사건(集 27-3. 212)이다. 이 판결은 財團法人의 設立者가 出捐行爲를 하고 그 후 1960년 5월 20일 그 재단법인이 設立登記를 마침으로써 법인으로 성립하였으나 아직 移轉登記를 하지 않고 있던 중에 제3자 앞으로 소유권등기 등이 경료된 경우에 그 登記 등의 有效 여부가 다투어진 사안에 대한 것이다. 원심이 민법 제48조를 내세워 그 등기가 이미 無權利者가 된 設立者의 소유권등기에 기하여 이루어졌으므로 무효라고 판단한 데 대하여, 대법원은 다음과 같이 판시하여 원심판결을 파기하였다(다수의견).

> "민법 제48조는 재단법인 성립에 있어서 재산출연자와 법인과의 간의 관계에 있어서의 출연재산의 귀속에 관한 규정이고 동 규정은 그 기능에 있어서 출연재산의 귀속에 관해서 출연자와 법인과의 관계를 상대적으로 결정함에 있어서 그의 기준이 되는 것에 불과하여 출연재산은 출연자와 법인과의 관계에 있어서 그 출연행위에 터잡아 법인이 성립되면 그로써 출연재산은 민법의 위 조항에 의하여 법인 성립시에 법인에게 귀속되어 법인의 재산이 되는 것이라고 할 것이고, 출연재산이 부동산인 경우에 있어서도 위 양 당사자간의 관계에 있어서는 위 요건(법인의 성립) 외에 등기를 필요로 하는 것이 아니라 함이 상당하다 할 것이다. …[그러나] 제3자에 대한 관계에 있어서는 출연행위가 법률행위이므로 출연재산의 법인에의 귀속에는 부동산의 권리에 관해서는 법인성립 외에 등기를 필요로 하는 것이라고 함이 상당하다 할 것이다."

出捐財產이 不動產인 경우에 민법 제48조를 어떻게 해석하여야 할 것이냐에 대하여는 주지하는 대로 학설이 나뉘는 바이다.[29] 그러나 위의 대법원판결과 같은 견해는 주장된 일이 없었다. 大法院判決의 입장의 可否에 대하여는 여러 가지 논의가 가능할 것이나, 한 가지 분명한 점은 그러한 「對內關係」와 「對外關係」의 분열은 민법의 제정과정에서 부

29) 이 점에 관하여는, 郭潤直, 「民法總則」, 再全訂版, 1985, 235면 이하; 金曾漢, 「新稿民法總則」, 1986, 133면 참조.

정적인 평가를 받고, 일반적으로 배척되었다는 사실이다. 가령 위 사건의 사실관계에 있어서 그 부동산을 제3자가 不法으로 占有하고 있다고 하자. 그 점유자를 상대로 부동산의 인도를 청구할 수 있는 자는 재단법인인가, 아니면 출연자인가? 또 가령 出捐者로부터 그 不動產을 無償으로 사용할 것을 허락받고 현재 占有·使用하고 있는 자에 대하여 재단법인이 소유권등기를 이전받음이 없이 그 소유권에 기하여 不動產의 引渡를 청구하였다고 가정하여 보자(大法院 1956. 3. 8. 판결 4287민상508사건 [「판례총람」 2-1(A). 386]의 사안). 이 때 피고는 법인이 소유권등기를 이전받음이 없이는 「대항」할 수 없는 「제3자」에 속하는가? 나아가 출연자의 채권자가 그 부동산을 압류한 경우는 어떠한가? 이러한 여러 가지의 어려운 문제(「法律關係의 錯雜化」)를 회피하고자 한 것이 입법자의 의도이고, 필자의 의견으로는 이러한 의도는 존중받을 만한 것이라고 생각된다.

Ⅳ. 小　結

이상으로 우리 민법이 不動產物權變動에 관하여 의용민법의 「意思主義」를 버리고 「登記主義」를 채택함에 좇아 대법원이 종래에 취하던 태도에 변경을 가한 판결들을 중심으로 살펴 보았다.[30] 따라서 지금까지의 서술은 민법의 제정으로 야기된 判例의 不連續面을 다룬 것이라고 할 수 있다.

30) 그 외에 증여계약을 서면에 의하지 아니한 계약이라는 등의 이유로 해제한 경우에, 民法 제558조에 의하여 그 해제에 의하여 "영향"을 받지 않는, 贈與者가 "이미 履行한 部分"의 解釋에 관하여도, 大法院은 登記主義로의 轉換을 이유로, 종전에 부동산의 引渡만으로 족하다고 하던 것을 登記가 있어야 한다고 그 態度를 전환하였다. 가령 大法院 1976. 2. 10. 판결 75다2295(集 29-3. 145); 大法院 1977. 12. 27. 판결 77다834(「법원공보」 579. 23); 大法院 1981. 10. 13. 판결 81다649(集 29-3. 138) 참조. 이 판결들의 태도에 대한 필자의 비판적 입장에 대하여는 梁彰洙, 賣渡證書의 交付와 書面에 의한 贈與, 「人權과 正義」 158호(1989. 10), 89면 이하 참조.

그러나 오히려 부동산물권변동에 관한 判例의 問題點은 민법이 그에 관한 규정을 근본적으로 새로이 마련하였음에도 불구하고 의용민법 시대와 변함없는 태도를 유지한 判例들에 존재하는 것이 아닐까? 말하자면 그와 같은 판례의 「連續面」을 보다 면밀히 검토하여 볼 필요가 있을 것이다. 의용민법이 예정하는 문제해결의 기본적인 사고틀은 「物權變動의 對抗 또는 對抗不能(inopposabilité)」이라는 기준이다. 민법이 등기를 더 이상 「對抗問題」와 연결시키지 아니하고 「物權變動」 그 자체와 연결시킨 것은 그러한 사고틀의 운영, 나아가서는 그 존립 자체에 어떠한 영향을 미치는가, 또는 어떠한 영향을 미쳐야 할 것인가? 가령 取得時效 완성 후 등기를 취득한 제3자에 대하여는 그 시효의 완성을 주장할 수 없다고 하는 大法院判例의 태도(가령 大法院 1968.5.21. 판결 68다472사건[集 16-2. 60] 등 많은 판례가 있다)는 이 「對抗問題」의 사고틀이 의용민법 시대의 판례와의 연속으로서 ―필자의 생각으로는 무비판적으로― 적용된 결과라고 이해될 여지가 있다. 또한 가령 賣買契約이 取消 또는 解除된 후 아직 登記가 抹消되기 전에 登記名義人으로부터 등기를 이전받은 제3자와 원래의 賣渡人과의 관계에 관한 大法院判決들도(가령 取消의 경우에 대한 大法院 1975.12.23. 판결 75다533사건[集 23-2. 144]이나 解除의 경우에 대한 大法院 1971.11.30. 판결 71다1955사건[集 19-3. 137]; 大法院 1985.4.9. 판결 84다카130,131사건[集 33-1. 167]) 이러한 사고틀의 영향을 받은 것이 아닌가 하는 생각도 든다.

이렇게 보면 우선 不動産物權變動에 관한 태도의 전환이 가지는 ― 또는 가져야 할, 또는 가질 수 있는― 구체적인 법적인 의미를 비단 立法者의 意思에 한정하지 않고 보다 객관적으로 더욱 천착해 보아야 할 필요가 있음을 느끼게 된다. 나아가 民法施行 후의 대법원이 부동산물권변동과 관련된 여러 제도에 대하여 내린 판결들을 그러한 관점에서 다시 음미해 보는 작업도 긴요한 일이라고 생각된다. 그리고 이와 같은 작업에 있어서는 위에서 본 대로 특히 민법시행 후에도 依用民法 시대와의 연속선상에서 이루어진 大法院判決들이 주된 대상이 되어야 할 것이다. 그러한 의미에서 本稿는 하나의 序論에 지나지 않는다.

(「民事判例硏究」 10집 (1988), 347면 이하 所載)

[後　　記]

1. 이 글은 民事判例硏究會가 1987년 8월에 주최한 「民事法上 몇 가지 問題에 대한 判例의 動向」이라는 테마의 심포지움에서 발표한 內容을 수정·보완한 것이다. 序頭의 Ⅰ. 1.에서 "본 심포지움" 운운 하는 것은 이를 가리키는 것이다.

2. Ⅲ. 4.에서 살핀 「建物撤去請求의 相對方」에 대한 判例와 관련하여, "보존등기가 되어 있는 건물이 매매된 경우에도 法院이 미등기건물의 경우처럼 매수인 겸 점유자를 상대로 한 건물철거청구를 인용할 것이라고는 단정할 수 없다"고 하고 "이 점은 장차 大法院의 태도가 주목된다"고 하였다(本書 220면, 221면).

그런데 大法院 1986. 12. 23. 판결 86다카1751사건(「법원공보」 794. 41)은 甲이 보존등기를 한 건물을 乙이 매수하여 이전등기를 받았고 피고는 乙로부터 이를 매수하여 인도받고 "그 일부를 증·개축하여 현재 점유하고 있"으나 아직 이전등기는 받지 않고 있는 事案에 대하여 판단한 바 있다. 원심은 "이 사건 건물들은 등기된 건물로서 그 법률상 처분권은 아직도 소유자인 乙에게 남아 있으므로, 소유권이전등기를 경료하지 아니하여 그 소유권이 없는 피고에게 그 건물의 철거를 구함은 부당하다"고 하여 垈地의 소유자인 원고의 피고에 대한 建物撤去請求를 기각하였다. 그러나 위 대법원판결은, 위와 같은 경우에도 현재 점유하고 있는 매수인을 상대로 철거청구를 할 수 있다고 하는 것이 "종래 당원이 표명한 견해"라고 하여 原審判決을 파기하였다. 위 사건의 事案에 따른 약간의 制限이 필요한 것이 아닌가 하는 점은 유보하여 두기로 하고, 일단 이로써 大法院은 위의 문제에 대한 그의 태도를 밝혔다고 평가할 수 있겠다.

8. 留置權의 發生要件으로서의 「債權과 物件 간의 牽連關係」

I. 序——留置權의 實際的 機能

1. 民法이 정하는 留置權이란, 타인 소유의 물건을 점유하는 자가 "그 물건에 관하여 생긴 채권"을 가지는 경우에 그 채권의 변제를 받을 때까지 그 물건을 유치할 수 있는 權利를 말한다[1] (民法 제320조 제 1 항. 이하 民法의 條項은 法名을 지시함이 없이 인용한다).

法律이 당사자의 의사와는 관계 없이 이러한 權利를 인정하는 이유는 公平의 原則에 있다고 한다.[2] 요컨대, 타인에게 물건을 인도할 義務

1) 한편 商法 제58조는 "商人 간의 商行爲로 인한 債權"을 위하여 "債務者에 대한 商行爲로 인하여 債權者가 점유하고 있는 債務者 所有의 物件"을 그 辨濟를 받을 때까지 留置할 수 있는 權利를 認定하고 있다(소위 商事留置權). 이러한 一般的 商事留置權 외에 商法은 또한 代理商(同 제91조), 委託賣買人(同 제111조), 運送周旋人(同 제120조), 陸上運送人(同 제147조), 海上運送人(同 제800조 제 2 항) 등에 대하여 特別商事留置權을 인정한다. 本稿에서 문제삼는 「牽連關係」와 관련하여 보면, 運送周旋人과 陸上運送人 및 海上運送人의 留置權의 경우에는 被擔保債權과 目的物 사이에 일정한 關聯性이 있을 요구하나, 一般的 商事留置權이나 기타의 特別商事留置權의 경우에는 그러한 관련성을 요구하지 아니하고, 그 물건이 債務者와의 商行爲로 인하여 占有하게 된 것이면(同 제58조) 또는 債務者와의 商行爲로 인한 것이 아니라도 本人을 위하여 점유하는 것이라면(同 제91조, 제111조) 被擔保債權과 관련이 없는 것이라도 유치할 수 있다. 또한 運送周旋人 등의 留置權의 경우도 被擔保債權을 "運送物에 관하여 받을 報酬, 運賃 기타 委託者를 위한 替當金이나 先貸金"(同 제120조, 제147조) 또는 "運賃, 附隨費用, 替當金, 碇泊料, 運送物의 價額에 따른 共同海損 또는 海難救助로 인한 負擔額"(同 제800조 제 2 항)으로 한정하고, 유치할 물건도 "運送物"에 한정되어 있다. 따라서 本稿에서 논하고자 하는 「牽連關係」의 내용은 法規定에 의하여 이미 確定되어 있다고 할 수 있다.

2) 郭潤直, 「物權法」, 再全訂版, 1985, 465면 이하; 金容漢, 「物權法論」, 全訂版, 1985, 472면 이하; 金曾漢, 「物權法講義」, 1984, 334면 이하.

를 부담하고 있는 자라도 그 물건에 관련하여 발생한 일정한 債權을 가지고 있는 경우에는 一方的으로 물건인도의무의 履行만을 강요당하는 것은 부당하므로 그 채권의 만족을 얻을 때까지는 그 물건을 인도하지 않고 계속 점유할 수 있다는 것이 기본적인 취지라는 것이다. 雙務契約에 있어서의 同時履行의 抗辯權도 이와 동일한 취지에 기하여 인정되는 것임에는 異論이 없는 바이어서, 兩制度간의 關係 내지 異同이 논하여지곤 한다.

2. 유치권의 요건이나 내용을 설명하는 좋은 例로서 다음과 같은 것이 있다. 時計修理業을 하는 甲이 乙로부터 時計의 修理를 위탁받고 時計를 인도받아[3] 그 修理를 끝냈다고 하자.

첫째, 이 때 甲이 취득하는 修理代金債權은 「時計에 관하여 생긴 債權」으로서 甲은 乙에 대하여 유치권을 취득한다. 물론 甲은 乙의 시계인도청구에 대하여 同時履行의 抗辯權을 행사할 수 있으나(제665조 제1항 본문), 통설은 留置權과 同時履行의 抗辯權은 동시에 병존할 수 있다고 하므로[4] 甲으로서는 兩者 중 어느 것이나 택하여 행사할 수 있다.

둘째, 乙이 시계의 소유자가 아닌 때라도, 가령 단순한 使用借主이었다고 해도, 甲은 유치권을 취득한다. 통설은 債權發生時의 債務者와 물건의 소유자가 동일인일 필요가 없다고 한다.[5] 따라서 진정한 소유자 丙이 소유권에 기하여 時計의 반환청구를 하더라도, 甲은 乙에 대한 修理代金債權에 기하여 유치권으로써 대항할 수 있다.[6] 그러나 이 때 甲

3) 이 경우 甲과 乙 간의 契約이 일의 完成과 물건의 保管을 내용으로 하는 것으로서 都給과 任置와의 混合契約에 유사한 성질을 가짐은 물론이다. 重機修理에 관하여 大法院 1987. 12. 8. 판결 87다카898사건(「법원공보」 817. 58)(傍論) 참조.

4) 郭潤直(註 2), 467면; 金容漢(註 2), 477면.

5) 郭潤直(註 2), 473면; 金容漢(註 2), 480면 이하; 金曾漢(註 2), 339면. 이 점이 商法 제58조에서 정하는 一般的 商事留置權(위 註 1 참조)과 다른 점 중의 하나이다.

6) 被告의 유치권 주장이 이유 있어도 원고의 引渡請求를 기각할 것이 아니라 相換判決을 하여야 한다는 判例(가령 大法院 1969. 11. 25. 판결 69다1592사건[集 17-4. 91] 등)·通說(郭潤直(註 2), 477면; 金容漢(註 2), 482면; 金曾漢(註 2), 340면 등)에 따르면, 이러한 경우에는 "甲은 乙로부터 …원을 수령함과 동시에 丙에게 시계를 인도하라"는 판결이 내려질 것이다.

은 경우에 따라서 제203조에 기하여 丙에 대하여 費用償還請求權을 취득할 수도 있고, 그 때에는 이에 기하여 유치권을 취득하므로(이 경우에는 債務者와 所有者는 일치한다),[7] 실질적으로는 반대설에 의하더라도 결론에 있어서는 통설과 거의 다름이 없는 경우도 있을 수 있다(단지 債權額에서 차이가 날 수 있을 뿐이다. 제203조 제 2 항 참조).[8]

셋째, 乙이 시계의 소유자인 경우, 그 후 그것을 丙에게 양도하였더라도[9] 甲은 丙에게 유치권을 행사할 수 있다. 유치권을 物權으로 법률구성하는 이상 당연하다.[10] 위 둘째의 경우도 마찬가지이나, 여기서 유치권을 同時履行의 抗辯權과 병존시키는 實益이 드러난다. 즉 이들 경우에서 甲은 丙에게 동시이행의 항변권으로써는 대항할 수 없는 것이다. 왜냐하면 同時履行의 抗辯權은 쌍무계약으로부터 발생하는 채권의 이행상의 견련성을 확보하기 위한 것이므로 그러한 계약당사자 사이에서만[11]

7) 占有者의 費用償還請求權이 留置權의 被擔保債權으로서 가지는 이러한 特性에 대하여 프랑스民法學에서는 그 請求權이 物的 牽連性 또는 客觀的 牽連性을 가진다고 理解한다고 한다. 이에 대하여는 清水元, 費用償還請求權についての基礎的考察(一), 「民商法雜誌」 97卷 6號(1988), 6면 참조.

8) 大法院 1972. 1. 31. 판결 71다2414사건(集 20-1. 48)은 所有者가 변동되기 전에 前所有者(賃貸人)와의 合意 아래 賃借人이 임차목적물인 建物을 改修하고, 다시 所有者 변동 후에도 改修工事를 한 경우에 대한 것이다. 원심은 임차인이 소유자 변동 후의 改修工事로 인한 有益費償還請求權에 기하여 留置權主張을 한 데 대하여, "신소유자와의 간에 위 건물 임차권의 존속에 관하여 특단의 합의가 없는 한 그 때부터 불법점유가 되었다"고 하여(제320조 제 2 항 참조) 유치권의 성립을 부인하였다. 大法院은 所有者 변동 전에 이미 有益費償還請求權에 기한 유치권을 취득하였으므로 그 변동 후의 점유도 유치권에 기한 것으로서 適法한 占有라고 하고, 나아가 "그 소유자 변동 후 유치물에 관한 필요비, 유익비를 지급하고 그 유익비에 관하여는 가격의 증가가 현존한다면 그 유익비의 상환청구권도 민법 제320조의 소위 그 물건에 관하여 생긴 채권"이라고 하여 原審判決을 파기하였다. 대법원이 有益費의 償還義務者를 前所有者라고 한 것인지, 現所有者라고 한 것인지는 분명하지 않으나, 결과적으로는 本文에서 적은 바와 같은 結果를 승인하였음은 명백한 것으로 생각된다.

9) 이 때 所有權讓渡는 그에 관한 物權的 合意와 目的物返還請求權의 讓渡(제190조)에 의하여 행하여질 것이다.

10) 大法院 1967. 11. 28. 판결 66다2111사건(集 15-3. 218)은 이러한 사안에 있어서 留置權에 기한 점유는 現所有者에 대한 不法行爲를 구성하지 않는다고 한다.

11) 기타 제549조(계약해제로 인한 원상회복의무 상호간)와 같은 명문의 규정이 있거나, 大法院 1976. 4. 27. 판결 75다1241사건(集 24-1. 273)이 판시하는 대로 雙務契約의 無效로 인하여 兩當事者가 부담하는 各各의 給付返還義務와 같이 「事實的 雙務關係」(faktisches Synallagma)가 있는 경우에도 同時履行關係를 긍정하여야 할 것이다.

인정되기 때문이다.

3. 이상에서 본 바와 같이 留置權은 실제에 있어서는 주로 物權的인 引渡拒絕權能으로서 기능하고 있다. 이러한 引渡拒絕權能은 당사자 사이에 雙務契約關係가 존재하지 않는 경우에 그 효과를 발휘하며, 특히 所有物返還請求權과 같은 物權的 權利에 유효하게 대항할 수 있다(제213조 단서의 "物件을 占有할 權利"로서). 나아가 민법은 유치권을 담보물권으로 구성하여 競賣請求權(제322조)이나[12] 果實收取權(제323조) 등을 인정한다.[13]

그런데 이와 같이 보기에 따라서는 강한 법적 효력을 가지는 留置權[14]은 物件所有者의 意思와는 전혀 상관없이 발생한다. 民法이 당사자의 의사와는 관계 없이 인정되는 擔保物權(法定擔保物權), 예를 들면 依用民法에서 인정되던 先取特權制度(동 제303조 이하)를 수용하지 아니하였으면서[15] 留置權을 인정한 것은 비록 그것이 위에서 본 바와 같이 "公

12) 周知하는 대로 同條는 依用民法에는 없는 것을 民法이 새로이 定한 것이다. 民法案에는 留置權者의 경매청구권에 대한 규정이 없었으나, 民事法硏究會의「民法案意見書」(同書, 1957, 117면 참조)에 좇아 제안된 玄錫虎 修正案 제20항이 本會議에서 채택되었다. 이에 대하여는 1957年「第26回 國會定期會議速記錄」48호, 6면 上段 이하의 張暻根 議員 發言 참조: "法制司法委員會에서는 競賣法에도 있으니까 結果에는 競賣할 수 있으니까 마찬가지라고 草案의 입장을 지지했습니다마는 이 民法 自體에 規定하는 것이 事理上은 옳습니다. 또 抵當權이나 이런 데 대해서도 抵當權者가 競賣를 請求할 수 있다 하는 것도 民法 自體에 規定하면서 留置權者에게는 競賣할 수 있다 하는 것을 民法에 규정안 하고 競賣法에만 규정하는 것보다는 이 玄錫虎 議員 修正案대로 하는 것이 形式上 알맞습니다."

13) 한편 民事訴訟法 제608조 제 3 항은 "留置權이 不動產에 존재한 경우에는 競落人은 그 留置權으로 擔保한 債權을 辨濟할 責任이 있다"고 정하고, 競賣法 제 3 조 제 3 항은 "競買人은 留置權者…에게 변제하지 아니하면 競賣의 目的物을 受取할 수 없다"고 정하여, 소위 引受主義의 原則을 채택함으로써 留置權者에 대하여 사실상 優先辨濟權을 인정하고 있다. 위의 규정들이 競落人에게 留置權의 被擔保債權을 변제할 人的 債務까지 부담시키는 취지인지에 대하여는 金鼎鉉,「新稿 競賣實務要論(上)」, 1980, 548면 참조. 同所에서 이를 肯定한 대법원판결로서 인용된 大法院 1973. 1. 30. 판결 72다1339사건(「법원공보」 462. 7273)은 반드시 그렇게만 이해되는 것은 아니다.

14) 그러나 다른 한편 제328조는 "留置權은 占有의 喪失로 인하여 消滅한다"고 정하고 있다.

15)「民法案審議錄」, 上卷, 198면: "學說에 의하면 他債權者에 대하여 豫想 外의 危脅을 주고 또 이 制度가 公示의 原則에 예외가 되기 때문에 先取特權은 그 意義를 상실하고 있는 것이다."

平의 原則"에 기한 것이라고 하더라도 특색 있는 것이라고 하지 않을 수 없다.[16] 가령 그 물건의 소유권을 양도받은 第三取得者로서는 占有者로부터 유치권의 성립을 주장받아 占有者의 債權이 변제되지 아니하고는[17] 그 물건을 引渡받을 수 없다는 것은[18] 전혀 뜻밖의 일일 수도 있다.[19] 물론 유치권의 성립은 占有에 의하여 公示되고 있으므로 가령 先取特權과는 경우가 다른 점이 없지 않다. 그러나 그 때의 점유는 점유 일반이 그러한 것과 같이 被擔保債權에 대하여는 아무 것도 공시하지 않는 것이다. 이 점은 質權의 경우도 마찬가지이나, 質權은 소유자의 의사에 기하지 아니하고는 설정될 수 없다(물론 質權의 善意取得의 경우에는 예외이다). 따라서 질권이 설정된 물건의 소유권을 양도받으려 하는 자로서는 어떠한 거래에도 동반되는 相對方의 信賴性에 대한 危險 이상을 부담하는 일은 없다. 그러나 留置權이 성립한 물건의 경우에는 유치권의 성립 여부가 所有者의 意思와는 관계 없이 결정되므로 그 물건의 소유자 스스로도 유치권이 성립하였는지 여부를 알 수 없는 때가 있어서, 그 물건의 讓受人으로서는 相對方의 信賴性에 대한 危險 이상의 過度한 危險을 부담하게 되는 것이다. 또 質權은 占有를 본래의 公示方法으로 하는 動産에 대하여만 설정될 수 있다.[20] 따라서 단순히 점유를 매개로 하여 「被擔保債權과 擔保物이 긴밀한 場所的 關係를 가진다」는 것만으로는[21] 被擔保債權이 公示되지 않고 또 소유자의 의사에 기하지 않는 擔

---

16) 물론 民法에서도 종래의 先取特權에 해당하는 것을 전혀 인정하지 않는 것은 아니다. 가령 제648조가 정하는 土地賃貸人의 法定質權과 제650조가 정하는 建物賃貸人의 法定質權은 依用民法 제313조가 정하는 不動產賃貸人의 先取特權에 해당하는 것이다. 그 외에 民法은 제649조에서 日本借地法 제13조가 정하는 바의 土地賃貸人의 地上建物에 대한 先取特權에 해당하는 法定抵當權을 인정하였다. 그러나 이들 權利는 모두 目的物을 押留하여야만 비로소 발생한다.

17) 만일 第3取得者가 스스로 이를 변제한 경우에는 그 원래의 채무자에게 求償할 수 있음은 물론이다.

18) 강제경매 또는 임의경매에서의 競落人의 引渡請求에 관하여는 위 註 13도 참조.

19) 이는 가령 유치권이 성립되어 있는 不動產에 관하여 抵當權을 취득한 자 기타 債權者에 대하여도 마찬가지이다.

20) 물론 權利質權의 경우에는 그러하지 아니하다.

21) 我妻榮, 「新訂 擔保物權法」, 1968, 50면은 先取特權制度를 비판하면서, 先取特權은

保物權制度를 인정하는 근거를 충분히 납득이 가게 설명한다고 말할 수 없다.[22] 특히 우리 나라와 같이 債務者 所有가 아닌 物件에 대하여도 留置權의 성립을 인정하는, 비교법적으로 유례 없는 태도를 취하고 있는 法制에서는,[23] 유치권제도의 운용에 신중을 기하지 않으면 안 될 것이다. 유치권제도의 근거로서 제시되어 온「공평의 원칙」은 다른 모든 標語的 價値理念이 그러하듯이 극히 可塑的인 것이다.

이러한 관점에서 보면 留置權의 成立을 통제하는 要件으로서 (i) 채권과 물건간의「牽連關係」, (ii) 그 점유가 不法行爲로 인한 것이 아닐 것(제320조 제 2 항)의 兩者를 구체적으로 어떻게 파악할 것인가는 유치권제도의 실제 운용을 좌우하는 관건이 된다고 생각된다. 本稿에 있어서는 우선 (i)에 논의를 한정하고자 한다.

Ⅱ.「債權과 物件 간의 牽連關係」要件의 歷史的 成立

1. 우리 民法은 위에서 본 대로 留置權의 發生要件으로서 物件占有者의 債權이 "그 物件에 관하여" 생긴 것을 요구하고 있으며 (제320조 제 1 항), 學說은 이것을 그 채권이 물건과 사이에「牽連關係(Konnexität)」를 가질 것을 요구하는 것이라고 이해하는 데 일치하고 있다. 그런데 이와

留置權과는 달리 이러한 관계가 없다고 한다.

22) 이러한 관점에서 보면, 留置權制度의 內容과 限界를 정함에 있어서는 위 註 16에서 본 法定質權·法定抵當權, 先取特權 등의 다른 法定擔保物權制度와의 관련 아래서 留置權을 파악하는 것이 매우 有用한 태도라고 생각된다. 가령 독일民法에 있어서는 法定質權(gesetzliches Pfandrecht)이 인정되는 使用賃貸人(同 제559조), 用益賃貸人(同 제581조 제 2 항, 제592조), 用益賃借人(同 제583조), 受給人(同 제647조), 宿泊業者(同 제704조) 등의 債權에 대하여 스위스債務法은 法定質權 대신 留置權을 인정하는 경우가 많다. 가령 使用賃貸人(同 제272조), 用益賃貸人(同 제286조 제 3 항), 宿泊業者와 마굿간업자(同 제491조)의 留置權 등이 그것이다. 한편 이러한 債權은 프랑스民法上으로는 先取特權(privilèges)에 의하여 담보되고 있다. 예를 들면 不動產賃料債權을 위한 動產先取特權(同 제2102조 제 1 호), 宿泊業者의 채권을 위한 動產先取特權(同 제2102조 제 5 호), 建築業者를 위한 不動產先取特權(同 제2103조 제 4 호) 등이 그것이다.

23) 이에 대하여는 留置權을 담보물권으로 구성하는 스위스民法 제865조 제 3 항(後述) 참조.

같이 牽連關係라는 要件에 의하여 유치권 성립의 모든 경우를 포섭하게 된 것은 歷史的 發展의 結果인 것이다.[24]

그 과정에는 牽連關係의 요건을 否定하는 입장도 없지 않았고, 또는 그 牽連關係의 內容에 대하여도 이를 統一的으로 파악하는 입장과 그렇지 아니하고 具體的인 類型을 설정하려는 입장이 나뉘어져 있었다. 이러한 입장의 차이는 주로 로마法大典에 있어서 유치권에 관련된 전혀 통일성 없이 산재된 法文으로부터 일정한 共通的 徵表를 추출하는 과정에서 생겨난 것이다.

주지하는 대로 12세기 이후의 유럽대륙의 법학은 그 노력의 상당부분을 로마法大典이라는 素材를 가공하여 法規範을 획득하는 데 경주하였다. 그러나 로마法大典은 그 편찬에 있어서 유치권에 대하여 독립한 標題를 부여하지 아니하고, 個別的으로 유치권이 문제될 수 있는 구체적인 法律關係를 다루면서 그 법률관계상의 債務者가 일정한 사정 아래서는 債務目的物을 留置할 수 있다는 식으로만 접근하였던 것이다. 가령 所有物返還請求(rei vindicatio)의 경우에 爭點決定(litis contestatio) 전에 善意의 占有者[25]가 물건에 必要한 또는 有益한 費用을 지출하였을 경우에는[26] 그 비용의 상환을 받을 때까지 물건을 유치할 수 있었다 (Pap. D. 6. 1. 48; 65. pr).[27] 그러나 그러한 留置權能(retentio)의 주장을

24) 本節의 叙述은 특별한 지시가 없는 한 全的으로 Schlegelberger, *Das Zurückbehaltungsrecht*, 1904, S. 1-12에 의하였다.

25) Kaser, *Römisches Privatrecht. Ein Studienbuch*, 11. Aufl., 1978, § 27 I 7 c(S. 114)에 의하면 유스티누스帝法에서는 惡意의 占有者에게도 留置權能을 인정하였다고 한다.

26) 이 경우에는 費用償還을 청구할 독자적인 권리가 주어지지 않으므로 留置(retentio)는 그 상환을 받을 유일한 手段이었다. 이에 대하여는 Kaser, *Das Römische Privatrecht*, 1. Abschnitt, 2. Aufl., 1971, § 121 I Anm. 4(S. 521) 참조.

27) Kaser(註 26), §103 I 5(S. 435f.). 그 외에 相續財産請求(hereditatis petitio)에 대하여 상속재산에 필요비 또는 유익비를 지출한 善意의 占有者는 그 비용의 상환을 받을 때까지 그것을 유치할 수 있다(Paul. u. Gai. D. 5. 3. 38; 39). 또한 妻의 財產에 기한 訴權(actio rei uxoriae)에 기한 嫁資返還請求에 대하여 夫가 嫁資에 비용을 지출한 경우에도 留置權能(retentiones ex dote)이 인정되었다. 이상은 Kaser(註 25), § 38 Ⅳ 2 b (S. 160) 참조.

위한 手段은 일반적으로는 惡意의 抗辯(exceptio doli)이었다.[28] 또 로마法大典上의 用語法에 있어서도 留置(retentio) 또는 留置한다(retinere)는 말에도 반드시 특별한 技術的인 意味가 부여되어 있었던 것은 아니며, 오히려 대부분은「保有」,「保管」등의 순전히 事實的인 過程을 의미하는 것이었다.

학자들의 연구에 의하면, 留置權論, 특히 牽連關係理論의 발전에 있어서 결정적인 寄與를 한 것은 1777년 게오르크 루드비히 뵈머[29](Georg Ludwig Boehmer)의「留置權과 그 效力에 대하여」(De iure retentionis eiusque effectu)라는 著述이라고 한다.[30] 여기서 그는 留置權(retentio)을 "他人의 物件 또는 他人에게 반환하여야 할 義務가 있는 物件을 그 他人이 반대로 부담하는 債務에 대하여 滿足을 얻을 때까지 그 占有로부터 분리하지 아니할 權利"(大意)라고 정의하고,[31] "留置權은 市民法上으로도 또 法務官法上으로도 物件과 牽連關係(nexus)가 없는 債權에 대하여는 부여되지 않는다"(大意)고 하였다는 것이다.[32] 그리고 나아가서 다음과 같이 논하였다고 한다.

> "유치할 물건과 채권과의 牽連關係는 여러 개의 原因으로부터 발생할 수 있다.
>
> 1) 유치하려고 하는 他人의 物件에 투하된 費用으로부터 생긴다.
>
> 2) 債權이 他人에 留置物을 반환하여야 하는 그 拘束的 原因으로부터 발생한 경우에 그 債權은 그 물건과 견련관계를 가진다.

28) 로마法上 惡意의 抗辯은 exceptio in personam이므로(Wenger, *Institutionen des römischen Zivilprozessrechts*, 1925, S. 148f.) 特定人에 대하여만 대항할 수 있다. 따라서 이 留置權能은 債權的인 성질의 것이었다.

29) 그에 대하여는 Stintzing/Landsberg, *Geschichte der deutschen Rechtswissenschaft*, Abt. Ⅲ, 1. Halbbd., 1898, S. 307f. 참조.

30) 이 점에 대하여는 原田慶吉,「日本民法典の史的素描」, 1954, 118면도 同旨 : "留置權의 難問 '牽連性'을 문제로 한 것은 극히 최근의 일이다."

31) Boehmer, *Electa juris civilis*, Tom. Ⅱ. exercitatio, XIII., 1777, § 1: "jus rem alienam vel alteri debitam ex sua possessione non dimittendi, donec de eo, quod ab eodem vicissim debitur satisfactum sit." Schlegelberger(註 24), S. 4ff.에서 再引用.

32) Boehmer(註 31), § 12: "Ob debita, quorum nullus est cum re retinenda nexus neque jure civili neque jure Praetorio datum est jure retentionis."

3) 債權이 留置物로부터 변제되어야 할 경우라면 그 채권은 그 물건과 牽連關係가 있다"(大意).[33]

그 이후에 留置權에 대한 理論의 發展은 이 뵈머의 작업을 기초로 하여 전개되었다. 가령 글뤽[34] (Christian Friedrich Glück)은 뵈머의 3개의 牽連關係類型 외에 다음의 둘을 附加하였다.

"4) 사람이 他人의 物件에 의하여 그 所有者로부터 賠償받아야 할 損害를 입은 때.

5) 사람이 物件을 反對給付와 相換으로 교부하여야 할 때. 가령 賣買代金과 상환으로 교부하여야 할 賣買目的物과 같이."[35]

그런데 1854년에 발표된 크라머(Cramer)의 論文[36]은 그 사이에 나타난 「牽連關係」否認論[37]을 論駁하는 한편("牽連關係 一般을 否認하는 것은 留置權의 本來의 理由 및 모든 法律的 意義를 부정하는 것이다."),[38] 牽連關係를 일정한 類型에 좇아 파악하는 종래의 態度를 넘어서 一般的으로 "兩請求權이 同一한 法律關係(dasselbe Rechtsverhältnis)에 關聯하고 또 그에 基하고 있는 때"에는 그것의 存在가 긍정된다는[39] 획기적인 견해를 주장하였다. 그러나 "同一한 法律關係"의 구체적인 內容에 대하여는 상론하는 바가 없다고 한다. 그 후 1868년에 골트슈미트(Goldschmidt)는 그의 商法敎科書에서 대개 크라머의 입장에 좇아 留置權에 관한 叙述을 전개하였다. 그는 "請求權들이, 事物의 性質上 또는 當事者의 意思에 의하

33) Boehmer(註 31), §§ 9-11.

34) 그에 대하여는 Stintzing/Landsberg(註 29), S. 444ff. 참조.

35) Glück, *Ausführliche Erläuterung der Pandekten*, Bd. XV, 1814, S. 130. Schlegelberger(註 24), S. 7에서 再引用. 이 중 第5의 類型은 로마法上의 소위 契約不履行의 抗辯(exceptio non adimpleti contractus[단 이 표현은 普通法學에 의한 것이다]. Ulp. D. 19. 1. 13. 8; 21. 1. 31. 8 참조)에 해당하는 것이다.

36) Cramer, Bemerkungen über das sogenannte Retentionsrecht, *AcP* 37(1854), S. 315ff.

37) 가령 Luden, *Das Retentionsrecht*, 1839은 留置權이 통일된 法律上의 目的을 가지지 않는다고 주장하고, 특히 「牽連關係」의 필요성을 부인하였다고 한다. Schlegelberger(註 24), S. 8 참조.

38) Cramer(註 36), S. 423.

39) Cramer(註 36), S. 320.

여 하나의 (자연적인 또는 의욕된) 統一體를 이루는 바의 여러 法律關係들의 複合 (Komplex von Rechtsverhältnissen)에 속하는 경우"에는 그와 같은 견련관계를 인정하였다.[40] 그 후 判例가 골트슈미트의 견해를 받아들임에 따라 普通法上의 留置權은 견련관계에 있는 두 개의 청구권을 전제로 한다는 것은 不動의 지위를 차지하게 되었다.

2. 留置權에 대하여 통일적인 규정을 최초로 둔 것은 1794년의 프로이센일반란트법이라고 한다. 同法 제 1 편 제20장 제536조 이하의 규정은 "留置權에 관하여 (Vom Zurückbehaltungsrecht)"라는 표제를 달고 있다. 그 冒頭의 제536조는 "留置權은 他人의 物件의 保有者가 자신의 反對債權이 만족을 얻을 때까지 그 物件을 所持할 수 있는 權能이다"라고 정하고, 나아가 제539조는 "留置權이 인정되는 債權은 物件 그 자체와 관련하여서 (in Ansehung der Sache selbst) 成立한 것이거나, 物件이 그에 기하여 占有者의 점유에 속하게 된 그 行爲 (Geschäft)로부터 성립한 것이어야 한다"고 정하고 있다. 그러나 이러한 유치권은 物權的 效力을 가진 것은 아니어서, 동 제546조는 "占有의 引渡를 스스로 청구할 권한이 있는 第 3 者에 대하여는 원칙적으로 留置權을 주장할 수 없다"고 한다.

그러나 1804년의 프랑스民法은 物件占有者의 留置權能에 관한 規定을 法典의 곳곳에 산재시켜 규정하고 있다. 이 규정들은 학자들에 의하여 다음과 같이 정리된다.[41] 첫째, 約定留置權 (droit de rétention conventionnel)으로서, 動産質 (제2082조)과 不動産質 (제2087조)에 있어서의 목적물의 유치가 그것이다. 둘째, 法定留置權 (d. d. r. legal)으로서 契約의 效果로서 인정된 것. 이것에 속하는 것이 대부분인데, 가령 買受人의 대금지급까지의 賣渡人의 留置權 (제1612조, 제1613조)과 還買權 행사 시의 買

40) Goldschmidt, *Handbuch des Handelsrechts*, Bd. 1, 1868, S. 974f.

41) Colin/Capitant, *Cours élémentaire de droit civil français*, t. Ⅱ, 1953, no. 1478 (p. 779 et suiv.).

受人의 留置權(제1673조), 受置人의 유치권(제1948조), 公用徵收된 토지의 소유자의 유치권(제545조) 등이 그것이다.[42] 셋째, 留置權者와 所有者 사이에 契約關係는 없으나 債權과 物件 사이의 牽連關係(debitum cum re junctum)가 있는 경우이다(이 경우도 法定留置權이라고 불린다). 他人의 材料를 加工한 자의 留置權(제597조), 盜品·遺失物의 買受人의 留置權(제2280조) 등이 그것이다. 이와 같이 전혀 체계 없이 각 法律關係마다 개별적으로 인정되는 유치권(그 認定에 있어서의 표현조차 통일되어 있지 않다)의 규정들로부터 그 후 學說과 判例는 일반적인 법제도로서의 留置權을 구성, 인정하는 데까지 나아갔다.[43] 그러나 그 확장의 範圍와 基準은 반드시 명확한 것은 아니라고 한다. 그 확장의 구체적인 예는 주로 契約關係에 기초를 둔 경우가 많으나, 가령 不動産의 善意占有者(악의점유자의 경우는 명백히 부인된다)가 지출한 費用의 償還請求權에 기한 留置權과 같이 당사자 사이에 계약관계가 없더라도 긍정되기도 한다.

그러나 그 후의 獨逸民法은 明文으로 독립된 法制度로서의 留置權(Zurückbehaltungsrecht)을 인정하고 있다(이에 대하여는 후술). 그러나 독일民法上의 留置權은 프로이센일반란트법의 경우와 같이 債權的 性質을 가지는 것이고, 一般的으로 제3자에게 대항할 수 있는 物權的 性質을 가지는 것은 아니다.[44]

---

42) 우리 民法의 관점에서 말하면, 이상은 모두 同時履行의 抗辯權에 의하여 파악될 수 있다. Colin/Capitant(註 41), no. 1478도 이들 유형을 "契約不履行의 抗辯"(위 註 35 참조)의 變種으로 파악한다. 최근에는 이러한 契約不履行의 抗辯과 留置權은 峻別되어야 한다는 견해가 있다. Mazeaud/Chabas, *Leçons de droit civil*, T. Ⅱ vol. 1, 7 éd., 1985, no. 1135(p. 1147 et suiv.) 참조.

43) Mazeaud/Chabas, *Leçons de droit civil*, T. Ⅲ vol. 1, 5 éd., 1977, nos. 110 et suiv. (p. 118 et suiv.) 참조.

44) 이와는 별도로 독일民法은 雙務契約上 債務에 관한 同時履行의 抗辯權(Einrede des nicht erfüllten Vertrags)을 정하고 있다(同 제320조). 이 抗辯權은 同法上의 留置權, 즉 債權的 留置權의 一種(Unterart)으로 이해되고 있다. 가령 Enneccerus/Lehmann, *Recht der Schuldverhältnisse*, 15. Bearb., 1958, §33 Ⅰ(S. 141) 참조. 兩者의 差異는, 쌍무계약상의 對立的 債務에만 인정되는가(前者는 이에 한정된다), 擔保提供으로 소멸되는가(同 제273조 제3항은 유치권에 대하여 그와 같이 규정하고 있다. 우리 民法 제327조 참조)의 두 가지 점에 그친다. 그러나 同法 제1000조에서 정하는 占有者의 費用償還權에 기한 留置權은 제999조 제2항("소유자의 비용상환의무는 그가 소유권을 취득하기 전

이에 비하여 스위스民法은 留置權(Retentionsrecht)에 관한 一般的 規定을 두면서 이를 物權으로 構成하고 있다. 즉 그 제895조는 다음과 같이 규정하고 있다.

"債務者의 意思에 좇아 債權者가 占有하고 있는 動産 및 有價證券은 그 채권이 辨濟期에 달하고 또 그 性質上 留置의 目的物과 關聯이 있는(in Zusammenhang stehen) 경우에는 그 채권의 만족을 얻을 때까지 債權者가 이를 留置할 수 있다,

商人 간에는 占有와 債權이 그 營業上의 去來로부터 발생한 경우에는 前項의 關聯이 성립한다.

債權者가 善意로 受領한 物件이 債務者에게 속하지 않는 경우에도 제 3자가 前占有로부터 權利를 가지지 않는 한 債權者는 留置權을 가진다."

이러한 스위스民法上의 留置權은 우리 민법이 정하는 유치권과 매우 유사함은 일견 명백하다.[45]

3. 이상에서 본 바와 같이 留置權의 成立要件으로서 牽連關係를 요구하는 態度는 어떠한 論理的 必然性과는 상관없이 긴 역사적 과정을 통하여 점차 同意를 얻어 온 經驗物이다. 그리고 구체적으로 어떠한 경우에 그와 같은 「牽連關係」를 인정할 것인가 하는 점도 時代와 나라에 따라 반드시 동일하게 對答된 것은 아니었다.

에 지출된 비용에 대하여도 미친다.")과 결합하여 일정한 범위 내에서 物權的 效力을 가진다고 인정되고 있다. C.-W. Canaris, Die Verdinglichung obligatorischer Rechte, in: *Festschrift für W. Flume*, Bd. 1, 1978, S. 404f. 참조.

45) 다른 한편 스위스債務法 제82조는 "雙務契約의 경우에 상대방의 이행을 청구하려는 자는 이미 이행을 하였거나 이행을 提供하여야 한다. 다만, 계약의 내용 또는 성질에 의하여 後에 履行하여야 할 경우에는 그러하지 아니하다"고 하여, 同時履行의 抗辯權(Einrede des nicht erfüllten Vertrags)을 인정하고 있다. 이에 대하여는 Robert Simmen, *Die Einrede des nicht erfüllten Vertrags*(*OR* 82), 1981 참조.

Ⅲ. 「債權과 物件 간의 牽連關係」 存否의 判斷基準——通說에의 疑問

1. 그러면 우리 民法上으로 物件의 占有者에게 어떠한 債權이 있어야 위와 같이 對世的 效力을 가지는 引渡拒絶權能, 즉 留置權이 인정되는가? 이것은 앞에서 본 대로 통상 「債權과 物件간의 牽連關係」의 문제로서 논하여져 왔다.

學說은 예외 없이,[46] (i) 債權이 목적물 자체로부터 발생한 경우 아니면 (ii) 債權이 목적물의 인도의무와 동일한 法律關係 또는 事實關係로부터 생긴 경우에는 견련관계가 인정된다고 한다(이를 이하에서는 二元基準 또는 二元基準說이라고 부르기로 한다).[47]

2. 그러나 이러한 기준이 구체적인 事實關係를 앞에 놓고 留置權의 成立與否를 판단하여야 할 때 실질적으로 적용가능한 것이 될 수 있는가, 실질적인 판단기준으로 기능할 수 있는 適格이 있는가에 대하여는 의문이 없지 않다.

가령 "목적물의 인도의무와 동일한 法律關係로부터 생긴 채권"이란 도대체 어떠한 채권을 의미하는 것인가. 가령 大法院 1976. 5. 11. 판결 75다1305사건(集 24-2. 16)은 賃借人의 賃借保證金返還請求權은 "소위 그 건물에 관하여 생긴 채권이라 할 수 없다"고 하여 이에 기한 유치권 주장을 배척한다.[48] 그리고 이러한 判例의 태도는 대개 학설의 支持를 얻고 있다.[49] 그러나 賃借人의 保證金返還債權은 그의 賃借目的物返還

46) 郭潤直(註 2), 470면 이하; 金容漢(註 2), 478면 이하; 金曾漢(註 2), 337면 이하.

47) 日本의 경우에도 이러한 立場이 多數說이다. 가령 我妻榮(註 21), 28면 이하; 柚木高木, 「擔保物權法」, 新版, 1973, 19면 이하; 林良平 編集, 「注釋民法 (8)」, 1965, 22면 이하(田中整爾 執筆).

48) 이미 大法院 1960. 9. 29. 판결 4292民上229사건(「판례총람」 2-2(A). 649)도 같은 취지로 판시한 바 있다.

49) 金容漢(註 2), 478면; 金曾漢(註 2), 338면. 한편 아래 註 73 및 그 本文部分의 反對

義務와 "동일한 法律關係", 즉 임대차관계의 종료로부터 발생한 것임은 거의 의문이 없는 것으로 생각된다. 그런데도 判例가 留置權을 부인하는 이유는 무엇일까? 여기서 문제삼는 것은 賃借保證金返還債權에 기하여서도 유치권이 인정되어야 할 것인지 여부가 아니라, 학설이 채택하는 二元基準說이 유치권의 成否에 관한 **實質的인 判斷基準으로서 제대로 기능하지 못하고 있다 또는 할 수 없다**는 것이다.[50]

賃借保證金返還債權에 기한 留置權의 成否에 대하여는 學說의 對立이 있는 바이므로(뒤의 Ⅳ.4. 참조) 위 채권에 기한 유치권의 성립을 긍정하는 입장에 서면, 위 判例의 견해를 비판함으로써 위와 같은 학설상의 기준의 機能不全을 인정하지 않으려고 할지도 모른다. 그러면 누구도 유치권의 성립을 否定하는 다음의 예를 보기로 하자. 乙이 그 소유의 부동산을 甲에게 賣渡하고 이를 인도하였으나 아직 등기를 이전하지 않았다. 이에 乙은 동일한 부동산을 丙에게 매도하고 그에게 등기를 넘겨 주었다. 丙이 所有權에 기하여 甲을 상대로 不動產引渡請求를 하는 데 대하여, 甲은 債務不履行을 이유로 하는 乙에 대한 損害賠償債權에 기하여 유치권을 취득하였다고 항변하였다.[51] 이 항변은 타당한가?

결론적으로 이러한 경우 留置權의 성립이 부정되어야 함은 일반적

見解 참조. 日本에는 反對의 下級審判例가 있다고 한다. 이에 관하여는 我妻榮 等 編著,「判例コンメンタール Ⅲ : 擔保物權法」, 1968, 16면 이하 참조.

50) 판례 중에는 學說이 말하는 위의 기준에 의하여 영향을 받았다고 추측되는 것도 있다. 가령 大法院 1976.9.28. 판결 76다582사건(集 24-3. 64)은 "수급인인 피고의 본건 공사 잔금채권이나 그 지연손해금청구권과 도급인인 원고의 건물인도청구권은 모두 원·피고 사이의 건물신축도급계약이라는 동일한 법률관계로부터 생긴 것임이 인정될 수 있으므로…" 云云하여, 결론적으로 피고의 잔금채권의 "연장"인 손해배상액 예정에 기한 손해배상채권을 위하여 留置權의 성립을 긍정하고 있다. 그러나 일반적으로 판례는 대개 어떠한 실질적인 기준을 媒介로 하는 일이 없이, 구체적 사실관계에따라 거기서 문제되는 占有者의 債權이 "目的物에 관하여 생긴 것"인지 아닌지를 바로 判示하고 있다. 이러한 "實質的인 基準提示"의 缺如는 裁判作用이 獨走에 흐르는 결과를 낳을 우려가 있기 때문에, "國家權力에 의한 紛爭處理로서의 裁判에 대하여 評價·批判·指導한다는 役割"을 담당하는 實定法學으로서는 "裁判의 實質的 規準을 解釋的으로 구성"하는 작업을 수행하여야 하는 것이다.

51) 郭潤直(註 2), 471면의 設例. 동시에 日本最高裁 1968년 11월 21일 判決(「民集」22卷 12號 2765면)의 事實關係이기도 하다.

으로 수긍되는 바이다.[52] 그런데 위 예에 있어서 甲의 乙에 대한 損害賠償債權은, 丙의 甲에 대한 引渡請求權과 동일한 法律關係 또는 事實關係, 즉 乙로부터 丙에의 所有權讓渡에 의하여 발생한 것이라고 볼 수는 없을까?[53] 다른 學說과 마찬가지로 二元基準說을 채택하면서도 위 예에 있어서 유치권의 성립을 부인하는 이유로 "유치권의 성립요건으로서의 牽連關係라는 것은 '유치권을 취득하게 되는 자와 상대방과의 사이에' 물건의 점유자가 그 물건의 가치를 증대시키거나 또는 그 물건으로부터 손해를 입었기 때문에 그 물건의 반환을 청구하는 자에 대하여 이득의 상환 또는 손해의 배상을 받을 때까지 引渡를 거절해서 간접적으로 변제를 촉구하는 것을 의미한다"라고 하고, 이러한 관계가 甲과 丙 사이에 존재하지 않기 때문에 유치권이 인정되지 않는다고 설명하시는 분이 있다.[54] 이와 같이 「債權과 物件간의 牽連關係」라는 요건의 설명에 二元基準說과는 별도로, 占有者의 物件에 대한 費用支出이나 그 物件으로 인한 損害 등의 利益衡量要素를 도입하지 않을 수 없다는 것은 바로 二元基準이 유치권의 成否를 판단하는 실질적인 기준이 될 수 없음을 反證하여 주는 것이 아닌가 생각한다.[55]

52) 郭潤直(註 2), 471면. 前註의 日本最高裁 判決도 "甲 주장의 채권은 그 物件 자체를 목적으로 하는 채권이 그 態樣을 바꾼 것이고, 이러한 채권을 그 물건에 관하여 생긴 채권이라고는 할 수 없다"고 하여, 甲의 유치권 주장을 인정하지 않았다. 이에 대한 評釋도 判旨에 찬성한다. 가령 伊藤高義, 「民商法雜誌」 61卷 3號(1969), 121면 이하 참조. 기타 我妻榮 等 編著(註 49), 22면 이하 참조.

53) 실제로 柚木馨, 「民商法雜誌」 42卷 3號(1960), 80면 이하는 이와 같은 이유로 日本最高裁 1959년 9월 3일 判決(「民集」 13卷 11號 1357면)의 事實關係, 즉 甲이 그 소유의 부동산을 乙에게 讓渡擔保로 이전하였는데, 乙이 그 擔保約定에 위배하여 丙에게 위 부동산을 양도함으로써 丙이 甲에게 引渡請求한바, 甲이 乙에 대한 擔保物返還義務不履行을 이유로 하는 損害賠償債權에 기하여 유치권을 주장한 事案(郭潤直(註 2), 471면 하단의 例 참조)에 있어서 유치권의 성립을 부인한 判決의 態度를 비판하고 있다.

54) 郭潤直(註 2), 472면. 또한 我妻榮(註 21), 33면 이하 참조.

55) 이러한 의미에서 위 註 51, 52의 日本最高裁의 判旨는 그 결론에는 의문이 없으나 그 說示理由에 대하여는 납득할 수 없는 점이 있다. 그 判決은 物件 자체를 목적으로 하는 債權(그것이 어떠한 내용의 채권을 가리키는가 하는 것이 애초 문제이다)은 "物件에 관하여 생긴 채권"이 아니라고 하는데, 제320조(日本民法 제295조)가 정하는 "物件에 관하여 생긴 채권"이란 그 말의 통상적인 意味로 볼 때 "그 物件 자체를 목적으로 하는 채권"을 당연히 포함한다. 나아가서는 後者는 前者의 가장 전형적인 경우라고 할 것이다(이 점을 지적하는 것은 幾代通, 留置權をめぐって――物と債權の間の牽連關係, 「法學

3. 二重基準의 Formulierung에는 독일民法 제273조가 큰 영향력을 미쳤다고 추측된다.56)

> 독일民法 제273조 : 債務者가 자신의 義務負擔과 동일한 法律的 關係에 기하여 (aus demselben rechtlichen Verhältnis) 채권자에 대하여 변제기에 달한 청구권을 가지는 때에는 그 채권관계로부터 다른 귀결이 얻어지지 않는 한 자신이 받을 給付가 실행될 때까지는 자신이 의무를 부담하는 給付를 거절할 수 있다(留置權 Zurückbehaltungsrecht).
>
> 目的物을 반환할 의무 있는 자가 그 목적물에 대한 비용지출 또는 그 목적물로 인하여 발생한 손해에 기하여 변제기에 달한 請求權을 가지는 때에도 동일한 權利를 가진다. 그러나 그가 故意로 인한 不法行爲에 의하여 目的物을 취득하였을 때에는 그러하지 아니하다.
>
> (제 3 항 省略)

즉 위 제 1 항은 二重基準(위 1. 참조) 중 (ii)의 기준에 해당하고, 제 2 항은 (i)의 기준으로 수렴된 것이라고 추측된다. 이것을 日本의 많은 학설이 이어받음으로써 일찍이 通說的 地位에 이른 것57)을 우리 학설이 이어받은 것으로 생각된다.

그런데 독일民法의 留置權은 위에서 본 대로 物權으로 구성되어 있지 않고 단순한 給付拒絶의 抗辯權으로 구성되어(소위 債權的 留置權) 對世的인 效力은 부정되고 있다. 따라서 우리 民法과 같이 對世的인 效力을 가지는 留置權의 成立 여부를 판단하는 기준으로서 바로 독일民法的 觀點을 도입하는 것은 再考의 餘地가 있다고 할 것이다.

뿐만 아니라, 독일民法의 制定過程에 있어서 그 立法者는 위와 같은 債權的 留置權의 요건을 정함에 있어서 "동일한 法律關係에 기하여" 라는 표현에 어떠한 실질적 판단기준으로서의 기능을 부여하지는 않았던 것이다. 독일民法 第1草案 제233조(그 내용은 약간의 修正 이외에는 거

敎室」 47號(1984. 8), 18면). 가령 使用者責任의 成否에 관하여 중심적인 요건의 지위를 차지하는 제756조 제 1 항 本文의 "그 事務執行에 관하여"에 대한 해석을 상기하여 보라.

56) 물론 독일民法 제273조의 制定에 이르기까지 普通法學에서도 여러 가지 論議가 있었음은 이미 본 대로이고, 同條는 普通法學上의 留置權論의 結晶이라고 하겠다.

57) 그 이전의 日本의 學說에 대하여는 林良平 編集(註 47), 22면 이하 참조.

의 그대로 독일民法 제273조에 受繼되었다)에 관하여 理由書(Motive)는 다음과 같이 말한다.

"同 規定은 … 請求權을 가지는 者가 상대방이 가지는 反對請求權을 고려함이 없이 자신의 請求權을 행사하게 되면, 그 청구권과 반대청구권의 法律的 또는 事實的 關聯이 해소되고 또 반대청구권을 무시하는 것이 되어 信義誠實에 반한다 … 는 원칙에 기한 것이다. 그 權利는, 給付義務를 부담하는 자가 가지는 反對請求權이 그 給付義務와 일정한 관계를 가지는지 여부에 관계 없이 모든 反對請求權에 대하여서 발생하는 것은 아니다. 오히려 請求權과 反對請求權 사이에 견련관계(Konnexität)를 필요로 한다는 立場은 고수되어야 한다("동일한 法律關係에 기하여" …). 그러나 草案은 그 내용을 서술하거나 카테고리를 設定함으로써 이 요건을 보다 자세히 규정하지는 않는다. 동일한 法律關係를 能動面과 受動面으로 준별하여 대립시키는 것이 給付請求를 받은 자에게 불이익을 주는 것은 아닌지, 따라서 유치권의 성립을 인정하여야 할 것인지 아닌지를 法官이 개별적인 경우에 上述한 原則에 기한 검토에 의하여 결정하는 것을 방해하여서는 안 된다."[58] (머리점은 인용자가 적은 것이다. 점선은 생략된 부분을 가리킨다)

말하자면 독일民法의 위 규정 자체도 유치권이 성립하려면 일정한 견련관계가 있어야 한다는 것을 말할 뿐이지, 그 견련관계의 내용이 구체적으로 어떤 것인지는 法官의 구체적인 判斷에 맡겨졌던 것이다. 이와 같이 "法官에의 委任"을 담은 規定 자체로부터 유치권의 성립에 대한 실질적인 판단기준을 얻을 수 없음은 오히려 당연한 일이라고 하겠다.[59]

요컨대 債權과 物權 간의 牽連關係의 내용으로서 "同一한 法律關係"를 云謂하는 것은 留置權을 독립된 제도로서 파악·설정하는 데는 有意味하였을지 모르나, 구체적으로 어떠한 債權이 留置權을 발생시키는 被擔保債權이 될 것인가 하는 法解釋學的 물음에 대한 答은 될 수 없다고 할 것이다. 결국 그것은 法技術的 意味를 결하는 것이라고 하겠다.

---

58) Mugdan, *Die gesammte Materialen zum BGB*, Bd. Ⅱ, 1899, S. 22f.(=Motive Ⅱ, S. 41f.).

59) 한편 "동일한 法律關係"라는 徵表에 의하여 留置權의 限界를 劃定하고자 한 크라머 등의 學說도 그 내용에 대하여 一般的인 지시를 하지 않음은 위에서 본 대로이다.

Ⅳ. 大法院判決 등에 나타난 牽連關係 ―새로운 說明의 試圖

1. 이상과 같이 二元基準說이 유치권의 成否에 관한 실질적인 判斷基準으로서 제대로 기능하지 못하고 있다고 한다면, 債權이 留置의 目的物과 어떠한 관계에 있을 때, 그 債權者에게 유치권이 인정된다고 하여야 할까. 물론 이 물음에 대하여 一律的인 答을 줄 수 있다면 이는 思考의 經濟上 바람직하기 짝이 없는 일일 것이다. 그러나 그러한 答이 과연 가능한지에는 의문이 있고, 설사 가능하다고 하더라도 이에는 오히려 우선 유치권의 成否가 문제되는 個個의 類型을 추출하고 그 경우에 유치권의 成立이 肯定 또는 否認되는 또는 되어야 할 실질적인 理由를 생각해 보는 작업이 선행되어야 할 것이다. 이하에서 大法院의 判決 등을 소재로 하여 이를 탐색해 보기로 한다.

2. 物件으로 인한 損害賠償請求權

(1) 大法院 1969. 11. 25. 판결 69다1592사건(集 17-4. 91)은 다음과 같은 事實關係에 대한 것이다.[60] 原告 소유의 말이 그 占有를 離脫하여 被告 소유의 밭에 들어가 그 곳에 심어 놓은 陸稻를 먹어 치웠다. 이를 被告가 끌고가 보관하면서, 습득신고까지 하였다. 원고가 所有物返還請求를 한 데 대하여, 피고의 손해배상청구권에 기한 留置權 抗辯이 받아들여졌다. 위 사건과 같은 경우 또는 이웃에 공이 날아 들어가서 유리창을 깬 경우와 같이 「목적물에 의하여 발생한 손해」를 이유로 한(wegen

60) 원심이 피고의 유치권 항변을 받아들여서 原告의 청구를 기각한 것을, 大法院은 그 경우에라도 "원고의 청구를 전적으로 배척할 것이 아니라, 그 물건에 관하여 생긴 채권의 변제와 상환으로 그 물건의 인도를 명하여야" 한다고 판시하여 원심판결을 파기하였다. 위 註 6도 참조.

eines durch den Gegenstand verursachten Schaden: 독일民法 제273조 제 2 항의 表現) 배상청구권이 성립한 경우에 대하여[61] 유치권의 발생을 긍정할 것임에는 異論이 없을 것이다.

(2) 그 긍정에는 우선 그러한 債權者에게 同時履行의 抗辯權이 인정될 여지가 없어서, 留置權을 인정함으로써 그의 이익을 보호하는 수단밖에 남아 있지 않다는 점이 고려되어야 할 것이다. 또한 이러한 處理가 유치권을 인정하는 이유인 "公平의 原理"에 맞는다고 하는 근거는 契約的 接觸에 기한 意思合致的 모멘트를 결하는 當事者 사이에서 一方이 어떠한 物件으로써 他方에게 違法行爲를 하여 손해를 가하였으면 被害者로서도 그 違法行爲의 道具가 된 物件에 대하여 일정한 權限(對世的인 效力이 있는)을 가지도록 함이 타당하기 때문이라고 할까. 民法 제761조 제 1 항은 他人의 不法行爲에 대하여 자기(및 第3者)의 利益을 방위하기 위하여 부득이 타인에게 손해를 가한 자는 배상할 책임이 없다고 하여 正當防衛를 인정한다. 그러므로 가령 他人의 不法行爲가 物件을 도구로 하는 때에는 이를 훼손하는 것도 일정한 경우에는 용인될 것이다.[62] 이는 물론 豫防措置의 단계에서의 문제이나, 일단 발생한 不法行爲의 事後處理에 단계에서도 적어도 손해배상청구권의 擔保라는 점에서 目的物에 대한 支配를 용인하는 것이 균형에 맞지 않을까.

가령, 이러한 경우에는 "비유적으로 하면 物 自體가 손해배상책임을 부담하고 있다"는 설명[63]이나, "위법한 加害의 주된 原因 또는 道具가 된 物件에 대하여는 그 소유자에게 일종의 無過失責任的 負擔을 자

61) Mugdan(註 58), S. 23은 "이와 같은 경우에는 法이 말하는 의미의 '牽連關係(Konnextiät)'가 언제나 승인되어야 한다"고 한다. 스위스民法 제895조 제 1 항의 해석상으로도 마찬가지이다. 가령 Hans Leemann, *Kommentar zum Schweizerischen Zivilgesetzbuch*, Bd. Ⅳ, 2. Abt., 1925, Art. 895 Rdnr. 42(S. 1120) 참조.

62) "他人의 不法行爲"에 대한 防禦, 즉 正當防衛가 문제되지 않는 경우에라도, 적어도 "緊急한 危難을 避하기 위한" 加害, 즉 緊急避難이 허용됨(民法 제761조 제 2 항)은 물론이다.

63) 牧野榮(註 21), 29면.

우는 것이 공평하다"는 설명[64]도 결국 상통하는 바가 있다고 하겠다.

이와 같은 이치는, 가령 任置物의 性質 또는 瑕疵로 인하여 생긴 손해에 대한 賠償請求權(제697조)에 기하여 受置人이 유치권을 취득하는[65] 이유를 설명하는 데도 유용할 것으로 생각된다.

(3) 그러나 가령 大法院 1976. 5. 11. 판결 75다1305사건(集 24-2. 16)은 "임대인이 건물시설을 아니하기 때문에 임차인이 건물을 임차목적대로 사용하지 못한 것을 이유로 하는 손해배상청구권"은 "건물에 관하여 생긴 채권"이라고 할 수 없다고 하여, 그에 기한 留置權 主張을 받아들이지 않았다.[66] 이와 같은 경우 留置權을 인정하면, 賃貸借目的物의 새로운 소유자는, 임대인이 임차인에게 그 손해를 배상하지 않는 한[67] 目的物의 返還을 관철할 수 없게 된다. 그러나 임대인이 賃貸借關係 存續中 그 채무를 不履行하였음으로 말미암아 目的物의 새로운 소유자가 이러한 不利益을 입을 이유는 없는 것으로 생각된다. 따라서 위 判決의 취지는 정당하다고 하겠다.[68]

3. 物件에 관한 費用償還請求權 등

(1) 占有物 또는 賃借物에 대한 必要費 또는 有益費를 지출한 占有者 또는 賃借人의 費用償還請求權(제203조 및 제626조)에 기하여 유치권이 成立함에는 해석상 異論이 없다.[69] 그러나 이와 같이 物件 자체의 價

---

64) 幾代通(註 55), 17면.

65) 郭潤直(註 2), 470면 참조. 또한 프랑스民法 제1948조는, "受置人이 任置로 인하여 받을 것 全部"의 請求權을 위하여 留置權(droit de rétention)을 인정한다.

66) 그러나 이 사건에서 賃貸人인 원고에 대하여 유익비상환청구권에 기한 留置權을 주장하여, 그 한도에서 이를 인정받았다.

67) 위 註 6 참조.

68) 日本大審院 1920년 10월 16일 判決(「民錄」 26輯 1530면)은 동일한 취지로 판시한 原審判決을 결과에 있어서 시인하고 있다. 我妻榮 等 編著(註 49), 16면 註 32 및 同本文部分 참조.

69) 위 註 46에 든 文獻 참조. 大法院은 1957. 10. 21. 판결 4290民上760사건(「판례총람」

値의 保全이나 增加(修理·改良 등)를 위하여 占有者 등이 비용을 지출하거나 勞務를 제공하는 것 자체에 대하여 별개의 契約이 존재하지 않는 경우뿐만 아니라, 物件의 修理 또는 改良의 事實行爲를 할 것을 중심적인 내용으로 하는 契約(都給契約 등)을 체결한 경우(위 Ⅰ. 2.에서 든 時計修理의 例가 바로 이러한 경우이다)에도 마찬가지라고 해석할 것이다. 그러한 契約이 있다고 하여 兩境遇를 구별할 만한 利益衡量要素는 존재하지 않기 때문이다. 물론 後者의 경우에는 同時履行의 抗辯權도 문제가 되나(제665조 제1항 본문 참조), 위에서 본 바와 같은 實益이 있으므로(위 Ⅰ.2. 참조), 그 병존을 인정하여야 할 것이다. 大法院 1974.6.25. 판결 73다1642사건(「판례총람」 2-2(A). 650-7)은 建築都給工事代金債權에 기하여 그 건물에 대한 유치권의 성립을 인정한다. 한편 앞서 본 大法院 1976년 9월 28일 판결[70]은 특히 "채무불이행에 의한 손해배상청구권은 原債權의 연장으로 보아야 할 것이므로 物件과 原債權 사이에 견련관계가 있는 경우에는 그 손해배상채권과 그 물건 사이에도 견련관계가 있는 법리"라고 판시하고, 나아가 그 때 「손해배상채권」에는 損害賠償額의 豫定에 기한 채권도 포함된다고 한다. 그리하여 결국 都給人의 建築工事殘金의 不支給에 의하여 수급인이 가지는 豫定損害賠償債權에 기한 留置權을 긍정하고 있다.[71]

(2) 위의 여러 경우에도 어느 것이나 當該 物件 자체에 현재 포함되어 있는 가치의 一部가 現在 그 物件을 점유하고 있는 者의 出捐에 유래하고 있다는 것, 즉 그 物件 자체 내에 침전하고 있는 現占有者의 財

2-1(A). 454) 등 일일이 판결례를 열거할 필요가 없을 만큼 동일한 뜻의 判斷을 거듭하고 있다.

70) 위 註 50 참조.

71) 위 註 10의 大法院 1967.11.28. 판결은 "본건 건물은 본래 訴外 甲의 소유인데 피고가 전세로 든 뒤에 위 甲과의 합의에 의하여 자기 비용을 들여 그 건물의 미완성부분을 완성시켰다는 것이므로 피고는 그 비용을 변제받을 때까지 그 건물을 유치할 수 있다"고 한다. 이 판결도 역시 위의 다른 판결들과 軌를 같이하는 것이라고 하겠다.

産的 寄與가 그 물건을 그 寄與에 관한 債權의 擔保(特別責任財産)로 하는 것이 公平에 맞게 하는 實質的 根據가 되고 있다고 할 것이다.

한편 독일民法 제273조 제 2 항도 "目的物에 대한 費用支出로 인한 請求權"(Anspruch wegen Verwendungen auf den Gegenstand)의 경우는 "항상 牽連關係가 승인"[72]되는 例로 특별히 규정하고 있다.

4. 賃借保證金返還債權

위에서 이미 본 대로(위 Ⅲ.2. 참조) 대법원은 賃借人의 賃借保證金返還債權은 "소위 그 임대차 목적물에 관하여 생긴 債權이라 할 수 없다"하여 이에 기한 유치권 주장을 배척한다. 그러나 이에 대하여는 유치권의 成立을 긍정하여야 한다는 學說도 있다.[73] 그 이유는 賃借保證金은 賃貸借契約과 밀접하게 결합하고, 적어도 동일한 生活關係(二元基準說의 第二基準을 상기하라)로부터 생긴 것이라고 할 수 있다는 데 있다.

그러나 임차보증금반환채무와 임대차목적물반환채무가 「동일한 生活關係」로부터 생긴 것이라는 점은, 유치권의 성립을 미리 인정하고 나서 사후적으로 이를 뒷받침하기 위한 假裝理由에 불과한 것으로 생각되고, 유치권의 성립을 긍정하는 實質的인 이유는 賃借人을 보다 더 보호하려는 데 있는 것으로 보인다. 그런데 賃借保證金返還債務와 目的物返還債務가 同時履行關係에 있다는 大法院의 態度[74]를 전제로 하면, 유치권 成立 與否의 차이는, 임대차목적물의 소유권이 第3者에게 讓渡된 경우에 한한다(그 외에 賃貸人이 애초부터 목적물의 所有者가 아니었던 경우

72) 위 註 61 참조. 스위스民法에 있어서도 마찬가지이다. 가령 Leemann(註 61), Art. 895 Rdnr. 42(S. 1120) 참조.

73) 金曾漢·安二濬 編著, 「債權各論(上)」, 改訂版, 1961, 389면 참조. 그러나 후의 金曾漢, 「債權各論(上)」, 1984, 276면은 保證金返還請求權에 관하여 논하나, 유치권의 성립 여부에 대하여는 言及이 없다.

74) 大法院(전원합의체) 1977. 9. 28. 판결 77다1241, 1242사건(集 25-3. 121)은 이 점에 관하여 일관되지 않았던 종래의 大法院判決의 態度를 통일하였다.

를 생각할 수 있다. 그러나 이 경우에는 목적물의 소유자가 제 3 자가 한 賃貸行爲로 말미암아 不利得을 받을 이유가 없으므로, 留置權의 성립은 당연히 부정되어야 할 것이다). 즉 그 경우 賃借人에게 유치권이 없다고 하면 賃借人은 무조건 新所有者에게 목적물을 양도하지 않으면 안 되는 것이다. 그러나 賃借人이 對抗力 있는 賃借權(제621조, 제622조, 住宅賃貸借保護法 제 3 조)을 가지고 있는 경우에는 目的物의 소유권이 第 3 者에게 이전되어도 賃貸借關係는 그에게 당연히 승계되어, 그 승계되는 賃貸借關係에는 賃借保證金返還債務도 포함된다고 보는 것이 通說이고[75] 그와 같은 취지의 大法院 1987. 3. 10. 판결 86다114사건(「법원공보」 799. 36)도 있다. 그러므로 차이는, 對抗力 없는 賃借權을 가지는 賃借人과 新所有者 사이에서만 일어난다. 이러한 경우 兩者 중 누구를 보호하여야 할 것인가.

물론 文理上으로는 賃借保證金債權도 "그 物件에 관하여 생긴 債權"이라고 보는 것도 충분히 가능하다. 그러나 賃借權의 핵심을 이루는 使用收益權能을 가지고 대항할 수 없는 新所有者에 대하여 賃借保證金債權으로써 相換給付의 抗辯을 할 수 있다고 하는 것은 문제이고 거기까지 賃借人을 보호할 필요는 없다고 생각되므로 留置權의 成立을 否定하여야 하리라고 생각한다.

5. 二重賣買 또는 他人의 物件의 賣買로 인한 損害賠償請求權 등

(1) 위에서 본 대로(위 Ⅲ. 2. 참조) 二重賣買로 인하여 第一買受人이 賣渡人에 대하여 가지게 되는 損害賠償請求權은 제320조 제 1 항이 정하는 "그 物件에 관하여 생긴 債權"인가? 이는 否定하여야 할 것이다. 이것은 "物件 자체를 목적으로 하는 債權은 物件에 관하여 생긴 債權이 아

75) 郭潤直, 「債權各論」, 再全訂版, 1984, 354면; 金曾漢·安二濬 編著(註 73), 388면 이하 참조.

니기" 때문이 아니라,[76] 보다 實質的인 理由에 기하여서이다. 즉 이러한 경우 第一買受人에게 유치권을 인정한다면, 제186조 이하가 정하는 物權變動에 관하여 登記 등 公示方法의 實行을 효력발생요건으로 하는 취지가 실질적으로 否認되거나 상당 부분 沒却되는 결과가 되기 때문이다. 말하자면 登記 등 公示方法을 취한 자에게 物權의 취득을 인정하고, 이로써 權利關係의 明確과 去來의 安全과 圓滑을 꾀하는 하나의 planning으로서의 形式主義를 취한 이상 그 등기 등을 (먼저) 얻은 자에 대항하여 등기를 얻지 못한 자의 引渡拒絶權能을 일반적으로 인정하는 것은 위와 같은 政策的 決斷의 취지를 크게 잠식하는 것이 된다 할 것이다. 특히 所有權은 목적물에 대한 全面的인 支配를 내용으로 하는 권리로서, 그 법리는 원칙적으로 「全部 아니면 無」의 논리 위에 서서 명확하게 구획된 利益歸屬關係를 실현하고자 하는 것이다. 만일 所有者와의 계약에 기하여 그로부터 소유권을 이전받았으나, 소유권에 속하는 物權的 權能 중의 일부가 아직 양도인 또는 제 3 자에게 남아 있다고 한다면, 이는 결국 「所有權의 分屬」을 인정하는 것으로서, 우리 입법자의 의도에 반하여[77] 物權關係의 安定을 불필요하게 해치게 된다. 그러므로 제 2 매수인의 소유권 취득과 함께 발생하게 되는 제 1 매수인의 유치권이라고 하는 것은 否認하는 것이 타당하다고 생각된다.

(2) 가령 乙이 丙 소유의 부동산을 甲에게 매도하고, 이를 인도하였으나, 후에 丙이 所有權에 기하여 甲을 상대로 부동산의 반환청구를 하였다. 이에 대하여 甲은 乙에 대한 損害賠償請求權(一般의 債務不履行을 이유로 하거나, 또는 제570조에 기하여)을 위하여 유치권을 취득하였다고 항변한다.[78] 이 항변은 이유가 있는가?

76) 위 註 55 참조.

77) 우리 民法이 不動産物權變動에 관하여 依用民法上의 소위 意思主義를 버리고 소위 登記主義를 택한 이유 중의 하나는 物件에 대한 完全하고 全面的인 支配權이라는 「古典的」 所有權槪念을 관철하려는 데 있었다. 이에 대하여는 梁彰洙, 不動産物權變動에 관한 判例의 動向, 「民事判例硏究」 10집 (1988), 350면 이하(本書 197면 이하) 참조.

78) 日本最高裁 1976년 6월 17일 判決(「民集」 30卷 6號 616면)의 事實關係이다.

이 경우에도 乙이 丙 소유의 물건을 甲에게 팔았다는 하나의 行爲로 인하여 丙의 甲에 대한 物件返還請求權과 甲의 乙에 대한 損害賠償請求權이 발생하게 되었다고 할 수 있으므로, 二元基準說에 의하면 兩債權이 동일한 法律關係 또는 事實關係에 기하여 발생한 것으로서 留置權의 성립을 인정할 여지도 있을런지 모른다. 그러나 이 경우에 대하여도 위 (1)의 경우와 마찬가지로 타인의 物件을 매수한 甲과 진정한 所有者 丙 중 누구를 더 두텁게 보호하여야 할 것인가라는 法政策的 判斷이 문제되어야 할 것이다. 그렇다면 역시 甲의 유치권 주장은 否認되어야 할 것이다.[79] 왜냐하면, 이 경우 甲에게 유치권을 인정한다면 不動産物權變動에 있어서도 占有取得을 요건으로 일정한 범위에서 일종의 公信力을 인정하게 되는 결과가 되는데, 이는 現行의 法體制上 시인될 수 없기 때문이다.

6. 賣渡人의 賣買代金債權 등과 轉得者에 대한 留置權

(1) 甲이 그 소유의 부동산을 乙에게 매도하고 그 대금을 모두 받기 전에 등기를 넘겨 주었다. 乙은 이 부동산을 丙에게 양도하였다. 丙이 소유권에 기하여 甲에 대하여 반환청구를 한 데 대하여 甲은 乙에 대한 殘金債權에 기하여 유치권을 주장하는 경우 유치권의 성립을 인정할 것인가? 또는 「假登記擔保 등에 관한 法律」 施行 後 성립한 同法上의 擔保契約에 기하여 소유권이전등기를 경료한 擔保權者가 清算金을 지급

79) 前註의 判決도 유치권의 成立을 否定한다. 同 判決은, 그 이유로 "他人의 物件의 賣渡人은 그 소유권이전채무가 이행불능이 되어도 買受人에 대하여 目的物의 반환을 청구할 수 없고, 따라서 買受人이 목적물의 반환을 거절하는 것에 의하여 손해배상채무의 이행을 간접적으로 강제한다는 관계는 발생하지 않기 때문에 … 유치권의 성립에 필요한 '物件과 債權과의 牽連關係'는 없다"고 한다. 그러나 가령 丙의 볼을 乙이 甲의 유리창에 던진 경우에는, 이 때 볼의 소유자가 아닌 乙은 甲에 대하여 목적물반환청구권이 없는데도 甲이 그 볼에 대하여 유치권을 가짐에는 누구도 異論이 없다. 따라서 乙의 甲에 대한 목적물반환청구권 有無로써 유치권의 成立 여부를 판단하는 위 判決理由는 반드시 적합한 것이라고는 할 수 없다.

하지 않고 善意의 第3者에게 등기를 이전한 경우,[80] 그 第3者가 所有權에 기하여 同法上의 채무자 등이 점유하고 있는 부동산의 반환청구를 함에 대하여[81] 債務者는 淸算金支給請求權에 기하여 유치권을 유효하게 주장할 수 있는가?

日本의 判決은 이를 모두 肯定한다.[82] 이들 判決에 대하여는 原告(所有物返還請求權者)의 地位는 被告(占有者)가 채권을 취득한 바로 그 法律關係를 전제로 하고 이를 源泉으로 하여 성립한다고도 할 수 있는 관계에 있고, 위 5.의 例에서처럼 原告의 地位와 被告의 債權發生의 기초가 되는 法律關係가 서로 대립하는 경우와는 다르므로, 위 3.의 費用償還請求權의 경우와 유사하게 이해할 수도 있다고 한다.[83] 그러나 반대로 代金을 모두 受領하지도 않은 채 買受人에게 所有權移轉登記를 한 賣渡人은 소위 先履行의 危險(Vorleistungsrisiko), 즉 자신이 원래 가

80) 同法 제11조 단서 후단 참조. 同規定은 淸算節次를 밟지 않은 擔保權者는 비록 그 앞으로 所有權登記가 되어 있더라도 소유권을 취득하지 못하나(同法 제4조 제2항 참조), 善意의 第3者(이 때 善意란 그 前者의 소유권등기의 原因인 去來關係가 擔保임을 모르는 것을 의미한다고 한다. 黃迪仁, 假登記擔保法 第11條의 解釋, 「考試界」 1985년 12월호, 93면 참조)가 소유권등기를 이전받으면 그는 소유권을 취득한다는 뜻으로 이해되고 있다. 이에 관하여는 郭潤直(註 2), 662면 및 693면 이하 참조.

81) 黃迪仁, 假登記擔保法 解說, 韓國民事法學會 編, 「改正民事法解說」, 1985, 195면 이하는 同法 제11조 단서 소정의 "善意"의 立證責任을 第3者가 부담한다고 하고, "債務者가 부동산을 점유하고 있는 경우에는 第3者는 目的物이 債權者의 所有로 믿었다고 볼 수 없어서"(머리점은 引用者) 결국 소유권은 취득하지 못하게 된다고 한다. 또한 黃迪仁(註 80), 94면 이하 참조. 그렇다면 本文에 제시한 것과 같은 문제는 제기될 여지가 원천적으로 없게 된다. 그러나 同規定이 善意일 뿐만 아니라 無過失인 第3者만이 소유권을 취득한다고 해석되지 않는 한, 채무자가 부동산을 점유하고 있는 경우에도 "善意의 第3者"가 생길 가능성을 전혀 배제할 수 없다.

82) 前者의 경우에 대하여 日本最高裁 1972년 11월 16일 判決(「民集」 26卷 9號 1619면), 後者의 경우에 대하여 日本最高裁 1983년 3월 31일 判決(「民集」 37卷 2號 152면). 이와 관련 하여 日本仙台高裁 1984년 8월 31일 判決(「法律時報」 1985年 5月號, 121면 참조)은, 甲이 乙에게 그 소유의 부동산을 매도하고 契約金만을 받고 이전등기해 주었던 바, 乙이 잔금채무를 이행하지 않으므로 그 계약을 해제하였는데 그 후 乙이 이를 丙에게 매도·이전등기하고, 다시 丙으로부터 매수·이전등기한 丁이 甲을 상대로 소유권에 기한 인도청구를 하자, 甲이 反訴로, 위의 계약해제로 인한 價額返還請求權을 피담보채권으로 하는 留置權의 存在確認請求를 한 사건에서, 위의 日本最高裁 1972年 判決을 들고, "본사건의 경우에도 公平의 原則에 비추어 마찬가지로 봄이 상당"하다고 하여 反訴請求를 인용하고 있다.

83) 幾代通(註 55), 20면.

지는 同時履行의 抗辯權을 행사하지 아니하고 先履行함으로 말미암아 相對方이 目的物을 다시 처분할 수 있는 기회를 스스로 부여하여 준 데 따르는 危險을 부담하여야 할 것이고 또한 위에서 본 대로(위 5. (1) 참조) 公示에 의한 去來關係의 劃一的 規律을 꾀하는 物權變動制度의 취지를 살려야 할 이유도 충분하다고 할 것이다. 그렇다면 오히려 留置權의 성립을 부인하여야 할 것이 아닌가 생각된다.

(2) 다만 「假登記擔保 등에 관한 法律」이 적용되는 경우, 즉 위의 두 例 중 後者의 경우에 대하여는 同法이 애초 그 적용을 받는 債務者를 보호하려는 취지에서 성립된 것이고,[84] 또 同法 제11조 단서 후단의 立法論的 문제점[85]에 비추어서 留置權의 성립을 인정함으로써 同法 소정의 債務者를 보호하여야 하리라고 생각한다. 특히 同法은 擔保權者가 소유권이전등기를 경료받았다고 하더라도 淸算節次를 거치지 않은 한 그 所有權은 여전히 債務者에게 있다는 태도를 취하고 있다(제 4 조 제 2 항). 그러므로 설사 例外的으로 善意의 제 3 자가 同法 제11조 단서에 의하여 소유권을 취득함으로써 반사적으로 채무자가 소유권을 상실하지 않을 수는 없다고 하더라도, 그 선의의 제 3 자가 모든 관계에 있어서 債務者, 즉 物件占有者보다 우선 한다고 해석하기는 어렵지 않을까? 오히려 淸算金을 확보하기 위한 限度에서는 物件 자체에 대한 한정된 범위의 支配權能이 여전히 채무자에게 남아 있다고 할 것이다. 이 경우에는 애초 채무자가 채권자에게 담보의 목적으로 移轉登記를 넘겨준 것을 통상의 賣買에 있어서와 같이 先履行危險의 引受라고 평가할 수도 없을 것이다.

84) 우선 郭潤直(註 2), 639면 이하; 黃迪仁(註 81), 178면 이하 참조.

85) 가령 郭潤直, 「假登記擔保 등에 관한 法律」의 問題點, 서울대학교 「法學」 26권 1호 (1985), 55면 이하 참조. 同 規定이 가령 民法 제108조 제 2 항과 같이 "… 對抗하지 못한다"고 규정하는 것이 아니라, "善意의 第 3 者가 所有權을 取得한 때"라고 규정하고 있음에 注目하라.

V. 小 結

이상과 같이 留置權의 成立要件으로서의 「債權과 物件 간의 牽連關係」의 存在 與否를 결정하는 실질적인 判斷基準을 유형별로 탐색하여 오면, 이를 하나 둘의 定式으로 처리함이 至難함을 알게 된다. 그것은 특히 우리 民法이 雙務契約上의 對立하는 債務에 관한 同時履行의 抗辯權을 인정함과 아울러 對世的 效力을 가지는 物權으로서의 留置權制度를 설정함으로써 유치권의 成立 與否를 판단함에 있어서는 그 문제되는 物件에 관하여 認定되는 第3者의 正當한 利害關係를 고려할 것이 요구되는 데에 그 이유의 一端이 있는 것으로 생각된다. 그와 같은 第3者의 利害가 다양하게 표출될 수 있는 만큼 유치권의 成立 與否도 복잡한 利益衡量을 거쳐야 하는 것이다.

따라서 現段階에서는 그에 관한 어설픈 해결책을 제시하기보다는 개별적인 事案에 부딪쳐 그 事態의 論理를 면밀히 추적해 보는 것이 오히려 더욱 절실한 작업이라고 생각된다.

(「劉基天 博士 古稀紀念論文集」, 1988, 393면 이하 所載)

9. 動產質權에 관한 약간의 問題

—民法學方法에 대한 疑問 提起를 겸하여—

Ⅰ. 序

動產質權(이하 단지 質權이라고 하면 동산질권을 가리키는 것이다)은 우리 민법전에서 중요한 지위를 차지하고 있다. 그것은 所有權, 留置權, 그리고 占有權과 아울러 動產에 대하여 인정될 수 있는 몇 안 되는 물권 중의 하나이며, 특히 동산에 설정될 수 있는 約定擔保物權으로서는 유일한 것이다. 이와 같은 민법전상의 현저한 지위에도 불구하고, 質權은 去來나 裁判의 실제에 있어서는 별로 두드러진 기능을 하지 않고 있는 것으로 추측된다. 그러한 추측은 판결모음에 실려 있는 판결 중 質權에 관한 것이 極少하다는 것에 의하여 뒷받침된다. 가령 1983년까지의 대법원판결을 수록한 『대법원판례요지집』에는 민법 제329조부터 제343조(이하 인용하는 法條는 다른 지시가 없는 한 민법의 그것이다)까지의 질권 규정에 관련한 판결로서 모두 10건이 수록되어 있을 뿐이다. 그 중에서도 담보물권 일반에 인정되는 物上代位性을 규정한 제342조가 抵當權에 준용되기 때문에(제370조 참조) 저당권의 물상대위에 관한 판결들이 제342조에 관련된 판결로서 수록된 것 등을 제외하고 나면, 모두 5건에 불과하다. 이와 같이 질권은 원래 민법전의 규정체계상으로 수행하도록 예정된 기능을 다하지 못하고 있다고 할 수 있다. 그리고 그 이유에 대하여는 이미 여러 모로 지적되어 온 바이다. 따라서 질권에 대하여 논의하는 것은 법학의 實用學問(praktische Wissenschaft)으로서의 성격상 적합하지 못하다고 할 수도 있겠다.

그러나 관점을 달리 하여, 질권에 관한 지금까지의 解釋理論을 方法論의 次元에서 살펴 볼 때에는 역시 논의되어야 할 많은 問題點을 안고 있는 것이 아닌가 생각된다. 물론 "자신의 方法論에 몰두하는 學問은 병든 학문이기 쉽다."[1] 그러나 우리 민법학에 있어서는 법해석의 작업을 반복함을 통하여 얻어진 그 作業方式에 대한 노우하우를 명확하게 論理化하는 일을 지나치게 소홀하게 해 왔던 것이 아닌가 하는 생각이 든다. 이러한 작업방법의 논리화는 自己認識에로 통하는 것이며, 그것은 어느 분야에서도 그러한 것과 같이 자신의 건전한 발전을 위하여 필수불가결한 일이라고 하겠다. 이러한 이유에서 '질권'이라는 소재를 통하여 필자가 평소에 우리 민법학이 행하여 온 해석작업의 方法에 대한 의문을 피력하여 보고자 한다.

Ⅱ. 民法 제330조

(1) 依用民法에 있어서 動產質權이 설정되기 위하여는 목적물이 질권자에게 인도될 것이 요구되었다(동법 제344조). 그런데 의용민법은 物權變動의 원칙으로서, "物權의 設定 및 移轉은 당사자의 의사표시만에 의하여 그 효력을 발생한다."(동법 제176조)는 소위 意思主義를 취하고 있었다. 따라서 일반적으로 制限物權을 설정함에 있어서 목적물의 인도와 같은 事實的 實行行爲(realer Vollzugsakt)는 요구되지 않았다. 이러한 원칙에서 볼 때 위와 같이 목적물의 인도를 그 권리의 설정에 요구하는 태도는 하나의 예외로서의 위치가 부여되어 있었다.[2]

---

1) G. Radbruch, *Einführung in die Rechtswissenschaft*, 13. Aufl., 1980, S. 283.
2) 林良平 編集, 「注釋民法(8)」, 1965, 252면(石田喜久夫 집필) 참조.

우리 민법 제330조도 "질권의 설정은 질권자에게 목적물을 인도함으로써 그 효력이 생긴다."고 규정하고 있다. 그러나 이와 같은 명문을 둔 민법의 태도에 대하여는 비판이 강하다.[3] 제330조는 "현행 민법이 물권변동에 관하여 對抗要件主義를 버리고 成立要件主義로 전환하였음을 망각하고 구민법의 규정(舊民法 제344조)을 그대로 옮겨 놓은 것으로서 立法上의 過誤"이고 "마땅히 삭제되어야 한다."라고 하거나,[4] 또는 "不必要한 規定"이라고 한다.[5]

(2) 우리 민법에 제330조를 두어 질권의 설정에는 목적물의 인도를 요한다고 정한 것이 "입법상의 과오"이거나, 제330조가 "不必要한 規定"인가? 그렇다고 주장하는 견해는 우리 민법이 동산물권의 변동에 관하여 소위 形式主義 내지는 引渡主義를 취하였기 때문에 위와 같은 규정이 없어도 그러한 법리가 인정되는 것은 당연하다는 것을 그 이유로 한다.

우리 민법 物權編의 總則에서 동산물권의 변동에 관하여 정하고 있는 것은 민법 제188조 내지 제190조이다. 그런데 그 규정들은 모두 動產에 관한 物權의 "讓渡"에 대하여만 정하고 있다. 이 점은 不動產物權變動에 관하여 登記主義를 선언하는 제186조가 그 규율대상을 "법률행위로 인한 물권의 得失變更"이라고 정하고 있는 것과는 대조를 이룬다. 이 때 "得失變更"이란 물론 取得·喪失 및 變更을 말하는 것이고, 그 "취득"에는 제한물권을 새로이 설정함으로써 취득하는 경우도 포함됨에는 의문의 여지가 없다.

그런데 動產物權에 관한 제188조 이하의 규정은 "讓渡"에 대하여만 목적물의 인도를 요구하고 있다. 그러므로 그 규정들은 "讓渡" 이외의

3) 郭潤直, 「物權法」, 再全訂版, 1985, 494면; 金容漢, 「物權法」, 全訂版, 1986, 500면; 金曾漢, 「物權法」, 1980, 437면 참조.
4) 郭潤直(註 3), 494면. 金滉植, 物權法의 改正方向, 「民事判例研究」 7집(1985), 317면도 立法論으로서 같은 이유에서 제330조가 삭제되어야 한다고 주장한다.
5) 金容漢(註 3), 500면.

동산물권변동에 대하여는 직접적으로 정하는 바가 없는 것이다. "讓渡"란 이미 존재하는 物權을 전제로 이것의 歸屬主體를 법률행위에 의하여 변경하는 것이다.[6] 따라서 동산에 관한 물권, 특히 制限物權이 애초에 어떻게 하여 발생되는가에 대하여는 아무런 규율도 하지 않고 있는 것이고[7] 이러한 사정은 質權의 設定에 관하여도 마찬가지이다. 이렇게 보면 질권이 애초에 設定되려면 목적물을 인도하여야 한다는 규정을 별도로 질권에 관한 규정 중에 두었다고 하여 "입법상의 과오"라거나 그 규정이 "不必要"한 것이라고는 할 수 없지 않을까 생각한다.[8]

이와 관련하여 참고가 되는 것은 소위 形式主義를 취하는 다른 나라 민법의 태도이다. 독일민법은 동산소유권의 讓渡(Übertragung)에 관하여 제929조를 두고, 質權의 設定(Bestellung des Pfandrechts)에 관하여는 별도로 제1205조를 두고 있다. 이는 스위스민법 제714조 제1항, 제884조 제1항도 마찬가지이다. 그렇다고 해서 그와 같은 규정을 마련한 것이 "불필요하다"거나 "입법상의 과오"라고는 하지 않는다.

독일민법의 制定過程을 살펴 보면 同 제1205조에 해당하는 第1草案 제1147조에 대하여는 "설정계약이 필요함을 정하고 있는 제983조[用益權(Nießbrauch)의 설정에 점유의 이전을 요구하고 있다. 현행 독일민법 제1032조에 해당한다]에 상응하는 이 규정에 대하여는, 별도의 正當化를 필요로 하지 않는다."고 하고, 곧이어 "인도를 요구하는 것은 占有質原則(Faustpfandprinzip)에 따르는 것인바, 그 원칙은 … 어디서나 받아들여지고 있다."고 덧붙이고 있다[9](꺾음괄호 안은 引用者. 點線은 인용자가 생략한 부분이다). 이렇게 보면 독일민법 제1205조는 오히려 점유 없으면 질권 없다(Ohne Faust, kein Pfand)는 占有質原則을 선언하고, 質權者가 점유를 취

6) 郭潤直(註 3), 191면; 金容漢(註 3), 154면; 金曾漢, 「物權法講義」, 1984, 82면 참조.

7) 前註의 문헌은 어느 것이나, 인도를 필요로 하는 물권변동은 제188조 제1항이 명시하는 바와 같이 물권의 "양도", 즉 법률행위에 의한 이전이라고 설명한다.

8) 動產物權에 관하여 우리 민법 제188조와 동일한 규정을 두고 있는 滿洲國民法(동법 제181조 참조: "동산에 관한 물권의 양도는…")도 그 제322조에서 "질권의 설정은 질권자에게 그 목적물을 인도함으로써 그 효력을 발생한다."는 별도의 규정을 두고 있다.

9) *Motive* Ⅲ, S. 800(*Mugdan* Ⅲ, S. 446).

득함이 없이 설정되는 소위 非占有質을 否認하는 적극적인 의미를 가진 것이라고 하겠다.[10] 그리고 이러한 의미는 占有改定에 의한 질권 설정을 부인하는 제332조와 아울러 우리 민법에 있어서도 인정될 수 있는 것이 아닌가 생각된다.

(3) 혹은 다음과 같은 見解도 있다. 만일 제188조 제 1 항에, 동산에 관한 물권의 "양도"라고 하지 않고 "讓渡 및 設定"이라고 하였으면 제330조는 필요 없었다는 것이다.[11] 물론 제188조 제 1 항을 그와 같이 정하였더라면 제330조와 같은 규정이 없어도 해석론에 의하여 이 때의 "설정"에는 질권의 설정도 포함하는 것이라고 할 것이다.

그러나 제188조 제 1 항의 규정을 그와 같이 하는 것이 合目的的인가는 의문이다. 동산에 관한 물권으로서 민법에 규정을 둔 것으로는 所有權 외에 占有權·留置權·質權이 있다. 우선 占有權의 설정에는 물건의 인도, 즉 당사자에 의한 점유의 이전을 요하지 않는다. 점유권은 물건을 사실상 지배하는 것 자체에 의하여 당연히 취득하는 것이지, 그 사실상의 지배가 前占有者로부터의 점유의 이전에 의하여 이룩되었을 것을 요구하지 않는 것이다. 또한 留置權에 관하여도 유치권자가 물건을 점유하는 것이 그 성립요건의 하나이기는 하나, 그 점유가 物件所有者로부터의 引渡에 의하여 취득된 것임을 요구하지는 않는다. 단지 留置權者가 점유하고 있는 것 그 자체를 요구하고 있을 뿐이지, 그 經緯에 대하여는 원칙적으로 문제 삼지 않는 것이다. 다만 그 점유가 不法行爲에 의하여 開始된 것이어서는 안 되는데(제320조 제 2 항), 물건소유자로부터 직접 인도받지 않고 다른 경위로 점유를 취득하였다고 하여 그 점유 취득이 항상 불법행위에 기한 것이라고 할 수 없을 것이다. 오히려

10) 독일에서의 動產質權法의 발전에 대하여는 우선 O. v. Gierke, *Deutsches Privatrecht*, Bd. 2, 1905, §169(S. 955ff.) 참조. 로마法에 있어서의 非占有質(pignus obligatum)에 대하여는 M. Kaser, *Das Römische Privatrecht*, Bd. 2, 2. Aufl., 1975, S. 312ff. 참조. 또한 독일에서의 質物占有 一般에 대하여는 Rudolf Schmidt, Der Pfandbesitz, in: *AcP* 134(1937), S. 1ff., 129ff. 참조.

11) 金曾漢(註 3), 437면.

이는 제320조 제 2 항의 解釋問題로서 해결될 일이지, 물건소유자로부터의 引渡를 요하는가 하는 관점에서 논의될 일은 아닐 것이다. 그렇다면 남는 것은 質權뿐이다. 이 질권 한 가지의 경우를 위하여 物權編의 "제 1 장 총칙"에 "동산에 관한 물권의 설정"에는 물건의 인도를 요한다는 규정을 포함시켜야 하겠는가? 오히려 그 곳에는 동산물권에 일반적으로 적용될 수 있는 讓渡의 경우만을 규정하고 ―질권의 양도에 그 質物의 인도를 요함은 물론이다―, 그 설정에 관하여는 그것이 문제되는 유일한 경우인 質權에 관한 章에서 규정을 두는 것이 타당하지 않겠는가?

따라서 우리 民法의 위와 같은 規定方式은 가능한 유일한 태도는 아니라고 하더라도 매우 合理的인 것이라고 생각된다.

(4) 다른 한편 제330조가 質權設定契約을 要物契約으로 정하는 취지라고 이해하는 것[12]은 적절하지 않다고 생각한다. 요물계약(Realkontrakt; contrat réel)이란 계약의 성립요건으로서 당사자 간의 合意 이외에 물건의 引渡 등이 요구되는 계약을 말하는 것이다. 그러나 질권설정계약은 목적물의 인도가 있어야 비로소 성립하는 것은 아니다. 오히려 질권설정계약은 당사자 사이의 합의만으로 성립하고, 제330조에 의하여 요구되는 목적물의 인도는 이러한 계약과는 별도로 요구되는 질권성립의 제 2 의 요건으로 이해할 것이다.[13]

만일 질권설정계약을 요물계약이라고 한다면, 질권설정에 관하여 당사자 간의 合意가 있는 것만으로는 아무런 法的 效果가 발생하지 않는다. 따라서 가령 자기 소유의 動產 위에 질권을 설정하기로 약속한 자가 나중에 그 동산의 引渡를 거부하더라도 상대방은 그 인도를 청구할 법률상 권리가 없는 것이 된다(만일 이러한 權利를 승인하려면 要物契約인 質權設定契約의 豫約이라는 극히 技巧的이고 歷史的으로 이미 克服된 法律構成을 도

12) 가령 崔栻, 「新物權·擔保物權法」, 1960, 327면; 張庚鶴, 「新物權法各論」, 下卷, 1960, 400면; 方順元, 「新物權法」(全), 1960, 249면.

13) 同旨: 郭潤直(註 3), 494면; 金容漢(註 3), 500면; 金曾漢(註 3), 437면.

입하여야 한다). 그러나 위와 같은 경우에는 목적물의 인도를 청구할 수 있는 권리를 相對方(장래 질권을 취득할 자)에게 부여하는 것이 "약속은 지켜야 한다."는 法의 大原則에 비추어서도 타당하다고 생각된다. 또 이러한 구성이 법률행위에 의한 물권변동의 다른 경우와도 一貫性을 유지하는 것이 될 것이다. 가령 동산을 賣渡한 자가 그 목적물을 인도하지 아니할 때에는 買受人이 그 계약에 기하여 동산의 인도를 청구할 수 있음은 누구도 부인하지 않는다. 질권설정의 경우에도 이와 마찬가지로 法律構成하는 것이 "동일한 것은 동일하게 취급한다."는 원리에 비추어서도 타당할 것이다. 뿐만 아니라 法文도 "質權의 設定은 質權者에게 目的物을 引渡함으로써 그 效力이 생긴다."고 하고, "質權設定契約은… 그 效力이 생긴다."고는 하지 않는다.

依用民法의 해석으로는 우리 민법 제330조와 동일한 내용을 정한 제344조를 요물계약을 정한 것으로 이해될 수 있었다. 의용민법에서는 앞서 본 대로 물권변동에 관하여 소위 意思主義를 취하여 "물권의 설정 및 이전은 당사자의 의사표시만에 의하여 그 효력이 발생"한다고 규정하였다. 이러한 태도를 질권에 대하여도 관철하는 한편 엄연히 존재하는 依用民法 제344조의 규정을 존중하기 위한 說明이 바로 질권설정계약은 요물계약이라는 構成이었다.[14] 즉 질권설정도 "당사자의 意思表示만에 의하여" 그 효력을 발생하는데, 이 때 "意思表示"는 목적물의 인도가 있어야 비로소 성립하는 요물계약으로서의 질권설정계약이라는 것이다. 물론 의용민법 제344조는 同法 제176조에 대한 例外로서 질권설정의 경우에는 당사자의 의사표시 외에 물건의 인도를 요한다는 이해도 가능하지 않은 것은 아니지만 말이다.

그러나 우리 민법은 물권변동에 대하여 이미 意思主義를 포기하였다. 따라서 그것이 당사자의 의사표시만에 의하여 이루어진다는 것을 전제로 하는 법률구성에 구애될 필요는 전혀 없다고 할 것이다.

---

14) 林良平 編集(註 2), 252면 이하(石田喜久夫 집필) 참조.

(5) 이상과 같이 제330조를 둔 우리 民法의 態度에 대한 여러 意見을 살펴 보면, 우리 민법이 동산물권의 「變動」 一般에 관하여 引渡主義를 취하고 있다는 前提 자체가 실정민법의 규정의 뒷받침이라는 관점에서 세심하게 吟味된 일이 없지 않은가 하는 추측을 하게 된다.

물론 부동산물권변동에 관한 제186조와 동산물권의 "양도"에 관한 제188조 등을 종합하여 法律行爲로 인한 物權變動 일반에 대하여 소위 形式主義를 취한 것으로 하여, 법규정 배후의 具體的인 實定的 法原理[15]를 파악하고, 이로부터 다시 "법률행위로 인한 동산물권의 취득" 일반의 경우에 그 法原理가 발현되도록 해석하여야 한다고 주장한다면 이는 충분히 根據 있는 立論이라고 생각된다. 그러나 그렇다고 해서, 질권의 설정에 관하여 제330조를 둔 것이 입법상의 과오라고는 할 수는 없다. 오히려 同條는 그와 같은 방법적인 순환작업[16]을 수행할 필요 없이 질권의 설정에 목적물의 인도가 요구됨을 바로 정하는 데 의미가 있다고도 할 수 있는 것이다.

우리 民法學의 자취를 더듬어 보면, 우리 법을 학문적으로 인식함에 있어서 그 素材를 우리 민법 자체나 기타의 현실적 경험에서 찾지 아니하고 일정한 외래의 개념을 그 자체 타당한 것으로 措定하고 그러한 개념을 우리 法素材의 인식에 代入하는 경향을 때때로 발견할 수 있다. 이러한 傾向은 우리 민법이 어떠한 法律問題에 대하여 일정한 "主義"—그 내용의 모델은 특정한 시기의 특정한 다른 나라, 특히 독일 또는 일본의 法律 또는 民法學上의 理論인 경우도 많다—를 취하고 있다는 것을 무비판적으로 긍정하고 그러한 "주의"에 인정되는 先驗的인 內容이 마치 우리 법의 인식에 있어서도 당연히 인정되어야 하는 것으로 생각하는 態度에서도 나타난다.

---

15) 法原理(Rechtsprinzipien)의 여러 차원에 대하여는 K. Larenz. *Methodenlehre der Rechtswissenschaft*, 4. Aufl., 1979, S. 458ff.; 同, Richtiges Recht, 梁彰洙 譯, 「正當한 法의 原理」, 1986, 13면 이하 참조.

16) 이러한 循環作業에 대하여는 K. Larenz(註 15), *Methodenlehre*, S. 183ff. 참조.

우리가 여기서 다루고 있는 문제에 있어서도 이러한 경향이 나타나는 것이 아닐까? 즉, 우리 民法이 부동산·동산을 포함하여 물권변동 일반에 관하여 「形式主義」를 취하고 있다는 것이 전제되고, 그 「形式主義」는 우리 민법의 규정과는 관계 없이 독일민법이나 스위스민법 또는 그 나라의 민법학에서 인정되는 일정한 內容을 당연히 가지는 것이고 ―또는 가져야 하는 것이고―, 따라서 질권의 설정에는 目的物의 引渡를 요한다는 것은 「형식주의」의 내용이 되고, 그러므로 「형식주의」를 취하는 이상 질권의 설정에 목적물의 인도를 요한다는 것은 법률의 규정이 필요 없이 당연한 것이라는 것이다. 그러나 민법이 동산물권변동에 대하여 어떠한 태도를 취하는가 하는 것이 「형식주의」의 先驗的인 內容으로부터 도출되는 것이어서는 안 된다. 우리 민법이 정하는 동산물권변동에 관한 규율의 내용을 정확히 인식하는 것이 一次的인 問題이며, 그것에 "형식주의"라는 이름을 줄 것인가 여부는 궁극적으로는 表現의 문제일 따름이다.

Ⅲ. 動産質權에 기한 物權的 請求權의 認定 與否

(1) 위에서 본 대로, 質權이 성립하려면, 質權者에게 目的物이 引渡되어야 한다. 이 때 "引渡"에는 現實의 引渡뿐만 아니라, 明文으로 禁止된 占有改定의 경우를 제외하고는(제332조) 簡易引渡나 返還請求權의 讓渡에 의한 引渡[17]도 포함된다고 하는 것이 通說이다.[18] 따라서 대부분의 경우에 質權者는 적어도 그 質權 取得의 당초에는 直接占有를 가

17) 일반적으로 返還請求權의 讓渡에 의한 引渡에 대하여는 債權讓渡에 관한 規定이 準用된다고 한다. 따라서 讓渡의 通知나 承諾이 필요하다고 이해되고 있다. 이에 대하여는 郭潤直(註 3), 195면; 金容漢(註 3), 157면; 金曾漢(註 6), 88면 참조. 獨逸民法 제1205조 제2항은 質權의 設定에 요구되는 物件의 引渡에 관련하여, "所有者가 間接占有를 質權者에게 引渡하고 質權設定을 占有者에게 通知(anzeigen)하는 것"에 의하여서도 할 수 있다고 정한다.

18) 郭潤直(註 3), 495면; 金容漢(註 3), 501면; 金曾漢(註 6), 356면 참조.

진다. 그리고 가령 返還請求權의 讓渡에 의한 引渡의 경우에는 質權者는 間接占有의 상태로 質權을 취득하게 된다.

그런데 質權의 원만한 상태가 제 3 자에 의하여 侵害당하거나 侵害당할 우려가 있는 경우에 質權者는 그 侵害를 排除하기 위하여 어떠한 구제수단을 가지는가?

(i) 우선, 의문이 없는 것은 占有者인 그 質權者는 占有保護請求權(제204조 이하)을 행사할 수 있다는 것이고, 通說도 그와 같이 이해한다.[19] 즉, "占有의 侵奪을 당한 때"에는 占有物返還請求權을, 占有 侵奪 이외의 "占有의 방해를 받은 때"에는 占有妨害排除請求權을, "占有의 방해를 받을 염려가 있는 때"에는 占有妨害豫防請求權을, 각기 損害賠償請求權과 아울러 행사할 수 있다. 그리고 이들 권리는 비단 直接占有者뿐만 아니라, 間接占有者에게도 인정된다(제206조 제 1 항). 그런데 이러한 占有保護請求權에 대하여는 일정한 除斥期間이 설정되어 있어서(占有物返還請求權과 占有妨害排除請求權은 占有의 侵奪을 당한 날 또는 妨害가 終了한 날로부터 각기 1 년 내에 行使하여야 한다. 또 공사로 인한 占有의 방해 또는 방해염려의 경우에 대하여는 除斥期間에 대한 특별한 규정을 두고 있다), 그 기간 내에 訴訟을 제기하지 않으면 안 된다. 또 침탈자의 善意의 特別承繼人에 대하여는 占有物返還請求를 하지 못한다(제204조 제 2 항).

(ii) 문제는 占有保護請求權 이외에 質權, 즉 本權에 기한 物權的 請求權을 행사할 수 있는가 하는 것이다. 이 문제는 民法이 所有權에 기한 物權的 請求權의 규정(제213조, 제214조)을 각종의 物權에 準用하는 立法方式을 취하고 있으면서(地上權에 관한 제290조, 地役權에 관한 제301조, 傳貰權에 관한 제319조, 抵當權에 관한 제370조 참조), 質權에 관하여는 그러한 규정을 두지 않는 데서 출발한다.[20] 이것은 質權에 대하여는 質

19) 郭潤直(註 3), 512면; 金容漢(註 3), 518면; 金曾漢(註 6), 370면 참조.

20) 또한 留置權에 대하여도 所有權에 기한 物權的 請求權의 規定은 準用되고 있지 않다. 그뿐 아니라, 留置權은 占有의 喪失로 인하여 消滅한다(제328조). 그것은, 留置權이 "目的物의 占有를 본체로 하는 權利"이기 때문이라고 설명되고, 留置權 자체에 기한 物權的 請求權이 인정되지 않는 것을 비난하는 견해는 보이지 않는다.

權 자체에 기한 物權的 請求權을 인정하지 않는 취지인가?

따라서 이 점에 관하여는 立法者의 意思가 결정적으로 중요한 것으로 생각된다. 그런데 質權에 기한 物權的 請求權을 인정하는 입장에서는 위와 같은 民法의 규정태도를 "立法上의 不注意로 빠뜨린 것"이라고 하거나,[21] "立法上의 不備에 지나지 않는 것"이라고 하거나,[22] "立法技術上의 錯誤"라고 한다.[23] 그러나 우리 民法의 制定過程을 살펴보면 과연 그렇게 단정할 수 있는지 지극히 의문이다.

(2) 依用民法 제353조는 그 점에 대하여, "動産質權者가 質物의 占有를 侵奪당한 때에는 占有回收의 訴에 의하여서만 그 質物을 회복할 수 있다."(占有回收의 訴는 우리 民法의 占有物返還請求權에 해당한다)고 규정하고 있었다. 따라서 質權 자체에 기한 返還請求權이 인정되지 않는다는 점에 대하여는 依用民法의 해석상 의문이 없었다. 그 이유에 대하여는 "점유가 없는 質權의 效力을 강하게 하는 것은 다른 債權者를 해칠 우려가 있다"고 하거나,[24] "質權에 관하여 특히 公示의 原則을 완전하게 관철하려고 하는 취지"라고 설명되었다.[25] 그러나 占有 侵奪 이외의 占有 妨害나 占有 妨害의 우려가 있는 경우에 대하여는 質權에 기한 物權的 請求權, 즉 妨害排除 및 妨害豫防의 각 請求權이 인정되었다.[26]

그런데 學說 중에는 위와 같이 質權 자체에 기한 返還請求權을 인정하지 않는 입법태도에 대한 반대가 강하였다. 즉, 연혁상으로는 로마법에서도 占有를 상실한 質權者는 占有保護請求權 외에 本權에 기한 訴

21) 金曾漢(註 6), 370면. 한편 李銀榮, 所有物返還請求權, 「考試硏究」 1986년 11월호 48면은 "우리 民法의 制定時 이 條文[依用民法 제353조]만을 삭제하고 민법 제213조·제214조의 準用規定을 新設할 것을 빠뜨린 것으로 사료된다."고 한다.

22) 金容漢(註 3), 519면.

23) 郭潤直(註 3), 513면.

24) 我妻榮, 「擔保物權法」, 1936, 87면 참조.

25) 柚木馨/高木多喜男, 「擔保物權法」, 新版, 1973, 106면 참조.

26) 林良平 編集(註 2), 303면(石田喜久夫 집필) 참조.

權(vindicatio pignoris = actio Serviana)이 인정되고 있고,[27] 가령 독일民法 제1227조도 그와 같이 규정하고 있는데,[28] 本權에 기한 返還請求權을 인정하지 않는 것은 이유 없이 "質權의 物權性을 현저히 약화시킨다"는 것이다.[29] 그러나 이러한 비판은, 어디까지나 立法論으로서 주장되었다.

우리 民法의 制定過程에서 民法案 제332조(현행 민법 제343조에 해당한다)는 質權에 관하여 準用되는 다른 規定을 열거하고 있는데, 그 중에는 占有物返還請求權에 관한 民法案 제193조가 들어 있다.[30] 그 趣旨는 자료의 부족으로 알 수 없으나 依用民法과 같은 태도를 취하려는 것이 아니었나 추측된다.[31] 그런데 국회(당시는 민의원이라고 불리우고 있었다) 본회의의 심의과정에서 質權에 관하여 準用되는 規定 중에서 제193조가 삭제되어, 위 (1) (ii)에서 본 바와 같은 規定方式이 되었다. 거기에 이르기까지에는, 質權 자체에 기한 物權的 請求權을 인정할 것인가 하는 문제와 관련하여 중요한 의미를 가지는 經過가 있다.

(a) 民法案 제332조에 대한 法制司法委員會(이하 法司委라고 한다)의 修正案은, 적어도 그것이 본회의에 상정될 단계까지는 제193조에 관하여 아무런 언급도 없었다. 즉, 法司委 民法案審議小委員會의 民法案審議錄에도 이 점에 관하여는 전혀 심의한 흔적이 없으며,[32] 본회의에 상정된 法司委의 修正案에도 제193조를 삭제하자는 의견은 보이지 않는다.[33]

그런데 본회의의 심의과정에서 법사위 위원장 대리를 맡은 장경근

27) 이에 대하여는 Kaser, *Römisches Privatrecht, Ein Studienbuch*, 11. Aufl., 1978, S. 130 참조.

28) 그 외에 그리스民法 제1236조도 마찬가지의 規定을 둔다고 한다.

29) 위의 註 24, 25, 26의 문헌 각 개소 참조.

30) 民法案 제332조는, 그 외에 善意取得에 관한 民法案 제239조 내지 제241조와 留置權者의 果實收取權에 관한 제312조를 質權에 準用하고 있었다.

31) 가령 뒤에서 보는 대로 「民法案意見書」는 그와 같이 이해하고 있다.

32) 단지 「民法案審議錄」에는, 留置權의 不可分性, 留置權者의 善管義務 및 償還請求權에 관한 草案 제311조, 제313조, 제314조를 質權에 準用하지 않는 것은 不當하다고 하여, 이에 대한 修正案을 마련하고 있다. 「民決案審議錄」, 上卷, 206면 참조.

33) 1957년 「제26회 國會定期會議速記錄」 42호 부록, 89면에 실린 法司委의 修正案 제82항 참조.

의원은, 民法案 제332조에 대한 法司委의 修正案 가운데에는 제193조를 삭제하는 내용이 포함되어 있음을 말하고 있다.[34] 그리고 이 단계의 法司委 修正案(오히려 '장경근 수정안'이라고 부르는 것이 정확한 표현일런지도 모른다)이 본회의에서 채택됨으로써, 民法에는 質權妨害(侵奪이나 妨害 염려 등을 포함하는 넓은 의미의)의 경우에 質權者가 가지는 救濟手段에 대하여는 아무런 規定을 두지 않게 된 것이다.

(b) 그런데 民法案 제332조에 대하여는, 그 외에 현석호 의원 등의 修正案이 있었다. 그 내용은 質權에 대하여 占有物返還請求權에 관한 草案 제192조 외에, 所有者의 物權的 請求權에 관한 規定인 草案 제201조, 제202조(現行 民法 제213조, 제214조에 해당한다)를 準用한다는 것을 제332조에 새로이 삽입하자는 내용이었다.[35] 이 修正案이 "民事法硏究會"의 「民法案意見書」를 기초로 마련된 것임은 주지의 사실인데,[36] 위와 같은 修正案의 제안이유를 「民法案意見書」는 다음과 같이 설명하고 있다(이 부분은 金曾漢 敎授에 의하여 집필되었다).

> "제353조[依用民法]에 해당하는 규정을 두지 않음으로써 어떠한 차이가 생기느냐. 아무런 차이도 생기지 않는다. 왜냐하면 草案이 質權에 관하여 所有物返還請求權에 관한 規定(案 201조)을 준용하지 않았고 따라서 質權에 기한 返還請求權은 인정되지 않고 그 결과 質物의 占有를 상실한 경우에 그것을 회복하는 길은 오로지 占有返還請求權(草 193조)이 있을 뿐이기 때문이다. 결국 이 점에 있어서는 草案도 現行民法[依用民法은 말한다]과 아무런 차이가 없게 되는데 이래서는 動產質權의 物權性을 심히 減殺하게 되므로 정당한 태도라고 할 수 있겠는지 매우 의심스럽다(我妻榮, 物權法 87頁, 獨民 1227조 참조).
>
> 草案 제332조는 전술한 바와 같이 所有物返還請求權에 관한 規定(草 201

34) 「국회정기회의속기록」(註 33) 48호 6면 하단 참조. 그 사이의 경위는 이를 밝힐 자료를 찾지 못하였다.

35) 「국회정기회의속기록」(註 33) 42호(부록) 104면에 실린 현석호 의원 등의 修正案 제21항 참조.

36) 이에 대하여는 鄭鍾休, 韓國民法典의 制定過程, 「郭潤直 敎授 華甲紀念論文集」, 1985, 18면 이하; 金曾漢, 韓國民法의 發展——民法典의 制定과 그 후의 발전, 서울대학교 「法學」 24권 2·3호(1983), 3면 이하 참조.

조)를 準用하지 않을 뿐만 아니라, 所有物妨害排除 및 豫防請求權에 관한 規定(草 202조)도 準用하지 않고 있다. 제201조를 準用하지 않는 것에도 찬성할 수 없음은 전술한 바와 같지만, 특히 제202조를 準用하지 않는 것은 천만부당하다고 생각한다."[37] (꺾음괄호 안은 引用者)

요약하면, 첫째, 草案이 依用民法과 같은 태도를 취하여 質權에 기한 返還請求權을 인정하지 않는 것은 "質權의 物權性"에 반하여서 不當다하는 것이고, 둘째, 依用民法에서는 그나마 妨害排除請求權이나 妨害豫防請求權은 質權 그 자체에 기하여 인정되고 있었는데, 草案은 새로이 所有物妨害排除請求權 및 妨害豫防請求權에 대한 규정을 마련하면서[38] (依用民法에 있어서는, 本權에 기한 物權的 請求權에 대한 明文의 規定은 없었고, 단지 學說과 判例가 "物權의 本質上" 이를 인정하고 있었다), 이들 質權에 準用하는 規定을 두지 않음으로써 質權에 기한 妨害排除請求權 등을 인정하지 않는 태도를 취하는 것은 더욱 부당하다는 것이다.

(c) 그러나 본회의의 심의과정에서는 현석호 의원 등의 修正案은 채택되지 않았고, 法司委의 修正案이 채택되었다. 法司委의 修正案에 대하여 장경근 의원은 다음과 같이 설명하고 있다.

"이 動產質權에 관해서는 의례히 동산질권자는 占有者인 까닭에 이 草案 193조를 準用 안하더라도 당연히 適用이 됩니다. 適用이 되니까 이 準用文句를 할[둘] 필요가 없다고 생각합니다. … 占有權者로서 占有回收의 訴訟을 할 수가 있으니까 이것은 빼자는 것입니다. … 현석호 의원의 修正案은 제201조·제202조를 삽입하자고 그랬는데 … 所有返還請求權에 관한 201조 妨害除去 妨害豫防請求權에 관한 202조 이것을 準用하자 하시는 것인데 이것은 準用을 안하더라도 占有權者이니까 動產質權者는 占有에 관한 當該規定이 당연히 適用이 됩니다.

그러니까 그 정도로써 충분하지 않은가 하기 때문에 이 현석호 의원의 修正案에 대해서는 法制司法委員會 民法審議小委員會로서는 반대의견을 가지고 있습니다."[39] (꺾음괄호 안의 수정과 점선부분의 생략 및 머리점은 인

37) 民事法硏究會, 「民法案意見書」, 1957, 120면.
38) 「民法案審議錄」, 상권, 134면 이하 참조.
39) 「國會定期會議速記錄」(註 33) 48호 6면 하단 및 7면 상단 참조.

용자)

이러한 설명에 당시의 사회자는 현석호 의원에게 수정안의 撤回를 권고하였고, 그 의원은 이를 撤回하였다. 그리고 法司委 修正案은 이의 없이 통과되었다.[40]

(d) 이러한 경과를 볼 때, 民法의 立法者들이 所有權에 기한 物權的 請求權의 規定을 다른 物權들과는 달리 質權에는 準用하지 아니하는 태도를 취하는 이유는 분명하다. 그 논리는 다음과 같이 이해할 수 있다.

우선, 質權者는 통상("의례히") 물건을 占有하므로 質權에 대한 妨害가 있으면 대개 占有保護請求權을 行使할 수 있다.

둘째, 그렇다면 質權者의 보호는 "그 정도로써 충분"하고, 質權 그 자체에 기한 物權的 請求權을 인정할 필요는 없다.

따라서, 이 점에 대하여 "立法上의 不注意" 또는 "立法技術上의 錯誤"가 있었다고 하기는 어렵다고 생각된다. 立法者는 의식적으로 所有權에 기한 物權的 請求權의 規定을 質權에 準用하기를 거부한 것이며 不注意나 錯誤로 이를 빠뜨린 것이 아니다. 그리고 그렇다고 해서 質權者에 대한 보호의 필요를 전혀 무시한 것은 아니며, 이에 대하여는 占有保護請求權으로써 족하다고 하는 것뿐이다.

(3) 質權에 기한 物權的 請求權을 인정할 것인가에 대하여는 주지하는 대로 學說이 나뉜다.

肯定說은 애초 金曾漢 敎授에 의하여 주장되었는데, 다음과 같은 理由를 들고 있다.[41] 첫째, 質權은 留置權과는 달리 物權性이 확고한 것

40) 前註 인용의 「速記錄」 7면 상단 참조.

41) 金曾漢, 「新物權法」(下卷), 1961, 555면 이하. 그 이전의 學說은 대개 否定說에 기울어져 있었다. 가령 金容晋, 「新民法解義」(物權法), 1958, 247면; 方順元, 「新物權法」(全), 1960, 257면; 崔栻, 「新物權·擔保物權法」, 1960, 345면; 金基善, 「韓國物權法」, 1961, 365면 참조. 그런데 金曾漢 敎授가 이 새로운 주장을 편 이후로는 肯定說을 택하는 입장이 많이 나왔다. 가령 李根植, 「民法講義」(上)(總則·物權), 1963, 334면; 郭潤直, 「物權法」, 1963, 394면; 金顯泰, 「新物權法」(下), 1964, 136면 참조. 물론 金曾漢 敎授 이전에도 肯定說을 취하는 입장이 있었고(張庚鶴, 「新物權法各論」 下卷, 1960,

이므로 物權的 請求權을 박탈하여 그 物權性을 약화시킬 아무런 이유도 없다. 둘째, 民法이 依用民法 제353조에 해당하는 規定을 두지 않은 것은 학자들이 그에 대한 비난을 참작하여 質權에 기한 返還請求權을 인정하는 취지라고 해석하는 것이 정당하고, 이것을 도리어 依用民法에서도 解釋上 인정되었던 質權에 기한 妨害排除 및 妨害豫防의 請求權까지 부인하는 취지라고는 해석할 수는 없다. 셋째, 沿革과 立法例로 보더라도 質權에 기한 物權的 請求權을 인정하고 있다는 것이다. 그리고 그 후 肯定說을 취하는 입장[42]도 이와 같은 근거를 들고 있으며, 나아가 넷째, 가령 質權者가 質物을 遺失하거나 제 3 자의 詐欺에 의하여 質物을 引渡해 준 경우에는 占有物返還請求權을 行使하지 못하므로 質權 자체에 기한 返還請求權을 인정하지 않으면 不當하다는 주장도 있다.[43]

이에 반하여 否定說[44]은, 質權에 기한 返還請求權을 인정하는 것은 다른 債權者를 해할 염려가 있고(그 취지는 반드시 분명하다고는 할 수 없다), 質權은 動産에만 인정되는 것이어서 妨害排除나 妨害豫防의 각 請求權은 이를 인정하더라고 별로 실익이 없으며, 또 占有保護請求權을 인정하는 것으로 충분하다는 것을 이유로 한다.

(4) 이와 같은 학설들의 當否를 논하기 전에 먼저 문제 삼고 싶은 것은 오히려 「法律解釋[45]의 限界」에 관한 것이다.

물론 법률의 해석이 많은 경우에 外界에 존재하는 事象을 인식하는

484면 이하), 그 이후에도 否定說을 취하는 입장이 없지 않다. 가령 玄勝鍾, 「民法(總則・物權)」, 1965, 136면.

42) 前註에 든 문헌 외에 金容漢(註 3), 518면; 李銀榮(註 21), 48면 참조.

43) 郭潤直(註 3), 513면 참조.

44) 註 41에 든 문헌 참조.

45) 우리 民法學上 法律解釋의 性質 또는 方法에 대하여 논한 것에는 金亨培, 法律의 解釋과 欠缺의 補充——民事法을 중심으로, 高大「法律行政論集」 15집(1977), 1면 이하(同, 「民法學研究」, 1986, 1면 이하 수록); 同, 判例의 法形成的 機能, 「李光信 博士華甲紀念論文集」(1982), 1면 이하(同, 「民法學研究」, 1986, 43면 이하 수록); 高翔龍, 法解釋學의 研究動向, 「成均館大 論文集」 人文·社會系 25집(1979), 85면 이하 등이 있다. 일반적으로 沈憲燮, 法哲學的 法學方法論——法哲學과 合理的 法學方法, 서울대학교 「法學」 24권 1호(1983), 1면 이하 참조.

kognitiv 한 작업이 아니라, 일정한 가치를 실현하기 위한 評價를 그 본질적인 내용으로 하는 작업이며 따라서 자기를 주장하는 volitiv 한 성질의 작업이라고 하더라도,[46] 거기에는 일정한 방법적 제한이 없을 수 없다. 왜냐하면 법률의 해석이 하나의 사회적 활동이라고 한다면 그것은 결국 그 사회구성원들에 의한 納得 내지 同意를 통해서만 의미를 획득할 수 있고, 그러한 납득 내지 동의는 그 사회구성원들이 전제하는 일정한 "議論(Argumentation)의 규칙"을 지켜야만 가능할 것이기 때문이다.[47]

그리고 法治國家인 우리 나라에서 이루어지는 법적 논의에 있어서 지켜져야 할 이러한 "의논의 규칙" 중의 하나는 원칙적으로 "法律에의 拘束"(Bindung an das Gesetz)이 여기에 적용되어야 한다는 것이다.[48] "법률에의 구속"의 최소한도의 의미는 法律制定者가 의문의 여지 없이 법률의 문언에 있어서 밝힌 規律意圖(Regelungsabsicht)는 법률을 적용하는 자가 이를 존중하여야 한다는 것이 아닐까? 만일 그것이 아니라면 도대체 국회의 입법권(헌법 제76조)과 "법률에 의한 심판"(헌법 제104조)이란 어떠한 의미가 있는 것인가!

여기에 대하여는 두 가지 補充하여 두고 싶은 것이 있다. 첫째, 지금까지 우리 민법에 대하여는 公式의 立法理由書가 없다는 것을 이유로 하여 立法者의 意思란 없는 것으로 여겨져 왔다. "존재하지 않는 것과 나타나지 않는 것은 동일한 것이다"(Idem est non esse et non apparere). 그러나 반드시 그런 것은 아니다. 오히려 "보려는" 노력, 찾으려는 熱誠이 부족하였던 것이 아닌가 생각된다. 또한 현재까지 접근할 수 있는

46) 무엇보다도 Franz-Jürgen Säcker, in: ***Münchener Kommentar zum BGB***, Bd. 1, 1978, Einleitung V: Auslegung und richterliche Fortbildung des Privatrechts, S. 22ff. 이하 참조.

47) 法學的 論議에 관하여는 무엇보다도 Robert Alexy, ***Theorie der juristischen Argumentation***, 1983 (Suhrkamp) 참조.

48) 金大彙, 法官의 法律에 의한 拘束과 法發見, 서울대학교 大學院 碩士學位論文, 1981 참조.

자료들은 드문 만큼 더욱 값진 것이라고 할 것이다.

둘째, 법률의 해석에 있어서의 소위 客觀的 意思說과 主觀的 意思說의 대립은 한편의 전적인 妥當과 다른 한편의 전적인 不當으로 판단될 수 있는 성질의 것이 아니지 않은가 하는 것이다.[49] 가령 프랑스민법 제정 직후부터 일정 기간 동안 學界를 풍미하였던 "註釋學派"(l'école d'exégèse)가 후에 극복되었다고 하더라도, 따라서 그들의 법학방법상의 특징을 이루는 立法者意思의 탐구에 의존하는 방식에 일정한 限界가 있음이 학계의 공통적인 認識이 되었다고 하더라도, 그것이 소위 객관적 의사설의 완전한 승리를 의미하는 것은 아니다. 그것은 일반적으로 英美에 있어서는 제정법의 해석에 있어서 입법자의사의 탐구가 第一義的 作業으로 수행되고 있으며,[50] 최근에 독일에서 다시 입법자의사를 중시하는 견해가 대두하고 있는 것을 보아도 알 수 있다.[51] 이러한 문제는 正誤의 論理에 의하여 대답될 수 있는 것은 아니며, 오히려 立法府의 社會變動에 대한 신속한 對處의 能力 또는 이것을 뒷받침하는 원활한 政治體系의 存在 與否, 法官들의 社會的 地位 여하나 그들이 자기 使命을 어떻게 認識하고 있는지, 또 立法府와 司法府의 勢力分割이나 權力鬪爭의 樣相 나아가서는 법에 대한 일반 國民들의 意識 여하 등에 달려 있는 것이라고 생각된다.[52]

49) 沈憲燮(註 45), 7면 : "정말 解釋方法의 序列은 불가능한 것일까? 사실 言語(分析)哲學도 이를 決定的으로 말하여 주는 것은 아니다. 또 主觀說과 客觀說은 그 자체가 序列의 문제인 것이다. 또 오늘날 哲學的 解釋學이 '正常한 解釋의 構造'를 밝히고 있지만 '깊은' 思辯만에 序列을 기대할 수도 없는 것 같다. 결국 결정적인 것은 여러 方法論者들이 말하듯이 '國法論的 考慮'인 것 같다. 다시 말한다면 解釋方法의 序列은 '法律에 의한 拘束의 原理'에 비추어 결정할 문제가 아닌가 생각된다.…이렇게 볼 때 文言의 意味와 立法者의 目的이 目的論的 解釋보다 優位에 설 것은 확실하다."

50) 이 점에 대하여는 美國에서 最近에 귀국한 金建植 교수로부터 示唆를 받았다.

51) 예를 들어 F.-J. Säcker(註 46), S. 25f. (기타의 문헌을 다수 제시한다); Gerhard Hassold, Strukturen der Gesetzesauslegung, in: *Festschrift für K. Larenz zum 80. Geburtstag*, 1983, S. 211ff. 참조.

52) 이 점에 대하여는 增額評價(Aufwertung), 法官의 法令審査權, 一般條項 등의 문제를 둘러싼 독일 바이마르共和國時代의 司法府와 立法府 및 法學者간의 理論=權力鬪爭을 克明하게 서술한 廣渡清吾, 法律からの自由と逃避, 1986 참조.

이렇게 보면, 質權 자체에 기한 物權的 請求權을 認定할 것인가 하는 문제를 논의함에 있어서는 대개 다음과 같은 順序가 취하여져야 하지 않는가 생각된다. 우선, 民法이 다른 제한물권에 있어서와는 달리 제213조, 제214조를 유치권과 아울러 질권에 준용하지 않았음에 착안하여야 할 것이다. 나아가, 위 (2)에서 본 바와 같이, 입법자의 의사가 여러 자료들을 통하여 질권 자체에 기한 물권적 청구권을 인정하지 않으려는 데 있음이 객관적으로 인식될 수 있고, 또 그러한 의도가 법의 규정에 의하여, 즉 제213조 내지 제214조를 질권에 준용하자는 修正案을 거부하고 이를 준용하지 않음에 의하여 명백히 표현된 경우에는, 원칙적으로 그에 반하는 해석론은 인정될 수 없다고 하겠다. 이미 본 대로, 所有權에 기한 物權的 請求權의 規定을 다른 制限物權에는 準用하면서 質權에는 이를 準用하지 않은 立法者의 意思는 뚜렷하다. 立法者는 그 規定을 不注意로 빠뜨린 것이 아니며, 또 依用民法의 태도에 대한 학자들의 비난을 받아들일 의사가 없었다는 것에 대하여도 의문의 여지가 없다. 그리고 이러한 立法者의 의사는 바로 위와 같은 규정방식, 즉 다른 物權에 관하여는 두고 있는 準用規定을 質權에 대하여는 두지 않음으로써 명백히 표시하고 있는 것이다. 이에 대하여는 이미 "法律의 欠缺"(Lücke im Gesetz)[53]을 논할 여지는 없다. 다만 (i) 民法典의 規律體系 내부에 위와 같은 규율과는 價値評價上 矛盾(Wertungswiderspruch)인 규율이 존재하는 것이 확인된다면 그 모순되는 규율 중 어느 것을 택할 것인가,[54] (ii) 입법자가 위와 같은 태도를 취함에 있어서 고려에 넣지 아니하였던 일

53) 金亨培(註 45), 法律의 解釋과 欠缺의 補充, 「民法學硏究」, 19면은 라렌츠에 좇아 "法律의 欠缺(Gesetzeslücke)"과 "法律의 흠(Fehler des Gesetzes)"을 구분하고, 後者는 법률은 존재하지만 그 법률에 의하여 이루어진 決斷이 法政策的 觀點에서 잘못되어 있는 경우를 말한다고 하고, 이는 規律計劃, 즉 규율의도에 있어서 不完全한 경우인 前者와는 구별된다고 한다. "法律의 欠缺" 일반에 대하여는 C.-W. Canaris, *Die Feststellung von Lücken im Gesetz*, 2. Aufl., 1983; K. Larenz(註 15), *Methodenlehre*, S. 360ff. 참조. 카나리스는 "法律의 欠缺"을 "計劃에 어긋나는 不完全性"이라고 定義한다(S. 15 ff.). 카나리스는 "法律의 欠缺"이 없는 경우에 규정의 不存在는 反對解釋(argumentum e contrario)만이 원칙적으로 가능하다고 한다(S. 44).

54) 法典 내의 評價矛盾과 그 극복에 관하여는 Larenz(註 53), S. 321ff. 참조.

정한 事情이 존재하는 경우에 있어서는 질권 자체에 의한 물권적 청구권이 個別的으로 인정되어도 좋을 것이 아닌가, (iii) 민법 제정 이후 발생한 社會事情 또는 價値觀念 등의 변화로 말미암아 민법 제정 당시의 규율이 일반적으로 "부당한" 결과를 낳게 되었다면 소위 法律에 反하는 (contra legem) 解釋이 허용될 것이 아닌가 하는 점[55] 등에 대한 判斷과 그 正當化作業이 필요할 것이다.

(5) 이러한 觀點에서 본다면 위 (3)의 肯定說이 내세우는 근거는, 그 네번째의 점을 제외하고는, 적절한 것이라고는 할 수 없다고 생각된다.

우선, 質權이 物權이라는 것 자체로부터 논리적으로 당연히 質權 자체에 기한 物權的 請求權이 인정될 수는 없는 것임을 확인할 필요가 있다. 物權의 效力으로서, 物權의 優先的 效力과 아울러 物權的 請求權을 들고, 그 내용, 즉 返還請求權·妨害排除請求權·妨害豫防請求權을 物權 전반에 통용되는 것으로서 설명하는 방식이 일반적으로 행하여지고 있다. 그러한 방식에 있어서는 또, 物權的 請求權을 인정하는 이론적 根據를 묻고, 그것은 目的物에 대한 直接的인 支配權이라는 物權의 槪念 자체로부터 도출되는 성질이라는 설명이 가해진다.[56] 그러나 이러한 설명은, 郭潤直 敎授가 지적하는 대로 物權的 請求權에 관한 明文의 規定이 없던 依用民法 아래에서는 그 權利를 인정하기 위한 하나의 설명의 틀로서 요구될 수도 있겠으나, 現行 民法 아래서는 "논할 가치가 없으며, 무의미하다"고 하겠다.[57] 그러한 설명이 무의미함은, 物權임에 의문의 여지가 없는 留置權에 있어서는 유치권자가 점유를 상실한 경우 그에게 점유취득자에 대한 目的物返還請求權이 주어지지 않고 오히려 留置權 자체가 소멸하도록 되어 있음에 비추어(제328조 참조) 확연하다.

55) "부당한" 法律의 是正에 관한 法學方法論的 接近에 대하여는 우선 Karl Engisch, *Einführung in das juristische Denken*, 5. Aufl., 1971, S. 156ff. 참조.

56) 가령 郭潤直(註 3), 37면 이하; 金容漢(註 3), 45면 이하 참조.

57) 郭潤直(註 3), 37면.

위의 肯定說은, 質權의 物權性이 확고한 것이므로 物權的 請求權을 부여하여야 한다고 주장한다. 그러나 애초 "物權性"이라는 것의 내용이 先驗的으로 주어진 것이라고는 할 수 없을 것이고, 또 그것이 "確固"하다는 것은 어떤 것인지 매우 애매하다. 물론 物權과 債權을 槪念的으로 나누고, 그 각각에 고유한 「性質」을 탐색하여 그것으로써 일정한 法的 現象을 설명하는 것도 가능한 하나의 방법이기는 할 것이다. 가령 「債權의 物權化」의 문제를 다룸에 있어서는 소위 類型的 思考는 적합하지 않고, 抽象的·槪念的 思考(abstrakt-begriffliches Denken)에 의하여야 하며 前者를 물권과 채권의 구별에 끌어들여서 임의로 中間形態를 인정하여서는 안 된다고 하는 입장도 있고,[58] 아마도 이는 타당한 견해일 것이다. 그러나 이러한 「理念型」으로서의 物權 槪念과 그에 내재하는 속성을 實定法上 物權이라고 인정되는 모든 권리——실제의 법재료——에 일률적으로 적용하려고 하여서는 안 될 것이나. 오히려 그러한 物權 槪念 자체가 實定法上의 일정한 權利들에 공통한 일정한 성질로부터 귀납적으로 도출된 것이라고 보는 것이 합리적이라고 생각된다.

따라서 오히려 質權이라는 權利의 內容 그것이 實定法에 의하여 결정된다고 하여야 할 것이고, 그 權利의 내용은 결국 立法政策에 의하여 조정될 것이다.

또한 위 肯定說의 두 번째 論據가 적절하지 않음은 위 (2)에서 본 立法者意思에 비추어 明白하다. 나아가 그 세번째 論據, 즉 연혁이나 다른 나라의 입법예가 질권 자체에 기한 물권적 청구권을 인정하고 있다는 점은 그렇다고 해서 우리 민법의 입법자의사에 반하여서까지 그와 같이 해석하여야 할 이유가 되지 못한다. 우리 만법이 규정하는 여러 제도는 대부분 外國, 특히 유럽 大陸法으로부터 수입된 것이다. 그러므로 그 母法國에서 그러한 제도가 어떠한 의미로 이해되고 있으며, 또 어떠

58) C.-W. Canaris, Die Verdinglichung obligatorischer Rechte, in: *Festschrift für W. Flume*, Bd. 1. 1978, S. 371ff., 377f. 참조.

한 機能을 수행하는 ──또는 수행하여야 할── 것으로 예정되어 있는지를 인식하는 것은 우리 나라에 있어서의 그 제도의 운용에 있어서도 그 방향을 示唆하는 것이 될 수 있음은 물론이다. 그렇다고 해서 우리 민법상의 제도가 반드시 그 母法國에 있어서와 같이 운용되어야 한다고 주장한다면 이는 법의 實用性 (Praktikabilität) 을 무시하는 것이다. 뿐만 아니라 보다 중요한 것은 그 制度를 우리 民法에 규정함에 있어서 立法者가 일정한 수긍할 수 있는 考慮를 거쳐 그 제도의 내용을 독자적인 것으로 정하였을 경우에는 그 決定이 우선한다는 것이다. 이 점은 누구나 알고 있는 것으로서 論議의 여지가 없다고 할 것이다. 그런데 질권 자체에 기한 물권적 청구권을 부여할 것인가 하는 문제에 대하여 우리 입법자는 바로 그러한 결정을 내린 것이다.

그러나 네번째의 論據, 즉 가령 質權者가 質物을 遺失하거나 제 3 자의 詐欺에 의하여 질물을 인도하여 준 경우에는 제204조에 기한 占有物返還請求權을 행사하지 못하므로 질권 자체에 기한 반환청구권을 인정하지 않으면 부당하다는 주장은 음미를 요한다. 왜냐하면 立法者가 질권 자체에 기한 물권적 청구권을 부여하지 않기로 결정함에 있어서는 일반적으로 占有保護請求權에 의한 保護만으로 충분하다는 점을 그 이유로 하였고, 만일 그와 같은 보호가 주어지지 않는 경우에 대하여는 어떻게 할 것인가에 대하여는 明白한 意思를 밝힌 일이 없기 때문이다. 이것은 위 (4)의 末尾部分에서 든 예외적으로 입법자의사로부터의 탈피가 정당화되는 사유 중 (ii)에 해당하는 것이다.

이에 대하여는 경우를 나누어 우선 제 3 자의 詐欺로 인하여 질권자가 질물을 인도한 경우에 질권 자체에 기한 물권적 청구권, 특히 返還請求權을 부여할 필요가 있는지를 살펴 보기로 하자. 결론적으로 말하면 이 경우에는 물권적 청구권을 인정할 필요가 없다. 왜냐하면 질권자가 제110조에 기하여 詐欺行爲를 取消하고 사기행위로 인하여 취득한 제 3 자의 점유를 不當利得으로서 返還請求할 수 있기 때문에 (소위 占有

의 不當利得),[59] 이와 별도로 굳이 明文의 근거도 없이 질권에 대하여 물권적 청구권을 인정할 필요는 없다고 생각되기 때문이다.

나아가 질권자가 物件을 遺失한 경우는 어떠한가? 이에 대하여는 질물의 점유 상실이 질권에 어떠한 영향을 미치는가 하는 문제로서 보다 일반적으로 다룰 수도 있을 것이다.[60] 그러나 質物의 遺失의 경우에 관한 한 이를 질권 자체에 기한 물권적 청구권을 인정하기 위한 근거로 삼을 수는 없다고 생각된다.

이에 대하여 遺失物法 제1조 제1항 本文 前段은 "他人이 遺失한 物件을 拾得한 자는 이를 急速히 遺失者 또는 所有者 기타 物件 回復의 請求權을 가진 자에게 返還"하여야 한다고 정한다. 따라서 습득자가 "遺失者"인 질권자에 대하여 물건 반환의 의무를 부담함은 명백하다. 또 同法 제1조 제2항 제1문은 "물건을 警察署에 提出한 때에는 警察署長은 물건의 반환을 받을 자에게 이를 반환하여야 한다."고 정한다. 이때 "物件의 返還을 받을 자"에는 위 제1항의 규정과 연결하여 생각해 볼 때 "遺失者"도 포함된다고 할 것이다. 결국 이 의무의 法律的 性質이 어떠한 것인가 하는 것은 副次的인 문제에 불과하고, "유실자"인 질권자가 그 반환을 청구할 수 있다는 것 자체는 의문의 여지가 없다. 따라서 적어도 질물을 유실한 경우에 관한 한 遺失物法의 여러 규정의 해석에 의하여 당사자들의 법률관계가 정하여진다고 할 것이다. 그렇게 본다면 立法者가 물권적 청구권에 관한 규정을 질권에 대하여 인정하지 않음에

59) 所有物返還請求權 등의 物權的 請求權이 인정되지 않는 경우에도 契約의 清算에 관한 한 "占有"의 부당이득이 인정되어야 함에 대하여는 金曾漢 編輯代表, 「註釋 債權各則(Ⅲ)」, 1986, 235면(梁彰洙 집필) 참조. 한편 등기의 訂正에 관하여 독일民法의 해석으로서 物權的 登記簿訂正請求權(독일민법 제894조) 외에 부당이득반환청구권으로서 物權者 아닌 자의 債權的 登記簿訂正請求權이 인정됨에 대하여는 M. Lieb, in: *Münchener Kommentar zum BGB*, Bd. 3 Halbbd. 2, 1980, §812 Rdnr. 300 (S. 1021); W. Lorenz, in: *Staudingers Kommentar zum BGB*, 12. Aufl., §812 Rdnr. 73 참조.

60) 이 점에 대하여는 梁彰洙, 質權과 占有, 「考試界」 1987년 11월호 140면 이하의 疎略한 敍述 참조. 李銀榮(註 21), 48면은 質權에 대하여는 留置權과는 달리 占有의 喪失이 權利의 消滅을 가져온다는 규정을 두지 않은 점을, 質權 자체에 기한 物權的 請求權을 인정하는 論據의 하나로 든다. 그러나 그 점이 반드시 그 문제와 연관될 수 있는지 의문이다.

있어서, 점유보호청구권이 인정되지 않는 바의 질물이 유실된 경우를 考慮하지 않았다고 하더라도, 그러한 경우에 질권자를 보호하여야 한다는 이유로 질권 자체에 기한 물권적 청구권을 認定할 必要는 없지 않은가 생각된다.

이와 같이 일종의 微視的 考察을 하지 아니하더라도 보다 기본적인 문제는 여전히 남는다. 그것은 위에서 본 대로 설사 그와 같이 예외적인 경우에 질권자를 보호하여 줄 필요가 있다고 假定하더라도 그러한 이유를 내세워 立法者가 명백히 거부한 結論을 解釋論으로서 택할 수 있는가 하는 것이다.[61]

물론 「法律에 반하는」 解釋이 예외적으로 어떠한 條件 아래서 허용되는가에 대하여는 여러 가지 입장이 있을 수 있을 것이다. 그러나 "質權者는 占有保護請求權에 의한 保護를 받게 되므로 質權에 기한 物權的 請求權이 인정되지 않는다고 하더라도 크게 不當하지는 않을 것"이고[62] 따라서 구태어 "法律에 반하는" 解釋을 해야 할 것이라고는 생각되지 않는다. 立法論으로서는 아마도 肯定說이 타당할지도 모른다.[63] 그러나 民法의 解釋論으로서, 所有權에 기한 物權的 請求權의 規定은 質權에도 適用——類推適用이든 準用이든——이 있다고 하여 質權 그 자체에 기한 物權的 請求權을 인정하는 것은 어렵지 않은가 생각된다.

61) 최근에 黃迪仁, 動産質權에 基한 物權的 請求權, 「考試硏究」 1987년 9월호 241면은 "立法者의 意思가 옳다고 볼 수 없기 때문"에 質權 자체에 기한 物權的 請求權을 인정하여야 한다고 主張하면서, 그렇게 보는 理由에 대하여는 밝히지 않는다. 이러한 立法者意思에 대한 當否 判斷과 그로부터의 解釋論(입법론이 아니라)의 도출이 어느 범위에서 허용되는가가 바로 이 글에서 문제삼고자 하는 것이다.

62) 郭潤直(註 41), 394면. 그러나 후에 이 부분은 삭제되었다. 郭潤直(註 3), 513면과 대조해 보라.

63) 金洸植(註 4), 317면도 同旨.

Ⅳ. 小 結

평소 필자는 우리 民法解釋學에 있어서 작업의 대상이 되는 問題가 提起·設定되는 方式의 어떠한 경향들에 대하여 의문을 품어 왔다. 그 중의 하나는 우리 民法典으로부터 출발하려 하지 않고 문제 자체를 외국으로부터 수입하려는 경향이다. 본고에서는 그러한 의문의 一端을 '질권'이라는 素材를 빌어 피력하고, 그러한 경향의 反對命題가 될 수 있으리라고 생각되는 방식을 표현하려고 애써 보았다. 그러나 결과는 위에서 보는 대로 매우 부족한 것이고, 생각되어야 할 다른 많은 문제의 存在를 확인할 뿐이다. 우리는 法律을 "解釋"할 때 어떠한 기준을 가지고 하여야 하는가? 그 기준은 아무런 전제나 한계도 없는 것인가? 만일 그렇다면, 그것을 해석자의 主觀的인 價値判斷의 주장이 아니라 다름아닌 "법률"의 "해석"이라고 부르는 것은 어떤 이유에서인가? 특히 그 기준이 우리 민법전과는 관계 없이 우월한 법률문화를 가진 외국, 소위 母法國으로부터 온 것이면, 그것은 "당연히" 우리 법률의 해석에도 타당하여야 하는 것인가? 또는 어느 만큼 妥當性을 주장할 수 있는가? 법률을 "해석"함에 있어서 우리가 한편으로 다른 나라, 특히 모법국의 "법"에 대한 部分理解의 구속으로부터 벗어나고, 다른 한편으로 구체적 타당성을 내세운 해석자의 主觀的인 價値判斷으로부터 벗어날 수 있는 길은 무엇인가? 그 無限浮動의 상태를 청산하는 하나의 支持點으로 우리는 "民法典"을 놓을 수 있지 않을까?

김현은 미술비평, 나아가서는 우리 文化 一般에 대하여 다음과 같은 말을 하고 있다. 이 글은 민법해석학에도 타당하는 점이 적지 않으므로 結論에 대신하여서 길더라도 옮겨 보기로 한다.

> "외국의 어떤 사조에 의지하여, 한국회화의 방향을 설정하는 것은, 이론적으로는, 한국회화[법학]의 후진성, 내 나름의 용어를 쓰자면, 새것 콤

플렉스를 더욱 조장하는 것이며, 실천적으로는, 작가[법률가]의 창의력을 개념화하여, 상상력의 자연스런 흐름을 막아버릴 가능성을 갖는다. 1920년대에 불길처럼 번진 해외유학열은, 식민지상태에서 벗어나기 위해서는, 무력항쟁도 중요하지만, 일본이 받아들인 서구의 문물을 우리도 빨리 받아들여, 문화적으로 일본을 뛰어넘을 수 있어야 한다는, 민족주의적인 발상에 근거하고 있다. 그 좋은 의도가 좋은 결과를 얻지 못한 것은, 외국의 문물을 잘 아는 것이, 한국문화의 과거를 반성하고, 현재를 분석하고, 미래에 대한 전망을 내리는 데 방해요인으로 작용했기 때문이다. 외국인들은 왜 그러한 문물을 만들어냈는가에 대한 성찰 없이, 외국의 문물은 새것이기 때문에 좋은 것으로 받아들이게 되자, 한국의 낡은 것은 모두 나쁜 것으로 폄훼되게 된다. 그래서 굳어진 것이, 새것에 대한 한없는 목마름, 영원히 채워지지 않는 탄탈로스의 목마름이다. 그러나 새것 콤플렉스가 지배하는 한, 한국문화는 언제나 서양추수(西洋追隨)의 문화로 남을 수밖에 없다. 그렇다고 내가 서양문물의 유입을 반대하는 입장에 서 있는 것은 아니다. 나는 외국인 문물을 가능하면 왕성하게 받아들이는 것이 문화발전의 한 조건이라고 믿고 있다. 내가 말하고 싶은 것은, 외국의 문물을 절대적인 것으로 받아들여서는 안 된다는 것이다. 외국의 문물 역시 그 시대의, 그 사회의 소산이라는 것을 분명히 알고 있어야, 그것의 어떤 점이 나를 충격했는가를 반성할 수 있다. 새것 콤플렉스는 방법론의 반성으로 바뀌어야 한다. 비평가[법학자]의 입장에서는, 작가의 작품[현실의 法素材, 즉 法律, 判決例, 法律實務 등]을 자세히 검토하는 길이 그 새것 콤플렉스를 벗어나는 지름길이다. 나쁜 작품과 좋은 작품을 선별하고, 좋은 작품들을 그것이 왜 좋은가 설명하는 과정에서, 외국의 이론과 부딪치면서 그것을 뛰어넘기도 하고, 바꾸기도 하면서, 비평가 특유의 이론이 형성될 수 있을 것이다. 이론이란 자료를 이해하고 설명하는 방법이지, 작품에 앞서 군림하는 절대적인 규범이 아니다.… 비평이 작품과의 어긋남, 마주침을 회피할 때, 비평은 자기의 공간 속에 수용되는 작품들만을 수용하게 되고, 작품은 비평의 전거(典據)로 타락한다. 아니, 추락한다."[64] (꺾음괄호 안은 引用者)

(「저스티스」 20권(1987), 64면 이하 所載)

64) 김현, 미술비평의 반성, 「시각과 현실」 2호(1987), 81면 이하.

10. 「假登記擔保 등에 관한 法律」의 現況과 問題點

I. 序　論

(1) 민법이 정하고 있는 物的 擔保의 제도, 즉 抵當權과 質權[1] 이외의 방식으로 물적 담보의 실질을 달성하는 거래가 실제에 있어서 극히 빈번하게 행하여져 왔음은 주지하는 대로이다. 그러한 거래유형의 대표적인 예는 말할 필요도 없이 讓渡擔保 또는 假登記擔保라고 통상 불리는 것들이다.[2]

이러한 非典型擔保 또는 變則擔保[3]의 거래유형은 이와 같이 적어도 민법전에서는 시민권을 얻고 있지 못한 것이므로, 그 法的인 形式이라는 점에서 보면, 민법 기타 법률에서 그 유효성이 의심 없이 인정되고 있는 實定的인 法槪念 내지 法技術을 이용·구사하여 행하여져 온 것이 일반이었다. 가령 매매계약 및 이와 결합된 還買의 합의(민법 제590조 이하)나 再賣買의 豫約, 賣買豫約, "代物辨濟의 豫約"(민법 제564

1) 그 외에 留置權이 있으나, 이는 당사자의 의사와는 무관하게 성립하는 소위 法定擔保物權이므로 논외이다. 또한 傳貰權에 관하여는 특히 1984년의 민법 개정 이후 담보물권의 성질을 아울러 가진다는 것이 통설인바, 이 역시 그 주된 권능은 用益權임을 전제로 한 논의라고 생각된다.

2) 그 외에 소유권유보부 매매를 들 수 있을 것이다.

3) 민법에 규정되어 있지 아니한 담보형식이라는 의미에서 이렇게 불려왔다. 郭潤直, 「物權法」, 再全訂版, 1985, 458면 참조. 그러나 후자의 용어는 그 부정적인 含意 때문에 적절하지 않은 것으로 생각된다.

조) 또는 假登記(不動產登記法 제 3조, 제 6조 제 2항) 등이 그것이다. 그리하여 담보의 목적으로 賣買契約을 체결하고 그에 환매의 약정 또는 재매매의 예약을 그 매매계약의 한 조항으로 부가하거나,[4] 담보의 목적으로 매매예약 또는 "대물변제의 예약"을 하는 것이다. 이와 같은 법기술에 공통된 特徵은 채권자로 하여금 담보목적물의 所有權(기타 권리)을 바로 취득하거나 또는 취득할 가능성을 —적어도 외견상으로는— 확보하여 준다는 것이다.

이러한 형태의 非典型擔保에 많은 "위험성"이 존재함은 주지하는 대로이다. 學者들은 일찍이 일치하여 양도담보에 관하여 다음과 같이 지적하여 왔다. "채권자가 채무자의 불성실로 말미암아 담보를 상실할 우려가 있는 것은 어느 정도까지 抵當制度 일반에 공통하는 것으로 어찌할 수 없다손 치더라도, 채무자가 채권자의 불성실로 말미암아 목적물을 상실하고,[5] 그 元利의 지급에 관하여 가혹한 조건이 강요되기 쉬운 위험성은 간과할 수 없는 바가 있다. 또 第3者, 특히 일반채권자를 해할 위험성도 결코 적은 것은 아니다."[6] 그러나 이 서술의 穩健性과 아울러, 그러한 위험성에 대한 대책으로서 단지 "해석에 있어서는 폭리행위의 수단으로 이용되는 것을 방지하고, 양도담보계약에 대하여 담보제도로서 필요하고 충분한 법률적 내용을 부여하도록 노력하는 동시에, **立法**에 있어서는 완전한 **動產抵當**制度의 확립에 힘써야 한다"고(머리점은 인용자가 찍었다. 이하 같다) 지적되고 있을 뿐인 것은 주목할 만하다.[7]

그러나 뒤에서 보는 바와 같이 1983년 말에 새로이 제정된 「假登記擔保 등에 관한 法律」(이하 "가등기담보법"이라고 한다)은 동산저당제도의

4) 가령 부동산 양도담보에 관하여는 등기실무상 讓渡擔保契約을 등기원인으로 기재하는 것이 인정되었다. 法院行政處 편, 「不動產登記記載例集」, 1978, 32면 참조. 그러나 이러한 관행은 변함 없이 행하여지고 있다.

5) 이는 주로 변제기 전에 채권자가 목적물을 처분하는 경우를 염두에 둔 것으로 생각된다.

6) 金曾漢, 「新物權法(下)」, 1961, 661면. 郭潤直, 「物權法」, 1963, 475면 이하도 동일한 취지를 말한다.

7) 金曾漢(주 6), 661면; 郭潤直(주 6), 476면.

확립과는 전혀 관계 없이 그 規律의 범위를 不動産(그 외 "등기·등록할 수 있는 권리." 동법 제18조)에 한정하고 있으며, 또 단순한 "해석"의 차원을 넘어서 비전형담보계약의 효력에 전면적인 입법적 介入을 시도하고 있다.

(2) 여기서 不動産에 관한 非典型擔保, 즉 權利移轉型擔保에 관한 拙見의 대강을 밝혀 놓기로 한다.

첫째, 非典型擔保去來 자체가 기존의 법기술 내지 법제도를 이용하여 원래 그 법기술에 의하여 추구되지 않는 바의 담보의 목적을 추구하면서 발달되어 왔다.[8] 만일 담보의 목적 (Sicherungszweck)을 달성하는 수단이라는 관점에서 보면, 그 법형식이 매매와 결합된 환매약정 또는 재매매의 예약이든 매매예약이든 대물변제의 예약이든 차이는 없는 것이다. 어떠한 법형식에 의하든, 문제가 되는 것은 당사자들이 法律에 의하여 公認된 制限物權(物權法定主義!)을 설정하지 아니하고 목적물의 소유권을 양도하는 방식 또는 그 양도를 확보하는 방식으로 일정한 채권의 담보를 실현하고자 의욕하였는가 여부이다. 따라서 權利移轉의 방식으로 담보의 목적을 달성하는 거래를 하나의 담보제도로 인정하는 한, 다시 말하면 그러한 법형식의 배후에 존재하는 의사를 독립한 擔保契約으로 파악하는 한,[9] 위와 같이 轉用된 법기술마다 독자적인 비전형담보

8) 이것은 擔保法의 역사에 있어서는 널리 행하여져 온 것이다. 가장 현저한 예는 로마법의 소위 fiducia cum creditore contracta(채권자를 위하여 한 신탁)이다. 이것은 로마법상의 물적 담보제도, 즉 質權(pignus)이 아직 不備한 시기에 발달한 것으로서, 담보제공자가 握取行爲 또는 法廷讓渡에 의하여 채권자에게 목적물의 소유권을 양도하면서 그와 결합된 信託의 無方式合意(pactum fiduciae)로써 채무의 완제 시에는 채권자가 목적물을 악취행위 또는 법적 양도에 의하여 담보제공자에게 다시 양도하기로 약정하는 것을 말한다. 이에 관하여는 우선 Max Kaser, *Das Römische Privatrecht*, 1. Abt., 2. Aufl., 1971, S. 460ff. 참조. 나아가 Ernst Rabel, Nachgeformte Rechtsgeschäfte, in: *Gesammelte Aufsätze*, Bd. 4, 1971, S. 9ff. (원래는 *SavZ*, Rom. Abt., 27(1906), S. 290ff.; 28(1907), S. 311ff.)는 이와 같이 旣成의 法制度를 다른 목적을 위하여 轉用하는 현상은 비단 담보법에 한정되지 않고 모든 법분야에서 발견되는 보편적인 현상이라고 한다.

9) 우리 나라의 非典型擔保에 관한 판례는 기본적으로 이와 같은 입장에 서 있다고 생각된다. 한편 일본의 경우에도 소위 대물변제의 예약에 관한 획기적 판결이라고 하는 最

유형을 인정할 필요는 없다고 할 것이다. 가령 통상 행하여지는 대로 非典型擔保의 유형으로 환매, 재매매의 예약, 양도담보, 대물변제의 예약, 매매의 예약 등을 평면적으로 열거하고 그 각각에 대하여 정밀한 법적 구성을 부여하는 노력을 하는 것에 어느 만큼 실제적 의미가 있는지 의문이다. 일단 당사자들의 의사가 정면에서 擔保契約으로 인정된다면, 그들이 취한 법형식상의 계약형태는 이제 어떠한 의미를 가지는가 하는 문제가 남을 뿐이다. 그것은 擔保契約의 내용을 결정하는 데 참고가 될 뿐이라고 하여야 할 것이다. 가령 還買約定 또는 "代物辨濟의 豫約"의 법형식을 취한 경우에는 때로 뒤에서 보는 流擔保型으로 인정될 여지가 있을 것이다.

둘째, 한편 당사자들의 의사를 그들이 취한 법형식의 여부에 불구하고 "擔保契約"으로 파악한다고 하더라도, 이 담보계약의 내용은 법률에 정하여진 擔保物權 또는 무슨 慣習法上의 擔保物權을 설정한다는 것이 아니고, 담보목적물인 재산권을 채권자에게 이전한다는 것이다. 당사자들은 명백히 財產權移轉의 합의(또는 장래 채무불이행이 있으면 재산권을 이전하기로 하는 합의)를 하고 있으며, 그것은 담보계약을 은닉하기 위한 假裝行爲가 아니다. 오히려 財產權移轉의 합의는 이 경우 담보계약의 내용을 이루고 있다. 물론 그와 같은 합의는 담보의 목적으로 이루어지고 있으나, 그러한 사정은 당사자들이 재산권이전의 합의를 하는 原因(causa)을 형성할지언정, 소유권 이전의 합의 자체를 부인하게 하지는 못한다. 비록 의사표시의 해석으로서 당사자들의 의사에 "합리적인" 내용을 부여하는 것이 방법론상 허용된다고 하더라도(소위 「規範的 解釋」 normative Auslegung), 그것은 私的 自治의 原則을 인정하는 이상 당연히 한계가 있으며, 이 경우에 그 한계는 위와 같은 財產權移轉의 합의 바

高裁 1967년 11월 16일 판결(「民集」 21권 9호 2430면)은 소위 「정지조건부 대물변제계약」을 체결한 사안에 대하여, 이 경우 대물변제의 예약은 그 실질에 있어서 본래의 대물변제계약이 아니라, 채권담보를 위한 것으로서, 원칙적으로 채권자는 청산의무를 부담한다고 판시한 것이다.

로 그것인 것이다. 따라서 당사자들이 한 담보계약으로써 어떠한 담보물권이 설정된다는 효과를 인정하려면, 强行規定에 의한 당사자 의사에의 개입이 필요하며, 意思解釋으로써는 불가능하다. 당사자들의 의사를 함부로 조작하여 그 내용을 변경하는 것은, 그것이 비록 "합리적인 균형과 조절"의 이름 아래 이루어지더라도(paternalism!), 허용되어서는 안된다. 그러한 의미에서 양도담보에 관한 信託行爲說(소위 신탁적 양도설)은 재음미할 가치가 있다고 생각한다.

물론 그와 같이 하여 이전된 재산권은 소위 經濟的 目的을 넘는 超過分(Überschuß)으로서, 남용될 가능성이 충분히 있다. 문제는 이러한 남용을 어떻게 법적으로 다스리느냐 하는 것이다.

셋째, 非典型擔保의 유형으로서는 우선 기본적으로 讓渡擔保와 假登記擔保의 둘을 인정하면 충분하다. 양자는 채무불이행시까지에 목적물에 관하여 所有權(기타 담보목적인 권리)이 채권자 앞으로 이전되기 위한 形式(부동산물권변동에 관하여 「형식주의」라고 할 때의 의미에서의 形式, 즉 등기)이 모두 갖추어졌는가, 아니면 債務不履行이 있을 때 비로소 소유권 이전형식을 갖추기로 하였는가에 따른 구분이다. 후자의 경우에는 그 소유권 취득을 제3자에 대하여도 주장할 수 있도록 하기 위하여 假登記制度를 이용하는 것이 통상이므로, 「假登記擔保」라고 불러도 좋으리라 생각된다.[10] 양자는 실질적으로 채무불이행이 있을 때 채권자가 가지게 되는 법적 지위의 내용이 다르다. 전자의 경우에는, 적어도 「형식」의 면에서는 목적물을 바로 제3자에게 유효하게 처분할 수 있다. 그러나 후자의 경우에는 그러한 유효한 처분을 할 수 있는 「형식」을 우선 갖추어야 하는 것이다.

이와 아울러 소위 賣渡擔保의 개념은 해소되어야 한다. 통설은, 賣渡擔保란 필요한 자금을 매매의 형식으로 얻는 것으로서, 이 경우에는

10) 원래 이 말은 我妻榮이 1959년 이래 주재해 온 私的 硏究會인 "變態擔保硏究會"에서 창안된 것이라고 한다. 生熊長幸, 假登記擔保, 「民法講座 3: 物權(2)」, 1985, 242면 註 2 참조.

담보되어야 할 債權이란 존재하지 않는다고 한다.[11] 그러나 첫째, 被擔保債權이 없는 擔保制度란 마치 하얀 黑砂라는 말과 같이 形容矛盾이다. 채권이 없는데 그 담보를 위하여 목적물을 이전하였거나 이전하려고 할 수는 없다. 둘째, 賣渡擔保(Sicherungskauf. 보다 정확하게 번역하면 「담보매매」이다)란 개념은 양도담보가 확고하게 법적 승인을 얻음으로써 그 역사적 사명을 다한 死語에 불과하다. 즉 독일에서 동산에 대한 非占有質의 사회적·경제적 필요를 충족하기 위하여 이용된 법형식의 출발점은 賣買(Kauf), 즉 還買 등 約定附의 賣買이었다. 이것이 점차 일반화되어 가면서 이러한 매매계약은 擔保를 위한 賣買(Kauf zur Sicherung)로 의식화되고, 나아가서는 擔保賣買, 즉 賣渡擔保(Sicherungskauf)라고 불리게 되었다. 그러나 信託行爲(fiduziarisches Geschäft)의 理論이 대두하여 그 개념이 보편화되면서,[12] 위와 같은 「擔保賣買」는 바로 讓渡擔保(Sicherungsübereignung)로서, ——매도담보가 虛僞表示라는 신랄한 공격의 예봉을 막아 주는—— 신탁행위의 대표적인 예라고 인식되었고, 따라서 위와 같은 거래가 차용한 賣買의 法形式을 뚫고 그 안에서 신탁행위로서의 讓渡擔保를 정면에서 승인하기에 이른 것이다. 이와 같이 讓渡擔保의 개념이 學說이나 實務(확정적으로는 1904년의 RGZ 57. 177; 59. 147 등)에 정착되면, 이미 담보매매, 즉 賣渡擔保의 용어 또는 개념은 이미 사용되지 않거나,[13] 또는 단지 역사적인 잔재로서 그러나 그 의미는 양도담보와 동의어로만 쓰이기에 이른 것이다.[14] 우리의 통설과 같은 매도담보 개념의 사용은 일본의 前田直之助[15]에 유래하는데,[16] 이는 독일에

11) 郭潤直(주 3), 632면, 705면, 712면 참조.

12) 이에 관하여는 우선 헬무트 코잉, 19세기의 역사적 法教義學으로서의 信託理論, 梁彰洙 譯, 「考試界」 1989년 6월호, 238면 이하 참조.

13) 가령 최근의 서독의 가장 대표적인 물권법 교과서인 Baur나 Westermann은 어디서도 매도담보(Sicherungskauf)에 대하여 언급하지 않는다.

14) 이상에 관하여는 Rolf Serick, *Eigentumsvorbehalt und Sicherungsübertragung*, Bd. 1(1963), S. 55ff.; 近江幸治, ドイツにおける讓渡擔保理論の生成, 「早稻田法學會誌」 29권(1978), 123면 이하 참조.

15) 前田直之助, 賣渡擔保——附信託行爲, 「法曹會雜誌」 8권(1920) 7호, 8호, 9호 이하.

서 이미 극복되고 있던 讓渡擔保/賣渡擔保의 평면적 2원론을 받아들인 것이다.

넷째, 이와 교차하여 비전형담보에 있어서의 중요한 구분은 精算型(또는 청산형) 非典型擔保와 流擔保型 非典型擔保(Verfallpfand)이다. 이는 담보목적물로부터의 채권의 만족을 얻는 방식에 관한 당사자들의 약정 내용에 따른 구분이다. 후자의 경우에는 목적물 그 자체를 債務元利金에 충당하여 정산의 필요가 없다. 즉 목적물 그 자체를 채권자가 확정적으로 취득함으로써 채권은 소멸되며, 그 목적물 가액의 다소를 불문한다. 이러한 유담보형에는 다시 두 가지가 있을 수 있다.[17] 즉 自動的 流擔保(Selbstverfall), 즉 채무자의 채무불이행과 동시에 유담보되는 것(소위 당연귀속형)과 流擔保權(Verfallrecht)을 유보하는 것(소위 청구귀속형)이다.[18] 이러한 流擔保約定은 가등기담보의 경우뿐만 아니라, 양도담보의 경우에도 행하여질 수 있다.

한편 精算型의 경우에는 이와는 달리 목적물의 가액과 채무원리금과의 차액을 정산하여, 남는 것이 있으면 채권자는 이를 반환하여야 하고, 모자라면 債務는 그 한도에서 存續한다. 이 경우에도 위에서 본 當然歸屬型과 請求歸屬型을 다시 구분할 수 있다. 즉 債務不履行이 있으면 당연히 목적물의 확정적 소유권귀속을 발생시키나 역시 精算은 하여야 하는 경우가 전자이고, 채무불이행이 있어도 목적물을 채권의 만족에 충당한다는 意思表示가 있어야 비로소 위와 같은 효과가 발생하는 경우가 후자이다.[19]

한편 소위 "代物辨濟의 豫約"에 관하여 停止條件附 代物辨濟契約은

16) 또한 我妻榮, '賣渡擔保'と'讓渡擔保'という名稱に就いて, 「法學協會雜誌」 52권 7호(1934) 所載 = 民法硏究 Ⅳ, 1967, 121면 이하가 그 通說化에 결정적으로 기여하였다.

17) 이에 관하여는 Leo Raape, *Die Verfallklausel bei Pfand und Sicherungsübereignung*, 1913, S. 9ff. (梁彰洙 譯, 擔保物權과 讓渡擔保에 있어서의 流擔保約定(1), 「司法行政」 1981년 8월호, 27면) 참조.

18) 후자에도 이론상으로는 유담보권을 담보제공자가 가지는 경우와 채권자가 가지는 경우로 나눌 수 있을 것이다.

19) 我妻榮, 「新訂 擔保物權法」, 1968, 599면 참조.

있을 수 없다는 설명이 있다.[20] 그러나 첫째, 動産에 관하여는 停止條件附 占有改定의 事前約定(소위 antizipiertes Besitzeskonstitut),[21] 즉 담보제공자의 점유를 채무자의 채무불이행을 정지조건으로 하여 채권자를 위한 他主占有로 하기로 하는 占有媒介關係(가령 임대차·사용대차 등) 설정의 약정을 미리 하고, 이로써 채무불이행이 있으면 현실적인 점유이전행위가 없어도 바로 목적물의 소유권을 이전시킬 수 있으므로, 물권변동에 관한 형식주의 아래서도 채무자의 채무불이행이 있으면 바로 효력이 발생하는 停止條件附 代物辨濟가 가능하다. 따라서 정지조건부 대물변제가 논리적으로 불가능한 사항의 합의라고는 할 수 없다. 둘째, 不動産에 관하여는 물론 代物에 관하여 소유권등기가 채권자에게 이전되어야만 대물변제의 효력이 발생하고, 다른 한편 소유권 취득의 정지조건을 등기할 방도가 없으므로, 엄밀한 의미에서 정지조건부 대물변제란 불가능하다. 그러나 채무자의 채무불이행이 있으면 채권자는 바로 代物讓渡請求權, 즉 대물에 관한 소유권이전등기 및 인도청구권을, 또 그것만을 행사할 수 있고, 다른 한편 이로써 원래의 채무는 소멸되어 더 이상 채무가 원래의 채무를 이행하여도 채권자는 이를 수령하지 않더라도 아무런 受領遲滞의 책임을 지지 않는다는 내용의 약정도 물론 가능하다. 이것은 엄밀하게 말하면 일종의 停止條件附 更改契約이라고 성질결정되어야 할런지도 모른다. 그러나 양자가 실질적으로 동일한 목적에 봉사한다는 것은 부인할 수 없을 것이다.

(3) 어떠한 實定法律의 「現況과 問題點」을 논함에 있어서는 아무래도 '문제점' 쪽에 비중이 가기 쉽다. 법률의 현황이란 결국 그 解釋論이 중심이 될 것인데, 이에 대하여는 이미 나와 있는 각종의 문헌[22]을

20) 郭潤直, 「債權總論」, 再全訂版, 1985, 465면; 金容漢, 「債權法總論」, 1983, 569면 이하.

21) 이러한 약정은 서독에서는 소위 集合物의 讓渡擔保契約에 있어서 담보제공자가 장래 그 정상적인 영업의 범위 내에서 구입할 물건에 관하여 빈번히 행하여지고 있다. 이에 관하여는 우선 F. Baur, *Sachenrecht*, 13. Aufl., § 51 V (S. 471ff.); MünchKomm/Quack (2. Aufl.), § 930 RdNr. 29-33 (S. 711); Anh. §§ 929-938 RdNr. 30 (S. 769) 참조.

인용하면 족하기 때문이다. 그 외에 그 법률이 거래현실에 미친 영향도 그 고찰의 범위에 포함될는지도 모르겠으나, 이는 필자의 능력 밖인 경우가 많은 것이다. 그러므로 현황과 관련하여서는 주로 立法의 經過, 立法理由, 立法過程에서의 論議(이 논의 가운데에는 필경 '문제점'의 지적이 포함된다), 그리고 法律 制定 후의 다른 制度의 이에 대한 대응을 살펴보기로 한다.

그리고 필자의 생각으로는 假登記擔保法은 여러 가지로 문제점이 많은 법률이다.[23] 이에 대하여는 부분적으로 立法過程에서 지적된 바도 있다(뒤의 Ⅳ. 참조). 그러므로 여기서는 주로 입법과정에서 지적되지 아니한 점을 중심으로 논의를 진행하기로 한다. 그것은 첫째 민법 제607조, 제608조가 非典型擔保에 관한 새로운 입법의 전제가 될 수 있는가 하는 점, 둘째 讓渡擔保에 대한 소위 「擔保權的」 構成이 타당한가 하는 점이 그것이다. 이 둘은 말하자면 가등기담보법의 출발점 내지 기초라고 부를 수 있는 논점이다. 그리고 가등기담보법의 규정 중에서 개별적으로 문제가 있다고 생각되는 것들은 따로 논하지 않기로 한다(물론 입법과정에서 논의된 것은 제외한다).

여기서 미리 밝혀둘 것은 이하의 論述은 대개 立法論(de lege ferenda)의 次元에서 이루어진다는 것이다. 假登記擔保法이 實定의 法律인 이상 그에 합리적인 內容을 부여하기 위한 解釋論(de lege lata)의 작업도 소홀히 하여서는 안 될 것이다.

---

22) 郭潤直(주 3), 629면 이하; 金容漢, 「物權法」, 全訂版, 1985, 21면 이하; 張庚鶴, 「物權法」, 1987, 860면 이하 등의 물권법 교과서에서의 서술 이외에 黃迪仁, 假登記擔保法 解說, 한국민사법학회 편, 「改正民事法解說」, 1985(이하 "改正民事法解說"), 178면 이하; 李眞江, 假登記擔保 등에 관한 법률, 「住宅賃貸借保護法令 解說」, 1984, 9면 이하; 尹天熙, 「假登記擔保法」, 1985 참조.

23) 이에 대하여는 이미 郭潤直, 「假登記擔保 등에 관한 法律」의 문제점, 서울大學校 「法學」 26권 1호(1985), 18면 이하; 高昌鉉, 假登記擔保法의 特徵과 諸問題, 「司法行政」 1986년 10월호, 25면 이하; 同, 變則擔保와 假登記擔保法의 문제, 「法曹」 35권 11호(1986), 1면 이하; 同, 不動産에 관한 假登記擔保法의 문제점, 「不動産法學(Ⅰ)」, 1986, 7면 이하 등의 문제제기가 있다.

Ⅱ. 假登記擔保法의 制定經過 및 內容

1. 制定經過

假登記擔保法은 1983년 12월 30일 법률 제3681호로 공포되어 1984년 1월 1일부터 시행되고 있다(同法 부칙 제1항. 이하 법률명을 지시하지 않고 인용하는 조항은 모두 同法의 그것이다). 그에 이르기까지의 외적 경과를 우선 살펴 보기로 한다.

非典型擔保에 대한 입법작업이 구체적으로 착수된 것은 소위 제5공화국이 출범한 직후인 1981년 5월에 법무부에서 「法令整備作業自體計劃」을 수립함으로써라고 할 수 있다.[24] 이 계획은 "법과 현실의 괴리를 제거하고 새로운 가치관을 수립함으로써 준법풍토를 조성하고 성장발전의 기반을 강화할 목적"으로 수립된 것이다. 그 계획에 의하면, 民法典 기타 民事特別法을 포함한 실질적 의미의 민법은 "법과 현실의 괴리현상이 심각"하여 "정비대상으로 선정"되었다.[25]

이와 아울러 동년 7월 24일 국무총리 산하의 行政改革委員會로부터 법무부에 "성장발전저해요인 개선대책"을 세워 조속 조치하라는 통보가 있게 되자, 법무부는 동년 7월 27일 「民·商法特別研究班」을 편성하고, "성장발전 저해 법령 정비의 차원에서"[26] 1981년 안에 민법과 상

24) 權誠, 代物辨濟豫約·賣買豫約에 있어서의 假登記에 의하여 보전되어지는 權利의 法律的 性質 및 假登記에 기한 本登記 후의 法律關係, 법원행정처 편, 「變則擔保, 行政訴訟實務上의 諸問題」(재판자료 13집, 1982)(이하 "變則擔保"), 126면 이하에 의하면, 법원행정처의 송무제도개선심의위원회에서 1980년 말경에 非典型擔保에 관한 법제를 "연구과제의 하나"로 선정하고, 이에 관한 작업에 착수하였었다고 한다. 그 과정에서 李容勳 부장판사가 「가등기담보의 입법에 관한 시안」(그 내용은 同所 127면 이하)을 마련하였으나, 그 작업은 "곧 이어 중단되고 말았다"고 한다. 한편 1981년 12월 31일 새로이 마련된 國稅基本法 제35조 제2항, 제3항은 "擔保의 目的으로 된 假登記"의 權利者가 滯納處分에 대하여 어떠한 地位에 있는가를 정한다. 아마도 이 규정이 假登記擔保에 대한 최초의 立法이 아닌가 생각된다.

25) 法務部, 民事法改正作業推進報告(1982.5)(이하 "作業推進報告"), 1면.

26) 法務部 民商法改正特別審議委員會, 「民事法改正試案(意見照會用)」(1982.6)(이하 "意見

법을 개정한다는 목표를 설정하였다.[27] 이와 같이 가등기담보법이 제 5 공화국 정부의 소위 改革立法의 일환으로 제정되었다는 사실을 우선 염두에 둘 필요가 있다.[28]

한편 韓國民事法學會는 "국무총리행정개혁위원회와 법무부의 후원"을 얻어[29] 1981년 8월 31일 「民事法改正問題에 관한 심포지움」을 열었다. 이 심포지움 개최에 이르게 된 상세한 경위를 확인할 자료는 없으나, 앞서 본 바와 같은 움직임을 보인 정부측의 이니시어티브에 의한 것이 아닌가 추측된다.[30] 거기서 「假登記擔保法試案」이라는 제목으로 黃迪仁 敎授가 발제를 하였고, 동시에 구체적인 시안과 그 입법이유를 제시하였다.[31]

이러한 일련의 입법움직임을 공식화하는 과정으로서, 1981년 12월 11일 大統領令 제10643호로 「민법·상법개정특별심의위원회 규정」이 공포되었고, 이 대통령령에 따라 동년 12월 17일 법무부 산하에 동 심의위원회(이하 "개정심의위")가 설치되었다. 개정심의위는 "민법 및 상법의 개정에 관련된 사항을 調査·硏究하고, 그 개정안을 起草·審議함에 있어 법무부장관의 자문에 응하기 위"한 것이다(同令 제1조). 개정심의위는 그 아래 민법분과위원회와 상법분과위원회를 두고, 민법과 상법별로 그 개정에 관련된 사항을 분담처리하도록 하였으며(同令 제 4 조 제 1 항), 또한 그 아래 소위원회를 둘 수 있도록 하였다(同令 제 4 조 제 4 항). 이

照會用試案"), 1면; 金曾漢, 민사법개정의 배경과 입법과정, 민법개정의 요점, 「改正民事法解說」(주 22), 29면.

27) 이상 作業推進報告(주 25), 1면.

28) 이 사정은 단기간의 작업, '개혁에의 열정'으로 인한 조급함 내지 감정적 대응 등과 연결된다.

29) 韓國民事法學會 편, 「民事法改正問題심포지움 主題發表要旨」, 1981(이하 "主題發表要旨"), 3면.

30) 黃迪仁, 民法 중 改正法律 解說, 「改正民事法解說」(주 22), 37면에 의하면 "민사법개정은 민사법학회가 1981년 5월부터 8월 말까지도 국무총리 행정개혁위원회의 지원을 받아 추진"하여 왔다고 한다. 한편 金政圭, 民法改正試案의 作成經緯, 「辯護士」 12권(1982), 15면은, 政府가 1981년 여름 民事法改正을 위한 試案作成을 韓國民事法學會에 "委囑"하였다고 한다.

31) 그 내용은 主題發表要旨(주 29), 101면 이하를 보라.

에 따라 구성된 민법분과위원회(그 위원장은 金曾漢 敎授이었다)[32]의 구성을 보면, 14인의 대학교수, 3인의 판사, 3인의 검사, 3인의 변호사, 그리고 1인의 사법서사의 도합 24인으로 되어 있다.[33] 그리고 민법분과위에는 소위원회를 두었는데, 그 소위원회에서 가등기담보법에 관한 작업을 담당한 것은 黃迪仁 敎授이었다.[34]

이들 각종 위원회는 "소위원회에서 토의 작성하여 전체 위원회에 제의하여 찬성으로 법안을 확정하는 방법으로" 작업하였다.[35] 이들 위원회의 활동("소위원회 22회, 분과위원회 전체회의 9회")[36] 및 "전문가 자문 4회(7인)"[37]의 결과, 1982년 6월에는「民事法改正試案」이 작성되었다. 그 중에는 전문 19개조, 부칙 2개조의「(假稱)假登記擔保 등에 관한 法律(制定試案)」이 포함되어 있었다.[38]

한편 韓國民事法學會는 1982년 4월에, 1981년 8월에 있었던 앞서의 "심포지움에서의 주제발표와 그에 대한 토론을 주로 하면서 그 후에 제출된 각계의 의견을 모아서"[39]「民事法改正意見書」라는 책자를 발간하였다. 이 책자에 위 심포지움에서의 發題論文이 실렸음은 물론이다.[40] 그런데 애초의 심포지움에서 발표된「假登記擔保法試案」과 이 책자에 실린「'가등기담보 등에 관한 법률'안」[41]과의 사이에는 뒤에서 보는 대로

32) 金曾漢(주 26), 29면; 作業推進報告(주 25), 22면.

33) 黃迪仁(주 30), 37면; 作業推進報告(주 25), 22면. 한편 金曾漢(주 26), 29면은 도합 23인이라고 한다.

34) 기타의 소위원회 위원은 金曾漢(총괄), 李根植(임차권·전세권 보호, 법정이율), 金容漢(부동산등기법, 부동산공증), 金鼎鉉(집합주택, 절차법), 裵慶淑(가족법 및 민법총칙 중 특별실종, 성년연령 인하)이었다(괄호 안은 담당분야). 뒤에서 보는 대로 가등기담보법에 그 이론적 기초를 주었다고 추측되는 金鼎鉉 당시 서울고법 부장판사가 포함되어 있음에 주의할 것이다. 이상 作業推進報告(주 25), 24면.

35) 黃迪仁(주 30), 37면.

36) 金曾漢(주 26), 30면.

37) 作業推進報告(주 25), 2면.

38) 그 내용은 意見照會用試案(주 26), 77면 이하를 보라.

39) 한국민사법학회 편,「民事法改正意見書」, 1982(이하 "민사법개정의견서"), 머리말 iii면.

40) 黃迪仁, 假登記擔保法의 制定提案,「民事法改正意見書」(주 25), 256면 이하.

41) 그 내용은 黃迪仁(주 40), 267면 이하를 보라.

중대한 차이가 있다. 後者의 案이 위에서 본 개정심의회의 「(가칭)가등기담보 등에 관한 법률(제정시안)」과 동일한 것으로 보아[42] 이는 개정심의위 소위원회의 활동의 결과를 반영하여 작성된 것으로 추측된다.

어쨌거나 개정심의위의 시안은 대법원과 대한변호사협회 등에 의견조회를 위하여 돌려졌다.[43] 그 결과로서 제기된 각계의 의견(이에 관하여는 후술한다)은 提訴前和解에 관한 試案 제19조의 규정(이에 관하여는 후술한다)을 삭제하는 것으로 낙착되었고, 기타는 시안의 내용에 별로 영향을 미치지 못하였다. 그리하여 1982년 8월 26일에 民法分科委員會에서 다른 民事關係法律案과 함께 그 안이 확정되었다.[44] 이 안은 법제처의 심의를 거쳐 1982년 12월 17일 국무회의에서 의결됨으로써[45] 정부안으로 완성된 「假登記擔保 등에 관한 法律案」은 바로 국회에 제출되었다. 이 법률안은 국회에서 큰 수정이 없이[46] 1983년 12월 30일 통과되어 法律로서 성립하였다.

2. 立法目的

非典型擔保, 그 중에서도 부동산의 假登記擔保와 讓渡擔保에 관한 당시의 법상태[47] 중에서 假登記擔保法을 제정함으로써 변혁을 가하려고

42) 물론 극히 사소한 하나의 차이는 있다. 후자의 시안 제1조는 "이 법은 민법 제607조 및 제608조에 관련된 擔保契約(이하 '담보계약'이라 한다)과 그 권리에 관한 가등기 등의 효력을 규정함을 목적으로 한다"고 정한다. 이를 뒤 Ⅲ. (2)에서 보는 「假登記擔保 등에 관한 法律案」 제1조와 비교하여 보라.

43) 1982년 6월 14일부터 8월 10일까지 사이에 96개 기관·단체에 보내어 의견을 조회하였다고 한다. 金曾漢(주 26), 30면.

44) 金曾漢(주 26), 31면.

45) 金曾漢(주 26), 31면. 한편 黃迪仁, 假登記擔保法案에 대한 批判과 關見, 서울대학교 「法學」 24권 2·3호(1984), 65면은 1982년 9월에 국무회의에서 의결되었다고 한다.

46) 다만 뒤의 註 158 본문 부분 참조. 또한 법사위에서는 공청회를 거쳤다고 한다. 金曾漢(주 26), 31면.

47) 이에 관하여는 무수히 많은 문헌이 있다. 우선 郭潤直, 變則的 擔保制度 일반——각 경우의 법률적 구성을 중심으로, 「民事判例研究」 2집(1980), 169면 이하; 李容勳, 變則的 擔保에 있어서의 債權의 만족, 同書, 241면 이하; 同, 代物辨濟豫約, 민사판례연구회 편, 「不動產去來의 諸問題」, 1979, 175면 이하; 金光年, 讓渡擔保의 法理와 效力, 同

하였던 것, 바꾸어 말하면 가등기담보법의 입법이유를 요약하면 다음과 같이 정리할 수 있을 것이다.[48]

가장 중요한 것은 債務者(또는 物上保證人. 요컨대 담보설정자를 의미하는 것으로서, 이하에서는 단지 "채무자"라고만 한다)가 債權者에 대하여 가지는 淸算金(또는 "정산금")請求權이 현실에 있어서는 실현되기 어렵다는 점이다. 일반적으로, 양도담보나 가등기담보를 막론하고 채무자가 辨濟期에 그 채무를 이행하지 못하게 되면, 채권자는 그 목적물로써 자신의 채권의 만족을 얻기 위하여, 즉 "擔保權"의 실행을 위하여 목적물인도청구 또는/및 본등기청구를 할 수 있는데, 채무자는 청산금청구권(위와 같은 청구를 받은 시점에서 청산금청구권이 이미 성립하고 있는가 자체, 특히 채권자가 소위 처분청산의 방식을 택한 경우에는 의문이다)을 가지고 ——同時履行의 抗辯 등으로—— 이에 대항할 수 없다.[49][50] 따라서 채무자는 목적물을 우선 인도해 주고 난 다음에야 청산금청구권——이를 취득하였다

書, 131면 이하; 變則擔保(주 24) 소재의 각 論稿 등만을 들어두기로 한다. 입법작업이 진행 중이던 당시의 법상태에 관하여는 이들 문헌에 미루고, 이를 일일이 밝히지 않기로 한다.

48) 意見照會用試案(주 26), 79면 이하; 金鼎鉉, 讓渡擔保의 法的 構成에 관한 最近의 判例硏究(상)(중)(하), 「司法行政」(1976), 10월 내지 12월호(민사실무연구회 편, 「民事裁判의 諸問題」 1권(1977), 21면 이하에 의하여 인용한다); 同, 讓渡擔保의 擔保權的 構成 및 還買, 再賣買豫約의 法律的 性質에 관한 檢討, 「變則擔保」(주 24), 33면 이하; 同, 民法 제607조·제608조의 出發點에 대한 根本的인 反省과 再構成 ——假登記擔保法의 제정과 관련하여, 「法曹」 31권(1982) 2호 1면 이하, 3호 1면 이하(「民事法改正意見書」(주 39), 302면 이하에 의하여 인용한다); 李時潤, 日本假登記擔保法, 「變則擔保」(주 24), 339면 이하(「民事法改正意見書」(주 39), 363면 이하에 의하여 인용한다) 참조.

49) 金鼎鉉(주 48. 擔保權的 構成), 64면: "讓渡擔保權者가 담보권의 실행을 위하여 부동산의 引渡 또는 明渡를 구하는 경우에 현재 대법원의 태도는 무조건 이를 認容하고 있다.…소위 권리이전형식의 담보제도(가등기 포함)로부터 발생하는 채무자측의 비극은 바로 여기서부터 출발"한다(점선은 인용자에 의하여 생략된 부분이다).

50) 특히 가등기담보에 있어서 提訴前和解를 한 경우의 전형적인 화해조항은 "채무자는 일정기일까지 일정한 돈을 지급지 못하면 채권자에게 위 부동산에 관하여 위 가등기에 기한 본등기절차를 담보의 목적으로 이행하고, 담보권 실행을 위하여 위 부동산을 인도한다"는 것이라고 한다. 兪炫, 變則的 擔保와 提訴前和解, 「變則擔保」(주 24), 233면 참조. 이 提訴前和解調書는 확정판결과 동일한 효력이 있다는 것이 주지하는 대로 확고한 대법원판례의 태도이므로, 이미 본등기의 이행이나 인도의 청구에 화해조항에 언급되어 있지 않은 청산금청구권을 대항할 여지가 없다.

면──을 채권자에 대하여 주장·행사할 수 있다. 그러나 "일단 明渡당하여 거리에 쫓겨나 앉은 채무자가 언제 소송을 제기하여 청산금을 받아낸단 말인가?"[51)]

한편 이와 더불어 채무자가 목적물을 되찾아 올 수 있는 가능성이 제약되어 있다는 것도 문제로 삼고 있다. 특히 채권자가 변제기 전이라도 목적물을 제3자에게 처분한 경우에는 그 처분은 그 제3자의 善意·惡意를 불문하고 완전하게 유효하고, 그 제3자는 채권자와 채무자 사이의 債權債務 및 擔保關係에 의하여 영향을 받지 않으므로, 이미 채무자는 채무를 이행하더라도 목적물을 환수할 수 없게 되어 채무자에게 지나치게 불리하다는 것이다. 뿐만 아니라 그 제3자는 채무자에게 소유자로서 목적물의 引渡請求 기타 소유자로서의 권리를 완벽하게 행사할 수 있으므로, 이 경우에는 채무자로서는 채무를 변제할 능력과 의사가 있다고 하더라도 목적물을 그에게 인도해 줄 도리밖에 없게 되는 것이다. 그 경우 채무자는 채권자에 대하여 不法行爲 또는 不當利得 또는 契約違反을 이유로 손해배상청구를 할 수 있을 것이나, 이는 어디까지나 채권에 불과하므로 위에서 본 淸算金請求權에 있어서와 마찬가지의 문제가 생긴다.

또 이와도 관련하여 강조되고 있는 것은 惡德債權者의 횡포이다. 가령 다음과 같은 발언이 있다.[52)]

> "假登記擔保權者가 假登記에 기하여 本登記를 이전할 때에 우리 나라에서는 일본에서처럼 權利實行通知를 필요로 하지 않으며, 淸算期間이 없다. 따라서 債權者가 辨濟期日을 하루라도 넘기면 ──그것이 비록 채무의 元利金을 갚기 위해 채권자를 백방으로 찾아다니다가 넘겨도── 채권자는 미리 보관해 둔 登記書類나 提訴前의 和解調書에 기하여 유효하게 本登記를 마칠 수 있다. 判例는 이 때에 채권자 앞으로의 所有權移轉의 本登記는 擔保의 의미의 본등기이고 따라서 채무자는 債權의 元利金을 返濟하면 목적 부동산을

51) 金甁鉉(주 48. 擔保權的 構成), 64면.
52) 李時潤(주 48), 363면 이하.

되찾을 수 있다 한다. 그러나 그 뒤 채권자가 清算金을 지급하지 않은 상태라도 제 3자에게 所有權移轉登記를 넘기면 문제는 달라지며, 채무자는 더 이상 目的不動產을 還受할 수 없어 속수무책이 되고 만다. 그것이 비록 채권자와 제 3자 간에 假裝賣買라 하여도 채무자로서는 그 입증이 어려워 실제로 결과는 마찬가지이다. 그러므로 현재의 判例立場은 어디까지나 假登記에 기해 本登記를 한 채 그대로 놓아두는 善良한 채권자에 대한 대책이지 辨濟期를 넘기자 곧바로 자기 앞으로 本登記하고 이어 제 3자에게 移轉登記를 넘겨 놓은 기습적이고 교활한 惡德債權者에게는 무력한 것이다. 우리 사회에서 假登記擔保가 현재 暴利行爲의 代名詞로 평가되는 所以는 여기에 있다."

또한 특히 假登記擔保와 관련하여서는 다음과 같은 점이 지적되고 있다.[53] 擔保假登記라고 하여도 통상의 가등기와 마찬가지로 그에 順位保全의 효력만을 인정하여, 별다른 취급을 하지 않는다. 그러므로 가등기권리자는 競賣節次에서 이해관계인이 되지 못한다.[54] 따라서 가령 선순위저당권에 기하여 경매가 진행된 경우에 후순위의 擔保假登記權利者는 일반채권자처럼 취급된다. 또한 담보가등기보다 후에 그 부동산에 관하여 등기한 利害關係人(가령 저당권자, 제 3취득자 등)이 있어도, 그 假登記에 기하여 本登記를 함에 있어서 그들의 관여를 필요로 하지 않으며, 그와 같이 하여 본등기를 하면 오히려 후순위등기는, 그 권리가 가등기된 권리를 해하는 한, 職權抹消된다. 그러나 가등기가 담보를 위한 것인 한, 假登記權利者는 그로써 자신의 채권을 만족시킬 수 있으면 족하므로, 이상과 같은 결과는 가등기권리자에게 필요 이상의 지위를 인정하거나(후자의 경우) 또는 그를 부당하게 불리하게 취급하는(전자의 경우) 결과가 된다는 것이다.

53) 李時潤(주 48), 364면 참조.

54) 大法院 1965. 9. 29. 결정 65마768사건(集 13-2. 173) 등 확고한 判例이다. 이에 대하여는 韓相鎬, 競賣節次의 利害關係人, 法院行政處 編, 「强制執行·任意競賣에 관한 諸問題(上)」(재판자료 35집, 1987), 594면(다수의 대법원판결을 인용하고 있다) 참조.

3. 法律의 槪要

(1) 假登記擔保法의 첫번째 특징은 이 법률이 "민법 제607조 및 제608조의 정신을 살려서 이를 구체화한 特別法으로 기초"되었다는 점이다.[55] 이미 입법작업 당초부터 가등기담보법은 "민법 제607조·제608조의 구체적인 實行節次法"으로서의 성격을 가져야 한다고 의식되고 있었다.[56]

따라서 가등기담보법의 規律을 받는 대상은 "민법 제608조에 의하여 그 효력이 상실되는 代物返還의 豫約에 포함되거나 병존하는 債權擔保의 계약"(법은 이를 "담보계약"이라고 부르고 있다)에 한정된다(제 2 조 제 1 호). 그리고 그 법의 목적 자체가, 민법 제607조, 제608조의 적용을 받는 경우, 즉 "借用物의 반환에 관하여 借主가 借用物에 갈음하여 다른 재산권을 이전할 것을 예약함에 있어서 그 재산의 예약 당시의 價額이 借用額 및 이에 붙인 이자의 합산액을 초과하는 경우"에 있어서, 위에서 본 바와 같은 "담보계약과 그 담보의 목적으로 經了된 가등기 또는 소유권이전등기의 효력을 정함"에 있다(제 1 조). 따라서 가등기담보법은 적어도 그 文言으로는 민법 제607조, 제608조의 적용이 있는 경우에만 적용이 있으며, 그 이외의 경우에는 적용되지 않는다. 여기서 우리는 假登記擔保法을 검토하기 위한 전제적인 작업으로서 민법 제607조, 제608조를 면밀히 연구할 필요를 느끼게 된다.

(2) 假登記擔保法은 소위 가등기담보의 경우뿐만 아니라, 讓渡擔保의 경우에도 적용이 있다. 이 점에 관하여는, 立法關與者의 의사는 "이 法에 의하여 變則擔保 一般의 私的 實行을 모두 規制하려는 것"이므로[57] 양도담보의 경우에는 유담보형뿐만 아니라 정산형에도 적용이 있다는 취

55) 黃迪仁(주 45), 68면.
56) 金鼎鉉(주 48. 反省과 再構成), 344면 이하 참조.
57) 黃迪仁(주 45), 67면 이하, 68면 참조.

지인 것으로 이해된다. 또한 그 제 1 조에서 그 법의 목적은 "담보의 목적으로 經了된…소유권이전등기의 효력을 정"하는 데도 있다고 하고, 또 제 4 조 제 2 항이 "이미 소유권이전등기가 經了된 경우"에 관하여 정하고 있는 것으로부터도 이를 알 수 있다. 이 점은 일본의 「假登記擔保契約에 관한 法律」이 담보계약 당시에 아직 소유권이 이전되지 아니한 경우만을 규율하고 있는 것(同法 제 1 조 참조)과 현저한 대조를 이룬다.

법은 이와 같은 담보계약과 그 담보의 목적으로 經了된 가등기 또는 소유권이전등기에 의하여 채권자가 "擔保契約에 의한 擔保權"(제 3 조 제 1 항)을 취득하는 것을 전제로 하여, 첫째 그 "담보권"의 내용과 그 실행방법, 둘째 그 "擔保權"과 後順位債權者와의 관계, 셋째 채무자(物上保證人과 담보가등기 후 소유권을 취득한 제 3 자를 포함한다)의 목적물에 대한 권리 등에 관하여 정하고 있다. 이하 순서대로 살펴보기로 한다.

(3) "擔保契約에 의한 擔保權"의 內容과 實行方法

"擔保契約에 의한 擔保權"의 내용을 살펴봄에 있어서는 채권자가 假登記만을 경료해두고 있는 경우(제 2 조 제 3 호 참조. 이하 가등기담보라고 해두기로 한다)와 소유권이전등기를 경료한 경우를 구분할 필요가 있다. 전자에 관하여는 규정이 비교적 상세하나, 후자에 대하여는 별로 규정이 없다.

(a) 假登記擔保의 경우　　가등기담보의 경우에 債權者("擔保假登記權利者"라고 한다. 제12조 제 1 항 이하의 규정 참조)는 대체로 두 가지의 權能을 가진다.

첫째는 抵當權者와 유사한 지위이다. 즉, 그는 競賣를 청구할 수 있고(제12조 제 1 항 제 1 문 후단), 또 경매(강제경매와 경매법에 의한 경매를 포함한다. 제 2 조 제 4 호 참조)가 개시된 경우(다른 채권자나 담보권자에 의하여 개시된 경우도 물론 포함된다)에는 그 절차에서 저당권자와 마찬가지의 지위에서 다른 채권자보다 자기 채권의 優先辨濟를 받을 권리를 가지는 한편으로(제13조 제 1 문), 부동산의 賣却으로 假登記擔保權은 소멸한다(제15조). 나아가 가등기담보권 자체를 경매 이외의 절차, 가령 파산절차 국세징수절차·회사정리절차 등에서도 저당권과 동일하게 취급하도록 하고 있다(제13조 제 2 문, 제17조).

둘째, 擔保假登記權利者는 소위 歸屬實行의 방법으로 자기 채권의 만족을 얻을 수 있다(제12조 제 1 항 전단, 제 3 조 이하). 소위 處分淸算은 위에서 본 저당권자와 유사한 지위에서 競賣를 통해서만 할 수 있다. 가등기담보법의 가장 중요한 내용 중의 하나는 이 귀속실행절차에 엄격한 제한을 가하는 점에 있다. 그 제한의 요체는 "淸算期間"을 도입하여, 채권자가 청산금의 평가액을 통지한 때로부터 起算하여 2 개월이 도과하여야만 담보부동산의 소유권이전등기를 청구할 수 있다는 것이다(제 3 조, 제 4 조 제 1 항·제 2 항). 그리고 채무자의 淸算金請求權을 확보하기 위하여 그것과 채권자의 위와 같은 所有權移轉登記請求 그리고 引渡請求와의 사이에는 同時履行의 관계가 있음을 못박았다(제 4 조 제 3 항. 이 경우 채무자가 동시이행의 항변을 하지 않음으로써 채권자가 바로 소유권이전등기를 받은 경우에는 그대로 소유권을 취득하는가 하는 문제가 뒤에서 보는 애초부터 소유권이전등기를 받은 경우와의 균형이라는 관점에서 제기된다. 아마 이를 부인하여, 역시 청산금을 지급하여야 소유권을 취득한다고 해석할 것이다). 그리고 이와 같은 귀속실행의 절차에 관한 규정은 强行規定으로 하여 이와 다른 내용의 특약은 원칙적으로 이를 무효로 하였다(제 4 조 제 4 항).

(b) 所有權移轉登記가 이미 이루어진 경우　채권자가 擔保不動産에 관하여 소유권이전등기를 경료받았더라도 그것만으로는 그 부동산의 소유권을 취득하지 못한다는 것은 명백하다(제 4 조 제 2 항 전단). 그러나 그렇다면 소유권이전등기를 경료받은 채권자는 어떠한 법적 지위를 가지는가 하는 점에 대하여는 이를 적극적으로 정하는 아무런 규정이 없다(단지 제11조 본문이 "채권담보의 목적으로 경료된 소유권이전등기"라고 하고 있으나, 이 규정 역시 擔保本登記權利者의 법적 지위에 관하여는 직접 언

급하지 않는다).

법은 단지 그 경우 채권자는 청산기간 경과 후 清算金을 지급하여야만 目的不動產의 소유권을 취득한다고 정할 따름이다. 따라서 清算期間 및 清算金支給에 관한 규정이 "擔保本登記權利者"에도 적용된다는 것을 알 수 있고, 따라서 제 3 조 제 1 항에서 말하는 "담보계약에 의한 담보권"이 담보본등기권리자에게도 해당된다고 推論할 수 있을런지도 모른다. 그 "담보권"의 구체적인 내용, 가령 競賣請求權이나 優先辨濟權의 存在 등에 대하여는 아무런 언급이 없다.[58]

(4) 後順位權利者와의 관계

假登記擔保法은 "후순위권리자"로 "담보가등기 후에 등기된 抵當權者·傳貰權者 및 擔保假登記權利者"를 들고 있다(제 2 조 제 5 호). 따라서 擔保本登記가 經了된 경우에도 있을 수 있는 위에서 든 바와 같은 권리자, 가령 채무자와 전세계약을 체결하고 채권자(즉 담보본등기명의자)의 협력을 얻어 전세권등기를 한 자는 "後順位權利者"에 관한 規定(제 5 조 이하)의 적용을 주장할 수 있는가 하는 문제가 제기될 수 있다. 일단 우선 규정의 내용을 들어둔다.

담보가등기권리자가 위에서 본 소위 歸屬清算의 방식으로 자신의 권리를 실행하기로 한 경우에, 법은 '후순위권리자'로 하여금 담보가등기권리자가 채무자에게 지급하여야 할 清算金에 대하여 자신의 권리를 행사할 수 있도록 하였다(제 5 조 제 1 항). 그리고 그와 같은 권리행사를 확보할 수 있도록 하기 위하여, 擔保假登記權利者는 일정한 시기에 '후순위권리자'에게 청산금에 관하여 일정한 내용을 통지하도록 하고(제 6 조), 채무자의 清算金請求權에 관한 처분이나 채권자의 청산기간 經過 전 또는 위 通知 전의 청산금지급은 '後順位權利者'에게 대항하지 못한다고 한다(제 7 조).

58) 이에 관하여는 우선 李孝鍾, 變則擔保와 不動產競賣, 法院行政處 編, 「强制執行·任意競賣에 관한 諸問題(下)」(재판자료 36집, 1987), 299면 이하 참조.

그리고 후순위권리자의 이러한 청산금에 관한 권리행사를 저지하려고 하는 자는 "청산금을 押留 또는 假押留하여야 한다"(제 5 조 제 4 항).

(5) 債務者의 權利

채무자의 권리는 법에 의하여 적극적으로 규정되어 있지 않고, 다른 관계인에 대한 규정의 陰畵로부터 묘사될 수 있다. 가령, 담보본등기권리자가 그 청산금을 支給할 때까지는 소유권을 취득하지 않는다는 제 4 조 제 2 항 전단의 규정에 의하여, 그 때까지 채무자는 所有權登記를 가지고 있지 않음에도 불구하고 목적물의 소유권을 가지게 된다는 식으로.

단지 제11조는 채무자의 소위 還受權에 관하여 규정하고 있다. 그에 의하면 채무자는 "淸算金債權을 변제 받을 때까지" 그 債務元利金을 지급하고 담보본등기의 抹消를 청구할 수 있다(同條 본문). 이를 뒤집어서 말하면, 채무자는 그 채무원리금을 지급하지 아니하면 그 담보본등기의 말소를 청구할 수 없다, 즉 소유권은 담보본등기권리자에게 이전되지 않으나 그의 소유권이전등기는 유효하다는 것이 된다. 이러한 법상태를 어떻게 평가할 것인가가 本稿의 중심적인 테마의 하나가 된다.

그러나 그러한 登記抹消請求權은 "그 채무의 辨濟期가 경과한 때로부터 10년이 경과하거나 또는 善意의 제 3 자가 소유권을 취득한 때"에는 소멸한다(동조 단서). 이 단서규정은 그 의미가 반드시 명확한 것은 아니고, 이를 논리적으로 설명하는 데 상당한 어려움이 있지 않은가 생각되나, 이들에 관하여는 뒤에서 보기로 한다.

4. 假登記擔保法의 影響

(1) 不動產登記實務에의 영향

뒤에서 보는 대로 假登記擔保法 制定過程에 있어서 가등기담보권의

公示方法에 관하여 논란이 있었으나, 이에 관하여 별다른 규정을 두지 않았음은 위에서 본 바와 같다. 그러나 가등기담보법의 시행에 따라 그 법률의 취지를 등기사무처리에 있어서 살필 필요가 있기 때문에, 登記事務의 主管廳인 大法院은 1984년 1월 18일 法院行政處長 名義로 각 지방법원장에게 「가등기담보 등에 관한 법률시행에 따른 등기사무처리지침」이라는 제목의 通牒(등기 제12호)을 보냈다. 그 내용의 대강은 다음과 같다.

첫째, 代物返還의 豫約을 원인으로 한 가등기신청의 경우에는 등기신청서 중 "등기의 목적"란에 본등기될 權利의 移轉擔保假登記(예를 들면 "소유권이전담보가등기"라는 식으로)라고 기재한다.

둘째, 위와 같은 "擔保假登記"에 기한 本登記를 신청하는 경우에 관하여 몇 가지 특칙을 정한다. 우선 그 등기신청서에 통상의 기재사항(不動產登記法 제41조 참조) 외에 본등기할 담보가등기의 표시 및 가등기담보법 제 3 조 소정의 淸算金評價通知書가 債務者 등에게 도달할 날을 기재하여야 한다. 나아가 이 경우 (i) 청산금평가통지서 또는 청산금이 없다는 뜻의 통지서가 도달하였음을 증명할 書面 및 (ii) 청산기간이 경과한 후에 청산금을 채무자에게 支給(공탁)하였음을 증명할 서면(청산금이 없는 경우는 제외)을 각 첨부하여야 한다. 이와 같은 기재나 서면 첨부를 하지 않거나, 청산금평가통지서가 채무자 등에게 도달한 날로부터 2개월이 경과하지 아니한 본등기신청은, 이를 却下한다는 것이다.

(2) 提訴前和解節次에 대한 영향

가등기담보의 경우에 채권자가 채무자의 채무불이행시에 대비하여 제소전화해를 함으로써 가등기에 기한 本登記 및 목적물의 引渡를 받는 방도를 확보하여 왔다는 것은 주지하는 대로이다. 法院의 통계에 의하면 假登記擔保法이 시행되기 시작한 1984년의 提訴前和解節次의 접수건수는 前年度에 비하여 현 약 2분의 1 수준으로 감소하였음을 알 수 있다. 제소전화해사건 접수건수의 누년별 통계는 다음과 같다(법원행정처 편, 「司法年鑑」 1976년도, 146면 ; 同 1982년도, 312면 ; 同 1989년도, 399면 所載의 통계를 모은 것이다).

年度別	1966	1967	1968	1969	1970	1971	1972	1973
總件數	871	2,239	3,374	4,576	7,557	12,007	10,157	9,050
年度別	1974	1975	1976	1977	1978	1979	1980	1981
總件數	12,469	15,582	14,449	12,050	15,050	19,516	24,874	20,210
年度別	1982	1983	1984	1985	1986	1987	1988	
總件數	13,027	9,402	4,928	4,321	4,264	4,387	5,423	

1978년부터 매년 약 4천 건 이상 증가하여 1980년에는 24,874건으로 피크에 달한 접수사건수가 1981년부터는 갑자기 감소하여 1983년에는 9,402건에 그치며(그 이유가 稅務當局에서 제소전화해를 이용하는 私債業者를 세무조사하기로 하였다는 데 있다는 의견이 있으나, 확인할 수는 없다), 한편 假登記擔保法이 시행된 1984년부터는 4천 건을 상회하는 선에서 고정되어 있다. 그리고 이와 같이 提訴前和解事件 접수건수가 감소한 이유로는 여러 가지를 상정할 수 있겠으나, 그 중의 하나로 假登記擔保法의 制定으로 인하여 채권자측에서 가등기담보를 이용할 利點이 크게 감소한 것을 들어도 잘못은 없으리라고 생각된다.

Ⅲ. 假登記擔保法 形成의 基礎

(1) 1981년 8월에 있었던 韓國民事法學會의 심포지움에서 제시되었던 「假登記擔保法試案」이 그 내용이나 형식에 있어서 일본의 「가등기담보계약에 관한 법률」(1978년 6월 20일 공포. 이하 "日本假擔法"이라고 한

다)[59]에 거의 전적으로 의존한 것임을 부인할 수 없다. 이를 "거의 완전한 模寫"라고 부를 것인가와는 관계 없이[60] (i) 日本假擔法의 가장 특징 있는 創案인 '淸算期間' 制度를 도입하고, (ii) 후순위권리자의 지위에 관하여[61] 청산금에 대한 권리행사방법을 物上代位에 의하도록 하며[62] 이를 보장하기 위한 후순위권리자에의 통지나 채무자의 청산금청구권의 처분제한 등 극히 특색 있는 제도를 인정하였으며, (iii) 채무자의 還受權에 관하여도 日本假擔法 제11조와 동일한 규정을 제안하는 등 일일이 열거할 필요가 없을 정도이다.[63] 또한 규정의 배열이나 체제, 심지어는 條文數도 완전히 일치하고 있다.

이 試案을 뒤에 입법된 가등기담보법과 대비하여 보면 다음과 같은 특색을 지적할 수 있다. 첫째, 동 시안은 그 규율의 대상을, 민법 제607조, 제608조와는 아무런 관련이 없이, "金錢債務(대체물에 관한 소비대차를 포함한다)를 담보하기 위하여 채무를 이행하지 않은 경우에 채무자

59) 이에 관하여는 李時潤(주 48), 347면 이하를 보라.

60) 郭潤直, 變則擔保 規制立法에 관한 검토, 「變則擔保」(주 24), 412면 : "그 내용은… 거의 완전한 모사에 지나지 않는다." 이에 대한 시안 작성자의 응답은 黃迪仁(주 40), 285면 이하 : "동 시안을 '완전한 모사'라고 표시하는 것은 사실과 부합하지 않는다. 일본의 '가등기담보계약에 관한 법률'과 동 시안이 똑같을 때 '모사'라고 할 수 있을 것이고, 동 시안을 작성할 때에는 필자 나름대로 수정하고 다시 당시 구성되었던 민사법학회의 소위원회의 토의를 거쳐 성안된 것이었다."

61) 宇佐見大司, 假登記擔保の內容・效力, 加藤一郞 等 編, 「擔保法大系」 第4卷(1985), 134면에 의하면 假登記擔保를 판례로써 규율하여 가려고 하는 때에 가장 곤란한 문제를 발생시키는 것이 바로 이 對第3者關係이었다고 하며, "가등기담보법이 제정되지 않으면 안 되었던 이유가 여기에 있었다고 해도 과언은 아니"라고 한다.

62) 이 점은 우리 假登記擔保法에서는 후에 보다 "과격한" 방법을 택하여, 後順位權利者의 擔保假登記債權者에 대한 直接請求權을 인정하기에 이르렀다.

63) 發題者 자신 위 시안과 일본의 위 법과의 차이로 단지 (i) 일본법은 그 적용범위를 金錢債務에 한정하고 있으나, 시안에서는 그 외에 "代替物에 관한 消費貸借"를 포함시키고 있는 점, (ii) 목적물의 평가에 관하여 日本假擔法에서는 假登記目的不動產의 평가에 관하여 채무자가 채권자의 淸算金의 見積額에 이의가 있을 경우에는 소송상 다투도록 하고, 後順位擔保權者가 이의가 있는 경우에는 競賣申請을 하여 해결하도록 하고 있으나, 試案에서는 이의 있는 자는 법원에 평가액에 관한 確定을 申請하여 解決하고(시안 제3조 제3항), 이에 관한 확정은 非訟事件節次法에 의하여 신속히 해결하도록 하고 있다는 점의 둘을 들 뿐이다. 黃迪仁, 假登記擔保法試案, 「主題發表要旨」(주 29), 112면 참조. 그 외에 우리 민법에 특유한 제도, 가령 傳貰權에 관한 고려가 없다는 점도 들 수 있을 것이다.

또는 제 3 자가 소유하는 부동산의 소유권을 채권자에게 이전하는 것을 목적으로 하는 代物辨濟의 豫約 기타(명칭 여하를 불문한다)의 契約으로서 그 계약에 의한 권리에 관하여 假登記를 한 것"이라고 정하고 있다(동 시안 제 1 조). 둘째, 동 시안은 가등기담보만을 그 규율의 대상으로 삼고, 양도담보는 규율하지 않는다(위 제 1 조 말미 부분을 보라). 그 이유는 "대물변제의 예약에서 가장 큰 불합리한 점은 流抵當의 효과를 갖는 것인데, 양도담보에 있어서는 오직 精算型으로서만 유효하고 流擔保型은 현행법하에서는 인정되지 않는다는 것이 判例의 태도이기 때문에 구태여 本法의 적용대상에 포함시킬 필요가 없다"는 것이다.[64)]

이와 같이 애초의 「假登記擔保法試案」이 日本假擔法에 전적으로 의존하여 마련된 것을 출발점으로 하여 입법작업이 개시되었다는 것은 중대한 의미가 있다. 그것은 그 후의 입법작업이 이 애초의 試案을 수정하여 가는 형태로 진행되어 갔고, 그 골격에는 큰 변화가 없었기 때문에, 결국 日本假擔法은 우리 假登記擔保法을 규정하는 제 1 의 요소가 되었다는 것이다. 여기서 우리는 다시 일본이라는 "우월한 隣邦法律文化"와 만나게 된다.[65)]

64) 黃迪仁(주 63), 113면 이하. 양도담보를 규율의 대상으로 포함시키지 않는 이유를 이와 같이 제시하는 데는 의문이 있다. 물론 민법 제607조, 제608조의 적용이 있는 한 유담보형 양도담보에 있어서 유담보의 효과를 거둘 수 없음은 물론이나, 이는 비단 양도담보의 경우뿐만 아니라, 假登記擔保의 경우에도 마찬가지이다. 오히려 후자의 경우는 민법 제607조, 제608조가 원래부터 논의의 여지 없이 적용이 있는 경우인 것이다. 유담보형 양도담보에의 民法 제607조, 제608조의 적용을 最初로 긍정한 大法院 1964. 11. 20. 판결 64다613사건(이 극히 중요한 判決은 公式 判決集에 수록되어 있지 않으며, 郭潤直, 「判例教材 物權法」, 1972, 640면 이하에 全文이 수록되어 있을 뿐이다)은, 원심이 讓渡擔保에는 同規定이 적용되지 않는다고 한 것을, 양도담보라도 "변제기 도과와 동시에 채권은 소멸되고 채권자가 본건 부동산에 대한 완전한 소유권을 취득한다는 特約"이 있다면, 이에는 同 規定이 적용된다고 하여 파기한 것이다. 이와 같이 오히려 讓渡擔保에 대한 적용 여부에 주저가 있었고, 假登記擔保에 대하여는 문제가 없었던 것이다. 따라서 만일 유담보형 양도담보가 위와 같은 의미에서 인정되지 않기 때문에 양도담보 전체에 대하여 규율의 필요가 없다고 하면, 가등기담보에 대하여도 규율의 필요가 없다고 해야 할 것이다. 뒤에서 보는 대로 필자는 양도담보의 경우를 가등기담보와 마찬가지로 "담보권"으로 구성하여 규율의 대상에 포함시킨 것은 문제가 있다고 생각하나, 그 이유는 다른 데 있다.

65) 宋相現, 「判例教材 民事訴訟法」, 1976, 서문 2면 : "成文法의 解釋運用에 대한 主流

(2) 1981년 8월의 심포지엄에서 발표된 「假登記擔保法試案」은 「民事法改正意見書」에 수록되어 있는 「'가등기담보 등에 관한 법률' 안」(또는 법무부의 개정심의회에서 마련한 「(가칭)가등기담보 등에 관한 법률(제정시안)」. 이들에 관하여는 위 Ⅱ. 1. (本書 292면) 참조)과는 상당히 차이가 있다.[66] 후자는 위에서 본 대로 그 동안의 법무부의 改正審議會의 활동결과를 반영한 것이라고 생각되므로, 입법과정의 중간단계를 엿볼 수 있는 자료로서 중요한 것이다.

그 첫째는, 법안의 기초에 민법 제607조, 제608조가 놓이게 된 것이다. 즉, 동 법안 제 1 조는 "이 법은 민법 제607조의 代物返還의 豫約이 같은 法 제608조의 규정에 의하여 그 효력을 상실한 경우에, 위 계약에 포함 또는 병존하는 擔保契約(이하 담보계약이라고 한다)과 그 權利에 관한 가등기의 효력을 규정함을 목적으로 한다"고 정한다. 둘째, 양도담보도 規律의 범위에 속하게 되었다. 위 시안 제 1 조는 위에서 본 대로 단지 "…가등기의 효력을 정"한다고 하고 있었다. 그런데, 동 제 2 조 제 1 호는 "이 법에서 '담보계약'이라 함은 대물반환의 예약(민법 제608조에 의거하여 그 효력이 상실되는 것으로서 還買, 讓渡擔保 기타 명칭 여하를 불문한다)에 포함 또는 병존하는 채권담보의 계약을 말한다"고 정하고 있다. 이에 대한 제안이유는 다음과 같이 설명하고 있다.

> "「還買, 讓渡擔保 기타 명칭 여하를 불문한다」고 規定하여, 이 法의 적용범위를 代物辨濟의 豫約뿐만 아니라 讓渡擔保에까지 확대하고 있다. 그 주된 이유는 이 法에 의하여 이른바 假登記擔保만을 규제하면 當事者들이 이 法의 적용을 받지 않는 讓渡擔保를 이용하여 여전히 變則擔保가 성행할 것이기 때문에 이 法에 의하여 變則擔保 一般의 私的 實行을 모두 규제하려는 것이다. 外國 立法例에 있어서 일본의 「假登記擔保契約에 관한 法律」도 일본의 通說에 의하면 假登記擔保뿐만 아니라 讓渡擔保에까지 적용되는 것으

的 발상과 관점이 오늘날까지도 日本 法學의 것을 일방통행으로 免稅輸入한 것임을 자꾸만 느끼게 되어 우월한 隣邦法律文化의 精神的 外販員으로 전락하지 않기 위한 각성을 강요하게 되었다."

66) 그 필자의 설명에 의하면 後者는 "81. 8. 31의 심포지움에서 발표되었던 내용을 그 후에 제시된 의견을 참조하여 수정한 것"이라고 한다. 黃迪仁(주 40), 256면 下段의 註.

로 해석하고 있다."[67]

이러한 전환은 어떻게 思考上의 基礎에 근거하고 있는 것일까? 필자는 여기서 입법작업이 한창 진행중이던 1982년 초에 발표된 하나의 論文[68]에 주목하고자 한다. 그 집필자가 개정심의위 소위원회의 위원이었을 뿐만 아니라[69] 위 논문은 앞서 본 「民事法改正意見書」에 "其他의 意見"으로 수록되어 있어서[70] 그것이 입법과정에서 참고가 되었음을 반증하여 주고 있다. 그리고 무엇보다도 중요한 것은 이 논문에서 주장하는 근본취지가 객관적으로 그대로 立法에 반영되어 있다는 것이다.[71]

그 논문의 대강은 다음과 같다. 우선 讓渡擔保에 관하여는, 민법 제607조, 제608조와 관련한 大法院判例의 태도 중에서 "제608조의 '효력

---

67) 黃迪仁(주 40), 268면. 여기서 日本假擔法이 讓度擔保에도 적용된다는 것이 日本의 '通說'이라는 서술은 —적어도 그와 같이 일반적인 형태로서는— 정확하지 않다. 우선 日本假擔法의 立法擔當者는 同法이 양도담보에 적용되지 않는다는 見解를 취하였고, 이에 대한 法名도 「假登記擔保契約에 관한 法律」로 되어 있다. 이에 대하여는 法務省 民事局參事官室 編, 「假登記擔保法と實務」, 1979, 6면 이하; 宇佐見(주 61), 123면 참조. 문제는 日本假擔法의 제정이 어느 만큼 양도담보의 法理에 영향을 미칠 것이냐 하는 점이다. 이 문제는 日本假擔法의 制定 직후 이미 제기되고 있다. 가령 鈴木祿彌, 假登記擔保法雜考(4): 假登記擔保法の適用される契約の範圍, 「金融法務事情」 874號(1978), 5면은 "不動産讓渡擔保契約이냐 假登記擔保契約이냐의 區別에 執着할 必要는 없고, 新法의 많은 規定은 前者에도 적용된다고 해야 할 것"이라고 한다(그 이유도 假登記擔保契約과 讓渡擔保契約이 현실적으로 구별되기 어렵다는 점 등이어서, 우리와는 事情이 다르다). 그러나 이것은 어디까지나 하나의 見解이고, 보다 綜合的인 論稿라고 할 吉田眞澄, 讓渡擔保と假登記擔保法(2·完), 「法律時報」 51卷 11號(1979)는 "壓倒的 多數의 見解는 假登記擔保法의 一部의 規定이 양도담보의 준용 내지 유추적용될 것이라고 인정하고 있다"고 하면서도(128면), 이 문제는 讓渡擔保의 法的 構成이나 假登記擔保와 讓渡擔保와의 관계라는 "基本的 問題와 밀접하게 관련되어 있는 바가 있고, 具體的인 규정의 處理에 있어서도 基本的으로 어떠한 觀點에 서는가에 따라 상당히 다른 것이 되지 않을 수 없다"고 결론짓는다(136면). 또한 최근에 나온 吉田光碩, 讓渡擔保における假登記擔保法の類推適用, 「法律時報」 61卷 8號(1989), 123면은, 주류의 判例는 "假登記擔保法의 法意를 참작하는 일은 있어도 直接 그것을 讓渡擔保에 適用 내지 類推適用하는 것은 없었다"고 보고하고 있다.

68) 金鼎鉉(주 48. 反省과 再構成).

69) 이에 관하여는 위 註 34를 보라.

70) 「民法案改正意見書」(주 39), 302면 이하.

71) 李孝鍾(주 58), 302면도 위 논문 집필자의 다른 논문(위 註 48의 「變則擔保」 所載 論文)에서의 입론을 지적하면서, 이러한 "담보권적 구성의 이론은 가등기담보법에서의 양도담보의 법적 성질에 많은 근거를 제공한 것으로 보인다"고 한다.

이 없다'는 규정을 법문 그대로 '無效'라고 파악하는 점, 그리고 그 무효는 제607조의 대물변제예약 부분, 즉 소유권 '취득'부분만 무효라는 일부무효의 점 및 위 일부무효로 그 전체 계약 중 擔保契約만이 남고 위 담보계약이 유효하다는 점 등은 근본적으로 정당한 立論"이다. 그러나 "이 담보계약이 바로 약한 의미의 양도담보, 즉 信託行爲가 된다는 결론"에는 찬성할 수가 없다. 그 이유는 "그 所有權取得(대물변제예약)이 '無效'라고 판시했다가 바로 擔保契約만 남고 이것이 바로 信託行爲라고 하여 그 '무효'로 되었던 소유권 취득이 금방 되살아나서 제3자관계에서 여전히 절대적으로 그 소유권을 취득한다는 모순된 논리이기 때문이다. 즉 이러한 論法대로라면 그 소유권 취득의 '무효'는 당초부터 債權者·債務者 사이의 양 당사자 사이의 관계에서만 '무효'라는 결론이며, 제3자관계에서는 채권자가 절대적으로 所有權者로 간주되어 그 '무효'부분이 전혀 없게 되고, 또 나아가서 당사자 사이에서도 위와 같은 의미의 '무효'는 실질상 무효가 아니라 소유권은 여전히 채권자에게 있고, 다만 담보목적을 일탈하여서는 안 된다는 단순한 '債權的인 拘束'을 부담시키는 것에 불과하기 때문이다."[72]

이와 같이 해석하는 것은, 제608조에서 '효력이 없다'고 정하는 "强行法規의 明文規定에 정면으로 반하는 것으로서 강행법규를 탈법하거나 잠탈하는 이론이란 점은 더 이상 설명할 필요도 없다"는 것이다.[73] 한편, 민법 제607조, 제608조는 "모든 變則擔保에 이를 準用 또는 類推適用하여야 한다는 해석론을 막바로 취함이 오히려 타당"하다.[74] 그 이유는 다음과 같다. 첫째, 민법 제608조가 "還買 기타 여하한 명목이라도"라고 하고 있어, 위와 같은 解釋論을 "예정 또는 뒷받침하고 있다고 볼 수 있기 때문이다." 둘째, 종래의 判例가 취하는 태도에 의하더라도, 양도담보에는 그것이 어떠한 종류의 것이든, 代物辨濟豫約이 내포되어 있

72) 金鼎鉉(주 48. 反省과 再構成), 310면.
73) 金鼎鉉(주 48. 反省과 再構成), 311면.
74) 金鼎鉉(주 48. 反省과 再構成), 338면 이하.

다고 할 수 있다는 것이다. 이 주장은 특이한 점이 있으므로[75] 그 부분 주장을 그대로 인용하여 두기로 한다. 그 立論은 판례가 "代物辨濟의 豫約"을 인정하는 경우에 대하여 다음과 같이 파악한다.[76]

> "우선 判例가 還買契約에 제607조, 제608조의 적용이 있다는 理論을 살펴 보면 당사자가 還買形式의 계약을 하였다고 하더라도 그 실질에 있어서 借用金擔保로 그 財產權을 還買形式으로 이전한 이상 그 所有權取得은 제608조의 적용으로 무효이고, 단순한 擔保契約 또는 信託行爲로만 유효하다고 설명한다. 다시 말하면 위 判例理論은 '還買의 결과' 채권자가 所有權을 취득하는 것(채무가 소멸하는 효과)을 부정하기 위하여 위 契約 全體의 성립과정을 단계적으로 분석하여 代物辨濟豫約의 존재를 추출해내고 있는 것이다. 그 결론은 결국 실질적으로 파악하여 그 명칭 여하를 불구하고 代物辨濟의 효과가 발생하니 이의 적용이 있다는 이론에 귀착된다."

그러한 分析의 결과를 讓渡擔保에 적용하면 다음과 같은 主張이 이루어진다.

> "讓渡擔保는 그 類型이 어떠한 것이든 이를 불문하고 所有權的 構成理論(信託行爲)을 취하는 한 제3자관계에서는 무조건 所有權이 債權者에게 移轉한다. 이 점은 움직일 수 없는 법적 효력이다. 이를 債務者나 제3자의 입장에서 보면 借用金에 갈음하여 目的物의 所有權을 제3자관계에서 相對方에게 취득시킬 법적 효력이 발생하여 바로 代物辨濟의 效果가 생기는 것과 조금도 차이점이 없다. 다시 말하면 信託行爲의 對外的 效力은 바로 債務者에게 代物辨濟의 效力을 포함하고 있다는 결론이 발생한다는 것이다. 이를 전체로서 다시 분석하면 債務者는 債權者에게 目的物의 所有權을 제3자관계에 있어서 債務에 갈음하여 이전키로 豫約하고, 그 후 所有權移轉登記(양도담보)를 함으로써 이를 代物辨濟하여 豫約을 완결시키는 법적 구성을 추출해 낼 수 있다. 위 判例와 같은 實質的 代物辨濟豫約이란 이론을 전개한다면 讓渡擔保의 경우에도 그 强弱 類型 如何를 불문하고, 항상 代物辨濟豫約의 「存在性」을 긍정할 수 있는 것이다. 종래의 學說과 判例가 양도담보(信

75) 왜냐하면 논자 자신도 뒤에서 보는 郭潤直 敎授의 견해(민법 제608조의 "효력이 없다"="정산하여야 한다"설)를 비판하면서 "대물변제의 예약에 위와 같은 청산의무의 '부담'이 따른다면 이는 벌써 그 법적 형식인 대물변제의 예약이라고 할 수 없는 것이 아닌가"라고 하는 데서도 알 수 있듯이(同 論文, 314면), 종전의 통상의 이해로서는 가령 精算型 讓渡擔保는 "대물변제의 예약"을 포함하지 않는 것으로 해석하여 왔기 때문이다.

76) 金鼎鉉(주 48. 反省과 再構成), 338면 이하.

託行爲)에 제607조, 제608조를 적용시킴에 있어서 취한 인식은 信託行爲가 제 3 자관계에 있어서 絶對的으로 債權者에게 所有權取得의 효과가 발생한다는 기초적인 출발점을 망각하고 그 논리를 전개해 온 것이라는 점을 지적하지 아니할 수 없다."

그리하여 모든 變則擔保에 민법 제607조, 제608조의 적용이 있다는 입장을 전제로 하면 讓渡擔保 기타 權利移轉型 擔保의 내용은 다음과 같은 것이 된다, 또는 되어야 한다.[77] 우선 대내적 효력으로서, 강약의 유형 여하를 불문하고 채권자는 채무자에게 소유권 주장을 할 수 없게 되고 채무자는 제608조의 '담보로서의 효력'을 주장하여 淸算金의 支給과 引渡와의 同時履行의 抗辯權을 행사할 수 있다. 다음 대외적 효력으로서 채권자는 제 3 자에게도 그 소유권을 주장할 수 없다. 다만 "제608조의 한계로 인"하여, 虛僞表示의 제 3 자 보호규정, 즉 민법 제108조 제 2 항의 적용을 받아, 선의의 제 3 자는 보호를 받는다. 그러면 "讓渡擔保에는 무엇이 남는가. 양도담보를 擔保物權(제한물권)의 一種으로 파악할 수밖에 없는 가능성 하나만이 남는다."

그리고 假登記擔保에 관하여는 다음과 같이 말한다. 우선, 우리 나라에서 假登記擔保라는 담보권 개념을 설정할 수 있는 것은 민법 제607조, 제608조를 전제하여야 가능하다.[78] 그 경우 經了된 假登記는 담보의 목적으로 행한 매매예약·"대물변제의 예약" 중에서 민법 제607조, 제608조에 의하여 부인되는 부분을 제외한 나머지 부분, 즉 "擔保契約"만을 공시하는 것이라고 이해하여야만 가등기담보가 성립할 수 있기 때문이다. 나아가 이 경우 本登記請求를 하는 것은 귀속청산의 방법으로 가등기담보권을 실행하는 것이므로, 처분청산은 원칙적으로 허용되지 않는다고 한다. 그리고 「假登記擔保法」을 제정할 필요에 대하여 다음과 같이 말한다.[79]

77) 金鼎鉉(주 48. 反省과 再構成), 340면.
78) 金鼎鉉(주 48. 反省과 再構成), 341면.
79) 金鼎鉉(주 48. 反省과 再構成), 344면 이하.

"위에서 파악된 우리 민법하의 소위「假登記擔保」는 이것이 민법 제607조, 제608조의 產物이고 위와 같은「假登記擔保」를 실행하려면, …當事者 사이의 淸算問題, 제 3 자와의 관계에서 발생하는 여러 가지 이해조절의 문제, 즉 당해 부동산에 관하여 登記簿上 利害關係를 가지는 先順位·後順位權者, 一般債權의 任意 또는 强制競賣의 신청이 있는 경우 위「假登記擔保權」의 優先辨濟權을 위 절차 범위 내에 참가시킬 것인가 하는 여러 가지 복잡한 문제가 야기된다. 물론 이러한 문제점들은 이들 合理的인 解釋論으로 해결할 수는 있다. 그러나 위 문제점들은 이를 解釋論에 전적으로 위임하기에는 너무나 많은 문제를 다시 야기시킬 可能性이 있고, 또 우리 나라 判例理論 자체가 현재 제608조의 解釋에 관한 커다란 오류에서 벗어나지 못하고 있으므로, 그럴 바에야 차라리 그 구체적인 절차와 방법을 立法的으로 해결하여 이를 하루 빨리 정착시켜야 할 필요성이 있다. 여기에서 제607조, 제608조의 具體的인 實行節次法으로서의「假登記擔保」의 입법적 근거를 찾을 수 있다 할 것이다"(점선은 인용자에 의하여 생략된 부분이다. 이하 같다).

이 論文에서 제안된 解釋論 그리고 가등기담보에 관한 立法論이 개정심의위의「(假稱)假登記擔保 등에 관한 法律(制定試案)」에 전적으로 채택되었다. 실로 日本假擔法에 전적으로 의존하였던「假登記擔保法試案」이 '독자적인' 모습을 가지게 된 것은 위 논문에 유래하는 것이라고 감히 추측하여 본다.[80] 이 논문은 당시의 법상태에 대한 ―뒤에서 보는 대로 정당한― 불만에서부터 출발하여 이를 改革하고자 하는 정열의 所產이라고 생각된다. 가령 다음과 같은 주장을 들어보자.[81]

"1960년대 후반기 이후부터 우리 社會의 급속한 產業化란 社會現象의 격변의 와중에서 오는 社會生活의 多樣化·複雜化·知能化의 새로운 현상 앞에 民法의 理念인 正義가 能率的으로 실현되지 못하고 있는 奇現象에 직면하고 있다. 그 대표적인 예를 지적한다면,…家屋과 垈地를 擔保로 잡고 金錢을 차용하였는데 몇 개월 안 가서 그 元利金의 몇 배를 초과하는 가액의 擔保目的物을 그대로 橫取당하는 일 등이라 할 수 있다.

위와 같은 不動產詐取, 억울한 賃借人의 사정, 假登記 등 擔保形式으로

80) 金鼎鉉(주 48. 反省과 再構成), 345면 : "위 法(假登記擔保法)의 規定內容은 제607조, 제608조의 母法의 規定을 大前提로 하고, 위 規定의 趣旨에 맞게 立法作業을 하여야 할 것이며, 단순한 外國法의 模寫는 禁物이다."

81) 金鼎鉉(주 48. 反省과 再構成), 302면 이하.

인한 채무자측의 비극 등은 우리 사회에서 오래 전부터 紙上을 어지럽혀 왔음은 이미 익히 알고 있는 公知의 사실이고, 우리 모두가 이제 이러한 현상에 무감각해져 있는지도 모른다. 그러나 오늘도 매일 위와 같은 不條理가 正義를 표상하는 法의 이름으로 선언되고 집행되고 있다.

위와 같은 現象은 일부는 立法의 不在에 있고, 또 일부는 종래의 法律解釋學의 徒弟方式에 따르는 듯한 오류에 있는 것일는지도 모른다.

여하튼 위와 같은 현실이 우리 國民의 私法生活의 근본을 파괴하고 서민 대중의 保護라는 正義社會 구현의 施政目標에 적합하지 못하게 됨을 통감하게 되자, 政府에서도 1981年 成長沮害 法令의 整備事業의 일환으로 民法과 그 附隨法令의 정비, 개정작업을 서두르기에 아르렀다."

그러나 이 論文의 기본취지가 法理論的으로 정당한가, 그에 의하여 실현하려고 하는 政策이 타당한가에 대하여 필자는 뒤에서 보는 대로 의문을 느끼며, 그 "改革에의 意志"는 방향에 착오를 일으킨 것이 아닌가 생각한다.

Ⅳ. 立法過程에서의 論議와 이에 대한 評價

1. 特別法制定의 필요에 대하여

(1) 假登記擔保法에 대한 입법작업이 진행되고 있는 동안에 司法硏修院은 1981년 12월 2일부터 4일까지 "變則擔保"를 주제로 하여 중진 법관 세미나를 개최하였다. 이 세미나에서 郭潤直 教授는 "變則擔保 規制立法에 관한 검토"라는 제목으로 강연을 한 바 있다.[82] 결국 變則擔에 대한 特別法의 제정에 반대하고 민법 제607조, 제608조의 改正으로 족하다는 견해를 피력하였다. 그 改正私案의 내용은 다음과 같다.[83]

---

82) 그 내용은 郭潤直(주 60), 407면 이하.

83) 郭潤直(주 60), 431면. 동 교수는 민법 제607조, 제608조의 해석론으로서 제608조의 "효력이 없다"는 것은 "정산하여야 한다"는 의미로 해석하여야 한다고 종전부터 주장하여 왔다. 가령 郭潤直(주 20), 471면; 同(주 47), 220면 참조.

제607조[代物辨濟의 豫約] ① 借用物의 반환에 관하여 借主가 借用物에 가름하여 다른 財物權을 이전할 것을 예약한 경우에 그 재산의 豫約完結 當時의 가액이 借用額 및 이에 붙인 利子의 합산액을 넘고 있으면 貸主는 언제나 그 초과분을 精算하여 借主에게 반환하여야 한다.

② 제606조 및 전항의 규정에 違反한 當事者의 약정으로서 借主에게 불리한 것은 어떠한 명목이라도 그 효력이 없다.

제608조[擔保契約에의 準用] 前條의 規定은 當事者가 債權擔保를 위한 계약을 맺은 경우에 이를 준용한다.

이러한 입장은 非典型擔保에 관한 당시의 법상태, 특히 민법 제607조, 제608조에 관한 判例의 태도에 대하여 "結論에 이르는 이론구성상의 문제를 잠시 제쳐놓고 볼 때에 위와 같은 결론은 매우 타당한 것"임을[84] 전제로 한 것이다. 그리고 그와 같은 결론을 얻기 위한 "理論構成上의 問題"를 해결하기 위하여, 민법 제608조에서 동 제607조의 규정에 반하는 약정은 "그 효력이 없다"라고 한 것을 "貸主는 언제나 그 초과분을 정산하여 借主에게 반환하여야 한다"고 개정하면 족하다고 한다.[85] 아울러 민법 제607조 등의 규정은 立法 당시 代物辨濟의 豫約만을 규제할 목적을 가지고 있었으나, 이를 "變則擔保 일반에 적용될 수 있는 원칙이 담긴 것"으로 개정하여야 한다는 것이다.

이에 대하여 立案者인 黃迪仁 敎授, 그리고 金鼎鉉 당시 부장판사는 판례가 비전형담보에 관하여 취하는 결론이 부당하다는 입장에 서 있는 것으로 생각된다.[86] 그 "부당성"의 요점이 바로 앞서 본 假登記擔保法의 立法理由에 제시되어 있는 것들이다.

(2) 필자는 不動產非典型擔保에 관한 당시의 법상태는 반드시 만족스러운 것은 아니며, 개선되어야 할 여지가 있는 것이었다고 생각한다.

84) 郭潤直(주 60), 416면. 다른 한편 뒤의 註 97 본문에서의 인용도 참고하라.

85) 그 외에 채무원리금과 부동산 가액과의 비교의 기준시점을 "예약 당시"로 하지 말고 "예약 완결 당시"로 하자는 주장이 포함되어 있다.

86) 또한 李時潤(주 48), 344면은 위 註 52 本文에 인용한 글에서 "假登記擔保가 현재 暴利行爲의 代名詞로 평가되고 있다"고 한 뒤, 이어 "日本의 假登記擔保法의 導入의 無用論은 이 점을 看過하고 있는 것 같다"고 郭敎授의 입장을 비판하고 있다.

위 Ⅱ.2.에서 본 여러 가지 폐해는 분명히 존재하였고, 또 法院은 오랫 동안 이 폐해를 匡正하고자 하는 노력을 별로 기울여 오지 않았던 것이다.[87] 따라서 이러한 旣成의 法狀態를 수정하고자 한다면, 그 취할 방도는 立法밖에 없었다고도 할 수 있을 것이다.

그러나 立法이 필요하다는 것과 立法을 할 수 있다 또는 바람직한 立法이 가능하다는 것과는 별개의 문제이다. 입법수단으로 당시의 법상태를 修正하려고 할 때에는 반드시 다음과 같은 점이 고려되어야 할 것이다. 즉, 무엇보다도 對象을 법적으로 파악하는 思考上의 道具, 즉 非典型擔保에 관한 有用하고 설득력 있는 法槪念, 法學的 構成이 획득되어 있었는가 하는 것이다.

당시 학설이나 실무측에서 양도담보의 "擔保權的 構成"이 하나의 유행처럼 고창되었었다. 가령 종래 양도담보에 관하여 소위 信託的 讓渡說을 소위 授權說 또는 關係的 歸屬說[88]에 대하여 적극 옹호하고 있던 분[89]은 1975년에 이르러 "擔保權的 構成의 可能性"을 제시하였었다.[90] 그리고 1975년에 새로이 출간된 物權法 敎科書[91]는 양도담보의 법

87) 여기서 대비되는 것은 일본에서 그 假擔法의 제정에 이르기까지의 법상태이다. 일본에서는 最高裁判所가 1967년 11월 16일 판결(「民集」 21권 9호 2430면) 이래 1974년 10월 23일 大法廷判決에 이르기까지 假登記擔保의 여러 가지 측면에 관하여 그 때마다 소위 담보적 구성을 구체화하는 획기적 태도를 밝힘으로써 판례가 그만큼 집적되어 왔다. 그러므로 日本假擔法에 관하여는 "判例法理를 집약하는 形態로 立法되었다"는 설명이 가능한 것이다. 宇佐見(주 61), 127면 참조.

88) 金曾漢(주 6), 663면 참조. 후에 소위 "解除條件附 所有權移轉說"로 改說하였다. 金曾漢, 「物權法(下)」, 1970, 270면 이하 참조.

89) 郭潤直(주 6), 476면 이하.

90) 郭潤直, 「物權法」, 全訂版, 1975, 653면 이하 : "소유권이전의 擔保라는 목적에서 본다면 필요 이상의 것을 채권자에게 주는 것이어서 합리적이라고 할 수 없다. 바꾸어 말하면 양도담보에 의하여 慣習法上의 특수한 담보물권이 채권자를 위하여 설정된다고 하는 것이 합리적일 것이다.… 양도담보를 이와 같이 법률상 담보물권적인 것으로 이론구성한다면, 양도담보의 설정에 의하여 양도담보권자는 말하자면 '準抵當權'(양도저당의 경우) 또는 '準質權'(양도질의 경우), 이들을 통틀어서 '讓渡擔保權'이라고 부를 수 있는 일종의 관습법상의 담보물권—그 실행에 있어서 법률이 정하는 경매절차에 의하지 않는 것—을 취득하고, 讓渡債務者는 그러한 양도담보권에 의하여 제한되어 있는 所有權을 보유하는 것이 된다. 이는 양도담보의 실질에 매우 합리적인 구성이라고 말할 수 있다.… 요컨대 동산의 경우를 제외하고는 양도담보를 일종의 담보물권으로 구성하는 것이 가능하며, 그것이 종래의 信託的 讓渡說보다는 합리적이라고 생각한다. 이 문제는

률구성에 관하여 (i) 信託的 所有權移轉說, (ii) 解除條件附 所有權移轉說, (iii) 制限物權說[92]의 셋을 들면서, "법적 구성의 초점을 '所有權의 讓渡'에 맞출 것이 아니라, '擔保'를 위한 權利의 讓渡 또는 創設을 중시함으로써도 법적 구성은 불가능하지는 않을 것"이라고 하면서, "가장 포괄적이고도 평명한 이론구성"으로서 制限物權說을 택하였다.[93)]

앞으로 더 연구되어야 할 것이기는 하나, 이러한 구성 즉 擔保物權的 構成이 가능함을 유의하여야 한다." 그리고 이어서 "그러한 법률구성이 아직 확립되어 있지는 않으므로," 종래와 같이 신탁적 양도설에 따른 설명을 한다고 한다. 그러나 이와 같이 그것이 "가능"하고 또 "보다 합리적"이라면 그 法構成을 택하지 않을 이유가 어디 있겠는가?

그러나 郭潤直 교수는 1980년에 출간된 「物權法」, 全訂增補版, 626면 이하에서는 讓渡擔保의 법률적 구성에 대한 "각 理論의 檢討"를 행하면서, 담보물권적 구성에 대하여는 "그 理論이라는 것이 너무 漠然하며, 앞으로 나아갈 하나의 方向提示로서는 몰라도, 現實의 理論으로서 받아들이기 어렵다"고 하고(627면), "아직은 信託的 讓渡理論보다 합리적이라고는 할 수 없는 것 같다"고 하여, 결국 "가장 오랜 歷史를 지니는 信託的 讓渡理論이 현시점에서는 그런 대로 讓渡擔保의 이론으로서 무난하다고 하여야 한다"고 결론지었다(629면). 뒤의 註 97의 본문 부분에서 인용한 論文과 합하여 推論하여 보면, 同 교수는 이 무렵 일종의 理論轉換을 행한 듯하다.

91) 金容漢, 「物權法論」, 1975, 614면 이하.

92) 金容漢(주 91), 616면은, "이 견해는 독일에 있어서의 소수설에 속하지만 점차 그 지지가 확대되어 가고 있다"고 하면서, Gustav Boehmer, *Grundlagen der bürgerlichen Rechtsordnung*, Bd. 2, 2. Abt. (1952), §29 C 1을 들고 있다. 독일에 이러한 制限物權說이 있다는 설명은 金曾漢(주 88), 270면에 유래한다고 생각된다. 거기서는 뵈머의 위 문헌을 인용하면서, "채권자는 단지 讓渡擔保權(Sicherungseigentum)이라고 부르는 독특한 제한물권을 취득한다"는 입장이라고 설명되고 있다. 그러나 필자가 이해하는 바로는, 뵈머는 制限物權說을 취하지 않는다. 위 문헌의 어디를 읽어 보아도, Sicherungseigentum("SE")이 "독특한 制限物權"이고 "소유권은 여전히 채무자에게 있다"는 설명을 하고 있지 않다. 뵈머는 단지 '전면적 소유권'(Volleigentum)과 '법률이 정하는 점유질권' 사이의 중간현상으로서 새로운 법적 유형, 즉 SE이 생겨났다고 할 뿐이다(S. 148). 이것은 단지 SE의 법적 성질 또는 법률구성을 논하는 부분이 아니며, 讓渡擔保制度가 判例 등에 의하여 법적으로 승인되었다는 설명을 하고 있는 부분이다. 양도담보의 법적 구성에 관하여, 뵈머는 오히려 통설에 좇아 信託的 讓渡說을 택하고 있다. 즉 "實體法的으로 보면, 讓渡擔保에 있어서는, 모든 信託的 權利讓渡에 있어서와 같이, 그 法形式과 法權能이 法目的을 초과함을 부인할 수 없다"(S. 159). 또한 SE는 원래 단지 '양도담보권자가 가지는 소유권'을 의미할 뿐이다. 가령 Hansjörg Weber, *Sicherungsgeschäfte*, 3. Aufl., 1986, S. 97f. 참조. 한편 米倉明, 讓渡擔保その他—非典型擔保, 「ジュリスト」413호(1969), 64면 註 11은 "양도담보설정을 순수한 제한물권설정으로 보는 입장이 독일에서 발견된다"고 하고 Reinhardt/Erlingen, Die rechtsgeschäftliche Treuhand, in: *JuS* 1962, S. 41ff.을 든다(필자는 이 문헌은 아직 입수하지 못하였다). 그러나 거기서도 "극히 간략한 서술이 있음에 불과하다"고 한다. 이 문헌이 나온 이후에도 制限物權說에 대한 "지지가 확대되어 가"는 흔적은 보이지 않으며, 독일의 압도적인 통설은 여전히 信託的 讓渡說을 취한다.

93) 金容漢(주 91), 614면 이하. 그러나 이어서 "양도담보가 종래 관행으로서 발달되어온 만치" 判例理論을 중심으로 양도담보에 관한 설명을 하고 있다.

그러나 이들 문헌을 一讀하면 바로 알 수 있는 대로, "담보권적 구성"이라고 하여도, 그 내용이 主唱者에 의하여 충분히 전개되지는 아니하였고, 하물며 그 法律構成의 논리를 어디까지 관철할 것인가, 그 구체적인 歸結이 어떠한가는 더욱 명확하지 않다. 단지 判例가 취하는 소위 信託的 讓渡說이 法的 形式을 중시하는 데 반하여, 보다 擔保의 實質을 중시하여야 하지 않겠는가, 그러한 방향으로 나아가기 위하여는 양도담보를 擔保權的으로 법률구성하여야 하지 않겠는가 하는 思考의 端緖가 제시된 데 불과한 느낌이 없지 않은 것이다.[94]

그리고 假登記擔保에 관하여는 이것을 讓渡擔保와 비견되는 하나의 독립한 형태의 非典型擔保로 파악하기 시작한 것 자체가 별로 오래 되지 않는다. 우리 나라의 物權法 教科書에 최초로 '가등기담보'가 독립한 單位로서 다루어진 것은 가등기담보법의 立法作業이 시작되기 1년 전인 1980년에 이르러서이다.[95] 가등기담보에 관한 이론적 파악은 기껏해야 이웃 나라 일본에서의 判例와 이에 대한 學說의 동향, 그리고 그 立法의 內容에 관하여 단편적으로 이루어졌을 뿐이다.[96] 그러므로 1979년에

---

94) 이에 관련하여, 일본에서 양도담보의 '담보적 구성'('담보권적 구성'이 아니다)에 관하여, 학설이 극도로 분열되어 있음을 상기하라. 왈, '授權說', '2段物權變動說', '物權的 期待權說', '抵當權說', '擔保權說' 등. 이들에 관하여는 우선 竹內俊雄, 讓渡擔保の法的構成と效力, 「民法の爭點 I」, 1985, 180면 이하 참조. 우리 나라에서는 金鼎鉉(주 48. 判例研究), 45면 이하가 이들 학설을 소개하고 있다. 그리고 이 글은 결론적으로 米倉明, 不動產讓渡擔保と差押の可否, 「私法學の新たな展開」(我妻榮 追悼論文集), 1975, 325면 이하(米倉明, 「讓渡擔保」, 1978, 55면 이하에 의하여 인용한다)에서 전개된 소위 抵當權說에 기울어지고 있다. 그리고 이러한 입장이 "가장 유력설이 되고 있다"고 하면서(54면), 柚木馨/高木多喜男, 「擔保物權法」, 新版, 1973, 583면을 인용하고 있다. 그러나 일본의 학설은 그야말로 暗中摸索의 단계에서 各個躍進하고 있다고나 할 것으로서, 그 상황을 객관적으로 보면, 위의 抵當權說이 "가장 有力하다"고는 도저히 말할 수 없을 것이다.

95) 金曾漢, 「物權法」, 1980, 564면 이하가 최초이고, 또 적어도 立法作業 당시에는 유일한 例이다. 그 외에는 가령 "대물변제의 예약"에 관한 설명에서 "그 자체가 獨立해서 일종의 物的 擔保制度로서 활용되기도 한다"고만 설명되고 있다. 郭潤直, 「債權總論」, 全訂版, 1976, 441면 이하 참조.

96) 姜秉燮, 假登記擔保에 관한 약간의 고찰, 「司法論集」 8집(1977), 49면 이하가 "일본의 학설·판례를 고찰"하고 그 결과를 "우리 나라의 法解釋에 적용하는 문제"를 살펴 보고, "가등기담보는 하나의 독립한 物的 擔保制度로 파악하는 것이 타당하다"는 결론을 낸 바 있다. 그 이외에 李鍵浩, "假登記擔保 試論," 서울변호사회 등 편, 「實務研

"대물변제의 예약"에 관하여 나온 다음과 같은 지적은 지극히 적절한 것으로 생각된다.[97]

"무엇보다도 우리는 代物辨濟豫約을 일종의 擔保契約이라고 하지만, 그 擔保契約에 의하여 債權者는 하나의 「擔保物權」을 취득하는 것으로 보느냐의 여부가 가장 根本的인 문제이다. 만일에 이를 긍정한다면 그 公示方法·擔保物權에 관한 일반 원칙의 적용 여부·優先辨濟의 方法·다른 擔保權者와의 관계 등등의 복잡하고도 어려운 문제가 줄줄이 등장한다. 만일에 代物辨濟豫約에 의하여 일종의 擔保權이 設定되는 것으로는 보지 않는다고 하더라도 여전히 문제가 있다. 예컨대 현재와 같은 精算理論으로서는 當事者 사이의 관계가 공정·원만히 해결하지 못하는 유감이 있다. 判例나 解釋論으로 처리하는 데는 限界가 있으며, 그 해결책이 철저하지도 않다. 여기서 특히 고려되어야 할 것은 代物辨濟豫約이 이제는 우리 사회에서의 擔保手段으로서 주류를 이루고 있다는 점이다.

이상의 사실을 종합할 때, 이제 우리는 다시 한 번 새 立法을 할 것인가 아닌가의 갈림길에 서 있는 게 아닌가 싶다. 그러한 새 立法을 한다고 해도 방법이 또한 문제가 된다. 日本에서와 같은 特別法을 制定하느냐 또는 민법 제607조, 제608조를 비롯하여 관련되는 몇몇 제도에 관하여 손질하고 補强하는 民法 기타의 法律의 改正을 하느냐가 문제된다. 어느 길을 택하든 우리는 그 선택에 앞서서 단단한 준비가 필요하다. 준비란 다름 아니라, 代物辨濟豫約에 관한 철저한 調査와 問題點의 부각, 그리고 그에 대한 合理的 規制方案의 수립이다."

이와 같이 讓渡擔保나 假登記擔保에 관하여 이를 합당하게 처리할 법적인 思考道具는 아직 숙성하지 않았었다고 할 것이다. 그렇다면 입법의 필요가 있다고 하여, "우월한 隣邦法律文化의 정신적 외판원"이 되어야 하겠는가? 그나마 그 중의 어떠한 意見을 그 長短을 충분히 음

究」 1輯(1979), 65면 이하는 가등기담보의 법적 처리에 있어 당면하는 여러 문제, 가령 담보권의 양도, 실행(본등기청구절차 기타) 등을 검토하고, 정당하게도 "가등기담보는 담보적 성격과 이를 제약하는 비담보적인 가등기 본래의 특수요소들이 착종하여 여러 가지 해결해야 할 어려운 문제들을 제기한다"고 끝맺고 있다. 또한 金駿洙, 假登記擔保의 實行에 따른 諸問題, 同書, 87면 이하도 있다.

97) 郭潤直, 代物辨濟의 豫約에 관한 硏究, 서울대학교 「法學」 19권 2호(1979), 32면 이하.

미·토론하는 일도 없이 언필칭 성장발전저해요인을 제거한다고 하여 우리의 法律에로 格上시켜 實定化하여야 하겠는가? 여러 가지로 복잡한 생각이 往來하나, 적어도 非典型擔保에 대한 포괄적인 입법에 착수할 것은 아니었다고 생각된다.

2. 假登記擔保權의 公示方法에 관하여

앞서 본 강연에서 郭潤直 敎授는 소위 假登記擔保權의 公示方法에 관하여 試案의 태도를 비판하고 있다.[98] 그 요점은 다음과 같다. 첫째, 假登記로 擔保物權을 공시하는 것은 종래의 지식으로써는 이해할 수 없고, 假登記의 본래의 기능에 비추어 납득할 수 없다. 둘째, 가등기담보권의 공시방법으로서의 가등기에 관하여 특별한 규정을 둔 것이 아니어서, 이를 통상의 가등기와 서로 구별할 수 없게 되어 있는데, 그렇다면 利害關係人은 登記簿 외의 자료에 의하여 權利關係를 확인할 수밖에 없으니 이는 公示라는 면에서 중대한 흠이 있다. 셋째, 制限物權의 등기는 등기용지의 乙區欄에 하게 되어 있고, 所有權移轉請求權 保全을 위한 가등기는 甲區欄에 하므로, 가등기를 담보물권의 공시방법으로 할 수 없다. 넷째, 擔保物權에는 양도성이 있으므로 假登記擔保權에도 양도성이 인정될 터인데 그 양도의 공시방법으로서 ―대법원이 인정하지 않는― 假登記의 假登記를 인정할 수밖에 없고, 이는 등기용지의 갑구란을 복잡하게 만들어 등기부의 명료성의 요구에 역행하게 된다는 것이다.

이에 대하여 黃迪仁 敎授는 이 점에 관하여 "論議"가 있었음을 전한 후, 결국 '가등기담보권'의 공시방법에 관하여 별다른 법적 조치를 취하지 아니하고 통상의 가등기에 의하도록 한다는 태도를 취하였다고 한다. 그러한 태도를 취한 이유는 다음과 같다.[99]

98) 郭潤直(주 82), 429면 이하.
99) 黃迪仁(주 40), 286면 이하.

"첫째, 실제에 있어서 假登記擔保는 高利貸金業者가 債務者에게 돈을 꾸어줄 때 이용하는 것인데, 法이 債權額을 登記하도록 규정했다고 해서 과연 채권자가 債權額을 정직하게 登記簿上에 표시하겠느냐는 것이고, 둘째, 假登記擔保의 경우에 登記簿에 채권액을 표시하도록 하면 적어도 登記簿上은 典型擔保인 抵當權과 대부분 같아지게 되는데, 非典型擔保인 假登記擔保는 사회에서 가급적 이용되지 않는 것이 바람직하기 때문에, 실질적으로 抵當權과 같게 하는 것은 문제점이 있다고 판단해서 ―公示方法이 不完全한 점은 當事者들이 典型擔保의 길을 택하는 계기가 될 수 있다― 日本法과 같은 입장을 취한 것이다.…결국 어떤 부동산에 假登記가 경료된 경우에 債權者(假登記權利者)는 청구권보전의 假登記라고 하고, 債務者(假登記義務者)는 擔保假登記라고 주장하는 경우에는 당사자 간의 입증의 문제로 귀착하고, 또한 假登記가 되어 있는 不動産에 대하여 後順位抵當權者 또는 傳貰權者가 競賣를 신청해온 경우에, 법원은 假登記權利者에게 신고할 것을 최고함으로써 어떤 목적의 假登記인지가 드러나게 된다(法案 제16조 제1항)."

한편 담보가등기 및 그에 기한 本登記節次에 관하여 새로운 登記實務指針이 세워졌음은 위 Ⅱ.4.(1)에서 본 바와 같다. 그러나 그것이 가등기담보권에 관한 公示方法으로서 충분하다고는 할 수 없을 것이다. 첫째, 위의 등기지침은, 代物返還의 豫約을 원인으로 하는 가등기신청 및 그에 기한 담보가등기에 한정되어 적용된다. 그러므로 어떠한 가등기가 擔保의 목적으로 이루어졌다고 하더라도, 당사자들이 그 가등기신청을 함에 있어서 그 등기원인을 대물반환의 예약으로 기재하지 않고,[100] 가령 賣買豫約으로 기재한 경우에는, 위와 같은 지침은 적용되지 않는 것이다. 둘째, 위 지침의 적용을 받는 가등기의 경우에도 가령 被擔保債權額 등은 등기사항이 아니므로 擔保權의 公示로서 충분하다고 할 수 없다. 셋째, 위 지침은 擔保假登記의 경우에만 적용이 있고, 擔保本登記의 경우에 대하여는 아무런 언급이 없다.

100) 李孝鍾(주 58), 283면 註 7도 "실제로는 반드시 그 指針대로 登記目的이 明示되어 本來의 假登記와 구별될 것으로 기대할 수는 없다"고 한다.

3. 擔保假登記에 기한 本登記節次에 관하여

법무부로부터 개정심의위에서 작성된「가등기담보법 제정시안」에 대한 의견제출을 의뢰받은 大韓辯護士協會는, 그 법률의 "制定趣旨에 찬동"하면서도, 검토·수정되어야 할 몇 가지 점을 지적하는 의견(이하 "변협의견")을 회신하였다.[101] 그 중 특기할 만한 것은 假登記에 기한 本登記節次에 관한 의견과 提訴前和解에 관한 의견이다.[102]

우선 가등기에 기한 본등기절차에 관하여 보기로 한다. 辯協意見에 의하면 "假登記擔保法은 이에 앞서서 부동산등기법 중 가등기의 본등기경료절차에 관한 관계 조문의 개정이 있어야만 그 제정이 가능한 것"이라고 한다. 가등기에 기한 본등기절차에 관한 당시의 대법원판례의 태도(즉 본등기의무자와 본등기권리자가 공동신청을 하면 그대로 본등기가 경료되고, 동시에 그 가등기된 청구권과 양립할 수 없는 권리에 관하여 가등기 후에 이루어진 등기를 그대로 職權抹消한다는 태도)를 그대로 두고서는 현실적으로 後順位權利者를 보호할 수 있는 장치가 없다는 것이다. 왜냐하면 등기의 외형만을 보아서는 그것이 담보가등기인지 통상의 가등기인지 알 수 없고, 등기공무원은 그를 심사한 권한도 없으므로, 본등기의무자, 즉 채무자가 본등기권리자, 즉 담보가등기권리자에 협력하여 本登記申請을 하는 한 후순위권리자의 등기는 職權抹消되어 버릴 것이기 때문이다. 그리하여 辯協意見은 부동산등기법 제62조의 2를 새로이 두어, 일본 부동산등기법 제146조 제 1 항과 같이 소유권에 관한 가등기를 한 후 본등기를 신청하는 경우에는 同法 제171조를 準用하도록 함으로써 "등기상 利害關係 있는 제 3 자의 承諾書"를 첨부하자는 것이다.

---

101) 그 내용은「大韓辯護士協會誌」1982년 7 월호, 73면 이하 참조.

102) 그 외에 試案 제 5 조(가등기담보법 제 5 조와 동일하다)의 態度는 "理論上 難點"이 있고, 또 後順位權利者 등이 제시한 請求는 明細와 證書만으로 판단하는 것은 二重辨濟의 危險이 있으므로 後順位權利者에게 物上代位의 절차를 밟도록 하여야 한다는 —필자에게는 타당하다고 여겨지는— 것 등도 지적하고 있다.

그러나 이 주목할 만한 견해에 대하여는 입법과정에서 별다른 대응이 이루어지지 않았다. 다만 이 점에 대하여, 法(정확하게는 法律案)은 淸算期間制度 및 歸屬實行時의 後順位權利者에의 通知 등을 정하고 있기 때문에, "구태여 가등기권리자에게 부담만 주는 승낙절차를 이중으로 신설할 필요가 없다"는 설명이 있다.[103] 물론 채무자가 담보등기권자의 본등기청구를 거부하는 경우에는 권리자가 그러한 절차를 밟아야 하므로 문제가 없다고 할 수 있을는지 모르나, 채무자가 권리자에게 협력하는 경우에는 위와 같은 문제가 여전히 남으므로 위와 같은 설명이 충분한 것인지는 의문이다.

4. 提訴前和解의 效力에 관하여

假登記擔保法의 制定에 관한 논의가 시작될 때부터 그 법률의 實效性을 달성하기 위하여는 提訴前和解에 대하여 절대적 旣判力을 인정하는 종전의 대법원의 태도를 수정하는 일정한 입법적인 조치가 필요하다는 주장이 있었다.[104] 채권자는 담보가등기를 한 후 그 가등기에 기한

103) 黃迪仁(주 45), 83면.

104) 李時潤(주 48), 365면 이하; 兪炫(주 50), 246면 이하. 또한 郭潤直(주 60), 424면, 431면도 동지. 그러나 後者의 "제소전 화해로써 流擔保의 목적을 달성하"고 있다는 서술에는 의문이 있다. 제소전 화해는 단지, 채무자의 채무불이행에 대비하여 가등기에 기한 본등기와 목적물의 인도를 미리 확보하기 위한 수단에 불과하다고 생각된다. 제소전 화해조서에 기하여 본등기 및 인도가 이루어졌다고 하더라도, 채권자는 목적물을 "차용물에 갈음하는" 것으로서 확정적으로 취득할 수는 없으며, 채무자는 채무원리금을 변제하고 그것을 '환수'할 수 있다. 同旨 : 金容喆, 基調演說, 「變則擔保」(주 24), 18면 이하; 金駿洙(주 96), 89면. 大法院 1981. 4. 14. 판결 80다714사건(集 29-1. 149)은 가등기담보권자가 제소전화해조서에 기하여 본등기를 한 사안에 대하여, "소위 假登記擔保權者가 담보부동산에 대한 시가를 평가하여 자기의 소유로 귀속시키려면 그 擔保物에 대한 시가를 適正價格으로 평가한 후 그 대금으로써 被擔保債權의 元利金과 債務者가 부담할 비용 등을 충당하고 나머지 金員이 있으면 이를 債務者에 변제 또는 辨濟供託하는 등 精算節次를 거쳐야 할 것이고 정산절차를 마치지 않는 상태에서는 아직 그 被擔保債權이 소멸되었다고 볼 수 없다"고 判示하고 있다. 이 判決은 假登記에 기해 所有權移轉의 본등기를 마쳤어도 채권자가 채무자에게 청산금을 변제 또는 공탁하지 아니하는 한 채권자는 완전한 所有權을 취득할 수 없으며, 이 때의 本登記는 擔保目的의 所有權移轉登記로 보아야 할 것이고, 아직 被擔保債務가 소멸되지 아니하였기 때문에 채무자가 元利金

本登記節次와 目的物引渡를 용이하게 하기 위하여 그러한 내용의 提訴前和解를 하는 경우가 대부분이었던 것이다. 따라서 1982년 6월 완성된 개정심의위의 시안 제19조는 "이 법에 저촉되는 내용의 裁判上和解는 그 訴訟上 효력이 없다"고 규정하고 있었다.

그런데 辯協意見은 이 규정에 대하여 "강력하게 반대하는 바"라고 한다.[105]

> "試案 제19조는 '이 法에 저촉되는 내용의 裁判上和解는 그 訴訟上 效力이 없다'고 되어 있는바, 이에 강력히 반대하는 바이다. 위 試案은 裁判上和解調書에 관한 民事訴訟法 제206조에 예외를 인정하겠다는 취지이나, 그렇게 되면 民事訴訟法의 旣判力制度 전체의 기반이 동요될 것이다.…假登記擔保法에 저촉되는 내용의 和解調書에는 旣判力, 執行力이 없다고 한다면 民事訴訟法의 대원칙에 구구한 예외를 인정하는 것이 될 것이고 이러한 예외를 인정하기 시작한다면 旣判力制度로써 달성하려고 하는 법적 안정은 도저히 보장할 수 없게 될 것이다. 실제 운용면에 있어서 當事者處分權主義를 인정하는 民事訴訟에 있어서 訴訟當事者가 法廷和解를 하겠다고 하면 法院은 假登記擔保法에 위반되는 여부에 관계 없이 위 和解를 막을 방법이 없고, 이와 같이하여 和解調書가 작성되어 나와 이에 관련된 다른 사건에 사용된다면 그 다른 사건에 있어서 새삼스럽게 일일이 위 和解調書의 效力을 심리하지 아니하면 아니될 것이고 이렇게 된다면 紛爭이 紛爭에 꼬리를 물고 일어나 도저히 그 해결을 볼 수 없는 혼란에 빠지고 말 것이다. 이것은 또한 旣判力뿐만 아니라 執行力에 있어서도 마찬가지이다. 和解調書를 執行機關에 제출하고 執行을 申請하는 경우에 執行機關은 그 執行을 하여야 할 것인가, 말아야 할 것인가? 和解調書 自體에 假登記擔保에 위반되는 여부의 區分表示가 되어 있는 것도 아니고 執行機關이 일견하여 이를 알아볼 수 있는 것도 아니며, 또한 執行機關에 위 違反與否의 審査權을 주는 것도 적당치 아니한 것이므로 도대체 和解調書로써 執行申請을 하는 경우 執行機關은 어떻게 처리할지 갈피를 잡을 수 없을 것이다. 試案은 아마도 高利貸金業者가 항상 쓰고 있는 提訴前和解調書를 염두에 두고 위와 같은 條文을 설치한 것으로 보이나 法廷和解調書에는 반드시 위 試案이 염두에 두고 있는 것만 있는 것이

을 채권자에게 返濟하면 目的不動產을 환수할 수 있다는 判例로 이해되고 있다. 李時潤(주 48), 363면 이하; 李孝鍾(주 58), 280면 註 6도 同旨.

105) 辯協意見(주 101), 75면.

아니고 천태만상의 여러 가지 法律關係가 다 포함되어 있는 것이므로 위 高利貸金業者가 쓰는 和解調書의 한 가지 면만 보고 다른 法律關係의 면, 예를 들면 和解調書에 기재된 權利를 확실히 실현시켜 債權者를 보호하여야 할 면 등을 도외시하는 것은 法의 보편성을 외면한 것이라 아니할 수 없다."

試案 제19조에 대하여 立法意見은 "본법의 규정에 반하는 裁判上和解의 旣判力과 執行力을 그대로 인정한다면 本法의 强行性은 유명무실하게" 된다는 것이었다.[106] 만일 그렇다면 이 試案條項이 삭제된 것은 쉽게 이해할 수 없는 바인데, 立法關與者는 同條가 삭제된 채로 법안이 국회에 제출된 후에, "상기와 같은 법안 제19조의 규정의 필요성을 인정하나, … 현단계에서는 법원에서 擔保假登記의 경우 所有權移轉의 提訴前和解를 인정하는가 않는가는 법원에 맡길 수밖에 없다"고 한다.[107]

V. 假登記擔保法의 基礎에 대한 疑問

1. 民法 제607조, 제608조의 解釋

(1) 민법 제607조, 제608조가 다른 나라에서 그 입법례를 찾아볼 수 없는 극히 유니크한 規定임은 論者들이 일치하여 지적하고 있다. 그리고 그 존재를 강조하고 그 입법취지를 나름대로 해석함으로써 그 규정을 바탕으로 한 여러 가지 立論이 이루어지고 있음은 주지하는 대로이다. 그러나 필자가 이해하기로는 위 두 規定의 입법배경에 관하여 충분한 음미가 이루어지지 아니한 채로 각자의 주관적 문제의식 아래 위 규정에 접근하였기 때문에 위 규정의 바른 의미가 곡해된 점이 있고, 그러한 곡해는 假登記擔保法이 민법 제607조, 제608조의 "實行節次法"으로서 제정되었기 때문에 가등기담보법의 기초와 관련되는 극히 중대한

106) 意見照會用試案(주 26), 97면.
107) 黃迪仁(주 45), 84면.

문제를 가져온 것이 아닌가 생각된다. 이하에서는 민법 제607조, 제608조가 가등기담보법의 전제가 될 수 있는가 하는 점을 중점적으로 살펴보기로 한다.

(2) 우리 민법 제607조, 제608조는, 입법과정에서 그 규정에 붙여진 標題("대물반환의 예약")가 시사하는 대로,[108] 依用民法이 시행되고 있던 당시 "代物辨濟의 豫約"이라는 이름으로 불리고 있던 일정한 형식의 거래를 규율하려는 것이다.[109] 이에 관한 규율을 두기로 하는 결정이 입법과정의 어느 단계에서 이루어졌는가는 考據할 자료가 없다. 가령 民法典編纂要綱[110]에는 이 점에 관하여 아무런 언급이 없다.

그러나 국회에 제출된 民法案은 그 제596조와 제597조에서 민법 제607조, 제608조에 대응하는 내용을 정하고 있다. 案 제596조는 민법 제607조와 완전히 일치하고, 제597조는 "前 2 條의 규정에 반한 當事者의 約定으로 借主에 불리한 것은 讓渡擔保, 還買 기타 여하한 名義라도 그 효력이 없다"는 것이었다.

그런데 민의원 법사위 민법안심의소위의 심의과정에서 案 제597조에 관하여, 그 중 '讓渡擔保'를 삭제하자는 修正案이 성립하였다(법사위 수정안 제128호).[111] 그 이유는 "草案은 양도담보에 관한 규정을 設하지 하니하였으므로 이러한 용어를 돌연 사용하는 것은 概念의 明確을 缺한다"는 데 있다.[112] 이 수정안이 본회의에서 채택되어, 현재의 민법 제608조가 성립된 것이다.

108) 민의원 법제사법위원회 민법안심의소위원회 편, 「民法審議錄」, 上卷, 1957(이하 "審議錄 상권"), 351면 하단 참조.
109) 朴禹東, 民法 제607조, 제608조에 관한 諸問題, 「法曹」 13권 9호(1964), 30면, 33면은 "대물반환"은 민법 제607조 등이 신설된 이후 비로소 등장한 용어로서, "대물변제의 예약" 가운데 소비대차에 수반한 예약을 일컬어 "대물반환의 예약"이라고 부른다고 한다.
110) 梁彰洙, 民法案의 成立過程에 관한 小考, 서울대학교 「法學」 30권 3·4호(1989), 211면 이하(本書 100면 이하) 참조.
111) 1957년 「제26회 국회정기회의속기록」 42호 부록, 91면.
112) 「審議錄」 상권(주 108), 352면 상단.

이 규정들에 대하여 民法案審議錄은 "초안 제98조, 제99조[현행민법 제103조, 제104조] 등과 동일한 정신에서 나온 것으로서 타당하다"고 하여,[113] 이들은 폭리행위를 금지하는 규정으로 이해되고 있다.

(3) "代物辨濟의 豫約"이라는 형식의 계약은 일본에서 1910년대에 이미 나타났다고 하는데,[114] 빈번하게 이용되기에 이른 것은 제2차 세계대전 후라고 한다.[115]

이러한 "代物辨濟의 豫約"은 동일한 債權의 擔保를 위하여 설정된 抵當權의 목적물에 대하여 약정되는 일이 많았다고 한다.[116] 그렇게 함으로써 목적물의 價額의 高低에 따라 채권자에게 유리한 선택을 할 수 있기 때문이다. 즉, 목적물의 가액이 채권액보다 많으면 대물변제의 예약을 이용하여 목적물 자체를 차지할 수 있고, 목적물의 가액이 債權元利金에 부족한 것이 판명된 경우에는 "대물변제의 예약"을 완결하지 아니하고(이를 完結하는 意思表示를 하면, 債權이 소멸하게 되어 不利하다) 저당권만을 實行함으로써 채권의 일부를 회수하고 나머지는 채무자의 一般財産으로써 만족을 얻는 방식을 택할 수 있는 것이다. 이러한 저당권 설정에 병용되는 "대물변제예약"의 慣行은 실질적으로 流抵當의 목적을 달성하게 되는데, 원래 流抵當約定 자체에 대하여 판례가 일찍부터 이를 有效라고 해석한 것[117]과도 관련하여, 그러한 관행 자체를 법적으로 규

113) 「審議錄」 상권(주 105), 352면 상단. 학설도 이와 같이 해석하고 있다. 郭潤直(주 20), 468면; 金容漢(주 20), 575면("제607조, 제608조는 제103조, 제104조에 대한 특별규정으로 보는 것이 타당하다").

114) 郭潤直(주 97), 9면. 한편 우리 나라에서 抵當權과 併用되지 않고 "代物辨濟의 豫約"만을 하고 假登記를 하는 去來慣行이 널리 행하여진 것은 1960年代에 들어와서부터라고 한다. 郭潤直(주 3), 579면 참조.

115) 宇佐見(주 61), 115면.

116) 宇佐見(주 61), 115면. 필자의 推測으로는, 애초에 "代物辨濟의 豫約"이라는 法形式이 이용된 것은 다음과 같은 사정 때문이다. 즉 抵當權設定의 當事者들이 流抵當特約을 하였어도 流抵當特約은 登記事項이 아니어서, 이를 등기하여 제3자에 대항할 方途가 없었으므로, 이러한 內容을 등기할 수 있는 手段으로서 抵當權設定契約과 아울러 별도의 "代物辨濟의 豫約"이라는 契約을 체결하고, 그로부터 발생하는 "將來의 所有權移轉登記請求權"을 保全하기 위한다는 名目으로 假登記를 하는 것이다. 그것이 어느 정도 慣行化되자, 이제는 "代物辨濟의 豫約"이 독자적인 行步를 개시한 것이다.

117) 애초에 日本大審院 1897년 12월 8일 판결(「民錄」 3집 11권 36면)은 "소위 抵當直流

율하려는 노력은 행하여지지 않았다. 이러한 형식의 약정이 依用民法 제482조에서 정하는 "代物辨濟"의 "豫約"으로서 유효한 것에는 별다른 의문이 없었다.[118)]

그러나 "대물변제의 예약"이 유효하다고 하여도,[119)] 그것이 실질적으로 債權擔保의 목적을 위하여 이용된 것이라면, 채권자로서는 채권의 만족을 얻으면 족한 것이고, 그 가치가 債權額을 넘는, 경우에 따라서는 그 몇 배에 이르는 목적물을 차지한다는 것은 합리적이라고는 할 수 없을 것이다. 그리하여 "대물변제의 예약"이 재판상 문제가 된 경우에는 채무자측에서 그 약정의 효력을 다투는 일이 극히 많았고, 특히 目的物의 價額이 債務元利金을 훨씬 상회하는 경우에는 반드시라고 해도 좋을 만큼, 이 약정은 暴利行爲로서 無效라는 주장이 제기되었다. 依用民法에는 폭리행위를 무효로 하는 明文의 規定(우리 민법 제104조와 같은)이 없었으나, 그러한 法理는 소위 公序良俗 違反의 한 형태로서 學說·判例上 확고한 지위가 인정되어 있었다. 그러나 어떠한 법률행위가 폭리행위로서 무효가 되기 위하여는, 객관적으로 給付와 反對給付 사이에 현저한 不均衡이 있는 것만으로는 부족하고, 그 외에 채권자가 계약을 함에 있어서 채무자의 窮迫·輕率 또는 無經驗한 상태를 알고 이용하였다는 소위 주관적 요건이 학설이나 판례에 의하여 요구되었고, 다른 한편 그러한 主觀的 要件은 채무자에 의하여 입증되어야 한다는 것이었다. 이러한 폭리행위의 판단기준은 "代物辨濟의 豫約"에 대하여도 마찬가지로 적용되었다.

로 하는 합의는 條理가 허용할 수 없다"고 판시한 바 있으나, 同 1908년 3월 11일 판결(「民錄」 14집 313면)에 이르러 그 유효성을 인정하였다.

118) 日本大審院 1919년 2월 26일 판결(「民錄」 25집 68면)은 "이러한 계약은 특별히 법률이 금하는 바가 없으므로 계약자유의 원칙에 비추어 그 효력을 부정할 필요는 없는 것"이라고 한다.

119) 필자는 통상 "代物辨濟의 豫約"이라고 불리는 계약유형은 그 법률상 성질이 "예약"이 아니라, 본계약이라고 생각한다. 그에 관하여는 우선 梁彰洙, 他人의 物件에 관한 代物辨濟契約上의 責任, 「民事判例硏究」 12집(1990), 125면 이하 참조. 그렇기 때문에 지금까지의 서술에서 대물변제의 예약에는 특히 引用附號를 붙여 왔던 것이다.

이러한 법상태는 依用民法 시행 당시의 우리 나라에서도 마찬가지였다. 가령 大法院 1957. 2. 23. 판결 4289民上611사건(「판례총람」 3-1(A). 256)은 "대물변제의 特約이 公序良俗에 반하여 無效라 하려면 채무액이 목적물의 가액에 비하여 현저하게 균형을 잃을 정도로 저렴하고 계약이 채무자의 경솔·무경험 또는 급박한 곤궁에 乘하여 체결되었음을 주장·입증하여야 할 것"이라고 判示하고 있다.[120] 구체적인 예를 보면, 大法院 1959. 7. 23. 판결 4291民上618사건(集 7. 168)은, 債權額의 약 7배가 되는 목적물에 관하여 "대물변제의 예약"을 한 사안에서, 原審이 "담보목적물의 가격과 채권액의 비율이 수 배에 달하고 극도로 불균형한 경우에는 그 자체에 의하여 계약의 체결에 있어서 채무자의 경솔·무경험 또는 급박한 곤궁에 乘한 것이라고 추정할 것"이라고 하여 위 約定을 무효라고 하고 채권자의 目的物引渡請求를 棄却하였으나, 大法院은 "원고가 피고의 경솔·궁박 등에 乘하였느냐 아니냐의 문제는 此를 주장하는 피고에 있어서 주장책임이 있는 것이고 가격 불균형 자체로써 此를 추정할 수 없는 바"라고 하여 원심판결을 破棄하고 있다.

이러한 "代物辨濟의 豫約"에 관한 法狀態를 배경으로 하면 민법 제607조, 제608조의 規律意圖는 명백하게 된다. 그 規定들은 "대물변제의 예약"의 暴利行爲에 관한 일반법리의 적용을 배제하고 그것이 無效가 되는 경우를 客觀的 要件만에 의하여 정하려고 하는 것이며, 또한 이 경우에는 그 客觀的 要件을 극히 嚴格한 內容으로 못박으려는 것이다.

이와 같이 민법 제607조, 제608조를 폭리행위법리의 특칙으로 이해한다면, 위 規定들은 채권자가 소위 精算義務(또는 청산의무)를 부담하는 경우에는 적용이 없다고 하여야 한다.[121] 왜냐하면 그 경우에는 채권자

120) 그 외에 大法院 1958. 4. 3. 판결 4290民上648사건(서울대학교 법학연구소 편, 「註釋 韓國判例集」, 民事編 Ⅲ, 46면); 同 1959. 8. 27. 판결 4291民上472사건(同書, 48면)도 같은 뜻을 판시하고 있다. 또한 流抵當約定에 관하여 大法院 1956. 11. 1. 판결 4289民上378사건(同書, 45면)도 동지.

121) 日本의 경우에도 채권자의 정산의무를 인정하면, 폭리행위 여부를 논할 필요가 없다고 한다. 宇佐見(주 61), 120면; 生熊(주 10), 243면 참조.

가 목적물을 확정적으로 취득한다고 하더라도 이는 어디까지나 精算義務의 負擔이 있는 취득이므로, 경제적으로 보면 그에게 아무런 暴利도 돌아가지 않기 때문이다. 따라서 가령 양도담보의 유형 중에서 판례에 의하여 원칙적인 모습이라고 인정된 소위 精算型 讓渡擔保에 위 규정의 적용이 없음은 명백하다. 依用民法 시행 당시에도 大法院 1956. 6. 14. 판결 4289民上173사건(集 4-2. 52)은 "債務의 辨濟를 담보하기 위하여 債權者에 대하여 債務者의 물건의 所有權을 이전하거나 기타 財產權을 讓渡함에 있어서 채무자가 辨濟期에 변제하지 아니하여 移轉한 物件 또는 讓渡한 權利를 代物辨濟로 할 것을 약정하지 아니한 경우에는 그 담보로 이전한 物件 또는 讓渡한 권리의 價額이 債務額에 비하여 현저히 高價라 할지라도 公序良俗에 위반한 무효한 契約이라 할 수 없을 것"이라고 판시하고 있는 바이다. 그리고 이러한 이치는, 처음에는 담보의 목적으로 假登記가 이루어졌으나 채무자가 履行期에 辨濟하지 않음으로써 그 假登記에 기한 本登記가 이루어졌더라도 채권자가 精算義務를 부담하는 경우에는 마찬가지라고 할 것이다.[122] 그리고 우리 판례는 주지하는 대로, 양도담보의 경우 원칙적으로 이를 精算型 讓渡擔保라고 하고, 또한 가등기담보의 경우에도 "대물변제의 예약의 형식으로보다도 매매예약의 형식으로 이루어지고 있는 것이 실태"라고 한다면[123] 역시 채권자는 精算義務를 부담하는 擔保契約을 맺은 것으로 보아야 할 경우가 많을 것이다. 그렇다면 우리 나라에서 不動產에 관한 非典型擔保의 대부분은 민법 제607조, 제608조의 적용을 받지 않는다고 하여야 할 것이다.[124]

(4) 민법은 이 점을 論議의 餘地 없이 명료하게 밝히고 있다. 민법

122) 위 註 104 참조.

123) 李時潤(주 48), 365면.

124) 위 註 64에서 본 대로 大法院判例는 流擔保約定이 있는 경우에만 민법 제607조, 제608조의 적용을 긍정하며, 이는 오히려 특별히 들어 말할 필요가 없을 만큼 당연한 것이다. 대법원판결을 하나만 들어 두기로 한다. 大法院 1966. 9. 6. 판결 66다981사건(集 14-3. 9): "본건의 경우에 당사자 간에 특히 변제기에 債務辨濟를 하지 아니하면 채권채무관계는 소멸되고 부동산의 소유권이 확정적으로 채권자에게 귀속된다는 명시의 특약이 없는 이상 대물변제의 예약이 있었다고 인정할 수 없으므로, 원심이 본건 채무를 담보하기 위

제607조는 "借用物의 반환에 관하여 借主가 借用物에 갈음하여 다른 재산권을 이전할 것을 예약한 경우"에 대하여서 적용이 있다고 정하고 있다. "차용물에 갈음하여"라고 하고 있으므로, 위 규정의 적용이 있으려면 채무자가 원래의 차용물과 다른 재산권을 이전하는 것이 "借用物의 履行을 擔保하기 위하여"가 아니라 "借用物에 갈음하여" 하는 것이어야 한다. 바꾸어 말하면, 채무자가 "다른 財産權"을 현실로 이전하면 원래의 債務가 소멸되기로 하는 내용의 約定이어야 한다. 따라서 그 이후에는 채권자는 채무자에 대하여 채무의 이행을 청구할 수 없으며, 이미 被擔保債權이라는 것은 존재할 여지가 없는 것이어야 한다. 그러므로 원래의 給付와 다른 財産權이 채권자에게 이전되었음에도 불구하고 채권자가 채무자에 대하여 여전히 원래의 債務의 履行을 청구할 권리를 가진다고 하면, —이를 뒤집어서 말하면— 채무자가 債務元利金을 辨濟하여 그 목적물의 "還受"를 청구할 수 있다고 하면, 이는 그 "다른 재산권의 이전"이 "차용물에 갈음하여" 이루어진 것이 아니므로, 위 규정은 이러한 계약에 적용이 없는 것이다.

물론 그렇다면, 이미 "다른 財産權"이 채권자에게 양도된 경우, 즉 讓渡擔保의 경우에는 위 규정은 아예 적용이 없는가 하는 의문이 있다. 왜냐하면 민법 제607조는 "… 다른 財産權을 移轉할 것을 豫約한 경우"라고 정하고 있으므로, 이미 다른 재산권이 이전된 경우에는 적용이 없다고 해석할 여지가 있기 때문이다. 그러나 양도담보의 경우에도 위 규정의 적용이 있다고 해석하는 것이 判例(위 註 64 참조)·通說임은 주지하는 대로이다(또한 위 I.(2)의 "셋째"에서 본 대로 賣渡擔保의 개념을 부인하는 경우에는, 還買約定이나 再賣買의 豫約이 그 權利行使期間 내에 債務를 변제하지 않으면 그 目的物로써 債務履行에 갈음한다는 취지이면, 이는 流擔保約定으로서 민법 제607조의 적용이 있다고 할 것이다). 여기서 주의할 것은 민법

한 소유권 이전등기절차를 이양하였음이 매도담보에 그치는 것이고 代物返還契約이 있었다고 인정되지 아니한다는 이유로 민법 제607조를 적용할 수 없다고 단정하였음은 정당하다."

제607조는 讓渡擔保라고 하면 어느 경우에나 적용이 있는 것이 아니라, 流擔保型 讓渡擔保의 경우에만 적용된다는 것이다. 왜냐하면 이 경우에만 채권자의 폭리행위를 규제할 필요가 있기 때문이다. 민법 제607조가 讓渡擔保에 적용이 있다는 것은, 同條의 要件을 충족하면 양도담보에도 同條가 적용될 수도 있다는 것이지 양도담보에는 어느 것이나 당연히 동조가 적용된다는 것은 아니다.[125]

양도담보에는 어느 경우에나 民法 제607조의 적용이 있다는 입장[126]은 민법 제608조가 "還買 기타 如何한 名目이라도"라고 하는것을 그 이유로 든다. 물론 거기서 말하는 "名目" 속에 양도담보가 포함됨은 위 (2)에서 본 立法經過로부터도 명백하다. 그러나 그 文言의 뜻은 어디까지나 讓渡擔保라도 그 목적물을 "借物用에 갈음하여" 취득하는 내용인 경우, 즉 流擔保하려는 경우에는 "效力이 없다"는 것이지, 讓渡擔保이기만 하면 "效力이 없다"는 것은 아니다.

또한 위 입장에서는, 讓渡擔保의 경우에는 ―判例의 입장에 따르면― 언제나 제 3 자관계에서는 目的物을 確定的으로 취득하므로 그 類型 如何를 불문하고 代物辨濟의 豫約의 존재를 긍정할 수 있다고 한다.[127] 그러나 "代物辨濟의 豫約"이 존재하느냐 여부는 채권자가 제 3 자에 대한 관계에서 所有權을 취득하느냐에 의하여 決定되는 것이 아니라, 債務者가 채무불이행을 한 경우 目的物이 "借用物에 갈음하여" 債權者에게 취득됨으로써 ―양도담보의 경우에는 還受의 여지 없이 確定的으로 취득됨으로써― 債權者와 債務者 사이에 이미 債權債務關係가 없게 되는 것으로 約定하였느냐에 의하여 決定되는 것이다. 만일 債權者가 양도담보에 의하여 目的物을 제 3 자관계에서 確定的으로 취득하였더라도, 債務者가 債務元利金을 변제하면 債權者가 그 목적물을 반환하여야 할 關係라고 한다면, 이 경우에 "代物辨濟의 豫約"이 존재할 여지는 없는

125) 黃迪仁(주 45), 69면은 이 점을 오해하고 있다고 생각된다.
126) 金鼎鉉(주 48. 反省과 再構成), 338면 이하. 위 註 74의 본문 참조.
127) 金鼎鉉(주 48. 反省과 再構成), 339면. 위 註 76의 본문 인용부분 참조.

것이다.

말하자면 民法 제607조, 제608조는, 그 外延을 확장하더라도 流擔保約定을 포함하는 擔保契約의 경우에만 적용이 있으며, 流擔保約定은 바로 위 규정의 適用限界라고 할 것이다. 가령 精算型 讓渡擔保의 경우에 債權者가 목적물을 제3자에게 처분하면 그 제3자는 그 목적물을 確定的으로 ―즉 還受당할 여지 없이― 취득한다고 해도, 債權者는 여전히 債務者에게 精算義務―또는 그와 내용을 같이하는 損害賠償 또는 不當利得返還의 義務―를 부담하므로, 그 目的物이 "借用物에 갈음하여" 채권자에게 이전되었다고는 할 수 없는 것이다.

(5) 이렇게 보면 민법 제607조, 제608조는 不動産에 관한 權利移轉型 擔保에 관한 새로운 규율의 기초가 될 수 없음은 분명하다고 생각된다.

위 民法規定들은 부동산에 관한 權利移轉型 擔保去來 중에서 그 작은 일부분, 즉 流擔保約定을 포함하는 것만을 그 적용대상으로 한다. 그러므로 만일 위 규정들의 적용을 받는 경우만을 새로운 입법의 대상으로 한다면(실제로 적어도 문언상으로 假登記擔保法은 이러한 태도를 취하고 있다), 실제에 있어서 보다 빈번하게 발생하는 精算型의 權利移轉擔保去來를 규율범위의 밖에 방치하는 결과가 된다. 假登記擔保法의 입법이유(위 Ⅲ.(2) 참조)에서 말하고 있는 권리이전형 담보에 대한 현재의 법상태의 부족한 점은 精算型에 있어서도 마찬가지로 지적될 수 있는 것들이다. 그렇다면 당연히 이들에 대하여도 새로운 규율이 적용되도록 하여야 하는 것이다. 그런데도 假登記擔保法은 민법 제607조, 제608조의 "實行節次法"이라는 관점에서 마련되었기 때문에, 애초에 출발점이 잘못된 것이라는 것이 필자의 생각이다. 이러한 잘못된 출발점은 현행의 假登記擔保法에 대하여 이론적 기초를 제공하였다고 추측되는 論文이 민법 제607조, 제608조의 적용범위를 부당하게 확대하고 있었던 데 그 이유가 있었다고 보여진다. 그러나 민법 제607조, 제608조가 소위 變則擔保 전반에 대하여 열쇠를 쥐고 있었던 것은 결코 아니고, 오히려 통상적인 變則擔保 = 精算型 權利移轉型擔保에 대하여는 위 규정들은 전혀 적용이 없는 것이다.[128]

2. 讓渡擔保에 관한 規律

(1) 위에서 본 대로 가등기담보법은 擔保의 목적으로 假登記가 經了된 경우에 대해서뿐만 아니라 이미 본등기가 경료된 경우에 대하여도 규율하고 있다. 그 규정의 요점은 이미 소유권등기가 채권자 앞으로 경료되더라도 소유권은 이전되지 않으며, 소유권이 이전되려면 일정한 清算節次를 거치고 清算金을 지급하여야만 한다는 것이다. 그렇다고 해서 그 소유권등기가 무효인 것은 아니고, 債務者는 債務元利金을 지급하지 않는 한 그 抹消를 청구할 수 없다(제12조 참조).

이러한 가등기담보법의 양도담보에 대한 規律內容에 대하여는 여러 관점에서 평가가 가능하다. 우선, 그 규율의 斷片性을 지적할 수 있다. 立法은 원칙적으로 그 규율대상을 포괄적·전면적으로 다루어 관련되는 문제에 관하여 가능하면 빠짐없이 그 규정으로부터 대답을 얻을 수 있도록 함으로써 法的 安定性을 도모하여야 할 것임은 물론이다. 그런데 가등기담보법의 양도담보에 대한 규율은 지나치게 부분적·단편적이어서, 양도담보와 관련된 각종의 어려운 문제는 여전히 學說·判例에 맡겨진 채로 남아 있다. 위 Ⅳ.1.에서 본 대로 양도담보에 대한 槪念的·構成的 把握이 충분하지 아니한 상태이었으므로, 그렇게 되지 않을 수 없었다고 할 것이다.

---

128) 이것은 현재 효력을 가지고 있는 假登記擔保法의 해석으로도 그렇게 보아야 한다고 말하는 것은 아니다. 法律의 文言 그리고 立法者의 誤謬에도 불구하고, 법적 처리의 균형상 정산형 비전형담보에도 假登記擔保法은 擴張適用 또는 類推適用될 수밖에 없다고 생각된다.

그리고 보다 중요한 것은, 그나마 가등기담보법이 정하는 규율내용에 ―적어도 입법론적으로― 쉽사리 찬성할 수 없다는 점이다. 위와 같이 所有權登記는 유효하게 경료되어 있으나 所有權은 그 登記名義者 앞으로 이전되지 않는다는 법상태를 어떻게 파악할 것인가? 이에 대하여 立法關與者는 "결국 양도담보의 法律的 構成에 관하여 擔保物權說을 취하는 것"이라고 밝히고 있다.[129] 그러나 필자는 이러한 입장을 취한 데 대하여 현저한 의문을 품는다.

(2) 입법과정에서도 이 점과 관련한 批判이 있었다.[130] 그 요점은 다음과 같다. 첫째, 讓渡擔保는 擔保目的物의 소유권을 이미 채권자에게 이전하여 놓고 있는 것으로, 이미 다시 所有權移轉이 되어 있는 물건에 대하여 새삼스럽게 다시 소유권이전문제를 운위하는 것은 있을 수 없다. 假登記擔保法(당시는 試案 또는 法案)의 태도는 "民法의 形式主義의 대원칙에 근본적으로 도전하는 규정이고 또 무시하는 규정이다."[131] 둘째, 讓渡擔保에 있어서 淸算金의 支給을 포함한 淸算節次의 이행 없이는 소유권이 이전되지 않는다면 부동산을 취득하려는 제3자는 물건이 양도담보의 목적물인 여부와 청산절차를 거쳤는지 여부를 일일이 조사하고 난 후 취득하여야 한다는 결과가 되는데, 이는 실제 거래에 있어서 거래의 안전과 원활을 해치게 된다는 것이다.

(3) 우선, 첫째의 점에 대하여 立法關與者는 假登記擔保法의 태도

129) 黃迪仁(주 45), 69면. 또한 앞서 본 대로 假登記擔保法에 이론적 기초를 주었다고 추측되는 논문도 이 경우의 소유권등기명의자, 즉 채권자의 법적 지위에 관하여 "讓渡擔保를 擔保物權(제한물권)의 一種으로 파악할 수밖에 없는 可能性 하나만이 남는다"라고 하는 것에 관하여는 위 註 77의 본문 부분 참조. 또한 가등기담보법이 시행된 후에는, 종전에 소위 信託的 讓渡說에 기한 설명(이에 관하여는 위 註 90 말미 부분 참조)을 하던 분도, 담보의 목적으로 소유권등기를 이전받은 채권자의 지위를 제한물권을 취득한 것으로 구성한다. 郭潤直(주 3), 684면 참조.

130) 辯協意見(주 101), 76면; 朴斗煥, 假登記擔保法案, 「大韓辯護士協會誌」 1983년 2월호, 26면 이하; 同所, 34면의 토론 중 安二濬 발언 참조.

131) 安二濬(주 130), 34면.

를 다음과 같이 옹호하고 있다.[132)]

> "大法院判例에 의하면 讓渡擔保에 대해서도 민법 제608조가 적용된다는 것인데, 民法 제608조의 요건이 충족되는 한 채권자가 채무자로부터 그의 不動產의 所有權移轉登記를 해 받았다 하더라도 이것은 無效라고 보아야 할 것이다. 제608조가 「그 효력이 없다」고 하였기 때문에, 判例는 채권자가 所有權移轉登記를 해 받았다 하더라도, 채권자가 제 3자에 轉賣하기 전까지는, 채무자가 채권자에게 元利金만 돌려주면 所有權을 되찾을 수 있다고 하는 것일 것이다. 이러한 근거에서 法案 제 1조와 제 3조는 讓渡擔保의 경우 채권자가 所有權移轉登記를 하고 있더라도 「실행통지와 淸算節次를 거쳐야 한다는 것」이다. 判例도 「債權擔保를 위하여 債務者가 그 所有不動產을 債權者名義로 移轉하였다면 … 약한 의미의 讓渡擔保라고 推定」하고 있고, 「약한 의미의 讓渡擔保에 있어서 대내적으로는 所有權은 이전하지 않는 것」이다. 이와 같이 所有權移轉登記를 했더라도 대내적으로 이전하지 않는다는 것은 민법 제186조의 形式主義에는 일견 어긋나는 것이지만, 채권자가 所有權移轉登記를 하였더라도 제607조, 제608조에 해당하는 한 이와 같이 해석하지 않을 수 없을 것이다. 이와 같은 해석은 결국 讓渡擔保의 법률적 구성에 관하여 擔保物權說을 취하는 것이지만 消費貸借를 원인으로 한 讓渡擔保에 관하여 민법 제608조가 적용된다고 새기는 이상 信託的 讓渡說은 法律上 유지될 수 없고, 따라서 信託登記임을 전제로 제 3자의 善意·惡意를 불문하고 所有權을 취득한다는 解釋論은 성립될 수 없다는 것이다."

이 설명의 가닥을 잡기는 그리 쉬운 것은 아니나, 요컨대 민법 제607조, 제608조의 要件이 충족되면 채권자 앞으로 經了된 所有權移轉登記는 無效이고, 따라서 채권자는 소유자가 될 수 없다는 것이라고 생각된다. 위 1.에서 본 대로, 민법 제607조, 제608조는 流擔保型 讓渡擔保에만 적용되고 精算型 讓渡擔保는 同條의 요건을 충족하지 못하므로 이 경우에도 채권자 앞으로 경료된 소유권이전등기가 무효라고 할 것이냐 하는 문제가 있다. 그러나 이 점은 차치해 두고서라도, 同條가 적용된다는 점에 의문이 없는 유담보형 양도담보의 경우에 채권자 앞으로 경

---

132) 黃迪仁(주 45), 69면 이하. 또한 위 註 67의 본문에서 인용한 黃迪仁(주 40), 268면도 아울러 참조하라.

료된 소유권이전등기는 무효인가? 이 경우에 대하여 종전의 大法院判例는 주지하는 대로, 當事者의 約定 중 "담보의 목적으로 소유권을 경료하기로 한 부분", 즉 '담보계약'은 정산형 양도담보로서 여전히 유효하다고 하여 그 登記의 抹消請求를 인정하지 않는 태도를 취하고 있었다. 그렇기 때문에 위 설명이 인정하는 대로, 그 경우 채무자는 債務元利金을 辨濟하고 그 반환을 청구할 수 있다고 하는 것이었다("정산형" 양도담보!). 그리고 역시 주지하는 대로, 판례는 양도담보에 관하여 信託的 讓渡說을 취하고 있으므로(한편 소유자가 단지 "對內的 關係에서" 소유권이 이전되지 않는 것과 信託的 讓渡說은 충분히 兩立될 여지가 있다고 할 것이다), 역시 위와 같은 경우에 목적물의 소유자는 債權者라는 결론이 된다. 그런데 위 설명은 "민법 제608조가 적용된다고 새기는 이상 信託的 讓渡說은 법률상 유지될 수 없다"고 한다. 그 이유는 무엇일까? 이에 관하여는 설명이 없으므로 확언할 수는 없으나, 이와 같이 "민법 제608조가 적용되는 이상 信託的 讓渡說은 법률상 유지될 수 없다"는 극히 독자적인 견해가 당시 막 발표된 바 있었으므로,[133] 아마도 立法關與者는 이 論文의 입장을 채택한 것이 아닌가 추측된다. 그러므로 이 문제에 관하여는 이 견해를 음미하여 볼 필요에 도달하게 된다.

이 견해의 요점은, 위 Ⅲ. 2.에서 본 대로, 민법 제608조에 의하여 효력이 부인됨에도 여전히 유효한 것으로 남는 擔保契約을 弱한 意味의 讓渡擔保(원래 이 용어가 제창된 때의 의미와는 달리, 여기서는 정산형 양도담보라는 의미이다), 즉 信託行爲로 해석하여서는 안 된다는 것이다. 그와 같이 이해하면, 민법 제608조가 "효력이 없다"라고 하여 채권자의 所有權取得을 부인함에도 불구하고, 결국 채권자의 소유권을 인정하는 것이 되기 때문이라고 한다. 그러나 민법 제608조가 그 효력을 부인하는 것은 "借用物의 返還에 관하여 借主가 借用物에 갈음하여 다른 재산권을 이전할 것을 예약한 경우"의 "당사자의 약정", 즉 "代物辨濟의 豫約"

133) 金鼎鉉(주 48. 反省과 再構成)을 말한다.

뿐이고, 어디에도 그 규정에 의하여 채권자의 소유권 취득 자체가 부인된다고 볼 근거는 없다.[134)]

위에서 본 대로 민법 제607조, 제608조는 "代物返還의 豫約"에 있어서의 폭리행위, 즉 보다 直截하게 말하면, 그 "대물반환의 예약"이 擔保를 위한 것이라면 流擔保型의 權利移轉型 擔保를 막고자 하는 취지의 규정이고, 권리이전형 담보 자체를 禁壓하고자 하는 것은 아니다. 그리고 민법 제608조에 의하여 "대물반환의 예약"이 "효력이 없"게 되었다고 하더라도 論者들은 일치하여 "擔保契約"은 여전히 유효하다고 한다.[135)] 그 경우 이 '담보계약'이 어떠한 내용을 가지느냐에 대하여, 민법 제607조, 제608조는 그것이 流擔保型이어서는 아니됨을 지시할 뿐, 채권자가 권리를 취득하는 것이어서는 안 된다고 하는 것은 결코 아니다. 말하자면 민법 제607조, 제608조는 그 '담보계약'이 채무자의 債務不履行이 있으면 바로 채권자가 확정적인 소유권을 취득함으로써 채권채무관계는 이미 소멸하여 채무자가 아무리 債務元利金을 지급하여도 목적물을 환수할 수 없게 되는 내용이어서는 안 된다고 할 뿐인 것이다.

이와 같이 여전히 유효한 것으로 남은 이 '담보계약'의 내용은 결국, 當事者들의 意思를 존중하여 정할 수밖에 없을 것이다(이에 관하여는 위 I.(2)의 "둘째" 이하를 보라). 그렇다면 그것은 "債權者에게 權利를 移轉하되 債權者는 그 권리를 擔保의 目的으로 保有한다"는 것이라고 하여야 하지 않을까? 이러한 결과가 민법 제138조에서 정하는 無效行爲의 轉換의 법리에 의하여 "그 無效를 알았더라면 當事者들이 意慾하였으리라고 인정되는 다른 法律行爲"로서 도출되든,[136)] 아니면 아예 민법 제608조에 의하여 "효력이 없게" 되는 것은 流擔保의 約定뿐이고 이 무효

134) 金鼎鉉(주 48. 反省과 再構成), 310면은 "제607조의 대물변제예약부분, 즉 소유권 '취득' 부분"이라고 한다.

135) 郭潤直(주 3), 681면 이하; 金鼎鉉(주 48. 反省과 再構成), 310면 참조.

136) 민법 제138조 : "無效인 法律行爲가 다른 法律行爲의 要件을 구비하고 當事者가 그 無效를 알았더라면 다른 法律行爲를 하는 것을 意慾하였으리라고 인정될 때에는 다른 法律行爲로서 效力을 가진다." 朴禹東(주 109), 「法曹」 13권 10호(1964), 38면은 이러한 구성을 시사하고 있다.

인 부분을 規範合致的으로 補充解釋(ergänzende Auslegung) 함으로써 담보를 위하여 권리를 이전한다는 원래의 合意內容으로서 확정되든, 이것이 當事者의 意思에 가장 충실한 것이라고 할 것이다.[137] 그러한 의미에서 大法院이 앞서와 같은 태도를 취한 것도, 그러한 결론에 이르는 思考過程이 엄밀한지 또는 그 과정이 적절히 判決文에 표현되어 있는지 하는 점은 留保하기로 하고, 민법 제607조, 제608조의 취지를 살리면서도 당사자의 意思에 충실하자고 한 것으로서 충분히 수긍될 수 있는 것이다.[138]

그 "담보계약"이 당사자들이 의욕하지 아니한 어떠한 擔保權의 設定을 내용으로 한다고 보는 것은, 非典型擔保에 소위 擔保權的 構成을 주자는 하나의 思考上의 指向(그 當否에 대한 판단은 뒤에서 한다)을 민법 제607조, 제608조를 빌어 實定法의 解釋으로서 억지로 맞춘 것이 아닌

---

137) 위와 같은 태도를 최초로 천명한 李敎明, 民法 제607조와 제608조에 관하여, 서울변호사회 편, 「判例硏究」, 1968, 102면(원래는 「法律新聞」 1963년 11월 18일자 게재)은 다음과 같이 말한다. "608조 末端에 「그 효력이 없다」라는 것은 그 契約 全部가 無效라는 취지가 아니라 이 경우의 當事者의 진실한 의도는 借主는 財產權을 잡히고 돈을 빌려쓰는 데 있고 貸主는 擔保를 잡고 돈을 빌려준 후에 그 元利金을 回收하자는 데에 있는 것이니 이와 같은 契約은 다 법률상 정당한 것이므로 法律이 굳이 이 行爲當事者의 진실한 의사에 부합하고 또한 법률상 정당한 부분까지를 無效라고 하여야 할 理由가 毫無한 것인데 이 境遇는 결국 그 契約은 債權債務를 존속시키고 채무자는 그 債務擔保를 위해 所有權을 채권자에게 讓渡한 것이며(不動產의 所有權移轉登記와 動產의 引渡가 끝난 경우) 債權者는 그 所有權이 債權擔保의 목적범위 내에서만 행사한다는 債務를 債務者에게 부담하고 후일 그 辨濟期에 변제가 없으면 債權者는 그것을 처분하여 自己債權에 충당하고 부족하면 계속하여 債權을 행사하고 代金額에서 殘餘部分이 있으면 이것을 債務者에게 반환하기로 하는 내용의 한도에서 유효한 것으로 하고 그 以外의 부분은 무효인 것으로 解釋하자는 것이다." 朴禹東(주 109), 38면 이하도 동지.

138) 日本最高裁 1963년 1월 18일 판결(「民集」 17권 1호 25면)도 代物辨濟의 約定이 폭리행위로서 무효임을 이유로 채무자가 債權者 名義로 經了된 所有權移轉登記의 抹消를 청구한 사안에 대하여, 原審이 위 대물변제의 약정이 폭리행위로서 무효임을 긍정하고 나아가 원고의 청구를 인용한 데 대하여, 다음과 같이 판시하여 原審判決을 破棄하였다. "위와 같은 사정 아래서 위 채무의 지불에 갈음하여 본건 부동산의 소유권을 채권자에게 취득시키는 뜻을 약정한 것이 公序良俗에 반함은 판시대로라고 하여도, 그 無效가 되어야 할 것은 본건 不動產에 의한 代物辨濟의 約定뿐이고, 그렇다고 해서 본건 讓渡擔保契約 전부를 무효로 하고 전연 無擔保의 貸借로 하는 것은 오히려 當事者의 의사에 맞지 아니한 것인지도 모르며, 當事者로서는 無擔保의 貸借가 되기보다는 적어도 擔保物을 他에 매각하여 賣得金으로부터 본건 債務의 辨濟를 받는다는 방법에 의하여서라도 本件 讓渡擔保契約을 유효로 유지하려고 하는 意思가 없다고는 단정하기 어려운 것이고, 그러한 소위 弱한 讓渡擔保의 효력까지 부정하는 것은 오히려 당사자의 의사에 반하는 결과가 되는 경우도 없다고는 할 수 없다."

가 하는 느낌을 갖지 않을 수 없다.

보다 중요한 것은 "민법 제607조, 제608조가 있는 이상 信託的 讓渡說은 법률상 유지될 수 없다"는 것은 있을 수 있는 하나의 見解에 불과하다는 것이다. 위에서 본 바와 같이 민법 제607조, 제608조가 있어도 "擔保를 위하여 權利를 移轉한다"는 내용의 담보계약은 얼마든지 성립할 수 있다. 또 그와 같은 계약에 의한 權利移轉의 法的 性質에 관하여 역사적으로 信託的 讓渡說이라고 불리우는 見解가 있고, 그것은 독일에서는 지금도 일관하여 通說의 지위에 있고 判例도 그러한 견해를 취하며, 우리 나라에서도 적어도 判例는 그러한 태도를 계속 취하여 왔던 것이다. 그렇다면 민법 제607조, 제608조가 있다고 하여도 信託的 讓渡說은 충분히 유지될 수 있고, 또 유지되어 왔다고 하여야 하지 않을까? 그렇지 않다고 하면 지금까지 적어도 우리 실무는 "法律上 維持"될 수 없는, 즉 法律에 위반되는 판결을 하여 왔다는 셈이다. 물론 實務의 태도에 대하여 비판하는 것은 얼마든지 허용될 것이다. 그러나 그러한 입장이 성립될 수도 있다는 것을 아예 부인하는 입장에서 입법을 한다는 것은 法的 生活의 繼續性, 法的 安定性이라는 면에서도 바람직한 것은 아니라고 생각된다. 그리고 이는 입법작업 당시의 법상태의 폐해를 어떠한 방식으로 시정할 것인가에 관하여 學界나 實務界로부터 아직 광범한 지지를 얻지 못한 어떤 하나의 見解을 성급히 法律의 地位로 格上시켰음을 의미하는 것이다.

(4) 위와 같이 민법 제607조, 제608조가 있는 이상 채권자가 비록 所有權登記를 얻었더라도 그는 所有者가 되지 못한다고밖에 볼 수 없다는 설명에는 의문이 있다. 나아가 보다 적극적으로, 그 경우에 立法關與者는 채권자가 擔保物權을 취득한다고 하는데, 이에 대하여도 의문이 없지 않다. 그 의문은, 위 (2)에서 본 대로, 이는 우리 민법이 不動產物權變動에 관하여 취하는 形式主義의 原則에 반하지 않는가 하는 입법작

업 당시의 비판과도 연결되는 것이다. 의문의 요점은 결국, 所有權登記에 의하여 制限物權으로서의 擔保權이 설정될 수 있는가 하는 것이다.

(a) 민법은 주지하는 대로 등기를 不動產物權變動의 요건으로 하고 있다. 依用民法 시행 당시의 소위 意思主義에서 위와 같은 소위 登記主義로 전환한 이유는 무엇보다도 物權變動의 存否와 時期를 명확하게 하고, 또한 物權의 歸屬이 법률행위 당사자간의 관계와 제 3 자에 대한 관계에 따라 분열되는 사태를 막음으로써 理念型的인 物權概念에 보다 접근한 物權關係를 실현하는 데 있는 것이다.[139] 이와 같은 민법 입법자의 근본적인 결단이 比較法的·法史的으로 수긍할 만한 것임은 두말할 필요가 없으며,[140] 그 취지는 쉽사리 무시될 수 없는 것이다. 그런데 所有權移轉登記는 유효하나 所有權은 이전되지 않는다, 또는 所有權移轉登記에 의하여 制限物權으로서의 擔保權이 설정된다고 하는 法的 構成은 물권변동의 존부와 시기, 그리고 그 내용을 극도로 불명확하게 하는 결과가 되므로, 앞서 본 立法的 決斷에 반함은 물론이다. 특히 부동산에 관한 物權關係를 등기부에 의하여 전적이고 배타적으로 公示하려고 하는 近代法의 理想이라는 관점에서 보면, 위와 같은 법상태는 怪物(monstrum)이라고밖에 할 수 없을 것이다.

(b) 그렇다면 制限物權의 設定을 소유권등기로써 할 수 있는가? 가령 地上權을 설정하기로 합의한 당사자 사이에서 소유권등기가 이전되었다면, 그 소유권등기는 소위 過大登記로서(지상권 설정은 소유권이 가지는 권능의 일부를 이전하는 것이라고도 할 수 있으므로) 지상권 설정의 합의의 범위 내에서는 유효하고 따라서 지상권은 유효하게 설정된 것이라고 할 수 있는가? 단연코 否定되어야 할 것이다. 등기는 物權變動을 公示하여 物權關係를 명확하게 하는 데 그 1차적인 의미가 있는 것인

139) 梁彰洙, 不動產物權變動에 관한 判例의 動向, 「民事判例硏究」 10집(1988), 339면 이하, 특히 356면(本書 193면 이하, 특히 203면) 참조.

140) 이에 관하여는 우선 Bernd von Hoffmann, *Das Recht des Grundstückskaufs*, 1982, S. 15ff., 특히 S. 50ff. 참조.

데, 위와 같은 결과를 容認한다면 물권관계는 오히려 복잡하게 되고 말기 때문이다. 그러므로 위와 같은 경우에 소유권등기는 무효의 등기로서 抹消되어야 하고, 아직 지상권은 설정되지 않았다고 하여야 할 것이다.

이와 마찬가지의 이유로 소유권등기로써 制限物權으로서의 擔保權을 설정할 수 없다고 하여야 한다. 위와 같은 경우의 소유권등기는 過大登記가 아니라 담보권의 공시방법으로서는 無效인 登記라고 하여야 한다. 過大登記는 量의 문제이며, 위와 같이 質的 相違가 있는 경우에는 "과대등기"론을 원용할 여지가 없다.

(c) 우리 나라의 소위 擔保權說에 많은 영향을 미친 것으로 추측되는[141] 일본의 소위 擔保權說(즉, 抵當權說)[142]은, 당사자들의 意思를 "私的 實行을 할 수 있는 擔保權의 設定"에 있다고 解釋하는 데서 출발한다. 그리고 그 眞意의 표시를 위하여 달리 적절한 방법을 발견할 수 없기 때문에 "擔保를 위하여 하는 所有權移轉"이라는 "不完全, 不適切한" 표시를 행한다고 한다.[143]

讓渡擔保契約에 있어서의 당사자의 眞意를 위와 같이 파악할 수 있는가가 애초 문제이다. 이와 같이 해석하는 것은 抵當權說의 主唱者(米倉明)[144]가 먼저 特定動産의 讓渡擔保에 관하여 제창하였던 것이다.[145]

141) 우리 假登記擔保法의 이론적 기초를 제공하였다는 논문은 米倉의 뒤에서 검토하는 논문 또는 그의 견해에 크게 영향을 받았다고 추측된다. 金鼎鉉(주 48. 判例硏究), 44면 이하, 51면 이하; 同(주 48. 擔保權的 構成), 51면 이하 참조. 앞의 註 94도 참조. 그러므로 그 原點에 해당한다고 생각되는 위 견해를 검토해 볼 필요가 있다.

142) 讓渡擔保의 법적 구성에 관한 일본의 여러 학설(위 註 94 참조) 중에서 우리 나라에서 논의되고 있는 것은 抵當權說 또는 擔保權說 정도이다. 그런데 일본에서의 소위 담보권설의 대표자라는(이에 대하여는 竹內(주 94), 183면 참조) 吉田眞澄은 그의 저서 「讓渡擔保」, 1979에서 스스로 "법적 구성의 면에서는 저당권설의 아류 내지 저당권설의 일종"이라고 하고 있다(72면). 따라서 이하에서는 주로 저당권설, 특히 그 주창자인 米倉明의 견해를 살펴보기로 한다.

143) 米倉(주 94), 63면 이하.

144) 이에 관하여는 竹內(주 94), 183면 참조.

145) 米倉明, 讓渡擔保の法的構成に關する一考察——特定動産讓渡抵當について, 「讓渡擔保の研究」, 1976, 44면 이하(원래는 「法學協會雜誌」 91권 3호(1974) 所載) 참조. 그리고 이를 不動産讓渡擔保에도 확장한 것이 위 註 94의 논문이다.

여기서 그의 法律行爲 解釋(즉, 동산양도담보계약이 動產抵當權의 설정을 내용으로 한다는 해석)의 핵심부분, 따라서 그의 法的 構成의 핵심부분을 인용하여 보자. "위 契約은 '擔保을 위하여 所有權을 이전한다'는 것인데, 왜 후반의 '소유권을 이전한다'는 부분만을 떼어내서 이 부분만의 表示行爲라고 解하여야만 하는가? 오히려 표시행위로서는 '담보를 위하여 소유권을 이전한다'는 행위가 존재한다고 보는 것이 솔직할 것이다. 그리고 '담보를 위하여 소유권을 이전한다'라는 표시행위는 '擔保를 위한 所有權' = 動產抵當權 設定의 眞意를 가지고 그것을 표시하는 것으로서 행하여지는 것이다. 당사자는 동산저당권 설정의 의사를 가지고 있으며, 表示行爲에 있어서도 '담보를 위하여 소유권을 이전한다'는 표현을 매개로 위의 眞意가 표현되어 있는 것이다. 요컨대 眞意를 수반한 表示行爲가 존재하고, 虛僞表示는 존재하지 않는 것이다."[146] 그리고 그는 이러한 조작을 당사자 의사의 해석의 차원에서 하고 있기 때문에, 당사자의 의사에 따라서는 채권자에게 所有權을 移轉한다는 계약도 이루어질 수 있다고 한다. 그러나 "設定者 保護의 견지에서, 그러한 '讓渡擔保'는 극히 예외적으로만 인정되어야 할 것이다."[147] 요컨대 위 견해는 "擔保를 위하여 所有權을 移轉한다"는 계약내용에서 우선 "擔保를 위한 所有權"을 적출하고, 이 "담보를 위한 소유권"은 곧 抵當權이라고 본다.

과연 그것이 가능한 意思表示의 解釋인가? 가령 甲이 乙과의 사이에 乙에게 推尋을 위하여 債權을 양도하는 계약을 맺었다면 그 眞意는 "推尋을 위한 債權"을 별도로 乙에게 설정하여 주는 것이어서 채권자는 여전히 甲이라고 할 수 있는가? 또 "擔保를 위한 所有權"이라고 하는 것이 있다면 그것은 왜 하필 抵當權 또는 기타의 무슨 擔保物權이 되어야 하는가? 나아가 表示行爲가 "담보를 위하여 소유권을 이전한다"는 것인데, 眞意가 동산저당권의 설정이라면, 그 표시행위는 바로 假裝行

146) 米倉(주 145), 45면. 이러한 설명은 부동산양도담보에 관하여 米倉(주 94), 64면에서도 반복되고 있다.
147) 米倉(주 145), 46면.

爲, 즉 虛僞表示이다. 地上權을 設定하기로 合意한 당사자들이 所有權을 讓渡한다고 의사표시하였다면, 비록 그것이 "目的物의 利用을 위하여 소유권을 讓渡한다"는 것이라고 하여도, 이는 가장행위가 아니고 무엇이겠는가? 이와 같이 억지이고 있을 수 없는 의사표시의 '해석'을 한사코 감행하는 위 견해의 진정한 속뜻은 바로 뒷부분에서 말한 "設定者保護"에 있다고 생각된다. 그러나 當事者가 진정으로 의욕한 바가 그 당사자에게 불리한 실제적 結果를 낳을 危險을 안고 있다고 해서, 法은 그 진정 의욕한 바의 恣意的 變更, 合意內容에의 介入을 허용하고 있는가? 단연코 아니다(私的自治!). 또한 돌이켜 보면, 讓渡擔保理論의 誕生地인 독일에서는, '설정자 보호'의 필요에도 불구하고, 무슨 이유로 위와 같은 "私的 實行이 가능한 抵當權의 設定"이 당사자의 眞意라고 해석되지 않고 있는 것일까?

(d) 한편 구체적인 法律問題의 해결에 위와 같은 擔保權說이 어느만큼 유용한가를 음미하여 보자.

일반적으로 物件의 所有權이 어떠한 거래의 당사자 중에 누구에게 귀속된다고 볼 것인가를 논하는 實益 중의 하나는 그것이 그 물건이 누구의 責任財産이 되는가를 판단하는 기준을 제공하는 데 있다고 할 수 있다.[148] 그렇다면, 讓渡擔保設定者의 一般債權者가 讓渡擔保權者 앞으로 소유권등기가 되어 있는 목적부동산을 押留·換價하여 자신의 채권의 만족에 충당할 수 있는가? 결론적으로 불가능하다고 할 것이다.[149]

일반적으로 執行債務者 이외의 사람의 명의로 소유권등기가 되어 있

148) C.-W. Canaris, Die Verdinglichung obligatorischer Rechte, in: *Festschrift für Werner Flume*, Bd. 1, 1978, S. 373f.에서 말하는 "物權性의 여러 범주"(Kriterien der Dinglichkeit)로부터 示唆를 얻어, 필자 나름대로 정리한 것이다.

149) 假登記擔保法 제정 후에도, 李孝鍾(주 58), 306면 이하는 "등기원인이 讓渡擔保인 것이 공시되지 않은 단순한 所有權移轉登記인 경우에는 문제이다. 집행절차의 신속과 안정성을 도모하기 위하여 집행대상의 적격성의 판단에 관하여는 일종의 外觀主義를 취하고 있기 때문에 집행을 함에 있어서 집행기관은 그 목적부동산의 집행채무자의 책임재산에 속하는가의 여부는 權利의 外觀, 즉 登記에 의하여 판단되어야 하고 실질적인 소유권의 심사를 할 권한이 없기 때문이다"라고 한다.

는 부동산에 대하여는 强制執行이 불가능하다고 할 것이다(민사소송법 제602조 제1항 제1호 참조). 이 점에 대하여 소위 抵當權說을 취하는 입장에서는 그 경우를 民事訴訟法 제602조 제1항 제2호("등기부에 등기되지 아니한 부동산")에 해당하는 것으로 처리할 것이라고 하고, 집행채무자가 현재 所有名義者에의 등기가 讓渡擔保에 기한 것이고 아직 精算節次를 밟지 않았음을 主張·立證하는 書面을 첨부하여 競賣開始를 신청하면, 執行法院은 競賣開始決定을 하여야 한다고 주장한다.[150] 그러나 위와 같은 경우를 民事訴訟法 제602조 제1항 제2호에 해당한다고 보는 것 자체가 억지인 것으로 생각되고, 나아가 집행법원으로 하여금 위와 같은 당사자 사이의 實體關係를 판단하도록 하면 迅速性이라는 執行節次의 理想이 저해되는 것은 물론이며, 또한 등기부상 소유명의자에게 자기를 위하여 법률상 주장을 할 기회를 부여하지 않고 일방적으로 執行債務者의 주장·입증에 의하여 競賣開始決定을 하는 것은 ――비록 후에 이에 대한 異議申請이 가능하다고 하더라도―― 부당하다고 생각된다. 또 설사 집행법원이 경매개시결정을 하더라도 그 개시결정의 등기가 가능한가는 登記連續의 原則上 지극히 의문이다. 위 學說에 의하면, 그 등기의 촉탁을 받은 등기공무원은 양도담보설정자로부터 채권자로의 소유권이전등기를 말소하고(그로써 설정자의 소유권등기가 현재 효력 있는 등기가 된다) 채권자 앞으로 抵當權設定登記를 한 다음 設定者의 소유권등기에 이어서 위의 경매신청의 등기를 하면 된다고 한다.[151] 이야말로 奇想天外한 發想이라고 하지 않을 수 없다.[152] 일본에서도 위와 같은 學說은 그

150) 米倉(주 94), 96면 이하 참조. 金鼎鉉(주 48. 判例硏究), 44면 이하가 이를 소개하고 대체로 찬성하고 있다.

151) 米倉(주 94), 97면 참조.

152) 李在性, 變態的 擔保와 競賣, 「民事裁判의 理論과 實際」, 제2권, 1976, 15면 이하는 채권자의 소유로 등기되어 있는 부동산에 대하여 擔保設定者에 대한 債務名義를 가지고 바로 强制執行을 할 수 없을 것이나, 담보설정자에 대한 채무명의를 가지고 강제집행을 하는 것을 인용하는 판결을 받은 후에 그 판결과 담보설정자에 대한 채무명의를 첨부하면, 채권자의 소유로 등기되어 있는 채로 강제집행을 할 수 있다고 보아야 한다고 한다. 그러나 이러한 집행을 허용하는 판결을 인정하는 "어떠한 制度的인 手段"이 마련되어 있지 않은 이상, 이 견해도 무리일 것이다.

야말로 少數說에 불과한 것이고,[153] 通說은 讓渡擔保設定者의 一般債權者에 의한 强制競賣申請이 허용될 수 없다는 태도를 취하고 있다.[154]

(5) 나아가, 양도담보의 경우에 채권자가 淸算金支給을 포함한 청산절차를 밟지 않는 한, 소유권등기가 채권자에게 있음에도 불구하고 소유권은 여전히 채무자에게 있다고 하는 假記登擔保法의 태도에 대하여는, 위 (2)에서 본 대로, "거래의 안전과 원활을 해치게 된다"는 비판이 있었다. 이러한 비판에 대하여, 立法關與者는 이러한 문제는 假登記擔保法 제11조, 특히 그 但書 後段에 의하여 대처할 수 있다는 견해이다.[155] 동 제11조는 채무자는 청산금을 지급받을 때까지 그 債務元利金을 채권자에게 지급하고 소유권이전등기의 말소를 청구할 수 있음을 정하고 그 단서에서 "다만 그 債務의 辨濟期가 경과한 때로부터 10년이 경과하거나 善意의 第3者가 所有權을 取得한 때"에는 그렇게 하지 못한다고 한다.

그런데 다른 한편으로 이 단서 후단 규정은 삭제되어야 한다는 주장이 있다.[156] 그 이유는, 위 규정은 결과적으로 非典型擔保의 소유권등기에 公信力을 인정하는 것인데, 우선 이는 다른 경우와 균형이 맞지 않고, 또한 채권자가 그 부동산을 제3자에게 처분해 버리면 채무자는 이미 목적물을 회수할 수 없으므로 가등기담보법을 제정한 목적이 달성되지 않게 되며, 한편 제3자 보호의 필요가 있을 때에는 일본의 判

---

153) 愼悌次, 「擔保物權法」, 1981, 364면도 위 학설에 대하여, "抵當權에의 變更을 無媒介로 인정하는 것에 대하여는 讓渡擔保와 抵當權이 동일한 것이 아닌 만큼, 실체상도 절차상도 여전히 문제를 남기고 있다"고 비판한다.

154) 그보다 먼저 中野貞一郞, 讓渡擔保權者と第3者異議の訴, 「强制執行・破産の硏究」, 1971, 99면 註 5는 부동산의 등기부상의 명의인이 양도담보권자인 경우에 설정자의 일반채권자가 이를 압류하는 일은 실제상 일어날 수 없다고 한다. 또한 我妻(주 19), 642면 : "단순한 소유권이전의 등기를 하는 현재로서는, 등기가 이전된 목적부동산을 설정자의 일반채권자는 압류할 수 없다고 하여야 할 것이다." 나아가 등기원인이 "양도담보"로 되어 있는 소유권이전등기의 경우에도 압류할 수 없다는 견해가 多數를 차지한다. 이에 대하여는 米倉(주 94), 59면 註 1 참조.

155) 黃迪仁(주 45), 70면.

156) 郭潤直(주 23), 55면 이하.

例·通說과 마찬가지로 민법 제108조 제 2 항을 類推適用하면 된다는 데 있다.

이에 대하여 立法關與者는 다음과 같이 말한다.[157] (i) 登記簿의 公信力이란 등기의 부실 여부를 불문하고 등기를 믿은 자를 모두 보호하는 제도이다. 그런데 위 규정은 등기의 공신력과는 관계 없이, 그 전제인 所有權移轉登記의 원인인 거래관계가 擔保냐 아니냐에 관하여 선의인 제 3 자를 보호하는 규정이다. (ii) 채권자가 양도담보의 목적물을 제 3 자에게 처분하더라도 그 제 3 자가 善意인 경우에만 채무자의 還受權이 제한된다. 그런데 목적물은 채무자가 점유하는 경우가 많을 것인데, 그 경우 제 3 자는 목적물이 채권자의 소유로 믿었다고 볼 수 없으므로 惡意라고 할 것이어서, 채무자는 여전히 債務元利金을 지급하고 목적물을 환수할 수 있다. (iii) 위 규정은 민법 제108조 제 2 항을 類推適用하지 않고 그 취지를 법률에 못박아 "直接的으로 또한 自足的으로" 해결한 것이라고 한다.

假登記擔保法 제11조는 직접적으로는, 채무자가 그 債務元利金을 지급하여 목적물을 還受할 수 있는 시기를 정하고 있다. 그런데 동조 단서 후단의 규정은 "善意의 제 3 자가 소유권을 취득한 때"라고 하여, 다른 한편 讓渡擔保權者가 제 3 자에 대하여 한 處分의 效力 如何라는 중요한 문제, 즉 보다 일반적으로 말하면 讓渡擔保關係의 對外的 效力의 문제에 대하여도 간접적으로 규정하고 있는 것이다. 이와 같이 규정을 두는 方式 자체에 투명하지 못한 점이 있다. 실제로 가등기담보의 경우와는 달리 양도담보관계의 對外的 效力에 관하여 假登記擔保法은 위 단서 조항 이외에는 따로 규정을 두고 있지 않다(위 (1)에서 본 "규율의 단편성"!). 그러나 이와 관련하여서는 어려운 문제가 많다. 가령 채권자가 제 3 자에게 소유권양도행위가 아니라 저당권설정행위를 하였다면 그 제

157) 黃迪仁(주 45), 70면; 同, 假登記擔保法 제11조의 解釋, 「民法學의 現代的 課題」(高昌鉉 博士 華甲記念論文集), 1987, 326면 이하 참조.

3자는 유효하게 저당권을 취득하는가, 또는 그 제3자가 善意인 경우에는 어떠한가 하는 문제가 당장 제기된다. 이와 같이 채권자가 制限物權 設定行爲를 한 경우에는 所有權讓渡의 경우와는 달리 채무자의 還受權에는 영향을 미치지 않으므로, 假登記擔保法은 이에 대하여는 간접적으로라도 규정을 두지 않고 있는 것이다.

假登記擔保法은 채권자에게 유효한 소유권등기가 있어도 그는 소유자가 아니라는 태도를 취하고 있으므로, 위와 같은 경우 그의 抵當權設定은 無權利者의 처분으로서 無效라고 하여야 하는 것이 원칙일 것이다. 그러나 다른 한편 제3자가 所有權取得行爲를 하였으면 보호를 받을 수 있으나, 抵當權을 設定받았으면 보호받지 못한다고 하는 것은 균형이 맞지 않는 것으로도 여겨진다. 특히 위에서 본 바와 같이 입법자가 위 但書規定을 민법 제108조 제2항과 같은 의미에서 두었다고 하면, 거기서 말하는 "제3자"를 민법 제108조 제2항에서의 "제3자"와 같이 보고, 위 규정에서 '소유권 취득'을 든 것은 단지 還受權에 영향을 미치는 범위에서 例示한 것이라고 해석할 여지도 있다고 생각된다. 어찌되었든 간에 假登記擔保法 제11조 단서 후단의 규정이 위와 같은 문제를 품고 있음은 분명하다.

한편 양도담보권자가 유효한 소유권등기에도 불구하고 소유권을 가지지 못한다는 跛行的인 법상태를 정한 이유 중의 하나는 —종전의 大法院判例와는 달리— 그가 제3자에게 目的物을 讓渡하더라도 채무자로 하여금 목적물을 환수할 수 있도록 만들어 주는 데 있을 것이다(위 Ⅱ.2. 참조). 그런데 만일 제3자에의 처분이 有效하고 채무자가 더 이상 목적물을 還受해 올 수 없게 한다면, 이는 위와 같은 立法目的을 현저히 沮喪하는 것이 되지 않을까?

이러한 의문이 제기되는 것은 당연하다고 하겠다. 이에 대하여 제3자의 善意 有無에 관한 입증과정을 합리적으로 조정함으로써 대처할 수 있다는 것이 立法關與者의 생각이다. 특히 입법과정에서는 이 점을 의식하여 法律案에는 그 제11조 단서 제 2 문으로 "제 3 자는 그 善意임을 입증하여야 한다"는 규정을 두기까지 하였다.[158] 이 부분은 國會審議段階에서 삭제되었다. 그 이유는 이를 考據할 자료를 얻지 못하였으나, 이러한 입증책임에 관한 규율이 원칙을 벗어난 것이라는 데 있지 않았을까 추측된다. 즉, 만일 위 단서 규정이 민법 제108조 제 2 항과 취지를 같이하는 것이라고 한다면, 同條의 "善意"에 관한 立證責任은 惡意를 주장하는 자가 하여야 한다는 것이 通說이고 判例이므로,[159] 위 단서 규정의 경우에 특히 이를 달리 보아야 할 근거가 희박한 것이다. 특히 소유권등기를 가지는 채권자로부터 권리를 양수한 자의 경우에 악의를 사실상 추정한다는 것은 쉽사리 허용될 수 없을 것이다.[160] 이상과 같은 立法의 沿革이나 立證責任의 一般原則으로 보아 위 단서 규정에서 입증책임은 惡意를 주장하는 자가 부담하여야 한다고 해석될 여지가 있다. 그렇다면 앞에서 본 바와 같이 讓渡擔保를 擔保權으로 法定한 취지는 반감되지 않을 수 없다.

여기서 입법관여자는 위에서 본 바와 같이, 채무자가 점유하고 있는 부동산을 양수한 제 3 자는 惡意로 보아야 한다고 주장한다.[161] 그러나 이 점은 쉽사리 수긍하기 어렵다. 우선, 부동산에 관한 원래의 公示方法이 登記簿이므로 거래당사자에게 부동산의 점유상태를 조사하여 보

158) 黃迪仁(주 45), 77면 참조. 기타 意見照會用試案(주 26), 92면; 黃迪仁(주 40), 277면도 참조하라.

159) 郭潤直, 「民法總則」, 新訂版, 1989, 408면; 金容漢, 「民法總則論」, 전정판, 1986, 292면; 金疇洙, 「民法總則」, 제 2 판, 1988, 311면; 李英俊, 「民法總則」, 1987, 349면; 張庚鶴, 「民法總則」, 1985, 473면; 大法院 1970. 9. 29. 판결 70다466사건(集 18-3. 94); 同 1978. 12. 26. 판결 77다907사건(「要旨集」 민법 제108조 21번) 등. 黃迪仁(주 45), 70면도 위 법률안의 태도는 "선의의 입증책임을…전도"한 것이라고 한다.

160) 민법 제200조 참조. 金鼎鉉(주 48. 反省과 再構成), 336면은 이러한 법리 "역시 극복되어야 할 문제이다. 그러나 현행법상 등기에 '공신력'이 있는 것은 아니므로 위 '선의'의 추정은 필연적이라고 할 수 없을 것"이라고 한다. 그러나 위 문제는 登記의 公信力과는 아무런 관계가 없다.

161) 또 金鼎鉉(주 48. 反省과 再構成), 335면도 "설정자측이 목적물을 명확히 점유하는 이상 대부분의 경우 제 3 자측의 악의는 당연 추정된다고 해하여도 무방할 것"이라고 한다. "명확히 점유"한다는 것은 어떠한 상태를 가리키는 것일까?

지 않았다고 하여 어떠한 不利益을 돌리는 것은 異例的인 일이다. 한편 부동산등기부에 관하여 보면, 위 단서 규정에서의 "善意"란 채권자의 소유권등기가 담보 목적으로 경료된 것인가에 관한 것이라고 한다면, 그 등기가 명시적으로 讓渡擔保를 원인으로 한 것이 아닌 한, 제3자가 등기부를 조사하여 보더라도 그 등기가 담보를 위한 것인지는 도대체 알 수가 없는 것이다. 설사 "제3자는 賣買目的不動産을 누가 점유하고 있는지, 代金淸算이 완결되었는지의 調査義務는 진다고 보는 것이 상식"이라고 하더라도,[162] 위 단서 규정이 善意無過失을 요구하고 있지 않는 한,[163] 위와 같이 調査義務를 게을리 하였다고 하여 제3자를 일반적으로 악의라고 하여 보호의 범위 안에 속하지 않는다고 할 수는 없지 않을까?

이와 같이 보면 채권자가 목적물을 제3자에게 처분한 경우 그 처분이 유효하게 될 여지가 많다고 하면, 讓渡擔保를 擔保權으로 實定化한 취지는 크게 몰각될 수밖에 없다. 그리고 이러한 문제는 애초에 양도담보의 경우에 소유권등기는 유효하게 이전되었으나 소유권은 채권자에게 양도되지 않았다는 구성을 취한 데에 연원하는 것이다.

Ⅵ. 結　　論

(1) 생각하여 보면, 非典型擔保에 관한 立法을 함에 있어서 출발점을 이루는 것은 비전형담보를 邪物로 보아 이를 禁壓하고 종국적으로 物的 擔保制度를 민법이 정하는 擔保物權만에 의하여 운용되도록 할 것인가, 아니면 그것이 그 나름대로 법에 의하여 시인되는, 그러나 典型擔保制度에 의하여는 충족되지 않는 社會的 機能을 수행하는 必要物로

162) 黃仁迪(주 45), 70면.
163) 金鼎鉉(주 48), 335면은 이러한 無過失의 要求는 "제3자에게 지나치게 가혹"하다고 하여 명백히 반대하고 있다.

인정하고 단지 그 폐해를 시정함에 그칠 것인가의 態度決定이라고 하겠다. 우리 나라에서 非典型擔保制度는 가령 독일의 讓渡擔保에 있어서와 같이 非占有動産質을 인정하지 않는 實定法律의 빈 틈을 메우기 위하여 필요한 動産抵當制度로서의 기능만을 담당할 뿐만 아니라,[164] ―또는 그러한 기능보다는 오히려― 抵當權實行節次가 번잡하고 시간이 걸리며 또 그 結果가 擔保權者의 債權을 만족시키기에 충분하지 않은 경우가 없지 않은(各種의 優先特權을 생각하여 보라) 데 대한 不滿을 해소한다는 기능을 담당하고 있는 것이다. 우리 나라에서는 非典型擔保의 목적물이 不動産인 경우가 극히 빈번하다는 것도 위와 같은 사정과 관련된다고 할 수 있다.

그러므로 특히 不動産의 非典型擔保에 관하여 다음과 같은 주장이 나오는 것도 이해될 수 없는 것은 아니다.[165]

> "현재 우리 社會에서 서민이나 중소기업이나를 불문하고 어느 누가 월 5% 내지 10%의 高利를 감당하면서 그 이득을 얻거나 살아 남을 企業이 있

164) 독일에서는 不動産讓渡擔保는 행하여지지 아니한다. 그러므로 양도담보에 관한 독일의 문헌은 부동산양도담보에 대하여는 언급하지 않는 것이 보통이다. 그러나 이것은 "계약실무에 대한 서술일 뿐, 기술적 가능성을 배제하는 것은 아니"라는 견해가 있다. MünchKomm/Quack(주 21), Anhang §§ 929-936 RdNr. 6(S. 762). 그에 의하면 부동산양도담보가 행하여지지 않는 것은 주로 경제적인 이유, 즉 세금과 비용이 현저하게 많이 든다는 이유에 기한 것이며, 그 외에 부동산에 관하여는 '擔保를 위한 土地債務'(Sicherungsgrundschuld)라는 매우 유사한 담보장치가 있기 때문이라고 한다. 그러나 土地債務나 抵當權에 대한 約款統制가 진전되면 장래의 계약실무에서는 부동산양도담보가 그 회피수단이 될 수있을 것이라고 한다. 그러나 이 점에 관하여는 달리 논한 문헌을 발견하지 못하여 판단을 내리기 어렵다. 독일민법의 해석으로는 부동산양도담보는 허용되지 않는다고 볼 여지가 전혀 없다고는 할 수 없다. 아무리 부동산소유권양도행위가 無因行爲이라도, 그것이 담보의 목적으로 행하여지고 또 私的 實行을 확보하기 위한 수단이라고 한다면, 저당권의 사적 실행을 금지하는 독일민법 제1149조("所有者는, 채권이 변제기에 도달하지 아니한 한, 채권자에게 부동산소유권의 양도를 청구하는 권리 또는 강제집행 이외의 방법으로 부동산의 이전을 실현하는 권리를 부여하지 못한다." 이 규정은 '담보를 위한 토지채무'에 준용된다. 독일민법 제1192조 제1항 참조)의 脫法行爲라고 할 여지가 있기 때문이다.

다른 한편 부동산가등기담보는 거의 논하여지지 않고 있다. 다만 라페는, 流抵當特約에 기한 소유권이전청구권 보전의 假登記에 관하여 이는 허용되지 않으며, 등기공무원은 직권으로 이를 고려하여야 한다고 한다. Raape(주 17), S. 39f.(梁彰洙 譯, 擔保物權 및 讓渡擔保에 있어서의 流擔保約定(3), 「司法行政」 1981년 11월호, 40면) 참조.

165) 金鼎鉉(주 48. 反省과 再構成), 345면 이하.

는가 묻고 싶다. 이러한 사람들은 앞에 닥친 危險을 一時的으로 연장해 보려는 가냘픈 연명책에 지나지 않는다. 이와 같은 方法으로 연명해 보았자 그야말로 一時的인 것에 불과하고, 이로 인한 傷處는 本人에게 갈수록 심각한 타격만을 가중시키며, 또 제 3 자에게도 많은 被害를 입혀 社會的 問題를 야기하는 비극만을 초래할 뿐이다. 이는 그 동안의 經驗이 우리에게 이미 충분한 敎訓을 준 것이 아닐까. 나아가서 法律家의 입장에서 볼 때 이와 같은 變則擔保는 民法이 豫定하고 있지 않는 그야말로 변칙적인 것으로서 根本的으로 바람직하지 못한 것이다. 장려하여야 할 근거는 전혀 없다. 이를 民法의 定型的인 擔保物權의 유형으로 규율할 수 있도록 解釋論을 취하여야 하는 것이 오히려 民法精神에 부합하는 당연한 義務가 아닐까. 만약 이를 현재의 그릇된 解釋論에 방치한다면 民法의 擔保物權制度는 死文化되고 말 것이다."

그러나 이러한 입장에 대하여는 쉽사리 수긍할 수 없는 점이 있다. 우선, 非典型擔保에 의한 金融의 길을 막는 것이 과연 타당한가 하는 것이다. 高利貸資本이 광범위하게 존재하고, 다른 한편 그에 의존하는 이외에는 간편한 金融의 手段을 가지지 않는 需要者가 역시 광범위하게 존재하고 있는 곳에서는, 고리대자본의 현재의 運用方式을 規制하는 立法을 하더라도 그 본래의 機能을 달성할 수 없는 것이다. 왜냐하면 고리대자본은 현재의 운용방식을 버리고 다른 운용방식을 찾아갈 것이고, 또 契約自由의 原則을 인정하는 한 그러한 새로운 운용방식은 얼마든지 찾아낼 수 있기 때문이다. 결국 實效性 없는 '입법의 연쇄'만이 있을 뿐이고, 쫓고 있는 토끼는 잡지 못하고 말 것이다. 그러므로 위와 같은 입법은 일시적인 對症療法 이상의 의미가 없고, 오히려 고리대자본으로부터라도 금융을 얻고자 하는 수요의 충족을 봉쇄함으로써 그 수요자에게 고통을 더하여 줄 우려가 있다. 결국 社會法的 庶民金融이나 中小商工金融·農林漁業金融의 制度 내지 전반적인 社會保障制度의 충실화 없이, 고리대자본을 「그 자체 惡」으로 단정하여 이를 금압하여도 좋을까 하는 의문이 드는 것이다.

나아가, 우리 나라에서의 비전형담보가 특히 목적물이 부동산인 경우에는 擔保權實行節次의 不備에 대처하는 의미도 가지고 있다는 점에 주의할 필요가 있다. 이러한 불비와 그에 대한 대처의 필요성을 시인한다면, 그 방도로서 비전형담보 자체의 필요성을 부인할 수는 없을 것이다. 이것을 바꾸어 말하면 다음과 같다. 즉, 채권자로서는 채무자의 債務不履行의 경우에 담보목적물로부터 만족을 얻는 것(이것은 최소한의 요구이다)만으로는 충분하다고 할 수 없고, 만족을 받기까지의 시간・비용・노력 등 만족의 방법과 과정, 또 만족의 확실성의 확보 내지 안정감(현재 증가하고 있는 각종의 優先特權을 상기할 때, 담보권자에게 이러한 安定感을 주는 것은 극히 필요한 일이다)도 문제가 된다는 것이다.[166] 물론 전적으로 채권자의 이익만을 도모하여서는 안 됨은 물론이나, 그렇다고 해서 채권자의 위와 같은 "正當한" 利益에 대하여는 어떠한 고려가 베풀어져야 하지 않을까? 抵當權實行節次의 不備에 대하여 아무런 措置를 취하지 아니한 채, 非典型擔保만을 금압하는 것은 隔靴搔癢의 느낌이 있다.

다른 한편으로 非典型擔保는 典型擔保에 비하여 채무자에 대하여 일방적으로 불리한 것이라고는 할 수 없다. 이를 통하여 金融을 보다 용이하게 얻을 수 있다는 것은 단지 反射的 利益에 불과하다고 하더라도, 가령 부동산에 관한 한 현저히 빈번하게 이용되고 있는 가등기담보의 경우를 보면, 실제거래에 있어서 대개 채무자가 부담하고 있는 擔保設定費用이 抵當權에 비하여 현저히 저렴하다.[167] 또한 일단 금융을 얻은 후 같은 채권자로부터 재차의 금융을 얻는 경우에 抵當權을 설정하였다면 재차 抵當權登記를 하여야 하나, 假登記를 한 경우에는 그 필요가 없다.

결론적으로 다음과 같은 實務家의 발언에 귀를 기울이게 된다.[168]

---

166) 中野貞一郎(주 154), 115면 이하가 양도담보권자에게 第3者異議의 訴를 허용할 것을 주장하면서 이 점을 강조한다.

167) 개정 전 地方稅法 제131조 제1항 제6호 제2목 및 제8호에 의하면, 假登記의 登錄稅는 1건당 2,000원인 데 반하여, 저당권등기의 등록세는 채권금액의 1,000분의 2이었다. 그러나 이 점은 1988년 12월 26일의 지방세법 개정에 의하여 다르게 되었다. 그에 의하면 가등기의 등록세는 부동산가액의 1,000분의 2이다. 개정 후 지방세법 제131조 제1항 제7호 제3목 참조.

168) 金容喆(주 104), 29면 이하.

"變則擔保는 變則的인 방법으로 利得을 취하려는 債權者의 의도와 손쉬운 金融의 편의를 얻으려는 債務者의 意思가 합치되어 이루어지는 것입니다. 그럼에도 不拘하고 從來의 變則擔保에 관한 논의가 주로 債權者의 횡포로부터 債務者를 保護한다는 데에만 머물렀을 뿐 이 制度를 너무 심하게 규제한다면 결과적으로 債務者들에게 불편을 주게 된다는 데에는 생각이 충분히 미치지는 못하였던 것으로 생각됩니다.

債權者의 횡포를 막고 債務者를 保護한다는 것은 바람직한 일이라 하겠으나 만일 變則擔保에 있어서도 典型的인 擔保制度에 있어서와 같이 擔保權 實行節次를 법률이 까다롭게 규제한다면 債權者들은 이러한 方法에 의하여 金融의 편의를 제공하려고 하지 않을 것이고, 債務者들은 오히려 손쉬운 금융의 편의를 잃게 되는 결과에 도달할 것입니다. 아직까지 간편한 庶民金融의 手段이 충분히 발달되어 있지 않은 우리 나라의 經濟現實에 비추어 볼 때 이러한 制度는 어느 정도까지는 필요한 것으로 생각됩니다."

(2) 假登記擔保法은, "개혁의 열정"이 日本假擔法 그리고 민법 제607조, 제608조에 관한 어떤 특이한 견해를 업고, 不動產非典型擔保 전반을 制限物權的으로 法定함으로써 이를 抑禁하려 한 法律이라고 할 수 있다. 그것은 "擔保를 위하여 財產權을 債權者에게 移轉한다"는 당사자의 의사에 반하여 그 의사가 의욕하지 아니한 내용을 강제적으로 그에 代替시키는 것으로서, 단지 당사자의 意思內容대로의 效果가 없다고 하거나 그 約定을 취소할 수 있게 하는 데 그치지 않고 立法者가 합리적이라고 판단한 內容을 전면적으로 象嵌한다는 점(제1조: "이 법은 … 계약과 … 가등기 또는 소유권이전등기의 효력을 정함을 목적으로 한다")에서, 私法의 체계에서 보면 하나의 異質物이다. 그리고 그 내용 자체가 우리가 종전에 알지 못하던 法形象 또는 극히 예외적으로밖에 인정하지 아니하던 법형상을 여러 가지 정하고 있다. 가령 所有權移轉登記는 유효하게 이루어졌으나 所有權은 이전되지 않는다고 한다든지, 被擔保債權의 내용이 공시되지 아니한 "擔保權"이라든지,[169] 後順位權利者들이 자신과 아무

169) 그러한 담보권으로서 가령 留置權이나 각종의 優先特權이 있다. 그러나 우선특권은 원래 그 피담보채권을 보호할 특정한 필요에 의하여 법률이 특히 인정하는 것이고, 또한 우리 민법이 依用民法의 先取特權制度를 폐지한 데서도 나타나듯이 그 자체 '근대민

런 채권관계를 가지지 않는 선순위의 擔保假登記權利者에 대하여 그 자격에서 직접 채권을 취득하게 된다든지,[170] 無權利者로부터 不動産의 所有權을 취득할 수 있다든지[171] 하는 것들이 그것이다. 그리고 이러한 법형상들은 관점에 따라서는 體系破壞的이라고 평가될 수 있다.

體系란 그 자체 고수되어야 할 것은 아니고, 새로운 評價要素를 끊임 없이 받아들이고 定位시킬 수 있는 「열린 체계」이어야 함은 물론이다. 그러나 우리는 그 체계와 어울리지 않는 形象이 ―물론 일정한 "社會的 必要" 또는 "정의사회 구현" 등의 大義를 내걸고― 새로이 등장할 때 항용 그 體系의 반격을 받아 그 내용이 換骨奪胎되거나 아니면 無用之物로 전화하는 것을 본다. 그러한 의미에서 立法者도 완전히 자유로운 것은 아니다. 立法者가 세 마디를 바꾸었다고 해서 도서관의 모든 法書가 휴지가 되는 일은 결코 없다. 오히려 그 세 마디는 누구도 거들떠 보지 않는 邊境의 외톨이가 되거나, 종전의 法書의 내용과 어울리는 의미를 가지는 것으로 「解釋」되는 것이다.

假登記擔保法을 제정하는 과정에서 그 규정들 각각이 가지는 또는 가질 수 있는 意味의 全體像에 대한 음미가 있었다면 과연 그와 같은 내용으로 立法되었을 것인가 하는 생각이 든다. 立法이 法學의 역량이 발휘되는 最上의 場이라고 한다면, 假登記擔保法은 우리 民法學의 수준에 대한 참담한 自己告白일 것이다.

(「民事判例硏究」 12집 (1990), 375면 이하 所載)

법의 이상'에 맞지 않는 것이다. 또한 유치권제도도 입법정책적으로는 문제가 있는 것이 아닌가 생각된다. 이에 대하여는 梁彰洙, 留置權의 발생요건으로서의 「債權과 物件과의 牽連關係」, 「法律學의 諸問題」(劉基天 博士 古稀紀念論文集), 1988, 393면 이하, 특히 396면 이하(本書 227면, 특히 230면 이하) 참조. 우리 나라와 같이 광범하게 인정되는 물권적 유치권의 제도는 비교법적으로 그 예가 극히 드물다. 유사한 스위스민법상의 유치권제도도 우리와는 내용이 다른 점이 많다. 스위스민법 제895조 제3항 참조.

170) 예외는 폐지 전 競賣法 제3조 제3항, 개정 전 民事訴訟法 제608조 3항(개정 후 민사소송법 제608조 제3항) 정도일 것이다. 그러나 이 경우에도 경락인이 경매목적물을 점유하고 있는 유치권자 등으로부터 이를 인도받기 위한 절차로서 정하고 있는 것인데, 가등기담보법의 경우에는 그와는 아무런 관계 없이 이를 인정한다.

171) 이는 민법 제108조 제2항 등에서 말하는 「法律行爲의 無效의 對抗不能(inopposabilité)」와는 명백히 다른 것이다.

[後 記]

1. 이 글은 1989년 7월에 있었던 民事判例硏究會의 「民事特別法의 現況과 問題點」이라는 심포지움에서 발표한 내용을 대폭적으로 補充, 修正한 것이다.

2. 현재 시행되고 있는 「假登記擔保 등에 관한 法律」의 出發點에 대하여 疑問이 있다는 것은 이 글에서 밝힌 바와 같다. 그런데 다른 한편으로 그 法律이 시행되기 전의 法狀態가 만족스러운 것이 아니라면 (이에 대하여는 本書 294면 이하, 314면 참조), 이를 시정하기 위하여 어떠한 措處를 취하였어야 했겠는가? 이 글에서는 이 점에 대하여 논하지 않았다. 그런데, 非典型擔保를 그 단계에서 확고한 내용을 가진 法裝置로써 부득이하게 규율하여야 한다면, 그것은 일단 대개 다음과 같이 구상하여 볼 수 있었으리라고 생각한다.

우선 모든 경우의 권리이전형 부동산담보가 규율대상이 되어야 한다. 그러므로 讓渡擔保와 假登記擔保가 모두 그 대상에 포함된다. 그리고 민법 제607조, 제608조는 그대로 存置하여 流擔保特約을 규제한다.

나아가 새로운 强行規定으로 다음과 같은 사항을 정한다. 첫째, 일반적으로 아직 담보권자의 淸算이 실행되기 전이라도 피담보채무의 채무불이행 당시를 기준으로 하여 채무자의 淸算金請求權이 발생함을 인정한다. 둘째, 讓渡擔保의 경우에는 그 淸算金請求權에 기하여 목적물에 대한 留置權을 인정하고(本書 253면도 참조), 한편 假登記擔保의 경우에는 채권자의 本登記請求 또는/및 目的物引渡請求에 대항하여 행사될 수 있는 同時履行의 抗辯權을 인정한다. 셋째, 담보권자가 담보목적물을 擔保契約上의 義務에 위반하여 處分한 경우에 대하여 민법 제107조 제1항 단서 및 同條 제2항을 준용한다. 물론 이와 같은 大綱, 나아가서는 그 細部에 대하여도 論議가 있을 수 있을 것이다.

11. 民法 제401조와 제461조의 境界劃定

I. 제401조와 제461조의 文言上의 衝突

(1) 채무자가 채무의 구속으로부터 벗어나기 위하여 또는 채무를 이행하기 위하여 자기 편에서 하여야 할 바를 다한 경우에라도 債權者가 일정한 조치를 취하지 않으면 給付結果가 나타나지 않는 경우가 있다.[1] 가령 경쟁적 영업을 하지 않겠다, 또는 건물을 증축하지 않겠다는 不作爲債務나, 또 作爲債務라도 자기가 점유하는 건물을 허물겠다고 하는 등과 같은 경우에는 그렇지 않지마는, 소위 주는 債務나 作爲債務의 대부분은 채권자의 일정한 협력행위가 있어야 채무의 내용이 실현된다. 예를 들어서 부동산을 매도한 甲이, 매수한 乙에게 정해진 기일에 소유권 이전에 필요한 일체의 書類를 교부하였다고 하더라도[2] 乙이 아직 그 서

1) 給付概念 또는 履行概念에 관련하여 給付行爲(Leistungshandlung)와 給付結果(Leistungserfolg)를 나누어 관념하는 태도에 대하여는, 金曾漢 編輯代表, 「註譯 債權總則(上)」, 1984, 47면 이하(李英俊 執筆) 참조. 거기에서는 F. Wieacker, Leistungshandlung und Leistungserfolg im bürgerlichen Schuldrecht, in: *Festschrift für Nipperdey*, Bd. I, S. 783ff. 이후의 독일 민법학의 설명에 따라 서술되고 있다. 한편 平井宜雄, 「債權總論講義案」, 1984, 14면에 의하면, 프랑스 민법학에서도 Demogue의 제창에 좇아, 전적으로 일정한 結果의 실현을 내용으로 하는 結果義務(obligation de résultat)와, 物件의 引渡까지의 保管義務(프랑스民法 제1137조), 의사의 진료채무와 같이 결과의 실현 그 자체가 아니라 그에 이르기까지 주의 깊게 최선을 다하는 것을 내용으로 하는 手段義務(o. de moyen)의 분류가 널리 행하여지고 있다고 한다.

2) 우리 나라에서 이루어지는 부동산매매계약에 있어서는 매수인이 殘金을 지급함과 동시에 매도인은 매수인에게 "이전등기에 필요한 일체의 書類를 交付한다"고 약정하는 것이 보통이다.

류를 이용하여 등기를 이전해 가지 않고 있다고 하자. 매도인은 매수인에게 목적물의 소유권을 이전해 주어야 하므로(민법 제568조 제1항 전단. 이하 인용하는 法條는 다른 지시가 없는 한 民法의 그것이다) 채무자의 履行에 의한 그 채무의 소멸은 매수인이 소유권을 취득함으로써, 즉 부동산의 매매의 경우에는 그 부동산에 관하여 買受人 名義의 소유권등기가 이루어짐으로써(제186조) 일어나는 것이지, 매도인이 이전등기에 필요한 일체의 서류를 교부하는 것만으로는 그것이 일어나지 않는다. 그러므로 가령 그 중 印鑑證明書[3]의 有效期間[4]이 지나가 버린 후에 매수인이 소유권이전청구, 구체적으로는 새로운 인감증명서의 交付 要求를 한 때에는 매도인은 여전히 존속하는 所有權移轉債務의 一內容으로, 그와 같은 요구에 응하지 않으면 안 되는 것이다.[5]

이와 같이 채무자가 자기 편에서 하여야 할 바를 다하였으나 채권자의 협력행위가 없음으로 인하여 채무소멸의 효과가 발생하지 않은 경우 채무자 또는 채권자가 어떠한 요건 아래서 어떠한 利益 또는 不利益을 받는 하가는 문제[6]에 대한 對應으로 민법은 대개 제460조 이하의 辨濟提供에 관한 규정, 제400조 이하의 債權者遲滯에 관한 규정을 두고 있다.[7]

---

3) 不動產登記法施行規則 제53조 제1항 참조.

4) 印鑑證明法施行令 제13조 제4항에 의하면, 不動產賣渡用의 印鑑證明書의 有效期間은 發行日로부터 1개월이다.

5) 이것은 매수인이 그 서류를 이용하여 등기소에 適法한 登記申請을 하였다고 하더라도 마찬가지이다. 즉 그 경우 등기공무원의 사무착오 기타의 이유로 權利의 變動內容이 실제로 등기부에 기재되지 않았다고 하면 매수인은 목적물의 소유권을 취득하지 못하며(郭潤直, 「物權法」, 再全訂版, 1985, 147면 참조). 따라서 매도인의 채무는 아직 소멸하지 않는 결과가 된다. 大法院 1983. 4. 26. 판결 83다카57사건(集 31-2. 121)은 이와 같은 일이 실제로 일어난 사건에 대한 것이다(특히 同所, 123면 참조). 그 사건에서는 登記畢證까지 교부되었으나 등기부상의 기재가 이루어지지 않았던 것이다. 매수인은 등기필증을 교부받으면서 登記簿謄本을 신청하여 그 기재 여부를 확인하여야 안심할 수 있다.

6) 이러한 문제에 대하여 各國의 法이 마련하고 있는 對應에 관하여는 우선 李銀榮, 債權者遲滯, 「郭潤直 敎授 華甲記念論文集」, 1985, 372면 이하 참조.

7) 그 외에 供託에 관한 제487조, 雙務契約에 있어서의 危險負擔에 관련한 제538조 제1항 제2문 등을 들 수 있을 것이다.

(2) 그런데 위 각 규정 사이에는 적어도 표현 내지 문언에 있어서 일관하지 않은 점이 있지 않는가 하는 생각이 든다. 즉, 辨濟提供의 效果에 관하여 제461조는 "변제의 제공은 그때로부터 債務不履行의 責任을 免하게 한다"고 정한다. 한편 제401조는 "채권자지체 중에는 故意 또는 重大한 過失이 없으면 不履行으로 인한 모든 責任이 없다"라고 정한다. 위의 두 조항은 한 번 보아서는 이를 조화롭게 해석하는 것이 불가능하다고 생각될 만큼 서로 다른 태도를 취하고 있다. 兩者의 관계를 어떻게 파악하여야 民法 內部의 矛盾이 발생하지 않도록 할 수 있을까.

물론 이것은 債權者遲滯責任의 性質의 문제와는 관련이 없는 것, 차원이 다른 것이다. 왜냐하면 그 성질에 대한 학설 중 소위 債務不履行說 또는 法定責任說 또는 기타의 어떠한 절충적 견해를 택하여도,[8] 채권자지체가 일어난 경우 단순한 辨濟提供에 있어서보다 채무자에게 불리한 효과를 부여하는 듯한 規定의 態度를 설명하여 줄 수 없기 때문이다. 法定責任說은 채권자지체책임을 변제제공의 효과로서 채권자의 측에 발생한 것이라고 이해하므로 이를 설명하기에 궁하게 됨은 말할 것도 없다. 또 가령 채무불이행설을 취한다고 하더라도 이 立場은 채권자지체책임의 발생을 변제제공 이외에 채권자의 수령의무의 귀책사유 있는 불이행이라는 요건에도 걸리게 하는 것이므로 이러한 加重的인 要件을 충족하는 채권자의 不受領(수령불능을 포함한다)[9]에 대하여 오히려 채권자에게 더욱 불리한 내용의 책임, 뒤집어 말하면 채무자에게는 유리한 내용의 法律效果를 부여하는 것이 당연한 思考過程일 것이다. 그럼에도 불구하고 제401조는 채권자지체의 효과로서 채무자에게 단순한 변제제공에 있어서보다 더욱 불리한 법률효과를, 적어도 그 문언 자체로서는 부여하고

8) 채권자지체책임의 성질에 관한 學說에 대하여는 李銀榮(註 6), 379면 이하 참조. 本稿에서는 이에 대하여는 다루지 않기로 한다.

9) 債權者遲滯責任의 발생요건에 관한 제400조는 依用民法 제413조가 "채권자가 채무의 이행을 받는 것을 거절하거나 이를 받을 수 없는 때"라고 하던 것을 "채권자가 이행을 받을 수 없거나 받지 아니한 때"라고 규정하고 있다. 受領의 拒絶과 不受領은 通說처럼 과연 동일한 의미라고 해석하여야 할 것인지 의문이다.

있는 것이다.

(3) 제461조는 제460조와 함께 依用民法의 관계조항을 약간의 字句修正을 거쳐 이어받은 것이다. 즉 依用民法 제492조는 "불이행으로 인하여 생기는 일체의 책임"이라고 하였는데 우리 民法은 이를 그냥 "채무불이행의 책임"이라고 할 뿐이다. 그러나 양자 간에 그 규범의 내용에 차이가 없음은 물론이다.

한편 제401조는 의용민법에 없던 것을 새로이 규정한 것이다. 따라서 위 (2)에서 제기된 바와 같은 문제를 다룸에 있어서는 同條가 어떠한 경과를 거쳐, 우리 民法에 편입되기에 이르렀는지 또 그 과정에 있어서 同條에 어떠한 의미가 부여되었는지 기타 同條의 規範內容을 탐색해 볼 수 있는 端緖는 없었는지를 알아 볼 필요가 있을 것이다.

Ⅱ. 제401조의 制定經過로부터의 示唆

(1) 의용민법은 채권자지체에 관하여 1개조(제413조)만을 두었고, 그 규정의 위치도 채무자가 언제부터 履行遲滯責任을 부담하는가에 관한 제412조(우리 민법 제387조에 해당)와 채무의 강제이행에 관한 제414조(민법 제389조) 사이에 있었다. 1954년 10월 政府提出法案으로 국회에 제출된 民法案(이하 草案이라고 부르기로 한다)은 채권자지체에 관하여 모두 4개조를 마련하였을 뿐 아니라(초안 제391조 내지 제394조), 그 위치도 채무불이행책임의 내용으로서의 손해배상의무에 관한 여러 규정 다음에, 그리고 채권의 대외적 효력(또는 責任財産의 保全)에 관한 규정 앞에 자리잡도록 하였다. 그 중 현행 민법 제401조의 前身인 초안 제392조는 "채권자지체 중에는 채무자는 그 책임 있는 사유가 없으면 불이행으로 인한 모든 책임이 없다"(머리점은 引用者. 이하 같다)는 것이었다. 초안에 대하여는 그 起草者의 이유서가 없으므로 그와 같은 규정을 두고자 한 이유

도 알 길이 없다. 그러나 초안을 심의한 民議院의 法制司法委員會 民法案審議小委員會는 同條가 "現行法(의용민법을 말한다)에는 없으나 종래 학설상 인정되어온 것이다"라는 이해를 보이고 있고(머리점은 引用者. 이하 같다) 결론적으로 초안에 동조하는 의견을 제시하였다.[10] 따라서 위 小委員會의 심의 결과에 따라 작성된 法司委의 343개 항에 달하는 修正案[11]에는 초안 제392조에 관한 것은 없었다.

(2) 그러나 民事法硏究會[12]의 「民法案意見書」는 초안 제392조의 "그 책임 있는 사유가 없으면"이라는 구절을, "故意 또는 重大한 過失이 없으면"으로 수정하여야 한다는 의견을 제시하였고,[13] 이 의견은 소위 玄錫虎 修正案[14] 제26항으로 정식으로 民議院의 審議를 거치게 되었다.[15] 그리고 同 修正案의 條項이 民法案 第2讀會에서 채택되어 통과되었다.[16]

그러나 민의원의 심의과정에 대한 직접적인 자료로서, 위와 같이 修正條項이 채택된 이유 내지는 '반대가 없는' 이유를 알도록 하는 것이 없으므로,[17] 위 수정의 이유에 대하여는 위 「民法案意見書」가 중요한 자

10) 民議院 法制司法委員會 民法案審議小委員會 編, 「民法案審議錄」, 上卷, 1958, 240면 참조.

11) 郭潤直, 「民法總則」, 再全訂版, 1986, 55면; 金容漢, 「民法總則論」, 全訂版, 1986, 14면; 金曾漢, 「民法總則」, 1973, 44면은 이 修正案이 342개 항목이라고 하고, 鄭鍾休, 韓國民法典의 制定過程, 「郭潤直 敎授 華甲記念論文集」, 1985, 14면은 322개 항목이라고 하나, 本文에 관하여 323개 항목, 附則에 관하여 20개 항목 도합 343개 항목이다.

12) 이에 관하여는 金曾漢, 韓國民法의 發展, 서울대학교 「法學」 24권 2·3호(1983), 3면 참조.

13) 民事法硏究會, 「民法案意見書」, 1957, 146면 이하.

14) 鄭鍾休(註 11), 14면의 표현.

15) 제3대 國會 「제26회 國會定期會議速記錄」 42호 부록, 104면 참조.

16) 이 채택의 광경은, 우리 民法의 개개의 條項이 본회의를 통과하는 과정을 전형적으로 보여주는 것이므로 인용해 놓기로 한다(위 「速記錄」 48호 10면).

"法制司法委員長代理(張曔根) : 그 다음에 제392조에 대해서 … 제392조에 대해 현석호 의원의 수정안이 있는데 여기에 대해서도 법제사법위원회의 반대가 없읍니다.

副議長(李在鶴) : 그러면 제392조에 현석호 의원이 수정안에 이의 없으세요?

('네'하는 이 있음)

네, 통과합니다."

17) 政府樹立 직후 구성된 法典編纂委員會가 마련한 「民法典編纂要綱」에는 "채권자지체 중에는 채무자는 고의 또는 중대한 과실이 있는 경우에 한하여 책임을 지도록 하고…"라는 항목이 同要綱 債權總則 제16항 전단에 마련되어 있었다.

료가 된다. 즉 "案[초안을 말한다]의 제391조 내지 제394조의 규정은 종래의 통설이 수립한 채권자지체의 효과를 성문화한 것이며, 역시 채권자의 귀책사유를 요건으로 하지 않는 獨民法上의 채권자지체에 관한 규정에 매우 흡사한 규정이다.[18] … 단 현행법 하에서의 통설이나 獨民法(제300조)에 의하며는 공평의 관념상, 수령지체 후에는 채무자의 책임은 경감되어 단지 고의 또는 중과실에 대하여만 책임을 지도록 되어 있음에 반하여, 제392조는 경과실일 때에도 채무자가 책임을 진다는 규정을 두었는데 이는 역시 獨民法式으로 수정함이 가하다."[19] (꺾음괄호 안은 引用者. 點線은 인용자에 의하여 생략된 부분이다)

결국 우리 民法 제401조는 "현행법 하에서의 통설"(또는 "종래 학설")과 독일민법 제300조(그 중에서도 제 1 항)를 염두에 두고 제정된 것이라고 짐작할 수 있겠다.

Ⅲ. 제401조의 규율범위—독일민법 제300조 제 1 항의 해석과 관련하여

(1) 우선, 위 民法案審議小委員會에서 논안을 심의하는 과정에서도 종종 인용되고 하는 '學說'이라는 것[20]이 누구의 어떠한 文獻(학설의 外的 標識로서의)을 지시하는가를 생각해 보아야 할 것이다. 해방 이후 당시까지 간행된 民法關係文獻[21]의 미미함에 비추어 보아도, 또 그 내용

18) 독일민법의 辨濟提供 및 債權者遲滯에 관한 규정과 우리 민법의 그에 관한 규정의 對比에 관하여는 李銀榮(註 6), 375면 참조.

19) 「民法案意見書」(註 13), 146면(朱宰璜 집필).

20) 가령 私法制度의 中樞 중의 하나인 不法行爲의 一般規定인 제750조에 해당하는 초안 제743조를 심의함에 있어서는 "현행법에서 '권리침해'로 되어 있던 것을 '권리침해'뿐만 아니라 '위법행위'에 의하여 이익을 침해한 경우 전반을 포함시키는 것이 現時의 學說이므로 이에 따라 초안이 규정한 것은 타당하다"고 한다. 「民法案審議錄」(註 10), 441면.

21) 그에 관하여는 金曾漢, 韓國民法學 30年의 回顧, 서울대학교 「法學」 19권 1호(1978).

에 있어서도 "1957년까지는 日本民法學을 이해·흡수하고 소화하는 데 보냈다고 해도 좋을 것"[22]이라는 이해를 바탕으로 하여 볼 때 위의 '學說'이라고 하는 것은 일단 日本의 學說을 말하는 것이라고 보아도 틀림이 없을 것이다.[23]

당시 日本의 學說[24]은 채권자지체의 효과에 관하여 (i) 채무자는 변제 제공한 때로부터 불이행을 이유로 발생하는 일체의 책임을 지지 않는다(의용민법 제472조=우리 민법 제461조), (ii) 그 一內容으로 利子約定 있는 債權에 있어서는 그때부터 利子支給義務를 면한다, (iii) 債務者의 注意義務가 輕減된다, (iv) 채무자는 채권자의 불수령으로 인하여 생긴 목적물의 저장이나 보존을 위한 비용을 채권자에 대하여 청구할 수 있다, (v) 채무자는 목적물을 供託하여 채무를 면할 수 있다(의용민법 제494조=우리 民法 제487조), (vi) 雙務契約에 있어서 채무자가 위험을 부담하는 경우에도(依用民法은 소위 債權者危險負擔主義를 원칙으로 취하였으나, 特約으로 危險을 채무자가 부담하게 할 수 있다고 해석되고 있었다) 채권자지체가 발생하면 危險은 채권자에게 이전한다 등을 일치하여 인정하고 있었다. 물론 이외에 채무자의 損害賠償請求權 또는 契約解除權을 인정할 것인지에 관하여는 학설의 대립이 있었으나, 多數說은 이를 부정적으로 해석하고 있었다.[25]

위와 같은 效果 중에서 (i), (v)는 辨濟提供의 效果로서 설명되고 있으므로 이를 제외하면 債權者遲滯의 효과는 (ii), (iii), (iv), (vi)이 된다. 그렇게 보면 채권자지체와 관련하여 새로 마련된 규정은 모두 위 學說의 내

76면 이하. 그곳에 지시된 것 외에 단행본으로서는 鄭義和, 「債權總論」, 1949을 들 수 있을 것이다.

22) 郭潤直, 韓國民事法學의 歷史的 課題, 「法과 社會硏究」 3 輯(1984), 58면.

23) 이러한 지나간 事實의 확인은, "優越한 隣邦法律文化의 精神的 外販員으로 轉落하지 않기 위한 覺醒"(宋相現, 「判例敎材 民事訴訟法」, 1976, 序文 2면)과 연결되는 것이다.

24) 日本 學說의 推移에 관하여는, 新田孝二, 受領遲滯, 「民法講座 4 : 債權總論」, 1985, 73면 이하 참조.

25) 이에 관하여는 磯村 哲 編集, 「注釋民法(12)」, 1970, 237면 이하(山下末人 집필부분); 中島弘道 等 編, 「學說判例總覽 民法債權總則編(上)」, 1956, 345면 이하 참조.

용에 좇은 것임을 알 수 있다. 즉 제402조는 (ii)에,[26] 제403조는 (iv)에, 제538조 제 1 항 제 2 문은 (vi)에,[27] 그리고 여기서 문제되는 제401조는 (iii)에 각 대응한다.

(2) 그런데 위 (iii)의 注意義務 輕減과 관련하여 당시 日本의 대표적인 學說은 다음과 같이 설명한다. "독일민법은 수령지체 중 채무자는 고의 또는 중과실만에 대하여 책임을 진다는 뜻을 정한다(제300조). 우리 민법에는 明文이 없기 때문에 전혀 동일하게 해석할 수는 없어도, 수령지체 후에도 선량한 관리자의 주의를 요한다고 해석하는 것은 신의칙상 부당할 뿐 아니라, 채무자는 이후의 보관으로 인하여 어떠한 보수를 얻을 수 없기 때문에 제659조[28]를 유추적용하여 自己의 財產과 동일한 注意를 함으로써 족하다고 해석할 것이다."[29] 그리고 이러한 견해는 채권자지체책임을 法定責任으로 이해하고 그 성립에 債權者의 歸責事由를 요구하지 않는 견해와 함께 多數說을 이루고 있었다.[30]

이에 대하여 少數의 학설은, 債權者의 給付受領義務를 인정하고 채권자지체책임을 채무불이행책임으로 이해하면서 그 성립에 歸責事由를 요구하는 한편, 채무자의 注意義務 輕減에 관하여는 채권자지체책임의 성립에 보다 加重된 요건의 충족을 요하느니만큼 채권자에게 보다 불리한 효과, 즉 채무자는 故意 또는 重過失에 대하여만 책임을 지는 것으로 해석한다.[31]

이렇게 보면 民法案意見書에서 말하는 "현행법 하에서의 통설"에 있어서 채권자지체 후 채무자의 注意義務 減輕의 내용은 "善良한 管理者

26) 「民法案審議錄」(註 10), 241면 : "종래 학설상 인정되던 것이다."

27) 「民法案審議錄」(註 10), 313면 : "第一項 後段은 現行法下에서도 같은 해석상 결과에 도달한 學說이 많던 것을 明文化한 것이다."

28) 우리 民法 제695조에 해당.

29) 鳩山秀夫, 「日本債權法總論」, 增訂改訂版, 1925, 179면. 또한 債權者遲滯에 관한 일본 민법학의 모습을 최근까지 규정한 것으로 생각되는 同, 債權者の遲滯, 「民法硏究」, 第3卷, 1926, 283면 이하[원래는 「法學協會雜誌」 34卷(1916)에 分載되었었다] 참조.

30) 註 25의 문헌 참조.

31) 我妻榮, 「債權總論」, 1940, 192면 이하 참조.

의 注意"에서 "自己財產과 同一한 注意"로의 경감이었지, "故意 또는 重過失에의 限定"은 아니었던 것이다.[32] 따라서 제401조가 택한, '고의 또는 중대한 과실에의 한정'이라는 태도는, 위의 少數說의 영향, 특히 我妻學說의 비중과 더불어,[33] 독일民法 제300조 제 1 항에서 오는 것이라고 하지 않을 수 없다.[34] 여기서도 우리는 "한국민법전이 체계 및 내용에 있어서 明治 말기부터 大正期에 걸쳐 日本法學에 의하여 이루어진 독일 민법이론의 '學說繼受'[35]를 떠나서는 이해하기 어렵다"는 견해[36]를 뒷받침하는 하나의 예를 발견한다고 할 수 있을까?

(3) 그러면 독일민법 제300조 제 1 항, 즉 "채무자는 채권자지체 중에는 고의 또는 중과실에 대하여만 책임을 진다"[37]는 규정은 어떠한 규범내용을 가지는가?

---

32) 또한 註 42의 논의 참조.

33) 我妻의 民法學說의 우리 民法, 나아가 民法學 및 民事實務에의 非常하게 큰 영향, 그리고 功過에 대하여는 별도의 論究를 요한다. 여기서 문제가 되고 있는 債權者遲滯에 관하여서만 보더라도, i) 日本에서는 少數說인 債務不履行說이 우리 民法學에서는 압도적인 多數說을 이루고 있다는 것(註 8에서 지시한 문헌 참조), ii) ―그보다 중요한 것인데― 그 理由說明의 관점이 동일하다는 것, 즉 債權關係有機體說 및 信義則에 의한 설명은 我妻 이전에 債權者의 受領義務를 인정한 梅謙次郞, 「民法要義」, 卷之三, 增訂23版, 1906, 4 면이나 末弘嚴太郞, 「債權總論(新法學全集)」, 1928, 176면 이하에서는 보이지 않던 것을 我妻가 처음 도입한 것인데(我妻(註 31), 188면 이하. 1964년에 나온 그의 「新訂 債權總論」에서는 債權의 本質 一般의 설명에 있어서는 債權關係가 "하나의 有機的인 關係"이고, 信義則에 의하여 지배되는 하나의 協同體라고 볼 수 있다고 하나 (7 면), 受領者遲滯의 설명에 있어서는 有機體, 協同體는 끌어들이지 않고 오히려 "信義則의 理念"과 아울러 "兩當事者를 公平히 취급"한다는 것이 강조되고 있다(236면)), 우리의 위 학설은 그러한 관점에서 債權者의 受領義務를 긍정하고 있다는 것이 매우 주목된다. 그러한 관점에 대하여는 우선 李銀榮(註 8), 382면 이하의 비판 참조.

34) 한편 우리 民法의 形成에 적지 않은 영향을 미친 것으로 보이는 1937년의 滿洲國民法(이에 관하여는, 鄭鍾休, 韓國民法典の比較法的系譜, 「民商法雜誌」 91권 5 호(1985), 30면 : "만주국민법전이 한국민법전의 財產編의 기초에 있어서 거의 전면에 걸쳐서 직접적으로 참고가 되었다고 생각된다.")이 제387조에서 제390조까지 우리 民法 제400조 내지 제403조와 동일한 내용의 규정을 두고 있음을 지적해 두고자 한다. 我妻는 滿洲國民法의 制定에 있어서 穗積重遠과 함께 '審核'(法規制定顧問)으로 참여하여, "거의 스스로 起草하는 것과 동일한 노력을 기울였다"(柚木 馨, 「滿州國民法總論[I]」, 1941, 31면 및 32면 註 (6)).

35) 이에 관하여는 北川善太郞, 「日本法學の歷史と理論」, 1968이 필수적인 문헌이다.

36) 鄭鍾休(註 34), 34면.

37) 보다 정확하게는, "… 고의 또는 중과실이 있는 경우에만 귀책사유가 있는 것이 된다" (… nur Vorsatz und grobe Fahrlässigheit zu vertreten)고 번역된다고 하겠다.

원래 이 조항은 독일민법 제1초안 제257조 제1항이 "채무자는 채권자지체가 시작되는 때로부터, 채권자에게 급부하여야 할 目的物에 관하여 그 전에는 보다 광범위하게 책임을 졌던 경우에라도 故意 또는 重過失에 대하여만 책임을 진다"라고 규정하고 있던 것을, 소위 第二委員會가 제2초안을 마련하면서 "단지 표현상으로만 (nur redaktionell)" 수정한 것이다.[38] 그런데 第1草案의 理由書(Motive)는 위 조항에 관하여 다음과 같이 설명하고 있다. "衡平에 기초한 이러한 債務關係[=注意義務]의 輕減도, 정당한 견해에 따르면, 무제한으로 적용되는 것이 아니라, 채무자가 보관하고 있는 給付目的物에 대한 注意(Sorge)가 문제되는 한도에서 인정된다. 따라서 그 輕減은 채무자가 채무이행을 위하여 취하여야 할 다른 行爲에 대하여는 미치지 아니한다."[39]

이러한 立法理由에 기하여 현재의 通說은, 독일민법 제300조 제1항은 그 문언은 일반적으로 정해져 있음에도 불구하고 채권자지체 중에 발생한 履行不能에 대하여만, 또는 특히 給付目的物의 滅失·毁損에 대하여만 적용된다고 한다.[40] 일부의 학설은, 위 조항이 그러한 제한을 두고 있지 않으므로 가령 積極的 債權侵害에도 이를 적용하여야 한다고 주장한 바 있으나[41] 이러한 견해는 그 후 받아들여지지 않았으며, 오늘날의 학설은 적극적 채권침해나 附隨義務 위반과 같은 경우에는 위 조항의 적용이 없다고 일치하여 해석하고 있다.

---

38) Mugdan, *Die gesamten Materialien zum Bürgerlichen Gesetzbuch für das Deutsche Reich*, 2. Bd. S. 540 참조.

39) Mugdan(註 38), 2. Bd., S. 40f.

40) 가령 Esser/Schmidt, *Schuldrecht*, Bd. 1, 6. Aufl., 1984, §23 I 2(S. 322); Erman, *Handkommentar zum BGB*, 4. Aufl., 1967, §300 Anm. 2(S. 623); Medicus, *Schuldrecht* I, 1981, §36 II 1a (S. 178); *Münchener Kommentar*, Bd. 2, 1970, §300 RdNr. 2(S. 696)은 '履行不能'을, Larenz, *Lehrbuch des Schuldrechts*, 1. Bd., 13. Aufl., 1982, §25 II a(S. 365); Soergel/R. Schmidt, 10. Aufl., 1967, §300 Bem. 2(Bd. 2, S. 333); Palandt/Heinrichs, 39. Aufl., 1980, §300 Anm. 2(S. 320); *Studienkommentar zum BGB*, 1975, §§300-304, Anm. 2(S. 160)은 대개 '給付目的物'의 滅失, 毁損에 대한 注意를 논한다.

41) 가령 Oertmann, *Recht der Schuldverhältnisse*, Bd. 1, 5. Aufl., 1929. 300 Anm. 2 (S. 219) 참조.

(4) 위와 같은 독일민법 제300조 제1항에 관한 해석론은 그 조항을 이어받은 우리 민법 제401조를 해석함에 있어서도 이를 援用할 수 있을 것이다. 말하자면 제401조는 채권자지체가 발생한 후 급부목적물이 멸실 훼손된 경우, 좀더 범위를 넓혀서 말한다면 一部 또는 全部의 履行不能이 발생한 경우, 채무자에게 어떠한 事由가 있어야 이를 그에게 귀책시켜서 이로 인한 각종의 責任을 부담시킬 수 있을 것인가에 관한 것이다.[42] 만일 그러한 履行이 채무자의 輕過失에 의하여 발생하였다면 그는 그에 대하여 책임이 없는 것이며, 따라서 그 한도에서 債務의 拘束으로부터 해방된다(마치 그가 이행지체에 빠지기 전에 그의 責任 없는 事由로 이행불능이 된 경우와 같이. 제390조 단서 참조).[43] 그러나 그에 대하여 채무자에게 故意 또는 重過失이 있으면 그는 債務不履行責任을 지지 않으면 안 되고, 결국 不能이 된 한도에서 塡補賠償義務를 부담한다. 이렇게 볼 때 제401조가 채권자지체가 성립하면 채무자는 履行不能 이외의 어떠한 사유에 대하여도, 가령 不完全履行에 대하여도 그에 대한 故

---

42) 「註譯 債權總則(上)」(註 1), 360면(林正平 執筆)은, 채권자지체의 종료를 논하면서 "채권자지체가 생긴 경우에는 채무자는 이를 제공하기까지 善良한 管理者의 注意義務를 負擔한다고 해야 할 것"이라고 한다. 우리 민법이 特定物債務者에게 요구하는 "善良한 管理者의 注意"(제374조)와, 가령 제695조의 "自己財產과 同一한 注意"는 모두 소위 輕過失(前者는 抽象的 輕過失, 後者는 具體的 輕過失)의 성립에 있어서 전제되는 注意義務의 程度이고, 重過失과 輕過失은 그 義務違反의 程度에 따른 分類이므로 위의 두 구분은 次元이 다른 것이라고 하겠다. 물론 실제적인 결과에 있어서 차이가 생기는가는 의문이나 제401조를 단순히 '注意義務輕減'으로 이해하는 우리 學說의 일반적인 태도에는 이 차이에 대한 의식이 결여된 것이 아닌가 추측된다.

43) Medicus(註 40), §36 Ⅱ 1 a (S. 178) 참조. 이와 관련하여 제538조 제1항 제2문은, 쌍무계약에 있어서 "채권자의 수령지체 중에 當事者 雙方의 責任 없는 事由로 이행할 수 없게 된 때"에는 債務者가 反對給付請求權을 계속 가진다고 하므로 채무자의 輕過失로 이행불능이 된 경우에는 채무자는 자신의 채무는 免하나, 反對給付請求權을 상실하는 결과가 된다고 하여야 할 것인가? 이에 관하여 독일에서는 그 민법 제324조 제2항("당사자의 一方이 부담하는 給付가, 상대방이 수령지체에 빠져 있는 중에 자신이 책임져야 할 것이 아닌 事情으로 인하여 不能하게 되는 때"에는 그는 反對給付請求權을 상실하지 않는다)과 제300조 제1항을 모아 해석하여 그러한 경우에는 反對給付請求權을 상실하지 않는다고 한다. 가령 Larenz(註 40), §25 Ⅱ a 참조. 우리 民法에 있어서도 그 제401조의 해석상 —제392조(履行遲滯中의 손해배상=독일민법 제287조 제2문)와의 균형상으로도— 마찬가지라고 해야 함은 본문에서 말한 바에 따른다면 당연한 것이다.

意 또는 重過失이 없으면 "不履行으로 인한 모든 責任"이 없는 것처럼 규정하는 것은 적절하게 표현되었다고 하기 어렵다고 생각된다.

그렇다면 제461조는, 변제제공이 있는 때로부터는 채무자가 '履行遲滯'에 빠지지 않는다, 즉 遲滯責任을 지지 않는다는 의미라고 해석하여야 할 것이다. 同條는 일반적으로 "債務不履行의 責任"을 云謂하나, 변제제공 후 履行不能이 발생한 경우에는 위에서 본 바와 같이 債務消滅 또는 損害賠償義務로의 轉化가 생기므로 이 한도에서는 제461조가 적용될 여지가 없다고 할 것이고,[44] 또 변제제공이 있은 후에도 채무자는 여전히 채무를 부담하므로 나중에 채무자가 이를 새로이 이행함에 있어서 가령 不完全履行이 있다거나 附隨義務의 違反이 있는 경우에도 이로 인한 債務不履行의 責任을 지지 않는다고는 볼 수 없을 것이다. 우리 학설이 제461조의 해석으로서 논하는 바인, 損害賠償·遲延利子·違約金의 支給義務의 不發生이나 담보권을 실행당하지 아니한다는 것도 모두 위와 같은 遲滯責任不發生의 구체적인 내용인 것이며, 다른 한편 그 의미는 그러한 責任만의 불발생이라는 한도 내로 제한되어야 한다.

Ⅳ. 結

결론적으로 말하면, 제401조는 채권자지체 중 채무의 全部 또는 一部의 履行不能이 일어난 경우, 특히 債務者가 보관하고 있는 給付目的物이 滅失 또는 毁損된 경우에 채무자에 대한 責任을 귀속시킬 수 있도록 하는 歸責事由(Verschulden)의 범위를 정하는 것이고(그러한 意味에서는, 善良한 管理者의 注意로 하여야 할 特定物 債務者의 保管義務 違反에 있어서의 歸責事由를 정한 것이라고도 할 수 있겠다), 제461조는 변제제공이 있

44) 우리 학설이 債權者遲滯 후에 債務者의 歸責事由에 의하여 이행불능이 되면 채권자지체는 종료한다는 것과 통한다. 가령 郭潤直, 「債權總則」, 再全訂版, 1983, 164면; 金亨培, 「債權總論(上)」, 1984, 346면 참조.

으면 채무자가 면하게 되는 責任內容(Haftungsinhalt)을 정하는 것이다. 兩者는 말하자면, 規律의 대상을 달리하는 것이라고 하겠다. 그럼에도 불구하고 兩個條의 文言이 酷似한 것은 法律術語의 未成熟에도 연유한다고 하겠으나, 다른 한편 그로 인하여 法的 思考에도 혼란이 있었던 것은 아닌가 또는 그에 혼란을 일으킬 素地는 없는가를 생각해 보아야 할 것이다.

(「考試界」 351호(1986.5), 202면 이하 所載)

12. 指名債權의 讓渡와 對抗要件

I. 指名債權의 讓渡에 관한 立法主義

債權讓渡란 債權을 그 內容에 변경을 가함이 없이 이전하는 契約을 말한다. 그 중에서도 指名債權(證券的 債權에 대비되는 의미에서의 보통의 채권, 즉 債權者가 특정되어 있는 債權. 이하 단지 채권이라고 하면 指名債權을 말하는 것이다)의 讓渡는 우리 民法에 있어서는 讓渡人과 讓受人 간의 無方式의 諾成契約에 의하여 이루어지는 것으로 전제되어 있다.[1] 즉, 債權證書가 있는 경우에라도 이것을 교부하는 것은 債權讓渡의 成立要件도, 效力發生要件도 아니다.[2] 또 債務者를 債權讓渡契約의 당사자로 하는 것이 요구되지 않으며, 그의 同意가 있어야 債權讓渡의 效力이 발생하는 것도 아니다.

그러나 그러한 구조 아래서는 債務者 및 그 債權에 利害關係를 가지는 第3者는, 채권 양도의 事實을 알지 못하기 때문에, 예기하지 못한 손해를 입을 우려가 있다.

각국의 民法典은 이에 대하여 일정한 대응책을 강구하고 있다. 이

1) 이 점에 대하여는 여러 立法例가 대개 일치한다. 다만 가령 스위스債務法 제165조 제1항은 채권양도에 書面의 方式을 요구한다.

2) 프랑스民法上 債權讓渡에 관한 규정의 冒頭를 장식하는 제1689조는, "債權 또는 제3자에 대한 權利 또는 訴權의 移轉(transport)에 있어서, 引渡는 양도인과 양수인 사이의 證書에 의하여 이를 행한다"고 규정하나, 이 조문은 債權讓渡의 요건으로 債權證書의 交付를 요구하는 것이 아니라, 讓渡의 效果의 하나를 정한 것 뿐이라고 이해되고 있다. 예를 들면, Starck, *Obligations*, 1972, n° 2323(p. 698) 참조.

를 大別하면 둘로 나눌 수 있다. 하나는, 債權讓渡 자체는 讓渡當事者 사이의 合意만으로 효력이 생기나 채무자 또는 第3者와의 관계에서 그 양도의 경제적 효과를 달성하기 위하여는 債務者에의 通知 또는 債務者로부터의 승인을 요구하는 형의 立法이다(對抗要件主義). 프랑스民法 제1690조를 선두로 프랑스法系의 民法, 가령 이태리民法 제1264조, 제1265조가 그러하며,[3] 우리 民法도 依用民法, 즉 日本民法의 태도를 이어받아 이러한 태도를 취하고 있다. 또 하나는 讓渡人과 讓受人 사이의 양도계약만으로 채무자 및 제3자에 대하여도 讓渡의 효력을 관철할 수 있으나, 다만 善意의 채무자가 讓渡人에의 변제 등에 대하여 개별적으로 그 효력을 인정하여 보호를 주는 형의 立法이다(善意保護主義). 독일民法 제398조는 "債權은 債權者와 어떤 사람과의 契約에 의하여 이를 그 사람에게 移轉할 수 있다(債權讓渡). 그 契約의 締結과 동시에 新債權者는 종래의 채권자에 갈음한다."고 정하되, 가령 제407조 제1항은 善意의 채무자가 양도계약이 있은 후 양도인에게 한 辨濟나 양도인과의 사이에 債權에 관하여 한 法律行爲의 효력을 인정하며, 제408조 제1항은 二重讓渡가 있는 경우 善意의 채무자와 제2양수인과의 사이에 존재하는 위와 같은 사정은 제1양수인에게도 효력이 미친다고 정하고 있는 것이다. 그 외에 스위스債務法 제167조나 오스트리아民法 제1395조도 규정 방식은 독일民法과 거의 같으나, 通知에 확정적인 효력을 부여하는 등 구체적인 점에서는 약간 차이가 있다.[4]

3) 이태리民法 제1264조: "債權讓渡는 채무자가 이를 승낙한 때 또는 그에게 通知된 때는 채무자에 대하여 효력이 있다. 그러나 통지 전이라도 채무자가 이미 讓渡를 알고 있음을 양수인이 立證한 경우에는 양도인에게 변제한 채무자는 채무로부터 해방되지 아니한다." 同 제1265조: "동일한 채권이 서로 다른 사람에 대하여 여러 차례의 讓渡의 目的이 된 경우에는, 설사 양도가 나중에 이루어진 것이라도 최초에 채무자에게 通知된 양도 또는 최초에 確定日字 있는 證書로써 채무자로부터 승낙을 얻은 讓渡가 우선한다. 債權이 用益權 또는 質權의 목적이 된 경우에도 마찬가지이다."

4) 가령 스위스債務法에서는 채무자가 讓渡의 사실을 모르고 양도인에게 변제한 경우 그 辨濟는 유효하다. 그러나 債務者의 이러한 免責行爲를 방지하기 위하여 債務者에게 양도의 通知를 할 수 있다(제167조). 이 通知는 讓渡人뿐만 아니라 讓受人도 할 수 있으며, 특별한 方式을 요하지 아니한다. 이에 관하여는 徐敏, 「債權讓渡에 관한 硏究」.

Ⅱ. 民法 제450조 제 1 항과 제 2 항의 區別

우리 民法 제450조는 이에 관하여 앞서 본 대로, 프랑스民法 제1690조("讓受人은 채무자에 대한 移轉의 通知에 의하지 않으면 제 3 자에게 대항할 수 없다. 그러나 讓受人은 公正證書로써 하는 債務者의 移轉의 승락에 의하여서도 역시 대항할 수 있다.")를 이어받은 依用民法 제467조를 그대로 본딴 것이다. 그런데 우리 民法은 프랑스民法 제1690조가 債務者 및 제 3 자에 대한 공통적인 對抗要件으로서 通知 ——이때 通知(signfication)란 執達官(huissier)에 의한 送達을 말하며,[5] 따라서 당연히 確定日字를 가지게 된다고 이해되고 있다—— 또는 債務者의 公正證書에 의한 承諾을 규정하고 있는 데 비하여,[6] "債務者 기타 제 3 자"에 대한 對抗要件으로서의 債務者에의 通知 등(이하 "단순한 通知 등"이라고 한다. 제450조 제 1 항. 이하 제 1 항이라고만 한다)과 "債務者 이외의 제 3 자"에 대한 對抗要件으로서의 確定日字 있는 證書에 의한 通知 등(이하 "確定日字 있는 通知 등"이라고 한다. 동조 제 2 항. 이하 제 2 항이라고만 한다)을 별도로 규정하고 있다.

그리고 학설은 이러한 法規定上의 구분에 상당한 의미를 부여하고 있다. 즉 "債務者에 對抗한다"는 것은 讓受人이 채무자에 대하여 양수한 債權을 주장하는 요건이 된다는 것을 의미함에 대하여 "기타 제 3 자

1985, 41면 이하 참조.

5) Starck(註 2), n° 2324(p. 699) 참조.

6) 즉 프랑스民法 제1690조가 정하는 '제 3 자'에는 양도되는 債權의 債務者도 포함된다고 이해되고 있다. 그러므로 프랑스民法이 債務者에 대한 對抗要件과 제 3 자에 대한 對抗要件을 구별하는 法制에 속한다고 하는 이해(가령 徐敏(註 4), 88면 참조)는 적어도 한정을 요한다. 다만 프랑스 學說·判例는 채무자의 승낙은 私署證書에 의하여도, 또 默示的인 것이라도 債務者에 대한 關係에 있어서는 유효하다. 즉 讓渡人은 양도를 대항할 수 있다고 한다. 그러나 채무자에의 通知에 관하여는 債務者에 대한 權利行使要件으로서도 執達官에 의한 送達을 필요로 한다는 엄격한 요구를 유지하고 있다. Starck(註 2), n° 2326(p. 700) et n° 2330(p. 701) 참조. 이러한 차이는 아마도 債務者의 승낙은 일종의 債務確認 내지 辨濟保證으로서 평가될 수 있음에 반하여 通知는 債權者側에서 채무자의 意思와는 전혀 상관 없이 하는 一方的 行爲라는 데서 연유할 것이다.

에게 대항할 수 있다"는 것은 그 債權의 第2讓受人·押留債權者 또는 質權者와의 사이에서 그 優劣을 결정하는 표준이 된다는 것을 의미하는 것으로서, "本質的으로 兩者는 그 취지를 달리하는 것으로 이해하여야 한다"는 것이다.[7] 그리고 그러한 구별이 가령 제1항과 제2항의 强行法規性의 판단에도 영향을 미친 것이라고 생각된다. 즉, 제1항은 채무자의 이익만을 보호하기 위한 것이기 때문에 任意法規로 보아 이에 反하는 特約, 예를 들면 讓渡 通知 없이도 讓受人이 채무자에게 채권양도를 대항할 수 있다는 特約도 유효하다는 것이다. 반면 제2항은 제3자와도 관련되는 것이므로 强行法規라고 해석하고 이에 반하는 特約은 무효라고 한다.[8]

Ⅲ. 民法 제450조 제1항과 제2항의 相互關聯

그러나 이와 같이 제1항과 제2항을 峻別하는 태도에 대하여는 다음과 같은 의문이 있다.

1. 우선 債務者에 대하여 단순한 通知를 하는 것은 제3자, 특히 讓受人과 양립할 수 없는 地位를 취득하는 제3자에 대하여 아무런 의미가 없다고 할 것인가? 이 문제에 대하여는 우선 제1항이 債務者에의 通知 등이 "債務者 기타 제3자"에의 對抗要件이라고 정하고 있는 데에 주목할 필요가 있다. 위 제1항의 前身인 依用民法 제467조 제1항의 立法趣旨에 대하여 그 起草者[9]가 다음과 같이 설명하고 있다. "다른 제3자, 즉 채권의 제2의 양수인, 그 채권에 대하여 質權을 얻은 자,

7) 金容漢, 「債權總論」, 1983, 441면의 표현. 또한 郭潤直, 「債權總論」, 再全訂版, 1983, 369면 이하; 徐敏(註 4), 88면 참조.

8) 郭潤直(註 7), 370면; 金容漢(註 7), 441면; 徐敏(註 4), 88면 참조.

9) 이 部分의 起草者는 梅謙次郞이다. 松岡久和, 〈史料〉債權總則(33), 「民商法雜誌」 90권 3호(1984), 144면 이하 참조.

그 채권을 압류한 채권자 등은 먼저 그 채권의 채무자에 대하여 과연 양도인 등이 그에게 債權을 가지고 있는지 여부를 확인한 후가 아니면, 감히 讓受 기타의 행위를 하지 않을 것이다. …이것이 이들 제3자에 대하여도 위의 條件[즉 단순한 通知 등 — 引用者]을 필요로 하는 이유이다. 혹 이를 비난하여 만일 채무자가 거짓말을 하는 경우는 제3자는 이에 속게 될 것이므로 本條의 규정은 실제 有名無實에 돌아갈 것이라고 논하는 사람이 있을 것이나 (제1) 채무자가 惡意인 것은 매우 빈번하지는 않고 (제2) 달리 적당한 公示方法이 없으므로 이 방법을 채용한 것이다."[10] (머리점은 引用者) 이를 요약하면, 債權讓渡에 관하여는 달리 이를 公示할 방법이 없으므로, 債務者에게 채권양도 사실을 通知하여 두면, 채권에 이해관계를 설정하려는 제3자가 채무자에게 照會하는 것에 의하여 부족하나마 公示的 效果를 달성한다는 것이다.[11]

이와 아울러 우리 民法 제450조의 母體라고 할 수 있는 위 프랑스 民法 제1690조에 대하여, 債權讓渡의 對抗要件을, 債務者와 그 이외의 제3자를 구분하지 아니하고 "그에 관한 認識에 이해관계를 가지는 당사자들에 대하여 債權讓渡의 公示性(publicité)을 확보"할 목적을 가지는 것으로 이해하고 있는 것[12]을 보면, 제1항은 단지 채무자의 이익만을 보호하기 위한 규정이라고 할 수는 없는 것이다. 즉 단순한 通知도, 채권에 대하여 이해관계를 설정하려는 자들이 채무자에게 債權者에의 채무부담 여부, 양도사실의 유무 등을 조회하는 것을 통하여 그들의 債權讓渡에 대한 인식에 기여할 수 있는 것이다. 학설은 確定日字 있는 통지 등에 대하여는 "債權의 排他的 歸屬의 公示方法"이라고 이해하고 있으나,[13] 단순한 通知에 대하여 위와 같은 公示方法으로서의 의미를 부여하지는 않

10) 梅謙次郞, 「民法要義」 卷之三 債權編, 增訂23版, 1906, 209면 이하.
11) 물론 이는 우리 民法 起草者의 立法意見은 아니나, 이를 알 자료가 현재까지는 없는 상태에서는, 위 규정의 原型을 이루는 民法 규정의 이해에 참고할 수 있을 것이다.
12) Starck(註 2), n° 2325(p. 699) 참조.
13) 郭潤直(註 7), 377면; 金容漢(註 7), 451면.

고 있는 것이다.

2. 또 학설은, "채무자에 대한 관계에서는 權利行使가 문제되고 第3者에 대한 관계에서는 權利歸屬이 문제되므로 이를 같은 평면에서 볼 수 없고", 따라서 제450조에서 정하는 對抗要件의 의미를 一義的으로 이해하여서는 안 된다고 설명한다.[14)]

물론 제 1 항과 제 2 항에서 정하는 각 對抗要件을 어떠한 의미로 이해할 것이냐는 一義的으로 설명될 수 없을 것이다. 그것은 제450조의 規定의 方式으로부터도 명백하다. 즉 한편으로는 제 1 항에서, "… 채무자 기타 제 3 자에게 대항하지 못한다"고 하고, 또 제 2 항에서 "… 채무자 이외의 제 3 자에게 대항하지 못한다"고 하여, 제 2 항은 제 1 항과 중복하여 규정하고 있는바, 만일 이 때 "대항하지 못한다"는 句節이 동일한 의미라고 한다면 이러한 중복은 있을 수 없는 ―또는 있어서는 안 되는― 것이다.

그런데 여기서 논의하고자 하는 것은, 그 전제, 즉 債權讓渡에 있어서 權利行使와 權利歸屬의 關係이다. 이 관계가 위 학설이 말하는 것처럼 "平面을 달리하는" 것이라고 보아야 할까?

가령 제 2 항을 權利歸屬만 관련된 對抗要件으로서만 이해할 수는 없을 것이다. 예를 들어 同項이 정하는 對抗要件을 갖추지 못한 제 1 양수인이, 그 對抗要件을 갖춘 제 2 양수인에게 "對抗하지 못한다"고 하면, 그 제 1 양수인은 債務者에게 채권의 양수를 주장하여 그 債權을 행사할 수 있는가? 또 債權에 대한 押留 및 轉付命令과 債權讓渡가 경합하는 경우에 채권양도에 대하여 確定日字 있는 통지 등이 있기 이전에 轉付命令이 송달되면 (民事訴訟法 제564조 본문, 제561조 제 3 항 참조), 債權讓受人은 채권양도를 轉付債權者에게 "대항하지 못한다." 이 경우 채권양수인은 轉付債權者가 아닌 債務者에 대하여는 "대항"할 수 있는가, 즉 채

14) 가령 徐敏(註 4), 88면 참조.

권의 양수를 주장하여 채무의 履行을 청구할 수 있는가? 이는 모두 否定하여야 할 것이고, 또 이를 부정하여야 함에는 異見이 없을 것이다.[15]

그렇다면 債權讓渡에 있어서 債權歸屬의 문제와 債權行使의 문제는 일정한 연관을 가지고 있다고 하여야 한다. 즉, 債權의 歸屬에 관하여 兩立할 수 없는 지위에 선 사람이 둘 이상 존재하는 경우에는 제2항에 의하여 그 사람 사이의 우열이 정하여지며,[16] 이와 같이 우열을 판단하는 국면에서는 이미 제1항의 문제는 해소되어 債務者에의 통지 등이 있었는가, 따라서 채권양도를 그에게 대항할 수 있는가 하는 문제는 발생할 여지가 없는 것이다. 따라서 제1항과 제2항은 차원을 달리하는 사항을 정하는 것이 아니라, 요컨대 債權의 歸屬에 관하여 兩立할 수 없는 지위에 선 사람이 둘 이상 존재하여 그들 사이의 優劣關係를 가릴 필요가 있는가 여부에 따라 적용할 條項이 달라지는 것뿐이라고 한 것이나. 즉 그와 같은 우열관계를 가릴 필요가 있을 경우에는 제2항을, 그러한 필요가 없으면 제1항을 적용할 것이다. 따라서 단순한 通知 등을 일반적으로 "債務者에 대한 對抗要件"이라고 하는 것은 정확한 표현이 되지 못한다.

Ⅳ. 「確定日字 있는 通知」의 原則的 要求

1. 이렇게 보면 제1항과 제2항과의 관계는, 제1항이 原則的 規

15) 大法院 1972.1.31. 판결 71다2697사건(集 20-1. 68)은 제1양도에 대하여 채무자가 단순한 승낙을 한 후 제2양도에 대하여 확정일자 있는 通知가 이루어진 경우에 대하여, 大法院 1974.3.12. 판결 73다1025사건(「법원공보」 486. 7776)은 제1양도에 대하여 채무자가 단순한 승낙을 한 후 채권이 轉付된 경우에 대하여 각각 이와 같이 판시한다.

16) 이와 관련하여 제1양도 및 제2양도에 대하여 모두 단순한 通知 등만이 있는 경우에 대하여, 日本에서는 대개, 債務者로서는 어느 양수인에게 변제하더라도 그 責任을 면하되, 또 어느 양수인에 대하여도 그 채무의 이행을 拒絶할 수 있다고 해석되고 있다. 가령 我妻榮, 「新訂 債權總論」, 1964. 544면 이하; 西村信雄 編集, 「註釋民法(11)」, 1965, 383면(明石三郎 집필); 柚木/高木, 「判例債權法總論」, 補訂版, 1971, 381면 등 참조.

定이고 제 2 항이 制限的·附隨的 規定이라고 이해할 수는 없다.

제450조는 그 文言 자체만으로 보면, 제 1 항이 債務者도 포함하여 널리 債權讓渡의 當事者를 제외한 제 3 자에의 對抗關係를 정하는 一般規定이고, 제 2 항은 제 1 항을 前提로("前項의 通知나 承諾은…") 특히 債務者 이외의 제 3 자에 대한 對抗要件에 대하여는 불완전한 公示方法을 조금이라도 實效 있게 하기 위한 補充方法을 정한 것처럼 생각되기도 한다. 그러나 위와 같이 제 1 항과 제 2 항이 그 규율영역을 달리하는 것이라고 한다면 이러한 原則/例外的 觀察은 포기되어야 할 것이다. 오히려 債權讓渡에 있어서의 公示方法이라는 관점에서 보면 제 2 항이 原則的 규정이고, 제 1 항은 例外的인 규정이라고도 할 수 있다.

이는 不動産物權變動과의 對比에서도 확연히 드러난다. 不動産物權變動에 있어서 요구되는 公示의 필요가 登記에 의하여 충족된다고 하면, 債權讓渡에 있어서의 그것은 단순한 通知에 의하여서가 아니라, 確定日字 있는 通知에 의하여 충족된다. 債權讓渡制度가 債權 자체를 하나의 독립한 財産的 客體로서 관찰하는 데서부터 출발한다고 하면, 이에는 재산권의 移轉에 관한 法理의 원형을 이룬다고 할 수 있는 物權法的 論理가 가능한 한 관철되어야 할 것이다. 비록 債權이 債務者에 대하여 급부를 청구하는 것을 본질적 내용으로 하는 것에서 오는 필연적인 제한은 있다고 하더라도 말이다. 그렇다면 債權讓渡에 있어서 對抗要件은 不動産登記와 마찬가지로 그 債權에 대하여 별도의 利害關係를 취득하는 자, 즉 二重讓受人·質權者·押留債權者 등의 "債務者 이외의 第3者"에 대한 관계를 규율하는 데 그 본질적인 기능이 있다고 볼 것이다. 그리고 그러한 對抗要件으로서 通知 등의 방법을 선택하였고, 위와 같은 對第3者關係를 통지 등의 日字의 確定性 및 그 先後에 의하여 정하기로 立法的 選擇을 한 이상, 이러한 確定日字 있는 통지 등이 債權讓渡에 있어서의 對抗要件을 이해함에 있어서 중심적인 위치를 차지하여야 할 것이다. 이는 債權讓渡의 對抗要件에 관한 한 우리 규정의 母法이라고 할 수 있는 위에서 본 바와 같은 프랑스民法의 態度(위 註 6 및 그 本文, 위 註 12 및 그 本文 참조)에 비추어 보아도 수긍될 수 있을 것이다.

2. 이러한 이해에 기한다면, 제 1 항은 債權의 歸屬에 관하여 對立하는 利害關係人이 없는 경우에 한정하여, 債務者에 대한 관계에서는 단순한 통지 등만으로 ―위에서 본 대로 이에도 일정한 公示的 機能이 예정되어 있는 것이다― 債權讓受人이 債權讓受를 주장하여 채무자에게 이행을 청구할 수 있도록 한 것이다. 왜냐하면 對立利害關係人이 없는 한 그와 같이 하여도 債務者에게 특히 불리할 것이 없기 때문이다. 그러나 그러한 경우에도 讓渡人으로부터의 通知 등 적극적인 外形을 요구하고, 債務者가 채권양도를 알고 있다는 등의 內面的 事實만으로는 부족하다고 정하고 있는 점에 주의하여야 할 것이다.

그러나 이러한 예외의 인정은 일정한 경우 不合理를 낳는다. 가령 다음과 같은 예를 들어 보자. 제 1 양수에 관하여 단순한 통지만이 있은 후 確定日字 있는 通知를 거친 제 2 양수인이 나타나면 제 1 양수인은 債務者에 대하여도 債權者임을 주장할 수 없게 된다고 함은 위에서 본 바와 같다. 그러나 그러한 제 2 양수인이 나타나기 전에 債務者가 제 1 양수인에게 辨濟한 경우에는 그러한 제 2 양수인은 債權을 취득할 수 없다고 인정되고 있다.[17] 그 이유는, "對抗關係는 채권이 존재하고 그 債權 위에 兩立할 수 없는 權利關係가 생긴 경우에만 발생"하는데,[18] 위와 같은 경우에는 債務者의 第 1 讓受人에 대한 辨濟는 유효하여 이미 채권은 소멸하였기 때문에 對抗關係가 발생할 여지가 없다는 것이다. 그러나 이와 같이 해석하면, 제 3 자에 대한 대항요건으로서 通知 등에 확정일자를 요구하는 立法趣旨가 달성되지 않을 우려가 있다. 제 2 항에 대하여는, "채무자가 양도인과 通謀하여 통지 또는 승낙의 時日을 거슬러

17) 郭潤直(註 7), 380면 이하; 金容漢(註 7), 454면 참조.
18) 郭潤直(註 7), 380면 참조.

올려서 제 3 자의 權利를 해하려고 꾀하는 일이 있다. …[이러한 경우] 제 3 자는 그 反對의 證據를 제시할 수 없는 일이 매우 많"기 때문에,[19] 그와 같은 日字의 遡及을 막는 것이 제 2 항이 日字의 確定性을 요구함에 있어서 달성하려는 목표의 하나인 것이다. 그런데 앞서와 같이 해석하는 경우 債權讓渡의 當事者들이 日字를 소급하여 證書를 작성함과 동시에 辨濟 등에 의하여 채무가 소멸한 것처럼 꾸미면 讓受人은 확정일자 있는 通知 등이 있는 第 3 者에게 우선하게 되는 것이다.[20]

물론 그렇다고 하여 위와 같이 讓渡人으로부터 단순한 通知만이 있는 단계에서 債務者가 讓受人에게 한 辨濟의 效力을 전적으로 부인하여야 할 것인가에 대하여는 더 나아가 논의를 하여야 할 것이다.[21] 여기서 확인하여야 할 것은, 제 1 항의 규정을 둠으로써 발생할 수 있는 위와 같은 不合理에 대하여 적절한 對應策을 마련하여야 하며, 대부분의 학설이 말하는 것처럼 그러한 결과는 "債權의 性質 및 公示方法의 不完全에 기인하는 것으로 부득이하다"고 하여,[22] 버려 두어서는 안 된다는 것이다.

이러한 不合理에 대한 대응을 가능하게 하는 基本思考의 하나가 바로 제 1 항과 제 2 항의 관계를 새로이 인식하여 제 1 항을 오히려 예외적인 규정으로 파악함으로써 그 適用範圍를 분명하게 한정하는 것이다. 만일 이러한 基本思考 위에 선다면, 債權讓渡에 있어서 確定日字 있는 통지 등을 갖추지 못한 자는 원칙적으로 채무자에 대하여도 채권양도를 대항하지 못하며, 단지 債權의 歸屬에 관하여 兩立할 수 없는 利害關係를 가지는 자가 없는 경우에만 그에게 대항할 수 있으므로, 채무자가 단순한 통지 등만이 있었던 債權讓受人에 대하여 채무를 변제하였다

---

19) 梅謙次郎(註 10), 212면 이하.

20) 我妻榮, 連合部判決巡歷 第33話, 「ジュリスト」 151호(1957), 37면은 "한 번 거짓말을 하는 것만으로는 안 되나, 두 번 거짓말을 하면 目的을 달성한다"고 한다.

21) 가령 債權讓渡의 迅速性과 簡便性을 도모하기 위하여 위와 같은 不合理는 부득이하다는 것(金容漢(註 7), 454면 참조)은 하나의 論據가 될 수 있다고 생각된다. 즉, 確定日字를 얻기 위한 勞力이나 時間 또는 費用이 어느 정도인가도 고려하여야 할 것이다.

22) 郭潤直(註 7), 381면.

라도 그 후에 확정일자 있는 통지 등을 거친 債權讓渡가 있으면 그러한 양수인에게는 對抗할 수 없다고 하고, 그러한 경우 변제를 한 債務者는 가령 債權의 準占有者에 대하여 辨濟를 한 것으로서 제470조의 요건을 갖추는 경우에만 辨濟로 인한 債務의 消滅을 주장할 수 있다고 해석할 수도 있는 것이다.[23]

V. 餘 論

위와 같은 理解는 다음과 같은 몇 가지 구체적 結論에로 이어진다.

첫째, 제 1 항은 제 2 항과 마찬가지로 强行規定이다.[24] 따라서 債權者와 債務者와의 사이에, 債權讓渡의 경우 債務者에의 통지가 없어도 讓受人이 債務者에게 대항할 수 있다고 정하는 特約은 무효라고 할 것이다. 그러한 特約이 유효라고 하면 債權讓渡가 있어도 채무자는 이를 알 수 없는 경우가 대부분이고, 따라서 위에서 본 대로 위 채권에 대하여 이해관계를 설정하려는 자들이 債務者에게 債權者에의 채무 부담 여부를 照會해도 채무자는 權利變動의 상황을 제대로 확인하여 줄 수 없게 되어, 債權讓渡에 있어서의 公示方法의 요구를 전혀 만족시킬 수 없기 때문이다.

둘째, 債權讓受人은 讓渡人에 대하여 確定日字 있는 通知를 할 것을 청구할 수 있다고 해석하여 한다. 이것은 原因行爲의 讓渡契約과의 관계를 여하히 파악하느냐에[25] 상관 없이, 債權讓渡에 관한 意思行爲의 해석상 당연히 인정되어야 한다. 종래 學說은 양도인은 양수인에 대하

23) 이는 제시될 수 있다고 생각되는 가능한 解決方法의 하나로 든 것 뿐이다. 그러한 의미에서 本稿는 하나의 疑問提示에 그친다.

24) 日本에서도 최근 平井宜雄, 「債權總論」, 1985, 98면은 통설에 반대하여, 그 民法 제467조 전체가 강행규정이라고 해석한다. 日本의 大審院 1921년 2월 9일 판결(「民錄」 27집 244면)도 채권양도에 通知를 필요로 하지 않는다는 特約은 강행법규에 반하여 무효라고 한다.

25) 이에 관하여는 金容漢(註 7), 426면 이하가 상세하다.

여, 단순히 債權讓渡의 통지를 할 의무를 부담한다고 설명하고 있다. 물론 양도인이 그 의무를 이행하지 않는 경우에는 양수인은 이를 訴求하여 民事訴訟法 제695조 제1항에서 정하는 "意思의 陳述을 명하는 判決"을 얻을 것이고,[26] 그 判決의 確定으로써 債權讓渡의 通知는 있었던 것으로 간주되므로 양수인이 그 판결의 正本을 채무자에게 提示하거나 交付하면 채권양도의 通知가 있는 것이 된다. 그리고 이러한 判決正本은 確定日字 있는 證書라고 할 것이므로, 그 한도에서 종래의 학설에 의하여도 결과적으로는 確定日字 있는 通知를 認定하는 것이 된다. 그러나 그것은 實體法的으로 양도인에게 확정일자 있는 通知를 할 의무가 있음을 인정하는 것이 아니라, 단지 判決이라는 公的 行爲에 부수하여 通知에 확정일자가 붙게 되는 것일 뿐이다.

(「考試界」 355호(1986. 9), 77면 이하 所載)

26) 債權讓渡의 통지는 그 法的 性質이 意思表示가 아니라, 소위 觀念의 通知에 해당한다고 이해되고 있다. 그러나 同法의 "意思의 陳述"에는 관념의 통지와 같은 準法律行爲도 포함된다고 해석되고 있다.

13. 契約締結上의 過失

I. 머 리 말

1. 民法 제535조는 "契約締結上의 過失"이라는 表題 아래, "目的이 不能한 契約을 締結할 때에 그 不能을 알았거나 알 수 있었을 자는 상대방이 그 계약의 유효를 믿었음으로 인하여 받은 損害를 배상하여야 한다"(제 1 항 本文)라고 규정한다(독일民法 제307조와 동일한 내용이다).

2. 그러나 學說은 위 條項이 정하는 原始的으로 不能한 給付를 목적으로 하는 계약을 체결한 경우뿐만이 아니라, 일반적으로 계약의 交涉段階 내지 成立過程에 있어서 당사자의 한 쪽이 그 책임 있는 사유로 상대방에게 손해를 가한 경우에는 그 손해를 배상하여야 한다고 일치하여 인정한다.[1] 그와 같은 경우에 損害賠償의 責任을 지는 자에게 존재하는 歸責要件을 契約締結上의 過失(culpa in contrahendo. 이하 締約上의 過失이라고 줄여서 부르기로 한다)이라고 한다.

그리고 지금까지 締約上의 過失에 관련하여 발표된 論文 등은 우리 民法의 해석에 있어서 이와 같은 독자적인 責任類型을 인정할 수 있다(또는 인정하여야 한다)는 것을 전제로 하여 주로 그 法的 性質 여하를 중심으로 논하였고, 그 論議에 있어서는 주로 獨逸의 여러 가지 理論들이

1) 가령 郭潤直, 「債權各論」, 再全訂版, 1984, 81면 이하; 金曾漢, 「債權各論(上)」, 1984, 45면 이하.

하나의 모델이 되어 왔었다.[2)]

3. 그러나 필자는 우리 民法의 해석에 있어서 締約上의 過失責任이라는 제 3 의 責任類型, 즉 契約責任과 不法行爲責任의 중간에 위치하는 하나의 새로운 "一般條項"(Hans Stoll 의 표현)的 責任을 인정할 필요가 있는지에 대하여 의문을 품고 있다. 이하에서는 通說이 인정하는 대로의 締約上의 過失責任의 내용을 요약하고(Ⅱ) 이어 이에 대한 몇 가지 의문점을 서술한 후(Ⅲ) 결론을 맺기로 한다(Ⅳ).

Ⅱ. 通說이 인정하는 締約上의 過失責任의 內容

1. 通說은 오늘날의 契約理論에 있어서는 契約上의 義務는 主된 履行義務(給付義務. Leistungspflicht)가 그 전부는 아니며 信義則上의 모든 義務(소위 附隨義務. Nebenpflichten)를 포함한다고 하고, 締約上의 過失責任은 바로 이러한 信義則上의 附隨義務를 위반한 데 대한 책임이라고 설명한다. 따라서 締約上의 過失責任의 내용은 契約的 關係의 단계에 따라 인정되는 附隨義務의 내용에 따라 달라진다고 한다. 그리하여 이를 (i) 契約準備段階, (ii) 契約이 유효한 경우, (iii) 契約이 체결되었으나 그 契約이 무효이거나 또는 取消된 경우로 나누어 설명한다(소위 三分說).

2. 契約締結의 準備段階에 있어서의 締約上의 過失

이는 후에 契約이 성립되지 않은 경우의 문제이다. 즉 締約을 위한 교섭에 착수하면 그 순간부터 당사자는 信賴關係에 서게 되며, 契約締

2) 가령 李英俊, 契約締結上 過失責任의 法的 性質에 관한 硏究, 「玄勝鍾 博士 華甲記念論文集」, 1979, 291면 이하; 趙鍾炫, 契約締結上의 過失責任, 「金曾漢 博士 華甲記念論文集」, 1981, 477면 이하, 특히 481면 이하.

結이라는 共同의 目的을 향하여 서로 협력하여야 할 긴밀한 結合關係가 이루어지고 서로 상대방에게 손해를 주어서는 아니되는 義務라든가 또는 상대방의 意思決定에 중대한 意義가 있는 사실을 해명·통지할 義務 등을 포함하는 信義則上의 義務를 부담하게 된다는 것이다. 이와 같이 締約交涉關係는 "基本的 給付義務 없는 債權關係"라 할 수 있고 이 債權關係에서는 위와 같은 信義則上의 附隨的 義務만이 존재하는데, 이를 위반하여 상대방에게 손해를 주면 締約上의 過失責任이 발생한다고 한다.[3)]

그 예로는 우선 독일의 리놀륨융단 事件이나 바나나껍질 사건[4)] 등과 같이 현재 독일에서 "契約外的 法益, 즉 相對方의 生命·身體·財產에 대한 保護義務를 違反한 때"로 논하여지고 있는 경우와, 契約交涉을 타당한 근거 없이 일방적으로 파기하는 경우 등을 든다.

3. 契約이 유효한 경우의 締約上의 過失

통설은 이 경우에도 締約上의 過失責任이 인정될 수 있다고 한다. 즉 瑕疵擔保責任이나 受任人이나 業務執行組合員의 損害賠償請求權(민법 제688조 제3항, 제707조 참조. 이하 인용하는 法條는 다른 지시가 없는 한 民法의 그것이다)과 같이 明文의 규정이 있는 경우는 문제가 없으나,[5)] 그렇지 않은 경우에도 가령 賣買의 目的物에 관하여 그 사용방법을 잘못 알린 때와 같이 當事者가 告知 또는 설명할 信義則上의 義務를 부담하는 사항을 告知하지 않은 경우에는 이로 인하여 발생한 손해를 배상하여야 한다는 것이다.

이에 관하여는, "締約上 過失이 있었으나 當事者가 성립시키려고 했

---

3) 이상 주로 郭潤直(註 1), 85면.
4) 그 상세는 黃迪仁, 「現代民法論 Ⅳ」, 1980, 76면 및 83면.
5) 특히 前者를 締約上의 過失責任의 發現으로 이해하는 것은 Leonhard에 起源을 두며, 이는 日本의 鳩山秀夫, 債權法に於ける信義誠實の原則, 「民法研究」, 第3卷, 1926, 103면 이하[원래는 「法學協會雜誌」 第42卷(1924)에 分載되었었다]를 통하여 우리 民法教科書에 자리를 잡기에 이른 것으로 추측된다.

던 契約이 그대로 유효하게 성립한 때에는 많은 경우에 이른바 不完全履行의 문제가 된다"는 지적이 있다.[6)]

4. 契約이 무효이거나 取消된 경우의 締約上의 過失

(1) 이에 관련하여 문제되는 것은 明文의 규정이 있는 原始的 不能給付를 목적으로 하는 契約의 경우 외에 强行法規에 위반된 契約의 경우, 錯誤를 이유로 契約이 취소된 경우, 無能力을 이유로 契約이 무효이거나 취소된 경우 등을 들 수 있다. 契約이 무효이거나 취소될 수 있는 사유가 있는 기타의 경우에는 이러한 문제가 발생하지 않는다고 인정되고 있다. 즉, 非眞意意思表示(제107조)는 원칙적으로 有效이고 相對方이 그 情을 알거나 알 수 있었을 때에만 무효이나, 이 경우에는 相對方을 보호할 필요가 없다. 通情虛僞表示의 경우(제108조)에도 通情한 상대방은 보호의 가치가 없다. 詐欺나 强迫의 경우(제110조)에도 詐欺者 또는 强迫者는 不法行爲로 인한 損害賠償責任을 지는 것이 원칙이므로 締約上의 過失責任을 인정할 여지가 없다. 또 독일民法上 締約上의 過失責任이 문제되는, 자신의 無權限을 알지 못한 無權代理人의 경우(同法 제179조 제2항은 이러한 者는 信賴利益의 賠償義務를 진다고 규정한다)에 관하여 우리 民法은 제135조에서 無權限에 대한 知·不知를 불문하고 選擇的인 損害賠償責任을 정하고 있으므로 締約上의 過失責任이 문제되지 않는 것이다.

(2) 우선, 强行法規違反의 경우에는 締約上의 過失責任을 인정하자는 견해가 있다.[7)] 단 一方當事者에게만 故意 또는 過失이 있고 相對方은 善意·無過失임을 전제로 한다. 독일民法 제309조는 이를 명문으로 규정하고 있다.

---

6) 郭潤直(註 1), 83면.

7) 金曾漢·安二濬 編著, 「新債權各論(上)」, 1961, 46면 이하; 李英俊(註 2), 320면.

다음, 錯誤로 인한 契約取消에 있어서는 견해가 나뉜다. 重過失 있는 表意者는 取消權이 인정되지 않으므로(제109조 제1항 但書) 애초 문제가 없다. 기타의 경우에는 表意者에게 締約上의 過失責任을 인정함이 타당하다는 견해도 있고,[8] 반대로 錯誤로 인한 契約取消는 엄격한 요건 아래서만 인정되는 데 그 취소가 허용되는 경우에도 相對方에 대한 賠償責任을 인정하는 것은 民法 제109조의 規範目的, 즉 錯誤者保護의 目的을 해칠 우려가 있으므로 立法論으로는 몰라도 解釋論으로는 이를 인정하기 어렵다는 견해도 있다.[9]

나아가 無能力으로 인한 無效 또는 契約取消의 경우에도 行爲無能力으로 인한 取消에 관하여는 "信賴利益의 배상을 인정할 여지는 거의 없다"라고 하면서도, 意思能力이 없는 者에 대하여는 締約上의 過失責任을 인정하여야 한다는 견해가 있다.[10] 그러나 이에 대하여는 錯誤의 경우와 같이 範規目的, 즉 無能力者保護를 내세운 반대의 견해도 가능할 것이다.[11]

5. 法的 性質

通說은 위와 같이 締約上의 過失을, 契約交涉段階에서 이미 발생하는, 따라서 契約의 成立與否와는 관계없는 信義則上의 附隨的 義務에 대한 위반이라고 하고, 이 의무는 契約的 義務 내지 契約類似의 義務라고 하여 締約上의 過失責任도 契約責任的으로 구성한다. 이에 대하여 少數說[12]은 契約締結에 있어서의 注意義務는 "누구에게나 요구되는 信義則

8) 郭潤直(註 1), 89면; 黃迪仁, 「現代民法論 I」, '1985, 198면. 독일民法 제122조는 錯誤者의 過失을 요건으로 하지 않고 그의 信賴利益賠償責任을 규정하나, 우리 나라의 견해는 모두 錯誤者의 過失, 즉 輕過失을 전제로 한다. 이는 스위스債務法 제26조 제1항과 같은 태도이다.

9) 金曾漢·安二濬 編著(註 7), 46면. 한편 鳩山(註 5), 95면 이하 참조.

10) 郭潤直(註 1), 88면.

11) 鳩山(註 5), 93면 참조.

12) 崔栻, 「新債權法各論」, 1961, 52면.

上의 注意義務이므로 이에 위반하여 過失에 의하여 契約을 체결하여 상대방에게 違法的 損害를 준 자는 일종의 不法行爲責任을 지는 것"이라고 한다.

契約責任說에 의하면 履行補助者의 故意·過失에 대한 채무자의 責任을 정한 民法 제391조가 유추적용되어서 締約補助者의 過失에 대하여도 本人이 책임을 지게 되며(不法行爲責任說에 의하면 本人이 締約補助者의 選任 또는 감독상의 주의를 다하였음을 입증하면 免責될 가능성이 있다. 제756조 제1항 但書 참조), 賠償請求權의 時效에 관하여도 不法行爲에 관한 短期의 時效期間의 적용(제766조 제1항)을 받지 않게 된다.

6. 賠償責任의 範圍

위와 같이 일반적으로 인정되는 締約上의 過失責任은 民法 제535조가 정하는 바의 "相對方이 그 契約의 有效를 믿었음으로 인하여 받은 損害", 소위 信賴利益을 배상하여야 함을 내용으로 한다. 그러나 이때 賠償額은 "契約이 有效함으로 인하여 생길 利益", 즉 履行利益(同條 제1항 但書)을 넘지 못한다.[13)]

Ⅲ. 締約上의 過失責任에 대한 疑問

1. 周知하는 대로 締約上의 過失의 法理는 독일의 Jhering에서 발단하는 것이며, 독일民法 制定에 있어서도 이 法理가 개별적으로 實定化되었음은 위에서 보는 대로이다. 그러나 독일에서는 이와 같은 法理는 그 개별적인 규정의 배후에 존재하가 일반적인 法原理로서, 그 종국적인 實定法的인 근거는 信義誠實의 原則(獨逸民法 제242조)에 있다고 한

13) 그러나 黃迪仁(註 4), Ⅳ, 86면은 契約이 유효한 경우에 인정되는 締約上의 過失責任은 履行利益의 배상을 내용으로 한다고 한다.

다. 그리하여 이 法理는 소위 契約的인 附隨義務를 앞세워, 극히 광범위한 適用範圍를 가지는 독자적인 法領域으로 발전하여 갔다.[14)]

그리고 독일에서의 이러한 法理의 화려한 전개가 우리 民法의 解釋에 있어서도 영향을 미쳐서 위 Ⅱ.에서 본 바와 같은 일반적인 責任類型을 인정하기에 이른 것이 아닌가 추측된다.

2. 그러나 獨逸民法典과는 달리 우리 民法의 債務不履行規定(제390조)과 不法行爲規定(제750조)은 극히 유연한 구조를 가지고 있다.

(1) 우리 民法 제390조 本文은 "債務者가 債務의 內容에 좇은 履行을 하지 아니한 때에는 債權者는 損害賠償을 청구할 수 있다"고 정한다. 이 규정에 따르면 契約에 기한 損害賠償請求權의 발생은 채무자가 구체적으로 契約上 정하여진 "債務의 內容에 좇은 履行을 하였는지" 여부에 달려 있다. 따라서 문제는 무엇이 "債務의 內容"인가 하는 것이다. 필자는 이것을 獨逸民法理論이 말하는 소위 主된 義務(Hauptpflicht), 즉 給付義務에 한정할 필요는 없다고 생각한다.

獨逸民法 제241조(이것은 第2編 債務關係法의 冒頭에 있다)는, "債務關係에 기하여 債權者는 債務者로부터 給付(Leistung)를 청구할 권한을 가진다"고 한다. 그러므로 債權의 反面으로서의 債務라고 하면 給付義務를 가리키며, 給付義務를 이행하는 것이 債務履行이며 반대로 債務不履行이란 給付義務의 不履行으로 파악되었다. 그리고 債務不履行의 態樣도, 給付가 가능한데도 이루어지지 않고 있는 履行遲滯(Verzug. 獨逸民法 제284조)와, 給付가 실현불가능한 履行不能(Leistungsunmöglichkeit. 獨逸民法 제275조)의 兩者만이 規定되었다. 그리하여 이 두 態樣 이외의 態樣에 의하여 채권자에게 손해가 발생한 경우에도 이것은 債務不履行責任規定에 의하여서가 아니라 오직 不法行爲規定에 의하여 해결되도록 되어 있

14) 그 槪要에 관하여는 全河銀, 契約締結上의 過失責任에 관한 硏究, 서울대학교 法學碩士學位論文, 1985 참조.

었다. 그러나 채무자가 부담하는 義務가 給付義務만에 한정되지 않음은 이미 슈타우프의 積極的 契約侵害論의 제창에 의하여 일찍부터 의식되기에 이르렀다.

이와는 달리 우리 民法은 債務不履行에 관하여 履行遲滯나 履行不能에 관하여 적극적인 규정을 두지 않고 있을 뿐 아니라, 오히려 債務不履行의 態樣을 위의 둘과 不完全履行(또는 積極的 債權侵害)으로 한정하는 것 자체가 獨逸民法學(내지 그 壓倒的 영향을 받은 日本民法學)의 수입이라는 사태 이외로는 설명되지 않는다고 생각된다. 위 제390조는 履行遲滯 또는 履行不能이라는 債務不履行의 態樣과 연결된 것이 아니라 "債務의 內容에 좇은 履行", 즉 구체적 契約에서 발생된 債務의 내용을 제대로 이행했느냐 하는 個別的 契約의 내용과 관련되어 있는 것으로 보아야 한다.[15]

그렇다면 일반적으로 附隨義務의 이름 아래 포괄되는 告知·說明·配慮 등의 의무의 유무는 契約의 구체적 해석으로부터 우러나와야 하며, 그 해석에 있어서 信義誠實의 原則이 적용됨은 두말할 여지가 없다(獨逸民法 제157조 : "契約은 信義와 誠實이 去來慣行을 고려하여 요구하는 대로 해석되어야 한다"). 가령 예를 들어서 복잡하거나 위험한 기계의 賣渡人은 買受人에게 그 使用方法과 사용 중의 危險性에 관하여 상세히 설명하여야 함(BGHZ 47, 312 = NJW 1967, 1805의 獨逸聯邦大法院 1967년 4월 5일 判決의 說示)은 契約書上에 명문이 없거나 특히 口頭로 합의한 바 없더라도 일반적으로 信義則이 요구하는 바이고, 이러한 설명을 행하지 않은 賣渡人이 "債務의 내용에 좇은 履行"을 하지 않은 것이 됨은 별로 큰 思考上의 攻究를 필요로 하지 않는다. 따라서 契約의 해석에 의하여 인정되는 信義則上의 附隨的 義務(그 내용을 어떻게 정하느냐 하는 문제도 구체적으로 따져보아야 할 것이다)에 대한 위반도 우리 民法上으로는 제390조에 의하여

15) 이 점에서 필자는, 金亨培, 우리 民法의 債務不履行體系, 「郭潤直 敎授 華甲記念論文集」, 1985, 342면의 견해에 찬동한다.

處理될 수 있고, 그로 인한 損害賠償責任을 인정함에 굳이 締約上의 過失責任의 法理를 끌어들일 필요는 없는 것이다. 이와 같이 함으로써 債務不履行의 一態樣으로 인정되고 있는 不完全履行과 締約上의 過失간의 관계라는 곤란한 문제도 해결될 실마리를 찾을 수 있으리라고 생각된다.

(2) 위의 민법 제390조는 契約이 유효하게 성립된 경우를 전제로 한다고 보겠다. 그리고 契約이 成立(締結)에 이르지 않은 경우나 성립하였더라도 無效이거나 取消된 경우에는 별도의 法的 規制를 받는다고 보아야 한다.

(a) 우선 契約이 成立(締結)에 이르지 않은 경우를 살펴보자.

이 때 締約上의 過失責任이 문제되는 것은 첫째 契約交涉을 부당하게 破棄하는 경우, 둘째 契約交涉段階(이에 한정되는 것은 아니나 주로 이 경우가 문제된다)에서 契約外的 法益이 一方當事者에 의하여 침해된 경우임은 위에서 본 바와 같다.

契約交涉의 不當破棄의 경우에 관하여 독일의 通說은 다음과 같이 설명한다. 契約의 自由는 契約의 締結을 강제당하지 않음을 전제로 하므로 契約締結 이전에 이미 그 성립할 것을 믿고 이러한 신뢰에 기하여 행동한 자는 원칙적으로 자기의 위험과 책임 아래서 하는 것이라고 봄이 상당하다. 그러나 交涉의 全事情에 비추어 상대방이 그 契約締結을 신뢰할 합리적인 사정이 있는 경우에는 이와 같이 자신의 行態에 의하여 야기된 信賴를 부당하게 배반하여서 안 될 것이다. 즉 이 때의 締約上의 過失責任은 信賴拘束(Vertrauensbindung)에 의한 責任이라는 것이다. 따라서 위에서 본 우리의 일부 학설과 같이 교섭에 들어가는 것만으로써 당사자간에 信義則上의 附隨的 義務, 특히 契約締結이라는 공동의 목적을 향하여 서로 협력할 긴밀한 結合關係가 발생한다고는 보지 않고 있는 것이다.

그렇다면 일정한 단계의 정당한 신뢰에 대한 배반은 우리 民法上 제

750조가 정하는 "違法行爲"에 해당하는 것이 아닐까? 특히 이 때 違法性을 확장적으로 해석하여 法規에 직접 위반하지는 않더라도 사회적으로 보아 허용되지 않는 행위도 포함된다고 하면,[16] 자신의 行態에 의하여 야기된 신뢰를 정당한 이유 없이 배반하는 것은 不法行爲를 성립시킨다고 보아야 할 것이다. 이와 관련하여 日本의 最高裁判所 1983년 4월 19일 判決은, 契約交涉이 진행하여 代金 기타의 사항을 서로 了解하고 일단 契約締結日까지 정하였으나 被告가 그 契約締結에 응하지 않고 目的物을 第3者에게 처분한 事案에 있어서, 原告가 買受資金으로 차용한 돈의 利子 및 그에 대하여 발행한 어음의 印紙代 등의 배상을 구한 데 대하여 "原告로서는 交涉의 결과에 따른 契約의 성립을 기대하여 그를 위한 準備를 진행함은 당연하고, 契約締結의 준비가 이러한 단계까지 이른 경우에는 피고로서도 원고의 기대를 侵害하지 않도록 성실하게 계약의 성립에 힘쓸 信義則上의 義務가 있다고 할 것이며, 피고가 그 책임으로 돌아갈 사유에 의해 원고와의 契約의 締結을 불가능하게 한 경우에는 특별한 사정이 없는 한 원고에 대한 違法行爲가 성립한다"고 한 原審의 판단을 시인하고 있다(「判例時報」 1082호 47면).

다음 위에서 본 리놀륨융단 사건이나 바나나껍질 사건 등과 같이 백화점 등에 물건을 보러 온 사람 또는 그가 데리고 온 어린아이가 쌓인 융단이 쓰러지거나 바닥에 떨어진 바나나껍질에 미끄러져 부상당한 경우에는 소위 契約外的 法益에 대한 保護義務違反을 이유로 締約上의 過失責任이 문제된다.

그러나 이에 대하여는 독일에서도 위 유형의 責任이, 獨逸民法上 不法行爲法의 不完全性(단일한 一般條項 대신에 個別類型을 한정적으로 열거함으로써 새로운 不法行爲的 事態에의 對應이 如意치 못한 點, 使用者責任에 있어서의 폭넓은 免責 認定)을 메우기 위하여 보호의 범위를 넓히기 위한 궁여지책으로서, 이 경우 문제되는 保護義務가 一般不法行爲法에 있어서

---

16) 郭潤直(註 1), 660면.

의 去來安全義務와 본질적으로 다를 바 없음이 지적되고 있다. 우리 民法의 입장에서도 제750조가 유연한 적용을 가능케 하는 一般規定으로 되어 있고, 또한 判例가 제756조 제1항 但書의 免責主張을 거의 인정하지 않고 있음에 비추어 보면, 우연적 事故가 契約交涉의 단계에서 발생하였다고 해서 일반적인 不法行爲法 이외의 法理의 적용을 인정함은 타당하지 않은 것으로 생각된다.

(b) 다음, 일단 契約이 締結되었으나 그 契約이 무효이거나 취소된 경우를 보자. 이 유형은 일반적으로 契約의 有效性에 대한 신뢰가 침해되었다는 점에 그 특징이 있다고 지적되고 있다. 즉, 애초에 契約當事者의 한쪽이 그 契約의 客觀的 效力에 대한 障碍事由를 알거나 알 수 있었음에도 불구하고 그것을 상대방에게 설명하지 않음으로써 상대방이 契約의 有效性을 신뢰하고 契約을 체결하고, 이를 기초로 일정한 행위를 하였으나 契約의 覆滅로 말미암아 그 行爲가 그 目的을 달성할 수 없게 된 데 대한 책임이라는 것이다.

그러나 이러한 경우에 損害賠償責任을 인정할 것이냐 하는 문제를 일률적으로 해결할 것이 아님은 위 Ⅱ.4.(2)에서 보는 대로이다. 이것은 한마디로 그 無效規範(Nichtigkeitsnorm)의 保護目的을 어떻게 볼 것이냐에 달린 문제로서, 결국은 立法者의 판단을 기다리지 않으면 안 될 것이다. 위 Ⅱ.4.(2)에서 본 대로 學說이 錯誤로 인한 取消의 경우나 行爲能無力 또는 意思無能力의 경우에 締約上의 過失責任을 인정할 것이냐에 대하여 견해가 나뉘는 것은 바로 그 無效規範의 保護目的을 어디까지 관철할 것이냐에 대한 입장의 차이에 연유하는 것이다.

필자는, 우리 民法 제535조(필자는 同條의 前提, 즉 原始的 不能給付를 목적으로 하는 契約은 무효라는 法理 자체에 대하여 의문을 가지고 있고, 同條의 不能은 소위 "絕對的 不能"에 한정된다고 해석할 여지가 없지 않다고 생각한다)에서 특히 原始的 不能給付를 목적으로 하는 契約의 경우에 대해서만 締約上의 過失責任을 인정하고 있는 것은 오히려 기타의 경우에는 이를

인정하지 않는 취지라고 봄이 타당하지 않을까 생각한다.[17]

또 설사 개별적인 無效·取消의 경우에 그 事由를 알거나 알 수 있는 자에게 상대방에 대한 일정한 賠償責任을 인정할 필요가 있다고 하여도 이는 그 개별적인 제도의 필요에 기한 것이고, 이를 일반적인 締約上의 過失責任을 인정할 근거로 삼을 수는 없다고 보여진다. 즉 그러한 경우에도 그러한 특수한 제도의 취지가 우리 民法 제750조의 "違法行爲"의 해석에 반영되어, 상대방을 부당하게 契約으로 끌어들인 行態를 사회적으로 용인될 수 없는 것으로 평가하도록 만드는 것이라고 이해하면 족할 것이다(특히 强行法規違反의 契約의 경우에는 이에 해당하는 예가 많으리라 추측되나, 그에 한정되는 것은 아닐 것이다).

3. 獨逸民法의 특수한 債務不履行體系와, 不法行爲規定의 不完全性에 그 원초적인 뿌리를 두는 것으로 생각되는 독일의 일반적인 締約上의 過失責任에 관한 法理는, 債務不履行과 不法行爲에 관하여 극히 포괄적인 내용을 정하는 一般條項을 가지는 우리 民法의 구조에 적합한 것이 아니지 않은가 하는 의문[18]은 최근 西獨의 債權法改正準備作業의 내용에 비추어 보아서도 정당화된다. 즉 契約締結上의 過失에 관한 立法論的 鑑定意見을 쓴 메디쿠스는 締約上의 過失責任에 관한 一般規定을 두는 것은 바람직스럽지 않다고 하고, 契約外的 法益에 대한 保護義務違反이나 契約交涉의 不當破棄의 경우에 대하여는 締約上의 過失責任으로 해결할 필요가 없으며, 契約의 無效 등의 경우에만 이를 규정할 필요가 있다고 한다.[19] 또한 債務不履行에 관한 立法論的 鑑定意見을 쓴

17) 郭潤直, 民法改正論——總則編, 서울대학교 「法學」 24권 4호(1983), 18면 이하는 "현행 民法을 制定하면서 종래 문제가 되었던 締約上의 過失責任 중 錯誤의 경우의 表意者의 賠償義務만을 외면한 것은 하나의 立法的 過誤라고 생각한다"고 하고 獨逸民法 제122조 제1항과 같은 條文의 新設을 주장한다.

18) 불법행위에 관한 一般條項을 두는 프랑스에서는 締約上의 과실책임은 일반적으로 불법행위책임으로 이해되고 있다. 이에 대하여는 Ferid, *Das französische Zivilrecht*, Bd. I, 1971, S. 274 참조.

19) D. Medicus, Verschulden bei Vertragsverhandlungen, in: *Gutachten und Vorschläge*

후버도 締約上의 過失이라는 綜合概念(Sammelbegriff)에는 그 본질이 전혀 기원을 달리하는 개별적 문제가 포함되어 있다고 하고, 締約上의 過失責任에 관한 法理의 어려움은 바로 前契約的 義務의 發生根據와 內容을 확정하는 데 있다고 한다.[20]

4. 이와 같이 종래 締約上의 過失이라는 개념 아래 논하여져 온 여러 가지의 責任類型은 우리 民法上 債務不履行規定이나 不法行爲規定으로 규율할 수 있는 것이 많고, 이에 속하지 않는 것이 있다고 하여도 그 해석론상 인정 여부 내지 法律的인 성질에 대하여 논의를 더욱 깊이 해 보아야 할 필요가 있는 것으로 생각된다.

또한 締約上의 過失責任의 효과라는 측면에서 보아도 종래와 같이 그 責任의 內容이 a priori 하게 信賴利益에 한정되어야 하고 '履行利益'의 배상을 인정할 수는 없는 것인지, 相對方의 契約解除權 등을 인정할 필요는 없는지, 또는 相對方(賠償請求權者)의 善意·無過失은 責任의 발생요건의 차원에서가 아니라, 단지 損害賠償의 범위, 즉 過失相計의 문제로 처리되어야 할 것은 아닌지 등 의문이 많으나 여기서는 더 이상 논하지 않기로 한다.

Ⅳ. 結　論

契約交涉 내지 準備段階에서 여러 가지 法律的 紛爭이 발생할 여지가 있음은 분명한 일이나, 이를 「締約上의 過失責任」이라는 우리 民法

zur Überarbeitung des Schuldrechts, Bd. I, 1981, S. 479ff. 그 외에 그는 奇襲的 契約締結의 경우, 즉 가령 세일즈맨의 甘言利說로 買受의 의욕을 일으킨 때에도 締約上의 過失責任의 法理(撤回權을 포함하는)를 적용하여 규제할 필요가 있다고 한다. 日本의 原田純一, '契約締結上の過失'理論について, 「現代契約法大系」 1巻(1983), 193면 이하는 이 점을 위 理論의 有用性이라는 관점에서 강조한다.

20) U. Huber, Leistungsstörungen, *Gutachten und Vorschläge*(註 19), Bd. I, 1981, S. 743.

上 明確히 규정되어 있지 않은 責任類型으로서 일괄하여 다루는 것은, 그 要件에 있어서 전혀 이질적인 내용을 가지는 분쟁을 하나의 틀로써 裁斷하는 것이 되고, 따라서 효과면에서도 그때 그때의 필요에 따른 탄력 있는 對處를 막는 것이 아닌가 생각된다. 따라서 獨逸法學의 결정적인 영향이라는 것으로밖에는 설명이 되지 않는 바인 「締約上의 過失責任」은, 단지 契約交涉 내지 準備段階에서 발생하는 法律上의 문제에 대한 일반적인 名稱賦與라는 점에 그 의의가 다하는 것이 아닐까 한다.

(「考試界」 347호(1986. 1), 47면 이하 所載)

[後　　記]

1. 締約上의 過失責任에 관한 論議는 그 후에도 斷續的이나마 이어지고 있다. 가령 權五乘, 契約締結上의 過失責任, 「民法의 爭點」, 1990, 337면 이하는 결론적으로 "우리 민법상의 債務不履行과 不法行爲의 규정은 대단히 유연한 구조를 취하고 있기 때문에, 獨逸民法에 비하여 계약체결상의 과실책임을 인정할 實益이 적은 것은 사실이다. 그러나 그렇다고 하여 이를 인정할 實益이 전혀 없는 것은 아니며, 특히 契約締結을 위한 準備段階 또는 契約의 成立過程에서 생긴 損害의 賠償을 위하여는 이를 인정하는 것이 타당하다고 생각된다"고 한다(340면). 다른 한편, 李銀榮, 「債權各論」, 1989, 105면 이하는 필자의 견해에 동조하여 "계약교섭의 과정에서 주의의무의 위반으로 말미암아 교섭상대방에게 손해를 가한 경우의 賠償責任을 부과하기 위해 따로 締約上의 過失責任이라는 책임영역을 설정한 필요는 없다"고 한다(107면). 또한 金俊鎬, 「事例硏究 民法講議」, 1988, 739면 이하도 필자의 견해에 "상당히 공감되는 바가 많"다고 한다(742면).

2. 그러나 締約上의 過失責任에 관한 본격적인 論文으로서는 아무래도 최흥섭, 契約以前段階에서의 責任(소위 계약체결상의 과실책임)과 民法 535조의 의미, 「裵慶淑 敎授 華甲記念論文集」, 1991, 555면 이하를 들어야 할 것이다. 이 진지하고 충실한 논문은 아마도 그의 독일 대학에서의 Dissertation의 요약인 듯 한데, 각국의 이에 관한 법상황을 비교법적으로 면밀하게 살핀 후 결론적으로 "우리 민법상 「계약체결상의 과실」 제도는 독일법에서와 같은 독자적인 責任類型으로 파악할 필요가 없는 것이며, 그것은 契約責任도 契約類似責任도 또 法定責任도 아니고 不法行爲責任"이라고 한다(585면). 이후 우리 나라에서 체약상의 과실책임에 대하여 논함에 있어서는 반드시 이 논문을 아울러 고려에 넣어야 할 것이라고 생각된다.

14. 割賦賣買法의 制定方向*

Ⅰ. 序——割賦賣買의 機能과 問題點

(1) "割賦賣買"라는 말의 뜻에 대하여는 사람마다 그 이해하는 바가 다를 수 있다. 그러나 어느 경우에나 공통된 점은 購入하는 物件의 代價를 한꺼번에 지급하지 아니하고 나누어 지급한다는 것이다. 따라서 "割賦"라는 日本에서 온 말에 거부감을 느끼는 사람은 "代金分割支給賣買" 또는 "分割支給約款附賣買"라고 하기도 한다.[1)]

---

* 이 글은 1988년 6월 15일 韓國消費者保護院에서 주최한 제 1 회 消費者對策討論會에서 발표된 같은 제목의 주제논문에 약간의 修正·補完을 가하고, 필요한 최소한의 註를 붙인 것이다. 위 討論會에서 이 글은 當日 討論을 위한 基礎資料로서 팸플렛의 형태로 참가자들에게 배부된 바 있는데, 그 후 이 글을 위 팸플렛에서 引用하는 예가 없지 않으므로 이에 公表하려는 것이다.

이 討論會가 있은 후 韓國消費者保護院은 全文 15개조의 「割賦賣買法(案)」을 공표하고, 1988년 10월 19일에는 그 案에 대한 政策討論會를 개최한 바 있다. 그 案에 대하여는 李京賢(한국소비자보호원 주임연구원), 「割賦賣買法(案)에 대한 提案說明」이라는 자료가 위 政策討論會에서 배부된 바 있다. 그 案이 마련되기 전에 필자를 포함한 몇 사람에게 그 안과 거의 유사한 「割賦賣買法 試案」에 대한 意見을 구하여 온 일이 있다(위 「제안설명」, 12면 참조). 이에 대하여 筆者는 "결론적으로 그 시안은 그 내용이 철저하게 재검토되어야 할 뿐 아니라, 그 규정형식과 표현의 점에 있어서도 재고되어야 할 점이 많다."는 檢討意見을 한국소비자보호원측에 전달한 바 있음을 밝혀 둔다. 그 후의 經過를 포함하여 위 案의 成立過程 및 그 條文에 대한 逐條解說 등에 대하여는 李京賢/金英媛, 「割賦賣買法의 制定方向」(韓國消費者保護院 硏究報告書 88-2), 1988를 보라.

1) 언제부터 우리 나라에서 割賦賣買가 행하여졌는지는 알 수 없다. 그런데 필자는 1988년 9월 麗水市 梧桐島의 左水營民俗館에서 그 곳에 所藏중인 싱거미싱회사("씽거— 쏘잉 메시—ㄴ 컴페니")의 割賦契約書를 본 일이 있다. 그 契約書는 1936년 12월 29일자의 것으로서, 영어·일어·한글의 3개 國語로 되어 있으며, 싱거미싱 1대를 당시의 화폐 200圓에 매도하되 "初回金"은 25圓으로 하고 나머지 代金은 매월 7圓씩 지급하기로 하는 것이었다. 이 계약서는 所有權留保(특히 朱記하여 강조하고 있다), 目的物의

代金을 分割하여 지급한다는 것만으로는 割賦賣買가 通常의 賣買와 달리 취급되어야 할 필요성이 충분하지 않다고 할 수 있을런지도 모른다. 가령 住宅을 구입할 때 代金을 契約金·中途金·殘金으로 나누어 내기로 했다고 해서 그 代金을 한꺼번에 내기로 한 경우와 달리 취급할 필요가 있을까? 그렇게 보면 우리가 問題 삼으려는 "割賦賣買"는 代金이 모두 지급되기 전에 賣買의 目的物이 買受人에게 引渡된다는 점에 또 하나의 특징이 있다고 할 것이다. 그 경우 買受人은 代金을 다 지급하지 않고도 目的物을 自己의 것처럼 이용할 수 있다. 그로 인하여 買受人과 賣渡人 사이에는 해결되어야 할 여러 가지 문제가 발생하는 것이다.

(2) 割賦賣買의 경제적 의의는 무엇보다도 購買機會를 증진시키는 데 있다. 商品의 생산은 그 販賣를 전제로 하는 것이며, 그런 의미에서 商品의 활발한 購買는 經濟活動의 필수적인 構成要素이다. 割賦賣買는 買受人, 특히 最終消費者의 商品購入을 보다 용이하게 한다. 오늘날의 사회에서 많은 사람은 固定的 收入을 일정한 기간마다 정기적으로 얻고 있으며, 또한 장래에도 ―적어도 相當한 期間― 그 收入이 있으리라고 기대하고 있다. 따라서 그 收入 중에서 필수적인 생활상의 지출을 제외한 부분을 그때 그때마다 그 이외의 需要에 충당할 수 있다. 割賦賣買는 그 剩餘部分의 1회분만으로는 구입할 수 없는 商品의 購入을 가능하게 한다. 이와 같이 購買의 기회가 증가한다는 것은 購入者의 입장에서 보면, 그들의 物質生活이 보다 풍부하게 될 수 있다는 것을 의미한다.

다른 한편 購入者로서는 그 剩餘收入을 저축하여 위와 같은 商品의 구매에 충분한 資金이 마련되는 것을 기다려 비로소 商品購買에 나설 수도 있을 것이다. 그러나 割賦賣買는 代金을 完拂하지 않고도 그 商品을

移轉禁止, 讓渡·抵當·"貰給" 禁止, 매도인측의 常時"臨檢" 可能, 매수인이 할부금을 불이행할 경우에 대하여 殘金 全額의 一時請求·催告 없는 解除·目的物 還收·이를 위한 建物侵入의 경우 無抵抗義務·旣支給金의 任意 處分에 관한 조항을 포함하고 있다.

자기의 것처럼 이용할 수 있게 한다. 따라서 割賦賣買에는 항상 "信用" (Kredit)이라는 요소가 개재한다(소위 "消費者信用"). 割賦賣買와 결합된 이러한 信用은 아울러 소위 "金融附 割賦去來"의 형태로 金融資本에 그 활용의 기회를 부여할 수 있다.

(3) 그러나 다른 한편으로 割賦賣買는 商品供給者側의 치열한 販賣促進活動과 결합하여 여러 가지 부정적인 영향을 미칠 수도 있다.

첫째, 購入者가 代金支給의 容易性과 당장의 利用可能性에 현혹되어 경제적으로 非合理的인 購買決定 내지는 충동적이고 조급한 購買決定을 할 우려가 있다. 이 경우 購入者는 大量消費經濟構造의 희생이 된다. 특히 그 購入者가 資力이 부족한 경우에는 이러한 非合理的인 購買의 重疊은 債務의 過多負擔으로 인한 여러 가지 문제를 야기할 수도 있다.

둘째, 割賦賣買는 供給者쪽에서 보면 위에서 본 대로 信用의 제공이라는 측면을 안고 있다. 이 경우의 信用은 그 額이 未納割賦金에 相當하는 것으로서 대개 少額인 반면 購入者의 信用狀態에 대한 適宜한 조사 없이 이루어지는 것이 보통이다. 따라서 이 信用이 배반당한 경우, 즉 割賦金이 約定대로 納入되지 않는 경우가 적지 않으며, 또 그 경우 供給者는 그 債權의 실현에 지나치게 많은 노력과 비용을 들이게 된다. 이러한 위험에 대처하여 供給者는 대개 (i) 割賦價格의 책정에 그러한 위험의 몫을 산입하며, (ii) 約款을 이용하여 購入者의 債務不履行 기타의 경우에 동원할 수 있는 여러 가지 法的 手段을 미리 자기의 것으로 한다. 그런데 이러한 供給者의 對處方案은, 그가 대부분의 경우 경제적으로 상대방보다 우위에 있으며 또 法律知識이나 경험을 효율적으로 동원할 수 있는 지위에 있다는 것 때문에, 供給者에게 지나치게 유리한 것일 수도 있다. 따라서 경우에 따라서는 供給者의 그러한 자의로부터 購入者를 보호할 필요가 생길 수도 있다.

Ⅱ. 割賦賣買에 대한 法的 規制의 原則

(1) 일반적으로 消費者問題에 관한 立法을 생각함에 있어서는 다음 두 개의 측면을 고려하여야 할 것으로 생각한다. 물론 이 두 측면은 서로 밀접한 관련을 맺고 있다.

첫째, 經濟 전반과 관련하여 消費經濟秩序가 정상적으로 유지되고 또 최대한으로 확장되는 것이 바람직하므로, 이에 혼란을 야기하는 사태는 억제되어야 할 필요가 있다는 측면이다. 이러한 측면과 관련한 法的 規制는 "去來秩序法"이라는 이름 아래 包括시킬 수 있을 것이다. 특정한 業界나 특정한 企業이 억지로 販賣를 확장하는 등 公正去來의 理念에 반하는 행위를 하고 나아가 간접적으로나마 消費者에게 피해를 주는 사태를 초래하는 것은 결국 全體로서의 消費擴大를 저해하는 것이다. 따라서 需要擴大·消費擴張을 순조롭게, 질서 있게 행하여지도록 배려하여야 한다.

둘째, 企業의 供給擴大·販賣擴張에 있어서의 競爭으로부터 구체적인 消費者가 직접적으로 피해를 입지 않도록 배려하고, 또 被害를 입은 消費者를 구제하지 않으면 안 된다는 측면이다. 이에 관한 法的 對應은 "消費者保護法"이라는 이름으로 부를 수 있을 것이다. 피해는 극히 사소한 것부터 때로는 生命이나 身體, 生活關係 全體의 파괴에까지 이르는 중대한 것까지 여러 가지가 있을 수 있으나, 이것은 말하자면 構造的인 必然性을 가지고 발생한다고 할 수 있다고 생각된다. 이것을 방치하는 것은 正義의 요청에 반한다. 消費者의 被害를 방지하고 구제하는 것은 결코 當事者平等의 原理에 반하는 것은 아니며, 오히려 이것에 의하여 當事者平等을 회복한다는 의미를 가진다. 최근에 "消費者의 權利"라고 하는 것을, 個別的·具體的인 경우에 구제를 부여하기 위한 被侵害法益의 차원으로부터 國民의 基本的인 權利의 문제, 특히 "生存權"의 發展的 强化

내지 충실이라는 차원으로 상승시켜야 한다는 論議가 있는 것은 이해되지 않는 바도 아니다.

割賦賣買에 대한 法的 規制와 관련하여도 이러한 두 가지 관점, 즉 去來秩序法的 側面과 消費者保護法的 側面에서 각기 접근할 수 있을 것이라고 생각한다. 그러나 報告者의 專攻上 이하에서는 주로 後者의 측면, 특히 私法的 規律에 중점을 두어 논의하여 가고자 한다.

(2) 割賦賣買를 私法的으로 어떻게 規律할 것이냐고 물을 때, 그 대응의 기본적인 시점은 다음과 같은 것이 되어야 한다고 생각된다.

割賦賣買는 賣買의 일종이고, 따라서 契約이다. 또 割賦賣買의 특징을 이루는 代金分割支給이나 代金完拂 前의 目的物引渡도 모두 當事者의 合意를 기초로 하는 것이다. 契約에 관한 法의 일반적인 원칙에 의하면, "契約은 지켜져야" 한다. 따라서 契約이 있으면 원칙적으로 그 내용대로의 法律效果가 부여되어야 한다. 그리고 契約의 當事者가 그 내용대로 실천하지 않으면 相對方은 國家의 힘을 빌어 그 내용을 강제적으로 실현할 수 있다.

그러나 위와 같은 原則이 타당한 것은 契約의 當事者가 理性을 가지고 경험이 있는 사람으로서 該當事項을 熟考하여 합리적으로 意思決定을 하였음을 일반적인 전제로 한다. 뿐만 아니라 當事者의 사회경제적인 지위가 대등하지 아니한 경우에는 우월한 지위에 있는 자의 意思가 일방적으로 열등한 지위에 있는 자에게 강요될 위험이 있다. 그러한 경우에는 그러한 "抽象的 危險"이 없는 상태이었다면 합의하였을 契約內容을 法律로 미리 정하여 두고, 경우에 따라서는 當事者들이 합의한 내용이 그것에 반하면 그것으로써 契約內容을 代替하는 것도 허용된다.

(3) 이러한 관점에서 割賦賣買에 관한 法的 規律에는 다음의 네 가지 사항이 검토되어야 하리라고 생각한다(그 具體的인 내용에 대하여는 割賦賣買의 실제와 관련하여 다음의 Ⅲ. 에서 보기로 한다).

(a) 契約意思의 合理的 形成을 보장하고 확인하기 위한 規定　예를 들면 割賦賣買와 관련한 일정사항의 설명의 强制, 부적절한 廣告에 대한 規制 등이 고려될 수 있다. 또한 契約의 締結에 일정한 내용을 기재한 書面의 작성을 요구하고, 또 그 書面을 購入者에게 교부하도록 하는 것을 정할 수도 있다.

(b) 契約意思가 合理的으로 形成되지 아니한 경우의 補正　民法이 정하는 制度 중에서는 錯誤를 理由로 하는 取消(제109조), 社會秩序 違反으로 인한 無效(제103조), 行爲無能力으로 인한 取消(제 5 조), 詐欺 또는 取消를 이유로 하는 取消(제110조) 등이 도움이 될런지도 모른다. 그러나 이 규정들의 적용은 실제에 있어서는 예외적으로만 허용되고 있다. 따라서 오히려 熟慮期間을 일반적으로 또는 品目別로 보장하여(소위 cooling-off 制度) 경솔하게 이루어진 意思表示의 구속으로부터 벗어나는 길을 마련하는 것도 검토되어야 한다.

(c) 契約內容의 修正 및 補充　일방적으로 消費者에게 불리한 내용이 정하여지는 경우가 많으므로 그러한 合意를 시정할 필요가 있다. 割賦賣買는 주로 供給者가 제공하는 約款을 이용하여 이루어지는 경우가 많으므로 1987년 7월 1일부터 施行된 「約款의 規定에 관한 法律」(法律 제3932호. 이하 約款規制法이라고 줄여서 부르기로 한다)과의 관계도 문제된다.

나아가 割賦賣買의 적절한 내용을 法으로 아예 정하여 놓는 것도 검토되어야 한다.

(d) 割賦賣買와 關聯한 紛爭解決을 위한 裝置 기타　供給者에게 일방적으로 유리한 裁判管轄의 合意나 契約解除의 경우에 目的物의 回收 등 私的 執行을 認定하는 合意 등의 효력을 어떻게 할 것이냐 하는 문제는 오히려 위 (C)와 관련되는 것인지도 모른다.

割賦賣買로 인한 분쟁의 신속한 해결을 위하여 이미 消費者保護法(1986년 12월 31일 公布, 法律 제3921호)에서 일정한 배려를 하고 있으나

(同法 제34조 내지 제46조), 더 검토할 여지가 있는 문제라고 생각된다. 또 割賦賣買業者들의 團體를 조직하여 그 自律的인 規制를 장려하는 것도 고려되어야 한다.

(4) 현재 割賦賣買에 대한 法的인 規制가 전혀 없는 것은 아니다. 1986년 12월 31일 공포되어 1987년 7월 1일부터 시행되고 있는 都·小賣業振興法(법률 제3896호)은 그 제7장에서 訪問販賣, 通信販賣와 아울러 "割賦販賣"에 관하여 약간의 규정을 두고 있다. 즉, 同法 제33조는 割賦販賣를 하는 자에 대하여 그 賣買와 관련한 일정한 사항(割賦販賣商品의 종류와 내용, 現金販賣價格, 割賦販賣價格, 每回의 割賦金額, 代金支給의 期間 및 回數, 商工部令이 정하는 計算方式에 의하여 산정된 割賦手數料의 실제年間料率, 契約金)을 사업소에 게시하거나 서류로 구매자에게 제시하여야 하는 義務를 부과하고 있다(동법 시행령 제24조 참조). 또 同法 제34조는 割賦販賣者는 일정한 사항을 기재한 契約書를 구매자에게 交付하여야 한다고 정한다. 그리고 이러한 규정에 위반한 자에 대하여는 1백만원 이하의 過怠料에 처하도록 하고 있다(同法 제57조 제2호, 제3호).

그런데 위와 같은 규정은 그 適用을 받는 對象이 한정되어 있다. 즉, 同法의 적용을 받는 것은 大統領令으로 정하는 商品에 한정되어 있는데(同法 제2조 제7호 참조), 同法 施行令은 이를 "내구성이 있는 상품 중 정형적인 거래방식에 의한 판매에 적합한 상품으로서 상공부령이 정하는 상품"이라고 하고(同令 제5조), 이에 따른 商工部令에 의하면 텔레비전, 냉장고, 세탁기, VTR, 전축, 에어컨, 전자레인지, 자동차, 피아노, 장농, 전집류 도서, 음반, 진공청소기의 13개 品目에 한정되어 있다(同法 施行規則 제3조 및 별표 2).

이상과 같은 割賦賣買에 관한 현행의 규정들은 이미 위에서 본 바와 같이 割賦賣買에 관하여 法的 規律의 필요가 있다고 생각되는 사항들의 극히 일부만을 정하고 있는 데 불과하다. 또한 그 규정들은 주로

行政的인 團束을 염두에 둔 것이고, 當事者 사이에 이루어진 割賦賣買契約의 私法上의 效果와는 전혀 관계 없음은 명백하다. 따라서 都·小賣業振興法上의 관계규정을 뛰어 넘어 割賦賣買에 관한 全面的인 法的 再吟味를 시도하여 보는 것도 의미가 있으리라고 생각된다.

Ⅲ. 割賦賣買에 대한 法的 規律의 具體的인 內容

1. 이상에서 본 바와 같은 原則에 따라서 구체적으로 割賦賣買에 대한 法的 規律의 내용으로 될 여지가 있는 것들을 살펴보기로 한다. 그 詳細는 매우 다양한 점에 미칠 것이겠으나 이하에서는 (i) 規律의 具體的 對象(同時에 法의 適用範圍), (ii) "割賦賣買"의 成立要件 기타, (iii) 撤回權의 附與, (iv) 購入者의 債務不履行으로 인한 供給者의 權利, (v) 購入者의 權利 保障, (vi) 對抗事由의 貫徹에 한정하여 살펴보기로 한다.[2)]

2. 規律의 對象

割賦賣買라고 하여도 그 구체적인 모습은 매우 다양하다.[3)]

外國의 割賦賣買에 관한 法律 중에서 그 規律의 對象이 되는 "割賦賣買"(이하 法的 規律의 대상이 되는 바의 割賦賣買를 가리킬 때는 引用符號를 붙여 구별하기로 한다)는 다음과 같이 정의되고 있다.

"賣買契約의 締結과 동시에 買受人에게 目的物을 引渡하되, 그 代金은 分割支給하기로 하는 約定을 동반하는 賣買"(西獨割賦賣買法[4)] 제 1

2) 割賦賣買의 법적 규율에 관한 가장 포괄적인 연구는 嚴英鎭, 「割賦賣買의 法律關係」, 1985이다. 이 글도 전체적으로 이에 도움을 받은 바 크다.

3) 都·小賣業振興法 제 2 조 제 7 호는 그 법률에서 말하는 "할부판매"를 "판매자가 상품의 대금을 2월 이상의 기간에 걸쳐 3회 이상 분할하여 수령하는 것을 조건으로 대통령령이 정하는 상품을 구매자에게 판매하는 것"이라고 정의하고 있다. 뒤에서 보는 日本의 割賦販賣法 제 2 조 제 1 항 제 1 호와 대비하여 보라.

4) 西獨의 이 법률의 제정배경과 내용, 그 후의 개정 움직임 등에 관하여는 梁彰洙, 西

조 제 1 항의 定義).

"賣渡人은 買受人에게 賣買代金 지급에 앞서서 動産을 引渡할 義務를 부담하며 買受人은 賣買代金을 分割支給하여야 하는 義務를 부담하는 賣買契約"(스위스債務法 제226조 a 제 1 항).

"有體動産의 賣買契約으로서 營業者가 目的物을 代金 完濟 前에 消費者에게 引渡하고 消費者가 代價를 분할하여 지급하는 것"(오스트리아 消費者保護法 제 1 편 "事業者 Unternehmer와 消費者 Verbraucher 間의 契約에 관한 特則" 제16조 제 2 항).

"① 購入者로부터 代金을 2개월 이상의 期間에 걸쳐, 또 3회 이상 분할하여 受領하는 것(購入者로 하여금 販賣業者가 지정하는 銀行 기타 預金을 받는 것을 業으로 하는 者에 대하여 2개월 이상의 期間에 걸쳐 3회 이상 預金을 시킨 후 그 預金으로부터 代金을 受領하는 것을 포함한다)를 조건으로 하여 指定商品을 販賣하는 것.

② 그것과 相換으로 또는 그것을 提示하여 商品을 구입할 수 있는 證票 기타의 物件('證票 등')을 이것에 의하여 商品을 구입하려고 하는 자('利用者')에 교부하고, 미리 정하여진 기간마다 그 證票 등과 交換으로 또는 그 提示를 받아 해당 利用者에게 販賣한 商品의 代金의 合計額을 기초로 하여 미리 정하여진 방법에 의하여 算定된 金額을 當該 利用者로부터 受領하는 것을 조건으로 하여 指定商品을 販賣하는 것"(日本割賦販賣法 제 2 조 제 1 항. 또한 뒤에서 보는 소위 "론 提携賣買"에 관한 규정 참조).

이와 같은 여러 立法例를 비교하여 보면 "割賦賣買"의 概念 내지 그에 특유한 法的 규율의 對象을 정함에 있어서는 우선 다음과 같은 점이 공통적으로 요구되고 있음을 알 수 있다.

(i) 代金의 分割支給의 合意가 있어야 한다.

(ii) 代金의 完拂 前에 目的物을 引渡한다는 合意가 있다.

獨 消費者信用法制의 概觀, 서울대학교 「法學」 29권 3·4호(1988), 141면 이하(本書 436면 이하) 참조.

그리고 이러한 徵表들은 위의 敍述에서 전제되어 온 대로 우리 나라에 있어서도 요구되어도 좋으리라고 생각된다. 그러나 그 외에 어떠한 다른 徵表가 필요하고, 그 徵表를 어떻게 설정할 것이냐는 동시에 割賦販賣에 대한 특별한 規律의 範圍, 나아가서 ―만일 法制化를 전제한다면― 그 法規定의 適用範圍를 어떻게 설정할 것인가 하는 立法政策의 문제이다. 그 경우 검토되어야 할 문제를 열거하면 대개 다음과 같다.

(ㄱ) 賣買目的物을 限定할 것인가?[5)]

- 西獨・스위스・오스트리아처럼 動産에 한정하고, 不動産은 배제할 것인가?
- 動産・不動産을 불문하고 그 適用對象을 日本처럼 主務官廳이 지정하는 商品에 한정할 것인가?

(ㄴ) 代金 分割支給의 期間이나 回數를 고려할 것인가? (日本의 위 규정 참조)

(ㄷ) 賣買當事者의 자격에 따라 "割賦賣買"의 限界를 확정할 것인가?

- 西獨은 買受人이 商業登記簿에 登記된 商人일 경우에는 그 買受가 자신의 營業範圍 밖의 行爲일지라도 割賦賣買法의 적용을 거부한다(同 제 8 조).
- 오스트리아의 경우는, 當事者의 一方이 商人으로서 그 營業範圍內에서 賣渡行爲를 하고 相對方이 그에 해당하지 않는 경우만을 特別한 規律의 대상으로 삼는다.

(ㄹ) 비록 販賣業者는 그 代金을 1회에 모두 지급받더라도 購買者의 입장에서 보면 分割支給한 경우(가령 銀行의 크레디트카드가 이용되어 販賣業者는 1회에 代金을 모두 받으나 購買者는 그 카드代金을 分割支給하여야 하는 경우 등)를 規律의 대상에 넣을 것인가?[6)]

---

5) 그 외에 규율의 대상을 반드시 物件의 購入에 한정할 것인가, 아니면 用役의 제공도 포함할 것인가도 논의되어야 한다.

6) 都・小賣業振興法 제 2 조 제 8 호는 "구매자가 할부판매상품의 대금의 전부 또는 일부

· 西獨은 "割賦販賣의 目的을 다른 法形式, 특히 賃貸借의 방법으로 달성하려는 去來"에 法의 適用을 인정한다(同 제 6 조). 오스트리아의 消費者保護法 제17조, 제18조도 마찬가지이다.

· 다음의 日本割賦販賣法 제 2 조 제 2 항 참조(소위 "론 提携販賣"). 이에 대하여는 그에 적용되는 同法의 規定이 한정되어 있다.

"① 指定商品의 代金의 全部 또는 一部에 충당하기 위한 金錢의 借用으로서 2개월 이상의 기간에 걸쳐 또 3회 이상으로 분할하여 반환하는 것을 조건으로 하는 借用으로 인한 購入者의 債務의 保證(業으로서 保證을 행하는 者에게 該當 債務의 保證을 委託하는 것을 포함한다)을 하여 該當 指定商品을 販賣하는 것.

② 證票 등을 利用者에게 교부하고 當該 利用者가 그 證票 등과 相換으로 또는 그것을 제시하여 購入한 商品의 代金에 충당하기 위한 金錢의 借用으로서 미리 정하여진 시기마다 그 借入金의 合計額을 기초로 하여 미리 정하여진 방법에 의하여 산정되는 金額을 반환할 것을 조건으로 하는 借用으로 인한 當該利用者의 債務의 保證(業으로서 保證을 행하는 者에게 當該任務의 保證을 委託하는 것을 포함한다)을 하여, 그 증표 등과 相換으로 또는 그 提示를 받아 指定商品을 販賣하는 것."

(ㅁ) 割賦利子가 붙는 경우, 즉 現金價格과 割賦價格이 차등 있는 경우만을 대상으로 할 것인가? 만일 그렇게 하면 주로 割賦만에 의하여 판매되는 상품의 경우에는 現金價格을 不當하게 높게 정함으로써 법의 적용을 회피할 우려는 없는가?

報告者의 생각을 말하면

(iii) 目的物은 動產에 한정하고,

에 충당하기 위하여 분할변제하는 것을 조건으로 금전을 차입할 경우에 판매자가 구매자의 금전채무를 보증하는 것을 조건으로 할부판매상품을 구매자에게 판매"하는 거래유형을 "債務保證割賦販賣"라고 이름붙이고, 위 본문에서 본 同法 제33조(周知시킬 義務), 제34조(契約書交付義務)를 이 거래유형에도 準用하고 있다(동법 제35조). 대개 뒤에서 보는 日本의 割賦販賣法 제 2 조 제 2 항 제 1 호와 같은 취지이다.

(iv) 代金의 分割支給의 回數는 지적할 필요 없이 단지 "目的物을 引渡 받은 후 分割하여"로 하고,

(v) 供給者에게는 商行爲가 되고 購入者에게는 그렇지 아니한 賣買의 경우만을 "割賦賣買"로 하고,

(vi) 西獨·오스트리아·日本의 경우와 같이 割賦賣買의 목적을 다른 法形式으로 달성하고자 하는 경우에 대하여도 "割賦賣買"로서 法的인 規律을 받음을 明文으로 정하는 것에 찬성하고 싶다.

우선 (iii)에 관하여 보면 不動産의 경우는 위 (ii)의 요건을 충족하는 경우가 드물어 대부분 애초 規律의 대상이 되지 않을 것이고, 설사 (ii)의 요건을 충족한다고 하더라도 殘代金債權의 확보를 위하여 그 不動産 자체에 抵當權 등의 物的 擔保를 설정하는 것이 보통이므로 위에서 본 대로 代金完拂 이전의 目的物 引渡로 인한 割賦賣買 固有의 문제가 등장할 여지가 없다. 외국의 경우에는 "割賦賣買"를 動産에 한정하는 것이 보통이고, 不動産의 割賦賣買 내지 分讓에 관하여는 不動産賣買 내지 分讓이라는 業種 자체에 대한 行政法的 規律로써 대처하기도 한다(日本의 경우 「宅地建物取引業法」이나 「積立式宅地建物販賣業法」 등). 다른 한편 日本과 같이 主務官廳이 "割賦賣買"의 目的物을 지정하도록 하는 것은 割賦賣買去來의 실제에 신속하게 부응하지 못할 우려가 있고, 또 行政官廳의 恣意的 判斷의 소지도 없다고는 할 수 없다.

나아가 (v)에 관하여 보면 이러한 去來, 즉 소위 "消費者去來"만이 割賦賣買에 있어서도 특수한 規律을 정당화한다고 생각한다. 일반적으로 그 이외의 거래, 즉 쌍방에 모두 商行爲이거나 쌍방에 모두 非商行爲인 경우, 또 供給者에게는 非商行爲이고 購入者에게는 商行爲인 경우에는 契約에 대한 國家의 介入을 正當化하는 사회경제적 지위의 불균형이나 지식·경험의 차이 등의 사정은 통상 존재하지 않는 것이다.

또 (vi)에 관하여 보면 割賦賣買의 여러 가지 형태 자체가 비교적 근자에 출현한 去來類型인바, 앞으로 어떠한 새로운 형태의 信用去來方式

이 출현할는지 알 수 없다. 이러한 새로운 信用形態에 대하여 "割賦賣買"에 관한 法的 規律을 ―그 성질을 신중하게 판단한 후― 적용할 수 있는 방도를 마련하는 것이 바람직하다. 물론 그 적용 여하는 法院實務나 學說에 달려 있는 것이다.

3. "割賦賣買"의 成立要件

(1) 대다수의 外國立法例(西獨·스위스·오스트리아·美國의 一部 州 가령 조지아州. 日本의 경우에 대하여는 다음 항에서 언급한다)는 "割賦賣買"의 성립에 일정한 사항이 기재된 書面의 작성을 요구한다. 따라서 그 나라에서는 그러한 書面이 작성되지 아니한 경우에는 "割賦賣買"는 비록 當事者들이 有效한 契約이 체결되었음을 전제로 그 一部를 履行하였더라도 그 契約을 원인으로 하는 法的인 權利를 전혀 취득하지 못한다. 이러한 태도는 割賦賣買를 체결하는 購入者로 하여금 그 契約條件을 보다 명확하게 인식할 기회를 제공함과 아울러 일시적인 購買衝動에 이끌려 割賦購入에 나아가지 않도록 愼重한 意思決定을 촉구할 필요가 있다는 데서 그 正當性을 찾는다.

우리 나라에서도 이러한 태도를 취하는 것이 옳다고 생각된다. 이에 대하여는 節次上의 번거로움 또는 우리 국민이 그 동안 動産購入에 있어서 契約書를 작성하는 慣行이 없었다는 점 등을 이유로 반대하는 견해가 예상되지 않은 것도 아니다. 그러나 적어도 割賦賣買에 관한 한 그 書面의 名稱이나 내용을 각양각색이라고 하더라도(심지어는 "分割金納付確認證", "物品引受證"이라는 名稱의 書面도 포함하여) 일정한 實體的 合意內容을 기재한 書面에 記名捺印하는 것이 오히려 일반이라고 생각된다. 따라서 그와 같은 反論은 크게 경청할 만한 것이라고는 생각되지 않는다.

다른 한편 막연히 書面의 작성이라고만 하지 말고 그 書面을 標準化하여 書面이나 活字의 크기; 나아가서는 標準的인 契約內容을 行政命

슈으로 提示하는 것도 검토해 보아야 할 것이다.

(2) 위와 같은 慣行에 비추어 보더라도 단순히 書面의 작성을 요구하는 것만으로는 書面作成을 요구하는 취지가 충분히 살려진다고는 할 수 없다. 따라서 (i) 최소한의 書面內容의 法定化, (ii) 그 寫本의 交付義務 등을 명확히 정하여 이를 보충하는 고려가 필요하다.

(i) 우선 法定記載內容으로서는 다음의 事項이 고려될 수 있다(이는 西獨·스위스·日本에서 공통적으로 요구되는 것이기도 하다).

- 現金價格
- 割賦價格總額
- 實質年利率(이 점이 매우 중요하다)
- 각 割賦金의 金額, 回數 및 辨濟期
- 購入者가 撤回權(뒤의 4. 참조)을 가진다는 事實

기타 支給猶豫 또는 遲滯 時 요구되는 利子, 所有權의 歸屬에 관한 合意[7] 등은 任意的으로 기재될 수 있을 것이다.

(ii) 또한 購入者에게는 그 契約書의 寫本이 교부되어야 한다. 우리나라의 割賦賣買去來의 실제에 있어서는 대부분의 경우에 購入者에게 이러한 交付가 이루어지지 않고 있다. 그러나 뒤에서 보는 撤回權의 賦與와 관련하여 이 寫本 交付는 반드시 實行되어야 하리라고 생각된다. 즉, 契約을 撤回할 것인가 與否의 판단은 그 契約內容을 當事者가 명확하게 알고 있음을 전제로 하는 것이다. 西獨이나 日本에서는 이는 강제되어 있다.

(3) 한편 契約內容의 說明義務를 供給者에게 과하는 것도 생각해 볼 수 있으나(특히 西獨의 경우는 購入者의 撤回權에 관하여 供給者에게 告示義務를 賦課한다), 우선 割賦賣買가 대개 約款을 이용하여 이루어지므로 約

7) 이와 관련하여 日本割賦販賣法 제7조는 월부금의 전액이 지급되기까지는 목적물의 소유권이 판매자에게 유보되는 것으로 推定한다고 규정하고 있음을 지적하여 둔다. 그러나 과연 이러한 推定規定을 둘 필요가 있는지는 의문이다.

款規制法上의 約款의 說明義務(同 제 3 조 참조)에 의하여 대부분 처리될 수 있고, 또 우리 나라의 割賦賣買의 實態를 볼 때 그러한 義務賦課가 실제로 얼마만큼 당사자 간의 法律關係에 영향을 미칠런지 의문이다(立證의 문제 등).

4. 撤回權의 附與

(1) 충동적인 購買로부터 購入者를 보호하는 최상의 法律的인 수단은 購入者에게 소위 熟慮期間을 부여하여 그 期間 內에 "割賦賣買"의 효력을 부인하는 기회를 주는 것이다. 외국의 모든 立法例는 예외없이 이를 인정하고 있다(西獨의 경우는 1974년의 改正法律에 의하여, 日本의 경우는 1972년의 改正法律에 의하여.[8] 한편 美國의 統一消費者信用法 UCCC 제3-502조는 訪問販賣에 대하여 撤回權을 認定한다. 일반적으로 訪問販賣의 法的 規律과 割賦販賣의 關係에 대하여는 뒤에서 보기로 한다).

그러나 그 法律的인 形式은 대개 다음의 둘로 나누어진다.

첫째, 스위스와 같이 "割賦賣買"가 效力을 발휘하려면 兩當事者가 契約書에 署名하고 그 寫本을 受領한 후 一定期間(스위스의 경우는 5일)이 지나야 하며, 그 기간 동안 購入者가 契約締結 抛棄의 意思表示를 할 수 있다고 하는 方式.

둘째, "割賦賣買"의 成立은 契約書 作成과 동시에 인정하되 一定期間 內에(西獨·오스트리아·日本의 경우는 1주일. 애초 日本은 4일의 熟慮期間을 賦與하였으나 1984년의 法改正으로 위와 같이 변경하였다) 그 意思表示를 撤回하는 權限을 부여하는 方式.

우리 나라의 경우에도 "割賦賣買"上의 購入者에게 熟慮期間이 부여되어야 한다고 생각한다. 이에 대하여는 다음과 같은 反論이 예상된다.

---

8) 다만 日本에서는 "할부판매업자의 영업소 이외의 장소에서 할부판매의 청약을 받거나 할부판매계약을 체결한 경우"에만 그 청약의 철회나 계약의 해제를 인정하고 있다(동 割賦販賣法 제 4 조의 3 참조).

割賦賣買에 기하여 목적물이 일단 購入者에게 引渡된 후에 購入者가 그 意思表示를 撤回할 수 있다고 하면 供給者로서는 不意의 손해를 입는다. 일단 신품이 購入者에게 공급되고 나면 설사 며칠 내에 이것을 回收하였다고 하더라도 그 市場價格은 상당히 下落한다. 또 미리 代金의 일부를 수령한 경우에 구입자가 撤回權을 행사하면 그 代金을 반환하여야 하는 번잡한 절차를 거쳐야 하는 것이다. 뿐만 아니라 撤回權은 購入者에 의하여 濫用될 우려도 있다는 것이다.

그러나 이에 대하여는 다음과 같은 점을 고려하도록 요청하고 싶다. 우선 어떠한 앙케이트 조사에 의하면 被調査對象者인 割賦購入者 325명 중 割賦購入 후 후회한 사람은 "약간 후회하였다"가 138명(42.4%), "매우 후회하였다"가 10명(3.1%)로 도합 148명(45.5%)이라고 한다. 후회한 이유는 그 148명 중 35명(23.7%)가 "購入하고 보니 값이 비싸서"이고, 23명(15.5%)가 "꼭 필요하지 않은 商品을 購入하여서"이다(기타 引渡商品에 대한 不滿이 86명으로 58.1%를 차지한다). 이 統計에 의하면 적어도 總對象者의 17.8%(58명)가 契約 당시의 判斷錯誤를 호소하고 있다고 할 수 있다.[9] 이를 외면하여서는 안 될 것이다.

뿐만 아니라 購入者側의 위와 같은 곤란은 회피할 방법이 있으므로 그 곤란을 피하고자 한다면 이러한 방법을 택하면 된다. 즉, 供給者는 위 (3)에서 본 方式대로 契約을 체결하여 놓고 아직 現品을 引渡하지 않고 있다가, 위 熟慮期間이 지나감으로써 購入者가 그 契約을 撤回할 수 없게 된 다음, 현품을 引渡하면 된다.

(2) 具體的인 撤回權의 내용은 다음과 같은 것이 어떨까 생각한다.

- 熟慮期間은 5일
- 위 期間은 위 3.(2)(ii)에서 본 契約書의 寫本을 교부받은 날로부터 起算한다(대부분의 外國立法例).
- 撤回는 書面으로만 가능

9) 嚴英鎭(註 2), 133면 이하.

- 다만 供給者가 최소 5일 내의 기간에 무제한의 返還權을 購入者에게 인정하고 있는 경우에는 撤回權을 인정하지 않는다(西獨割賦賣買法 제 1 조 c 제 5 항 제 1 문 참조).
- 단, 撤回權이 있음을 안 購入者가 故意 또는 過失로 目的物을 滅失 또는 毁損한 경우에는 撤回權은 발생하지 않는다(民法 제553조 참조). 西獨割賦賣買法 제 1 조 d 제 1 항 제 2 문은 撤回權은 目的物의 滅失 또는 毁損에 의하여 소멸하지 않는다고 한다. 그러나 그 滅失 또는 毁損이 購入者의 歸責事由로 인한 때에는 그 價額이나 價値減少分을 賠償하여야 한다고 하는데(同項 제 3 문), 그렇다면 결과적으로는 撤回하지 아니한 경우의 경제적 결과와 별로 다를 것이 없다. 日本의 경우에는 이러한 特則을 정하지 않는다.
- 撤回의 意思表示는 到達主義의 原則에 따르지 않고 發信主義에 따른다(西獨 · 오스트리아 · 스위스 · 日本).
- 撤回權의 事前 抛棄, 撤回의 경우의 購入者의 損害金 支給 기타 法律의 규정보다 購入者에게 불리한 約定은 無效이다.

5. 購入者의 債務不履行으로 인한 供給者의 權利

(1) 우리 나라의 月賦賣買契約에는 購入者가 그 債務를 不履行한 경우에 대하여 대개 다음과 같은 特約이 이루어지고 있다.[10]

(i) 購入者가 1 회라도 割賦金의 支給을 遲滯한 경우에는 다른 割賦金 전부에 대하여 期限의 利益을 상실한다는 約定(소위 "期限利益喪失")

(ii) 催告할 필요(民法 제544조 참조) 없이 바로 契約을 解除할 수 있다는 약정

(iii) 契約이 解除된 경우에는 지금까지 지급한 割賦金을 供給者가 반환되지 않는다는 약정(소위 "失權條項")

10) 위 註 1 및 嚴英鎭(註 2), 99면 이하 참조.

(iv) 供給者에게 지급하여야 할 違約金에 관한 약정

(v) 契約이 解除된 경우 供給者는 商品保管場所에 들어가 自力으로 目的物을 回收할 수 있고 購入者는 이를 방해하여서는 안 된다는 約定. 심지어는 "現物이 없을 때는 그에 相當한 購入者 所有의 다른 物品을 任意로 回收, 處分"한다는 約定

이러한 特約은 대개 約款에 기하여 이루어지므로 우선 約款規制法이 이러한 特約에 대하여 어떠한 規制를 가하고 있는지를 살펴 볼 필요가 있다.

이 중에서 (i)에 대하여는 同 제11조 제2호가, (ii)에 대하여는 同 제9조 제2호가, (iii)에 대하여는 同 제9조 제3호가, (iv)에 대하여는 同 제8조, 제9조 제4호가 각기 정하고 있고, (v)에 대하여는 그것이 "顧客에 대하여 不當하게 不利한 條項"으로서 同 제6조 제2항에 의하여 "公正을 잃은 것으로 推定"될 것으로 생각된다. 그런데 위에서도 말한 바와 같이 이 규정들은 모두 가령 (i)의 경우라면 "顧客에게 부여된 期限의 利益을 相當한 理由 없이 剝奪하는 條項"이라고 하고, (iii)의 경우라면 "契約의 解除, 解止로 인한 顧客의 原狀回復請求權을 不當하게 포기하도록 하는 條項"이라고 하는 식으로 그 규정의 適用 與否를 "相當한 理由 없이" 또는 "不當하게"라는 내용이 명확하지 않는 요건에 걸리도록 하고 있다. 결국 이것은 그 特約이 有效인지 여부의 판단을 法官에게 위임함을 의미하는 것이다. 따라서 문제는 "割賦賣買"의 경우에 이와 같은 태도를 취할 것이냐, 아니면 割賦賣買에 한정하여 그 "相當한 理由 없음" 또는 "不當함"의 내용을 구체적으로 정할 것이냐에 달려 있다.

(2) 報告者의 생각으로는 위와 같은 (i)부터 (iv)까지의 特約 모두에 대하여 일일이 요건을 구체화하기보다는 그 중 어떠한 특약에 대하여 특히 그렇게 할 필요가 있는지를 개별적으로 검토해 보는 태도를 취하

여야 할 것으로 생각한다.

(a) 우선 期限利益喪失과 解除權의 즉시 발생에 관하여 아울러 살펴 보면(이하 論議는 모두 購入者가 그 義務의 履行을 게을리한 경우를 전제로 하는 것이다), 어느 경우에도 그러한 효과가 발생하려면 다음 두 요건 중의 하나를 충족하여야 한다.

첫째로, 購入者側에 "相當한 정도의" 不履行이 있어야 할 것이다. 가령 ―하나의 예로서 제시하면― 연속하여 2회의 割賦金支給의 遲滯가 있고 遲滯割賦金의 총액이 割賦價格의 10분의 1에 달하는 경우와 같다(西獨割賦賣買法 제4조 제2항; 스위스債務法 제226조h 제2항 참조).

둘째로, 相當한 기간을 두어 購入者에게 債務의 履行을 催告하여야 한다(日本割賦販買法 제5조 제1항은 20일의 기간을 주는 書面催告를 요구한다).

(b) 또한 契約이 解除된 경우의 契約關係淸算에 대하여는 당사자들이 부담하는 原狀回復義務의 구체적 내용을 法으로 정하고 그에 반하는 어떠한 特約도 無效로 하는 것이 바람직하다(西獨割賦賣買法 제1조 d; 스위스債務法 제226조 i; 日本割賦販賣法 제6조 참조). 특히 契約이 解除된 경우 購入者의 割賦金返還請求權과 供給者의 使用利益返還請求權(내지 損害賠償請求權)이 자동적으로 相計處理된다는 등의 約定으로 供給者의 原狀回復義務를 면제시키는 결과를 가져오는 것은 명백히 無效가 선언되어야 한다. 위 (v)와 같이 私的 執行을 허용하는 約定은 명문의 규정이 없어도 당연히 無效라고 해석될 것이다.

(c) 購入者가 債務不履行을 한 경우의 損害賠償에 관하여는 대개 두 가지 유형의 特約이 이루어지고 있다. 첫째, 遲滯割賦金에 대한 高率의 遲延利子의 約定, 둘째, 契約이 解除된 경우에 가령 "契約日로부터 1개월 내에는 代金總額의 1할, 2개월 내에는 代金總額의 3할…" 하는 식의 契約淸算에 수반하는 損害賠償의 約定이 그것이다.

첫째의 유형에 대하여는 民法 제398조 제2항에 의한 法院의 裁量減輕에 의하여 충분하리라고 본다. 둘째의 유형은 문제이다. 日本의 경우(西獨의 경우에는 契約이 解除된 경우에는 이미 損害賠償의 여지가 없다는 전제 위에 서 있으므로 이러한 문제는 발생하지 않는다. 그러나 우리 民法이나 日本民法은 解除와 損害賠償은 별도라는 입장에 서 있다)에는 위 (b)에서 본 原狀回復義務의 내용을 "損害賠償額의 豫定 또는 違約金의 정함이 있는 경우에도" 適用한다는 規定을 두고 있다. 더욱 연구해 보아야 할 문제라고 생각한다.

6. 購入者의 權利 保障

(1) 割賦로 商品을 購入하였더라도 그 각 割賦金의 支給期限이 도래하기 전에 그 割賦金을 지급할 수 있어야 함은 물론이다. 그리고 그 경우에는 가산된 割賦利子는 공제를 받아야 할 것이다. 그런데 특히 가령 賣買代金이 融資形式으로 供給者에게 全額 지급되고 購入者는 그 融資者(대개는 銀行 등)에게 融資金을 分割償還하는 형태의 "割賦賣買"에 있어서는 이러한 期限前 償還과 割賦利子控除가 이루어지지 않고 있다는 보고가 있다. 이 점은 명문으로 규정되어야 한다(스위스債務法 제226조g 참조).

(2) 경우에 따라서는 供給者가 제공한 商品에 결함이 있는 경우에도 購入者는 割賦金을 계속 지급하여야 한다거나 商品의 交換이나 返品을 금지하는 條項이 契約書에 포함되어 있다(調査對象 45종의 割賦賣買契約書 중 33.3%에 해당하는 15종이 이러한 조항을 포함하고 있다는 報告가 있다).[11] 이러한 約款은 供給者의 瑕疵擔保責任(民法 제580조, 제581조 참조)을 "상당한 이유 없이" 제한하는 것으로서 많은 경우 約款規制法 제7조 제3호 違反으로 無效라고 할 것이다. 그러나 "割賦賣買"와 관련하여서는 瑕疵 있는 商品이 引渡된 경우에는 割賦金의 지급을 거절할 수 있다는 명문의 규정을 두고 이에 반하는 特約은 無效로 할 것이다.

11) 嚴英鎭(註 2), 98면.

7. 對抗事由의 貫徹

위 6.에서 본 바와 관련하여 다음과 같은 문제가 제기된다.

가령 融資와 결합한 割賦賣買에 있어서는 전통적인 民法理論에 의하면 賣買契約은 購入者와 供給者 사이에 체결되었고, 融資契約은 購入者와 融資者 사이에 체결된 것으로 처리된다. 그러므로 購入者가 賣買契約과 관련하여 취득하는 여러 가지 權利, 예를 들면 商品의 瑕疵를 이유로 하는 割賦金支給拒絕의 抗辯權이나 契約解除權 등은 供給者에 대하여만 주장할 수 있고, 融資者에게는 주장할 수 없다는 결과가 된다. 그러나 그 融資는 오로지 商品購入代金에 충당하기 위하여 이루어진 것이고, 또 그 融資는 많은 경우에 供給者의 협력에 의하여 비로소 이루어지며, 보다 중요한 것은, 購入者로서는 그 商品購入에 있어서 融資가 개입되었다고 하여 그 경제적 목적을 무시한 法律構成에 따라 融資者와 供給者를 상대로 별도의 法律的 攻擊方法을 취하게 한다는 것은 납득하기 어렵다는 것이다.

이러한 점을 감안하여 가령 西獨·日本·오스트리아에서는 소위 "對抗事由의 貫徹"(또는 "對抗事由의 連續", "對抗事由의 直接行使"라고도 한다)을 인정하고 있다.[12] 즉 위와 같은 경우 供給者 間의 관계에서 취득하는 購入者의 對抗事由를 融資者에게도 주장할 수 있다는 것이다.

이러한 제도를 우리 나라에서도 인정하여야 한다는 주장은 작년에 信用카드業法(1987년 5월 30일 公布, 法律 제3928호)을 制定하는 과정에서도 제기된 바 있었다.[13] 그러나 同法은 주로 신용카드업자에 대한 行政的인 規制를 목적으로 하는 法律이었기 때문에 신용카드와 관련된 私法

12) 梁彰洙(註 4), 149면 이하(本書 452면 이하)는 서독에서의 이에 관한 論議를 소략하게나마 보고하고 있다. 또한 신용카드거래와 관련한 항변권의 관철문제에 대하여는 鄭燦亨, 信用카드去來와 代金債務者의 抗辯. 韓國商事法學會 편, 「신용카드에 관한 法的 諸問題」, 1988, 83면 이하 참조.

13) 李銀榮, 신용카드거래의 立法意見, 「법률신문」 1677호(1987년 4월 6일자) 12면 참조.

的인 문제는 카드紛失時의 責任問題를 제외하고는 전혀 규율되지 않았고, 따라서 "對抗事由의 貫徹"의 문제도 法에 규정을 보지 못하였다.

그러나 "割賦賣買"와 관련하여서 위와 같은 融資를 동반한 割賦賣買가 그 規律의 대상에 포함된다면 위와 같은 "對抗事由의 貫徹"은 반드시 명문으로 인정되어야 할 것이다.

Ⅳ. 法的 規律의 方式

(1) 割賦賣買에 관하여 法的 規律을 새로이 마련한다고 하더라도 그 規定方式은 여러 가지가 있을 수 있다. 그것을 대충 분류하여 보면 (i) 이미 施行되고 있는 法律 중에 割賦賣買 關聯規定을 보충하는 방법, (ii) 새로이 法律을 制定하되 비단 割賦賣買의 경우뿐만 아니라 다른 종류의 特殊賣買(가령 訪問販賣)도 아울러 規律하는 보다 일반적인 特殊賣買法의 일부분으로 하거나, 아니면 일반적으로 가령 "消費者信用法"과 같이 보다 規律範圍가 넓은 法律에 편입시키는 방법, (iii) 割賦賣買만을 規律하는 單一法律을 制定하는 방법의 세 가지를 생각할 수 있을 것이다.

이하에서 그 각각의 방법을 생각하여 보기로 하자.

(2) 우선 이미 施行중에 있는 法律의 일부에 편입하는 方法

그 대상으로 고려될 수 있는 것은 위에서 말한 約款規制法과 그리고 消費者保護法 등이다.[14] 그러나 결론적으로 말하면 이러한 방법은 적절하지 않은 것으로 생각된다.

(a) 우선 約款規制法에 대하여서 보면, 同法은 約款에 포함된 契約條項만을 規律의 대상으로 삼고 있다. 따라서 割賦賣買契約이 約款을 사

14) 그 외에 都·小賣業振興法을 고려해 볼 수 있겠다. 그러나 이미 위에서 비친 대로 이 법률은 종전의 市場法에 갈음하는 것으로서 주로 영업활동에 대한 행정적인 규제를 내용으로 하고 있다. 따라서 주로 割賦賣買의 私法的 效果 등에 대하여 여러 관점에서 규율하려는 필자의 입장에서는 애초 그에의 編入은 바람직하지 않다고 생각된다.

용하지 않은 형태로 체결된 경우에 대하여도 同法에 의하여 規律하는 것은 異質物을 삽입하는 것이 된다. 뿐만 아니라 約款에 포함된 契約條項에 대하여도 約款規制法은 그것이 불공정하다고 생각되는 경우—어떠한 경우에 구체적인 約款條項을 불공정한 것이라고 할 것인가는 同法 제2장 "約款條項의 無效"(제 6 조 내지 제16조)를 보라—에는 그것을 無效라고 할 뿐이고, 그와 같이 하여 無效가 된 約款條項에 대신하여 契約의 내용이 되어야 할 바에 대하여 明示的·具體的으로 정하고 있지 않다.

물론 많은 경우에 그 無效로 인한 구멍은 民法이나 商法 기타 法律이 정하고 있는 소위 "任意規定"에 의하여 메워질 것이다. 그러나 이러한 "任意規定"은 割賦賣買의 특수성을 고려하지 아니한 채로 마련된 것이다. 따라서 割賦賣買의 特殊性을 고려하여 그에 合當한 "任意規定" 또한 필요한 경우에는 그에 반하는 合意條項을 無效化할 수 있는 구체적인 "强行規定"을 별도로 마련할 필요가 있게 된다. 이러한 규정을 約款規制法에 삽입하는 것은 역시 성질이 서로 다른 두 개의 素材를 같은 法律 안에서 규정하는 결과가 된다.

나아가서 約款規制法은 모두 種類의 約款을 그 規律對象으로 하는 것이기 때문에 위에서 본 대로 無效가 되는 約款條項을 구체적으로 지시하지 않고 "상당한 理由 없이", "부당하게 不利한", "부당하게 過重한" 등의 소위 「補充을 要하는 要件徵表」를 많이 사용하고 있다. 이러한 태도는 그만큼 無效 여부에 관한 다툼의 소지를 남기는 부득이한 결과를 낳는다. 따라서 割賦賣買에 한정하여 규정을 마련하는 경우에는 보다 구체적인 要件徵表를 사용하는 것이 가능하게 됨으로써 割賦賣買에서 어떠한 契約條項이 無效가 되는가를 보다 구체적이고 명확하게 알 수 있게 된다.

물론 割賦賣買契約이 約款을 사용하여 체결되는 경우에는 그 約款의 規律에 관한 한 約款規制法이 보충적으로 적용됨에는 의문이 없을 것이다. 그러나 요컨대 約款과 割賦賣買는 반드시 동일한 法律에 의하여

規律될 수 없는 規律內容 및 方法上의 차이가 있다고 생각된다. 가령 西獨의 경우에도 約款法과 割賦賣買法은 각기 다른 法律에 의하여 規律되고 있다.

(b) 또 消費者保護法에 대하여서 보면 同法은 내용적으로는 消費者保護行政에 관한 法律이다. 同法 제1조는 그 目的을 "消費者의 基本權益을 보호하기 위하여 國家, 地方自治團體 및 事業者의 義務와 消費者 및 消費者團體의 역할을 규정함과 아울러 消費者保護施策의 綜合的 推進을 위한 기본적 사항을 규정함으로써 消費生活의 向上과 合理化를 기함을 目的으로 한다"고 정하고 있다. 그리고 이를 받아 國家 등의 義務를 정하고 있는 규정들은 모두 消費者의 權利를 보호하기 위하여 국가 등이 하여야 할 프로그램적인 義務를 열거하고 있을 뿐이고, 구체적으로 消費者가 그 규정에 의거하여 國家 등을 상대로 일정한 행위를 요구할 수 있는 것은 아니다(물론 예외적으로 消費者에게 韓國消費者保護院에 일정한 請求를 할 수 있음을 규정하고 있기는 하다. 同法 제39조 이하 참조). 그러므로 割賦賣買라는 기본적으로 私法이 다루어야 할 사항에 대하여 消費者保護法에서 규정을 두는 것은 바람직하지 않다고 생각된다.

(3) "分割賣買"에 관한 法的 規律을 포함하는 보다 包括的인 法律을 制定하는 方法

오스트리아와 같이 消費者保護法(Konsumentenschutzgesetz)을 제정하여 消費者保護에 관한 규정을 망라하여 두고 그 가운데에 割賦賣買에 관한 규정을 두는 方式(그 이전에 1896년에 제정된 「割賦去來에 관한 法律」이 있었으나, 1979년의 위 法律에 의하여 效力을 상실하였다. 割賦賣買의 英國的 形態라고 할 수 있는 Hire Purchase(買受權附 賃貸借)에 대한 規律도 1938년의 Hire Purchase Act에서 1974년의 消費者信用法 Consumer Credit Act에 통합되었다는 報告가 있다.[15]) 美國의 경우에도 聯邦法인 1968년의 消費者信用保護法

15) 長尾治助, 諸外國の消費者信用法(2)——イギリス, 加藤一郎 等 編, 「消費者法講座 5 : 消費者信用」, 1985, 319면.

(소위 CCPA)에 少額割賦賣買에 관한 규정이 일부 포함되어 있으나 기본적으로 規律은 州法에 맡겨져 있다고 한다)은 어떠한가?

이 方式에 선뜻 찬성할 수 없는 것은 현재와 같이 각종의 消費者問題가 각종의 樣相으로 제기되기 시작하는 단계에서 —視野를 私法的인 것에 한정한다고 할지라도— 현실적으로 그 消費者問題의 각종 유형을 法的으로 파악하고, 또 그 문제 전반에 적용되는 通則을 추출해 낼 수 있을 것인가 하는 의문이 있기 때문이다. 이러한 의문은 우리 法律學의 現段階의 역량을 어떻게 보느냐 하는 것과 관계가 없는 것은 아니다. 그러나 報告者의 생각으로 보다 중요한 것은 法的으로 다루어질 소재 그 자체, 예를 들면 각종의 消費者信用形態가 대부분 아직 발전하는 과정에 있어서 그 구체적이고 항상적인 모습을 파악하기가 매우 어렵다는 사실이다. 만일 이러한 모습을 확정하지 아니한 채로 이에 대한 法的 規律을 마련한다면 그 法規定은 去來類型의 변화에 맞추어 견딜 수 없을 만큼 빈번히 改正되어야 하거나, 그렇게 하지 않으면 거래의 자연스러운 발전을 저해하는 장애물이 되어 버릴 것이다. 美國의 경우에는 그 立法技術上의 특수성으로 인하여 위에서 본 CCPA에 새로운 消費者信用形態에 대한 규정을 빈번히 추가하는 형태로 立法活動이 이루어지고 있으나, 그 規律의 구체적인 내용은 —州法과의 관계라는 美國 특유의 문제도 개입되어— 거의 조감할 수 없게 된 듯한 인상이다.

또한 우리는 이미 消費者保護法이라는 單行法律을 가지고 있고, 또 消費者保護와 밀접한 관련을 가지는 約款規制法이나 信用카드業法이 각기 별도로 제정된 만큼, 이와 보조를 같이하여 이미 어느 정도 그 固定的인 實體가 파악된 "割賦賣買"에 대하여 따로 法律을 제정하는 方式을 택하는 것이 바람직하지 않은가 생각된다. 물론 이 점은 반드시 그렇게 되어야 한다고 주장하는 것은 아니고, 우리 나라의 여러 가지 사정을 감안하면 그것이 낫지 않을까 하는 것이다. 따라서 이에 대한 반대주장과 사이에 論議의 여지가 충분히 있다.

(4) 訪問販賣 등에 대한 規律과 "割賦賣買"法

日本의 경우에는 割賦販賣法 외에 별도로 "訪問販賣 등에 關한 法律"이 있어서, 訪問販賣나 通信販賣 등에 대하여 規律하고 있다. 그 내용 중 訪問販賣에 관한 것만을 보면 (i) 契約請約書 및 契約書의 交付 및 그 內容의 法定(同 제 4 조), (ii) 契約撤回權의 부여(同 제 6 조), (iii) 契約解除에 따른 原狀回復義務(同 제 7 조) 등 앞서 본 "割賦賣買"에 대한 法的 規律에 포함되는 내용과 중복되는 것이 적지 않다. 비단 日本뿐만 아니라 美國의 경우에는 "割賦賣買"보다는 오히려 訪問販賣가 立法的 관심의 초점이 되는 경향이 보인다. 또한 프랑스에서도 割賦賣買에 대하여는 이를 직접 規律하는 法律은 없으나, 訪問販賣에 대하여는 1972년 12월 「勸誘行爲 및 訪問販賣에 대한 消費者保護에 관한 法律」을 제정하였다. 그 내용은 (i) 契約書의 作成義務, (ii) 契約書의 必要的 記載事項과 記載禁止事項의 法定(이상 同 제 2 조), (iii) 熟慮期間의 부여와 撤回權인정(同 제 3 조), (iv) 각종의 違反者에 대한 刑事制裁(同 제 5 조, 제 7 조) 등이다.

이러한 외국의 예뿐만 아니라, 우리 나라의 실정에서도 訪問販賣 등을 規制할 필요가 있다는 주장은 종종 제기되고 있다. 만약 訪問販賣가 法的 規律의 대상이 되어야 한다면 그 規律手段은 위와 같은 유사한 것이 될 것으로 예상된다. 그렇다면 "割賦賣買"에 대한 法的 規律을 마련함에 있어서 양자를 동일한 法律의 規制 아래 두는 것이 合目的的이 아닌가를 생각해 보아야 할 것이다.[16] 물론 訪問販賣法이나 割賦賣買法에 대한 行政的인 規制(앞서 말한 "去來秩序法"이라는 측면에서)가 서로 달리야 할 점이 있다고 한다면 그것까지 고려하여 同一法律에 의한 法律의 可否를 정하여야 함은 물론이다. 앞으로의 과제이다.

(「저스티스」 22권(1989), 137면 이하 所載)

16) 최근에 韓國消費者保護院에서 「訪問販賣法 試案」을 마련하여 1989년 6월 1일 그에 관한 政策討論會가 열렸다는 보고가 있다. 「법정신문」 20호(1989년 6월 19일자) 6면 참조.

15. 西獨 消費者信用法制의 概觀

I. 序　論

消費者信用 (Konsumentenkredit)을 법적으로 어떻게 규율할 것인가 하는 문제는 최근 西獨의 私法學界에서 활발하게 토론하고 있는 테마 중의 하나이다.[1] 그곳에서의 논의는 다양한 점에 미치고 있다. 西獨 消費

---

1) 주요한 문헌으로는, 우선 1978년에 Wolfgang Freiherr Marschall von Bieberstein 教授가 西獨 聯邦法務部의 위탁을 받아 작성한, 소위 "金融附 割賦賣買"와 기타의 消費者信用去來形態에 대한 法制化의 가능성에 관한 鑑定意見, 즉 Gutachten zur Reform des finanzierten Abzahlungskaufs. Untersuchung von Möglichkeiten einer künftigen gesetzlichen Regelung des finanzierten Abzahlungskaufs und andere Formen des Konsumentenkredits, Köln, 1978을 들 수 있을 것이다. 이 鑑定意見은 현재 西獨에서는 消費者信用去來의 여러 형태와, 그 중에서 특히 金融附 割賦賣買에 관한 종전의 法的 規律의 내용을 살피고, 유럽 대륙의 여러 나라와 英美 등의 關係 法狀況 및 유럽評議會와 OECD의 작업을 比較法的으로 고찰한 다음, 去來의 진전에 따른 當事者들의 保護必要性에 좇아 새로운 法的 規律을 위한 提案을 總論과 各論으로 나누어 하고 있다. 消費者信用에 관한 그 간의 文獻에 대하여는 同書, S. 217-230을 보라.

다른 한편 1980년 베를린에서 열린 제53회 獨逸法律家大會(Deutscher Juristentag)는 그 民事法分科(Zivilrechtliche Abteilung)의 主題를 "消費者保護를 위하여 消費者信用의 영역에서 어떠한 措置를 취하는 것이 적합한가?"로 정하였다. Walter Hadding 教授에 의하여 집필된 이에 대한 鑑定意見, 즉 Welche Maßnahmen empfehlen sich zum Schutz des Verbrauchers auf dem Gebiet des Konsumentenkredits? Gutachten zum 53. Deutschen Juristentag, München, 1980(이 文獻은 忠南大學校의 徐敏 教授로부터 빌어 볼 수 있었다. 이 자리를 빌어 감사 드린다)은 비단 金融附 割賦去來뿐 아니라 기타의 消費者信用去來 全般에 걸쳐서 法的 規律의 가능성을 다양하게 모색하고 있는데, 結論的으로 소위 "大解決"(große Lösung. 이에 대하여는 뒤의 本文 V. 1. 참조)의 입장에 선 12개항에 걸친 立法政策的 提案을 하고 있다(S. 346-49). 이 提案에 대한 위 大會의 採擇 여부에 대하여는 *NJW*, 1980, S. 2505ff.을 보라.

消費者信用을 포함한 消費者保護問題 전반에 관하여는 Harm Peter Westermann, Verbraucherschutz, in: Bundesminister der Justiz(Hrsg.), *Gutachten und Vorchläge*

者信用法制의 중심을 차지하고 있는 割賦賣買法(이 法에 대하여는 뒤의 Ⅲ.과 Ⅳ.에서 상세히 살펴보기로 한다)의 개별적인 규정의 내용을 어떻게 해석할 것인가 하는 극히 實用的·微視的 問題에서부터[2] 넓게는 消費者信用法으로 불리울 수 있는 법분야와 一般私法으로서의 民法과의 관계를 어떻게 파악하여야 할 것인가 하는 극히 理論的·巨視的인 문제에 이르기까지[3] 그 논의의 범위는 매우 넓다.

이러한 복잡하고 다양한 문제의 어느 하나를 천착하여 우리 法制와의 대비 아래 그 문제의 意味를 음미하는 것도 중요한 일이겠으나, 여기서는 오히려 서독의 소비자신용거래, 그리고 이에 대한 법적 규율의 현상을 개괄적으로 記述한다는 관점에서 서술을 진행해 가기로 한다. 消費者信用이라는 용어 자체가 우리에게는 비교적 새로운 것이고, 이에 대한 法的 規律의 필요도 근자에 비로소 명확하게 의식되기에 이른 것이다.[4] 따라서 이에 대한 외국의 法的 規律의 세부적인 내용을 이해하는데 있어서는 우선 그 전체적인 모습의 파악이 유용할 것으로 생각되기 때문이다.

그리하여 이하에서는 우선 西獨(제 2 차 세계대전까지는 독일)에서 消費者信用去來가 어떻게 발달하여 왔고 또 현재는 어떠한 모습을 하고 있는지를 살펴 보고(Ⅱ), 이어서 서독에서 消費者信用法制의 중심을 이루고 있는 割賦賣買法의 재정배경과 그 내용을 다룸으로써(Ⅲ, Ⅳ) 소비자신용에 대한 법적 규율의 윤곽을 파악하며, 이어서 현재 주로 어떠한

---

zur Überarbeitung des Schuldrechts. Bd. Ⅲ, Köln, 1983, S. 1-122; Eike von Hippel, *Verbraucherschutz*, 3. Aufl,, Tübingen, 1986을 보라.

2) 이에 관한 가장 포괄적인 文獻은 Fritz Ostler/Jochen Weidner, *Abzahlungsgesetz*, 6. Aufl,, Berlin u. New York, 1971이다.

3) 이에 관한 논의에 대하여는 예를 들면 Harm Peter Westermann, Sonderprivatrechtliche Sozialmodelle und das allgemeine Privatrecht, in: *AcP* 178(1978), S. 150-195; 同(註 1), S. 60ff. 를 보라.

4) 가령 筆者는 "割賦賣買法의 制定方向"이라는 제목으로 韓國消費者保護院의 第1次 消費者政策討議論(1988년 6월 15일)에서 主題發表를 한 일이 있다(本書 397면 이하 참조). 최근 韓國消費者保護院에서는 全文 15條로 된 割賦賣買法 試案을 발표하였고, 1988년 10월 19일에는 이 試案에 관한 討論會를 개최할 예정이다.

점이 논의되고 있는가를 알아 보기 위하여 그 하나의 예로서 소위 對抗事由의 直接行使의 문제를 둘러싼 서독 법학계의 학설 동향을 다루기로 한다(V).

Ⅱ. 消費者信用의 發達과 現況

1. 序

서독에서의 消費者信用去來는 뒤에서 보는 대로 19세기의 중반으로부터 독자적인 형태를 갖추어 등장하여 현재에 이르고 있다. 그리고 消費者信用去來의 현재의 양태는 가지가지이다. 이것을 商品購入資金融資의 형태라는 관점에서 보면, (i) 단순한 割賦去來(einfaches Abzahlungsgeschäft), 즉 賣渡人信用提供型 割賦去來, (ii) 金融附 割賦去來(finanziertes Abzahlungsgeschäft), 즉 第3者信用提供型 割賦去來, (iii) 現金融資(Barkredit)의 셋으로 대별할 수 있다.

서독에 있어서의 消費者信用去來는 위의 (i)의 형태에서 출발하여 점차 (ii)가 중심적인 위치를 차지하였고, 특히 1960년대 중반부터는 (iii)의 형태가 오히려 우세를 점하게 되었다고 일컬어지고 있다. 그리고 現金融資에 의한 消費者信用去來에 있어서도 당초에는 割賦金의 支給에 충당하기 위한 現金融資, 즉 目的이 제한된 融資가 현저한 위치를 차지하였으나, 최근에는 그러한 目的制限이 없는 少額融資가 주류를 차지하고 있다고 한다. 이하 서독에서의 소비자신용거래의 전개양상을 추적하여 보기로 한다.[5)]

5) 本章의 叙述은 전적으로 Hadding(註 1), S. 33ff.; Marschall von Bieberstein(註 1), S. 11ff.에 의거하였다.

2. 第 1 期 : 단순한 割賦賣買의 時期

19세기 중반에 독일에서 완성된 산업혁명은 일정한 제품에 대하여 대량생산의 기틀을 구축하였는데, 이와 같이 대량으로 생산된 상품을 소화시키기 위한 판매방식으로 모색된 것이 割賦賣買였다. 이러한 賣買方式이 대규모로 시행된 것은 1870년대로서, 어느 보고에 의하면 1880년대 중반에 매년 독일에서 생산되던 약 50만대의 미싱 중 반 이상이 이러한 방식에 의하여 판매되었으며, 이러한 割賦賣買의 總賣出에 대한 비율은 피아노와 유모차(Kinderwagen)의 경우도 마찬가지였다고 한다.[6] 그리고 제 1 차 세계대전을 전후하여서 이와 같은 방식으로 판매되는 상품으로서 가구, 사진기, 그리고 특히 자동차 등의 高價消費財가 새로이 등장하였다.

그러나 이 시기에 割賦賣買의 방식으로 판매되던 상품은 반드시 消費財에 한정되는 것은 아니며, 가령 기계 등의 공장설비와 같은 生産財도 그러한 방식으로 매출되었다고 한다. 뿐만 아니라 가령 미싱과 같이 그 후에 주로 消費財로서 판매되었던 상품도 이 시기에는 오히려 生産財로서의 기능을 하였다고 한다. 가령 삯일을 하는 재봉사가 그 일에 쓰기 위하여 割賦賣買의 方式으로 미싱을 구입하고 그 삯일로부터 얻은 수입의 일부를 割賦金의 지급에 충당하는 경우가 극히 빈번하게 발생하였다. 이러한 割賦賣買에 있어서 만일 商品購入者가 疾病 등의 이유로 한번이라도 그 할부금의 지급을 지체하였다고 해서 그 상품을 반환하여야 하고, 뿐만 아니라 割賦金支給義務는 계속 부담하여야 한다면, 그 영향은 家計 전체에 미칠 것이였다.

이러한 방식의 割賦賣買에 있어서는 信用形態라는 측면에서 보면, 購入者에의 信用供與가 판매자의 資本으로부터 직접 주어진다고 하는 데

6) Hans-Peter Benöhr, Konsumentenschutz vor 80 Jahren. Zur Entstehung des Abzahlungsgesetzes vom 16. Mai 1894, in: *ZHR* 138(1974), S. 494.

특징이 있다. 즉, "賣渡人과 買受人 사이에 이루어지는 두 당사자 사이의 商品信用(Warenkredit)"이었다. 이러한 방식의 할부매매에 있어서 당사자들, 특히 판매자의 입장에서 관심을 기울이게 되는 法律問題는 다음의 두 가지였다.[7] 첫째는, 購入者가 割賦金의 支給을 지체하는 경우 판매자는 어느 만큼 확실하게 그 구입자에 대하여 그 물건의 반환을 확보할 수 있는가 하는 문제이다. 둘째는, 나아가서 그와 같은 權利는 제3자가 그 물건에 대하여 競合的인 權利를 주장하는 경우(가령 購入者로부터 善意로 買受한 자나 購入者의 債權者 등과 같이) 그러한 第3者에 대하여 어떠한 범위에서 우월적인 지위에 있느냐 하는 것이다.

3. 第2期 : 金融割賦賣買의 時期

1925년경부터 商品賣買의 當事者 이외의 제3자가 商品購入資金을 융자하는 이른바 "金融附 割賦賣買"가 등장하였고, 점차로 경제적인 중요성은 종래에 행하여져 오던 위에서 본 바와 같은 "단순한 할부매매"로부터 이러한 새로운 방식의 消費者信用去來로 옮겨 갔다. 이러한 金融割賦賣買의 방식은 학자들에 의하여 다음과 같은 세 가지 형태로 분류되고 있다.

첫째는 A去來(A-Geschäft) 또는 소위 쾨니히스베르크 방식이라고 불리우는 것이다. 이 方式은 1925년에 자동차 제조회사가 자동차를 구입하는 고객을 위하여 자신의 子會社로서 顧客金融機關(Kundenkreditbank)을 설립한 데서 유래하였다고 한다. 이러한 소위 割賦金融會社(Teilzahlungsbank)는 다음과 같은 방식으로 割賦金融資를 행한다. 즉, 購入者는 割賦金融會社로부터 商品購入券(Kaufgutschein)을 얻어 이것을 가지고 할부금융회사와 계약을 맺고 있는 판매자로부터 상품을 구입한다.

7) E. Allan Farnsworth, Installment Sales, *International Encyclopedia of Comparative Law*, Vol. Ⅷ Chap. 4, Tübingen et al., 1972, p. 2.

판매자는 구입자로부터 받은 상품구입권을 할부금융회사에서 現金化한다. 다른 한편 구입자는 할부금융회사에 대하여 할부로 融資金을 반환한다는 것이다. 이 去來에 있어서 구입자는 販賣者를 거치지 않고 직접 金融會社와 교섭을 하며, 금융회사는 독자적인 판단 아래 金融을 행한다. 또한 그 商品購入券은 반드시 구체적인 특정의 賣買에만 쓰여지는 것은 아니고, 구입자에게 일정한 金額範圍 내에서 구매의 對象物을 결정할 裁量의 여지를 부여하는 것이다. 이와 같은 A去來는 주로 소액의 의복 기타 생활용품의 賣買에 있어서 주로 행하여졌다고 한다.

둘째는 B去來(B-Geschäft) 또는 베를린 방식이라고 불리우는 것이다. 이러한 방식은 할부금융회사 외에 일반의 상업은행이나 저축은행에 의하여서도 행하여졌다. 이것은 金融機關이 賣渡人의 保證 아래 구입자에게 商品購入資金을 貸出하되, 그 額은 대개 商品代金에서 구입자가 판매자에게 직접 지급한 引渡金(Anzahlung)을 공제한 額으로서 貸出金은 구입자를 거치지 않고 金融機關으로부터 판매자에게 직접 지급된다. 이 方式에서 融資金은 구체적인 特定賣買의 代金支給을 위하여만 쓰여지며, 또 그러한 融資는 반드시 판매자의 關與 아래 이루어진다. 이러한 消費者金融方式은 法律構成上으로는 다음의 두 가지 형태로 나뉘어진다.

(i) 債權讓渡式方에 의하는 것 이 경우에는 미리 金融機關과 판매자 사이에 基本契約(Rahmenvertrag)이 체결되어 信用供與의 限度額이나 판매자의 金融機關에 대한 책임 등이 정하여진다. 구입자와 판매자와의 사이에 割賦賣買契約이 締結되고 나면, 판매자는 그 契約書를 金融機關에 제시하고 그 代金債權과 割賦契約上 자신에게 유보된 商品(賣買目的物)과의 所有權을 그에게 양도하면서 할부금 총액에 상당하는 額을 金融機關으로부터 받는다. 구입자는 채권양도의 통지를 받은 후 직접 金融會社에 대하여 남은 대금액을 할부로 반환한다.

(ii) 消費貸借方式에 의하는 것 이 경우에도 金融機關과 판매자 사이에는 基本契約이 존재한다. 구입자는 판매자에게 할부매매를 請約함

과 아울러 판매자가 제시하는 關係書面에 서명함으로써 金融機關에 대한 融資申請까지도 한다. 판매자는 이 書面 등을 金融機關에 제시하고 구입자에 대한 金融機關의 融資金을 직접 수령하여 賣買代金에 충당한다. 구입자는 그 융자금을 할부로 金融機關에 변제한다. 판매자를 통하여 체결되는 구입자와 금융기관 간의 消費貸借契約에는 賣買目的物에 대한 所有權이 金融機關에 유보된다는 조항이 포함되는 것이 보통이다. 위 (i)의 방식과의 주된 차이는 구입자의 金融機關에 대한 辨濟가 賣買代金債務의 변제로서가 아니라(구입자의 판매자에 대한 賣買代金債務는 金融機關의 融資金에 의하여 이미 소멸되었다), 消費貸借債務의 辨濟로서 이루어진다는 점이다. 그리고 이러한 점 때문에 위 (i)의 방식은 거의 이용되지 않게 되고, 주로 이 방식이 이용되기에 이르렀다고 한다. 즉, 金融機關은 단지 구입자에 대하여 消費貸主의 지위에 있을 뿐이므로 구입자가 판매자와의 할부매매계약에 의하여 취득하는 對抗事由——가령 그 契約의 不成立·無效 또는 取消, 나아가 상품이 아직 引渡되지 않았다는 사정이나 인도된 상품에 하자가 있다는 사정에 기하여 발생하는 對抗事由——에 의하여 아무런 영향을 받지 않는 것이다(실제로 그렇게 처리되고 있는가 하는 점에 대하여는 뒤의 V.에서 보기로 한다).

이상과 같은 B去來는 주로 家具, 電氣製品 등의 耐久性 消費財의 구입을 위하여 이용되고 있다고 한다.

셋째는 C去來(C-Geschäft)라고 불리우는 것이다. 이 경우에도 B去來와 동일한 구조에 의하여 融資가 이루어지나, 단지 어음이 이용된다는 점에 차이가 있을 뿐이다. 여기서도 구입자가 金融機關을 受取人으로 하는 約束어음을 발행하는 방식과 판매자가 구입자를 引受人으로 하고 金融機關을 受取人으로 하는 환어음을 발행하는 방식이 있다고 한다. 이와 같은 어음의 발행에 의하여 자금의 원활한 회전이 도모될 뿐만 아니라,——오히려 중요한 것인데—— 구입자가 賣買契約으로부터 취득하는 對抗事由는 단순한 原因關係上의 그것으로서 이를 어음上 權利者인 金

融機關에 대하여 주장하지 못하게 된다. 이러한 C去來는 자동차나 영업용 기계의 할부매매에 이용된다고 한다.

이상과 같은 세 가지 방식의 金融附 割賦賣買에 의하여 消費者信用은 종래의 商品信用으로부터 金融機關에 의한 貨幣信用 (Geldkredit) 으로 변모하게 된다. 상품판매자가 신용공여에 있어서 하는 역할은 종래 상품구입자에 대한 直接與信者로부터 매매대금을 구입자에게 융자하는 金融機關을 알선하는 자에로 이행하여 가는 것이다. 이러한 소비자신용거래의 특징은 (i) 信用提供이 割賦金融을 專門으로 하는 기관에 의하여 이루어진다는 점, (ii) 商品購入者, 곧 受信者는 융자된 자금의 使用目的을 강하게 제한받는다는 것, 말하자면 이 경우의 消費者信用은 目的拘束的 (zweckgebunden) 이라는 점에 있다.

이와 같은 消費者信用의 시스템은 제 2 차 세계대전 후에도 1960년경까지 지배적이었다. 예를 들면 1950년에 割賦金融會社를 비롯하여 金融附 割賦去來를 위한 금융제공을 전문으로 하는 金融機關의 貸出總額은 消費者信用을 위한 貸出總額의 80% 이상을 차지하고 있었다고 하며, 1951년부터 1960년 사이에 할부금융회사의 貸出總額은 60억 마르크에서 410억 마르크로 7배 가량 증가하였다고 한다. 또 1960년에는 金融會社가 介在하여 이루어진 割賦賣買가 全割賦賣買의 약 60%를 점하였다는 보고도 있다.

4. 第 3 期 : 現金融資의 時期

(1) 1959년 5월 서독의 3 대은행 (도이치銀行, 드레스덴銀行 및 콤메르츠銀行) 은 새로운 貸出業務로서 "個人用 少額信用" (persönliches Kleinkredit) 을 개시하였다. 단, 이 少額信用은 연방 각 州의 銀行監督官廳의 명령에 의하여 貸出額의 상한이 2천 마르크, 貸出期間이 6개월부터 24개월 사이로 제한되어 있어서 증대하는 수요에 충분히 대응할 수는 없었

다. 그리하여 1962년 6월 이들 銀行은 나아가 分割辨濟貸出로서 소위 "調達貸出" (Anschaffungsdarlehen)을 개시하였다. 그 貸出額이나 기간도 당초는 6천 마르크, 36개월이었으나 최근에는 각기 3만 마르크, 5년으로 하는 것까지 출현하였다.

이러한 消費者信用去來는 貸出機關에 대한 반환은 分割返還方式을 채택하고 있으나, 受信者, 즉 상품구입자 자신이 대출기관으로부터 현금을 받을 수 있는 現金信用 (Barkredit)이고, 또 융자의 사용목적에 대하여 貸出機關으로부터의 구속을 받지 않는(또는 그 정도가 낮은) 目的非拘束的 (zweckungebunden) 消費者信用이라는 점에서 지금까지의 방식과 다르다. 이 방식에 의하면 수신자, 즉 소비자는 어떠한 상품판매자의 어떠한 상품에 대하여서도 대출을 받을 수 있는 이점이 있다.

(2) 銀行 등의 一般金融機關에 의한 消費者信用의 형태에는 1960년대 중반에서부터 다시 다음과 같은 방식이 추가되었다. 그 하나는 그때쯤부터 급료가 예금통장으로 직접 불입되는 방식이 채택됨에 따라서 채택된, 計座貸越契約에 의한 貸出로서의 "任意金融" (Dispositionskredit)이다. 이 방식에 의하면, 수신자의 급료구좌에 계속적으로 불입되어 오는 給料 자체를 담보로 하여, 개개의 貸出契約을 필요로 하지 않고 즉시 現金引出이나 어음發行의 방법에 의한 貸出을 받는 것이 가능하다. 이 방식은 대출액에 上限이 있기는 하나, 소비자는 간편하게 이용할 수 있는 이점이 있어서 상당히 보급되었다고 한다.

이와 같이 간편하게 이용할 수 있는 貸出方法으로서 일반금융기관이 행하고 있는 또 한 가지의 방법은 1968년부터 도입된 "수표카드" (Scheckkarte) 제도이다.[8] 이 방식에 의하면 은행이 자신에 예금구좌를 가지고 있는 고객에게 수표카드를 발행하고 이 카드를 이용하여 일정한 방식으로 발행된 수표의 지급을 일정한 한도 내에서 담보하는 것이다.

8) 崔基元, 手票카-드의 法律關係에 관한 考察, 서울대학교 「法學」 28권 1호(1987. 4). 130면 이하는 수표카드에 관하여 주로 西獨의 文獻을 이용하여 논하고 있다.

이것은 그 수표로써 상품대금을 지급하려는 당해 受信者의 支給能力을 商品販賣者에 대하여 담보하는 의미를 가지는 것이다.

이러한 두 가지 방식을 위의 (1)에서 본 방식들과 비교하여 보면, 그것이 現金信用이고 또 目的非拘束的이라는 점에서 공통된다. 그러나 이 방식들은 受信者가 金融機關에 설정한 예금구좌에 불입한 금전에 의하여 자동적으로 차용금의 반환이 이루어지는 非分割返還方式 또는 總括決濟方式의 貸出 (Nichtratenkerdit) ──美國法에서 말하는 리볼빙 크레디트 (revolving credit) ──이라는 점에서 위 (1)의 방식과 다르다.

(3) 消費者信用의 利用者는 항상 보다 간편하고 또 보다 구속력이 적은 貸出方式을 희망한다. 이러한 경향을 가진 消費者信用市場에 一般金融機關이 目的非拘束的인 貸出方式을 가지고 참가한 것은 이 시장에서 割賦金融專門機關이 점하는 상대적인 지위를 크게 후퇴시켰다. 예를 들면 一般金融機關에 의한 消費者信用 貸出殘高는 1970년에서 1978년까지의 사이에 3배 가량의 증가를 보이고 있는 반면에 그 기간 동안의 割賦金融專門機關의 그것은 거의 증가하지 않았다. 割賦金融專門機關이 1950년 이 시장에서 去來額의 80% 이상을 점하고 있던 것에 비하여 1978년에는 약 15%로 떨어지고 1978년 말에는 겨우 12.5%에 불과하다는 보고가 있다. 또 할부금융전문기관의 업무자체 내부에서도 B去來를 典型으로 하는 金融割賦去來의 業務는 크게 후퇴하여 그 全貸出額 중에서 차지하는 비율도 이미 1975년의 단계에서 10% 이하로 떨어졌다고 한다.

(4) 한편 상품신용의 영역에 있어서의 최근의 특징은 종전의 賣渡人信用提供型 割賦去來에 가하여, 백화점이나 소매상점연합 등이 발행하는 고객카드 (Kundenkreditkarte) 나 신용판매회사가 발행하는 汎用크레디트카드 (Universalkreditkarte) 라는 크레디트카드 방식이 발전한 것이다. 이것을 신용제공의 관점에서 보면, 이 경우에도 각 個別商品去來마다 信用契約이 체결된다는 형태로부터 벗어나 總括決濟方式을 택하고 있다

는 점에서 그 특징을 찾을 수 있다. 상품신용에 있어서의 크레디트카드 방식의 도입은 한편으로 信用去來 目的物에 物件뿐만 아니라 일정한 서비스급부도 포함시킬 수 있게 되고 다른 한편으로 消費者信用의 대상을 高價消費財로부터 一般日用品에까지 확장하게 된다.

5. 要 約

서독에서의 消費者信用의 역사를 요약하면, 賣買契約의 特殊形態인 割賦賣買에서 출발하여 이것이 商品信用과 貨幣信用으로 분화하면서 보다 복잡한 형태로 전개되었는데 그 두 信用形態에 공통적으로 個別去來를 전제로 한 信用供與로부터 복수의 거래에 대한 총괄적인 信用供與라는 방향으로 여러 가지의 信用形態를 더하여 가고 있다고 할 수 있다. 이 과정은 동시에 消費者信用市場의 주도자가 "商業信用"機關으로부터 "銀行信用"機關으로 이행하여 가는 과정이라고도 할 수 있다. 이러한 변화는 消費者信用에 관한 法的 規律에도 필연적으로 영향을 미쳐서, 뒤에서 보는 대로 할부매매법 제정 시에 우세한 지위를 차지하였던 "去來에 있어서의 弱者 保護"라는 관점과 아울러 "金融機關과 그 利用者와의 關係"라는 다른 관점으로부터의 접근의 필요가 의식되기에 이르렀다.

6. 消費者信用의 經濟的 現狀

(1) 현재 서독의 消費者信用의 현상을 巨視的으로 보면 대개 다음과 같다.

〈표 1〉은 각 연말(또는 월말)의 消費者信用(단기·중기·장기 포함) 공여액을 나타낸 것이다.[9] 이 표에 집계된 소비자신용의 與信機關으로서

9) *Monatberichte der Deutschen Bundesbank*, 32. Jg. Nr. 1 (1980. 1), S. 36. Hadding (註 1), S. 9에서 再引用.

〈표 1〉

	單位：億 DM
1970	296.78
1971	359.79
1972	449.96
1973	499.96
1974	499.06
1975	562.24
1976	691.49
1977	812.52
1978. 9.	926.75
12.	970.30
1979. 3.	993.56
6.	1067.15
9.	1112.43

〈표 2〉

	單位：億 DM
1970	315
1971	392
1972	495
1973	545
1974	553
1975	623
1976	760
1977	907
1978	1077

는 一般商業銀行 (Geschäftsbank), 貯蓄銀行 (Sparkasse), 信用協同組合 (Kreditgenossenschaft) 등의 一般金融機關과 抵當銀行 (Realkreditinstitut), 割賦金融機關 (Teilzahlungsinstitut) 등의 特別金融機關이 포함된다. 다른 한편 受信者는 개인에 한정되고, 또한 변호사·의사 등의 自營業者는 제외되며, 나아가 住宅金融도 포함되어 있지 않다. 1978년의 시점에서 全信用供與額 중 63.9%는 1년 이상의 중장기대출이라고 한다.

한편 〈표 2〉는 一般家計 (Privathaushalt)에 있어서의 각 연말 負債殘高이다.[10] 여기서 소위 一般家計에는 영업적 성질을 가지지 않는 團體도 포함되어 있으나, 〈표 1〉에서와 마찬가지로 住宅金融은 제외되고 있다.

위의 두 표에 공통적으로 보이는 1973년과 1974년에 걸친 침체는 오일 쇼크에 의한 경기침체의 영향이라고 한다. 서독연방은행 (Deutsche Bundesbank)과의 합의에 의하여 1974년까지는 金融機關에 의한 消費者信

10) Deutsches Institut für Wirtschaftsforschung, *Wochenbericht*, 19/79 v. 10. Mai 1979, S. 204. Hadding(註 1), S. 10에서 再引用.

用의 선전이 정지되어 있었다고 한다(소위 Werbestop). 1975년에는 경기 부양책의 일환으로 그것이 해제되었다. 그 영향을 받아서인지 1975년 이후 信用供與額은 급증하고 있다.

消費者信用이 社會總生產(Bruttosozialprodukt)에서 차지하는 비율도 1948년에는 거의 0%이었던 것이 1962년에는 2% 이상이 되고, 1973년에는 5%를 넘었으며, 그 후도 착실하게 상승하고 있다고 한다. 소비자신용의 경제적 중요성이 매년 증가하고 있음을 말하여 주는 것이다.

(2) 한편 미시적으로 각 一般家計의 年間平均借用債務額을 보면, 1974년에 약 4천 마르크, 1979년에 약 5천 5백 마르크에 달하고 있다. 이러한 債務額 증가는 1인당 借用額의 증가, 즉 1970년의 460마르크에서 1974년의 810마르크로의 증가와 부합한다. 한편 이러한 차용액을 화이트칼라층(Angestellten- und Beamtenhaushalt)과 블루칼라층(Arbeiterhaushalt)으로 나누어 대비하여 보면, 1975년의 시점에서 前者가 평균 2,932 마르크, 後者가 평균 4,494마르크라고 한다. 일반적으로 블루칼라층의 消費者信用 利用度가 높다고 할 수 있겠다.

1975년부터 1977년에 걸쳐 이루어진 조사에 의하면, 一般家計의 41.9%가 어떠한 종류의 割賦債務를 부담하고 있으며, 이들 가계가 매일 변제하여야 할 할부금액은 그 55%가 100～300마르크, 15.3%가 300～500 마르크, 500마르크 이상이 10%라고 한다. 이 割賦金額이 각 가계의 可處分所得 중에서 차지하는 비율은 30% 이상이라는 가계가 3% 있으나 대부분인 86.8%는 20% 이하라고 한다. 이들 가계의 89%는 동시에 저축도 하고 있으며, 그 4분의 1 이상이 할부금액보다 저축액이 더 많다고 한다.

이상의 통계에 의하면, 消費者信用은 상당히 이용되고 있으나 債務過剩이라고 할 상태는 아니며, 단지 상대적으로 소득이 낮은 블루칼라층에서 소비자신용의 이용도가 높은 동시에 疾病이나 失職 등의 돌발사태가 발생하면 바로 심각한 재정파탄에 연결될 수 있는 위험을 안고 있다고 할 수 있다. 또 최근에는 借用金辨濟를 위한 金錢借用(Kettenverschuldung)의 경향도 일부에서 간취되고 있다고 한다.

Ⅲ. 割賦賣買法의 成立背景과 內容

1. 消費者信用去來에 관한 法的 規律의 槪觀

서독의 소비자신용거래는 위에서 본 바와 같이 割賦賣買方式을 출발점으로 하여 여기서 다양한 요소를 부가하여 가는 방식으로 발달하여 왔다. 그리고 소비자신용거래에 대한 법적인 규율도 割賦賣買에 관한 규율을 기타의 소비자거래방식에 어느 범위에서 적용할 것인가를 ―전부는 아니라고 하여도― 하나의 중요한 사고틀로 하여 전개되었다. 이와 같이 서독의 消費者信用關係法制의 중심을 이루는 것은 割賦賣買法(Gesetz betreffend die Abzahlungeschäfte. 보통 Abzahlungsgesetz라고 부르며, 略하여 AbzG라고 한다)이고, 이 점에 대하여는 서독의 학자 사이에서도 공동의 이해가 형성되고 있다. 따라서 이하에서는 주로 동법을 중심으로 하여 설명하여 가기로 한다.

그러나 割賦賣買法은 하나의 特別私法으로서 그 법에 규정된 내용은 대개 一般私法인 民法上의 규정에 대하여 特別法으로서의 의미를 가지는 것들이다. 따라서 소비자신용거래에 대하여도 다른 특별한 규정이 없는 한 民法, 나아가서는 商行爲에 대한 보다 一般的인 法인 商法의 규율을 받는다. 한편 消費者信用去來는 많은 경우 約款에 의하여 행하여지고 있는데, 1977년 4월 1일부터 서독에서 시행된 "約款의 法的 規律에 관한 法律"(Gesetz zur Regelung des Rechts der Allgemeinen Geschäftsbedingungen. AGBG로 약칭된다)은 約款 一般에 대하여 내용통제를 규정하고 있다. 따라서 消費者信用去來에 대하여도 동법의 적용을 받는 범위에서는 그 규율을 받는다. 한편 소위 訪問販賣에 대하여는 1986년 1월 16

일의 "訪問販賣 및 그 類似去來의 撤回에 관한 法律"(Gesetz über den Widerruf von Haustürgeschäften und ähnlichen Geschäften)이 마련되어 있다. 따라서 訪問販賣가 信用去來로 이루어지는 경우에는 同 法律의 규율을 받는다.

2. 割賦賣買의 弊害

위에서 본 대로 1870년대부터 대규모로 행하여진 割賦賣買方式은 여러 방면의 관계인으로부터 비난의 대상이 되었다.[11] 우선 手工業 및 商業關係의 단체의 일부는 이와 같은 거래방식에 의하여 자신들의 종래로부터의 시장이 잠식당하고 있다는 인식 아래 할부매매에 따른 여러 가지 폐해를 강조하여 그러한 거래방식의 금지를 요구하였다. 그러나 다른 한편 그 단체들의 다른 일부는 그와 같은 거래방식의 이점을 강조하여 이를 옹호하였다. 이러한 대립은 후에 割賦賣買法의 심의과정에서 그 법의 적용대상을 일정한 상품에 한정하자는 논의로서 나타났다. 그러나 중요한 것은 割賦賣買當事者, 특히 상품구입자들로부터 제기되는 割賦賣買로 인한 폐해의 호소였다. 그 호소는 주로 다음의 다섯 가지 사항에 집약되어 있다.

첫째, 割賦價格이 지나치게 비싸다는 것이다. 할부가격은 현금가격보다 40% 내지 50% 비싸게 정하여졌다. 할부매매에 따르는 위험이나 비용의 증가를 고려하더라도 이러한 가격은 "公衆에 대한 뻔뻔스러운 약탈"이라는 비난이 가하여졌다.[12] 그러나 이러한 점에 대하여 별다른 구제수단은 없었다. 매매가격이 상품의 가치의 두 배가 되지 아니하거나 (로마法上의 過大損害[laesio enormis] 法理) 기타의 暴利規定에 해당하지 않는 한 당사자들이 합의한 상호 간의 給付義務에 대하여 개입하여서는 안

11) 本節과 다음 節의 叙述은 全的으로 Benöhr(註 6), S. 496ff.에 의하였다.
12) 뒤의 註 15 本文의 請願書 참조.

된다는 것이 당시의 지배적인 견해였다.

둘째, 상품의 질이 낮다는 것이다. 割賦賣渡人이 詐欺를 행하였다는 것을 증명할 수 있는 경우는 別論으로 하고, 물건의 瑕疵로 인한 賣渡人의 擔保責任은 特約에 의하여 排除되는 것이 통상이었다. 오스트리아에서는 그러한 責任排除約定은 무효라고 선언되었으나, 독일에서는 그러한 法理는 立法에 의하여서나 解釋上 인정되지 않고 있었다.

셋째, 販賣擔當者, 즉 세일즈맨이 구입자로 하여금 할부매매계약을 체결하도록 함에 있어서의 태도이다. 이 경우 판매담당자는 그 생계를 販賣手當에 의지하고 있기 때문에, 그는 고객에게 전혀 필요 없거나 그의 경제적인 능력을 훨씬 넘는 물건이라도 팔아 넘기기 위하여 온갖 甘言利說을 농하는 것이다. 품팔이노동자에게 브록하우스백과사전을, 삯일바느질꾼에게 금시계를 팔며, 또는 남편이 없는 틈을 타서 아내에게 물건을 팔고서는 남편을 직장에서 괴롭히는 일도 없지 않았다. 프로이센의 사법관료들은 이러한 판매담당자의 태도를 모든 할부거래의 "뿌리깊은 弊害"(Krebsschaden)라고 불렀고, 이러한 폐해를 막기 위해 오스트리아에서는 相對方의 경제적 상태에 현저히 맞지 않는 물품구입을 하도록 하는 자에게 刑事處罰을 가하도록 하자는 입법제의까지 있었다.

세일즈맨들은 또한 고객들에게 계약의 내용에 대하여 眞實에 부합되지 않는 說明을 하거나 또는 후에 지켜질 수 없는 約束(가령 代金의 割引에 대하여서와 같은)을 하였다. 그들은 고객에게 계약서의 사본을 교부하지 아니함으로써 고객에 대하여 계약내용이 알려지는 것을 의식적으로 막았다. 한편 세일즈맨을 앞세워 판매활동을 하는 판매업자들은 계약내용에 세일즈맨의 진술은 구속력이 없다는 것을 삽입하는 것이 통상이었다.

넷째, 다음으로 문제가 되는 것은 구입자가 할부금의 지급을 지체하였을 경우에 관한 계약내용이다. 판매자는 이에 대한 보다 가혹한 제재수단을 미리부터 정해 놓음으로써 구입자로 하여금 割賦金支給義務를 제때에 이행하도록 만들려고 하였다. 또 구입자의 다른 채권자들에게 앞서서 자신의 채권을 확보할 수 있는 방도를 모색하였다. 이러한 의도 아래서 판매자는 (i) 할부금이 完濟될 때까지는 판매자가 여전히 목적물의 소유권을 가진다는 所有權留保條項, (ii) 소위 失權條項(Verwirkungs-klausel), 즉 판매자가 구입자의 債務不履行을 이유로 계약을 해제하는 경우에는 구입자가 지금까지 지급한 할부금을 반환하지 않아도 된다는 내용의 약정, (iii) 구입자가 할부금의 지급을 지체한 경우에 대한 違約金條項, (iv) 1회라도 구입자가 할부금의 지급기일을 도과한 경우에는 나머지 할부금 전부에 대하여 期限의 利益을 상실한다는 期限利益喪失條項을 마련하였다. 그러나 가령 割賦金支給의 지체의 경우 판매자는 그 목적물을 회수할 수 있고 그럼에도 나머지 할부금에 대하여는 여전히 이를 請求할 수 있는 권리를 가진다는 것과 같이 판매자는 일반적으로 자신의 이익을 추구함에 있어서 구입자나 그에 대한 다른 채권자의 이익을 전혀 도외시하고 있으므로 이는 不當하고 불공평하다고 의식되었다.

다섯째, 할부매매로 인한 법률분쟁에 관하여 판매자의 영업소 기타 그에게 유리한 장소를 專屬管轄로 하는 合意가 문제되었다.

3. 割賦賣買의 弊害에 대한 學界와 實務의 對應

(1) 위에서 본 바와 같은 당시의 割賦賣買去來에 대한 關係人들의 불만은 이에 대한 法的 對應의 필요를 의식하게 만들었다. 1891년 쾰른에서 개최된 제21회 獨逸法律家大會는 "割賦去來에서 발생하는 폐해에 대하여 어떻게 대처할 것인가?"라는 주제를 가지고 논의하였다. 이 대회에서는 상당수의 보고가 있었고(Wilke, Heck, Dove 및 Makower) 또 토의가 이루어졌다. 그러나 그에 포함된 다양한 제안에 대하여 결정은 이루어지지 않았고, 그것을 1893년에 아우그스부르크에서 개최되는 다음 대회로 연기하였다. 그러나 이 제22회 대회에서도 다만 어음 등의 유가

증권을 개입시키는 할부매매를 금지하여야 한다는 제안이 채택되었을 뿐, 다른 모든 제의는 소수의견에 그쳤다.

(2) 法院實務는 割賦賣買法이 제정되기 이전까지는 할부구입자를 보호하는 데 극히 소극적이었다. 가령 暴利行爲條項은 매우 엄격하게 해석되어 구입자에게는 거의 도움을 주지 못하였다. 또 소위 失權條項도 극히 드물게만 선량한 풍속에 반하는 것으로 인정되었다. 또한 書面形式은 세일즈맨의 詐欺에 의하여 契約에 이르게 되었다는 주장을 차단시켰다. 베를린의 區法院判事(Amtsrichter) 야스트로브는 이러한 法院實務를 한마디로 "公平이 法論理에 복종하고 있다"고 표현하였다.[13]

그러나 법원 스스로가 이와 같은 처리 결과에 대하여 만족하고 있었던 것은 아니었다. 그것은 割賦賣買法의 제정과정에 法官들이 열성적으로 참여하였으며, 또 그에 있어서도 할부매매의 폐해에 대한 상세하고도 근본적인 대책을 요구하였던 사실, 또 獨逸法律家大會에서도 그들이 實務의 경험으로부터 그 폐해를 광범위하게 증언하였으며, 그에 대한 새로운 입법의 필요를 역설한 데서도 나타난다.

4. 割賦賣買에 관한 請願

당시 利益集團이 立法에 영향을 미치는 유효한 수단 중의 하나는 獨逸議會의 請願委員會(Reichtagskommission für Petitionen)에 청원서를 제출하는 것이었다. 1891년에만 위 청원위원회에는 할부매매에 관한 청원이 적어도 972건에 이르렀다.[14] 그 중에서 전형적인 청원은 다음과 같이 호소하고 있다.

"割賦去來는 겉보기로는 代金納付가 쉽다는 것에 의하여 경솔한 구

13) Jastrow의 제22회 獨逸法律家大會에서의 鑑定意見, Bd. 1, S. 310. Benöhr(註 6), S. 499에서 再引用.

14) Eike von Hippel, *Verbraucherschutz*, 2. Aufl., Tübingen, 1979, S. 158(3. Aufl., 1986은 未見).

매에로 유혹하는 것을 노리고 있습니다. 그와 같은 지급방식은 매수인으로 하여금 품질이 의심스러운 상품에 대하여 매우 高額의 代金을 지급하여야 한다는 것을 간과하게 합니다. 그러한 방식을 취하는 賣買契約이나 賃貸借契約의 내용은 통상적으로 매수인으로 하여금 그가 지급한 대금을 상실할 위험에 빠뜨립니다. 法院에의 提訴事態 및 押留事態가 이 거래의 가장 주된 결과입니다. 이것은 公衆에 대한 뻔뻔스러운 약탈인 동시에 건전한 상인으로부터 고객을 앗아감으로써 그들을 해하는 것이기도 합니다."[15]

독일 정부는 이러한 여러 가지 사정을 감안하여 1892년 割賦賣買法案을 議會에 提出하였다. 이 案은 제1독회 후에 特別審議委員會에 회부되어 審議를 받았다. 이 審議委員會는 심의를 마치고 보고서를 작성하였으나, 獨逸議會가 해산되는 바람에 위 法案은 자연 폐기되고 말았다. 그러나 1893년에 정부는 위 審議委員會의 보고서를 고려한 새로운 割賦賣買法案을 제출하였다. 상당수의 수정안이 제출되었으나 이에 대하여 정부는 만일 이 법안이 수정된다면 聯邦參議院에서 바로 통과될 전망이 없다고 경고하였다. 全文 9個條의 이 법안은 별로 수정되지 아니한 채 1894년 4월 13일 통과되었다.[16]

5. 法의 主要內容

(1) 法律의 適用範圍

우선 위 法은 動産의 割賦賣買에 적용된다(제1조 제1항 제1문: "매수인에게 인도된 동산의 賣買代金을 분할하여 지급하여야 하는 매매에 있어서…"). 分割支給의 회수나 매수인이 목적물을 인도받을 때까지 지급하여야 하는 代金(Anzahlung. 이하 "引渡金"이라고 부르기로 한다)의 額에 대하여는

15) Crisolli, *Abzahlungsgeschäfte*, 4. Aufl., 1931, S. 16. von Hippel(註 14), S. 158에서 再引用.

16) 이상의 경과에 대하여는 Benöhr(註 6), S. 493; Ostler/Weidner(註 2), S. 8ff. 참조.

아무런 규정이 없다.

보다 중요한 위 法의 適用範圍에 관한 규정은 동 제 6 조이다. 이 규정은 "제 1 조 내지 제 5 조의 규정은 割賦去來의 目的을 다른 法形式, 특히 賃貸借의 方法으로 目的物을 인도함에 의하여 달성하는 契約에 대하여도 준용된다. 이는 물건의 수령자에게 후에 그 物件의 所有權을 취득할 수 있는 권리가 부여되었는지 여부를 불문한다"고 규정하고 있다. 이 규정은 후에 割賦賣買의 모습이 다양하게 발전되었을 때 그러한 새로운 방식의 거래에 위 法을 적용할 것이냐 하는 극히 어려운 문제와 관련하여 중요성을 획득하게 되었다.

나아가 人的인 適用範圍에 대하여는 위 法 제 8 조에서 買受人에 대한 제한을 규정하고 있다. 그에 의하면, "商品의 受領者가 商人으로서 商業登記簿에 기재되어 있는 경우"에는 위 法은 적용되지 않는다. 상인은 거래에 밝으므로 일반소비자와 마찬가지로 보호할 필요가 없기 때문이라고 한다. 그런데 이 때 "商品의 受領者"(Empfänger der Ware)에 대하여는 약간의 해석상의 문제가 있다. 매수인이 상업등기부에 登記되어 있는 商人을 代理人으로 하여 契約을 체결한 경우 또는 반대로 그러한 상인인 자가 일반인을 대리인으로 내세워 契約을 체결한 경우에 위 法의 적용이 있을 것인가? 後者의 경우에는 매수인이 위 法의 적용을 받지 못한다고 하여도 문제는 없을 것이다. 그러나 前者의 경우에 대하여는 의견이 나뉜다.[17] 또 매수인, 즉 割賦金債務者와 상품을 수령한 자가 각기 다른 사람인 경우, 즉 제 3 자를 위한 割賦賣買라고도 할 수 있는 事案의 경우에 그 한쪽이 등기된 상인이라고 하면 어떠한가? 一說에 의하면 商品受領者가 아니라 買受人이 기준이 된다고 한다.[18]

(2) 買受人의 債務不履行의 경우의 法律關係

改正 前의 割賦賣買法, 즉 1984년 制定될 당시의 위 法은 이 점에

17) Ostler/Weidner(註 2), S. 584f. 참조.
18) Ostler/Weidner(註 2), S. 584.

대한 규율이 가장 중요한 부분을 이루고 있었다.

(a) 賣渡人이 契約을 解除한 경우　위 법 제 1 조 제 1 항 제 1 문, 제 2 항은 買受人의 債務不履行을 이유로 賣渡人이 解除(約定解除와 法定解除를 모두 포함한다)한 경우 賣渡人과 買受人은 서로 수령한 급부를 반환하여야 한다고 정하고 있다. 그리고 중요한 것은 이에 반하는 합의, 즉 소위 失權條項은 無效라는 것이다(제 1 항 제 2 문). 給付返還義務는 구체적으로 말하면 買受人의 目的物返還, 賣渡人의 旣受領割賦金의 返還이 그 주된 내용을 이룰 것이다. 그리고 그 이외에 買受人은 賣渡人에 대하여 (i) 賣渡人이 契約으로 인하여 한 支出과 買受人의 歸責事由 있는 사정으로 인한 目的物의 毁損에 대한 각 배상, (ii) 使用이나 利用에 대한 價額―그 산정에 있어서는 그 사이에 일어난 價値減少를 고려하여야 한다―의 塡補를 하여야 한다(위 法 제 2 조 제 1 항 제 1 문, 제 2 문). 이 규정에 반하는 約定, 특히 더 高額의 賠償額을 解除權의 행사 이전에 약정한 것은 無效이다(同項 제 3 문). 이상과 같은 내용으로 賣買當事者 쌍방이 부담하는 원상회복의무는 서로 同時履行關係에 있다(위 法 제 3 조). 한편 賣渡人이 자기에게 유보된 所有權을 행사하여 賣買目的物을 회수한 경우에는 그가 解除權을 행사한 것으로 看做되어(위 法 제 5 조) 위와 같은 원상회복의무가 발생하게 된다.

(b) 違約金條項 및 期限利益喪失條項에 대하여　買受人의 債務不履行의 경우에 대비하여 정한 違約金(Vertragsstrafe)이 부당하게 高額인 경우에는 그것이 이미 지급되지 아니한 한 買受人의 請求에 의하여 法院이 이를 감액할 수 있다(위 法 제 4 조 제 1 항). 또한 買受人이 그 債務를 不履行하면 나머지 割賦金債務에 대하여 期限의 利益을 상실한다는 期限利益喪失條項(Verfallklausel)은 (i) 적어도 연속하여 2 회의 할부금이 전부 또는 일부 이행지체에 있고, 동시에 (ii) 지체된 額이 적어도 賣買價格의 10분의 1을 넘는 경우에만 效力을 가진다(同조 제 2 항).

(3) 기타 위 法은 福券이나 賞與金附 無記名證券 등을 割賦로 판매하거나 이와 유사한 목적의 契約을 체결한 자에 대하여 벌금에 처한다고 규정하고 있다(위 法 제7조).

Ⅳ. 割賦賣買法의 改正과 그 內容

1. 序

위에서 본 바와 같이 1894년에 제정된 割賦賣買法은 주로 割賦購入者에게 債務不履行이 있는 경우에 그에게 지나치게 가혹한 法律效果가 부과되는 것을 막는 데 主眼이 있었다. 그러나 割賦賣買의 폐해는 이미 본 대로 반드시 그에 한정되는 것은 아니었다(위 Ⅲ.2. 참조). 따라서 위 法 制定 후에 위 法을 改正하자는 움직임이 있을 것은 필지의 사실이였다. 이하에서는 주로 제2차 세계대전 이후에 있었던 위 法에 대한 改正案을 살펴봄으로써 위 法에 대한 불만, 나아가서는 割賦賣買에서 문제로 의식되었던 사항이 무엇인가를 알아보기로 한다.

2. 割賦賣買法에 대한 改正主張 및 第1次 改正

제2차 세계대전 이후 1969년 9월 제1차 改正法律이 통과되기까지 있었던 위 法을 개정하려는 움직임을 연대순으로 살펴 보면 다음과 같다.[19)]

(1) 1954년 1월 20일 社會民主黨(이하 SPD라 부르기로 한다)이 개정안을 聯邦議會에 提出하였다. 이 案은 다음의 두 가지 점을 내용으로 하였다. 첫째, 割賦賣買契約을 書面에 의하여 체결하도록 할 것과 目的

19) Ostler/Weidner(註 2), S. 14ff.에 의한다.

物引渡 전에 지급하는 引渡金의 額과 할부기간을 규율하는 것(제 5 조 a 추가), 둘째, 위 법은 總賣買價格이 10만 마르크를 넘는 경우에는 적용되지 않는다는 규정의 추가(제 8 조 개정). 그러나 이 안은 채택되지 않았다.

(2) 1956년 6월 19일 SPD의 제 2 차 개정안이 제출되었다. 이것은 聯邦經濟部長官이 聯邦參議員의 동의를 요하는 政令으로써 引渡金의 최저한과 割賦期間을 정할 수 있도록 하는 것이었으나, 성공을 거두지 못하였다.

(3) 1964년 1월 24일 基督敎民主同盟-基督敎社會同盟(CDU-CSU)과 自由民主黨(FDP)의 全面改正案이 제출되었다. 이 案이 당시의 法과 다른 점은, 契約에 書面을 요구한 것(제 2 조), 賣渡人의 營業所 이외의 장소에서 할부매매가 이루어진 경우에는 撤回權을 인정한 것(제 6 조), 그리고 買受人의 신청에 의하여 買受人 住所地의 法院에 裁判管轄權을 인정하는 것(제 8 조) 등이다.

(4) 네 번째로 1964년 2월 5일 SPD의 全面改正案이다. 이 안은 書面主義를 택한 것, 引渡金의 額이나 比率을 法定함과 동시에 聯邦經濟部長官이 政令에 의하여 증감할 수 있도록 한 것, 일정한 경우에 연방경제부장관이 정령에 의하여 할부기간을 2년까지 제한할 수 있도록 한 것, 3천 마르크 이하의 할부매매의 경우에는 어음 등의 사용을 금지한 것 등이 특이하다. 나아가 당시의 法上 强制執行에 관하여 문제가 되고 있었던 割賦金債權을 이유로 하는 割賦目的物의 押留에 대하여 解除와 동일한 효과를 인정하고 있었던 것이 주목된다.

이상 (3), (4)의 두 法案은 1964년 3월 4일 제 1 독회가 행하여졌으나, 결국 법률로 성립되지 못하였다.

(5) 1967년 11월 24일 다시 SPD가 一部改正案을 제출하였다. 이

안은 일부가 채택되어 1969년 9월 1일 改正法律로서 성립하였다. 개정법률의 내용은 다음과 같다.

첫째, 제1조 a를 추가한다. 이에 의하면, 할부매매를 체결하는 매수인의 의사표시는 —賣買가 通信販賣商品目錄(Verkaufsprospekt)만에 의하여 이루어지는 경우를 제외하고는(제4항)— 서면을 요구한다. 그 서면에는 現金價格, 割賦價格, 각 割賦金의 額·支給回數 및 辨濟期가 반드시 기재되어 있어야 한다. 이 때 "現金價格"이란 늦어도 물건의 인도시에 대금 전액을 지급하여야 한다고 가정할 때에 買受人이 支給할 額이며, "割賦價格"이란 引渡金과 割賦金 全額, 그리고 利子 및 기타의 費用을 더한 액이다(이상 제1항). 이 요건이 충족되지 아니하면 契約은 물건이 인도된 때에 비로소 성립하는데, 이 경우에는 買受人은 단지 現金價格의 범위에서만 책임을 질 뿐이다(제3항). 賣渡人은 買受人에게 위와 같은 서면의 사본을 교부하여야 한다(제2항).

둘째, 제6조 a를 추가하여, 매수인의 住所(주소가 없으면 居所)의 法院을 할부매매에 관한 專屬管轄로 하고, 그와 다른 합의는 매수인이 契約締結 후 위 法의 適用領域 밖으로 이주하거나 提訴 당시 그 住所 등이 불분명한 경우에만 유효하도록 한다.

그 이외에 위 개정안에는 賣渡人의 상설영업소 이외의 장소에서 이루어진 割賦賣買(소위 訪問販賣가 主가 된다)에 대하여는 매수인에게 철회권을 인정하는 제1조 b를 신설하자는 것이 포함되어 있었으나, 이는 채택되지 않았다.

3. 第2次 改正法律의 內容

이러한 새로운 규정은 割賦賣買에 대한 오랜 비난 중의 일부에 대처하기 위한 것이었다. 그러나 아직도 처리되어야 할 불만은 남아 있었다. 1974년 5월 15일 성립한 제2차 개정법률—그 해 3월 형법전의 개정에 따라 제 7 조가 개정된 바 있으나, 이 사소한 변경은 도외시하기로 한다——은 다음과 같은 내용을 담고 있었다.

(1) 첫째 買受人에게 撤回權(Widerrufsrecht)을 부여한 것이다(제 1 조 b, 제 1 조 d). 이것은 割賦賣買契約에 再考期間制度(소위 cooling-off)를 도입한 것으로서, 획기적인 것이었다. 위 2.에서 본 대로 그 간에 제기되었던 개정안 중에는 이 제도의 도입을 주장한 것이 있었는데, 이제서야 다른 나라의 예에 좇아 이 제도가 채택되기에 이르렀다. 그 내용은 다음과 같다.

(i) 買受人의 契約締結의 의사표시는 그가 1주일 내에 서면으로 그 意思表示를 철회하지 않은 때 비로소 有效하다(제 1 조 b 제 1 항). 이 철회의 意思表示에 대하여는 發信主義를 취한다(同條 제 2 항 제 1 문). 撤回할 수 있는 기간은 매도인이 매수인에게 契約書의 寫本을 교부한 때로부터 진행되는데 이 사본에는 撤回權이 부여되어 있다는 사실, 철회의 의사표시의 상대방의 성명 및 주소가 아울러 명확하게 告示(Belehrung)되어 있어야 하고, 나아가 이 告示에 대하여는 매수인의 서명이 있어야 한다(同項 제 2 문, 제 3 문). 이러한 書面의 交付가 없는 경우에는 매수인의 철회권은 매도인이 목적물을 인도하고 매수인이 대금 전액을 지불한 때에 비로소 소멸한다(同項 제 4 문).

(ii) 撤回權이 행사된 경우에는 각 당사자는 상대방으로부터 受領한 給付를 반환하여야 한다(제 1 조 d 제 1 항 제 1 문). 그러나 撤回權은 목적물이 멸실하였거나 훼손되었더라도 소멸하지 않는다(同項 제 2 문). 그 경우에는 그 멸실 또는 훼손에 대하여 매수인에게 歸責事由가 있는 때 한하여 그 목적물의 가액 또는 감소한 가치를 배상할 의무를 진다(同項 제 3 문). 그러나 위 (i)에서 본 바와 같은 철회권에 관한 告示를 받지 않았을 경우에는 買受人은 그 目的物에 대하여 자신의 財產에 대하여서와 같은 주의를 하면 족하다(同條 제 2 항).

(iii) 撤回權을 행사할 때까지의 사용이나 이용에 대하여서는 그 가치가 塡補되어야 하나, 정하여진 용법에 따른 사용으로 인한 가치감소는 塡補되지 않아도 된다(同條 제 3 항).

(2) 둘째, 割賦賣買契約을 체결하는 데 사용하는 書面에 기재할 사항으로서 實質年利率(effektiver Jahreszins)이 추가되었다(제 1 조 a 제 1 항 제 2 문 제 4 호). 實質年利率이란, "利子 기타 買受人이 지불하여야 할 費用(割賦價格과 現金價格의 차이)을, 割賦回數 및 割賦金의 辨濟期와 額을 고려하여, 현금가격에서 인도금을 공제한 나머지 額에 대한 年 단위의 백분비율로 표시한 것"을 말한다(同項 제 5 문).

(3) 셋째, 割賦賣買法의 일정한 규정(書面主義에 관한 제 1 조 a의 제 1 항 제 1 문, 제 2 항과 買受人의 철회권에 관한 제 1 조 b)은 다음과 같은 거래에도 적용된다. (i) "일체를 이루나 分割引渡되는 다수의 물건을 목적물로 하고 그 물건 전체에 대한 대가가 分割支給되는 거래." 가령 순차로 발행되는 全集類 書籍의 대금을 그 발행 시마다 지급하는 경우. (ii) "同種의 물건이 규칙적으로 인도되는 거래." 가령 정기간행물의 구독의 경우. (iii) "物件의 계속적 取得이나 引受의 義務를 내용으로 하는 去來." 이와 같은 거래로부터 발생하는 소송에 대하여도 위 法 제 6 조 a가 적용되어, 구입자의 주소 등을 관할하는 법원에 專屬管轄이 인정되었다.

V. 새로운 立法論—對抗事由의 直接行使를 중심으로

1. 위 Ⅲ.과 Ⅳ.에서 본 割賦賣買法의 制定과 改正을 통하여, 그리고 不正競爭防止法(UWG)의 改正과 1977년 4월부터 시행된 約款規制法에 의하여, 위 Ⅲ.2.에서 본 바 있는 割賦賣買의 폐해에 대한 立法的인 對處方案은 상당 부분 마련되었다고 할 수 있을 것이다.

價格이 지나치게 비싸다고 하는 데 대하여는 : 계약의 체결에 일정한 사항, 특히 實質年利率을 기재한 書面을 요구하여 매수인측에게 熟考할 機會를 부여함으로써(割賦賣買法 제 1 조 a), 또 再考期間制度를 마련하여 일정 기간 내에 행사할 수 있는 撤回權을 부여함으로써(위 法 제 1 조 b).

상품의 질이 낮다는 데 대하여는 : 約款規制法에 의하여 瑕疵擔保責任의 制限에 관한 約定을 無效로 함으로써(同法 제11조 제10호, 제11호 참조).

세일즈맨의 유혹 내지는 부당한 판매행위에 대하여는 : 역시 賣渡人에게 契約書 사본의 交付義務를 부과하고(割賦賣買法 제 1 조 a 제 2 항) 그 不履行에 賣渡人에게 불리한 법적 효과를 ―가령 철회권 행사기간의 진행, 目的物保管義務의 輕減 등― 인정하며, 買受人에게 撤回權을 認定함으로써, 또 不正競爭防止法의 1969년 6월 26일의 개정으로 同法에 不當表示禁止 등에 관한 새로운 규정(同法 제 3 조, 제 6 조 a 등 참조)이 삽입됨으로써.

매수인이 債務不履行을 한 경우에 그에게 지나치게 가혹한 法的 制裁를 가하는 데 대하여는 : 約款規制法의 여러 조항과 아울러 割賦賣買法에서도 소위 失權條項, 違約金條項, 期限利益喪失條項 등의 無效 내지 제한을 규정함으로써(同法 제 1 조, 제 2 조 내지 제 5 조).

賣渡人의 營業所 所在地의 法院을 專屬管轄로 하는 合意에 대하여는 : 그 합의를 無效로 하고 오히려 買受人의 住所 등의 法院에 專屬管轄權을 부여함으로써(同法 제 6 조 a).

그러나 문제가 완전히 해결된 것이라고는 할 수 없다. 특히 1950년대 이후로 새로운 방식의 소비자신용거래가 다수 등장함에 따라 이들을 어떻게 규율할 것이냐 하는 어려운 문제가 뒤섞이게 됨에 따라 할부매매법의 장래의 진로에 대하여 여러 가지 예측할 수 없는 요소가 개입하게 되었다.

우선 消費者信用去來가 매우 다양하고 복잡하게 됨에 따라 이 모두를 포괄적이고 종합적으로 규율하는 보다 일반적인 법률을 마련할 필요가 없는가 하는 문제가 대두하였다. 특히 위 Ⅱ.에서 본 대로 여러 가지 형태의 消費者信用去來가 서로 교차되어 複合的으로 행하여지고 있으므로 어느 한 가지 방식에 대하여 개별적인 법률을 만든다고 하더라도 이를 회피하는 것이 반드시 어렵다고는 할 수 없는 경우가 있고, 그 경우에는 그 법률의 실효성은 현저히 몰각된다. 이 문제는 소위 小解決(kleine Lösung), 즉 개별적인 消費者信用去來方式에 대하여 별도로 법적 규율을 도모하는 입장 對 소위 大解決(große Lösung), 즉 포괄적이고 종합적인 消費者信用立法의 필요를 주장하는 입장의 대결로 定式化되는 것이 보통이다. 한편 서독 이외의 나라에서는 '大解決'의 입장을 취하는 나라가 점점 늘어가고 있다. 가령 미국(Uniform Consumer Credit Code, 1968), 영국(Consumer Credit Act, 1974), 프랑스(Loi sur l'information et la protection de consommateurs dans le domaine de certaines opérations de crédits, 1978), 오스트리아(Konsumentenschutzgesetz, 1979) 등에서는 이미 그러한 法律이 制定되었고, 또한 유럽共同體에서도 그러한 방향으로 立法提案(EG-Richtlinien zur Angleichung der Rechts- und Verwaltungsvorschriften der Mitgliedsstaaten über den Verbraucherkredit, 1979)을 한 바 있다.

그리고 서독에서도 이러한 방향으로의 법적 규율을 주장하는 견해들이 있다. 가령 1980년에 개최된 제53회 獨逸法律家大會의 民事法分科에서 消費者信用法에 관한 鑑定意見을 낸 하딩의 立法政策的 提案의 冒頭 3個項을 요약하면 다음과 같다.[20] "현재 消費者信用去來는 여러 가지의

20) Hadding(註 1), S. 346. 기타의 提案 중 중요한 것은 다음과 같다.

4. "消費者信用法"의 適用領域은 與信者와 受信者 사이에 체결되는 '信用契約' (Kreditvertrag)이라는 一般的 構成要件에 의하여 정하여지며, 따라서 원칙적으로 모든 형태의 消費者信用去來를 포괄한다. 物的 범위에 관하여 보면 土地나 建物의 取得이나 改良을 위한 금융은 대상에서 제외된다. 人的 범위에 관하여 보면 約款規制法 제24조 제1문에 좇아서, "與信者가 營業的 또는 職業的 活動으로서 信用을 供與하는 것이 아닌 경우, 受信者가 商法 제1조 내지 제6조의 규정에 의한 商人이며 그 信用契約이 그 商行爲인 營業을 위하여 이루어지는 경우, 受信者가 公法上의 法人이거나 公法上의 特別財團인 경우"에는 同法을 적용하지 않는다.

5. "消費者信用法"은 원칙적으로 書面主義를 택하며, 또 그 契約書가 受信者에게 교부되어야 한다. 그 必要的 記載事項은 각 去來形態別로 정할 수 있으나, 當該 信用의 經濟的 意味가 受信者에게 명확하게 제시되어야 한다.

現象形態를 취하면서 이루어지는 통상의 대량적 거래로서 이에 대하여는 實定法의 규율이 필요하다. 또 이와 같이 규율을 하는 것은 유럽의 인근 여러 나라의 法現狀이나 유럽共同體의 제안과도 일치하는 것이다. 立法措置를 강구함에 있어서는 그 規律對象을 특정한 去來方式에 한정하지 않고 소비자신용의 전영역을 포괄하도록 하여야 한다. 割賦賣買法의 부분적인 수정이나 문제에 대한 개별적 해결을 위한 규정을 부분적으로 설정한다는 방법을 취하여서는 안 된다. 割賦賣買法은 단일한 '消費者信用法' (Gesetz über Verbraucherkredit)에 해소되어야 한다."

그러나 이러한 견해는 위 大會에서 채택되지 않았다. 즉, 消費者信用의 분야에서 立法的인 조치가 필요하다는 것은 채택되었으나, 그 구체적인 방법으로서 하나의 包括的인 法律에 의하여야 한다는 제안은 찬성 108, 반대 159, 보류 1로 채택되지 않았으며, 오히려 그와 같은 措置는 불필요하며 개별적인 분야에서의 폐해를 없애기 위한 규정이 경우에 따라 民法이나 기타의 法律에 보충되어야 한다는 견해가 채택되었다.[21] 그러나 이러한 결과는 반드시 西獨 法律家 —學者 및 實務家를 포함하는— 전체의 견해를 제대로 반영한 것이라고는 할 수 없다는 의견도 있다.[22]

---

6. 受信者의 撤回權은, 勸誘者의 營業所 이외의 장소에서 행하여진 口頭의 交涉에 기한 法律行爲에 관한 一般的 規定이 없는 한, 第3者金融附 法律行爲(finanzierte Rechtsgeschäfte)의 경우에만 허용된다.

......

8. 期限前 辨濟權에 관한 규정은 "消費者信用法"에 특히 둘 필요는 없고, 解止權 一般의 문제로서 民法의 改正으로써 처리할 것이다.

......

10. 與信者의 契約違反에 관하여는, 第3者金融附 去來에 있어서는 소위 "對抗事由의 直接行使"가 法定化되어야 한다. 그 要件은 商品販賣者와 與信者와의 관계로부터가 아니라, 與信者와 受信者와의 관계로부터 導出되어야 한다. 중요한 것은 受信者가 貸借의 金錢을 法律上 또는 事實上 자유롭게 處分할 수 있는가 하는 점이다.

21) 53. Deutscher Juristentag: Der Tagungsverlauf, *NJW*, 1980, S. 2509 참조.

22) 錦織成史, ユリステンタークと民事立法, 「法律時報」 653號(1981. 12), 218면, 219면 註(18)은, 獨逸法律家大會에서는 "立法의 動向에 利害關係를 가진 그룹이 관계 있는 法律家들을 同大會, 특히 特定한 分科의 採決 時에 동원한다는 현상이 때때로 발견된다. 이 경우 鑑定 또는 報告에 기한 積極的인 立法提案이 討論過程에서 별로 강한 반대에

2. 한편 서독의 聯邦法務部는 1979년 위 Ⅱ.3.에서 본 金融附 割賦去來 (finanziertes Abzahlungsgeschäft)와 관련하여 하나의 法律案을 聯邦議會에 제출한 바 있다. 그것은 소위 對抗事由의 直接行使에 관한 民法改正案, 즉 "金融附 法律行爲와 仲介契約에 관한 法律案" (Entwurf eines Gesetzes über finanzierte Rechtsgeschäfte und über Maklerverträge)이다.[23] 이 안은 聯邦議會의 會期滿了에 의하여 폐기되어 法律로서 성립되지 못하였다. 그러나 이 안의 내용을 이루는 소위 對抗事由의 直接行使 (Einwendungsdurchgriff)의 문제는[24] 割賦賣買法 또는 一般法인 民法이 새로운 消費者信用去來方式의 등장에 어떻게 대응하여 왔는가를 아는 데 좋은 자료를 제공하여 준다.

위 개정안의 내용은 다음과 같은 규정을 民法의 消費貸借 (Darlehen)에 관한 節 속에 제607조 a로서 새로이 삽입하는 것이다.

> "제 1 항 : 消費貸借가 목적물의 취득에 봉사하는 경우에, 그 제반 사정에 따르면 목적물의 매매에 관한 契約과 消費貸借에 관한 契約이 一體的인 經濟的 過程(ein einheitlicher wirtschaftlicher Vorgang)의 일부라고 인정되는 때에는, 賣買契約에 기한 對抗事由 또는 返還請求權이 借主에게 매도인에 대한 履行拒絕權 또는 返還請求權을 주는 한, 借主는 그 對抗事由 또는 請求權을 貸主에 대하여도 행사할 수 있다. 消費貸借契約의 締結 후 賣渡人과 買受人 사이에서 이루어진 합의에 기한 對抗事由 또는 請求權은 그러하지 아니하다. 返還請求權은 消費貸借에 기하여 이미 지불된 割賦金의 한도에서만 행사할 수 있다.
>
> 제 2 항 : 一體的인 經濟的 過程은 특히, 개별적인 사안에 있어서 貸主와 賣渡人 사이의 협력에 기하여 또는 賣買代金의 지급을 목적으로 하는 貸主와 賣渡人 사이의 繼續的 去來關係에 기하여 매수인에게 消費貸借가 이루어진 경우에 인정된다.
>
> 제 3 항 : 抵當權 또는 土地債務에 의하여 담보되고 있는 또는 담보될 消

봉착한 것은 아닌데도, 採決의 場에서는 차례대로 否決된다."고 하고, 그 예로 本文에서 서술한 消費者信用法에 관한 鑑定發見에 대한 採擇 與否의 결과를 들고 있다.

23) Hadding(註 1), S. 18.

24) 이 문제에 대한 要領 있는 槪觀은 Karl Larenz, ***Lehrbuch des Schuldrechts***, Bd. 2: Besonderer Teil, 12. Aufl., § 63 Ⅰ a(S. 438ff.)에서 얻을 수 있다.

費貸借에 대하여는 제 1 항 및 제 2 항은 적용되지 아니한다.

제 4 항 : 제 1 항 내지 제 3 항은 대상물(Gegenstand)의 買受 외에 다른 給付의 取得을 위하여 이루어진 消費貸借에 대하여도 준용된다.

제 5 항 : 借主에게 不利益한 이와 다른 합의는 無效이다.

이와 아울러 商法 제348조 a의 새로운 삽입도 제안되었다. 즉 "商業登記簿에 登記된 商人이 받은 貸出에 대하여는 民法 제607조 a의 규정은 적용되지 아니한다."

3. 西獨에서 判例上 對抗事由의 直接行使의 可否가 문제되는 去來方式은 金融附 割賦販賣, 특히 소위 B去來이다. 이 거래에 있어서 상품구입자는 한편으로 판매자와의 사이에 賣買契約을 체결하고, 다른 한편으로 金融機關과의 사이에 消費貸借契約을 체결한다. 이 두 契約은 法律上 서로 별개의 계약으로서, 원칙적으로 각 계약의 효과를 契約相對方에 대하여만 주장할 수 있다. 그러나 서독의 法院實務는 兩契約의 法律上 독립성을 전제로 하면서도, 기능적으로 관찰하면 兩契約은 "고객에게 分割支給에 의한 商品의 購入을 가능하게 한다"는 目的에 봉사하고 있다고 하여, 賣買契約으로부터 購入者가 취득하는 對抗事由, 예를 들면, 物件의 未引渡, 物件의 瑕疵, 契約의 無效·取消·解除 등을 賣買契約의 당사자가 아닌 金融機關에 대하여도 주장할 수 있다고 하고 金融機關의 고객에 대한 貸與金返還請求를 棄却하는 判決을 종종 하여 왔다. 즉, 西獨聯邦大法院("BGH")은 경제적으로 일체를 이루는 거래를 法律上 賣買와 消費貸借의 두 독립한 契約으로 분리함에 의하여 단순한 割賦賣買에서와 같이 그러한 분리가 없는 경우보다도 고객의 法的 地位를 약화시켜서는 아니된다는 태도를 일정한 요건하에 취하고 있는 것이다.[25)]

25) BGH는 이와 같은 對抗事由의 直接行使가 허용되는 法的 根據에 대하여 다음과 같은 다양한 태도를 보였다. 첫째로, '商品購入者=受信者'에 대한 '金融機關=與信者'의 義務違反을 그 근거로 들고 있다. 金融機關은 商品購入者와 사이에 消費貸借契約을 체결함에 있어서 그에게 賣買契約과 消費貸借契約이 별도로 체결됨으로 말미암아 발생하는 危

그러나 法院實務는 이러한 抗辯의 直接行使를 인정하는 요건과 또한 이와 관련하여 그 법적 구성에 관하여 일정한 동요를 보여 왔다.

첫째, 金融機關에 대하여도 주장할 수 있는 對抗事由의 種類에 관한 것이다. 당초 BGH는, 판매자가 하자가 있는 賣買目的物을 約定대로 補修하지 않는 경우 金融機關이 消費貸借契約의 賣買契約에 대한 獨立性을 주장할 수 있다고 하면 판매자의 瑕疵擔保責任을 완전히 免除하여 주는 것과 마찬가지의 결과가 된다고 하여, 구입자는 金融機關에 대하여도 瑕疵의 주장을 할 수 있다고 판시하였었다.[26] 즉 對抗事由의 直接行使의 法理는 賣買의 目的物에 瑕疵가 있다는 특정한 紛爭類型에서 구입자를 구제한다는 관점에서 인정된 것이었다. 그러나 두 契約의 法律上 獨立性의 관철로 인한 구입자의 不利益은 위와 같은 경우에 한정되는 것은 아니다. BGH는 그 후 賣買契約이 판매자의 詐欺를 이유로 취소된 경우, 선량한 풍속 위반을 이유로 無效인 경우, 目的物의 未引渡의 경우에도 對抗事由의 直接行使를 인정하여 金融機關의 貸與金返還請求를 각각 기각하였다.[27]

둘째, 소위 "補充性의 原則"(Subsidiaritätsprinzip)에 관한 것이다. BGH는 한 때 이 원칙을 강조하여, 판매자가 無資力이라는 등의 이유로 구입자가 賣買契約으로부터 취득하는 권리를 실제적으로 만족받을 수 없

險, 즉 "賣買目的物을 취득하지 못하거나 하자 있는 목적물을 취득하더라도, 또 매매약이 해소되더라도, 借用金을 모두 반환하여야 하는 危險"(BGHZ 47, 207, 212)을 告知하여야 할 義務를 부담하는 것이다. 金融機關이 이러한 告知義務를 이행하지 아니하거나 불충분하게밖에 이행하지 아니한 경우에는, 商品購入者는 그에 대하여 契約締結上의 過失을 이유로 하는 損害賠償請求權을 취득한다. 그리고 이 청구권의 내용은 獨逸民法上의 原狀回復原則(同法 제249조 참조)에 좇아, 商品購入者를 위와 같은 義務違反이 없었다면 발생하였을 상태, 즉 消費貸借契約이 체결되지 아니한 상태에 놓는 것이라고 한다. 따라서 購入者는 소비대차계약에 기하여 金融機關이 실제의 貸出을 하지 않은 경우와 같은 抗辯을 할 수 있다는 것이다. 둘째로, 金融機關의 貸與金請求를 權利濫用이라고 하는 것이다. 특히 賣買目的物에 瑕疵가 있는 경우에, 가령 賣渡人이 無資力하여서 매수인이 그에게 補修 기타의 擔保責任을 사실상 물을 수 없다면, 매수인은 目的物의 瑕疵에도 불구하고 이로 인한 아무런 權利도 실현하지 못하게 된다. 이러한 경우에도 金融機關이 貸與金返還請求를 하는 것은 信義誠實의 原則에 반한다는 것이다.

26) BGHZ 22, 90; BGHZ 37, 94.

27) BGHZ 47, 233; BGH *NJW* 1971, 2303 등.

다는 것을 구입자가 입증하는 경우에만 對抗事由의 直援行使를 인정하였다.[28] 그러나 구입자가 판매자의 資産狀態 등을 신속하고 정확하게 파악하는 것은 곤란하므로 판매자의 자산상태 등에 관한 구체적인 입증을 구입자에게 요구하는 것은 결국 金融機關에 대한 對抗事由의 直援行使를 거부하는 결과가 되는 경우가 많아서 타당성이 없다는 비판을 받았다. BGH도 그 후 이러한 입장을 완화하여 현재는 매수인이 賣渡人에 대하여 먼저 權利行使할 가능성을 기대할 수 없다(unzumutbar)는 것을 입증하면 족하다고 한다.[29]

셋째, 賣買契約과 消費貸借契約 사이에 어떠한 關聯이 있으면 對抗事由의 직접 행사가 인정되는가 하는 점이다. 위 Ⅲ.에서 본 대로 消費者信用去來는 점차 目的拘束的 信用提供으로부터 目的非拘束的 信用提供으로 전개되어 가고 있으며 그 사이에는 여러 가지의 변형이 있다. 따라서 賣買와 金融과의 관련에도 다양한 모습과 정도가 나타난다. 이에 대하여 적어도 대항사유의 직접 행사와 관련하여 어떠한 기준으로써 그 可否의 판단기준으로 삼을 것인가. 實務는 종래부터 두 契約의 "經濟的 一體性"을 표어적 징표로 내걸어 왔다. 그러나 문제는 구체적으로 어떠한 경우에 그러한 "경제적 일체성"을 인정할 것이냐 하는 것이다.

종래 그 판단에서 중요한 위치를 차지하는 것으로서 대개 다음과 같은 사정이 예시되었다. 두 개의 契約이 一體가 된 契約書式의 存在 또는 金融機關이 판매자에게 貸出申請書用紙를 교부하고 판매자에 의하여 融資가 알선되었다는 사정, 金融機關과 판매자 간의 繼續的 去來關係 또는 基本契約(Rahmenvertrag)의 존재, 목적물에 대한 金融機關의 所有權留保, 貸與金이 판매자에게 직접 지급되었다는 사정, 구입자의 借用金返還義務에 대한 판매자의 保證 등이 그것이다. 이러한 사정은 모두 객관적인 사실에 관한 것이다. 그러나 消費者信用去來方式의 다양한 전

28) BGH *NJW* 1973, 452.
29) BGH *NJW* 1979, 2194; BGH *NJW* 1980, 1155.

개는 이러한 객관적 사정이 전혀 존재하지 않으면서도 역시 對抗事由의 直接行使를 인정하는 것이 상당한 경우를 낳기에 이르렀다. 그리하여 BGH는 두 개의 契約이 내부적으로 하나의 契約이 체결되지 않았다면 다른 契約도 締結되지 않았을 것이라고 하는 정도로 결합된 경우에는 "경제적 일체성"이 존재한다고 한다. 그리하여 구체적으로는 위와 같은 객관적인 사정, 즉 소위 結合要素(Verbindungselemente)가 존재한다는 것도 고려하여 販賣者와 金融機關이 일체적인 契約相對方으로 자신과 대치하고 있다는 인상이 구입자에게 惹起되었는지를 주로 문제삼고 있다. 중점은 객관적 사정보다는 구입자의 주관적인 사정으로 옮아가고 있는 것이다.[30)]

마지막으로, 金融機關이 직접 행사할 수 있는 權利가 무엇인가 하는 문제이다. 위에서 본 대로 주로 문제되는 것은 金融機關이 貸與金의 返還請求를 하는 데 대하여 구입자가 賣買契約으로부터 취득한 對抗事由를 들어 그 請求를 거부할 수 있는가 하는 抗辯의 直接行使의 可否였다. 그러나 BGH는 良俗違反을 이유로 하는 賣買契約의 無效로 인하여 구입자가 취득하는 이미 지급한 割賦金의 返還請求權을 金融機關에 대하여 행사하여 그 이행을 적극적으로 請求할 수 있음을 인정하였다.[31)] 소위 請求權의 直接行使(Forderungsdurchgriff)를 인정하는 것이다. 이러한 결론은 지금까지 통상 인정되어 온 請求權概念에 대하여 혁명적인 의미가 있는 것이다. 물론 지금까지 인정된 것은 위와 같은 返還請求權의 직접 행사에 한정되고 있고, 또 이것은 抗辯의 直接行使가 인정됨에 따른 反射效果라는 측면이 없지 않다. 즉, 金融機關에 대하여 항변을 직접 행사하게 된 결과 구입자는 원래 그에 대하여 대여금을 分割辨濟할 의무가 없게 되었는데도, 그가 割賦金을 이미 지급하였다면 이러한 非債辨濟는 辨濟者, 즉 '購入者=借用者'가 返還을 請求할 수 있는 것이

30) BGH *NJW* 1982, 1964 참조.
31) BGH *NJW* 1980, 1155.

아닌가 하는 점이다. 그러나 이러한 返還請求權의 직접 행사가 어떠한 法律構成에 의하여 인정되는가는 반드시 명확한 것은 아니다.

위에서 본 聯邦政府의 立法案은 이상과 같은 判例理論을 충실하게 반영한 것이라고 할 수 있겠다. 이 案은 第8回 聯邦議會의 會期滿了에 의하여 폐기되었으나 적어도 지금까지 對抗事由의 직접 행사에 관한 다양한 論議의 歸結을 보여 준다는 점에서 의미가 있다고 하겠다.

Ⅵ. 結 語

이상에서 본 바와 같이 서독의 消費者信用法制는 매우 불충분한 것이라고 할 수 있다. 消費者信用을 직접적인 규율대상으로 하는 立法은 오히려 드문 형편이다. 그러나 이러한 立法의 欠缺이 동시에 그 문제에 관하여 논의가 이루어지지 않고 있음을 의미하는 것은 아니며, 서독의 사법학계는 극히 활발하게 이 점에 관한 성찰을 계속하여 왔다. 그럼에도 불구하고 立法이 늦어지는 주된 이유는 서독에서 현재 이용되고 있는 다양한 信用去來의 法構造를 해명하고 法的 관점에서 이들 去來形態를 類型化한다는 것—立法은 이러한 작업을 전제로 하지 않고는 불가능한 것이다—이 극히 어려운 작업이라는 데 있는 것이 아닌가 추측된다. 이것은 특히 消費者信用去來의 형태가 현재 매우 신속하게 變化, 發展하고 있다는 데에도 그 연유가 있다. 이러한 法制化 내지 實定化는 그 나라마다의 고유한 사정에 의하여 구속되는 바가 많을 것이다. 그러므로 獨逸의 法制度와 法學에 많은 영향을 받고 있는 우리로서는 그들의 法的 對應方式에 주의하면서도 우리 나라에서의 消費者信用去來의 현실적 모습의 확인과 장래의 발전방향의 정책적 검토에도 부단한 노력을 기울여야 할것이다.

(서울대학교 「法學」 29권 3·4호(1988), 133면 이하 所載)

[附　　錄]

獨逸의 새로운 「消費者信用法」

1. 이 글은 「西獨」의 소비자신용에 대한 「法制」로서는 割賦賣買法(Gesetz betreffend die Abzahlungsgeschäfte)을 주로 다루었다. 그런데 그 사이에 西獨은 "독일"이 되었고, 또 작년 12월 17일에는 消費者信用法이 새로이 제정·공포되어 1991년 1월 1일부터 시행되었다. 그리고 위의 할부매매법은 이 법에 의하여 폐기되었다. 여기서 이 Verbraucherkreditgesetz(略稱 : VerbrKrG)를 BGBl. I, 1990, S. 2840ff.에서 번역하여 資料로 싣기로 한다. 이 資料를 역자에게 제공하여 준 경희대의 權五乘 교수에게 이 자리를 빌어 감사드린다.

이 새로운 법률은 우선 소비자신용에 대한 법적 규율에 대하여 소위 大解決(große Lösung)을 택한 점에 특색이 있다(제 1 조 참조). 즉, 소비자신용의 개별적인 거래유형(가령 할부매매)에 대하여 각기 별도로 법률을 제정하는 종전의 소위 小解決(kleine Lösung)을 포기하고, 그 전부를 망라하여 포괄적이고 종합적인 하나의 法律로써 이를 규율하는 것이다(그 立法例 및 독일 내에서의 論議에 대하여는 本書, 450면 이하 참조). 그리고 비단 신용공여자와 소비자와의 사이의 관계, 즉 신용계약에 대하여서뿐만 아니라, 신용알선의 경우까지도 규율하고 있다. 물론 그 내용에 있어서는 종전의 割賦賣買法의 규정들, 특히 계약체결에 있어서의 書面形式의 요구(새 법 제 4 조, 제 6 조 참조), 撤回權의 인정(제 7 조 참조) 등을 그대로 다른 소비자신용거래 일반에 확장한 것이 대부분이다. 그러나 細部的으로 살펴 보면, 가령 計座貸越信用(本書 431면 참조)에 관한 특칙을 마련하고(제 5 조 참조), 또한 소위 通信販賣에 대한 撤回權의 인정을 제한하는(제 8 조 참조) 등 참고되는 바가 크다. 나아가 이 새로운 법률은 소위 金融附 賣買契約(finanzierter Kaufvertrag)에 있어서 종전의 판례가 인정하던 소위 對抗事由의 貫徹(Einwendungsdurchgriff)을 명문으로 규정하였다(제 9 조 참조). 대항사유의 관철에 대하여는 다양한 논의가 전개되고 있었다(그에 대하여는 우선 本書, 452면 이하 참조). 새로운 법률은 첫째, 매매계약과 신용계약의 經濟的 一體性이라는 종전 판례가 내건 징표를 그대로 법률에서 수용하였다. 그러나 구체적으로 어떠한 사정이 있는 경우에 그 "경제적 일체성"을 인정할 것인가에 대하여는 賣渡人이 신용계약의 준비 또는 체결에 협력한 것만을 내걸고 있을 뿐이다(제 9 조 제 1 항 제 2 문 참조). 둘째, 소비자가 그 관철을 주장할 수 있는 것은 對抗事由에 한정되어서 그 신용의 返濟를 소극적으로 거절할 수 있을 뿐이자(제 9 조 제 3 항 참조), 이미 지급한 割賦金의 返還을 청구하는 권리를 신용제공자에게 적극적으로 주장하는 소위 請求權의 直接行使(本書 456면 참조)는 명문으로 정하고 있지 않다. 그러나 이것이 종전의 BGH가 인정하여 오던 청구권의 직접 행사(BGH *NJW* 1980, S. 1155)를 부인하는 취지인가는 資料의 不足으로 알 수 없다. 셋째, 소비자에게 어음(수표)상 채무를 부담하게 하는 것을 금지하였다(제10조 제 2 항 참조). 이는 어음상 채무에 인정되는 소위 抗辯의 切斷에 의하여 대항사유의 관철의 취지를 잠탈하는 것을 막기 위하여 인정되는 것이다.

독일의 이 새로운 消費者信用法에 대하여는 보다 상세한 연구가 시급히 필요하다고 생각된다. 그러나 현단계에서는 資料의 不足으로 더 이상 깊이 들어갈 수 없다. 우리 나라에서는 割賦賣買에 관한 立法作業이 法務部 주관 아래 행하여지다가(筆者는 그에 다른 교수 및 실무가와 함께 참여한 바 있다), 관계 관청 간의 조정의 결과 작년 가을에 그 담당이 商工部로 넘어갔다. 그 후의 진행상황을 알 수 없으나, 적어도 法務部 주관의 작업에 있어서는 서독의 割賦賣買法이 중요한 참고자료가 되었었다. 그러므로 독일의 새로운 법률을 하루라도 빨리 소개할 필요가 있어서, 이에 拙譯을 시도하여 본 것이다.

이 법률의 제정과 아울러, 民法, 「訪問販賣 및 그 類似行爲의 撤回에 관한 法律」, 不正競爭防止法(UWG), 民事訴訟法, 「住居斡旋의 規制에

관한 法律」(Gesetz zur Regelung der Wohnungsvermittlung), 營業令(Gewerbeordnung) 등이 개정되었다. 그러나 별로 중요한 내용은 없으므로 여기서는 일단 제외시키기로 하였다.

2. 「消費者信用法」(譯)

제 1 절 적용범위

제 1 조(적용범위)

(1) 이 법률은, 영업상 또는 직업상의 활동을 수행함에 있어서 신용을 제공하거나(신용제공자 Kreditgeber) 알선 vermitteln 또는 소개 nachweisen하는(신용중개자 Kreditvermittler) 사람과 자연인(소비자 Verbraucher) 사이의 信用契約 Kreditvertrag이나 信用斡旋契約 Kreditvermittlungsvertrag에 적용한다. 다만 그 금융이 그 계약의 내용상 소비자의 이미 수행된 영업상 또는 독립한 직업상의 활동을 위한 것인 경우에는 그러하지 아니하다.

(2) 신용계약이란, 신용제공자가 소비자에게 소비대차 Darlehen, 지급유예 Zahlungsaufschub 또는 기타의 금융보조 Finanzierungshilfe의 형태로 有償의 신용을 제공하거나 제공하기로 약속하는 계약을 말한다.

(3) 신용알선계약이란, 신용중개자가 소비자에게 신용을 대가를 받고 알선하거나 그에게 신용계약을 체결할 기회를 소개하는 것을 내용으로 하는 계약을 말한다.

제 2 조(분할급부 또는 回歸的 급부)

제 4 조 제 1 항 제 1 문, 제 3 항 및 제 7 조 제 1 항, 제 2 항, 제 4 항, 그리고 제 8 조는 소비자의 의사표시가 다음과 같은 계약의 체결을 내용으로 하는 경우에 準用된다.

1. 집합적인 것으로 als zusammengehörend 매도되는 다수의 물건을 분할하여 공급하는 급부를 내용으로 하고 또한 그 물건의 총체에 대

한 代價가 분할하여 지급될 것인 경우.

2. 동일한 종류의 물건을 반복하여 공급하는 급부를 내용으로 하는 경우.

3. 물건을 회귀적으로 wiederkehrend 취득하거나 購得할 의무를 부담하는 것을 내용으로 하는 경우.

제 3 조(적용 제외)

(1) 이 법률은 다음과 같은 신용계약 또는 신용계약의 알선 또는 소개에 관한 계약에 대하여는 적용되지 아니한다.

1. 지급될 신용액(純信用額 Nettokreditbetrag) 또는 현금가격이 4백 마르크를 넘지 않는 경우.

2. 그 신용이 영업상 또는 독립한 직업상의 활동의 開始를 위한 것이고 또한 순신용액 또는 현금가격이 10만 마르크를 넘는 경우.

3. 소비자에게 인정되는 지급유예가 3개월을 넘지 않는 경우.

4. 使用者 Arbeitgeber가 그의 勤勞者에게 통상의 marktüblich 이율보다 낮은 이자로 체결하는 경우.

(2) 또한 이 법률은 다음과 같이 그 적용이 배제된다.

1. 제 4 조 제 1 항 제 2 문, 제 3 문, 제 6 조, 제13조 제 3 항 및 제14조는 금융리스계약 Finanzierungsleasingvertrag에는 적용되지 아니한다.

2. 제 7 조, 제 9 조, 제11조 내지 제13조는 그 신용 제공의 여부가 부동산담보권 Grundpfandrecht에 의한 담보의 설정에 달려 있고, 또한 부동산담보권에 의하여 담보된 신용에 통상적인 조건으로 제공되는 신용계약에는 적용되지 아니한다. 「주택금융금고법」 Gesetz über Bausparkasse 제 7 조 제 3 항 내지 제 5 항에 의하여 그러한 담보설정이 인정되지 않는 경우는 위와 같은 부동산담보권에 의한 담보설정과 같은 것으로 본다.

3. 제 4 조 내지 제 7 조 및 제 9 조 제 2 항은, 그 신용계약이 민사소송법의 규정에 의하여 작성된 법원의 調書에 기재되거나 공증인에 의하

여 작성된 경우에, 그 조서나 공증문서가 年利子, 계약을 체결함에 있어서 산정된 信用提供의 費用과 그 연이자나 비용이 변경될 수 있는 要件을 포함하고 있는 때에는, 적용되지 아니한다.

제 2 절 신용계약

제 4 조(서면형식, 필요적 기재사항)

(1) 신용계약은 서면형식 schriftliche Form을 갖추어야 한다. 그 서면에는 다음의 사항이 기재되어야 한다.

1. 신용계약 일반에 대하여,
   a) 純信用額, 경우에 따라서는 신용의 최고한도액.
   b) 가능하다면, 이자와 기타의 비용을 포함하여 소비자가 하여야 할 할부금 Teilzahlungen의 총액.
   c) 신용을 返濟 rückzahlen하는 방식과 방법, 또는 그에 관한 약정이 없는 경우에는, 계약의 종결에 관한 사항.
   d) 이율과 기타 신용 제공의 모든 비용의 개별적 내용. 소비자가 신용알선비용을 부담하는 경우에는 그 비용도 포함된다.
   e) 實質年利率 effektiver Jahreszins, 또는 이율이나 기타 가격을 정하는 要因 preisbestimmende Faktoren의 변경이 유보되어 있는 경우에는 처음의 실질연이율 anfänglicher effektiver Jahreszins. 그러한 처음의 실질연이율과 아울러, 가격을 정하는 요인들이 변경될 수 있는 條件과, 앞으로 반환되어야 할 액으로 말미암아 또는 신용액에 대한 부가금 Zuschlag으로 말미암아 발생되는 負擔이 실질연이율의 산정에 산입되는 期間.
   f) 신용계약과 관련하여 체결되는 殘金債務保險 Restschuldversicherung이나 기타의 보험의 비용.

2. 할부금과 상환으로 특정한 물건이 공급 liefern되거나 특정한 다른 급부가 행하여지는 신용계약에 있어서는,

a) 현금가격.

b) 할부가격(引渡金 Anzahlung과, 이자 및 기타의 비용을 포함하여 소비자가 지급하여야 할부금의 총액).

c) 개별적 할부금의 액, 數 및 이행기.

d) 실질연이자.

e) 신용계약과 관련하여 체결되는 보험의 비용.

f) 소유권유보에 관한 약정 또는 기타 설정될 담보.

이 중 현금가격과 실질연이율은, 신용제공자가 할부금의 지급과 상환으로만 물건들을 공급하거나 급부들을 행하는 경우에는, 기재할 필요가 없다.

(2) 실질연이율이란, 순신용액 또는 현금가격에 대하여 年 단위의 總負擔을 백분율로써 나타낸 것을 말한다. 실질연이율 또는 처음의 실질연이율은 「價格表示의 規制에 관한 令」 Verordnung zur Regelung der Preisangaben 제 4 조에 의하여 정하여진다.

(3) 신용제공자는 소비자에게 그 서면의 등본 Abschrift을 교부하여야 한다.

제 5 조(計座貸越信用 Überziehungskredit)

(1) 제 4 조의 규정은, 신용기관 Kreditinstitut이 신용계약에 있어서 소비자에게 그의 현존하는 계좌 laufendes Konto에서 일정액을 대월할 수 있음을 정한 경우에, 利子를 제외하고는 문제되는 신용에 대하여 기타의 비용을 지급하지 아니하고 또한 그 이자가 3개월 미만의 기간에 대하여는 부가되지 않는 때에는, 적용되지 아니한다. 신용기관은 그러한 신용을 開設하기 전에 다음과 같은 사항을 소비자에게 告知 unterrichten 하여야 한다.

1. 신용의 최고한도액.
2. 고지 당시 적용되는 年利率.
3. 이율이 변경될 수 있는 조건.

4. 계약의 종결에 관한 사항.

위의 제 1 호 내지 제 4 호의 계약조건은 늦어도 최초의 신용제공 후에는 소비자에게 확인되어야 한다. 나아가 신용이 개설되는 동안에 연이율이 변경된 경우에는 이것이 그때마다 소비자에게 고지되어야 한다. 제 3 문의 確認과 제 4 문의 告知는 계좌잔금통지서 Kontoauszug상에 표시하는 방식으로 행하여질 수도 있다.

(2) 신용기관이 현존하는 계좌상의 貸越을 忍容하고 또한 그 계좌의 대월이 3개월 이상 지속된 경우에는, 그 신용기관은 소비자에게 연이율, 비용 및 이와 관련된 변경을 고지하여야 한다. 이 告知는 계좌잔금통지서상에 표시하는 방식으로 행하여질 수 있다.

제 6 조(형식흠결의 법률효과)

(1) 신용계약이 문서형식을 전적으로 缺한 경우 또는 제 4 조 제 1 항 제 2 문 제 1 호 a) 내지 f) 및 제 2 호 a) 내지 e)에 규정된 기재사항을 결한 경우에는, 그 신용계약은 무효 nichtig이다.

(2) 제 1 항에서 정한 문서형식의 흠결이 있더라도, 제 4 조 제 1 항 제 2 문 제 1 호의 경우에는, 소비자가 소비대차를 받거나 그 신용을 청구하였으면, 그 신용계약은 유효하게 된다. 그러나 신용계약의 기초가 된 利率(제 4 조 제 1 항 제 2 문 제 1 호 d))은, 그 이자의 기재, 실질연이율이나 처음의 실질연이율의 기재, 또는 同號 b)에 따른 總額의 기재가 흠결된 결우에는, 법정이율로 축소된다. 기재되지 아니한 비용은 소비자에 의하여 부담되지 아니한다. 이미 합의된 할부금은 감소된 이자나 비용을 고려하여 새로 산정되어야 한다. 가격을 정하는 요인들이 변경될 수 있는 요건들이 기재되지 아니한 경우에는, 이 요인이 소비자에게 불이익하게 변경될 가능성은 인정되지 아니한다. 擔保에 관한 기재가 없는 경우에는 그 설정이 요구될 수 없다. 그러나 순신용액이 10만 마르크를 상회하는 경우에는 그러하지 아니하다.

(3) 제 1 항에서 정한 문서형식의 흠결이 있더라도, 제 4 조 제 1 항

제 2 문 제 2 호의 경우에는, 소비자에게 물건이 인도되거나 급부가 행하여졌으면, 그 신용계약은 유효하게 된다. 그러나 할부가격이나 실질연이율의 기재가 흠결된 경우에는, 현금가격에 많아도 법정이율에 의한 이자만이 부가된다. 현금가격이 기재되지 아니한 경우에는, 市場價格 Marktpreis을 현금가격으로 推定 im Zweifel gelten한다. 담보에 관한 기재가 없으면, 그 설정이 요구될 수 없다.

(4) 실질연이율이나 처음의 실질연이율이 지나치게 낮게 기재된 경우에는, 제 4 조 제 1 항 제 2 문 제 1 호의 경우에는 신용계약의 기초가 된 이율이, 同文 제 2 호의 경우에는 할부가격이, 그 낮게 기재된 비율만큼 축소된다.

제 7 조(철회권 Widerrufsrecht)

(1) 신용계약의 체결을 내용으로 하는 소비자의 의사표시는, 소비자가 1주일 내에 이를 서면으로 철회하지 않을 때 비로소 유효하게 된다.

(2) 제 1 항의 기간은 그 기간 내에 철회의 의사표시를 발송 Absendung함으로써 준수된다. 그 기간은, 本項 제 1 문의 내용, 소비자에게 철회권이 있다는 사실, 本條 제 3 항에 의하여 철회권이 소멸될 수 있다는 사실 및 철회의 의사표시를 수령하는 자 Widerrufsempfänger의 이름과 주소를 인쇄기술적으로 명백하게 나타내고 또한 소비자가 별도로 서명하여야 하는 告示書 Belehrung를 소비자에게 교부하는 때로부터 진행된다. 소비자가 本項 제 2 문에 의한 告示를 받지 못한 경우에는, 철회권은 양 당사자가 그 급부를 완료한 때 또는 소비자가 신용계약의 체결을 내용으로 하는 의사표시를 한 후 1년이 된 때에 소멸한다.

(3) 제 4 조 제 1 항 제 2 문 제 1 호의 경우에 소비자가 소비대차를 현실로 받은 das Darlehen empfangen hat 때에는, 소비자가 철회의 의사표시를 한 후 또는 차용금이 교부된 후 2주일 내에 그 차용금을 返濟하지 아니하면, 철회는 행하여지지 아니한 것으로 본다.

(4) 철회에 대하여는 그 외에 「訪問販賣 및 그 類似行爲의 철회에

관한 法律」제 3 조가 적용된다.

(5) 제 1 항 내지 제 4 항의 규정은, 소비자가 신용계약의 체결 후에 언제라도 해지를 위한 최고기간을 설정할 필요 없이 또는 추가적인 비용을 부담할 필요 없이 그 신용을 返濟할 수 있는 경우에는, 제 5 조 제 1 항 제 1 문에서 정한 신용계약에는 적용되지 아니한다.

제 8 조(通信販賣 Versandhandel에 대한 特則)

(1) 신용계약이 물건의 공급이나 다른 급부를 내용으로 하고 또한 소비자가 개별적 분할금의 액을 제외하고 제 4 조 제 1 항 제 2 문 제 2 호 a) 내지 e)에 정한 기재사항을 포함한 通信販賣商品目錄 Verkaufsprospekt에 기하여 계약체결의 청약을 한 경우에, 소비자가 계약상대방이 臨席하지 아니한 상태에서 그 판매선전목록의 상세한 내용을 살펴 볼 수 있었을 때에는, 제 4 조는 적용되지 아니한다.

(2) 제 1 항의 경우에 신용제공자가 소비자에게 受領 Erhalt 후 1 주일 내에 반환할 수 있는 무제한의 권리를 인정한 때에는, 제 7 조의 철회권은 발생하지 아니한다. 그 返還權 Rückgaberecht은 소비자가 물건을 반송함으로써, 우편소포에 의한 송부가 불가능한 물건의 경우에는 서면에 의하여 還取要求 Rücknahmeverlangen를 함으로써 행사된다. 반송과 환취는 신용제공자의 비용과 위험으로 행하여진다. 그 기간은 물건이나 환취요구의 발송으로써 준수된다. 그 기간은 판매선전목록 및 注文書式 또는 소비자에게 교부된 특별한 文書가 인쇄기술적으로 명백하게 나타낸 반환권에 관한 告示를 포함하는 경우에만 진행된다. 그 외에는「방문판매 및 그 유사행위의 철회에 관한 법률」제 2 조 제 1 항 제 4 문 및 제 3 조가 적용된다.

제 9 조(結合行爲 verbundene Geschäfte)

(1) 신용이 매매대금의 자금조달 Finanzierung에 기여하고 또한 매매계약과 신용계약이 經濟的인 一體 wirtschaftliche Einheit로 평가되는 경우에는, 매매계약은 신용계약과 결합된 행위를 이룬다. 특히 신용제공

자가 신용계약의 준비 또는 체결에 있어서 매도인의 협력을 이용하는 때에는 경제적인 일체가 인정될 수 있다.

(2) 결합매매계약 verbundener Kaufvertrag의 체결을 내용으로 하는 소비자의 의사표시는, 그 소비자가 신용계약의 체결을 내용으로 하는 그의 의사표시를 제 7 조 제 1 항에 의하여 철회하지 아니한 때에, 비로소 유효하게 된다. 제 7 조 제 2 항 제 2 문에 의하여 요구되는 철회권에 관한 告示는, 철회한 경우에는 결합매매계약도 유효하게 성립하지 아니함을 포함하여야 한다. 제 7 조 제 3 항은 적용되지 아니한다. 純信用額이 이미 매도인에게 교부된 경우에는, 신용제공자는 소비자에 대한 관계에서 매도인에 갈음하여 철회의 법률효과(제 7 조 제 4 항)에 관하여 매매계약으로부터 발생하는 권리와 의무를 가진다.

(3) 결합매매계약으로부터 발생하는 對抗事由 Einwendungen에 기하여 소비자가 매도인에 대하여 그 이행을 거절할 수 있는 경우에는, 그 소비자는 신용의 返濟를 거절할 수 있다. 그러나 신용공여된 매매대금 finanzierter Kaufpreis이 4 백 마르크를 넘지 않는 경우 및 그 대항 사유가 매도인과 소비자가 매매계약의 체결 후에 한 계약변경의 合意로부터 발생한 것인 경우에는 그러하지 아니하다. 소비자의 대항사유가 공급된 물건의 瑕疵를 원인으로 하고 또한 소비자가 계약상 또는 법률상의 규정에 기하여 補修 Nachbesserung 또는 代替供給 Ersatzlieferung을 요구하는 경우에는 그 보수 또는 대체공급이 제대로 이루어지지 아니한 fehlgeschlagen 때 비로소 신용의 반제를 거절할 수 있다.

(4) 제 1 항 내지 제 3 항은 물건의 공급이 아닌 다른 급부에 대한 代價의 자금조달을 위하여 공여된 신용에도 준용된다.

제10조(대항사유의 포기, 어음 및 수표의 금지 Wechsel- und Scheckverbot)

(1) 소비자가 신용제공자에 대하여 가지는 대항사유를 [독일]민법 제 404조에 의하여 채권양수인에게 주장하는 권리 또는 소비자가 신용제공

자에 대하여 가지는 채권을 민법 제406조에 의하여 채권양수인에 대하여 상계하는 권리를 포기하는 약정은 무효 unwirksam이다.

(2) 신용계약으로부터 발생하는 신용제공자의 청구권에 관하여 소비자에게 어음상 채무를 부담할 의무를 지워서는 아니된다. 신용제공자는 신용계약으로부터 발생하는 청구권의 담보를 위하여 수표를 수령하여서는 아니된다. 소비자는 언제라도 제 1 문 또는 제 2 문에 반하여 교부된 어음이나 수표의 반환을 청구할 수 있다. 신용제공자는 소비자가 그러한 어음 또는 수표의 교부 Begebung로 입은 모든 손해에 대하여 책임을 진다.

제11조(지연이자, 일부급부의 변제충당)

(1) 소비자가 신용계약에 기하여 그 의무를 부담하는 지급을 지체한 경우에는, 그 지체된 元金 der geschuldete Betrag에 대하여 獨逸聯邦銀行 Deutsche Bundesbank의 그때 그때의 割引率 Diskontsatz에 그 100분의 5를 가한 이율로 이자가 부가된다. 그러나 구체적인 경우에 신용제공자가 그보다 넘는 손해를 입증하거나, 소비자가 그보다 적은 손해를 입증한 경우에는 그러하지 아니하다.

(2) 지체 후에 이행기가 도래하는 利子는 특별계정에 기입하여야 하며, 원금이나 기타의 신용제공자의 채권과 같은 당좌계정에 편입하여서는 아니된다. 이 이자에 대하여는 민법 제289조 제 2 문을 적용한다. 그러나 신용제공자는 법정이율의 한도 내에서만 손해배상을 청구할 수 있다.

(3) 이행기에 도달한 채무 전부를 변제하기에 부족한 소비자의 이행은, 민법 제367조 제 1 항과는 달리, 우선 권리실현 Rechtsverfolgung의 비용에, 다음 남은 원금(제 1 항), 그리고 마지막으로 이자(제 2 항)에 충당된다. 신용제공자는 일부 급부의 수령을 거절할 수 없다. 利子請求權에 대하여 민법 제197조, 제218조 제 2 항은 적용되지 아니한다. 제 1 문 내지 재 3 문은 그 主請求 Hauptforderung가 이자의 지급인 債務名義에 기

하여 그 지급이 이루어진 경우에는 적용되지 아니한다.

제12조(割賦信用 Teilzahlungskrediten에 있어서의 기한이익의 상실)

(1) 할부금으로 변제할 신용에 있어서 신용제공자는 다음의 경우에만 소비자의 지급지체를 이유로 신용계약을 解止할 수 있다.

1. 소비자가 적어도 연속하여 2회의 할부금을 전부 또는 일부 지체하고 또한 적어도 100분의 5를 지체하였거나, 3년을 넘는 신용계약에 있어서는 신용의 액면액 Nennbetrag 또는 할부가격의 100분의 5를 지체하였고, 또한

2. 신용제공자가 소비자에게 2주일의 기간을 두어, 그 기간 내에 지급하지 아니하면 잔액 전부를 청구할 것임을 밝히고 지체액의 지급을 최고하였으나, 그 기간이 도과한 경우.

신용제공자는 합의에 의한 해결의 가능성에 관한 相談의 기회를 소비자에게 늦어도 위 최고와 함께 제공하여야 한다.

(2) 신용제공자가 신용계약을 해지한 경우에는, 잔액채무는, 이자 및 계약의 존속기간에 따라 정하여진 기타의 신용제공의 비용으로서 단계별로 계산하면 각각 해지가 발효한 후의 기간에 대하여는 발생하지 아니하는 액만큼 감액된다.

제13조(신용제공자의 解除)

(1) 할부금의 지급과 상환으로 물건의 공급이나 기타의 급부를 하는 것을 내용으로 하는 신용계약에 있어서 신용제공자는 소비자의 지급지체를 이유로 하여서는 제12조 제1항에서 정한 요건 아래서만 신용계약을 해제할 수 있다.

(2) 해제에 관하여는 약정해제권에 대하여 적용되는 민법 제346조 내지 제354조 및 제356조가 준용된다. 소비자는 계약으로 말미암아 지출한 신용제공자의 비용 Aufwendungen도 배상하여야 한다. 반환되어야 할 물건의 收益 Nutzungen의 가액을 산정함에 있어서는 그 간에 발생한 가치감소도 고려하여야 한다.

(3) 신용제공자가 신용계약에 기하여 공급한 물건을 회수한 경우에는 이를 해제권의 행사로 본다. 그러나 신용제공자가 소비자에게 그 물건이 收去 Wegnahme의 시점에서 가지는 통상의 매도가격을 보상하기로 합의한 경우에는 그러하지 아니하다. 제 1 문은 물건의 공급에 관한 계약이 신용계약과 경제적인 일체를 이루고(제 9 조 제 1 항) 또한 신용제공자가 물건을 회수한 경우에도 적용된다. 해제의 경우에 신용제공자와 소비자 간의 법률관계는 제 2 항에 따라 정하여진다.

제14조(기한 전 지불)

(1) 할부금과 상환으로 물건의 공급이나 기타의 급부를 하는 것을 내용으로 하는 신용계약으로부터 발생하는 의무를 소비자가 기한 전에 이행한 경우에는, 할부가격은 이자 및 계약의 존속기간에 따라 정하여진 기타의 비용으로서 단계별로 계산하면 각각 기한 전 이행 후의 기간에 대하여는 발생하지 아니하는 액만큼 감액된다. 신용계약에서 제 4 조 제 1 항 제 3 문에 의하여 현금가격이 제시되지 아니한 경우에는, 법정이율을 기초로 하여 산정된다. 그러나 신용제공자는 원래 정한 존속기간의 처음 9개월에 대하여는 소비자가 그 기간의 경과 전에 그 의무를 이행한 경우에도 그 이자 및 계약의 존속기간에 따라 정하여진 기타의 비용을 청구할 수 있다.

제 3 절 신용알선계약

제15조(서면형식)

(1) 신용알선계약은 서면형식을 갖추어야 한다. 그 계약서면에는 특히 신용알선자의 報酬가 소비대차액에 대한 백분율로 기재되어 있어야 하고, 신용알선자가 신용제공자와의 사이에도 보수를 약정한 경우에는 이것도 기재되어야 한다. 계약서면은 소비대차의 공여에 대한 청약과 결합되어서는 아니된다. 신용알선자는 소비자에게 그 서면의 등본을 교부하여야 한다.

(2) 제 1 항 제 1 문 내지 제 3 문의 요건을 충족하지 아니하는 신용알선계약은 무효이다.

제16조(報酬)

소비자는 신용알선자의 알선 또는 소개로 인하여 소비대차가 소비자에게 현실적으로 행하여지고 또한 제 7 조 제 1 항에 기한 소비자의 철회가 더 이상 불가능하게 되었을 경우에만 보수를 지급할 의무를 부담한다. 그 소비대차가 다른 신용의 기한 전 償還을 위한 것(貸換 Umschuldung)인 경우에 신용알선자가 이를 알고 있었을 때에는 보수청구권은 실질연이율 또는 처음의 실질연이율이 더 높지 아니하여야만 발생한다. 前信用의 실질연이율 또는 처음의 실질연이율을 산정함에 있어서는 알선비용은 산입되지 아니한다.

제17조(기타의 代價)

신용알선자는 소비대차의 알선 또는 소비대차계약의 체결기회의 소개와 관련된 活動에 관하여 제16조 제 1 문의 報酬 이외에는 代價를 약정하여서는 아니된다. 그러나 신용알선자가 지출한 필요비의 상환은 약정할 수 있다.

제 4 절 일반규정, 종결규정

제18조(강행규정성, 면탈금지 Umgehungsverbot)

소비자에게 불리하게 이 법률의 규정과 다른 약정은 무효 unwirksam 이다. 이 법률은 그 규정이 다른 모습으로 durch anderweitige Gestaltungen 면탈되는 경우에도 적용된다.

16. 好意同乘者에 대한 自動車保有者의 賠償責任——外國의 例

I. 序

1. 他人이 運轉하는 自動車에 '好意同乘' 또는 '無償同乘' (그 말의 意味 자체가 문제될 수 있으나 이에 대하여는 뒤의 II.에서 보기로 한다. 이하 "好意同乘"이라고만 부르기로 한다) 한 자가 그 自動車가 관여한 事故에 의하여 死亡하거나 負傷하였다고 하자. 이 경우에 自動車保有者, 즉 自動車損害賠償保障法(이하 "自賠法"이라고 줄여 부르기로 한다) 제 3 조에서 정하는 바의 "自己를 위하여 自動車를 運行하는 者"(이하 "自動車保有者" 또는 단지 "保有者"라고 부르기로 한다)는 一般의 第3者, 가령 길을 가던 步行者가 그 自動身의 運行에 의하여 事故를 당한 경우와 마찬가지로 賠償責任을 부담하는가.

이러한 문제가 大法院判決에 의하여 의식적으로 다루어진 것은 公刊된 資料에 의하는 한 최근의 일이다. 물론 전에도 法院이 好意同乘의 概念을 적용할 여지가 있는 事案에 대하여 판단한 예는 없지 않았다. 그러나 그러한 事案을 大法院이 정면에서 好意同乘이라는 개념으로 파악하고, 好意同乘 一般에 대한 大法院의 態度決定을 意識하면서 이유를 說示한 것은 적어도 判決文에 의하는 한 필자의 硏究不足인지도 알 수 없으나, 大法院 1987. 1. 20. 판결 86다카251사건(集 35-1. 20)이 최초이다.

그 후에 나온 여러 判決들도 고려하여 大法院의 태도를 요약하면(이에 관하여는 뒤의 註 73의 문헌 참조), (i) 好意同乘者에 대하여도 自動車保有者는 自賠法 제 3 조에 기하여 보통의 경우와 마찬가지로 賠償責任을 부담하며, (ii) 또한 원칙적으로 好意同乘하였다는 事實만을 가지고 賠償額을 감경할 수 있는 事由로 삼을 수 없으나 예외적으로는 그 사유로 삼을 수도 있다는 것이다.

그러나 필자는 특히 대법원의 (ii)의 태도에 관하여 이와 같이 好意同乘의 사실을 예외적으로만 賠償額의 算定에 고려하는 데에 의문을 가지고 있다. 오히려 被害者가 加害車輛에 好意同乘하였다는 사정은 보다 일반적으로 賠償額減輕의 事由로 삼아야 하며, 보다 예외적으로만 그 사정을 고려하지 않은 것이 타당하지 않은가 하는 생각이다. 本稿는 이러한 의문과 그에 대한 나름대로의 근거를 제시하려는 작업의 일부를 이루는 것이다.

2. 自動車事故로 인한 損害賠償의 문제에 대하여는 여러 가지 측면에서 다양하게 검토할 필요가 있다고 생각된다. 自動車事故뿐만 아니라 보다 일반적으로 '事故'라고 부를 수 있는 여러 가지 社會現象 전반에 대하여, 法的인 측면에서는 事故豫防을 위한 行政的인 規制와 事故發生時 賠償責任의 分擔이라는 시각에서 각기 접근할 수 있을 것이다. 그러나 이와 아울러 '事故'는 被害者의 身上에 결정적인 영향을 미칠 수도 있고, 특히 현대생활에 있어서 事故는 거의 필연적으로 발생한다는 면이 있기 때문에, 弱者에의 扶助를 통한 福祉國家의 실현이라는 관점에서 보면 社會保障制度와도 불가분의 관계가 있다고 생각된다. 社會保障은 반드시 國家의 介入에 의하여서만 달성되는 것은 아니며, 오히려 自由經濟體制 아래서는 개인의 이니시어티브에 의한 危險에 대한 事前對備를 부추기는 것이 바람직하다. 이러한 측면에서 보면 역시 '事故'에 대한 대처의 문제는 保險制度를 시야에 두지 아니하고서는 논할 수 없

지 않을까 생각된다.

이러한 다양한 관점에서의 활발한 論議는 서로 밀접한 관계가 있고, 또 상호 영향을 미칠 것이며, 또 미쳐야 한다. 그리고 오늘날 不法行爲法의 混迷의 원인도 이러한 종합적인 연구의 결여 내지 부족에서 오는 것이 아닌가 생각되기도 한다. 그러나 능력이 미치지 못하므로 그러한 넓은 視野에서의 論議는 도저히 불가능하고,[1] 다만 好意同乘者에 대한 賠償責任이라는 微視的 問題를 앞에 두고 주로 法解釋學의 觀點에서 논의하여 보려는 것이다.

3. 그 중에서도 論議는 自賠法 제 3 조에서 정하는 賠償責任에 한정된다. 同條의 본문은 주지하는 대로 自動車保有者는 그 自動車의 "運行으로 말미암아 다른 사람을 死亡하게 하거나 負傷하게 한 때에는 그 損害를 賠償할 責任을 진다"고 정하고 있다. 그리고 이 규정은 不法行爲責任에 관한 一般規定인 民法 제750조에 대한 特則으로서,[2] 自動車保有者는 그 事故發生에 대하여 歸責事由, 즉 故意 또는 過失이 없더라도 일단 自動車保有者라는 지위에서 賠償責任을 지도록 되어 있다. 물론 일정한 免責事由는 同條 但書에서 인정되고 있으나, 이 免責事由는 通常의 不法行爲責任에서 승인되고 있는 바와 같은 保有者에게 歸責事由가 없다는 것만으로는 도저히 充足할 수 없는 것이다. 특히 自動車保有者와 실제의 運轉者가 각각인 경우에는 더욱 그러하다. 이와 같이 自賠法

1) 이러한 관점에서 P.S. Atiyah and Peter Cane, *Accidents, Compensation and the Law*, 4. ed., 1987은 극히 흥미 있는 문헌이다.

2) 判例는 自賠法 제 3 조에 기한 손해배상청구권과 民法 제750조에 기한 그것은 法條競合의 관계에 있다고 하는 것이 主流를 이룬다. 가령 大法院 1967. 9. 26. 판결 67다1695사건(集15-3. 152); 同 1970. 11. 24. 판결 70다1501사건(集 18-3. 285)은 自賠法 제 3 조는 民法 제750조의 特別規定이라고 하고, 자동차사고로 인하여 손해를 입은 자가 自賠法의 적용을 주장하지 않았다고 하여도 그에 대하여는 民法上의 規定에 우선하여 自賠法을 적용하여야 한다고 판시하며, 기타 大法院 1969. 6. 10. 판결 68다2071사건(集 17-2. 177); 同 1977. 10. 11. 판결 77다978사건(「판례월보」 92. 52)도 동일한 취지이다. 그러나 大法院 1970. 8. 31. 판결 70다714사건(「판례월보」 2. 14)은 自賠法의 적용이 있다고 하더라도 被害者가 민법상의 使用者責任을 물어 損害賠償請求訴訟을 제기할 수 있다고 한다.

제 3 조에서 정하는 自動車保有者의 책임이 그 자신의 歸責事由가 없어도 인정된다는 사정은 好意同乘의 문제를 생각함에 있어서도 고려되어야 할 것이다.

이하에서는 이와 같이 보다 嚴格한 責任으로서의 自賠法에 의한 損害賠償責任에 한정하여 被害者가 好意同乘者라는 사정이 어떠한 영향을 미치는가를 살펴보고자 한다. 따라서 自賠法 제 3 조에 의하여 自動車保有者가 人身事故에 대하여 배상책임을 지는 경우 이외의 문제는 論外이다.

本稿는 두 개의 부분으로 이루어지는 好意同乘에 관한 論文의 前半部를 이루는 것이다. 本稿는 주로 이에 관한 比較法的 考察을 담고 있는데, 이 부분만으로 이미 상당한 枚數에 이르렀을 뿐 아니라, 또 나름대로 獨自性도 없지 않으므로 우선 발표하기로 하였다. 이하 그 논문 전체의 구성을 제시하기로 한다.

우선 論議의 전개를 위하여 일단 '好意同乘'의 의미를 정한다(아래 Ⅱ). 나아가 외국에서 이 문제가 어떻게 처리되고 있는가를 살펴본다. 그러나 그 고찰의 범위는 필자의 능력으로 資料에의 접근이 가능한 서독·스위스·오스트리아·프랑스와 일본에 한정되고 있다. 그에 있어서 먼저 自動車運行으로 인한 人身事故에 대한 損害賠償規定이 극히 간략하게 소묘된 후에 好意同乘의 문제를 살펴보기로 한다(아래 Ⅲ). 이어서 우리 나라로 돌아와 大法院의 判決을 중심으로 하여 好意同乘의 사정이 어떠한 法規와의 관련 아래서 어떠한 方式으로 다루어지고 있는가를 확인한다. 그리고 끝으로 好意同乘의 사정을 우리 법 아래서 어떻게 고려하여야 할 것인가를 생각하여 보기로 한다. 그에 있어서는 일반적으로 好意關係(Gefälligkeitsverhältnis)에 있어서의 損害賠償問題에 관한 西獨의 學說을 앞세워 그 논의에 있어서 고려되고 있는 評價要素들을 살펴 본다. 이와 아울러 自賠法 제 3 조가 정하는 自動車保有者의 責任의 근거 내지 성질에 대하여도 간단하게 언급하기로 한다. 이러한 검토와 기타 약간의 고찰에 기하여 好意同乘의 사정은 信義則을 근거로 하는 원칙적인 賠償額減輕事由로 함이 타당하다는 결론에 이른다.

Ⅱ. 好意同乘의 意義

1. 일반적으로 '好意同乘'이라고 불리우고 있는 생활관계에 공통적인 요소를 추출하여 概念構成하는 것은 매우 어려운 일이라고 생각된다. 그러나 앞으로의 論議의 대상을 정하기 위하여도 일단 好意同乘의 의미를 확실하게 하여 둘 필요가 있을 것이다. 우선 다음과 같은 점을 지적할 수 있지 않을까 생각한다.

첫째, 好意同乘은 同乘을 전제로 하며, 당해 車輛의 '運轉'과 대비된다. 위에서 본대로 自賠法에 적용되는 범위에 논의를 한정하자면 이것은 同法에서 말하는 "運轉者"가 아닌 자격에서 自動車에 타고 가는 것뿐만 아니라,[3] 實際로 事故發生 당시에 運轉行爲를 하지 않고 있음을 의미한다.[4]

둘째, 好意同乘은 無償同乘을 전제로 한다. '無償'이란 그야말로 反對給付를 치르지 않는다는 것이다. 따라서 同乘者가 휘발유값을 分擔한다든가 하는 경우에는 好意同乘이라고 할 수 없다. 물론 설사 代價가 있더라도 그것이 名目的인 것에 그치는 경우를 어떻게 볼 것인가 하는

---

3) 따라서 설사 사고가 난 當該 進行 도중 일시적으로 동승자가 운전을 한 일이 있더라도 그것만으로 여기서 말하는 好意同乘에 해당하지 않는다고는 할 수 없다. 大法院 1988. 9.13. 판결 88다카80사건(「법원공보」 834. 30)의 사안에서 피해자는 비록 일시 운전을 한 일이 있어도 여전히 호의동승자에 해당한다고 할 것이다.

4) 大法院 1971.6.8. 판결 71다710,711사건(集 19-2. 103)은 "운전자의 과실로 말미암아 사고가 생긴 경우에 있어서는 그 운전자는 자배법 제3조 본문의 '타인'에 해당하지 않는다"고 판시하여 自動車保有者라도 사고 당시의 運轉者에 대하여는 同條 所定의 責任을 부담하지 않음을 분명히 하였다. 그러나 위 판결은 "과실 있는 사고자동차의 운전자"라고 하고 있으므로, 無過失의 運轉者에 관하여 태도를 확정한 것은 아니라고 할 것인가. 이에 대한 論議로서는 우선 李輔煥, 「自動車事故損害賠償訴訟」, 1983, 83면 이하를 보라.

問題는 남는다. 好意同乘은 항상 無償同乘이나 無償同乘이 항상 好意同乘인 것은 아니다.

셋째, 好意同乘은 好意에 의한 同乘, 즉 他人에게 好意를 베풀려고 하는 意思에 기한 同乘이다. 利他的인 동기에서 나온 것이 아니면 여기서 말하는 好意同乘이 아니다. 물론 그러한 意思는 友情, 親族간의 紐帶感, 愛情 또는 사회적 의례, 나아가서는 人類愛 등에 의한 것으로 설명될 수도 있을 것이다. 그러나 비록 無償同乘이라도 利己的인 동기가 介入되어 있으면 好意同乘이라고 할 수 없다. 예를 들면 中古自動車販賣業者가 그의 고객에게 自動車의 試乘을 허락한다든가, 不動産仲介業者가 고객을 태우고 目的物을 보러 간다든가, 호텔에서 無償으로 운행하는 셔틀버스를 이용한다든가 하는 경우 등과 같이 無償同乘이 自動車保有者의 營利活動의 범위 내에서 일어난 경우가 그것이다.

넷째, 이렇게 보면 好意同乘은 반드시 運轉者의 同乘許諾을 전제로 한다. 그러므로 運轉者의 허락 없이 몰래 또는 강제적으로 자동차에 便乘한 경우는 이에 해당하지 않는다. 그런데 그러한 同乘許諾 또는 나아가서는 그 運轉者에 의한 당해 運行 자체가 自動車保有者의 意思――推定的인 意思도 포함하여――에 반하는 경우에도 運轉者가 好意에 기하여 無償의 同乘을 허락하면 이를 여기서 말하는 好意同乘에 포함시킬 것인가. 그러나 그 경우를 여기서 好意同乘의 개념에 포함시키는 것이 과연 앞으로의 論議를 전개함에 있어서 合目的的인가는 의문이다. 물론 우리 나라의 判例는 위와 같은 경우에 관한 것이 오히려 多數를 차지한다. 그러나 論議의 순서로서는 우선 好意同乘이 自動車保有者의 意思에 기하여 이루어진 경우에 관한 論議를 살펴보고 나서 거기에 전개된 論旨를 위와 같은 경우에 대하여도 관철할 수 있는지 여부 및 그 관철의 한계 내지 그 경우에 특수하게 고려되어야 할 점들을 생각하여 보는 것이 적절하지 않을까 생각한다.

2. 다른 한편으로 好意同乘을 논함에 있어서는 소위 '共同運行者'와의 限界를 明白하게 하여 둘 필요가 있다. 여기서 前提가 되는 것은 自賠法 제 3 조의 責任은 運行者(自動車保有者)를 위하여는 發生하지 않는다는 것이다. 가령 自動車保有者의 가족들이 소위 패밀리 카(family car)를 이용하는 경우나 또 렌트카業者로부터 車를 賃借하여 운행하는 경우에 그 家族이나 賃借人은 오히려 '共同運行者'로서 自賠法의 보호로부터 배제되어야 한다는 논의가 있다.[5] 물론 이러한 경우와 앞서 본 好意同乘의 경우를 명확하게 구별할 構成的 徵表가 있는가에 대하여는 의문이 있으나, 일단 自動車에 대한 운행지배라는 관점에서 兩者를 구분할 수 있지 않을까 하는 생각이 든다.

Ⅲ. 外國의 경우

1. 西　　獨

西獨에 있어서 自動車事故로 인한 책임은 1차적으로 ―우리 나라에서 自賠法의 적용을 받는 것과 마찬가지로― 特別法律인 「道路交通法」(Straßenverkehrsgesetz. 通常 "StVG"로 略稱된다)[6] 제 7 조에 의하여 발생한다.[7]

同條 제 1 항은 "自動車의 運行에 있어서 사람이 死亡하거나 身體 또

5) 李輔煥(주 4), 88면 이하 참조.

6) 이 법률은 1909년 5월 3일의 「自動車交通法」(Gesetz über den Verkehr mit Kraftfahrzeugen. 통상 "KFG"로 약칭된다)에 대신하여 1952년 12월 19일에 새로이 制定된 것이다. 그 제정 후 여러 차례의 改正을 거쳤다.、同法은 全文 30개조를 두고, 4개의 章으로 구성되어 있다. 그 중 제 2 장이 "賠償責任"(Haftpflicht)에 관하여 정하고 있으며, 그 冒頭의 規定이 제 7 조이다.

7) 우리 自賠法 제 3 조는 연혁적으로 日本의 自動車損害賠償保障法 제 3 조를 통하여 西獨 StVG 제 7 조에 연결된다. 위 日本 규정이 위 西獨 규정의 직접적인 영향 하에 마련되었다는 것에 관하여는 吉野衛, 自賠法の立法過程, 吉岡進 編, 「現代損害賠償法講座 3 : 交通事故」, 1972, 3면 이하, 특히 21면 이하 참조.

는 健康이 侵害되거나 物件이 損壞된 경우에는 그 自動車의 保有者(Halter)는 그 被害者에게 그로부터 발생하는 損害를 賠償할 義務를 부담한다" 고 정한다. 이에 따르면 自動車의 保有者는[8] 그 事故의 발생에 대한 歸責事由의 有無를 불문하고 損害賠償責任이 있다.[9] 다만 同條 제 2 항은 일정한 내용의 "不可避한 事情"(unabwendbares Ereignis)에 의하여 事故가 발생한 경우에 관하여,[10] 同條 제 3 항은 保有者의 "認識과 意思 없이"(ohne Wissen und Willen) 自動車가 運行된 경우에 관하여[11] 각기 保有者의 責任을 排除하고 있다(後者의 경우에 대하여는 다시 制限을 두어 保有者의 歸責事由에 기하여 自動車의 이용이 가능하게 된 경우[12]와 그 使用者가 保有者에 의하여 자동차의 운행을 위하여 고용되었거나 保有者로부터 自動車를 引渡받은 경우에는 그러한 責任排除는 일어나지 않는다고 한다).[13]

그런데 위와 같은 保有者責任에 대하여는 다음과 같은 제한이 있다. 즉 위 法 제 8 조의a 제 1 항 제 1 문은 "自動車에 의하여 運送되던 사람이 死亡하거나 다친 경우에 위 제 7 조에 의한 自動車保有者의 責任은 그 運送이 有償의 營業的인 人員運送(entgeltliche, geschäftsmäßige Personenbe-

8) 이 경우 자동차의 運轉者도 StVG 제 8 조 내지 제15조에 따른 賠償責任을 진다. 그러나 그에게 歸責事由가 없는 때에는 그러하지 아니하다. 이상 同法 제18조 참조. 그러므로 운전자의 비상책임은 實體的 要件에 관한 한 일반불법행위의 경우와 마찬가지이다.

9) 한편 자동차보유자의 StVG에 기한 배상책임에는 最高額의 制限이 있다. 가령 1인의 사망 또는 부상의 경우에는 一時金으로 50만마르크, 定期金으로 年 3만마르크가, 그리고 數人의 사망 또는 부상의 경우에는 모두 합하여 일시금으로 75만마르크, 정기금으로 年 4만 5천마르크가 최고한도이다. 同法 제12조 참조.

10) 제 2 항 : "賠償義務는 그 事故가 自動車의 構造上의 결함이나 機能의 장애에 기하지 아니한 불가피한 사정으로 인하여 발생한 경우에는 발생하지 아니한다. 특히 어떠한 사정은 그것이 피해자 또는 운행에 관여하지 아니한 제 3 자 또는 동물의 擧動에 緣由하고 또한 자동차의 保有者 및 運轉者가 각 경우의 諸般事情에 따라 요구되는 주의를 다한 경우에는 불가피한 것으로 간주된다." 이와 같이 이 규정의 構造는 免責事由를 정하는 우리 自賠法 제 3 조 但書 제 1 호의 그것과는 다른 점이 있다.

11) 이 경우에는 그 利用者가 배상책임을 진다.

12) 이 경우에는 保有者가 그 利用者와 아울러 책임을 진다.

13) 이상과 같이 西獨에 있어서는 法律에 의하여 명확하게 규율되고 있는 소위 無斷運轉(Schwarzfahrt)의 경우에 대하여, 우리는 대개 그 경우에도 自動車保有者가 自賠法 제 3 조의 "자기를 위하여 自動車를 運行하는 자"에 해당하는가의 解釋問題로서 해결을 시도하고 있음은 周知하는 대로이다.

förderung)인 때에만 발생한다"고 정한다.[14] [15] (또한 物損에 대하여도 同項 제 2 문이 제한하고 있다). 따라서 그 運送이 無償으로 이루어지거나 非營業的인 것인 때에는, 가령 好意同乘者에 대하여는, 위 規定에 의한 保有者責任은 발생하지 아니한다. 결국 自動車保有者는 好意同乘者에 대하여 StVG 제 7 조에 기한 책임을 지지 아니하며, 一般規定, 즉 獨逸民法 제823조 이하의 規定에 의한 損害賠償責任만이 인정된다.

여기서 주목할 만한 것은 西獨의 學說의 이 責任制限規定에 대한 태도이다. 즉 대부분의 學說은 危險責任(Gefährdungshaftung)이 인정되는 경우에 있어서 好意에 의하여 피해자로 하여금 그 危險한 物件 또는 設備를 이용하도록 한 物件 등의 保有者는 비록 그 物件 등에 의하여 상대방이 손해를 입었어도 그 危險責任을 면하여야 한다고 주장하며(물론 過失이 인정되는 경우는 別論으로 한다), 위 StVG 제 8 조 a는 —「航空交通法」(Luftverkehrsgesetz) 제33조, 제44조, 제45조와 더불어— 이러한 一般的인 法理의 표현에 불과하다고 이해하는 것이다.[16]

2. 스 위 스

(1) 스위스에 있어서 自動車事故로 인한 損害에 대한 自動車保有者

---

14) 위 법 시행 전의 KFG 제 8 조 제 1 호에서는 자동차에 타고 있던 자에 대하여는 同法上의 保護를 아예 부여하지 않고 있었다. 그 理由는 KFG의 立法目的은 公衆을 交通事故의 危險으로부터 보호하려는 것이며, 자동차를 이용하는 자는 事故의 危險을 自意로 引受한 것이므로 보호할 필요가 없다는 데 있었다고 한다. 그 후 1939년 11월 7일의 KFG 개정법률이 "有償으로 公衆交通에 제공된 自動車에 타고 있던 자"에 대하여도 그 보호를 인정하였던 것을 1957년 7월 16일의 StVG 改正法律에 의하여 위와 같이 더욱 擴張한 것이다. 이상에 대하여는 Hans Stoll, *Das Handeln auf eigene Gefahr*, 1961, S. 25 Anm. 2 참조.

15) 同項 제 3 문은 運送이 公法上의 法人이나 營造物에 의하여 이루어지더라도 그 人員運送의 營業性을 해하지 아니한다고 정한다.

16) Werner Rother, *Haftungsbeschränkung im Schadensrecht*, 1965, S. 182; Stoll(주 14), S. 349f.; *Staudingers Kommentar zum BGB*, Bd. 2 Teil 1 a, 11. Aufl., 1967, Einl. J 41(Weber); Hans-Joachim Hoffmann, Der Einfluß des Gefälligkeitsmoments auf das Haftungsmaß in: *AcP* 167(1967), S. 407 참조.

의 責任에 관한 기본적인 법규정은 1958년 12월 19일 제정되어 1960년 1월 1일부터 발효된 「道路交通에 관한 聯邦法律」(Bundesgesetz über den Strassenverkehr. 通常 "SVG"로 略稱된다)[17]의 제58조부터 제89조까지이다.[18] 同法 제58조 제1항은 "自動車의 運行에 의하여[19] 사람이 死亡 또는 負傷하거나 物損(Sachschaden)이 발생한 경우에는 그 保有者(Halter)가 그 損害의 賠償責任을 진다"고 규정한다. 따라서 자동차의 보유자는 西獨의 StVG 제7조 제1항이나 우리 自賠法 제3조 본문이 규정하는 바와 마찬가지로 그에게 過失 기타 歸責事由가 없더라도 그 자동차의 운행으로 인한 事故에 대하여 책임을 져야 한다.[20]

그러나 다른 한편 同法 제59조는 자동차보유자의 책임이 면제되는 사유를 규정하고 있다. 즉 同條 제1항은 보유자가 다음과 같은 사실을 모두 입증하였을 때에는 그 責任을 면한다고 정한다. (i) 事故가 不可抗力이나 被害者 또는 第3者의 중대한 歸責事由(grobes Verschulden)에 의하여 일어났다는 것; (ii) 保有者 자신이나 그가 책임을 져야 할 사람[21]에게 過責이 없다는 것; (iii) 자동차의 缺陷이 사고의 발생에 기여하지 않았다는 것.

그런데 從前의 同條 제3항은 다음과 같이 규정하고 있었다. "傷害를 입거나 死亡한 者가 好意에 의하여 無償으로 同乘한 者이었던 경우

---

17) 이 法律은 1987년 말 현재 全文 108개조로 되어 6개의 章으로 구성되어 있다. 그 내용은 우리 나라의 自動車管理法, 道路交通法 및 自賠法을 합한 것에 상응한다. 그 중 제4장이 "賠償責任과 保險"을 다루며, 그 冒頭의 規定이 뒤에서 보는 제58조이다.

18) Karl Oftinger, *Schweizerishes Haftpflichtrecht*, 2. Bd: Besonderer Teil, 2. Hälfte, 3. Aufl., 1972, S. 444(同書의 441면부터가 이하의 敍述의 기초를 이룬다). 그 외에 스위스에서의 自動車保有者의 賠償責任에 관한 문헌으로 참고한 것은 Alfred Keller, *Haftpflicht im Privatrecht*, 4. Aufl., 1979, S. 223ff. 가 있다.

19) 同條 제2항은 事故가 운행 중에 있지 아니한 自動車에 의하여 야기된 경우에는, 被害者가 保有者 또는 그가 '책임을 져야 할 사람'(이에 관하여는 뒤의 註 21 참조)에게 歸責事由가 있거나 自動車의 缺陷이 事故에 寄與(mitwirken)하였다는 것을 입증하면 保有者가 賠償責任을 진다고 정한다.

20) 그러나 SVG에는 西獨과는 달리 自動車保有者의 賠償責任의 最高額 制限이 없다.

21) 여기서 "보유자가 책임을 져야 한 사람"이라고 하면, 運轉者 및 運轉協力者(mitwirkende Hilfspersonen)를 말한다. 同法 제58조 제4항은 위와 같은 사람의 歸責事由에 대하여 保有者는 자신에게 歸責事由가 있는 것과 같이 책임을 진다고 정한다.

또는 그에게 好意에 의하여 無償으로 차량이 引渡되었던 경우에는, 법관은 損害賠償을 減額하거나 또는 특수한 사정이 있으면 그것을 면제할 수 있다. 被害者가 소지하고 있던 物件에 대한 損害에 대하여도 마찬가지이다."[22] 이에 따르면 好意同乘은 명문으로 責任減輕事由 또는 免除事由로 인정되고 있다.[23] 그 이전에 交通事故로 인한 損害賠償에 관하여 규정하고 있던 1932년 3월 15일의 「自動車交通 및 自轉車交通에 관한 聯邦法律」(Bundesgesetz über den Motorfahrzeug- und Fahrradverkehr. 보통 Motorfahrzeuggesetz라고 불리우며 "MFG"로 略稱된다)도 그 제37조 제4항에서 기본적으로는 이와 마찬가지로 規律하고 있었다고 한다. 다만 위 1953년의 法律에서 달라진 것은 (i) 好意에 의하여 自動車를 無償으로 引渡하여 준 경우에 대하여 명시적인 규정을 두고, (ii) 好意同乘에 있어서도 保有者에게 歸責事由가 없는 경우에만 好意同乘이라는 사정이 責任制限事由로서 고려된다는 종전의 제한(MFG 제37조 제4항 참조)이 撤廢되었다는 것이다.[24]

위 SVG 제59조 제3항은 1975년 3월 20일 SVG의 一部改正에 의하여 삭제되었다. 그러나 好意同乘이라는 사정이 損害賠償額 算定에 있어서 고려되어야 한다는 입장은 계속 유지되고 있다고 한다.[25] 이와 같이 위의 규정이 효력을 상실하였음에도 그 규정의 내용이 실질적으로 유지된다는 것은 스위스法에 있어서의 損害賠償算定方法에 관한 一般規定

22) Oftinger(주 18), S. 638에서 재인용: "Ist der Verletzte oder Getötete aus Gefälligkeit unentgeltlich mitgeführt worden oder war ihm das Fahrzeug aus Gefälligkeit unentgeltlich überlassen, so kann der Richter die Entschädigung ermäßigen oder, bei besonderen Umständen, ausschließen; dies gilt auch für den Schaden an Sachen, die der Geschädigte mitführte."

23) 이와 같은 규정이 없어도 好意關係가 賠償額 減輕의 事由가 된다는 一般原則은 인정되어 왔다고 한다. 그러나 그 規定은 특히 호의관계를 이유로 責任을 免除할 수 있는 가능성을 새로이 열었다는 데 의의가 있다. Oftinger(주 18), S. 638 참조.

24) Oftinger(주 18), S. 639 참조.

25) Karl Oftinger, *Schweizerisches Haftpflichtrecht*, 1. Bd: Allgemeiner Teil, 4. Aufl., 1975, S. 275: "동 규정은 삭제되었으나, 호의관계를 고려하여야 한다는 사상은 일반적으로 여전히 적용될 수 있다." 또한 Theo Guhl, *Das schweizerische Obligationenrecht*, 7. Aufl., 1980, S. 76: SVG 제59조 제3항은 삭제되었으나 "그 사상은 여전히 ——비록 보다 신중하기는 하더라도—— 일반화할 수 있다."

을 고려할 때 그 의미가 더욱 분명히 이해될 수 있다.

(2) 스위스債務法 제43조 제1항은 損害賠償 內容의 결정에 관한 原則的인 규정이다. 그에 의하면, 발생한 "損害에 대한 賠償의 方法과 額은 法官이 정한다. 그에 있어서는 諸般事情(die Umstände)과 歸責事由의 정도를 고려하여야 한다"고 정한다. 따라서 法官은 여러 가지의 사정을 고려하여 原告에게 支給되어야 할 賠償額――물론 法官은 소위 原狀回復의 方法으로 賠償할 것을 命할 수도 있으나(위 條項의 "… 賠償의 方法 …") 여기서 論議의 대상이 되는 人身損害의 경우에는 주로 金錢賠償만이 문제될 것이다――을 정할 수 있다.

學說과 判例는 그에 있어서 고려되어야 할 사정의 하나로서 被害者가 好意同乘者라는 점을 드는 데 異論이 없다.[26] 스위스債務法 제99조 제2항 後段은 債務不履行으로 인한 損害賠償에 관하여 "그 責任은 특히 그 行爲가 債務者에게 있어서 어떠한 利益도 目的으로 하는 것이 아닐 경우에는 완화되어야 한다"라고 정하고 있다. 이러한 규정의 정신을 아울러 고려하면 好意同乘의 경우에 責任이 완화되어야 함은 명백한 것이다.

(3) 이상에서 본 바와 같이 SVG 제59조 제3항은 비록 현재 效力을 상실하였으나, 그 削除로 인한 공백은 損害賠償의 내용 내지 범위에 관한 一般原則, 즉 스위스債務法 제43조 제1항의 적용에 의하여 동일한 사상으로 보충되고 있다(오히려 이러한 補充을 예상하여 삭제하였다고 함이 타당할지도 모른다). 그러나 SVG 제59조 제3항에 대한 종전의 解釋을 살펴보는 것은 好意同乘에 대한 法理 자체가 아직 충분히 發達되지 못한 우리 나라의 입장에서는 有益하리라고 생각된다.[27]

---

26) 위 주 25의 문헌들 및 Andreas von Tuhr, *Allgemeiner Teil des Schweizerischen Obligationenrechts*, 2. Bd., 3. Aufl., 1984, S. 118, Anm. 32 a. 기타 Oftinger(주 25), S. 275 Fn. 58의 문헌 및 판결 참조.

27) 이하의 敍述은 Oftinger(주 18), S. 639ff. 에 의하였다.

(a) 위 規定의 근거는 衡平에 있다고 한다. 그 내용은 다음과 같다. 우선 스스로 이익을 얻음이 없이 단자 他人에 대한 博愛心에 기하여 남을 자신의 自動車에 同乘시킨 사람에게 損害賠償을 다른 경우와 같이 負擔시키는 것은 適合하지 않다. 설사 비록 그가 保險에 加入하였다고 하더라도 그 付保範圍가 충분하지 아니한 때에는 保有者 스스로가 賠償金을 出捐하지 않으면 안 되는 結果가 된다. 나아가 保有者와 실제의 運轉者가 일치하지 않은 경우에 그 運轉者가 好意同乘을 시켰어도 保有者는 책임을 져야 하는 것이다. 또한 同乘者는 자기의 意思에 기하여 스스로를 자동차의 운행에 따르는 危險에 노출시켰으므로 적어도 그 결과의 일부에 대하여는 스스로 責任을 지는 것이 마땅할 것이다.

(b) 同 條項 적용을 위한 가장 중요한 要件은 "好意에 의하여 無償으로" 同乘하였다는 것이다. "無償으로"라 함은 運送에 대하여 法的으로 의미 있는 反對給付가 이루어지지 않았다는 것이다. 또 "好意에 의하여"라고 함은 利他的인 動機, 즉 他人에게 好意를 베풀려고 하는 이유에 기한 것임을 말한다. 가령 이웃 사람을 같은 방향으로 가는 길에 同乘시킨다든가, 방문객을 마중나가 집까지 태우고 온다든가, 親知를 소풍에 같이 데리고 간다든가, 히치하이커를 태우는 경우 등이 그것이다. 그리고 그 사람의 運送은 전적으로 또는 거의 전적으로 그의 利益을 위한 것이어야 하며, 保有者가 또는 保有者도 그 사람의 運送에 利益을 가지는 경우, 특히 그 運送이 營業行爲의 일부를 이루는 경우에는, 그 運送 자체에 대하여는 아무런 직접적인 대가가 지급되지 않는다 할지라도 '好意同乘'은 아니다. 가령 使用主가 그의 被用者들을 직장으로 운송한다든가, 호텔에서 운행하는 셔틀버스라든가, 醫師를 病者가 있는 곳으로 태우고 온다든가(반대로 醫師가 緊急患者를 綜合病院으로 運送하는 경우에는 그러하지 아니하다고 한다), 나아가 自動車의 試驗運轉의 경우 등이 그러하다. 그리고 중요한 것은 保有者의 지시에 좇아 운전하고 있는 자가 스스로 他人을 好意同乘시킨 경우에도 위 규정의 적용이 있어서 保有者는

자신의 責任의 제한을 주장할 수 있다는 것이다.

그러나 保有者의 指示에 벗어나서 운행하던 運轉者가 好意同乘시킨 경우를 어떻게 처리하느냐는 文獻上 명확하지 않다.[28]

運轉者의 同意를 얻지 않고 同乘한 者(소위 "無斷同乘者". blinder Passagier)는 위 규정에 의하여 직접 규율되고 있지는 않으나, 이 경우에는 그 규정의 理致(ratio)가 더욱 적용되어야 하며 통상 아무런 賠償도 주어지지 않는다고 해석되고 있다.

(c) "同乘"(mitführen)이란 반드시 被害者를 車輛 안에 태우고 가는 동안만을 의미하는 것은 아니다. 가령 同乘者가 차에서 내린 동안 차를 돌리다가 다친 경우에도 위 條項에서 말하는 同乘에 해당한다.

(d) 同乘者측에서 볼 때 車輛의 이용이 반드시 자신에 대한 歸責事由(Selbstverschulden)가 됨을 요구하지 않는다. 가령 술에 취한 運轉者의 권유에 의하여 그 사정을 알면서 同乘한 경우에는 保有者는 한편으로 위 條項에 의한 責任制限을 주장함과 아울러 다른 한편으로 過失相計의 主張(SVG 제59조 제 2 항[29] 참조)을 할 수 있다.

3. 오스트리아

(1) 오스트리아도 自動車事故로 인한 損害의 賠償에 관하여 特別法을 가지고 있다. 1959년 1월 21일 제정된 「鐵道와 自動車의 運行에 있어서의 事故로 인한 損害의 賠償에 관한 聯邦法律」(Bundesgesetz über die Haftung für den Ersatz von Schaden aus Unfällen beim Betriebe von Eisenbahnen und beim Betriebe von Kraftfahrzeugen. 通常 "KEHG"로 略稱된다)이 그것이다.[30]

---

28) 스위스의 SVG에는 西獨의 StVG 제 7 조 제 3 항과 같은 無斷運轉의 경우 保有者의 責任에 관한 규정이 없다.

29) SVG 제59조 제 2 항 : "제 1 항의 규정에 의하여 免責되지 않는 保有者가 피해자의 歸責事由가 사고의 발생에 寄與하였음을 立證한 때에는 法官은 모든 사정을 고려하여 賠償責任을 정한다."

30) 이 法律은 全文 23개조로 되어 있으며, 1959년 개정된 이후 여러 차례의 改正을 겪었

同法에 의하면 "自動車의 運行에 있어서 사람이 死亡하거나 그의 身體나 健康이 침해되거나 또는 物件이 損壞된 경우"(同法 제 1 조)에는 원칙적으로 그 자동차의 "保有者"(Halter)가 자신의 歸責事由 有無에 불구하고 賠償責任을 진다(同法 제 5 조 제 1 항).[31] 保有者의 意思에 의하지 아니하고 自動車를 이용하던 자가[32] 事故를 일으킨 경우에는 그가 보유자 대신 賠償責任을 지는데(同法 제 6 조 제 1 항), 그러나 이에는 일정한 예외가 있다.[33]

그러나 人的 損害, 즉 死亡이나 傷害의 경우에 대하여는 同法 제 3 조에서[34] 自動車保有者를 위하여 두 가지의 특별한 免責事由가 규정되어 있다. 첫째는 (i) 被害者가 "保有者의 意思에 기하지 아니하고" 운송되고 있거나[35] 또는 "被害者가 그 자신의 요청에 의하여, 全的으로 또는 주로 그의 經濟的 利益을 위하여" 운송되고 있었고, 또한 (ii) "비록

다. 그 條文 및 그 解釋에 관하여는 Helmut Koziol, *Österreichisches Haftpflichtrecht*, Bd. 2: Besonderer Teil, 2. Aufl., 1984, S. 509ff. 를 보라. 이하의 서술도 주로 이 문헌에 의하였다.

31) 이와 같은 EKHG에 기한 自動車保有者의 배상책임에는 最高額의 제한이 있다. 가령 1인의 사망 또는 부상의 경우에는 一時金으로 1백 2십만 실링, 定期金으로 年 5만4천 실링이, 그리고 하나의 事故로 數人이 사망 또는 부상한 경우에는 일반적으로(특수한 자동차의 경우에는 다르다) 위의 액의 3배가 그것이다. 同法 제15조 제 1 항 제 2 호, 제 3 항 제 1 호 각 참조.

32) 여기서 "利用者"(Benutzer)란 자동차 그 자체를 支配意思(Herrschaftswille)를 가지고 "不當利用"(anmaßen)하는 자를 말한다. 同法 제 6 조 제 3 항 참조.

33) 우선 同法 제 6 조 제 1 항 제 2 문에서 정하는 대로 그 이용이 保有者 또는 그의 의사에 기하여 自動車를 운행하던 자의 歸責事由에 의하여 가능하게 된 때. 이 경우에는 保有者가 그 利用者와 아울러 책임을 진다. 나아가 同條 제 2 항에서 정하는 대로 그 利用者가 자동차의 운행을 위하여 고용된 자이거나 自動車가 保有者에 의하여 이용자에게 引渡되었던 때. 이 경우에는 保有者만이 책임을 지고 그와 같은 利用者는 자신에게 歸責事由가 없음을 입증하여 일반의 民法規定에 의한 책임을 면할 수 있다. 이와 같이 그 내용은 西獨의 StVG 제 7 조 제 2 항과 유사하다.

34) 物損에 관한 免責事由는 同法 제 4 조에 규정되어 있다.

35) 이와 관련하여서는 被害者가 보유자 이외의 자(가령 被用者나 運轉士)의 의사에 기하여 운송되고 있었던 경우 保有者의 책임 유무에 대하여 논의가 있다. 保有者가 이를 허락하였던 경우에는 문제가 없으나, 그가 피용자 등에게 제 3 자의 同乘을 금지하고 있었던 경우에 대하여는 保有者가 일반적으로 면책된다는 견해와 代理法에 관한 규정을 類推適用하여 운전자가 동승을 허락할 권한이 있는 듯한 外觀이 성립하고 이 외관이 보유자의 歸責事由에 의하여 야기된 경우에는 그 운송에 대한 保有者의 同意를 긍정하여 보유자의 책임을 인정하여야 한다는 견해가 대립한다고 한다. 이에 관하여는 Koziol(주 30), S. 523 참조. 그는 後說을 택한다.

부적절한 것일지라도 保有者에게 歸屬되는 바의 代價 없이" 운송되고 있었던 경우이다(同條 제 2 호). 둘째는 被害者가 "자동차를 운전하고 있었던 경우"이다(同條 제 3 호). 이러한 자동차보유자의 免責事由는 同法에 의한 賠償責任에 대하여만 적용이 있고, 다른 법에 의한 賠償責任은 그러한 사유에 의하면 면제되지 않는다는 것이 學說이고 判例이다.[36)]

(2) 본 논문의 主題와 관련이 있는 것은 주로 제 1 의 免責事由, 그 중에서도 "保有者의 意思"에 기하기는 하나 "피해자의 요청에 의하여, 全的으로 또는 주로 그의 經濟的 利益을 위하여" 운송되고 있던 無償同乘者의 경우이다.[37)] 이 규정은 무엇보다도 히치하이커 (Autostopper)에 적용이 있다고 한다. 그리고 그와 같은 경우 免責되는 이유는 被害者가 의식적으로 그 危險에 자신을 노출시켰고 따라서 그는 자신의 危險으로 (auf eigene Gefahr) 행위한 것이며, 또한 그는 그 스스로의 利益을 위하여 그 위험을 引受한 반면 自動車保有者에게는 아무런 利益도 귀속되지 않았다는 데 있다고 설명되고 있다.

위 免責事由에서 "經濟的 利益" (wirtschaftliches Interesse)이라고 함은 단지 金錢으로 평가될 수 있는 이익만을 의미하는 것은 아니고, 보다 빠르고 편하게 場所的 移動을 얻으려는 것도 이에 포함된다. 또한 自動車運轉者가 무료를 달래기 위하여 말동무로서 同乘시켰다고 하더라도 위 免責要件("전적으로 또는 주로 동승자의 이익을 위하여")을 충족하는 데 장애가 되지 않는다.

한편 그 同乘은 대가 없이 이루어져야 한다. 同乘者가 일정한 금전을 支給한 경우에는 그것이 동승을 시키기에 충분한 유인이 된다고 평가될 수 있을 때에는 代價를 지급한 것이 된다. 그러나 그 反對給付가 상당한 것이 아니더라도 대가가 있는 것이 됨은 法文上 명백하다. 나아가 동승은 "同乘者의 要請에 의하여" (auf sein Suchen) 행하여져야 한다고

36) Koziol(주 30), S. 523 u. Fn. 80 참조.
37) 이하에 대하여는 Koziol(주 30), S. 524f. 참조.

정하나, 동승자가 손님으로 招請된 경우와 스스로 同乘을 청한 경우를 구별하여 달리 취급하는 것은 바람직하지 않다고 하여 비판하는 견해가 있다.[38)]

이와 같이 위의 免責要件은 一見 매우 제한적인 것으로 보이나, 실제에 있어서는 好意同乘의 대부분의 경우를 포괄하는 것이라고 생각된다.

4. 프 랑 스

(1) 프랑스에서 自動車事故로 인한 被害者의 民事的인 救濟手段은 ―契約上의 責任[39)]을 且置한다면― 1차적으로 프랑스民法(이하 프民이라고 부르기로 한다) 제1384조 제1항에 의하여 주어진다.[40)] 위 규정에 의하면 "自己가 保管하는 物件의 行爲에 의하여 생기는 損害"(dommage qui est causé par le fait des choses que l'on a sous sa garde)에 대하여 그 保管者는 責任이 발생한다고 한다. 이 규정은 1804년의 立法 당시에는 프民 제1385조에서 정하는 動物保管者의 責任 및 同法 제1386조에서 정하는 建物倒壞로 인한 責任을 이끌어내기 위한 前提規定 이상의 의미는 없었다. 그러나 그 후 產業革命을 거치면서 產業災害와 특히 교통사고의 폭발적 증가에 대처하여 그 被害者에게 보다 효율적인 보호를 부여

38) Stoll(주 14), S. 25 Anm. 2. 또한 Koziol(주 30), S. 525는 食事 등에의 초대에 따른 同乘의 경우를 代價性 유무와 관련하여 논하고, 결론적으로 의심스러운 때에는 위 免責要件을 충족한다고 해석하고 있다.

39) 승객에 대하여 契約上 運送義務를 부담하는 자는 그 의무의 한 내용으로 승객을 目的地까지 安全하게 (sain et sauf) 운송하여야 하는 소위 安全義務(obligation de sécurité), 그 중에서도 結果安全義務를 부담한다는 것이 破棄院 民事部의 유명한 1911년 11월 21일 判決에 의하여 인정되어, 만일 승객이 그 運送 도중 부상하거나 사망하였다면 運送人은 그 사고가 자기에게 귀책될 수 없는 外的 原因(cause étrangère)―단지 자신의 無過失을 입증하는 것으로는 부족하다―에 기하여 발생하였음을 입증하지 않는 한 손해배상의 책임을 부담한다. 이에 관한 국내문헌으로는 우선 金星洙, 프랑스法上 安全義務에 관한 研究, 1990학년도 서울대학교 碩士學位論文, 37면 이하가 있다.

40) 學說과 判例에 의한 프民 제1384조 제1항의 '再發見'과 그에 기한 프랑스에 있어서의 '無生物責任'의 法理의 눈부신 발전에 관하여는 일일이 文獻을 열거할 필요가 없을 것이다. 우선 Mazeaud/Mazeaud, *Traité théorique et pratique de la reponsabilité civile délictuelle et contractuelle*, t. 2, 6. éd., 1970, p. 1 et suiv. 만을 들어두기로 한다.

하기 위하여 소위 無生物責任(responsabilité du fait des choses inanimèes)이 인정되어야 한다는 주장이 대두함에 따라 그 責任의 實定法的 根據로서의 새로운 의미를 부여받게 되었다. 自動車事故에 대하여도 同條에서 정하는 "物件의 行爲"를 하자 있는 物件으로 인한 損害發生에 한정할 것인가 또는 '사람의 行爲'가 개입되지 않은 物件의 自動的 作動의 경우에 한정할 것인가(따라서 사람이 運轉하고 있는 동안에 발생한 事故에 대하여는 위 규정의 적용이 없다고 할 것인가)의 문제를 둘러싼 學說과 判例上의 對立·不統一 등의 우여곡절 끝에, 1930년 2월 13일의 破棄院 聯合部判決로써[41] 설계나 보존·관리상의 하자가 없는 自動車가 사람에 의하여 운행되던 중에 일으킨 事故를 포함한[42] 自動車事故 一般에 대하여 프民 제1384조 제1항의 적용을 긍정하게 되었다.

프民 제1382조에 의한 원칙적인 不法行爲責任은 行爲者의 '過責'(faute)을 요구하며, 그 입증은 被害者가 하지 않으면 안 된다. 그러나 프民 제1384조 제1항에 의한 保管者責任에 있어서 保管者의 '過責'은 추정되므로[43] 피해자는 단지 상대방이 보관하는 물건으로 인하여 손해가 발생하였음을 입증하는 것으로 족하며, 다만 物件의 保管者(gardien)는 그 事故가 不可抗力, 被害者 자신이나 第3者의 過失 등 自己에게 귀책될 수 없는 外的 原因(cause étrangère. 프民 제1147조 참조)에 의하여 발생하였음을 입증하여 免責을 주장할 수 있을 뿐이다. 그러므로 프民 제1384조 제1항에 기한 保管者責任은 일종의 완화된 無過失責任이라고

41) Mazeaud/Mazeaud(주 40), no. 1260(p. 361).

42) 이 점에 관하여는 이미 破棄院 民事部 1927년 7월 24일 判決이 프民 제138조 제1항의 적용을 긍정한 바 있다. 단 운전자에게 故意가 있는 경우는 그러하지 아니하다.

43) 프랑스의 학자들은 통상 이 경우에 '過失의 推定'(présomption de faute)을 운위한다. 특히 Camille Jauffret, ***La responsabilité civile en matière d'accidents d'automobiles***, 1965, p. 37은 이 점을 강조한다. 그러나 Stoll(주 14), S. 107f.는 이것을 독일법의 視角에서 보면 단순한 過失의 추정이 아니라, '責任의 推定'(présomption de responsabilité)이라고 한다. 왜냐하면 프民 제1384조 제1항에 기한 保管者責任을 면하기 위하여는 保管者가 자신의 無過失(Schuldlosigkeit)을 입증하는 것으로는 충분하지 않기 때문이다. 실제로 앞서 본 1930년의 破棄院判決은 '責任의 推定'이라는 용어를 쓰고 있다.

할 수 있다.[44)]

그러나 1985년 7월 5일의 "交通事故 被害者의 救濟의 容易化와 賠償節次의 迅速化를 위한 法律"(Loi n° 85-677 tendant à l'amélioration de la situation des victimes d'accidents de la circulation et à l'accélération des procédures d'indemnisation) 제 2 조는 自動車의 運轉者 또는 保管者는 不可抗力 또는 第 3 者의 行爲를 免責事由로서 주장할 수 없음을 명백하게 규정하여, 적어도 自動車事故에 관한 한 프民 제1384조 제 1 항의 保管者責任은 완전한 無過失責任이 되었다.

(2) 好意運送(transport bénévole)은 1968년까지는 自動車事故에 대하여 프民 제1384조 제 1 항의 적용을 배제하게 하는 消極的 要件으로서의 의미를 가졌다.[45)]

(a) 이러한 의미에서 고유하게 문제되는 好意同乘의 범위에 대하여는 여러 가지로 견해가 나뉜다. 확실한 것은 運送者가 無償으로 운송하기로 하는 契約이 성립한 경우에는 프民 제1384조 제 1 항의 적용 유무를 논할 여지가 없다는 것이다.[46)] 애초 프랑스民法에 있어서는 不法行爲責任은 契約責任과는 양립할 수 없다고(incompatible) 보는 것이 通說이고 判例이다.[47)] 문제는 好意同乘의 경우에 契約의 성립을 인정할 것이냐 하

44) Stoll(주 14), S. 107 참조.

45) 1968년 이전의 學說上의 論議 및 判例에 대하여는 Mazeaud/Mazeaud, *Traité théorique et pratique de la responsabilité civile délictuelle et contractuelle*, t. 2, 3. éd., 1939, nos. 1273-89(p. 265 et s.) (유감이나 1948년의 제 4 판과 Tunc에 의하여 補訂된 1958년의 제 5 판은 未見이다); Marty/Raynaud, *Droit civil*, t. 1, 1. vol., 1962, no. 437(p. 459 et s.); Planiol/Ripert/Esmein, *Traité pratique de droit civil français*, t. 6, 2. éd., 1952, no. 622(p. 826 et s.); Savatier, *Traité de la responsabilité civile en droit français*, t. 1, 2. éd., 1951, nos. 123-27(p. 157 et s.), nos. 379, 380(p. 481 et s.)에 의거하고 있다.

46) Mazeaud/Mazeaud(주 45), no. 1276(p. 268). 뒤에서 보는 破棄院 民事部의 1928년 3월 27일 判決도 이 점을 명확하게 밝히고 있다.

47) 소위 責任不競合의 原則(principe de non-cumul). 이에 대하여는 우선 Weill/Terré, *Droit Civil(Les Obligations)*, 4. éd., 1986, nos. 758 et s. (p. 782 et s.); Mazeaud/Tunc, *Traité théorique et pratique de la responsabilité civile délictuelle et contractuelle*, t. 1, 6. éd., 1965, nos. 173 et s. (p. 226 et s.); Starck, *Droit Civil: Obligations*, t. 2, 2. éd., 1986, nos. 1749 et s. (p. 607 et s.)을 보라.

는 것이다. 少數의 學說은 이를 원칙적으로, 즉 同乘者의 意思에 반하거나 同乘者가 모르지 않는 한은 인정하여야 한다고 주장한다.[48] 그러나 일반적으로 學說이나 判例는 호의에 기한 無償運送에 있어서는 법률적인 의미의 契約, 따라서 債務關係(vinculum iuris)는 성립하지 않으며, 이는 事實行爲에 불과하다고 한다.[49] 따라서 好意同乘者에 대한 損害賠償은 不法行爲의 문제로서 다루어지게 된다.

한편 프民 제1384조 제1항의 적용을 배제하는 요건으로서의 好意同乘이라고 하려면, "순수한 好意에 기한 친절에서 나온 無代價의 行爲로서 運送者의 利益이 전혀 追求되지 않는 것"(une acte de courtoisie purement bénévole, comportant un désintéressement complet du transporteur, sans contrepartie)이어야 한다.[50] 代價가 있거나, "間接的인 또는 附加的인 利益"이더라도 그것이 운송자의 이익을 위하여 행하여지는 것(소위 "利害關係 있는 運送". transport intéressé)이어서는 안 된다고 한다.[51] 따라서 고용주가 勤勞者들을 통근시키는 경우나 仲介人이 고객을 태우고 仲介를 하러 가는 경우나 商人이 채권자와 저당권말소를 논의하러 가면서 助言을 얻기 위하여 경험 있는 公證事務所 職員을 태우고 간 경우나 自動車를 매수하려는 자가 이를 試乘한 경우는 모두 여기서 말하는 好意同乘이 아니다.

48) Savatier(주 45), nos. 123 et s.는 호의동승의 경우에도 원칙적으로(同乘者의 不知나 그 의사에 반하지 않는 한) 契約의 성립을 인정하여야 한다고 주장한다. 그리고 判例와 같이 이 문제를 不法行爲로서 처리하면서 프民 제1384조 제1항의 적용을 특별히 好意同乘의 경우에만 배제하는 것은 타당하지 않으며(그 근거로 '危險의 承認'을 드는 것은 애초 부정하였던 合意의 要素를 나중에 인정하는 셈이 된다고 한다), 오히려 당사자 사이에 契約이 성립하되 그 책임관계는 無償委任에 관한 규정(프民 제1992조 제2항)의 정신에 좇아 重過失이 있는 경우에만 責任을 지움으로써 족하다고 한다.

49) 이에 관하여는 우선 Mazeaud/Tunc(주 47), no. 110(p. 138 et s.); Marty/Raynaud(주 45), no. 437(p. 460); Stoll(주 14), S. 108f.를 보라.

50) 破棄院 民事部 1940년 2월 26일 판결(Gaz. Pal. 1940 I 396). Stoll(주 14), S. 116에서 再引用. "순수한 호의에 기한 친절에서 나온 행위"라고 하는 표현은 뒤에서 보는 破棄院 民事部 1928년 3월 27일 판결에서 이미 보인다.

51) Marty/Raynaud(주 45), no. 437(p. 462); Planiol/Ripert/Esmein(주 45), no. 622(p. 878 et s.); Stoll(주 14), S. 116f.

위와 같은 의미에서 문제되고 있는 '好意運送'은 이와 같이 스위스 SVG의 삭제된 제59조 제 3 항에서 요구되고 있는 요건("好意에 의하여 無償으로")과 거의 차이가 없다고 할 것이다.[52]

(b) 判例는 적어도 1928년 3월 27일의 破棄院 民事部 判決[53] 이후로는 일관하여 이에 대하여 프民 제1384조 제 1 항의 적용을 거부하였다. 그 이유는 반드시 명확하지 않다. 위 민사부판결은 단지, 위 규정은 그 사용에 "피해자가 전혀 참가하지 아니한" 物件으로부터 야기된 손해에 관한 것이라고 하여 被害者가 이용하고 있던 物件에 의하여 야기된 손해에는 적용이 없다고 할 뿐이다. 그리고 덧붙여 "순수히 好意에 기한 親切에서 우러나온 행위"에 의하여 同乘된 경우, 즉 "자동차의 無償使用을 자신이 일정한 危險에 노출됨을 충분히 알면서 받아들이거나 요청"한 경우에는 프民 제1382조의 一般不法行爲 규정에 의하여 구제를 받을 수 있을 뿐이라고 한다. 여기서 후자의 관점, 즉 意識的이고 自意에 기한 危險에의 露出, 소위 '危險의 承認' (acceptation des risques)이라는 관점은 단지 傍論的으로 언급될 뿐이다. 그러나 1940년경부터는 중점이 오히려 이쪽으로 이동되었다고 한다.[54]

(c) 學說은, 일부가 好意同乘의 경우에도 프民 제1384조 제 1 항의 적용을 인정하여야 한다고 주장하는 것을 제외하고는,[55] 判例의 태도에 수긍하였다.[56] 그러나 그 결론을 정당화하는 法的 論理는 무엇인가.

52) 한편 自動車'保管者'의 의미는 가령 西獨 StVG에서의 '保有者'의 의미와 거의 일치하나 반드시 동일한 것은 아니다. Stoll(주 14), S. 106 Anm. 4에 의하면 프랑스의 개념은 보다 事實的인 處分可能性에 의존하는 데 반하여, 西獨에서는 이와 아울러 自動車를 자기의 計算으로 使用한다는 사정도 아울러 고려한다고 한다. 따라서 수리를 맡긴 자동차의 경우 그 修理業者는 프랑스에서는 保管者에 해당하는데, 서독에서는 保有者에 해당하지 않는다는 것이다. 또 자동차가 盜難된 경우에 프랑스에서는 이로써 바로 보관자가 아니게 되나, 서독에서는 반드시 그렇지는 않다고 한다(StVG 제 7 조 제 3 항 제 1 문 後段의 "歸責事由로 인한 경우").

53) D. P. 1928. I. 145=S. 1928. I. 333.

54) Stoll(주 14), S. 111.

55) 조스랑(Josserand) 등은 好意同乘者가 피해를 입은 경우를 行人이 피해를 입은 경우와 달리 취급할 아무런 이유도 없다고 하여 프民 제1384조 제 1 항의 무차별적용을 주장한다고 한다. Mazeaud/Mazeaud(주 45), no. 1277(p. 269) 참조.

56) Mazeaud/Mazeaud(주 45), nos. 1282 et s. (p. 272 et s.); Marty/Raynaud(주 45),

우선 判例가 제시하고 있는 '危險의 承認'이라는 근거에 대하여는 다음과 같이 비판이 이루어지고 있다.[57] 만일 그것이 被害者의 '過責'을 의미하기 때문이라면, 被害者의 '過責'은 프民 제1384조 제1항의 적용을 배제하는 사유이기 때문에 首尾一貫한 것이 될 것이다. 그러나 '危險의 承認'이 항상 被害者의 '過責'이 된다고는 할 수 없다. 극히 危險의 정도가 큰 自動車(가령 競走用自動車)에 同乘한 경우라면 모르거니와 통상 車에 同乘하는 것을 가지고 '過責'이 있다고 할 수는 없다. 또 危險의 존재를 알면서 행동하는 것이 항상 危險의 승인이라면 오늘날 우리들의 行動의 대부분은 危險의 승인으로 평가될 것이다. 만일 자동차에 타는 것이 '危險의 承認'이라면, 有償同乘의 경우에도 마찬가지로 프民 제1384조 제1항의 적용이 배제되어야 한다는 것이다.[58]

나아가 契約上의 責任과의 유추에 의하여 無償契約의 債務者가 有償契約의 경우보다 약한 責任을 지는 것처럼 無償乘車의 경우에도 保管者의 責任은 경감되어야 한다고 주장하는 學者도 있다.[59] 그러나 이에 대하여도, 契約上 義務가 그 계약의 성질에 따라 그 내용을 달리 하게 된다는 것을 不法行爲責任에 끌어들일 수는 없다는 비판이 있다. 行人에 대하여 아무런 계약상 의무를 부담하지 않음에도 불구하고 行人이 피해자인 경우에 대하여 프民 제1384조 제1항을 적용하는 것을 보면, 계약상 의무의 내용으로부터의 推論은 적절하지 않다는 것이다.[60]

또한 소위 '保管者'의 개념으로부터 문제에 접근하는 견해도 있을 수 있다. 즉 自動車를 이용하는 者는 그 이용에 의하여 自動車의 '保管者'가 되며, 保管者는 그 자신의 損害에 대하여는 자신에게만 그 책임을 물을 수 있다는 것이다. 그러나 이에 대하여는 無償同乘者가 방향을

no. 437 (p. 460) 참조.

57) Mazeaud/Mazeaud (주 45), no. 1285 (p. 273 et s.).

58) Marty/Raynaud (주 45), no. 437 (p. 460).

59) Planiol/Ripert/Esmein (주 45), no. 622 (p. 876).

60) Mazeaud/Mazeaud (주 45), no. 1286 (p. 277) 참조.

지시하는 등 운행에 대한 命令을 하는 예외적인 경우를 제외하고는 그는 프民 제1384조 제 1 항에서 정하는 保管者가 된다고 할 수 없다는 반론이 제기된다.[61)]

결국 學說은 위와 같은 判例의 태도를 정당화하는 法的 論理("arguments d'ordre juridique")[62)]를 설득력 있게 제시하는 데 성공하지 못하고 있다. 그리하여 學者들은 判例의 태도를 단지 "法官에 의한 法創造" (jurisprudence pretorienne), 즉 프民 제1384조 제 1 항의 文言에 나타나 있지 않은 適用制限이라고 한다.[63)] 그러나 判例의 태도 그 자체는 그것이 衡平(équité)에 의하여 또는 '感情'에 의하여 요구되는 결론일 뿐이라고 해서 이를 비난할 수는 없다고 한다.[64)]

(d) 이와 같이 好意運送에 대하여 프民 제1384조 제 1 항의 적용이 배제된다고 한다면, 被害者는 프民 제1382조의 原則에 돌아가 그 賠償을 청구할 수 있다고 하는 것이 多數學說의 태도이다.[65)]

(3) 1968년 12월 破棄院 聯合部는 好意同乘의 경우에도 프民 제1384조 제 1 항을 적용하여야 한다고 판시하였다.[66)]

判例가 이와 같이 태도를 바꾼 이유는, 學者들에 의하면, 첫째, 義務的 自動車責任保險制度의 全面的 導入이다.[67)] 종전에 判例가 호의동

61) Mazeaud/Mazeaud(주 45), no. 1286(p. 277 et s.) 참조. 만일 好意同乘者가 자동차의 保管者라고 한다면, 그는 그 자동차가 친 行人에 대하여 책임을 져야 한다는 결과가 된다.

62) Mazeaud/Mazeaud(주 45), no. 1283(p. 273).

63) Mazeaud/Mazeaud(주 45), no. 1286(p. 278); Marty/Ranaud(주 45), no. 437(p. 461); Starck(주 67), no. 221(p. 122).

64) Mazeaud/Mazeaud(주 45), no. 1287(p. 278), no. 1283(p. 273) 참조. Marty/Raynaud (주 45), no. 437(p. 460)도 判例와 같은 결론을 인정하지 않는 것은 "충격적으로(choquant) 느껴진다"고 한다.

65) Mazeaud/Mazeaud(주 45), no. 1288 et s. (p. 278); Marty/Raynaud(주 45), no. 437 (p. 463); 앞서 본 破棄院 民事部 1928년 3월 27일 판결 등.

66) 破棄院 聯合部(chambre mixte) 1968년 12월 20일의 3개의 판결(D. 1969. 37 = J. C. P. 1969. Ⅱ. 15756 = Gaz. Pal. 1969. 1. 63).

67) Mazeaud/Mazeaud(주 40), no. 1274(p. 395); Starck, *Droit civil: Obligations*, t. 1, 2. ed., 1985, no. 227(p. 124 et s.) 참조.

승의 경우에 프民 제1384조 제 1 항의 적용을 거부한 것은, 위의 (2)에서 본 바와 같이, 결국 相對方에게 호의를 베푼 자에 대하여 위 규정에 기한 責任의 엄격한 추급을 허용하고 그에게 歸責事由가 없는데도 배상을 명하는 것은 '衡平'의 요구에 반한다는 데 귀착되었었다. 그러나 1958년에 義務的 自動車責任保險制度가 전면적으로 실시되고 보면,[68] 궁극에 있어서 실질적으로 자동차사고로 인한 피해를 전보하는 것은 保險會社이고 保險契約을 체결한 自動車'保管者'가 아니다. 그렇다면 好意同乘者가 일반적인 不法行爲規定인 프民 제1382조에 기하여서가 아니라, 다른 "物件으로 인한 行爲"로 인한 손해발생의 경우와 마찬가지로 보다 엄격한 責任根據인 프民 제1384조 제 1 항에 기하여 —보험회사로부터— 그 피해를 배상받는다고 하여서 그것이 衡平에 반한다고는 할 수 없다. 피해를 입은 好意同乘者가 쉽사리 그리고 완전하게 그 被害를 보상받을 수 있도록 해주는 것이 好意를 끝까지 관철하는 것이 된다고도 할 수 있다는 것이다. 둘째, 위 (2)에서 본 대로 종전의 판례 아래서 호의동승자는 비록 프民 제1384조 제 1 항의 적용을 주장할 수는 없으나 일반규정에 의하여 運轉者의 '過責'을 입증하여 賠償을 받을 수는 있었다. 그런데 판례는 이 경우에 '過責'의 엄격한 證明을 요구하지 아니하고, 事故의 원인이 밝혀지지 아니한 경우에는 그것은 運轉技術의 부족에 있다고 추정할 수 있다. 즉 事故의 발생 자체가 운전자의 '過責'을 의미한다고

68) 프랑스는 1951년 자동차사고로 인한 피해자의 실질적인 구제를 위하여 自動車損害賠償에 관한 "保障基金"(fonds de garantie)을 창설하였다. 이 基金은 賠償義務者가 도주 등으로 불명이거나 그 또는 보험금지급의무자가 無資力한 경우를 위한 것이었다. 그러나 이 基金은 결국 負債를 과다하게 부담하기에 이르렀으므로, 1958년 2월 27일의 法律(Loi no. 58-20)에 의하여 義務的 自動車責任保險制度를 다음 해 4월 1일부터 도입하였다. 이 保險은 우리와는 달리 原則的으로 제 3 자에게 가하여진 모든 人身損害 및 財産損害를 전보하는 내용을 가졌다. 다만 자동차의 運轉者의 사고 당시 동승하고 있던 被保險者의 일정한 범위의 가까운 친족들은 保險對象에서 제외되었다. 이에 대하여는 우선 von Mehren/Gordley, ***The Civil Law System***, 2nd ed., 1977, p. 632ff.; Stoll(주 14), S. 104 Anm. 1 참조. 그러나 후에 위 本文 (1)에서 본 1985년의 法律(Loi no. 85-677) 제 8 조는 "自動車를 保管 또는 운전하는 모든 자의 賠償責任"을 保險에 의하여 塡補하도록 규정하여, 앞서 본 예외도 인정하지 않게 되었다. 이에 대하여는 Yvonne Lambert-Faivre, ***Droit des Assurances***, 6. éd., 1988, p. 437 et s. 참조.

하는 소위 '潛在的 過責'(faute virtuelle)을 종종 인정하였다.[69] 이는 실제로는 프民 제1384조 제1항의 적용을 假裝된 형태로 다시 도입하는 것이었다.

5. 日　本

(1) 日本은 우리 나라와 마찬가지로 民法은 물론 特別法, 특히 그 「自動車損害賠償保障法」(이하 "日本自賠法"이라고 줄여 부른다)[70]에서도 好意同乘에 대하여 아무런 規定을 두고 있지 않다. 그리고 이에 대한——주로 실무가의——理論이나 法院實務의 태도는 극히 다양하여 생각할 수 있는 거의 모든 法律構成이 責任要件의 측면에서 또는 賠償範圍論의 측면에서 각기 제안되고 있으나, 모든 好意同乘의 경우를 설명할 수 있는 통일적인 理論構成에는 성공하지 못하고 있다고 자평되고 있다.[71] 그러나 중요한 것은 어떠한 견해이든 好意同乘이 賠償責任을 면제하거나 최소한 輕減하는 사유가 된다는 점에는 일치하고 있으며, 문제는 그 法律構成을 어떻게 하느냐에 있다는 것이다.

이하에서는 이러한 學說이나 實務의 태도를 倉田에 委아[72] 정리하여 보기로 한다.[73]

(2) 好意同乘者에 대한 賠償責任의 문제는 크게 그 責任을 긍정하는 입장과 이를 부정하는 입장으로 나눌 수 있다.

---

69) Mazeaud/Mazeaud(주 67), no. 1278(p. 396 et s.); Starck(주 67), no. 230(p. 126).

70) 1955년 7월 29일 제정되었다.

71) 倉田卓次, 無償同乘論, 「交通事故賠償の諸相」, 1976, 25면 참조.

72) 倉田(주 71), 23면 이하.

73) 우리 나라의 好意同乘에 관한 주로 실무가에 의한 文獻, 가령 朴仁鎬, 自動車事故에 있어서 無償同乘(好意同乘)에 관한 問題點, 法院行政處 編, 「自動車事故로 인한 損害賠償(上)」(재판자료 20輯), 1984, 98면 이하; 李輔煥(주 4), 95면 이하; 金先錫, 無償同乘과 賠償額의 減輕(上), 「司法行政」 1987년 8월호, 82면 이하; 李玲愛, 好意同乘과 賠償額의 減輕, 「法曹」 37卷 11號(1988), 59면 이하; 宋興燮, 無償同乘者에 대한 損害賠償額의 減輕, 「民事判例研究」 11집(1989), 305면 이하는 모두 基本的으로 日本에서의 여러 견해를 정리한 것이다.

(a) 日本 最高裁 1967년 9월 29일 판결 등 實務의 주류는 好意同乘者에 대하여서도 日本自賠法 제3조가 정하는 소위 運行供用者責任을 肯定한다. 그러나 그 好意同乘者의 사정을 전혀 무시하는 것은 아니고, 이를 過失相計의 事由로 삼거나 적어도 慰藉料 算定의 參酌事由로 삼는다. 그러나 過失相計의 事由가 되는 경우에도 실제의 사안에서 好意同乘 그 자체만으로써 賠償額이 감경된 예는 많지 않고, 대개 被害者의 다른 過失과 경합적으로 판단된 예가 대부분이라고 한다. 또한 好意同乘 자체를 당연히 過失相計의 사유로 삼는 데 대하여는 거기에 과연 被害者의 過失이 있다고 할 수 있느냐 하는 점에서 의문이 제기되기도 한다.

(b) 오히려 日本에서의 論議의 主眼은, 위와 같이 賠償責任 자체는 肯定하면서 賠償範圍論의 한도 내에서 문제를 해결하려는 태도에 반대하여 好意同乘을 責任을 阻却하는 사유로 격상시키고자 하는 입장을 전제로, 이를 어떻게 法律構成하는가에 있다. 이에 속하는 것으로서는, (i) 好意同乘한 자는 日本自賠法 제3조에서 정하는 "他人"에 속하지 않는다는 입장(소위 他人性阻却說), (ii) 好意同乘한 者에 대하여는 自動車保有者가 위 규정에서 말하는 "自動車를 自己를 위하여 運行하는 者", 즉 소위 運行供用者에 속하지 않는다고 해석하여야 한다는 입장(소위 責任相對說) 등이 있다. 그러나 이러한 입장은 모두 지나치게 黑白論理的이고, 특히 法官에게 好意同乘의 이름 아래 포괄될 수 있는 개개의 구체적인 사안마다에 적합한 해결을 주기에는 지나치게 경직적이라고 해서 별로 찬성을 얻고 있지 못하다. 그리하여 (iii) 個別的·具體的 事案에 좇아 위 日本自賠法 규정의 해당 여부를 판단하여야 한다는 입장, 나아가 이를 보다 精密化하였다는 것으로서 위의 (i), (ii)를 각기 변형시켜서 (iv) 個別的 事案에 따라 好意同乘者는 保有者에 대한 관계에서는 일정한 비율로 運行供用者의 地位를 가지며, 그 비율만큼 '他人性'이 阻却되므로 역시 그 비율만큼은 自動車保有者에게 賠償責任이 발생하지 아니한다는 立場(소위 比率的 責任說), (v) 個別的 事案에 따라 保有者는 好意同乘者

에 대한 관계에서는 일정한 비율로 運行供用者로서의 지위가 阻却된다고 할 수 있으므로 그 비율만큼은 好意同乘者가 賠償請求를 할 수 없다는 立場(소위 '修正責任相對說의 過去相計的 運用')이 제시되고 있다.

(3) 이상과 같이 日本에서의 好意同乘者에 대한 賠償責任에 관련한 논의를 살펴보면, 여기에는 다음과 같은 두 개의 기본적인 방향이 지향되고 있음을 느낄 수 있다. 첫째, 好意同乘者의 賠償責任은 명문의 규정이 없음에도 불구하고 일정한 경우에는 제한 또는 면제되어야 한다. 둘째, 구체적으로 어떠한 경우에 그러한 제한 등이 인정될 것인가에 대하여는 法官에게 개별적인 事案에 구체적으로 적합한 해결을 부여할 수 있는 法律構成이 발견되어야 한다.

Ⅳ. 小結──우리 法에의 示唆

이상과 같이 다른 나라에 있어서의 好意同乘者에 대한 賠償責任에 관한 태도를 개관하여 보면, 이를 대개 다음과 같이 종합할 수 있으리라고 생각된다.

첫째, 好意同乘者에 대한 自動車保有者의 賠償責任은 이를 면제하거나 제한하는 것이 일반이다. 自動車保有者가 당해 차량을 運轉하다가(즉 保有者와 運轉者의 일치) 그의 過失로 말미암아 事故를 일으킨 경우에 대하여조차 好意同乘者에 대하여는 그 賠償責任을 면제하거나 또는 그의 歸責事由를 제한하거나(예를 들면 고의 또는 중과실에 責任을 한정한다든가하는 식으로), 賠償範圍를 제한하는 예가 있다. 나아가 自動車保有者의 嚴格責任이 문제되는 경우에는 好意同乘者의 賠償請求權은 인정되지 아니하거나 제한되는 것이 명백한 추세이다. 그 이유는 대개 그것이 嚴格責任의 고유한 내용이라고 하거나 또는 '衡平'의 요구, 즉 상대방에게

好意를 베푼 자에 대하여 責任의 엄격한 취급을 허용하고 그에게 歸責事由가 없는 데도 賠償을 명하는 것은 가혹하다는 데 있다.

둘째, 그럼에도 불구하고 自動車保有者가 責任保險에 가입하고 있다는 사정이 있으면 나라에 따라서는 위와 같은 責任免除 등을 否認하기도 한다(프랑스). 그러나 그 경우에는 責任保險에의 가입이 강제되고 있으며, 또 그와 같은 强制責任保險에 의하여 전보되는 被保險者의 責任額은, 우리 나라와 같이 責任額의 적은 일부에 한정되지 않고, 그 전부에 미치는 것을 내용으로 한다.

(「黃迪仁 博士 華甲紀念論文集」, 1990, 289면 이하 所載)

[後 記]

1. 이 글은 원래 1988년 10월 21일 서울대학교 법학연구소가 「自動車事故와 損害賠償責任」이라는 주제 아래 개최한 심포지움에서 발표한 論文의 일부를 修正·補完하고, 그에 註를 가한 것이다. 위 심포지움 당시 참석자들에게 배포되었던 바 있던 原文은 「損害保險」 1988년 11월호, 9면 이하에 수록되어 있다.

2. 위의 I.3.에서 명백히 밝힌 대로, 이에 이어서 '好意關係'에 있어서의 損害賠償問題 일반에 관한 논의 등을 보충하여야 할 것이나, 아직 原稿를 완성하지 못하였다. 후일을 기약하기로 한다.

17. 情報化社會와 프라이버시의 保護

—私法的 側面을 중심으로—

I. 序　　說

(1) 情報化社會라고 하는 말이 우리 나라에서 빈번하게 쓰여지게 된 것은 1970년대부터라고 생각된다. 情報化社會라는 구호의 배경에 컴퓨터의 등장과 그 폭발적인 보급 및 이용이 있음에는 의문의 여지가 없다. 이 말은 日本에서 만들어져서 外國으로 퍼져 나간 것이라 한다.[1] 일본에서는 "情報化 (informatization)"란 "情報를 物質, 에너지에 이은 제 3의 要素로 인식하고, 그 生成·加工·傳達·蓄積·利用을 의식적으로 행하려고 하는 活動의 總體"를 의미한다고 이해되고 있다.[2] '情報化社會'를 대개 "情報 자체가 어떤 物質이나 에너지 이상의 유력한 資源이 되며, 情報價値의 생산을 중심으로 經濟 및 社會構造가 변화·발전되어 가는 사회"라고 정의하는 것도 이러한 이해와 궤를 같이하는 것이라고 하겠다.[3]

'情報化' 또는 '情報化社會'라는 말은 이제 法律의 세계에도 등장

---

1) 堀部政男, 日本における情報公開と個人情報保護法, 韓國公法學會 편, 「國際學術大會論文集 : 情報化社會의 公法的 對應」, 1989, 25면. 또한 金哲洙, 情報化社會와 基本權保護, 위 論文集, 5면도 참조.

2) 通商產業省 機械情報產業局 編, 豊かなる情報化社會への道標. 佐藤幸治, プライバシーと知る權利, 「法學セミナー」 1984년 11월호 18면에서 再引用.

3) 遞信部, 「通信部門計劃 1987—1991」, 95면.

하고 있다. 우선 憲法 제127조 제1항은 "國家는…情報 및 人力의 개발을 통하여 國民經濟의 발전에 노력하여야 한다"고 규정하여 情報開發을 국가의 임무의 하나로 정하고 있다. 또 1987년 1월 1일부터 시행되고 있는 「電算網普及擴張과 利用促進에 관한 法律」은 그 목적으로 "電算網의 개발보급과 이용 등을 촉진하여 情報化社會의 기반을 조성함으로써 국민생활의 향상과 공공복리의 증진에 이바지"하는 것을 들고 있다(제1조). 나아가 科學技術處는 작년(1989년)에 「情報化社會促進法案」을 立法豫告한 바 있다. 이 法案에 의하면 "情報化社會"란 "정보와 지식이 사회적·경제적 교환수단으로서 중요한 역할을 함으로써 사회의 능률성과 합리성이 제고되어 사회복지가 이룩되고 사회구조가 지식집약화된 고도의 창조적 사회"를 말한다고 한다(제2조 제3호). 이에 의하면, 情報化社會는 무슨 유토피아인 것처럼도 들린다.

(2) 한편 법의 영역에서는 人格的 法益 또는 人格權이라고 하는 개념이 寵兒的인 존재가 되고 있다. 우선 憲法의 次元에서 一般的 人格權은 우리 法秩序의 최고의 이념인 "人間의 尊嚴과 價値"와 幸福追求權(제10조 제1문)의 최소한의 구체적인 내용이라고 이해되고 있으며[4] 그 내용으로는 "私生活의 보호, 私秘密에 대한 보호, 生活像의 보호 등"이 이에 포함된다고 한다.[5] 특히 憲法은 "私生活의 自由와 秘密"에 대하여는 별도의 규정을 두어 보호하고 있다(제17조).

이와 같이 憲法의 차원에서 人格的 法益에 대한 保護의 필요성이 고창되고 있는 것과도 관련하여, 民法에서도 人格的 法益을 적정하게 보호하기 위한 法的 裝置에 관한 관심이 점증하고 있다.[6] 사실 民法이 보호의 대상으로 삼아서 그 侵害에 대한 救濟手段을 논의하여 온 것은 주

4) 金哲洙, 「新稿 憲法學概論」, 補訂版, 1988, 313면.
5) 金哲洙(주 4), 314면.
6) 우선 池弘源, 人格權의 侵害, 「司法論集」 10집(1979), 213면 이하; 金曾漢 편집대표, 「註釋 債權各則(Ⅳ)」, 1987, 114면 이하(朴哲雨 집필); 金相容, 人格權侵害에 대한 私法的 救濟方法의 比較考察 (1)-(3), 「司法行政」 1987년 10월호 70면 이하, 12월호 53면 이하, 1988년 2월호 63면 이하만을 들어 두기로 한다.

로 所有權 기타의 物權을 위시한 財産的 法益에 대하여서라고 할 수 있다(가령 妨害排除 및 豫防의 請求權은 所有權 기타 物權에만 주어지고 있다. 제213조, 제214조 참조). 그리고 人格的 法益으로서는 生命·身體와 自由(慰藉料에 관한 민법 제751조 제1항 참조), 그리고 名譽(민법 제764조 참조) 정도가 고려되고 있다고 할 것이다. 그러나 보호할 가치가 있는 人格的 法益이 비단 이들에 한정되는 것은 아니다. 肖像, 姓名, 信用과 威信, 私生活上의 事實 또는 內面世界가 공개되지 않는 것, 電話·書信 등 通信의 비밀, 住居 등 개인적 空間의 평온함이나 비밀, 자신의 見解가 왜곡되어 전파되지 않는 것 등 일일이 열거할 수 없을 정도이다.

(3) 社會의 情報化가 진행되어 情報가 제3의 資源이라고 하게 되면, 각 개인에 대한 情報도 당연히 가치가 있는 것이 된다. 따라서 個人情報도 수집·정리·보관·전파의 대상이 된다. 그 과정에서는 물론 그 個人이 다른 사람에게 알려지는 것을 원치 않는 情報도 그 대상이 된다. 그뿐 아니라, 상황에 따라서는 알리고 싶지 않은 情報를 의도적으로 수집·관리하는 경우도 있을 것이다.

이렇게 보면, 情報化社會라고 하는 것은 각 個人에게는 매우 심각한 문제를 제기하는 것이다. 실제로 이미 우리는 政府나 金融機關 기타 企業, 나아가 데이타뱅크業者의 컴퓨터에 의하여 그 一擧一動을 체크당하고 있거나, 적어도 체크당할 危險이 있다고 해도 과언이 아니다.[7] 家

7) 情報化社會에서의 프라이버시의 危機를 극명하게 지적하는 문헌으로는 우선 Malcolm Warner & Michael Stone, *The Data Bank Society—Organizations, Computers and Social Freedom—*, 1970이 있다. 그 부록 Ⅲ에는 당시의 時點(1969년 당시)에서 컴퓨터의 연결에 의한 데이터뱅크로부터 파악가능한 임의의 구체적 人物(캘리포니아州 산호세市의 某氏)에 관한 하루 간의 情報를 예시하고 있다. 여기서는 그 중 결론에 해당하는 "分析"만을 인용해 두기로 한다(점선부분은 인용자가 생략한 부분이다).

"貯蓄 있다(90% 확실):

전분성분이 지나치게 많은 아침식사. 아마도 肥滿.

휘발유 3갤런 注油. 車는 폴크스바겐. 今週만 해도 12갤런 구입. 職場까지의 9마일을 차로 가는 것 이외에 무엇인가 하고 있음이 분명하다.

아침 7시 57분에 휘발유 주유. 會社에 지각하였을 것이다.

電話 328—1826[그가 전화한 번호. 이하 같다]는 셔디 레인의 것. 셔디는 1962년에 도박죄로 체포된 일이 있다.

族關係나 부동산 등 財產所有關係에서부터 모든 은행거래, 수표나 크레디트카드(언필칭 "현금 없는 사회[cashless society]"!)의 사용내역이 "마음만 먹으면" 검색될 수 있다. 이러한 상태 아래서 情報保有者는 個人에 대하여 操作할 수 있는 可能性(Manipulierbarkeit)을 가지게 된다. "情報를 흘리는 政府는 다른 사람의 프라이버시를 박탈하게 된다. 사람은 비밀의 어둠 속에 남겨져 있는 것에 의하여 또는 폭로의 밝음 속에 끌려 나오는 것에 의하여 조작될 수 있는 것이다."[8]

"人間의 尊嚴"을 최고의 가치로 宣明하고 있는 憲法이 모든 국민에게 "私生活의 自由의 秘密"을 보장하는 것도 이러한 맥락에서 보면 당연한 일이라고 할 수 있다. 그러나 憲法이 이를 선언하는 것만으로 "私生活의 自由와 秘密"이 보장되는 것은 아니다. 얼마 전부터 우리 나라에서도 情報公開와 私生活秘密保護에 관한 法律을 제정하자는 논의가 빈번해지고 있다.[9]

이하에서는 주로 프라이버시侵害로 인한 私法上의 救濟手段을 중심으로 하여 논하여 보고자 한다. 종래 우리 나라에서의 논의는 주로 憲法 내지 公法의 차원에서 이루어져 왔으므로, 이러한 私法的 次元에서의

電話 308—7928. 高級男性理容室. 머리가 벗어진 사람 또는 최신 유행 전문.

電話 421—1931. 라스베가스行 豫約(妻는 동반하지 않음). 금년 3번째의 라스베가스에의 旅行(妻 동반 없음). 같은 시기에 라스베가스에 누군가 다른 사람과 갔는지 화일을 조사하고 그 사람의 電話番號와 대조하기로 한다.

現金 120달라 인출. 모든 합법적 物件買入은 전국사회보험크레디드카드로 할 수 있는데, 이는 이상한 일이다.

…

점심 도중 술을 마셨다.

극히 비싼 여자용 內衣를 샀다. 그의 妻의 사이즈가 아니다.

電話 369—2436. 미스 스위트 로크스.

비싼 버본酒를 샀다. 최근 30일 사이에 버본酒를 5병이나 샀다. 꽤나 술을 좋아하든가, 상당히 즐거운 일이 있든가의 둘 중의 하나이다.

…

2시간 30분 동안의 行蹟은 불명"

8) 엘런 쉬크의 말이라고 한다. 佐藤幸治(주 2), 19면에서 재인용.

9) 그 성과의 하나가 위 註 1의 學術大會이다. 그 외에 韓國公法學會, 「未來報報化社會에 대한 公法的 對應」, 1978; 金哲洙(연구책임자), 「情報의 蒐集·管理와 私生活保護」 (通信開發研究院 1989년도 전기통신학술연구과제), 1989 등 참조.

연구도 전혀 무의미하지는 않을 것이다.

Ⅱ. 프라이버시權의 歷史

(1) 프라이버시權(right of privacy)이라는 말은 1890년에 미국에서 발표된 한 논문, 즉 Warren/Brandeis, The Right to Privacy, in: *Harvard Law Review*, Vol. 4(1899), 193에서 처음으로 쓰여졌다. 이 논문은 1877년에 하바드法大를 차석과 수석으로 졸업한 두 사람이 쓴 것으로서[10](後者는 후에 미국연방대법원의 대법관이 되었고, 홈즈 판사와 함께 "위대한 반대의견"으로 유명하다[11]), 法學論文이 미국법에 미친 영향의 대표적인 예일 뿐만 아니라[12] "법학잡지에 실린 논문 중 아마도 가장 유명하고, 그리고 분명 가장 영향력 있는 것"이라고 평가되고 있다.[13]

이 논문에서 筆者들은 종전의 일련의 판례들이 비록 그 訴因을 가령 名譽毁損(defamation), 일정한 財産權(property right)의 침해, 묵시적 契約이나 信賴의 위반 등에 두어 救濟를 인정해 오고 있었으나 이는 실제에 있어서 보다 광범위한 내용을 가지는 하나의 原理, 즉 '프라이버시權'을 보호한다는 사상이 개별적으로 발현된 것일 뿐이라고 주장하였다. 이러한 주장을 뒷받침하기 위하여, 그들은 매스컴(press)의 폐해가 점차로 증가하고 있으며, 따라서 그로 인한 부당한 정신적 加害와 抑壓에 대하여 私人을 보호하려면 이러한 救濟手段을 일정한 요건 아래서 부다하는 것이 필수적임을 강조하였다.[14] 요컨대 그 권리는,

10) William L. Prosser, Privacy, in: *California Law Review*, Vol. 48(1960), p. 383-84.

11) Lawrence M. Friedman, *A History of American Law*, 2nd ed., 1985, p. 689.

12) Prosser(주 10), p. 383.

13) Henson(ed.), *Landmarks of the Law. Highlights of Legal Opinion*, 1960, p. 284. Zweigert/Kötz, *Einführung in die Rechtsvergleichung*, Bd. 2, 2. Aufl., 1984, S. 457에서 재인용.

14) Warren/Brandeis, p. 196: "매스컴은 모든 방면에서 예의와 범절의 명백한 경계를 넘

"지나치게 모험적인 言論, 寫眞家 또는 기타 장면이나 음향을 기록하거나 재생하기 위한 現代的인 裝備로부터 개인의 프라이버시를 보호하기 위하여 (to protect the privacy of the individual) 인정되는 것이다."[15]

그리하여 장차 법은 이러한 프라이버시權의 침해 자체로부터 救濟手段을 인정하여야 한다고 주장하였다.

이러한 주장은 애초부터 대부분의 學說로부터는 지지를 얻었으나, 法院은 이에 별다른 주의를 기울이지 않았다. 특히 1902년의 뉴욕州 최고법원 (the Court of Appeals)은, 피고가 美貌의 처녀인 원고의 사진을 그녀의 동의 없이 밀가루의 廣告에 사용("모든 가족의 밀가루")한 사안에서, 4 대 3으로 프라이버시權을 정면에서 부인하고, 사안과 같은 경우에 원고에게는 아무런 구제수단이 주어질 수 없다고 宣言하였다. 그 이유는 우선 先例가 없다는 것과 아울러, 그로 인한 손해는 순전히 정신적인 것이라는 점, 이러한 청구를 인정하면 "소송의 사태"가 일어날 것이라는 점, 公人과 私人 (public and private figures) 간의 구분이 어렵다는 점, 그리고 言論의 自由를 부당하게 제약할 우려가 있다는 점을 들었다.[16]

그러나 그 3년 후의 조지아州 최고법원은 유사한 事案에서[17] 위

어 서고 있다. 쑥덕공론(gossip)은 이제 게으르거나 악한 사람들의 材料에 그치지 않고 장사거리가 되어서, 끈질기게 그리고 몰염치하게 추구되고 있다. 好色趣味를 만족시키기 위하여 性關係를 세부적으로 묘사하는 日刊新聞이 배달된다. 한가한 사람들을 사로잡으려고 紙面은 私的 領域(domestic circle)에 침입하지 않고서는 얻을 수 없는 화제거리로 온통 뒤덮여 있다. 진보된 문명사회에서는 항상 그러한 것처럼, 삶은 치열하고 복잡해져서 사람은 세상으로부터 어느 정도 避靜할 필요가 생겼고, 또 환경의 미묘한 영향 아래서 사람들은 公的 評判에 더욱 민감해졌다. 그리하여 孤獨과 프라이버시는 개인에게 더욱 필수적인 것이 되었다. 그러나 현대의 각종 營業活動과 發明品은 그 프라이버시에의 침투에 의하여 개인에게 점점 더 많은 정신적 고통과 억압을 주고 있다. 이 고통은 단순한 육체적 傷害에 의한 것보다 더할 수도 있는 것이다."

15) Warren/Brandeis, p. 206.

16) Roberson v. Rochester Folding Box Co., 171 N.Y. 538, 64 N.E. 442(1902). 이 판결은 격심한 비판의 대상이 되었고, 결국 뉴욕州議會는 다음 해에 法律을 제정하여, 타인의 이름이나 肖像을 그의 서면 동의 없이 "선전목적 또는 상업목적으로" 사용하는 것을 輕罪로 정하는 동시에 民事上의 不法行爲(a tort)가 된다고 하였다. N.Y. Sess. Laws 1903, ch. 132, §§ 1-2.

17) Pavesich v. New England Life Insurance Co., 122 Ga. 190, 50 S.E. 68(1905). 피고 보험회사가 그 宣傳에 원고의 이름과 사진, 그리고 그 명의의 허위의 보증서를 이용한

뉴욕주 법원과는 달리 워렌/브랜다이스의 견해를 받아들이고 고유한 프라이버시權(right of privacy)의 존재를 인정하였다. 그 후 약 30년 간 프라이버시權이 존재하는가, 나아가 위 先例 중 어느 것을 따를 것이냐에 관하여 그치지 않고 논란이 있어 왔다. 그러나 1930년대 말에 不法行爲法리스테이트먼트가 이를 인정하는 태도를 취한 것에 힘입어,[18] 흐름은 이를 인정하는 방향으로 흘러 갔다. 그리하여 오늘날 대부분의 미국의 州에서는 이를 인정하고 있다.[19]

(2) 그러나 다른 한편으로 프라이버시가 무엇이냐, 또는 프라이버시權이란 무엇이냐 하는 것이 반드시 명확한 내용을 가지지 않는다고 하는 것은 역시 미국의 論者들에 의하여도 일치하여 긍정되고 있는 바이다. 大陸法의 전통 아래 있는 우리로서는 당연히 제기하는 이러한 질문에 대하여는 "혼자 가만 놔두어질 권리"(the right to be let alone) 라는 막연한 定義[20] 이외에 별다른 논의가 진행된 바 없었다고 한다.[21] 그리고 이 점에 대한 본격적인 論議는 1965년에 프라이버시權을 憲法上 독자적인 권리로서 인정한 미국연방대법원의 Griswold v. Connecticut, 381 U. S. 479판결[22]이 나오면서부터 개시되었다고 한다. 그리고 이로부터 프라이버시權의 내용이나 성질에 관한 다양한 파악, 가령 우리 나라의 憲法文獻에서도 빈번하게 나오는 "자신에 관한 情報를 통제할 권

사안이다.

18) *Restatement of the Law. Torts*, 1938, § 867. 프라이버시의 "불합리하고 重大한" (unreasonable and serious) 방해에 대하여 不法行爲를 인정한다.

19) Prosser/Keeton, *The Law of Torts*, 5th ed., 1984, p. 851에 의하면 미국에서 1980년 현재 어떠한 형태로든 또는 어떠한 범위로든 프라이버시權을 인정하지 않는 것은 로드아일랜드州뿐이라고 한다.

20) 원래 이러한 表現은 이미 워렌/브랜다이스의 논문이 나오기 전에 Cooley, *Torts*, 2nd ed., 1888, p. 29에 등장하였다고 한다. Prosser/Keeton(주 16), p. 849.

21) 우선 Prosser/Keeton(주 19), p. 851; Prosser(주 10), p. 388 참조. 또한 뒤의 註 70 및 佐藤幸治, 現代社會とプライバシー, 「現代損害賠償法講座 2 : 名譽・プライバシー」, 1972, 60면도 참조.

22) 이 판결은 避妊器具의 사용을 금지하는 코네티커트州法이 결혼생활에 있어서의 프라이버시權(right of privacy)을 침해하였고, 또 憲法 修正 제14조의 適法節次規定에 반한다고 하여 그 無效를 선언한 것이다.

리"라는 등의 주장이 제기된 것이다.

그러한 憲法的 次元의 논의[23]는 여기서 다루고자 하는 私法的 救濟와의 관점에서도 밀접한 관련이 있는 것이나,[24] 일단 접어두기로 한다. 여기서는 프라이버시權의 이름 아래 어떠한 事案類型에 대하여 어떠한 私法的 救濟가 인정되었는가 하는 점에 초점을 맞추어 살펴보기로 한다. 이에 관하여는 1960년에 나온 프로써의 다음과 같은 分析[25]이 아직도 표준적인 것으로 인정되고 있다.

(a) 원고의 身體的·場所的 私領域에 대한 侵入 또는 그 私的 事項에 대한 浸透 가령 원고가 出產하는 장소에 그 동의 없이 들어오거나 그 주거에 침입한 경우, 주거 안을 들여다 본 경우, 쇼핑백을 뒤진 경우, 나아가 더욱 중요한 것으로 원고의 전화나 私的 對話를 도청하거나 비밀리에 녹음한 경우를 들 수 있다. 뿐만 아니라 원고에게 불필요한 전화를 계속 또는 장시간 걸어댄 경우, 원고의 예금구좌를 탐지한 경우, 권원 없이 혈액검사를 하는 등의 경우도 이에 속한다.

이에 해당하려면 그 침입의 대상이 私的인 성질을 가지는 것 외에 그 간섭이 합리적인 사람에게 납득할 수 없는 것이어야 하는데, 그 판단에는 대개 다음의 두 가지 사항이 고려된다고 한다.[26] 우선, 手段의 適切性. 그 手段이 성질상 개인에 관한 情報를 얻는 데 正常的이라고 할 수 없는 경우에는 청구가 인용될 가능성이 높다. 盜聽裝置나 電子裝備

23) 이에 대한 최선의 문헌은 아무래도 Lawrence Tribe, ***The Constitutional Protection of Individual Rights: Limits on Government Authority***, 1978, p. 886-990이라고 생각된다.

24) 가령 Zweigert/Kötz(주 13), S. 462ff.를 보라.

25) Prosser(주 10), p. 389ff. 프로써는 다음과 같이 말한다. "이것은 하나의 불법행위가 아니라 4개의 불법행위이다. 프라이버시法은 원고의 4개의 별개의 利益에 대한 4개의 서로 다른 종류의 侵害行爲로 이루어져 있다. 이들은 하나의 공통된 이름으로 불리우나, 그 이외에는, 단지 그 각각이 원고의 ——쿨리판사의 絕句에 의하면—— '혼자 가만 놔두어질' 權利에 대한 한 형태의 침해라는 것을 제외하고는 아무런 공통점이 없다"(同所, p. 389). 이에 반대하는 견해로써는 Edward G. Bloustein, Privacy as an Aspect of Human Dignity. An Answer to Dean Prosser, in: ***New York University Law Review***, Vol. 39(1964), p. 962ff. 참조.

26) Prosser/Keeton(주 19), p. 856.

의 사용은 통상 이에 해당된다. 나아가, 그 情報를 얻는 目的. 원고를 감시하거나 위협할 목적인 경우가 그러하다.

(b) 私生活의 公開　　워렌/브랜다이스의 論文은 주로 이 경우를 염두에 둔 것이었으나, 실제로 이러한 경우가 소송에서 문제가 된 것은 훨씬 후의 일이었다. 프라이버시침해를 이유로 하는 최초의 판결은 1927년 켄터키州에서 내려졌다. 이 사건에서 피고는 그 집의 주차장 창문에다 원고가 자신에게 빚을 지고 있고, 이를 변제하겠다는 전부터의 약속을 지키지 않고 있다고 써 붙였다.[27] 그러나 이에 관한 指導的 判例는 과거에 창녀로서 살인죄로 기소된 바 있던 원고가 무죄판결을 받은 후 이러한 생활을 청산하고 결혼하여 품위 있는 삶을 영위하고 있었는데, 피고가 그 이야기를 映畵化하여 원고의 過去를 공개함으로써 그녀의 새 삶을 망치게 한 事案에 대한 1931년의 캘리포니아州 최고법원의 판결이다.[28]

이러한 事案類型에서 청구가 인용되기 위하여는 (i) 그 공개가 公然한 것이어서 公衆에게 알려져야 하고,[29] (ii) 그 알려진 사실이 私的인 것이어야 하며, (iii) 그 사실이 통상의 感受性을 가진 합리적인 인간에 있어서 현저하게 不快하고 憤激케 하는(highly offensive and objectionable) 것이어야 한다고 일반적으로 인정되고 있다.[30] 한편 다른 견해에 의하면, 결국 종국적으로 중요한 것은, 公開의 衝擊的 性質(shocking character of the disclosure)이라고 한다.[31]

---

27) Brents v. Morgan, 221 Ky. 765, 221 S. W. 967(1927).

28) Melvin v. Reid, 112 Cal. App. 285, 297 Pac. 91(1931). 이 판결에서 법원은 그 이유의 하나로 모든 사람은 "행복을 추구하고 획득할" 不可讓의 권리가 있다는 헌법 규정을 들고 있다. 그러나 그 후의 캘리포니아州의 판결에는 이러한 논거는 등장하지 않는다.

29) 따라서 단지 원고의 雇傭主나 다른 個人에게 공개한 것은 이에 해당하지 않고, 나아가서는 小規模의 그룹에 공개한 것도 그렇다고 한다. Prosser(주 10), p. 393. 그러나 이 점에 대하여는 반대의 견해가 표명되고 있다. Prosser/Keeton(주 16), p. 857-8 참조.

30) 이 요건은 뒤에서 보는 日本의 리딩 케이스인 「잔치의 흔적」(宴のあと) 判決이 내건 요건과 일치한다. 不法行爲法 제 2 리스테이트먼트는 그 외에 그 사실이 공표되는 데 대하여 公衆의 정당한 利益이 없어야 한다는 또 하나의 요건을 내건다. *Restatement of the Law. Torts 2d*, 1976, §652D Comment D.

31) Alfred Hill, Defamation and Privacy under the First Amendment, in: *Columbia Law*

이 유형과 관련하여 가장 어려운 문제는 言論 및 表現의 自由와의 충돌을 어떻게 調整하는가 하는 점이다.[32] 그리고 이와 관련하여 소위 公人(public figures)의 프라이버시라는 어려운 문제가 등장한다.

(c) 公衆에게 원고에 대한 잘못된 認識을 심어주는 行爲　　가령 원고가 말한 바 없는 見解를 원고의 의견으로 인용하거나 상품추천서 등의 형태로 선전목적으로 사용하거나, 원고가 지원하지 않은 職務에 입후보로 나선 것으로 만드는 등의 행위가 이에 속한다. 또한 이에 포함되는 것으로서는, 상관 없는 사진을 일정한 記事에 부가시킴으로써 그 사진에 나와 있는 인물을 그 기사 중의 ―부정적인 인식을 주는― 事件과 연관시키는 경우(원고의 사진이나 이름을 경찰의 犯人手配紙에 싣는 경우도 포함된다) 등을 들 수 있다.

이러한 事案類型에 있어서는 많은 경우가 名譽毁損(defamation)에도 해당될 것이나, 반드시 그러한 것은 아니다. 이 類型에서도 가령 傳記 중의 사소한 잘못과 같이 허용되는 行爲와의 구별에 있어서 미묘한 문제가 생길 수 있다.

Review, Vol. 76(1976), p. 1258-62가 그러하다고 한다. 따라서 가령 상당 기간 후에 强姦의 피해자인 사실을 공표하는 것은 이에 해당한다. Prosser/Keeton(주 19), p. 857도 公的 意味가 없는 사실(즉 私的 事實)과 公的 意味가 약간 있는 사실 간의 구분이 어렵다는 이유로 이 견해에 긍정적이다.

32) 이와 관련된 미국연방대법원의 판결로 New York Times Co. v. Sullivan, 376 U.S. 254(1964)를 소개하기로 한다. 이 판결의 사안에서, 피고 신문사는 알라바마州에서 인종폭동이 일어났음을 계기로 하여 그 지방의 경찰책임자인 원고의 職務遂行에 관한 기사를 게재하였다. 그런데 그 기사의 내용은 그 주요한 부분에 있어서 事實과 다른 것이었다. 알라바마州 최고법원은 피고에게 50만 달라의 손해배상을 명하였다. 그러나 미국연방대법원은 이 판결을 헌법에 위반된다고 하여 破棄하였다. 그에 의하면, 만일 言論에 의하여 주장된 것이 사실에 부합하지 않는다는 것만으로 言論機關에 책임이 있다고 한다면, 언론기관은 손해배상책임을 지게 될 것을 두려워해서 "自己檢閱"을 행할 것이다. 이러한 결과는 "공적 이슈에 대한 논의는 거침이 없으며 대담하고 공공연하게 행하여져야 한다는 중대한 국가적 公約"과 조화되지 않는다(同所, p. 260). 그러므로 원고가 "공무원"인 경우에는 그와 아울러 피고 言論社가 그 기사의 내용이 "사실에 부합하지 않음을 알면서 또는 중대한 과실로 알지 못하고(with knowledge of its falsity or in reckless disregard of the truth)" 그 기사를 작성, 게재하였음을 추가적으로 입증하여야 한다는 것이다. 물론 이러한 判決에는 "독특한 미국의 정치문화"가 반영되어 있는 것이므로(이에 대하여는 Zweigert/Kötz(주 13), S. 462 참조), 함부로 이러한 態度를 "導入"할 것은 아니라고 생각된다.

(d) 姓名 또는 肖像 등에 대한 侵害　원고의 同一性(identity)을 구성하는 徵表들, 가령 성명・초상・사진 등을 상품의 선전, 영업 기타 피고의 私的인 利益을 위하여 사용하는 행위[33]는 모두 이 類型에 포함된다. 이러한 事案에 대하여는 막대한 수의 판결이 존재한다.

Ⅲ. 프라이버시의 우리 不法行爲法上의 位置

(1) 이와 같이 미국에서 프라이버시(權)의 침해를 이유로 원고의 청구가 인용된 여러 事案類型에서 할 수 있듯이, 미국에서 '프라이버시權'의 이름 아래 다루어지고 있는 事件들은 우리의 관념으로 하면 ─名譽毁損의 경우[34]를 제외하고─ 人格的 法益이 침해된 경우의 거의 모두를 포괄하는 것이라고 할 수 있다. 따라서 츠바이게르트/쾨츠가 각국의 개별적 私法制度를 비교법적으로 고찰하면서 "人格權의 侵害로 인한 責任"이라는 표제의 章에서 미국의 "프라이버시法"을 장황하게 다루고 있는 것도 무리는 아니라고 하겠다.[35]

문제는 이와 같은 外國法上의 素材를 우리 不法行爲法의 입장에서 적절하게 다루는 일이라고 하겠다. 우리 불법행위법은 주지하는 대로 "고의 또는 과실로 인한 위법행위"라는 하나의 一般條項을 가지고 있으며(민법 제750조), 결국 문제는 행위의 「違法性」에 관한 판단이다. 그에 있어서는 가령 獨逸과 같이 被侵害法益이 絶對權인가 여부가 결정적인 의미를 가지지 않으며,[36] 우리 通說이 말하는 대로 "被侵害法益의 성질

33) Prosser(주 7), p. 401은 이를 "盜用"(appropriation)이라고 표현한다.

34) 이 類型에 대하여는 영미법상 종래부터 '名譽毁損'(defamation)을 이유로 하는 不法行爲의 성립이 인정되어 있었다. 이는 다시 文書 圖畵에 의한 名譽毁損(libel)과 口頭에 의한 名譽毁損(slander)의 둘로 나누어진다.

35) Zweigert/Kötz(주 13), S. 457 이하 참조.

36) 獨逸에서 '一般的 人格權'(allgemeines Persönlichkeitsrecht)을 둘러싼 논의는 법기술적으로 보면 결국 獨逸民法典이 예상하지 아니한 絶對權으로서 人格權을 긍정함으로써 동법 제823조 제1항에서 정하는 不法行爲의 성립을 인정하려는 노력, 그리고 다

과 侵害行爲의 태양을 相關的으로 고려하여" 정하여지는 것이다. 따라서 우리 불법 행위법에 있어서 프라이버시權 또는 프라이버시를 다룸에 있어서는 결국 종전에 인정되어 온 각종의 被侵害法益에 유념하면서, 그 침해에 대한 보호가 필요하면서도 종전에 별로 의식되지 않던 部分에 주로 착안하면 족하리라고 생각된다.

그러한 의미에서 이미 肖像이나 姓名 기타 프로써의 표현에 의하면 "原告의 同一性의 徵表들"(attributes of the plaintiff's identity)을 "盜用"한 유형, 즉 위 Ⅱ.(2) (d)의 類型은 이미 그 독자적 保護項目으로 인정되어 왔으므로, 이를 따로 "프라이버시"의 이름 아래 다룰 필요가 없다고 생각된다.[37] 또한 公衆에게 원고에 대한 잘못된 認識을 심어 주는 행위의 유형, 즉 위 Ⅱ.(2) (c)의 유형에 대하여도 대체로는 名譽毁損과 중첩되는 것이므로 별도로 다룰 필요가 없다고 하겠다.[38] 이들 두 유형은 모두 뒤에서 보는 謝罪廣告 기타 민법 제764조에서 말하는 "名譽回復에 필요한 處分"을 할 수 있고 또 하기에 적합한 違法類型으로서, 그에 적합하지 아니한 다른 두 類型과 구분된다는 점에서도 '프라이버시'의 이름 아래 통합적으로 다루는 것이 적합하지 않다.

결국 남은 것은 위 Ⅱ.(2)의 (a)와 (b)의 영역으로서, 이 事案類型이야말로 '프라이버시'라는 새로운 이름 아래 다루기에 적절하다고 생각된다.[39] 이들 類型은 모두 우리 憲法에서 보장된 "私生活의 自由와 秘密

른 한편, 그 限界를 명확하게 하고자 하는 노력에 귀착된다. 이에 관하여는 우선 Diethelm Klippel, Neuere Entwicklungen des Persönlichkeitsrechts im deutschen Zivilrecht, in: Günter Weick(Hrsg.), *Entwicklung des Deliktsrechts in rechtsvergleichender Sicht*, 1987, S. 13ff. 참조.

37) 同旨: 池弘源(주 6), 236면 이하. 그러나 李銀榮, 「債權各論」, 1989, 746면은 이 類型을 프라이버시侵害로 다룬다.

38) 池弘源(주 6), 236면 이하는 이 유형을 프라이버시侵害에 포함시키고 있다. 그러나 李銀榮(주 37), 746면 이하는 그렇게 하지 않는다.

39) 한편 1957년 9월 뒤셀도르프에서 開催된 제42회 獨逸法律家大會(Deutscher Juristentag)는 그 第1部會에서 "특히 현대의 통신수단의 발달에 비추어, 無分別한 侵害(Indiskretion)로부터 私生活을 보호하기에 現行規定은 충분한가?"라는 테마를 다루었다. 거기서 報告者의 한 사람인 라렌츠는 私生活의 侵害를 두 가지 유형으로 요약하고 있다. 하나는 私的 領域에의 侵入(Eindringen in die Privatsphäre)이고, 또 하나는 公衆에의 公表(Preisgabe an die Öffentlichkeit)이다. Karl Larenz, Gutachten, in: *Verhandlungen*

에 대한 權利"라는 징표 아래 들어올 뿐만 아니라, 최근에 문제되는 소위 "自身에 관한 情報에 대한 權利"를 강조하는 思考도 포괄할 수 있는 것이기 때문이다.

이상과 같이 우리는 '프라이버시'라는 이름 아래에 "私生活이 함부로 공개되지 아니하고 私的 領域의 平穩과 비밀을 요구할 수 있는 法的 保障"과 "자기에 관한 情報를 통제할 법적 능력"이라는 두 개의 계기를 인식할 수 있을 것이다. 전자를 프라이버시의 소극적 측면이라고 한다면, 후자는 그의 적극적 측면이라고 할 수 있다. 그러나 私法은 주로 그러한 法益이 이미 침해되거나 침해될 우려가 있는 경우의 救濟手段을 중심으로 논하기 때문에 주로 문제되는 것은 前者의 측면이다.

(2) 프라이버시의 침해와 名譽毁損과의 類似性에 착안하여 종전부터 우리 民法에서 인정되어 오던 名譽毁損의 법리(가령 제764조)를 원용함으로써 실질상은 프라이버시의 침해인데 이것을 名譽毁損이라고 하거나, 名譽毁損의 법리를 약간 변용하여 구제를 주는 방법도 생각할 수 있을 것이다. 물론 兩者는 넓은 의미의 人格的 利益을 침해하여 被害者에게 정신적 피해를 준다는 점, 상당히 많은 경우에 같은 行爲에 의하여 兩者를 모두 범하게 된다는 점, 表現의 自由와의 충돌 내지는 조절의 문제가 있다는 점 등에는 공통된다.

그러나 理論的으로는 양자는 구별되어야 하리라고 생각된다.[40]

첫째, 名譽毁損은 사람의 名譽, 즉 社會的 評價에 대한 침해이고, 사람으로 하여금 제3자의 嫌惡 또는 輕蔑을 받게 할 우려가 있는 상태를 야기하는 것이 필요하다. 이에 반하여 프라이버시의 경우는 제3자의 評價는 문제가 아니며, 公表의 결과로서 사회적 평가에 영향이 없어

---

des 42. *Deutschen Juristentages*, Bd. 2, D 25-32. 이 구분은 대개 本文의 類型과 일치하는 것이다.

40) 伊藤正己, プライヴァシーの權利の理論的基礎, 戒能通孝・伊藤正己 編, 「プライヴァシー研究」, 1962, 118면 이하; 幾代通, 「不法行爲」, 1977, 92면 이하; 四宮和夫, 「不法行爲」, 1987, 327면 등 참조.

도 私生活의 폭로에 의하여 정신이나 감정에 고통을 받으면 그 침해가 될 수 있다. 극단적인 경우에는 호의적으로 쓰여져서 제 3 자로 하여금 原告에게 親愛의 감정을 품게 하는 때라도 프라이버시가 침해될 수 있다. 물론 그러한 사정은 損害賠償額의 산정에는 영향을 미칠 수 있으나 적어도 違法行爲의 성립에는 상관이 없다. 미국의 판례 중에는 피고의 自傳的 作品 가운데에서 어떠한 주부를 호의적으로 묘사하였으나 프라이버시侵害로 인정된 예가 있다(소설 「Yearling」 事件).[41] 이와 같이 프라이버시는 제 3 자와의 관계와는 상관없이 個人의 內面的 感情에 중점을 두는 것이고,[42] 그러한 점에서 名譽보다 한층 더 순수한 인격적인 성질을 가진다고 할 수 있다.

둘째, 眞實性의 증명의 문제이다. 우리 나라에 있어서는 피고가 주장한 내용이 眞實이라고 하더라도 名譽毁損이 성립할 수 있다고 인정되고 있다.[43] 그렇지만 眞實이 주장된 경우에는 違法性이 약하게 되어 責任의 內容이 가볍게 된다는 것은 부정될 수 없다.[44] 나아가서 名譽毁損의 성립을 저지하는 다른 要件들, 가령 (i) 公共의 利害에 관한 사실이어야 하고, (ii) 그 목적이 전적으로 公益을 위한 것이라야 한다는 요건은 그 판단이 매우 미묘한 것으로서, 名譽毁損 여부를 판정함에 있어서 실제로 독립한 要件으로 기능하는가가 의심스럽다고 생각된다.[45] 그러나 프라이버시침해에 있어서는 眞實 여부에 영향을 받지 않으며, 오히려 그 공개한 내용이 眞實인 경우에 특히 실효성이 있다고 할 것이다.[46]

---

41) Cason v. Baskin, 20 S. 2d 243(1944).

42) 그러한 관점에서, 막스 베버가 말하는 內面의 心情倫理(Gesinnungsethik)보다는 社會的 聲價에 주로 또는 그것에만 중점을 두는 體面倫理가 지배하는 우리 사회의 에토스로 보면, 프라이버시는 모두 名譽와의 관련에서만 保護의 價値가 있다고 할는지도 모른다. 프라이버시保護를 논하려면, 무엇보다도 먼저 이러한 人間의 內面에 법적으로 보호받을 고유한 가치가 있음을 인정하는 것이 先行되어야 할 것이다.

43) 뒤의 (3)에서 보는 [3] 大法院 1988년 10월 11일 判決도 이 점을 분명히 하고 있다.

44) 이 점 일본의 학설로서 加藤一郞, 「不法行爲」, 增補版, 1974, 128면 참조.

45) 가령 英美法에서는 주장한 내용이 眞實이면 名譽毁損(defamation)이 되지 않는다고 한다. 일본에서는 新聞報道의 경우에는 일반적으로 公共의 利害에 관한 사항을 公益을 위하는 目的으로 보도하였다고 보기 쉽다고 이해되고 있다. 幾代通(주 40), 89면 참조.

46) 가령 伊藤正己(주 40), 119면.

셋째, 名譽毁損이 성립하기 위하여는 그 主張이 제3자에게 전달될 것이 요구된다. 그러나 프라이버시침해는 私生活의 領域 내에 침해하는 것 자체이고, 거기서 얻어진 情報가 제3자에게 전달될 필요는 없다. 가령 電話의 盜聽은 그 자체가 프라이버시침해이며, 거기서 얻어진 내용이 제3자에게 전파되지 않아도 족하며, 하물며 公然하게 전파될 필요는 없는 것이다.

넷째, 法人은 그 명예가 훼손될 수 있다.[47] 그러나 法人에는 프라이버시가 없다.

다섯째, 死者의 名譽毁損에 관하여는 刑法 제308조와 관련하여 民事上 不法行爲의 成否가 논의되고 있다. 그러나 이에 대하여 어떠한 태도를 취하든 상관 없이 死者의 프라이버시의 侵害는 용이하게 인정될 수 없으리라고 생각된다.[48]

(3) 우리 나라의 판례에서도 위와 같은 의미에서의 프라이버시의 侵害가 문제가 된 경우는 없지 않다. 그 예는 많지 않고 또 이를 名譽毁損과의 사이에 경계를 분명하게 하는 데 부족한 점이 없지 않으니, 프라이버시를 불법행위에 있어서의 독자적인 保護法益의 하나로 인정하는 데 부족이 없지 않나 생각된다.

[1] 大法院 1962. 3. 8. 판결 4294民上1028사건(集 10-1. 184)

이 事件에서 피고는 원고를 강간할 목적으로 밤 10시에 원고가 자고 있는 內室에 침입하였다. 大法院은 "원고의 身體나 貞操에 직

47) 예를 들면 大法院 1990. 2. 27. 판결 89다카12775사건(「법원공보」 870. 50)은 피고 종중 발행의 大同譜에 그 소종중인 원고 종중의 始祖의 系譜를 누락한 것은 원고 종중의 名譽를 훼손한 것일 수 있다고 판시하였다.

48) 同旨 : 池弘源(주 6), 239면. 그러나 李銀榮(주 37), 747면은 死者에 대하여도 私生活의 露出 또는 私的 情報의 露出로 인한 私生活侵害에 한하여는 이를 긍정한다. 死者의 名譽毁損罪에 관하여 그 保護法益이 死者에 대한 遺族의 敬慕感情(Pietätsgefühl)이라고 하는 설(독일의 通說)도 있으나, 통설은 死亡 후에도 남는 死者의 人格的 價値가 침해되는 것이라고 본다. 우선 李在祥, 「刑法新講[各論 Ⅰ]」, 全訂版, 1989, 206면 및 同所 인용의 文獻 참조. 그러나 名譽는 사회적 평가이므로 死後에도 남는 것이 있다고 할 수 있을는지 몰라도, 프라이버시는 개인이 私生活의 자유와 비밀을 지키는 것이므로 死後에까지 남는 것이 있다고 할 것인지 의문이다.

접적인 침해는 없다 하여도 이는 그의 생활을 방해하고 정신적 안전성에 동요를 준 것"으로서 위법하다고 하여 민법 제751조에 의하여 慰藉料를 지급할 의무가 있다고 하였다.

이는 위 Ⅱ.(2) (a)에 본 私的 領域에의 侵入에 해당하는 類型이라고 하겠다.

[2] 大法院 1967.7.25. 판결 67다1000사건(集 15-2. 229)

피고는 자신이 원고와 情交하였다는 말을 마을사람들에게 퍼뜨렸다. 原審은 "원고가 피고와 정교관계를 하여, 이로 인하여 임신이 되어 낙태한 사실"이 인정된다고 하여 원고의 위자료청구를 기각하였다. 그러나 大法院은 "원고는 장성한 자식들과 동거하고 있는 과부이므로, 원판결이 확정한 바와 같이 피고와 정교관계가 있었다 하더라도, 피고가 그러한 사실을 부락사람들에게 유포시켰다면 특단의 사정이 없는 한 피고는 원고의 명예를 훼손시켰다 할 것"이라고 하여 原審判決을 破棄하였다.

이 사건에서 대법원은 名譽毁損을 인정하였으나, 이는 오히려 프라이버시侵害, 그 중에서도 위 Ⅱ.(2) (b)에 해당하는 事案類型이라고 생각된다.[49)]

이와 같이 이상의 判決들의 事案은 모두 프라이버시侵害에 해당하는 것이나, 法院은 이를 법적으로 다룸에 있어서는 프라이버시權 또는 그 侵害라는 관점에서 파악하지 아니하였다. 이는 위에서 본대로 우리 不法行爲法의 一般規定인 민법 제750조가 단지 "故意 또는 過失로 인한 違法行爲"일 것만을 요구하고 있으므로, 적어도 법적용의 면에 있어서는 그 中間項이 되는 被侵害法益을 확정할 필요가 없다는 事情과 관련된다고 여겨진다. 그러나 최근에 나온 다음의 판결은 이 점과 관련하여 비록 一般論의 형태에서이기는 하나 示唆하는 바가 있다.

49) 同旨 : 李銀榮(주 37), 746면 註 1. 寡婦가 타인과 情交하였다는 사실이 그 과부의 "名譽"를 훼손한다고 할 것인지 우리 文化와 法과의 關係라는 관점에서도 흥미 있는 문제이다.

[3] 大法院 1988. 10. 11. 판결 85다카29사건(集 36-3. 1)

원고는 辯護士로서 A로부터 두 건의 소송사건을 위임받고 그 소송을 수행하였는데, 그 중 한 건에 대하여는 그 중간에 "A의 동의 하에 더 이상 소송수행을 하지 않고 그대로 종결짓기로 합의"하였고, 나머지 한 건은 결국 A의 패소로 종결되었다. 그러자 A는 원고를 상대로 그 위임사무 처리의 잘못을 이유로 손해배상을 청구하는 소송을 제기하였는데, 이 소송의 제1심에서는 A가 일부승소하는 내용의 판결이 선고되었다. 이 사실이 日刊紙에 보도되자, 피고 회사가 발행하는 女性雜誌의 기자가 A에게 그 간의 경위에 관한 手記를 작성하여 위 雜誌에 게재할 것을 부탁하였고, A는 이에 응하였다. 그런데 위 雜誌는 A가 작성한 手記의 "요지와 취지를 해하지 않는 범위 내에서 문장을 수정"하고 小題目을 붙여 이를 게재하고 全國에 配布하였다. 그런데 그 手記의 내용은 "원고가 변호사로서의 윤리를 저버리고 본분을 망각한 행동을 하였다는 인신공격적인 표현으로서 원고의 인격을 비방"하는 것이었다. 그런데 위 損害賠償訴訟의 제2심에서는 원고가 그 受任事務處理에 있어서 과실이 없다는 이유로 A의 청구를 모두 기각하는 판결이 선고되었고, 이 판결은 그대로 확정되었다. 이에 원고는 피고 회사를 상대로 명예훼손을 이유로 慰藉料의 지급을 청구하였다(기타의 請求內容에 관하여는 알 수 있는 資料가 없다).

결국 피고에게 1천만원의 위자료를 지급할 것을 명하는 원심판결이 대법원에서 확정되었는데, 그 이유에 있어서 大法院은 다음과 같이 人格權의 保護, 그리고 인격적 이익과 표현의 자유와의 調節에 관한 매우 포괄적이고 추상적인 판시를 앞세우고 있다.[50]

"헌법[1980년 10월 27일의 憲法. 이하 같다] 제9조 후단에서는 '모든 국민은… 행복을 추구할 권리를 가진다'라고 하여 생명권, 인격권 등을 보장하고 있어 어떤 개인이 국가권력이나 공권력 또는 타인에 의하여 부당히 인격권이 침해되었을 경우에는 인격권의 침해를 이유로 그 침해행위의 배제와 손해배상을 청구하여 그 권리를 구제받을 수 있도록 하고 있다. 우리가 민주정치를 유지함에 있어서

50) 그 외에 명예훼손의 성립요건에 관한 일반적 판단 및 "일정한 입장에 있는 인물"(아마도 公人을 의미하는 듯하다)의 人格權의 문제 등도 다루어지고 있다.

필수불가결한 언론, 출판 등 표현의 자유는 가끔 개인의 명예나 사생활의 자유와 비밀 등 인격권의 영역을 침해할 경우가 있는데 표현의 자유 못지 않게 이러한 사적 법익도 보호되어야 할 것이므로 인격권으로서 개인의 명예의 보호(헌법 제 9 조 후단)와 표현의 자유와 보장(헌법 제20조 제 1 항)이라는 두 법익이 충돌하였을 때, 그 조정을 어떻게 할 것인지는 구체적인 경우에 사회적인 여러 가지 이익을 비교하여 표현의 자유로 얻어지는 이익, 가치와 인격권의 보호에 의하여 달성되는 가치를 형량하여 그 규제의 폭과 방법을 정해야 할 것이다."(同所, 6 면)

여기서는 "私生活의 自由나 秘密"이 名譽와 아울러 人格權의 구체적인 내용으로 지적되고 있는 점은 주목을 요한다. 또 다음의 소위 富川署 性拷問事件과 관련한 그 피해자의 損害賠償請求事件의 제 1 심판결도 이러한 관점에서 주목을 끈다.

[4] 서울民事地法 1989. 6. 13. 판결 86다카5264사건(「법률신문」 1863. 7)

이 사건의 請求原因 중에는 "공안 당국의 '분석보도자료' 배포"를 이유로 하는 名譽毁損을 주장한 부분이 있다. 이에 대하여 위 판결은 다음과 같이 판단하여 원고의 國家에 대한 청구를 인용하였다.

"일반 국민은 원고가 성고문을 당하였다는 허위사실을 날조폭로함으로써 … 하려는 좌경폭력세력의 노선을 추종하는 자로 오해하게 하였고, 그러한 내용의 보도는 원고의 人格像을 왜곡하고, 世人의 원고에 대한 사회적 평가를 추락시키는 동시에 나아가 원고의 국민의 한 사람으로서 헌법상 보장받는 인간의 존엄권 내지 인격권을 침해하였다 할 것"이다.

여기서 주목을 요하는 점은 다른 사람들("世人")로 하여금 원고의 "人格像"(이 낯선 用語는 독일의 一般的 人格權에 관한 논의에서 등장하는 'Lebensbild'라는 말의 번역인 것으로 추측된다)을 오해하도록 한 것에 기하여 不法行爲의 성립을 인정하였다는 것이다. 그리고 이는 분명 위에서 본 미국의 판례의 분류 중에서 제 3 의 類型(위 Ⅱ. (2)(c) 참조)에 속하는 것이라고 하겠다. 위 사건에서 원고측은 이를 名譽毁損이라고 주장하였으나, 法院은 그 점을 명확하게 긍정하지 아니한 채로 위 引用部分에서 본 것처럼 단지 人格權의 侵害라고 하여 慰藉料의 지급을 명하였다.

(4) 여기서 일본의 리딩 케이스 하나를 들어보기로 한다.

일본에 있어서의 프라이버시法을 논함에 있어서는 「잔치의 흔적」(宴のあと)事件의 판결(東京地裁 1964년 9월 28일 判決[「下民集」 15권 9호 2317면: 「判例時報」 385호 12면])을 起點으로 하지 않으면 안 된다.

[事實의 槪要] 外務大臣을 지낸 바 있는 X는 1959년의 東京都知事 선거에 출마하였으나 惜敗한 바 있다. 그의 妻는 料亭을 경영하던 A이었는데, 그녀는 X의 선거운동에 盡力하였으나, 선거 후 X와 離婚하였다.

전부터 政治와 戀愛의 관계에 대하여 흥미를 가지고 있던 有名作家 Y는 이 사건에서 힌트를 얻어 여주인공의 모델이 된 A의 동의를 얻은 후 1960년부터 B 월간잡지에 소설 「잔치의 흔적」의 연재을 시작하였다. 그 내용은 前外務大臣 M과 그의 처인 料亭主人 N를 주인공으로 하여 2인의 결합, M의 東京都知事 선거에의 입후보, N의 노력, 특히 요정을 재개하려고 함으로써 두 사람이 이혼한 것 등으로 되어 있었다. 그리고 그 중에 兩人의 同寢場面과 M이 N을 발로 찬 것 등의 묘사가 있었다.

X는 자신이 이 소설의 모델이 된 데 激憤하여, Y와 B 잡지에 대하여 그 소설을 單行本으로 하지 말 것을 요구하였다. B 잡지는 이에 응하였으나, Y는 이에 불응하고 다른 출판사 Z로 하여금 출판하게 하였다.

X는 이 사건에서 자신의 프라이버시가 침해되었다고 주장하고, Y와 Z를 상대로 謝罪廣告와 慰藉料를 청구하였다.

[判 旨] 1. 우선 프라이버시침해에 대하여.

이 소설이 X와 A를 모델로 한 소위 "모델 소설"임은 물론인데, 原告가 프라이버시侵害로서 들고 있는 描寫는 모두 Y의 虛構에 의한 것이고, X의 私生活을 폭로한 것이 아니다. 그러나 독자로서는 사실과 허구와의 구분이 명확하지 않아서, 소설의 주인공의 私生活을 묘사한 것을 모델인 X의 사생활을 묘사한 것이 아닌가 하고 聯想시키기 때문에, 이로 말미암아 原告가 정신적 고통을 느끼는 것도 무리는 아니다.

프라이버시가 權利인가 하는 의문에 대하여 보면, 그것은 憲法의 기초인 個人의 尊嚴이라는 사상으로부터 도출될 뿐만 아니라, 成文法上으로도 그 일부가 표현되어 있다(가령 輕犯罪法에서 他人의 住居를 들여다 보는 것을 금지하고 있는 것, 民法에서 相隣地에의 觀望을 제한하는 것, 刑法上의 信書開披罪 등). 그리하여 "그 존중은 이미 단순히 윤리적으로 요청될 뿐만 아니라, 불법한 침해에 대하여는 法的 救濟가 주어질 만큼 고양된 人格的인 利益이라고 생각하는 것이 정당하고, 이것은 소위 人格權에 포섭되는 것이기는 하나 여전히 이것을 하나의 權利라고 부르지 못할 것도 없다고 해함이 상당하다. 위에서 판단한 바와 같이 소위 프라이버시權은 私生活을 함부로 공개당하지 않는다는 法的 保障 내지 權利라고 이해되므로, 그 侵害에 대하여는 侵害行爲의 禁止나 精神的 苦痛으로 인한 損害賠償請求權이 인정되어야 할 것이다."

나아가 프라이버시의 侵害에 대하여 法的 救濟가 부여되려면, 공개된 내용이 (i) 私生活上의 事實 또는 사실인 것처럼 받아들여질 우려가 있는 사항일 것, (ii) 一般人의 感受性을 기준으로 하여 당해 私人의 입장에 선 경우 공개를 바라지 아니할 것으로 인정되는 사항일 것, (iii) 一般의 사람들이 아직 알지 못하고 있는 사항일 것을 필요로 한다.

2. 나아가 違法性阻却事由에 대하여.

(a) 예술적 가치와 프라이버시가치의 충돌에 대하여 : 兩者는 그 기준이 전적으로 異質的인 것으로서, 소설의 예술적 가치가 아무리 높은 것이라고 하여도 그것이 당연히 프라이버시침해의 違法性을 阻却하지는 않는다.

(b) 言論·表現의 自由와 프라이버시 : 일반적으로 兩者 중 어느 하나가 優越하다는 성질의 것이 아니며, 表現의 自由라고 하더라도 무차별·무제한하게 私生活을 공개하는 것은 허용되지 않는다.

(c) 原告의 公人性 : 公人에 대하여도 사생활의 공개가 허용되는

일정한 합리적인 限界가 있다. 특히 本件과 같이 都知事選擧가 끝난 후 1년이 경과한 경우에는 그 容認의 범위는 좁아진다.

3. 그러나 謝罪廣告請求에 대하여는 "私生活이 함부로 공개된 경우에 그것이 공개되지 않았던 상태, 즉 原狀으로 회복시킨다고 하는 것은 不可能한 것이고, 名譽의 훼손·信用의 저하를 이유로 하는 것이 아닌 이상, 민법 제723조에 의한 謝罪廣告 등은 청구할 수 없다"고 하여 이를 기각하였다. 결국 慰藉料 80만円의 지급이 명하여졌다.

이「잔치의 흔적」판결은 비록 제 1 심판결이나[51] 프라이버시權을 정면에서 인정한 최초의 判決로서 이에 관한 리딩 케이스인 점에 異見이 없다.[52] 그리고 이 판결에서 "私生活을 함부로 공개당하지 않는다는 私的 保障 내지 權利"라고 한 프라이버이權에 대한 定義는 그 후의 학설에서 거의 수긍되고 있다.[54] 그리고 그 침해의 요건에 관한 판단도 대체로 적극적으로 받아들여지고 있다.

(5) 여기서 情報化社會의 진전으로 말미암아 특히 심각하게 의식되고 있는 個人情報에 관한 각종의 데이터뱅크의 운용으로 말미암은 프라이버시侵害의 문제를 살펴보기로 한다.

아직 우리 나라에서는 個人情報의 불법수집과 공개를 규제하는 法律이 제정되지 아니하였으나,[55] 이와 관련하여 立法論으로서 다음과 같

51) 이 판결에 대하여 피고들이 抗訴하였는데, 그 사이에 원고가 사망하고, 그 유족과 피고측 사이에 和解가 성립함으로써 이에 대한 上級法院의 판단을 얻을 기회를 갖지 못하였다. 그 경과에 대하여는 五十嵐清, プライバシーの權利──「宴のあと」事件,「別冊 ジュリスト：マスコミ判例百選」, 第 2 版, 1985, 122면 참조.

52) 加藤一郎 編,「注釋民法(19)」, 1975, 183면(五十嵐清 집필)에 의하면 이 판결이 나오기 전에도, 가령 殺人事件의 容疑者에 대하여 "毒殺魔"라는 표제 아래 그의 成長過程, 學歷, 思想, 前科, 父親의 성명 등 私事에 관한 사항에까지 언급된 사안, 또 會社員들의 會食 자리에서 전에 해고당하였던 사람이 前科者인 사실을 밝힌 사안 등에 관한 판결이 있었는데, 이 사건들에서는 名譽毁損인지 여부가 다루어졌고, 또 부정되었다고 한다.

53) 가령 竹田稔,「名譽・プライバシー侵害に關する民事責任の硏究」, 1983, 5면 참조.

54) 가령 五十嵐清(주 51), 123면 : "이러한 理解는 프라이버시權의 傳統에 즉한 것일 뿐만 아니라, 오늘날에 있어서의 問題의 中心點을 보이는 것으로서 贊意를 표할 수 있을 것이다." 또한 幾代通(주 40), 92면도 참조.

55) 外國의 이러한 法律에 관하여는 法制處 編,「各國의 個人情報保護關係法」, 1989 및

은 사항이 포함되어야 한다는 주장이 있다.[56] (i) 일정한 종류의 記錄의 금지, (ii) 개인정보를 수집하는 方法의 規制, (iii) 個人의 意思에 반한 入力의 금지, (iv) 개인정보의 無制限蓄積의 금지, (v) 자신에 관한 화일에의 接近(access)權, (vi) 개인정보의 訂正權 등이 그것이다. 그리고 個人情報保護의 방법으로 1980년 經濟開發協力機構(OECD)의 理事會는 다음의 8개의 원칙을 제시하고 있다.[57]

첫째, 個人情報의 蒐集은 적법하고 공정한 手段에 의하여야 하며, 그 정보의 主體의 同意를 얻거나 그에게 通知되어야 한다.

둘째, 정보수집의 目的은 분명하여야 하고, 그 목적에 필요한 것만을 수집하여야 한다.

셋째, 수집되는 개인정보는 正確하고 完全하며 最新의 것이어야 한다.

넷째, 수집된 개인정보는 명확하게 설정된 目的에 한정하여 사용되어야 한다.

다섯째, 개인정보는 분실·도용·노출·파괴·수정됨으로써 정보주체를 해하지 않도록 安全하게 管理되어야 하며, 그 管理者가 정하여져야 한다.

여섯째, 개인정보에 관한 政策이나 運營方針은 정보주체 전원에게 공개되어야 한다.

일곱째, 정보주체는 자기에 관한 정보자료의 所在를 확인할 수 있어야 하며, 잘못된 내용의 抹消, 訂正 및 資料의 補充을 요구할 수 있어야 한다.

여덟째, 개인정보의 管理者는 이상의 사항이 충실하게 이행되도록

金哲洙, 情報公開法과 私生活秘密保障法 序說, 同(연구책임자), 「情報의 蒐集·管理의 私生活保護」(주 9), 13면 이하, 특히 42면 이하; 卞在玉, 美國에서의 私生活保護法制, 同書, 73면 이하; 成樂寅, 프랑스에서의 私生活保護法制, 同書, 115면 등 참조.

56) 우선 金哲洙(주 55), 40면 이하, 52면 이하.

57) 原名 : "프라이버시의 保護 및 個人데이터의 國際的 流通에 관한 指針"(Guidelines governing the Protection of Privacy and Transborder Flows of Personal Data).

조치하여야 하며, 그에 관한 事故에 대하여 책임을 져야 한다는 것이다.

이러한 法律이 제정되어 있지 아니한 現在에 있어서 위와 같은 個人情報의 蒐集과 公開에 관한 原則에 반하여 행위한 자에 대하여 어떠한 私法的인 責任을 물을 수 있을 것인가는 신중한 고려를 요하는 문제이다. 그러나 적어도 다음과 같은 점은 인정되어야 하리라고 생각된다.

첫째, 그 蒐集의 方法이 적법하여야 하며, 불법하거나 사회관념상 허용되지 아니하는 方法, 가령 盜聽이나 書信의 無斷開披, 住居侵入, 尾行 등의 방법을 사용하여서는 안 된다. 그와 같은 방법의 사용은 그 자체 프라이버시侵害로써 私法上의 不法行爲責任을 발생시킨다.

둘째, 蒐集의 目的이 적법하여야 한다. 情報主體를 협박하는 등의 不法한 목적은 물론이고, 그의 公的인 意思形成에 영향을 미치거나 기타 장래 그를 어떠한 방식으로 "操縱"(manipulate) 하려는 목적으로 情報를 수집하는 것은 허용되지 않는다. 이러한 情報蒐集은 비록 그것이 허용되는 방법으로 이루어지는 것이라고 하더라도 프라이버시侵害가 된다고 할 것이다.

셋째, 蒐集할 수 있는 情報에도 일정한 한계가 그어져야 하리라고 생각된다. 個人의 私的 領域, 특히 私生活上의 가장 "은밀한" 사항을 그 主體 자신의 공개적인 表現物에 의하지 아니하고 探索하는 것은 허용되어서는 안 된다. 가령 同棲關係에 있던 異性으로부터 情報主體의 性的 嗜好를 탐문하는 것은 그 내용의 公表 여부를 불문하고 그 자체 허용되어서는 안 되며, 이는 傳記作家라고 하더라도 마찬가지다. 또한 일반적인 內面世界(信條나 소위 "觀", 나아가서는 感情)도 他人이 함부로 들여다 보려고 하여서는 안 된다. 또 情報主體에 관한 일체의 情報를 무차별적으로 수집하는 것도 허용되어서는 안 될 것이다. 이에는 情報主體의 직업이나 사회에서의 위치 등에 따라서 偏差가 있을 것은 물론이다.

Ⅳ. 侵害의 效果

(1) 프라이버시침해에 대한 1차적인 救濟手段은 원고에 대하여 慰藉料請求權을 인정하는 것이다.[58] 慰藉料는 주지하는 대로 종래에는 정신적 손해에 대한 賠償(Entschädigung)으로서 지급되는 것이라고 이해되었으나,[59] 점차로 단순한 賠償이 아닌 被害者에 대한 滿足 내지 慰撫(Genugtuung)의 기능도 한다는 것이 인정되어왔다.[60] 나아가 金錢的으로 計量할 수 있는 재산적 손해는 없다고 하더라도(또는 관점을 달리하여 보면 그 財産的 損害를 금전적으로는 계량할 수 없더라도) 어떠한 방식으로든지 救濟가 주어져야 하는 일정한 事案類型에 관하여 ―정신적 고통 등이 없는 경우도 포함하여[61]― 원칙적으로 인정되는 救濟手段이라는 입장도 있을 수 있고, 필자는 이렇게 주장하고 싶다.

어쨌거나 프라이버시 침해의 경우에는 그 자체로써 그 가해자에 대

58) 물론 그 외에 財産的 損害가 있으면 이를 입증하여 그 배상을 구할 수 있을 것이나 그것이 쉽게 인정되지는 않을 것이다. 그러나 가령 大衆的 人氣를 누리는 사람이 自敍傳을 쓸 계획을 하고 있는데 미리 私生活에 관한 事實이 공개됨으로써 그 豫想收入이 감소한 경우가 이에 해당할까. 日本의 判例를 분석한 바에 의하면, 名譽나 프라이버시 등의 侵害를 이유로 재산적 손해의 배상이 인정된 예는 거의 없다고 한다(外國俳優의 肖像權이 침해된 경우가 있다). 竹田稔(주 53), 53면 이하, 특히 169면 이하 참조.

59) 慰藉料의 역사적 발전과정을 더듬어 보면, 오히려 이를 私罰(Privatstrafe)로 이해하는 경향도 무시할 수 없다. 특히 19세기 전반의 普通法學에는 이러한 경향이 현저하였다. 그러나 19세기 후반이 되면 이러한 경향은 바뀌었다. 이러한 전환을 잘 보여 주는 것은 빈트샤이트의 판덱텐敎科書(Windscheid, *Lehrbuch des Pandektenrechts*, Bd. 2, §45 Anm. 31)에서의 서술의 변화이다. 가령 제1판(1865년): "위자료는 賠償(Ersatz)이 아니며, 배상이 아니라면 刑罰일 수밖에 없다." 그러나 제4판(1875): "피해자에게 야기된 苦痛을 안온한 감정을 일어나게 함으로써 조절한다는 점에서 이것도 역시 賠償(Entschädigung)이다." 慰藉料의 발전과정에 관하여는 우선 Karin Nehlsen v. Stryk, Schmerzensgeld ohne Genugtuung, in: *Juristenzeitung*, 1987, S. 120ff. 참조.

60) 가령 郭潤直, 「債權各論」, 再全訂版, 1990, 737면 이하 참조. 이미 Jhering, Ein Rechtsgutachten betreffend die Gäubahn, in: *Jherings Jahrbücher*, Bd. 18(1897), 51ff. 그러나 당시는 少數說에 그쳤다.

61) 가령 민법 제752조는 "他人의 生命을 해한 자는 被害者의 直系尊屬, 直系卑屬 및 配偶者에 대하여는 財産上의 損害 없는 경우에도 損害賠償의 책임이 있다"라고 정한다. 이 규정은 그 請求權者의 精神的 苦痛을 요건으로 드는 민법 제751조 제1항과 현저한 대조를 이룬다.

하여 慰藉料의 지급을 청구할 수 있다고 할 것이다.

(2) 또한 현재 프라이버시가 侵害되고 있거나 侵害될 우려가 있는 경우에는 그 侵害의 排除 또는 豫防을 청구할 수 있다고 할 것이다.[62)] 종래 우리 나라에서는 人格的 利益의 침해를 이유로 하는 위와 같은 不作爲請求權의 인정에 관하여는 별로 논의되지 아니한 것으로 생각된다. 그러나 외국의 예를 보면, 이러한 不作爲請求權은 일반적으로 승인되고 있다. 가령, 프랑스民法은 1970년에 민법 제 9 조를 신설하여 私生活(vie privée)의 保護를 인정하였는데, 그 侵害에 관하여는 법관은 損害賠償에 갈음하여 "係爭物保管·押留 기타 私生活의 은밀에의 侵害를 방지하거나 중지시키기에 適切한 모든 措置(toutes mesures propres à empêcher ou faire cesser une atteinte à l'intimité de la vie privée)를 명할 수 있다"고 정하였다(同條 제 2 항). 독일에서도 民法典에 정하는 개별적 인격권인 姓名權에 관하여 그 침해에 대하여는 위의 不作爲請求權을 인정하고 있고(同法 제12조), 나아가 2 차대전 후 인정된 一般的 人格權에 관하여도 이것이 침해된 경우에도 그 排除 및 豫防을 청구할 수 있다고 판례 및 통설에서 인정되고 있다.[63)] 스위스民法도 "人格을 위법하게 침해당한 자"는 침해의 除去의 豫防(그리고 침해의 違法性의 確認)을 訴求할 수 있음을 明文으로 정하고 있다(제28조 및 제28조 a).[64)] 그리고 일본에서도 최근의 最高裁判所判決[65)]에서 이를 정면에서 긍정하기에 이르렀다.

62) 同旨 : 池弘源(주 6), 219면 이하; 朴哲雨(주 6), 122면 이하; 金相容(주 6), 「司法行政」 1988년 2월호, 66면. 日本에서는 소위 「北方저널」事件을 둘러싸고 이에 관한 論議가 다시 활발해졌다. 가령 「ジュリスト」 867호(1986. 9. 1. 자) 所載의 여러 論稿들, 특히 五十嵐清, 人格權の侵害と差止請求權, 同所, 32면 이하 참조.

63) 그 현저한 예는 死者의 名譽毁損을 이유로 하여 出版物의 제작 및 배포금지를 명한 소위 「메피스토」事件(BGHZ 50. 133)이다. 이 判決에 대한 憲法訴願에 대한 獨逸憲法裁判所의 결정에 관하여는 桂禧悅, 메피스토—클라우스 만, 「高麗大 判例硏究」 2집(1983), 7면 이하 참조.

64) 제28조는 1983년 12월 16일의 人格保護法에 의하여 개정되고, 제28조 a는 同法에 의하여 추가된 것이다. 그러나 그 改正 전에도 "人的 關係(persönliche Verhältnisse)를 위법하게 침해당한 자는 그 침해의 除去를 청구할 수 있다"고 규정하고 있었다(제28조).

65) 소위 「北方저널」事件에 대한 日本最高裁 大法廷 1986년 6월 11일 判決(「ジュリスト」

다만, 新聞이나 藝術作品 등의 表現物에 의한 프라이버시의 侵害를 이유로 하여 그 侵害의 排除, 특히 豫防을 청구할 수 있다고 하려면 보다 신중한 고려가 필요하다고 하겠다. 왜냐하면 表現行爲의 事前抑制는 憲法 제21조 제2항에서 言論·出版 등 意思表現行爲에 대한 "檢閱"을 禁止하고 있는 정신에 저촉할 수 있기 때문이다. 따라서 그 認容에는 엄격하고 명확한 요건이 충족되어야 할 것이다. 가령 "그 표현내용이 진실에 반하거나 또는 그것이 전적으로 公益을 위한 목적이 아님이 명백하고 또 被害者가 중대하고 현저하게 回復困難한 손해를 입을 우려가 있는 때"[66]에는 예외적으로 事前의 不作爲請求도 가능하다고 하겠다.

(3) 문제는 名譽毁損의 경우에 ―― 損害賠償과 아울러 또는 그에 갈음하여 ―― "名譽回復에 적당한 處分", 특히 謝罪廣告를 명할 수 있도록 하는 민법 제764조를 프라이버시침해의 경우에도 準用 또는 類推할 것인가의 여부이다.

이와 관련하여서는 우선 민법 제764조에서 정하는 原狀回復處分이 어떠한 성질을 가지는가를 명확하게 인식할 필요가 있다고 생각된다. 이는 "이 處分에 의하여 加害者에 대한 制裁를 가하거나 또는 그로 하여금 謝罪 등을 하도록 함으로써 피해자에게 主觀的인 만족을 주거나 하기 위한 것이 아니라, 金錢에 의한 損害賠償만으로는 塡補될 수 없는, 훼손된 被害者의 人格的 價値에 대한 사회적·객관적 評價 자체를 회복하게 할 수 있도록 하기 위한 것"이라고 해석하여야 할 것이다.[67] 만일 그

864호 127면 이하).

66) 위 日本最高裁의 판결.

67) 日本最高裁 1970년 12월 18일 判決(「民集」 24권 13호 2151면)의 판시. 郭潤直(주 60), 722면도 이러한 취지라고 이해된다. 위 日本判決은 다음과 같은 사안에 대한 것이다. 원고들은 모두 共產黨에 속하는데, 어느 市의 市長 및 市議員선거에서 소위 革新系 市長候補를 추천·응원하거나 스스로 市議員으로 입후보한 사람들인데, 대립하는 保守系 市長候補의 選擧運動員들이 그 市長候補의 選擧對策委員으로 위촉하는 내용의 그 選擧對策本部長 명의의 "委囑狀"을 송부하여 왔다. 이에 대하여 원고들은 그 本部長 등에 대하여 謝罪狀의 交付를 청구하였다. 위 判決은 위 사안에 있어서와 같이 원고들의 名譽感情이 침해된 것만으로는 "名譽回復에 필요한 處分"을 할 名譽毁損을 인정할 수 없다고 하여 원고들의 청구를 기각하였다.

原狀回復處分이 피해자의 분노나 불쾌감 등과 같이 감정이 상한 것을 가라앉히기 위하여 인정되는 것이고, 이러한 效果가 기대되는 法益侵害에 이것이 널리 인정된다고 하면, 이는 모든 종류의 人格的 利益이 침해된 경우는 물론이고 財產的 利益이 침해된 경우에도 이용될 여지가 있을 것이다. 그러나 이는 결국 報復感情의 충족이라는 前近代的 不法行爲法으로의 후퇴에 다름아니다.

프라이버시침해의 경우에 대하여도 민법 제764조의 적용을 긍정하는 견해도 있다.[68] 그러나 謝罪廣告를 하는 것이 개인의 良心의 自由를 제한하는 것이 아닌가 등 그 제도 자체에 문제가 있음은 분명하므로[69] 이는 가급적 그 적용을 하는 것이 바람직하다고 생각된다. 그리고 또 同條에서의 原狀回復處分을 위와 같이 이해한다면, 적어도 眞實이라고 他人에게 알리고 싶지 아니한 事實이 함부로 공개된 전형적인 프라이버시침해의 事案類型에 관한 한, 이를 허용하여서는 안 된다고 할 것이다. 일본의 判例는 "私生活이 함부로 공개된 경우에 그것이 공개되지 않았던 상태, 즉 原狀으로 회복한다는 것은 불가능한 것이고, 名譽의 毁損·信用의 低下를 이유로 하는 것이 아닌 이상은 謝罪廣告 등은 청구할 수 없다"고 하는데, 이는 타당한 태도라 할 것이다.[70]

68) 日本의 文獻으로 五十嵐淸(주 51), 123면; 野村好弘, 「名譽侵害の民事判例」, 1972, 235면 등.

69) 謝罪廣告의 違憲性 여부에 대하여는 현재 憲法裁判所에서 審理하고 있다고 한다. 文鴻柱, 「韓國憲法」, 1987, 266면은 法院이 謝罪廣告를 명하는 것은 違憲이라고 한다. 한편 서울民事地法 1969. 6. 20. 판결 68가1886사건은 이를 合憲이라고 하였다고 한다. 謝罪廣告의 문제점에 대하여 日本의 文獻으로 「注釋民法(19)」, 1965, 372면(幾代通 집필); 幾代通, 謝罪廣告, 「現代損害賠償法講座 2: 名譽·プライバシー」, 1972, 260면 이하. 한편 日本最高裁 大法廷 1956년 7월 4일 판결(「民集」 10권 7호 785면)은 謝罪廣告를 명하는 것은 憲法에서 보장된 良心의 自由에 반하지 않는다고 판시하였다(反對意見 있음). 이에 대한 日本의 見解對立에 관하여는 幾代通, 同所, 261면 및 265면 註 44, 45 참조.

70) 위 日本東京地法 1974년 9월 28일 判決(소위 「잔치의 흔적」事件); 幾代通(주 69), 250면; 竹田稔(주 53), 189면 등.

V. 結　語

周知하는 대로 "프라이버시"라는 말은 적어도 法律用語로서는 그 의미가 명확하다고는 할 수 없다.[71] 그리하여 이 개념의 "非實用性"을 주장하는 견해도 나라에 따라서는 있다.[72] 그리고 이 개념이 내용 있는 것이 되기 위하여는 일정한 文化的 前提, 가령 個人의 "發見"[73]과 個人 내지 個性의 自立化에 우위를 두는 價値觀의 確立, 社會의 民主化 등이 필요한 것으로 생각되고, 그 전제가 과연 우리 사회의 경우에 충족되고 있는가 의심스러운 면도 있다.

그러나 우리 憲法이 "人間의 尊嚴과 價値"를 최우선의 理念으로 선언하고 있고, 이 때 "人間"이란 類(Gattung)로서의 추상적 人間이 아니라 구체적인 人間, 즉 個人(Individuum)일 수밖에 없다고 하겠다. 그리고 人間은 인격적인 존재로서 그 "價値"가 있으며, 그 인격이 형성되고 발전하고 유지되기 위하여는 각 個人에게 고유한 精神的·時空的 領域이 보장되어야만 한다면, 그 고유한 領域(Privatsphäre)을 타인의 介入으로부터 보호하여야 한다는 요청은 法이 만족시키지 않으면 안 될 중요한 항목 중의 하나라고 할 것이다. 그리고 최근 소위 情報化社會의 진전과 더불어 이러한 요청은 더욱더 절박한 것이 되어가고 있다.

이러한 요청은 ―적어도 私法의 영역에서는― 각국의 法的 環境이 각기 다름에 따라 法技術的으로는 각기 다른 방식으로 충족되고 있다(가령 美國의 경우에는 "프라이버시權"[right of privacy], 독일의 경우에는 一般

71) 이는 이미 Warren/Brandeis의 논문에서도 ―다른 맥락에서이기는 하나― 인정되고 있는 바이다. "지금 말한 것은 완전히 정확하고 망라적인 定義로서 한 것은 아니다. 대다수의 경우에 결국은 개인적인 판단, 개인적인 의견의 문제에 귀착될 수밖에 없는 것에 대하여 그러한 정확하고 망라적인 정의를 할 수는 없다"(同所, p.217). 또한 五十嵐清(주 52), 183면; 幾代通(주 69), 250면 참조.

72) 가령 管野孝久, 「プライバシー」概念の機能の検討――不法行爲法における非實用性, 「ジュリスト」 653호(1977), 60면 이하.

73) Colin Morris, *The Discovery of the Individual* 1050—1200, 1972 참조.

的 人格權을 통하여) 우리 나라의 경우에는 각종의 不法行爲의 성립 여부를 민법 제750조에서 요구되는 「加害行爲의 違法性」 요건을 탄력적으로 운용함으로써, 즉 "被侵害法益과 加害行爲의 相關的 考慮"에 의하여 판단하여 왔다. 그리고 거기서 말하는 "被侵害法益"은 일반적으로는 이를 "법적으로 보호할 가치 있는 利益"이라고 거의 無內容하게 정의하면서, 개별적으로 구체적인 法益을 열거하는 방식으로 이해하여 왔다. 이러한 종래의 方式은 오랫 동안의 경험에서 그 효용성이 입증되어 왔다는 것 하나만으로도 이에 응분의 敬意를 표하여야 한다고 생각한다.

이러한 이해를 배경으로 하면, 프라이버시는 不法行爲法에서 종래 인정되어 온 다른 人格的 法益, 가령 貞操·名譽·肖像·姓名 등과 아울러 또 하나의 독립된 人格的 法益으로서 시민권이 주어져야 하리라고 생각된다. 물론 아직 그 概念의 外延과 內包에 관하여 충분히 명확한 輪廓을 얻지 못하였다고 하더라도 그 핵심은 분명하다고 할 것이다. 오히려 이 개념에 독자적인 내용을 부여함으로써 法의 발전을 앞서서 이끌어 간다는 측면도 무시할 수 없으리라고 보여진다.

(「人權과 正義」, 175호(1991. 3), 71면 이하 所載)

[後　　記]

1. 이 글은 1991년 1월 7일 대한변호사협회가 주최한 제27회 辯護士硏修會에서 발표한 글에 修正·補完을 가한 것이다. 당시 원고의 마감이 촉박하였던 관계로, 다시 읽어 보면 약간 산만한 느낌이 없지 않다.

2. 憲法裁判所는 1991년 4월 1일의 憲法訴願審判決定(89헌마160사건)에서, 민법 제764조의 "명예회복에 적당한 처분"에 謝罪廣告를 포

함시켜서 해석하여 명예훼손을 한 가해자에 대하여 사죄광고를 명하는 것은 헌법이 보장하고 있는 良心의 自由를 해치는 것으로서 憲法에 違反된다고 판시하였다. 이 결정 자체에 대하여는 별도의 연구를 필요로 하거니와, 결론적으로 필자는 憲法裁判所의 태도에 찬성하는 바이다(本書 527면 및 註 69 참조). 따라서 이 글에서 다루어지고 있는 「프라이버시 侵害」의 효과와 관련하여서도, 일단 그 侵害者에게 사죄광고를 명할 것을 청구하는 권리는 허용되지 않는다고 할 것이다.

條文索引

判例索引

事項索引

譯者略歷

서울대학교 법과대학 졸업
법학박사(서울대학교)
서울대학교 법과대학 교수
대법관
현재 한양대학교 법학전문대학원 교수

主要著述

(著) 民法硏究 제 2 권(1991), 제 3 권(1995), 제 4 권(1997), 제 5 권(1999),
제 6 권(2001), 제 7 권(2003), 제 8 권(2005), 제 9 권(2007)
민법입문(1991; 제 6 판, 2015)
민법 Ⅰ: 계약법(2010)(共著)
민법 Ⅱ: 권리의 변동과 구제(2011)(共著)
민법 Ⅲ: 권리의 보전과 담보(2012; 제 2 판, 2015)(共著)
民法散考(1998)
민법산책(2006)
民法注解 제 1 권, 제 4 권, 제 5 권(1992), 제 9 권(1995),
제16권(1997), 제17권, 제19권(2005)(分擔執筆)
註釋 債權各則(Ⅲ)(1986)(分擔執筆)
(譯) 라렌츠, 正當한 法의 原理(1986)
츠바이게르트/쾨츠, 比較私法制度論(1991)
독일민법전-총칙·채권·물권, 2015년판(2015)
포르탈리스, 民法典序論(2003)
독일민법학논문선(2005)(編譯)
로슨, 大陸法入門(1994)(共譯)

民法硏究 第 1 卷

1991年 8月 30日 初版發行
2015年 4月 30日 5刷發行

著 者 梁 彰 洙
發行人 安 鍾 萬
發行處 (株) 博 英 社
서울특별시 종로구 새문안로3길 36, 1
電話 (733)6771 FAX (736)4818
登錄 1959. 3. 11. 제300-1959-1호(倫)

www.pybook.co.kr e-mail: pys@pybook.co.kr

定 價 27,000원 ISBN 979-11-303-2758-7
978-89-6454-514-0(세트)